SERPEN

THE KUNDALINI COMPENDIUM

MW01504480

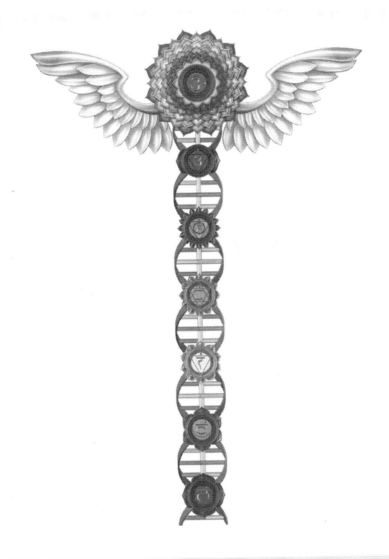

L'ENSEMBLE DE TRAVAUX LE PLUS COMPLET AU MONDE SUR
LE POTENTIEL ÉNERGÉTIQUE HUMAIN

NEVEN PAAR

TRADUIT PAR AEWIA HUILLET

Serpent Rising : The Kundalini Compendium
Copyright © 2023 Par Neven Paar. Tous Droits Réservés.

Aucune partie de ce livre ne peut être reproduite sous quelque forme que ce soit ou par quelque moyen électronique ou mécanique que ce soit, y compris les systèmes de stockage et de récupération de l'information, sans l'autorisation écrite de l'auteur. La seule exception est celle d'un critique, qui peut en citer de courts extraits dans une critique.

Couverture Conçue par Neven et Emily Paar
Illustrations par Neven Paar
Traduit en Français par Aewia Huillet

Imprimé au Canada
Première Impression : Février 2023
Par Winged Shoes Publishing

ISBN— 978-1-7388170-2-3

Clause de non-responsabilité : Tous les éléments contenus dans cet ouvrage sont fournis à titre d'information uniquement et ne peuvent être considérés comme des conseils ou des instructions médicales professionnelles. Aucune action ou inaction ne doit être entreprise sur la seule base du contenu de ces informations ; les lecteurs doivent plutôt consulter des professionnels de la santé appropriés pour toute question relative à leur santé et à leur bien-être. Bien que l'auteur et l'éditeur aient fait tout leur possible pour s'assurer que les informations contenues dans ce livre étaient correctes au moment de l'impression, l'auteur et l'éditeur n'assument pas et rejettent par la présente toute responsabilité envers toute partie pour toute perte, tout dommage ou toute perturbation causés par des erreurs ou des omissions, que ces erreurs ou omissions résultent d'une négligence, d'un accident ou de toute autre cause.

Je dédie cet ouvrage à l'initié de la Kundalini. Que ce livre vous guide sur votre chemin d'éveil et j'espère que mon voyage de dix-sept ans à la découverte de soi avec l'énergie de la Kundalini vous a été utile, avec toute mes appréciations.

−Neven Paar

Autres Livres de Neven Paar

The Magus : Kundalini and the Golden Dawn

www.nevenpaar.com

Winged Shoes Publishing
Toronto, Ontario

Liste des Figures :

Liste des Tableaux :

SERPENT RISING : THE KUNDALINI COMPENDIUM
Par Neven Paar

Contenu

LE PARCOURS DE L'AUTEUR POUR ÉCRIRE CE LIVRE

LA VOIX DIVINE

Toute ma vie, j'ai été hanté par une voix que je n'ai jamais entendue. Mais ma mère l'a entendue. Et d'une certaine manière, je lui dois ma vie. Elle ne l'a entendue qu'une fois. Et parce qu'elle a écouté, je suis toujours là. Mais même avant que cette voix ne se fasse connaître à elle, j'étais tourmenté par différents démons.

Vous voyez, dès ma naissance, j'ai été gravement malade. J'avais une forte fièvre constante, je ne pouvais pas garder la nourriture, et je ne pouvais pas dormir. C'était comme si une force invisible et extérieure ne voulait pas que je survive. Donc à chaque fois que j'allais mieux, je finissais par revenir au point de départ, l'hôpital.

Ce qui essayait de me tuer a vite découvert que j'étais un bébé têtu qui ne voulait pas abandonner. Personne ne savait ce qui n'allait pas chez moi, et rien de ce que faisaient les médecins ne m'aidait. Finalement, ils ont été tellement intrigués par ma mystérieuse maladie qu'ils ont invité des étudiants en médecine pour m'observer et espérer trouver des réponses.

Ma mère, Gordana, est restée à mes côtés et a prié quotidiennement pour mon rétablissement. Elle n'était pas une femme religieuse, mais elle croyait que sa douleur lui permettait de contacter une force Divine supérieure et de demander son aide. Après tout, elle était ma gardienne, ma protectrice. Puis, après trois années passées à aller et venir de l'hôpital presque quotidiennement et à faire vivre l'enfer à ma famille, je me suis miraculeusement rétabli. Ce à quoi ma mère avait prié, avait enfin répondu.

Si c'était une force d'un autre monde qui voulait que je disparaisse, elle avait échoué. Au lieu de cela, il y avait un pouvoir opposé qui voulait que je survive. J'ai donc grandi avec une bénédiction qui m'a protégé des moments difficiles. Je sentais que j'avais peut-être un but dans ce monde, même s'il m'a fallu de nombreuses années pour vraiment le trouver. Mais avant de le trouver, il y avait une autre épreuve que je devais surmonter.

C'était au printemps 1992, dans un pays au bord de la guerre, la Yougoslavie. Nous venions de sortir de l'abri anti-bombes de l'immeuble après une nuit passée à écouter des

1

coups de feu en fond sonore, épuisés. Bien que les tensions se soient accrues entre les factions opposées, la plupart des gens croyaient que les choses allaient bientôt se calmer et que la vie reviendrait normale. Il n'y avait pas beaucoup de personnes prêtes à tout laisser derrière elles sans être sûres qu'une guerre totale éclaterait.

Il était cinq heures du matin, et ma sœur Nikol et moi sommes allés directement au lit, tout comme mon père, Zoran. Ma mère s'est allongée à côté de lui et a posé sa tête sur l'oreiller, épuisée émotionnellement et mentalement. Elle a regardé l'horloge à côté d'elle, l'aiguille tournait autour de son centre, contemplant la situation difficile dans laquelle nous étions et se demandant ce que l'avenir réservait à notre famille.

Ce qui s'est passé ensuite allait tout changer et créer une nouvelle branche dans la chronologie de nos vies. Cet événement unique allait non seulement nous faire passer d'un continent à l'autre, mais il était aussi le précurseur d'un voyage Spirituel monumental pour moi - un voyage qui allait faire de moi un messager de Dieu - le Créateur.

Soudain, une voix masculine autoritaire s'est mise à lui parler dans son oreille droite. Ce n'était pas mon père puisqu'il dormait profondément sur son côté gauche, ronflant légèrement comme il le faisait habituellement. La voix parlait d'un ton calme mais autoritaire, annonçant les choses à venir pour les habitants de la Bosnie-Herzégovine. Elle disait qu'une guerre allait effectivement éclater dans ma ville natale. Les rues seraient pleines d'ordures, la nourriture et l'eau seraient rares, et il n'y aurait ni chauffage ni électricité. Cette Voix Divine a dit qu'elle devait quitter la ville avec ma sœur et moi immédiatement. C'était sa mission.

Elle repris conscience, mais quelque chose avait changé en elle. Son esprit allait à cent à l'heure, comme si elle était encore en transe. Que venait-il de se passer ? Son expérience la laissa à la fois choquée et mystifiée. Et plus que tout elle avait eu peur. Et elle savait que ce sentiment de peur ne disparaîtrait pas tant qu'elle ne ferait pas quelque chose pour y remédier.

Elle n'avait pas encore réveillé mon père. Au lieu de cela, elle a essayé de rassembler ses pensées. Pendant qu'elle faisait cela, elle a commencé à préparer nos passeports et autres documents de voyage. Puis, contre toute logique, elle a quitté la chambre et a commencé à préparer une valise pour nous tous. Elle savait au fond d'elle-même ce qu'elle devait faire, et rien ne pourrait l'arrêter.

Après avoir fait une valise en vrac, elle se prépara un café et le sirota près de la fenêtre du salon, tremblante. Puis, lourde d'émotion, elle regarda vers l'extérieur, sur le terrain de jeu adjacent à notre bâtiment, considérant la force qu'elle devrait déployer les prochains jours pour remplir sa mission et sauver ses enfants.

Soudain, deux mains se posèrent sur ses épaules, la secouant. "Gordana, Gordana, tu m'entends ? Dis quelque chose ! Ma mère devait avoir l'air d'une femme possédée. Puis, finalement, elle se tourna vers mon père et revint à la réalité. "Il faut quitter la ville", a-t-elle crié. "Maintenant !"

Le reste de la journée n'a pas été facile pour ma mère car personne ne croyait à son histoire. Mon père, qui est un homme très logique, a essayé de rationaliser son expérience et pensait que c'était un tour de son imagination. Après tout, c'était une histoire si extraordinaire que l'on ne pouvait croire qu'elle était arrivée à une famille ordinaire comme la nôtre. Mais elle savait ce qu'elle avait entendu, et aussi déterminée qu'elle était, rien ne pouvait l'arrêter. Elle devait assurer la sécurité de ses enfants et nous emmener hors de la ville immédiatement.

Elle a donc fait nos valises et nous a acheté des billets d'avion pour que nous puissions nous envoler dès le lendemain. Malheureusement, mon père ne ressentait pas le même sentiment d'urgence que ma mère, et comme il attendait encore certains documents essentiels avant une grande expédition, il décida de rester sur place et de nous retrouver dans quelques semaines.

Le lendemain, nous sommes arrivés à l'aéroport vers midi. Juste avant le début de l'embarquement, l'impensable s'est produit. A l'aéroport des tirs ont commencé de tous les côtés. Si le pays était au bord de la guerre, c'était le précipice. Les tirs se produisaient habituellement la nuit, mais là, c'était différent. Les gens à l'aéroport ont commencé à se précipiter dans la panique, s'agenouillant chaque fois qu'ils entendaient un coup de feu tandis que d'autres étaient couchés sur le ventre. C'était le chaos. Cela a duré les quatre heures suivantes. Il semblait que nous n'allions pas pouvoir quitter la ville.

Finalement, les tirs se sont arrêtés suffisamment longtemps pour que nous puissions monter dans l'avion. Notre avion de taille moyenne et était tellement bondé qu'il n'y avait pas assez de sièges pour tout le monde, si bien que beaucoup sont restés debout, nous y compris. Il semblait que tous les gens à l'aéroport avaient réservé leurs billets pour monter dans notre avion.

Une fois l'avion décollé, j'ai regardé par le hublot ma ville natale qui devenait de plus en plus petite, sans savoir que c'était la dernière fois que je la voyais avant de nombreuses années. Pendant le trajet en avion, je me souviens que ma mère nous tenait tous les deux, ma sœur et moi, les larmes aux yeux. Elle avait accompli sa mission, mais ce n'était que le début de notre pénible voyage, et elle le savait. Une fois que nous avons atterri dans le pays voisin, la Serbie, nous avons appris que notre avion était le dernier à avoir quitté la ville. Après s'être échappés juste à temps, l'aéroport a officiellement fermé.

La guerre a commencé en Bosnie ce jour-là et a duré trois longues années. Sarajevo, ma ville natale, était assiégée. Lorsque nous avons dit au revoir à mon père à l'aéroport, nous n'avions aucune idée que ce serait la dernière fois que nous nous verrions avant longtemps. Oh, comme j'aurais aimé qu'il vienne avec nous, mais le destin a joué son rôle pour nous tous ce jour-là.

La guerre était religieuse, avec des connotations politiques, dont je n'aborderai pas les raisons pour le moment. En ce qui concerne l'histoire que je suis sur le point de vous raconter, tout ce que la Voix Divine a prédit, est effectivement arrivé. Une intervention Divine nous a sauvé la vie, pour une raison qui m'était inconnue à l'époque.

Au fil des jours, ma mère a souhaité que la Voix Divine revienne pour la guider. Elle avait réussi à mettre ses enfants à l'abri du danger immédiat, mais comme la guerre commençait à s'étendre, il était difficile de savoir où nous devions aller ensuite pour éviter le chaos qui se déchaînait dans mon pays. Ainsi, nous avons rebondi de ville en ville et d'un pays à l'autre, en orbitant autour de la Bosnie-Herzégovine, attendant patiemment que mon père ait la possibilité de partir et de nous rejoindre.

Les lignes de front de la guerre se trouvaient dans mon quartier. Beaucoup de gens sont morts dans ma ville natale, surtout autour de l'endroit où je vivais. C'était horrible d'entendre parler des atrocités commises à l'encontre des habitants de Sarajevo. Les voisins se battaient les uns contre les autres ; on ne pouvait pas quitter sa maison de peur d'être abattu par des tireurs d'élite. Lorsque les gens manquaient de nourriture et d'eau et devaient quitter leur maison pour se réapprovisionner, ils disaient au revoir à leurs proches, sans savoir s'ils reviendraient. Nous avons reçu ces informations de mon père, qui a malheureusement dû endurer tout cela.

A la fin de la guerre, ma mère a perdu ses deux parents et son frère. Pourtant, elle avait fait ce que la Voix Divine lui avait dit, alors pourquoi son peuple n'avait-t-il pas été épargné ? Lorsque j'appris que ma famille et mes amis avaient péri pendant la guerre, j'étais triste et confus. Pourquoi avons-nous été sauvés et pas les autres ? J'ai commencé à poser des questions à ma mère quand elle m'a parlé de la Voix Divine. Pour une raison quelconque, j'étais le seul à la croire. La plupart des gens pensaient que nous avions eu la chance de partir à la dernière seconde, mais je savais qu'il y avait plus que ça. C'est comme si les informations qu'elle m'avait données avaient activé quelque chose en moi, mais il faudrait de nombreuses années pour que la prochaine pièce du puzzle se dévoile d'elle-même.

Ce n'est que lorsque j'ai eu un éveil de la Kundalini en 2004 que j'ai pensé que cela avait peut-être quelque chose à voir avec cette intervention Divine, étant donné que c'était une expérience Spirituelle si rare et monumentale. Peut-être avons-nous été sauvés pour que je fasse l'expérience de tout ce que j'ai vécu après l'éveil de la Kundalini, et que dix-sept ans plus tard j'écrive ces mots à vous, le lecteur. Peut-être mon message est-il vital pour les gens du monde d'aujourd'hui.

ÉVOLUTION SPIRITUELLE ET POUVOIR PERSONNEL

Après deux longues années de vie en enfer, mon père est venu nous rejoindre en Croatie. Peu après, nous sommes arrivés tous les quatre à Toronto, au Canada, en tant que réfugiés de guerre et nous avons commencé notre vie ici, en Amérique du Nord. Mes parents m'ont promis que le Canada serait un nouveau départ et que je pourrais être qui je voulais et être libre de poursuivre tous mes rêves. Je me suis vite rendu compte que la vocation ou la poursuite la plus élevée qui m'importait le plus était d'être heureux. La meilleure façon d'honorer tous les gens qui étaient resté dans mon pays était d'être heureux et de mener une bonne vie puisqu'ils n'ont pas pu le faire.

Au fur et à mesure de mon adolescence, je remarquais que j'étais différent. D'abord, aucun de mes amis ne ressentait les émotions aussi fortement que moi. Là où ils avaient des béguins, moi, j'avais des obsessions écrasantes. J'étais un extrémiste par nature. Je ne me contentais pas de laisser la vie m'apporter les choses ; je recherchais activement les choses qui me rendaient heureux et les gardais en moi.

Les autres cherchaient à avoir des sensations d'extasie avec des stimulants rapides, mais moi je voulais y rester pour toujours. Il n'y avait aucune raison de revenir sur terre après y avoir goûté. Une fois que j'avais embrassé la transcendance du véritable amour, comment pourrais-je revenir ?

Une partie de moi savait que ça ne pouvait pas être aussi facile, qu'il suffisait de prendre une pilule, fumer une herbe pour me retrouver soudainement au paradis. Et pourtant, ça l'était ; vous vous sentez normal une seconde, et la suivante, vous êtes dans un état complètement différent. Mais il ne suffisait pas de se défoncer les week-ends, je voulais vivre dans cet état pour toujours. Je voulais atteindre un état permanent de bonheur.

Ma première quête pour trouver cela a été l'amour. Le problème, c'est qu'on n'a pas le contrôle total puisqu'il s'agit d'un partenariat. Ainsi, même si je ressentais une énergie d'amour pure et de la dévotion pour cette personne, si elle ne ressentait pas la même chose, alors ce n'était pas réel. C'était comme un tour de magie sans public. Et donc, je savais qu'il y avait quelque chose de plus pour moi, mais je ne comprenais pas vraiment ce que cela pouvait être.

Ce n'est qu'au cours de mes années de lycée que j'ai commencé à me connecter à l'Esprit et à apprendre à connaître Dieu - le Créateur, lors de ma première relation amoureuse à long terme. Ce sentiment d'être amoureux m'a ouvert Spirituellement pour la première fois, et je suis devenu un chercheur de la Lumière. L'apprentissage de la réalité invisible de l'Esprit est une chose à laquelle j'étais prédisposé dès mon plus jeune âge, car nombre de mes philosophies de vie sont venues naturellement.

J'ai toujours été axé sur le plaisir et la recherche du bonheur, alors je me suis fiancé à mon premier amour en pensant que je pourrais contourner toutes les épreuves et les tribulations de la vie. Cependant, l'Univers avait d'autres plans pour moi. Après la fin catastrophique de ma relation, je me suis retrouvé à un croisement de ma vie. Au lieu de ressasser ma perte et d'être déprimé, j'ai décidé d'utiliser l'élan que j'avais acquis en découvrant l'Esprit et de poursuivre mon voyage.

J'ai rassemblé tout ce qui me faisait penser à elle et l'ai mis dans un sac poubelle noir. Puis, dans une forêt voisine, j'ai tout brûlé dans un feu ardent pour symboliser un nouveau départ dans ma vie. En regardant la fumée s'élever et les objets se réduire en cendres, j'ai senti les Dieux me regarder et me dire enfin : "Le garçon est prêt maintenant."

J'allais à l'université d'architecture pendant la journée, comme mes parents le souhaitaient. Lorsque mes cours étaient terminés et que la nuit s'installait, je poursuivais mes études d'une autre manière. Grâce aux livres que je lisais et à la mise en pratique de ces leçons, j'ai commencé à me reconstruire et à m'affiner. Je me suis rendu compte que je pouvais encore avoir des femmes dans ma vie et vivre la réciprocité de l'amour, mais sans le même type d'attachement qu'auparavant. De la même manière, je me suis détaché de la personne que j'étais en train de devenir pour me refaire constamment en quelque chose de meilleur. Et ainsi, chaque jour, j'ai renouvelé ma peau comme un serpent. Comme un phénix qui renaît de ses cendres, renouvelé. La connaissance et la sagesse que j'ai intériorisées m'ont empêché d'être l'esclave de mes émotions débordantes.

Après avoir fait l'expérience de l'amour, l'étape suivante consistait à développer mon pouvoir personnel. J'ai donc appris à connaître l'attraction entre hommes et femmes. J'ai commencé à apprendre comment manifester la réalité que je souhaitais et j'ai réalisé que c'était possible une fois que les connaissances appropriées étaient intégrées. J'étais un scientifique de l'esprit, car je testais les limites du potentiel humain dans de nombreux domaines. J'ai cherché à maîtriser mon esprit lorsque j'ai appris qu'il avait le pouvoir de façonner ce que nous appelons "la réalité". J'ai compris que je pouvais exploiter tout le potentiel de l'esprit lorsque je pouvais accéder au "maintenant", le moment présent. Je suis devenu obsédé par la maîtrise de cette compétence, car elle m'apportait l'excitation et la joie authentiques d'être en vie.

Certains domaines de ma vie sont devenus un chaos. Ce n'est pas que je voulais tout avoir, mais je poursuivais tout. J'ai appliqué la même intensité que j'avais pour la recherche de l'amour dans la recherche de connaissances Spirituelles. Je me suis imprégné de chaque livre avec la même passion et dévotion que j'avais eu pour mon ex-fiancé, de sorte que je me remplissais quotidiennement de connaissances et de sagesse. Il ne semblait y avoir aucune limite à ce que je pouvais apprendre. Et j'ai réalisé qu'un homme pouvait passer une vie entière à lire tous les livres sans mettre en pratique ce qu'il avait appris.

C'est alors que le *Kybalion* est arrivé entre mes mains. Le manuel de la vie elle-même. C'était la première fois que je tombais amoureux à nouveau. Je savais que je devais me consacrer à ce livre et intégrer chaque phrase dans mon esprit et mon cœur pour en extraire la sagesse éternelle. Ce fut la deuxième intervention Divine dans ma vie et le précurseur et le catalyseur de l'éveil de la Kundalini que je devais avoir cette même année.

Le Kybalion est un livre occulte Hermétique qui traite des Lois Universelles, appelées Principes de la Création. (Notez que les termes en italique sont définis plus en détail dans le glossaire à la fin du livre.) *Le Kybalion* concentre la plupart de ses enseignements sur le pouvoir de l'esprit et affirme que "Tout est Esprit, l'Univers est Mental". Il affirme que nous vivons dans le "Rêve de Dieu" et que tout est énergie "pensée", y compris le Monde Physique. Cette énergie de pensée est l'Esprit même dont parlent les textes religieux et Spirituels. La différence entre la pensée de Dieu et celle de l'homme n'est qu'une question de degré ou de fréquence de vibration. Notre pouvoir de l'esprit et notre capacité à penser sont ce qui façonne notre réalité.

Je travaillais quotidiennement avec les Lois et les Principes du *Kybalion*, et cela me transformait de l'intérieur de façon fulgurante. J'avais la plus grande foi dans les Principes du *Kybalion* et j'étais tellement fasciné par ce livre que je l'emportais avec moi partout où j'allais. Tout ce que j'apprenais et expérimentais me remodelait quotidiennement. En plus de grandir en sagesse, je me transformais en un homme séduisant et puissant. J'ai amélioré ma vie amoureuse à un degré inimaginable en utilisant les principes du *Kybalion*.

L'été 2004 a été le point culminant de tout ce que j'avais vécu et appris, et j'avais atteint un niveau de pouvoir personnel dans ma vie dont je n'avais fait que rêver auparavant. Ma vie était un film, et j'en étais la star principale. Je m'étais transformé en un mystique, un "Magicien de l'Esprit". Mon voyage Spirituel était sur une trajectoire ascendante, et ce n'était qu'une question de temps avant que quelque chose d'extraordinaire ne se produise.

L'ÉVEIL DE LA KUNDALINI

En Octobre 2004, après avoir lu *Le Kybalion* plus de vingt fois, j'ai eu quelques nouvelles épiphanies sur les Principes de la Création. Premièrement, nous avons un double Spirituel, une réplique en nous faite de pur Esprit, qui occupe le même espace temps, mais notre conscience n'est pas en phase avec lui. Deuxièmement, notre pouvoir d'imagination et notre capacité à faire exister les choses sont bien plus puissants que nous ne le pensons. Comme Dieu - le Créateur - nous a imaginé, nous pouvons imaginer et vivre nos images comme réelles si seulement nous choisissons de croire ce que nous voyons. Ce même soir j ai expérimenté la mise a l épreuve de ces deux nouvelles connaissances au cours d une médiation, qui s est révélé être une forme de pratique sexuelle Tantrique et, a entrainé un éveil très intense de la Kundalini.

Un puissant courant d'énergie est monté le long de ma colonne vertébrale, ouvrant simultanément les Chakras sur sa montée. Il est entré dans ma tête et mon cerveau enveloppant tout mon Etre de Lumière. Il a transpercé mon Troisième Œil, l'élargissant de façon exponentielle avant de s'élever jusqu'à la Couronne. Un feu liquide s'est déversé sur mon corps, éveillant ce que j'ai appris plus tard être les Soixante-Douze mille Nadis ou canaux énergétiques. Cette expérience a été couplée par à un puissant son vibratoire que j'ai entendu à l'intérieur de ma tête, qui, à son apogée, ressemblait au moteur d'un avion à réaction au décollage.

Le point culminant a été d'ouvrir les yeux alors que j'étais "électrocuté" par cette énergie de l'intérieur et de voir la pièce dans laquelle je me trouvais comme un Hologramme, et mes mains faites de Lumière dorée pure. Cette vision a changé ma façon de voir la réalité pour toujours. Ma première expérience Extra-corporelle (OBE) a suivi, où j'ai vu l'apparition de la Lumière Blanche alors que ma conscience était aspirée hors de mon corps.

L'expérience entière m'a laissé mystifié et confus. Que venait-il de m'arriver ? Il m'a fallu deux mois de recherches obsessionnelles pour comprendre ce que c'était, et depuis lors, ma vie n'a plus jamais été la même. Après mon éveil de la Kundalini, j'ai été éveillé à une réalité dont j'ignorais l'existence - la Quatrième Dimension de la Vibration ou de l'énergie. C'était l'étoffe d'un film hollywoodien sur le Mysticisme et la Spiritualité. J'avais l'impression d'avoir gagné à la loterie - une loterie dont les gens ignoraient jusqu'à son existence.

Les expériences transcendantales sont devenues un mode de vie standard, car je me transformais quotidiennement dans mon esprit, mon corps et mon Âme. Il est vite devenu évident que ma conscience s'était élargie et que je commençais à percevoir la réalité qui m'entourait depuis une source beaucoup plus élevée. J'ai commencé à voir le monde qui m'entourait du point de vue de Dieu, comme si je me tenais dans les nuages et que je regardais tout en bas, comme si je regardais un modèle architectural. Je percevais maintenant la Lumière en toutes choses, ce qui donnait à tout ce que je regardais une métamorphose numérique. Avec le temps, j'ai développé la capacité de voir les champs d'énergie des gens (Auras) et de sentir intuitivement leur énergie en moi. Cette expérience m'a donné des capacités télépathiques et empathiques qui étaient à la fois un don et une malédiction.

Mon monde onirique s'est également ouvert à une toute nouvelle réalité. J'ai commencé à avoir des expériences Extra-corporelles toutes les nuits, où je volais dans des contrées étranges mais magnifiques et où je faisais preuve de pouvoirs rappelant ceux des super-héros dans les films. J'avais l'impression d'être devenu moi-même un super-héros, car personne que je connaissais ou dont j'avais entendu parler, à l'exception de Gopi Krishna (que j'ai lu à l'époque), ne décrivait ce nouveau monde dans lequel j'étais projeté. C'était le même monde que celui dans lequel je vivais auparavant, mais amélioré de l'intérieur de moi-même par l'énergie de la Lumière apportée par la Kundalini. Cette Lumière remodelait mon ancien Moi et me transformait en quelque chose de nouveau, de meilleur, de plus avancé.

J'ai accepté l'appel du Divin à apprendre tout et n'importe quoi sur la Spiritualité, la religion, la philosophie, la psychologie et d'autres sujets concernant Dieu - le Créateur et le destin de l'humanité. Je suis devenu obsédé par l'idée de me développer en une présence Messianique, car je sentais que c'était ma vocation. Comme d'autres personnes dans ma position, je n'ai jamais cherché à être "l'Unique", car je savais dès le départ que nous sommes tous "l'Unique". Nous sommes tous des Etres de Lumière et avons le potentiel d'éveiller la Kundalini et de transcender ce monde matériel.

Je savais que ma vocation était d'être un messager de Dieu - le Créateur - et mon message était la Kundalini. Je suis devenu convaincu que le but de l'intervention Divine, qui nous a sauvés, ma sœur et moi, en 1992, était pour cette raison exacte. En tant que tel, je me suis complètement aligné sur *Hermès Trismégiste*, étant donné qu'une grande partie de mon voyage Spirituel était liée à ses enseignements.

Hermès est également le Dieu messager dans les panthéons Grec et Romain, l'intermédiaire entre les dieux et les humains. La baguette unique qu'il porte dans toutes ses représentations picturales, le Caducée, symbolise l'énergie Kundalini elle-même.

Même si j'ai commencé à vivre une existence d'un autre monde, je subissais très souvent des épisodes intenses de peur et d'anxiété, étant donné que tous mes Chakras étaient pleinement activés après l'éveil de la Kundalini. Je me sentais bénie d'avoir eu cet éveil, mais comme je devais souvent faire face à une peur et à une anxiété incroyables, j'avais l'impression que c'était aussi un fléau. De plus, j'ai appris que d'autres personnes ayant subi un éveil complet de la Kundalini, comme la mienne, faisaient également cette expérience. Malheureusement, cette arme à double tranchant était quelque chose avec laquelle nous devions tous apprendre à vivre et à supporter. Cependant, je ne voulais pas accepter cela. S'il y a une volonté, il y a un moyen, ai-je pensé. Chaque problème a une solution. *Le Kybalion* me l'a appris. Je suis donc devenu déterminé à m'aider à tout prix et j'ai commencé à chercher différents moyens d'y parvenir.

J'ai essayé de nombreuses pratiques Spirituelles différentes dans l'année qui a suivi l'éveil de la Kundalini, du Yoga à la méditation transcendantale en passant par les Pierres Précieuses (Cristaux) et plus encore. Pour vous montrer à quel point j'étais désespéré, j'ai même rejoint la Scientologie pendant un mois et pratiqué leur méthode pour devenir "clair". Mais, malheureusement, rien ne semblait fonctionner pour moi. J'avais toujours la peur et l'anxiété présentes dans mon cœur qui me débilitaient quotidiennement et une forte vibration dans mes oreilles qui était très inconfortable, m'empêchant de dormir toute la nuit. J'avais presque perdu tout espoir jusqu'à ce que mon Soi Supérieur me conduise à la porte d'une ancienne école de mystère - la *Golden Dawn*. Par conséquent, la *Magie Cérémonielle*, qu'ils pratiquaient, semblait être la solution possible à mon problème.

MAGICK DE LA GOLDEN DAWN

J'ai rejoint l'Ordre ésotérique de la Golden Dawn au cours de l'été 2005 pour aider à résoudre les problèmes émotionnels et mentaux qui me tourmentaient. La Magie Cérémonielle consiste à utiliser des exercices rituels pour invoquer l'énergie dans l'Aura. Dès le début, je me suis plongé dans le système Hermétique de la Golden Dawn. En progressant dans les différents grades ou niveaux, j'ai travaillé avec les énergies élémentaires, qui correspondent aux Chakras.

Les Cinq Éléments Terre, Eau, Air, Feu et Esprit sont liés aux Sept Chakras. Les quatre premiers Chakras correspondent aux Éléments Terre, Eau, Feu et Air, tandis que les trois derniers Chakras supérieurs appartiennent à l'Élément Esprit. Les énergies des Éléments correspondent à différentes parties de la psyché, telles que les émotions, les pensées, la raison, la volonté, l'imagination, la mémoire, l'intuition, etc. Le travail avec les Éléments m'a permis d'affiner ces parties de moi-même, ce qui était nécessaire pour intégrer la nouvelle conscience élargie.

Les énergies que j'invoquais par le biais de la Magie Cérémonielle sont devenues l'outil même que je recherchais après avoir éveillé la Kundalini. Elles m'ont permis de nettoyer mon Aura et mes Chakras de la négativité qui m'accablait. De plus, invoquer les Éléments par le biais de la Magie Cérémonielle m'a permis de me débarrasser plus rapidement de mon énergie Karmique en éliminant toute peur et toute anxiété en moi. De plus, cela m'a permis de développer différentes parties du Soi et de réaliser mon plein potentiel.

La Magie Cérémonielle est un outil puissant pour combattre son énergie Karmique et purifier le vieux Soi, l'Ego dont l'utilisation permet à la Volonté supérieure de l'esprit de prendre le pas sur la conscience. Ce qui m'empêchait de faire l'expérience de l'énergie Spirituelle nouvellement éveillée était ma mémoire de ce que j'étais, dont le fondement est ma perception des événements passés. L'Ego traite la réalité en termes dualistes, certains événements étant acceptés comme bons et d'autres comme mauvais, nous laissant enchaînés à une perpétuelle roue Karmique, qui est continuellement en mouvement.

Les mauvais souvenirs sont enfermés dans le Soi et génèrent un attachement à l'Ego par la douleur émotionnelle et la peur. Nous pouvons accéder à la charge émotionnelle des souvenirs en invoquant les Éléments par le biais de la Magie Cérémonielle, en les faisant remonter à la surface depuis le subconscient pour les " évacuer " par l'intégration et l'évolution. En conséquence, l'énergie potentielle stockée dans les Chakras sous forme de Karma est libérée dans l'Univers, rétablissant ainsi l'état initial de pureté de l'individu.

Après avoir vu les effets positifs qu'elle avait sur moi en peu de temps, je suis tombé amoureux du système Golden Dawn. J'avais même construit un Temple personnel chez moi, où je pratiquais la Magick quotidiennement. En plus du processus d'*Alchimie Spirituelle* que je vivais avec les Éléments, j'ai également appris de nombreux sujets ésotériques dans la Golden Dawn, notamment la Qabalah, l'Arbre de Vie, le *Tarot*, l'Astrologie, l'*Hermétisme* et bien d'autres choses encore.

Je suis devenu un maître des rituels en pratiquant quotidiennement l'art de la Magie Cérémonielle en un peu plus de cinq ans. Pendant cette période, j'ai été initié à tous les grades de l'Ordre Extérieur de la Golden Dawn, qui correspondent aux Quatre Éléments. Par la suite, j'ai poursuivi mon voyage magique de manière autonome en travaillant sur des exercices rituels de niveau Adepte correspondant à l'Élément Esprit et au-delà.

Au fur et à mesure que je me réorganisais dans ma maison, mon premier Temple se transformait en un espace de vie partagé, ce qui m'a permis de construire un deuxième Temple plus élaboré pour commémorer mon chemin solitaire en tant que Mage. Ce changement s'est produit lorsque le Temple communautaire de Toronto s'est effondré, laissant de nombreux membres de Golden Dawn sans domicile. Le Divin m'a demandé de leur ouvrir ma maison et d'utiliser mes connaissances avancées et mon expérience des rituels pour les guider. Et c'est ainsi que, pour la première fois, l'étudiant est devenu le maître.

J'ai encadré un groupe d'une douzaine d'anciens membres de la Golden Dawn qui venaient me rendre visite chaque semaine pour des enseignements et des rituels de groupe que je dirigeais. J'ai également rencontré de nouveaux amis dans la rue qui étaient des chercheurs de Lumière, qui recherchaient mes enseignements de Golden Dawn. Quelques-uns d'entre eux étaient des personnes éveillées à la Kundalini qui avaient besoin d'aide, comme moi il y a quelques années, lorsque je tâtonnais dans l'obscurité pour trouver des réponses.

Alors que mon voyage à la Golden Dawn arrivait à son apogée, j'ai pratiqué d'autres disciplines Spirituelles qui impliquaient l'invocation/évocation de Dieux et de Déesses, notamment dans les panthéons Hindou et Vaudou. Je cherchais à faire l'expérience de leurs énergies à travers l'exécution de leurs exercices rituels et à les comparer à ce que j'avais appris par la Magie Cérémonielle.

J'ai également rejoint la *Franc-Maçonnerie* en raison de ses racines Hermétiques et, en l'espace de deux ans, j'ai atteint le plus haut degré de Maître Maçon dans la Loge Bleue. J'étais un scientifique de l'art de la Magie rituelle dont le laboratoire est le monde invisible de l'énergie et je cherchais à trouver des points communs dans les différentes traditions Spirituelles et religions.

Grâce à mon travail et aux similitudes de nos chemins, j'ai aligné ma vibration avec un ancien membre de l'Ordre de l'Aube Dorée, l'infâme *Aleister Crowley*. Il me contactait souvent en rêve pour me transmettre des enseignements énigmatiques dans son style Shakespearien.

J'ai pratiqué la *Sex Magick* avec les conseils de Crowley pendant plus d'un an et j'ai utilisé la *Magie Enochienne* et les *Trente Aethyrs* pour "traverser l'Abîme". Traverser l'Abîme est un processus qui implique d'élever votre conscience au-delà du Plan Mental de la dualité, où la peur et la douleur se manifestent, pour atteindre le Plan Spirituel de l'Unité. Une fois que j'ai fait cela, je me suis pleinement intégré à l'énergie d'amour inconditionnel dans le Plan Spirituel et ma conscience s'est définitivement alignée avec mon Corps Spirituel.

Cet accomplissement Spirituel m'a permis de transcender complètement la peur et l'anxiété, qui me tourmentaient depuis l'éveil de la Kundalini. Mes pensées n'avaient plus aucun pouvoir émotionnel sur moi, et j'ai surmonté mon Karma négatif. Ainsi, mon voyage avec la Magie Rituelle a pris fin, me permettant de me concentrer uniquement sur mon énergie Kundalini à partir de ce moment.

DEUXIÈME MONTÉE DE LA KUNDALINI

Au début de 2010, six ans après mon premier éveil de la Kundalini, j'ai eu un autre éveil intense de la Kundalini. Ce n'était pas aussi puissant que le premier éveil, car il s'agissait d'une activation unique dans ma vie. Cependant, à ma grande surprise, l'énergie de la Kundalini s'est élevée à travers ma colonne vertébrale jusqu'à ma Couronne et a davantage élargi ma conscience.

Je crois que le labeur consistant que j'avais accompli avec la Magick et le fait que je n'invoquais plus d'énergie extérieure dans mon Aura ont stimulé ma Kundalini pour qu'elle se réactive et élimine les blocages que j'avais encore après le premier éveil. Peut-être n'ai-je pas éveillé toutes les pétales du Sahasrara Chakra lors de l'éveil initial de la Kundalini et cette seconde élévation a servi à ouvrir complètement le Lotus Couronne. Ce faisant, je complétais le circuit de l'énergie de la Kundalini et j'ouvrais un nouveau Chakra essentiel à l'arrière de la tête, appelé Bindu.

Au début, je subissais un feu très intense à l'intérieur de moi, qui était plus insupportable que jamais. L'ingestion de nourriture était devenue un problème, car elle rendait le feu plus fort, si bien que j'ai perdu vingt livres le premier mois après la deuxième montée. Cependant, j'ai perçu un sens de la conscience encore plus élevé, et mes capacités psychiques étaient accrues. Le plus important, c'est que j'ai commencé à fonctionner uniquement à l'intuition et que j'étais dans un état d'inspiration constant, impossible à décrire. Le mot "épique", que l'on utilise aujourd'hui au hasard, est celui qui décrit le mieux ce que j'ai ressentais et ce que je ressens encore aujourd'hui.

Parallèlement à cette inspiration constante, j'ai commencé à me sentir hors de mon corps dans ma vie éveillée, et des choses étranges ont commencé à se produire. J'ai ressenti un engourdissement de tout mon corps physique, qui est devenu une partie permanente de ma vie. Lorsque j'applique une poche de glace sur ma peau, je ne sens pas le froid, mais elle est complètement engourdie. Il en va de même pour toute autre partie de mon corps physique. C'est comme si la Kundalini avait donné à mon corps une dose permanente de novocaïne, un agent anesthésiant.

Un sentiment transcendant a imprégné mon cœur, et le feu, qui était furieux au début, s'est refroidi pour devenir une énergie d'amour apaisante. J'ai commencé à avoir des expériences mystiques chaque fois que je mettais une chanson que j'aimais, car ma conscience se perdait en quelques secondes en lui accordant de l'attention. Je suis tombé amoureux de la musique de films épiques et j'avais l'impression qu'elle était jouée juste pour moi, car chaque action que je faisais me paraissait maintenant glorieuse.

J'ai atteint l'apogée de cette expérience d'éveil de la Kundalini, et à mesure que j'apportais du Prana dans mon système par la nourriture, ma conscience continuait à s'étendre. Plus je mangeais, plus je me sentais bien. J'ai reçu un peu d'aide de la médecine naturopathique, en particulier du complexe de vitamines B, du zinc, du sélénium, du Gabba, du 5-HTP et même du Saw Palmetto, qui ont bien fonctionné pour transformer l'énergie du feu. La peur et l'anxiété immédiatement présentes suite a la deuxième levée, surtout lorsque j'étais à bout de nerfs, ont disparu. Elles ont été emportées par le Prana que j'accumulais grâce à la nourriture et aux suppléments que je prenais. J'ai repris le poids que j'avais perdu car je vivais maintenant dans cet état d'inspiration perpétuelle 24 heures sur 24, 7 jours sur 7, un état qui est impossible de décrire d'une manière qui lui donne le crédit qu'il mérite.

En peu de temps, mon nouvel état d'être est devenu une expérience Extra-corporelle permanente. J'ai commencé à me percevoir de l'extérieur de moi-même comme un "témoin silencieux" de toute action que mon corps physique accomplissait. Mon esprit est devenu clair et calme, et c'est lorsque j'écoute les pensées à l'intérieur de ma tête que je rentre à l'intérieur et que je ne peux plus me voir de l'extérieur. Sinon, je peux voir mes expressions faciales comme si mon essence planait juste au-dessus et en face de moi, ce qui me permet d'avoir un contrôle total sur l'énergie que j'envoie dans le monde extérieur en animant mon corps physique.

Comme je suis à l'extérieur de moi-même, je ressens un ravissement complet et une unité avec toutes les choses de l'existence. Je perçois maintenant le monde entier comme une simulation numérique immaculée, un Hologramme, une Illusion Maya. Je peux entendre une vibration constante dans ma tête, comme si j'étais branché sur une prise électrique, et mon système énergétique génère une quantité substantielle de bioélectricité.

Ce nouvel état dans lequel je me trouvais a déclenché un processus de perte de mémoire, au cours duquel j'ai complètement perdu le contact avec l'Ego et j'ai perçu de vieux souvenirs dans mon Troisième Œil, qui me sont apparus de manière aléatoire tout au long de la journée. Ce processus semblait sans fin, et il se produisait tout le temps. J'étais dans un état d'Être inspiré, fonctionnant pleinement sur l'intuition et étant présent dans le "Maintenant". Je pouvais percevoir mes pensées comme des vagues dans mon Troisième Oeil, car je m'accordais très bien avec le son. Je me suis vite rendu compte que le son est le plus métaphysique des cinq sens. Je pouvais voir les images de pensée derrière le son dans la plupart des choses que j'entendais, ce qui était et est toujours très transcendant.

Bien que je ne m'associe à aucune religion, je crois que toute écriture Sainte contient un noyau de vérité. Ainsi, j'ai trouvé de nombreuses références entre le processus d'éveil de la Kundalini et les enseignements de Jésus-Christ. Par conséquent, je crois que mon nouvel état d'être est le *Royaume des Cieux* et la "Gloire du monde entier" dont il parlait. Je me suis rendu compte que, comme beaucoup d'autres Sages et Adeptes de l'histoire, Jésus a eu un éveil de la Kundalini qui lui a permis d'atteindre cet état élevé de conscience supérieure et ensuite de partager ses expériences et ses enseignements avec d'autres personnes pour qu'elles s'éveillent également.

EXPRESSIONS CRÉATIVES

Avec ce nouvel état d'Être, ma créativité a été multipliée par mille, et j'ai ressenti la vocation de m'exprimer de manière créative à travers différents arts. J'ai donc commencé à peindre, étant donné que la peinture a occupé une grande place dans ma vie depuis l'enfance. Pour la première fois, j'ai ressenti un appel à commencer à peindre sous une forme abstraite et à laisser ma nouvelle créativité guider ma main.

J'ai peint de nombreuses œuvres au cours des deux années suivantes. Je ne prenais jamais la peine de planifier le sujet de ma peinture, mais je le laissais venir naturellement. Mon but était toujours d'être dans un état d'expression, et mon processus consistait à appliquer automatiquement différentes couleurs jusqu'à ce que je voie des images ténues sur la toile. Ensuite, je me concentrais sur elles et les faisais ressortir davantage.

Je me suis souvent retrouvé à peindre des paysages divers, qui, je crois, étaient des endroits réels sur Terre. Ma conscience se projetait dans ces paysages et les vivait comme réels alors que j'étais immergée dans le processus de peinture. Après avoir terminé ma session, ce processus de peinture se poursuivait dans mon esprit lorsque je fermais les yeux. Il se poursuivait pendant environ une heure en automatique, me faisant croire que je canalisais des images et des formes extérieures à moi.

Je me suis sentie attirée par la musique, et j'ai commencé à chanter dans un groupe environ un an après la deuxième levée . J'ai aussi commencé à écrire des textes/poèmes inspirés de la Kundalini qui s'écoulaient de moi sans effort. J'ai découvert qu'il était naturel de m'exprimer à travers la musique et les mots, et comme j'étais tellement en phase avec le son, le temps passait vite lorsque je faisais "un jam" avec des amis.

Je me suis également tenté à la comédie et au doublage, car j'étais capable d'imiter les accents culturels en imitant leur vibration de conscience. Cependant, il était vite devenu évident que ces expressions créatives étaient la tentative de mon Âme de trouver le moyen ultime de communiquer mon nouvel état d'être. J'ai donc délaissé les arts visuels, la musique et la comédie pour me consacrer à l'écriture. Je savais que mon destin était de devenir non seulement une incarnation de la Lumière mais aussi son émissaire.

J'ai commencé à écrire des articles pour des bulletins Spirituels et des blogs en ligne sur la Kundalini et le potentiel énergétique humain. En outre, j'ai donné des conférences sur des émissions de radio en ligne sur le pouvoir de la Magie Cérémonielle comme clé de la purification quotidienne des Chakras et de l'élévation de la conscience au-delà de la peur et de l'anxiété ressenties par les personnes éveillées par la Kundalini. Je me présentais maintenant comme un Adepte des Mystères Occidentaux et de la Kundalini. Mon rôle d'enseignant sur ces sujets s'est consolidé de plus en plus au fil du temps.

Cependant, avant de pouvoir prendre pleinement les rênes de ma direction Spirituelle, j'avais une autre épreuve à surmonter, qui se présentait comme une opportunité unique et séduisante. Ayant quitté la pratique quotidienne de la Magick depuis quelques années, l'Adepte en chef de la Golden Dawn m'a fait revenir en me proposant de diriger mon propre Temple officiel ici à Toronto. Il était conscient du dur labeur que je fournissais au sein de l'Ordre, notamment en organisant et en encadrant un groupe d'étudiants de la Golden Dawn sans foyer Spirituel, à la suite de l' effondrement du Temple à Toronto. La carotte que l'on me tendait, était le titre de Grand Imperator du Canada au sein de l'Ordre, ce qui signifiait que je devais superviser tous les temples ou sanctuaires ésotériques de Golden Dawn existants au Canada.

Au début, je salivais à l'idée et j'ai accueilli l'opportunité à bras ouverts. Pouvez-vous me blâmer ? Chaque aspirant Mage de Cérémonie rêve de diriger un jour son propre temple et de superviser les affaires de tous les temples du pays. Pensez au pouvoir et à la renommée de cette position. Des milliers de personnes me vénéreraient. Les hommes voudraient être moi tandis que les femmes voudraient être avec moi. Alors mon Ego a pensé aux possibilités et s'en est délecté. C'est tout ce que j'ai toujours voulu, n'est-ce pas ?

Et donc, j'ai poursuivi cette aventure pendant un petit moment. J'ai organisé les quelques personnes à Toronto et j'ai commencé à les encadrer. De nouveaux membres potentiels ont commencé à m'appeler, et j'en ai rencontré certains pour leur demander de rejoindre le groupe. J'ai fait cela pendant environ six mois, construisant lentement le sanctuaire, qui deviendrait finalement un temple à part entière. Cependant, plus je m'engageais dans cette entreprise, plus je remarquais que mon cœur n'y était pas. Et jour après jour, cela devenait de plus en plus un problème pour moi.

Vous voyez, quand il s'agit du voyage Spirituel, il n'a jamais été question de pouvoir, de gloire, de femmes ou de tout autre chose pour moi. Il s'agissait de trouver mon but et de le poursuivre jusqu'au bout. Après tout, je n'ai jamais choisi d'avoir l'éveil de la Kundalini ; il a été déterminé pour moi par une puissance supérieure. Dès le début de mon voyage dans la Magie Cérémonielle, je savais que la Golden Dawn était toujours un moyen d'atteindre un but et non une fin en Soi.

Mon objectif final, mon but et mon appel ultime étaient d'être un leader dans le domaine de la science de la Kundalini, et non dans l'Ordre de la Golden Dawn. Et dans mon cœur, je le savais. Maintenant que j'ai eu la deuxième levée et que j'ai atteint le sommet du processus de transformation, je savais que je devais continuer sans être gêné par des influences extérieures. Je devais me concentrer uniquement sur l'énergie de la Kundalini et la laisser me parler et me guider vers mon but ultime. J'ai donc choisi de continuer. De continuer à découvrir. De continuer à écrire pendant mon temps libre et de laisser mon véritable objectif se solidifier avec le temps.

TROUVER MON BUT

Trois années ont passé, au cours desquelles j'ai connu de nombreux changements et évolutions dans ma vie personnelle. Je me suis fiancé pour la deuxième fois, ce qui a peut-être été mon plus grand défi à ce jour, car cela m'a obligé à puiser dans tous mes désirs temporels et à les sacrifier sur l'autel de la droiture pour intégrer ce niveau de conscience supérieur. Ma nature éthique et morale s'en est trouvée renforcée et, avec le temps, j'ai appris à fonctionner en défendant des vertus supérieures plutôt que des désirs personnels. Ma persévérance à surmonter ces défis et à assumer la domination de mon Ego m'a permis d'atteindre un niveau supérieur où j'ai pu joindre le geste à la parole.

Après la fin de mes deuxièmes fiançailles, j'ai cherché mon Âme pendant un an jusqu'à ce que je déménage dans une maison - Exbury St. Un nom approprié puisque c'est là que je devais enterrer mon ancien moi pour de bon, ce qui m'a permis de trouver enfin mon but. Pendant cette période, j'ai arrêté de fumer de la marijuana - ma maîtresse de longue date mais une distraction massive. Après la marijuana, la consommation d'alcool et de cigarettes s'est arrêtée complètement, tout comme mon désir de faire la fête. Ces sacrifices ont préparé le terrain pour quelque chose d'extraordinaire, mais tout ce dont j'avais besoin était un catalyseur pour me pousser à franchir le seuil de la porte - mon père.

C'était en octobre 2016, précisément douze ans après l'éveil de la Kundalini. Un nombre approprié, douze, représentait l'achèvement d'un grand cycle dans ma vie. À cette époque, j'avais écrit une douzaine d'articles pour des bulletins d'information Spirituels et des blogs en ligne, mais c'était simplement un passe-temps, quelque chose que je faisais pendant mon temps libre. Cependant, j'ai imprimé mon dernier article pour la première fois et l'ai apporté à mon père pour avoir son avis, sans savoir que sa réaction allait changer ma vie. Vous voyez, mon père est un homme très difficile à impressionner si vous êtes une personne ordinaire, mais si vous êtes moi, son fils fauteur de troubles, c'est presque impossible. Jusqu'à ce moment-là.

Il l'a regardé et l'a reposé en gloussant, me disant de ne pas jouer avec lui. J'ai d'abord été troublé par sa réaction, puis j'ai compris qu'il pensait que j'avais copié l'article quelque part et que j'avais mis mon nom dessus. J'ai dû le convaincre pendant cinq bonnes minutes que c'était moi qui avait écrit l'article. Quand j'ai fini par le convaincre, il a changé d'attitude, est devenu sérieux et m'a dit que j'avais un don spécial. Il m'a demandé pourquoi je perdais mon temps avec des amis et des relations amoureuses qui ne semblaient jamais fonctionner et pourquoi je ne me consacrais pas entièrement à l'écriture. Ses mots m'ont touché au plus profond de moi-même. C'est comme si quelque chose s'était déclenché en moi ; une roue a tourné et a activé une puissance en moi qui ne devait plus jamais s'éteindre.

Excité de l'avoir enfin impressionné, je me suis réveillé à six heures du matin le lendemain et j'ai commencé à écrire. Comme pour mon processus de création en peinture et en poésie, je n'ai pas planifié ce que je devais écrire ; j'ai simplement écrit. J'ai laissé l'Esprit guider mes mains pendant que je tapais sur l'ordinateur pendant des heures. Et le jour suivant, j'ai fait la même chose. Et le suivant, et le suivant. Les mois ont passé et j'écrivais presque tous les jours. Certains jours, je prenais congé car je jonglais avec mon travail de jour qui commençait à dix heures, mais j'écrivais alors tout le week-end pour compenser ce que j'avais perdu cette semaine-là. Est-ce que c'était ça ? Avais-je enfin trouvé mon but ? Est-ce la raison pour laquelle ma famille avait été sauvée d'une guerre aveugle il y a trente ans ? Est-ce la raison pour laquelle j'ai eu l'éveil de la Kundalini, quelque chose que je n'ai jamais demandé mais que j'ai embrassé toutes ces années ?

Je travaillais avec mes parents dans leur entreprise de conception architecturale depuis 2004 ; par conséquent, la même année de mon 'éveil. Cependant, après la première année de mon écriture obsessionnelle, mes parents ont reconnu ma passion et m'ont permis de commencer à travailler que l'après-midi, me permettant ainsi de ne plus jamais manquer une matinée d'écriture. Mon intention initiale était d'écrire un seul livre. Mais au fur et à mesure que les informations se sont développées au cours des trois années suivantes, ce livre s'est transformé en quatre ouvrages, chacun traitant de sujets concis mais liés entre eux, tous centrés sur le thème de la Kundalini.

Les fondements du livre que vous lisez en ce moment même m'a été transmis par mon Soi supérieur au cours de ces trois premières années d'écriture, tout comme la majeure partie de *The Magus : Kundalini and the Golden Dawn* et *Man of Light*, mon autobiographie. Le quatrième ouvrage traite de mes voyages dans le monde, qui ont commencé de manière synchronisé avec le début de ce processus d'écriture. Ce livre, intitulé *Cosmic Star-Child*, parle des civilisations Anciennes et de leur lien non seulement avec l'énergie Kundalini mais aussi avec les Extraterrestres.

Écrire des livres est devenu le meilleur moyen de canaliser les informations pertinentes des royaumes Divins et de laisser une trace permanente. C'est ainsi que j'ai accepté mon rôle de Scribe des Dieux. Par conséquent, c'est le titre du Dieu égyptien Thot, qui est l'équivalent d'Hermès. Tout était parfaitement logique maintenant. En découvrant mon but et en le poursuivant chaque jour, j'ai également trouvé le moyen d'intégrer ma passion pour l'art dans mes livres. Ainsi, j'ai divisé mon temps libre pour écrire le matin et faire des dessins le soir. Ainsi, j'ai trouvé le moyen d'utiliser l'art pour transmettre les messages Spirituels de mes livres et les mettre en valeur, ce qui est devenu une partie intégrante de mon travail quotidien.

UN HOMME EN MISSION

Bien qu'il m'ait fallu de nombreuses années de purification Spirituelle et de maîtrise de mes désirs inférieurs, j'ai lâché mon ancien moi. Mon but nouvellement découvert, que je poursuivais chaque jour, m'a donné une base pour construire une nouvelle vie. Après avoir été témoin de nombreuses années d'épreuves et de tribulations, Dieu le Créateur a vu que j'étais un homme changé, un homme nouveau en qui on peut avoir confiance pour accomplir cette tâche des plus sacrées et informer le monde de l'existence et du potentiel de l'énergie Kundalini.

C'est alors, au début de 2019, que l'Univers m'a envoyé une partenaire de vie, Emily. Après des fiançailles épiques à Teotihuacan, au Mexique, " la Cité des Dieux ", nous nous sommes mariés l'année suivante. La troisième fois est la bonne, comme on dit, mais dans mon cas, j'avais besoin de me trouver et de trouver mon but avant de pouvoir enfin m'installer. Et Emily complète mon cheminement Spirituel comme aucune autre femme dans ma vie ne l'a fait auparavant. L'avoir dans ma vie m'inspire et me donne l'élan nécessaire pour maintenir ma mission de terminer mes livres à tout prix.

Vous voyez, j'aurais pu continuer à vivre la vie d'un playboy, d'un rockstar, et même mener un ordre occulte. Mais toutes ces options étaient limitées, et je voulais être sans limites. Alors, au lieu de cela, j'ai choisi la voie incertaine, imprévue et humble de l'écriture. J'ai décidé d'emprunter une route non pavée et de la paver moi-même. En vérité, j'ai fait cela pour vous. Pour que je puisse contribuer à vous réveiller de la même manière que j'ai été réveillé et vous donner les clés de la vie et de la mort. Le Royaume des Cieux est pour nous tous, pas seulement pour quelques privilégiés.

Étant né comme un bâtard religieux, je sais pourquoi j'ai été sauvé de cette guerre. Je ne suis pas né pour prospérer dans la division, le monde de la dualité dans lequel nous vivons ; je suis né pour enseigner aux autres l'unité. Le concept de réconciliation des opposés est ancré en moi depuis ma naissance et mon nom, Neven Paar, en est un témoignage. Si je reconnais que mon prénom représente les Cinq Éléments, les deux Éléments masculins, actifs, réconciliés par l'Esprit (le V symbolique) avec les deux Éléments féminins, passifs, mon nom de famille signifie "paire" en allemand, concernant la dualité.

Voyez-vous, je suis un descendant de la lignée des Von Paar, qui étaient comtes dans l'Empire austro-hongrois il y a des centaines d'années. Cependant, mon royaume est maintenant de nature Spirituelle, le Royaume des Cieux, et chaque être humain y a accès, pas seulement quelques privilégiés. Ayant fait l'expérience d'un éveil de la Kundalini et sachant que chaque humain possède ce mécanisme en lui, je nous considère tous comme des enfants de la Lumière, les Rois et Reines du domaine Spirituel. Certains, comme moi, sont réalisés, tandis que d'autres sont encore à l'état de potentiel. Quoi qu'il en soit, tous peuvent libérer ce pouvoir en eux et enflammer leur Être avec la Lumière intérieure, établissant ainsi leur Royaume Spirituel sur Terre.

C'est, je crois, mon but sur cette Planète. Unir les gens à travers mes expériences et mes enseignements et leur faire voir au-delà de leur religion et de leur race ; permettre aux autres de savoir que nous sommes tous les mêmes. Nous sommes tous construits de la même façon, avec le même cadre et les mêmes caractéristiques, et nos différences physiques ne changent en rien notre constitution. Nous avons le même Père et la même Mère et sommes unis par l'énergie de l'amour en tant que frères et sœurs.

C'est pour cette raison que je travaille aussi dur et que je le fais quotidiennement avec une intensité implacable. Je ne sais pas pourquoi je me sens poussé à remplir cette mission, et je ne vois pas non plus l'objectif final, mais je sais que je vis ma voie. J'honore la Voix Divine qui a sauvé la vie de ma famille il y a presque trente ans et toutes ces personnes qui sont mortes dans mon pays à cause de l'ignorance et de l'obscurité qui peuvent envahir le cœur et l'esprit des gens.

Bien que j'ai posé les bases de ce livre plus tôt, j'ai continué à y travailler pendant la pandémie du Covid, qui a commencé en décembre 2019, juste au moment où mon premier livre est sorti. Environ 30 % de ce livre sont des connaissances que j'ai acquises au cours de mon voyage de dix-sept ans avec la Kundalini, tandis que les 70 % restants sont basés sur des recherches et des contemplations rigoureuses et quotidiennes. Par conséquent, certaines parties de la science invisible du système énergétique humain que je présente ici sont un travail en cours que je mettrai sûrement à jour pendant de nombreuses années.

Au cours de ce projet de deux ans, j'ai ajouté au moins 100 nouveaux livres à ma bibliothèque personnelle, déjà très fournie, afin de garantir l'exposition la plus complète possible de chaque sujet, sans prendre de raccourcis. Ainsi, dire que j'ai mis mon cœur et mon Âme dans ce livre est un euphémisme. Et, autant que ce sera un voyage d'apprentissage pour vous, le lecteur, autant ce fut un voyage pour moi.

Je tiens à remercier l'amour de ma vie, ma femme et ma muse, Emily, qui a non seulement réalisé la couverture de *Serpent Rising*, mais qui a aussi été mon modèle et a supporté mes demandes incessantes de séances de photos improvisées. Je tiens également à remercier Daniel Bakov, mon conseiller créatif et éditeur de *Man of Light*, qui m'a aidé à trouver les mots justes pour me présenter de manière digne et épique. Je remercie également mes collègues Kundalions, Michael "Omdevaji" Perring et Joel Chico. Michael m'a donné de nombreuses idées sur le sujet vaste et complexe du Tantra et du Yoga, tandis que Joel et moi avons comparé nos notes sur le rôle que le cannabis peut jouer dans le processus d'éveil de la Kundalini. Et enfin, un grand merci à ma sœur et à mes parents pour m'avoir offert le plus beau des cadeaux, celui d'une famille aimante et solidaire qui ne m'a jamais laissé en manque.

Pour conclure, je vous remercie, cher lecteur, d'avoir décidé de vous joindre à moi pour ce voyage au cours duquel j'examine l'énergie Kundalini, sa science en évolution et le cadre philosophique qui sous-tend son fonctionnement. Je suis convaincu que vous bénéficierez grandement de mes connaissances et de mon expérience et que ce livre répondra à de nombreuses questions que vous vous posez. Ainsi, votre évolution Spirituelle sera favorisée, ce qui est le but de tout mon travail. Pour accéder aux images en couleur de *Serpent Rising : The Kundalini Compendium*, visitez www.nevenpaar.com et suivez le lien du livre dans la navigation principale. Le mot de passe pour accéder à la page est : Awakentheserpent

Fiat Lux,
Neven Paar

" Un homme sera accusé d'avoir détruit le temple et
des religions altérées par la fantaisie. Il fera du mal aux rochers
plutôt que les vivants. Des oreilles remplies de discours ornés."

"...Il volera à travers le ciel, les pluies et les neiges,
Et frappe tout le monde avec sa baguette."
Il apparaîtra en Asie, chez lui en Europe.
Celui qui est issu du grand Hermès..."

"...A la veille d'une nouvelle désolation lorsque les pervers
l'église est au sommet de sa plus haute et sublime dignité...
il en naîtra un d'une branche longtemps stérile,
qui délivrera les peuples du monde d'un homme doux et méchant.
l'esclavage volontaire et les placer sous la protection de Mars. "
"...La flamme d'une secte se répandra dans le monde entier..."

−Nostradamus

PARTIE I :
L'ÉVEIL DE LA
KUNDALINI

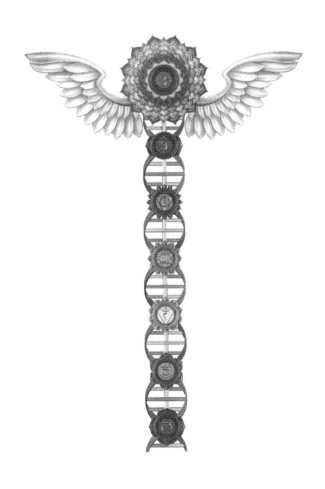

INTRODUCTION À LA KUNDALINI

La Kundalini est le plus grand secret connu de l'homme, mais peu de gens comprennent ce qu'elle est vraiment. La plupart des gens pensent qu'il s'agit d'un type de Yoga et non du but de tout Yoga. Certains osent même dire que c'est un type de pâtes. Quoi qu'il en soit, d'après mon expérience de discussion avec des gens au hasard sur le sujet, des inconnus, même ceux qui prétendent avoir lu de nombreux livres sur la Kundalini et savoir de quoi il s'agit, ne connaissent qu'environ 30% de l'histoire. Et je suis généreux avec ce chiffre. Ce livre, cependant, va changer tout cela.

J'ai déclaré à l'intérieur de la couverture que *Serpent Rising* est "l'ouvrage le plus complet au monde sur le potentiel énergétique humain", et je le pensais vraiment. Ce n'était pas l'Ego qui parlait. Je crois que cette affirmation est un fait. Et je pense que lorsque vous aurez fini de lire ce livre, vous serez d'accord. Gardez à l'esprit que *Serpent Rising : The Kundalini Compendium* est la première partie de la série. Je suis déjà bien avancé dans la deuxième partie, qui examine les civilisations et traditions anciennes et le rôle que la Kundalini a joué dans leurs systèmes d'évolution Spirituelle. De même, mon précédent livre, *The Magus : Kundalini and the Golden Dawn*, bien que ne faisant pas directement partie de la série, contient une pléthore d'informations sur la Kundalini du point de vue des mystères occidentaux, y compris la Qabalah et l'Arbre de Vie, dont la connaissance est essentielle pour comprendre les enseignements de la sagesse.

La connaissance de la Kundalini existe depuis des temps immémoriaux. Je parle de la compréhension profonde du potentiel ultime de la Kundalini par les personnes qui sont allées jusqu'au bout de leur voyage d'éveil Spirituel. Les Anciens ont caché les secrets de la Kundalini dans le symbolisme de leurs traditions mystérieuses, généralement véhiculés par l'art et la sculpture. Cette connaissance était principalement gardée cachée, réservée à quelques élus et voilée aux profanes, comme l'était la méthode des Anciens pour transmettre les mystères ésotériques. Le maître enseignait à l'élève de bouche à oreille. Ces informations n'étaient pas écrites jusqu'à récemment, et même alors, il fallait avoir été initié dans une école de mystère pour obtenir les vrais secrets.

Au fil du temps, des individus ont affirmé que quelque chose d'extraordinaire leur était arrivé - Dieu les avait touchés, disaient-ils. Ces personnes uniques ont éveillé la Kundalini, généralement par accident, et ont donc utilisé le langage le plus familier pour expliquer cet événement métaphysique. Ils étaient souvent considérés comme des mystiques, voire des prophètes, faisant preuve de pouvoirs surnaturels qui étonnaient les masses. Dans leurs tentatives de décrire leur expérience, ils se référaient à la Kundalini par de nombreux noms - la "Force du Dragon", la "Puissance du Serpent", le "Feu Sacré", et d'autres variations de ces *archétypes.*

Mais au fur et à mesure que le temps passait et que de plus en plus de personnes s'éveillaient, cela créait plus de confusion que de clarté à ce sujet. Et la réponse à cela est simple. Il n'y a jamais eu d'ouvrage de référence assez puissant pour unifier toutes les traditions, philosophies et religions anciennes concernant la Kundalini. Les écoles de Yoga et de Tantra, qui détiennent les clés les plus complètes sur la Kundalini et le processus de son éveil, ne sont qu'une pièce du puzzle, bien que la plus importante puisque la science de la Kundalini en est issue.

Cela m'amène à la raison pour laquelle j'ai écrit ce livre. Je l'ai écrit en partie par nécessité et en partie par désir personnel. Je voulais donner à l'humanité les clés pour comprendre ce sujet des plus énigmatiques et insaisissables. *Serpent Rising : The Kundalini Compendium* présente une approche scientifique de la Kundalini qui inclut l'étude de son cadre énergétique et bien d'autres choses encore, dans un langage simplifié et compréhensible pour le commun des mortels - un langage qui unit les écoles de pensée orientale et occidentale en matière de Spiritualité.

Pendant l'écriture de ce livre, mon Soi supérieur m'a conduit à faire des recherches d'un sujet à l'autre, évitant tout raccourci alors que je reliais les points et créais l'œuvre que vous tenez entre vos mains. Au final, bien que mon nom figure sur *Serpent Rising*, cette œuvre me transcende en tant que personne. Je n'ai été qu'un simple canal permettant à mon Soi Spirituel de canaliser cette connaissance vers moi. Lorsque vous aurez fini de le lire, vous comprendrez tout ce dont vous avez besoin au sujet de la Kundalini. Et c'était le but - c'est pourquoi il m'a fallu si longtemps pour le faire. Pour vous doter des connaissances nécessaires pour informer les autres sur la Kundalini afin que le monde entier puisse connaître son pouvoir et son potentiel ultime, et que nous puissions collectivement évoluer Spirituellement.

Vous voyez, la Kundalini est le sujet ésotérique le plus critique au monde. Lorsqu'il s'agit d'évolution Spirituelle, son exploration est de la plus haute importance. Un éveil de la Kundalini permet à chacun de réaliser son plein potentiel Spirituel. Le système énergétique d'une personne comporte de nombreux composants, dont je parlerai en détail dans ce livre, y compris l'impact de la Kundalini sur chaque partie. Le processus d'éveil de la Kundalini se déroule systématiquement au fil du temps, impliquant une période nécessaire et souvent difficile de purification intense qui peut être assez méticuleuse. Au-delà du processus d'éveil et de purification lui-même, un défi plus important consiste à apprendre à vivre et à fonctionner avec l'énergie de la Kundalini au quotidien et à la contrôler au lieu d'être contrôlé par elle, car elle peut être très volatile.

Je discuterai des nombreux aspects de la façon dont la transformation de la Kundalini se déroule et affecte la vie d'une personne par la suite, et je dissiperai de nombreux malentendus courants sur la Kundalini et le processus d'éveil lui-même. Mes dix-sept années d'expérience de vie avec une Kundalini éveillée sont inestimables pour quelqu'un qui se trouve au milieu de son voyage et qui cherche des conseils.

Ensuite, je partagerai des informations précieuses sur les différents types d'éveil de la Kundalini et le processus de transfiguration, ainsi que sa chronologie générale. Je discuterai des difficultés courantes rencontrées en cours de route, ainsi que des conseils et des idées pour dépanner le circuit de la Kundalini lorsque les choses semblent "tomber en panne". Cette dernière section comprend des pratiques et des méditations efficaces dans la région de la tête ou autour d'elle, afin de "donner un coup de fouet" ou de réaligner les canaux Ida et Pingala nécessaires au bon fonctionnement du moteur. Vous ne trouverez ces informations cruciales nulle part ailleurs. Depuis mon éveil, je suis à la fois un scientifique et un laboratoire. En tant que tel, ma créativité, mon courage et ma persévérance m'ont Âmené à trouver des solutions non conventionnelles aux nombreux défis auxquels j'ai été confronté en cours de route. Et ils ont été nombreux.

Il y a une myriade d'autres sujets sur la Kundalini que j'aborderai pour approfondir votre connaissance du sujet et pour éclairer et réconcilier les nombreux points de vue différents que vous pouvez avoir. De la manière dont l'anatomie humaine est impliquée dans le processus d'éveil de la Kundalini aux diverses pratiques de guérison Spirituelle, en passant par une étude approfondie de la science et de la pratique du Yoga avec des composantes de l'Ayurveda. J'ai essayé de couvrir tous les sujets qui me semblaient pertinents et qui donnent un aperçu de la Kundalini et de la façon de guérir vos chakras après l'éveil. Mon désir d'être le meilleur dans ce que je fais, le Michael Jordan de la science de la Kundalini, si vous voulez, me pousse chaque jour à étendre mes connaissances pour devenir la plus grande autorité en la matière. Considérez cela comme la mission de ma vie, une mission à laquelle je consacre tout mon temps.

Enfin, comme il s'agit d'un livre assez volumineux, je ne veux pas que vous vous sentiez intimidé par sa taille et que vous pensiez devoir tout lire dans l'ordre. Les sections sur le yoga et les pratiques de guérison Spirituelle, par exemple, peuvent être gardées pour la fin si vous souhaitez lire spécifiquement sur la Kundalini et le processus d'éveil et de transformation. Ensuite, lorsque vous serez prêt à vous plonger dans les exercices pour guérir vos chakras et équilibrer vos énergies intérieures, vous aurez tous les outils pour le faire.

Le chemin de l'initié Kundalini est le chemin du guerrier Spirituel. Un guerrier a besoin de l'équipement, de l'entraînement et de la perspicacité appropriés pour réussir. Avec ces enseignements, j'ai l'intention de vous équiper, vous l'initié, avec la compréhension nécessaire du potentiel énergétique humain afin que vous puissiez atteindre le succès sur le chemin de l'évolution de votre âme. Bien que le chemin de l'éveil et de la transformation de la Kundalini soit difficile, il est également gratifiant au-delà de toute mesure. Commençons.

PROCESSUS D'ÉVEIL DE LA KUNDALINI

La Kundalini est une énergie évolutive située à la base de la colonne vertébrale (dans la région du coccyx) qui serait enroulée trois fois et demie dans son état de potentiel chez les humains non éveillés. Le mot "Kundalini" est d'origine orientale, à savoir le yoga et le tantra. En sanskrit, Kundalini signifie "serpent enroulé".

Une fois éveillée, la Kundalini remonte le long de la colonne vertébrale par les trois principaux Nadis, jusqu'au sommet de la tête. Le terme "Nadi" est un mot Sanskrit qui se traduit par "tube", "canal" ou "flux". En termes simples, les Nadis sont des canaux qui transportent l'énergie dans le corps.

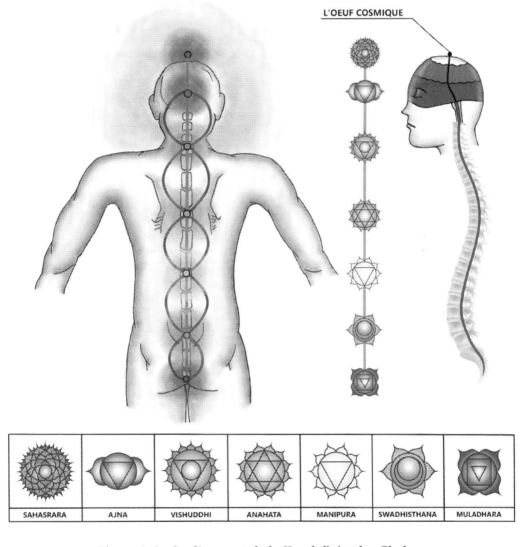

L'OEUF COSMIQUE

| SAHASRARA | AJNA | VISHUDDHI | ANAHATA | MANIPURA | SWADHISTHANA | MULADHARA |

Figure 1: Le Soulèvement de la Kundalini et les Chakras

En médecine chinoise, les Nadis sont connus sous le nom de Méridiens. La principale différence entre les deux systèmes est que les Nadis ne sont pas définis dans les membres, mais seulement dans la tête et le tronc central, contrairement aux Méridiens. Dans *Serpent Rising,* nous nous en tiendrons à la science et à la philosophie Yogiques des Nadis et des Chakras, associées au modèle des Chakras Transpersonels et à nombre de mes découvertes concernant les centres énergétiques et le flux d'énergie du Corps de Lumière.

Le Nadi central est appelé Sushumna. Il s'agit essentiellement du tube creux de la colonne vertébrale. Autour de Sushumna s'entrelacent deux Nadis auxiliaires ou supplémentaires, Ida et Pingala. Ida est le Nadi féminin, celui de la Lune, qui régule le froid dans le corps, tandis que Pingala est le Nadi masculin, celui du Soleil, qui contrôle la chaleur dans le corps. Ces deux Nadis représentent les principes masculins et féminins contenus dans toutes les choses de l'Univers. En sanskrit, les canaux Ida et Pingala sont souvent appelés les Nadis Chandra (Lune) et Surya (Soleil).

Lors d'un éveil de la Kundalini, alors que l'énergie s'élève simultanément à travers les trois Nadis principaux, elle fait systématiquement exploser les Chakras depuis la racine de la colonne vertébrale jusqu'au centre du cerveau (Figure 1). Ida et Pingala se rejoignent à ces points Chakriques et se terminent dans le Chakra Ajna. La Kundalini continue à s'élever vers le haut jusqu'au centre, au sommet de la tête, brisant l'"Œuf cosmique", qui active pleinement le corps de lumière - le corps holographique. Dans la philosophie tantrique, l'Œuf cosmique est lié au Brahmarandhra. (Nous reviendrons sur ce sujet dans un chapitre ultérieur).

L'Œuf cosmique est un récipient qui contient le nectar de l'Ambroisie. Une fois que l'énergie de la Kundalini l'a percé lors de son ascension, cette Ambroisie est libérée, infusant les soixante-douze mille Nadis, ce qui fait référence à l'activation du Corps de Lumière. Cette partie du processus donne l'impression que quelqu'un a cassé un œuf au-dessus de votre tête et que le jaune (Ambrosie) se déverse jusqu'à vos pieds, couvrant et enveloppant tout votre corps.

Bien que l'activation du Corps de Lumière donne l'impression que le corps physique est chargé électriquement, l'Ambroisie libérée n'agit qu'à un niveau subtil. Cependant, la personne qui vit cet événement a l'impression d'être une batterie humaine chargée et dilatée à l'infini par un courant de bioélectricité. Par exemple, toutes les personnes éveillées par la Kundalini auxquelles j'ai parlé et qui ont vécu cette expérience disent s'être senties intensément "électrocutées" par l'énergie de la Kundalini.

En activant le Corps de Lumière, tous les Corps Subtils sont activés, y compris le Corps Spirituel et le Corps Divin. Il existe, en fait, de nombreux corps subtils à l'intérieur du corps de lumière. Cependant, après un éveil complet de la Kundalini, il est essentiel d'aligner la conscience individuelle uniquement avec le corps Spirituel, car il transcende la dualité du mental.

Lors de mon expérience d'éveil de la Kundalini, une fois que les soixante-douze mille Nadis étaient en train d'être chargés et activés, j'ai sursauté hors du lit et ouvert les yeux. Ce que j'ai vu ensuite a changé ma vie à jamais. Tout d'abord, j'ai constaté de visu que le

26

Corps de Lumière n'est pas une idée ou un concept, mais une chose réelle et tangible. Lorsque j'ai regardé mes mains, je les ai vues faites de Lumière dorée pure, belles à voir et parfaites en tous points. Puis, en regardant dans ma chambre, j'ai vu le plan holographique du monde dans lequel nous vivons. La pièce avait ce que je décris comme une transformation numérique, avec des murs transparents, semblables à de la vapeur, et des objets qui semblaient suspendus dans l'air. Les couleurs étaient plus nettes, plus profondes et plus réfléchissantes. Pour clarifier, ce que j'ai vu n'était pas une vision de mon Troisième Œil dans ma tête, mais j'ai vu cela avec mes deux propres yeux physiques.

Vous voyez, il existe une composante du monde qui est transparente et faite d'énergie pure, occupant le même temps et le même espace que le monde physique, mais à un degré de vibration différent, plus proche de l'Esprit. L'éveil de la Kundalini et l'activation du Corps de Lumière est un processus par lequel la conscience devient capable de percevoir et d'expérimenter cette réalité. Un autre nom pour cette réalité est la Quatrième Dimension - la dimension de la vibration ou de l'énergie. Puisque tout ce qui existe est maintenu en mouvement vibratoire, cette dimension est le domaine où chaque objet, pensée ou émotion a une essence quantifiable. Elle peut être perçue par le Troisième Œil et la faculté intuitive de l'être humain.

Une fois l'activation du corps de lumière terminée, l'expérience ne s'arrête pas là. Au contraire, l'énergie de la Kundalini continue à s'élever vers le haut. L'étape suivante du processus d'éveil consiste à faire sortir l'énergie du corps, par la Couronne, en emportant la conscience individuelle. Cette expérience aboutit à l'unification momentanée de la conscience individuelle avec la Conscience Cosmique, le principe de la Lumière Blanche de cinquième dimension - la source de la divinité. Une fois cette expérience transcendantale réalisée, la conscience individuelle réintègre le corps physique, après avoir eu la vision de la véritable nature de la réalité. Ainsi, l'humain devient Un avec Dieu pendant un bref instant, pour ensuite redescendre et raconter son histoire.

Par contre, si la personne éveillée a peur d'unir son être à la lumière blanche, l'énergie de la Kundalini s'atténue et redescend vers le chakra racine, Muladhara. Après tout, il est courant que les personnes qui font l'expérience d'un éveil spontané de la Kundalini deviennent craintives pendant le processus d'activation. Elles ont l'impression de subir une mort physique en raison de l'intensité de l'énergie ressentie dans le corps et de la conscience qui s'en libère.

ACTIVATION DU CORPS DE LUMIÉRE

Le but de l'énergie Kundalini est d'activer le corps de lumière et les corps subtils correspondants. Une fois que cela se produit, l'ensemble de l'Arbre de Vie est éveillé à l'intérieur de l'individu, et tous les Plans Cosmiques deviennent disponibles comme états de conscience. Comme le Corps de Lumière est le véhicule de l'Âme, une fois qu'il est pleinement activé, l'Âme est définitivement libérée du corps physique. Ainsi, avec le temps, l'Âme doit s'aligner sur le Corps Spirituel du Plan Spirituel, où l'Âme et l'Esprit ne font plus qu'un.

De tous les Corps Subtils, le Corps Spirituel est le plus important car, lorsque votre conscience s'aligne sur lui, votre Âme s'élève au-delà de la douleur et de la souffrance. Une personne qui peut réaliser un tel exploit s'élève en permanence au-dessus de sa roue du karma. Le karma est toujours opérationnel car on ne peut jamais échapper à ses effets. Néanmoins, elle n'est plus affectée émotionnellement par l'énergie de la peur que l'Esprit ressent en raison de sa vie dans un monde de dualité.

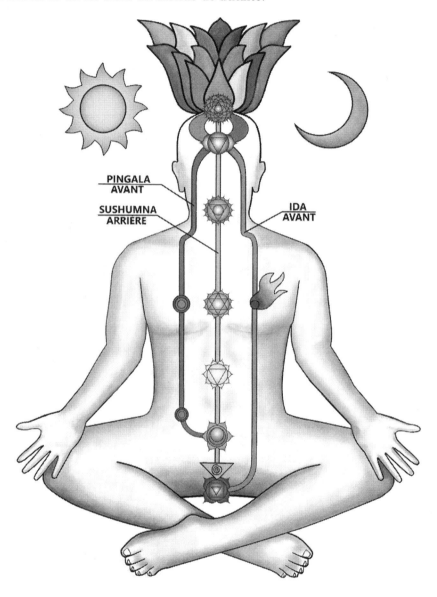

Figure 2: Les Trois Nadis Après l'Eveil de la Kundalini

Le Corps de Lumière est le prochain véhicule de conscience dans le processus d'évolution humaine, car il permet de percevoir et d'expérimenter pleinement les Plans Cosmiques intérieurs. Cependant, le Corps Spirituel est la gaine ou la couche transcendantale avec laquelle nous essayons de nous aligner pour être notre véhicule de Conscience tout en vivant dans la réalité éveillée du monde matériel. Il s'agit du Corps Causal du Système Oriental-Anandamaya Kosha. Il est inextricablement lié au Corps de Lumière en tant que sa plus haute expression que notre conscience peut incarner tout en vivant dans la chair. Cependant, il existe encore une gaine plus élevée, le Corps Divin, bien que nous ne puissions pas soutenir son expérience pendant une période prolongée au cours de notre vie éveillée, à moins d'être en méditation profonde.

Le Corps de Lumière est le véhicule de la conscience de l'Âme lorsqu'elle pénètre dans les Plans Intérieurs pendant la méditation et le sommeil. Les Plans Intérieurs sont expérimentés à travers le Troisième Œil (Ajna Chakra), l'un des trois chakras Spirituels concernés par l'intuition et la clairvoyance. Les expériences les plus marquantes du Plan Intérieur se produisent pendant les Rêves Lucides, ce qui vous permet d'être conscient lorsque vous rêvez et de contrôler le contenu de vos rêves. Cela vous permet également d'explorer les plans cosmiques intérieurs pendant les états de rêve et de vivre des expériences incroyables avec l'Âme que vous ne pouvez pas reproduire dans la vie réelle. Le Rêve Lucide vous permet d'expérimenter tout ce que vous avez toujours désiré, sans en subir les conséquences. C'est l'un des dons Spirituels les plus significatifs reçus lors du voyage d'éveil de la Kundalini, dont je parlerai plus en détail plus loin dans le livre.

Une fois l'activation terminée, l'énergie de la Kundalini devient une partie permanente de l'existence de l'individu éveillé, signalant une nouvelle façon de fonctionner et d'expérimenter le monde. Avec le temps, la Kundalini devient un circuit énergétique autonome (Figure 2) alimenté par de la nourriture et de l'eau, qui se développe et se renforce, élargissant quotidiennement la conscience de l'individu. Et tandis que la conscience éveillée normale s'aligne lentement sur le corps Spirituel, ce qui est un processus qui peut prendre de nombreuses années, l'individu éveillé vivra dans la même réalité que tout le monde, mais l'expérimentera de manière totalement différente. Cette expérience de la vie est un véritable cadeau du Divin.

DONS SPIRITUELS ET AMÉLIORATIONS SENSORIELLES

Après l'éveil, chaque bouchée de nourriture se transforme en énergie Pranique (force vitale) qui alimente le circuit de la Kundalini et élargit la conscience, donnant lieu à de nombreux types d'expériences transcendantales et à l'apparition de nouvelles capacités psychiques. Ainsi, l'individu éveillé commence maintenant à fonctionner à un nouveau niveau d'expérience de vie, dans la dimension de la vibration ou de l'énergie. Dans cette nouvelle dimension, il développe une capacité à ressentir le monde qui l'entoure comme une essence quantifiable.

Au fil du temps, cette capacité nouvellement développée de ressentir le monde à travers l'énergie devient la manière dominante de naviguer dans la vie, provoquant un mépris pour l'esprit rationnel et pensant. Enfin, l'individu éveillé commence à faire l'expérience du monde entièrement par l'intuition comme mode de fonctionnement principal puisqu'il est en contact direct avec la Lumière intérieure et la Vérité. L'illusion disparaît au fur et à mesure que leur conscience s'aligne avec le Corps Spirituel.

Lorsque l'illusion (Maya) disparaît, l'Ego se dissipe également, puisqu'il appartient au domaine de l'esprit rationnel et pensant. Son impulsion devient de moins en moins active jusqu'à ce que l'individu éveillé puisse fonctionner pleinement par intuition à travers la Quatrième Dimension de la Vibration, ou énergie. Ce faisant, il s'accorde avec le don le plus précieux que le Divin a offert à l'humanité, à savoir le moment présent, le "Maintenant", un "cadeau" de Dieu. Dans le "Maintenant", ils sont branchés sur un champ de toutes les possibilités, ce qui leur permet de remodeler leur propre vie pour maximiser leur plus haut potentiel. Les personnes qui réussissent vraiment et qui sont heureuses ont toutes une chose en commun : elles vivent toutes dans le "maintenant".

Les capacités perceptives de l'individu éveillé, les cinq sens de la vue, de l'odorat, du son, du goût et du toucher, sont améliorées par l'énergie de la Kundalini. L'odorat et l'ouïe à distance font partie de leur vie quotidienne. Ils peuvent goûter et sentir quelque chose en l'observant simplement avec leurs yeux. Grâce à la puissance de leur esprit, ils peuvent ressentir l'énergie des objets devant eux et utiliser tous leurs sens internes. C'est parce que le Chakra Ajna est maintenant ouvert en permanence que ces expériences transcendantales se produisent. La réalité est maintenant perçue à un niveau beaucoup plus élevé que jamais auparavant.

J'ai gardé le sens de la vue pour la fin car l'amélioration reçue est la plus étonnante selon mon expérience. Une fois que la Lumière intérieure est éveillée par l'énergie de la Kundalini, elle remodèle tout ce que l'on voit et perçoit visuellement, le transformant complètement. De plus, le monde extérieur apparaît comme s'il était à l'intérieur de votre tête, projeté sur un écran de cinéma devant vos yeux (Figure 3). J'aime utiliser l'analogie de la progression de la technologie des jeux vidéo pour expliquer ce phénomène visuel, car c'est le seul point de référence que je puisse trouver et auquel les gens puissent s'identifier.

Si vous avez déjà joué à la première génération de jeux vidéo (comme moi, qui ai grandi dans les années 90), vous vous souvenez que l'univers du jeu a été radicalement amélioré lorsque nous sommes passés de la PlayStation 2 à la PlayStation 3 ? Les graphismes sont devenus plus nets, plus précis, plus raffinés. Imaginez maintenant ce qui se passerait si vous passiez directement de la Playstation 2 à la Playstation 5 en jouant au même jeu. Les personnages et les environnements de votre jeu sont les mêmes, mais la transformation numérique radicale donne vie au jeu d'une toute nouvelle manière.

Figure 3: L'Univers à l'Intérieur de la Tête

Pour préciser, cependant, cette amélioration de la perception visuelle est la moins courante chez les personnes éveillées par la Kundalini, mais c'est le facteur "wow" le plus significatif que j'ai expérimenté dans mon processus d'éveil. En tant que tel, mon récit sert de testÂment à sa réalité. En fait, c'est tellement rare que sur les dizaines d'individus éveillés par la Kundalini à qui j'ai parlé de leurs "améliorations", seuls un ou deux ont eu cette amélioration particulière.

Mais d'un autre côté, je n'ai rencontré personne qui ait été témoin de la nature holographique de la réalité de ses propres yeux. Je crois que mon sens de la vue amélioré est une version soutenue de cette même réalité. Il est intéressant de noter que la théorie de l'univers holographique n'est pas un concept nouveau, mais qu'elle est soutenue par d'éminents astrophysiciens des temps modernes. Certains ont poussé cette idée plus loin en affirmant que nous pourrions même vivre dans une simulation informatique. Elon Musk, le véritable Tony Stark (Iron Man) du 21e siècle, un génie de notre époque, a déclaré un jour qu'avec les progrès de la technologie, il y a une chance sur un milliard que nous ne vivions PAS dans une simulation informatique en ce moment.

Bien que je ne puisse pas affirmer avec certitude que nous vivons dans une simulation informatique, le monde possède un plan holographique imperceptible pour la plupart des gens, que je décrirais comme une conscience pure. Il n'est pas certain que cette conscience pure soit un hologramme projeté, mais la possibilité existe bel et bien.

Cependant, ce que je sais avec certitude, c'est que le monde dans lequel je vis aujourd'hui est une version numérisée du monde dans lequel je vivais auparavant, mais avec des graphismes améliorés. Observer le centre-ville d'une grande ville comme Toronto la nuit, par exemple, avec ses enseignes LED, ses lumières vives et ses couleurs clignotantes, c'est comme entrer dans un pays merveilleux de jeux vidéo futuristes - une expérience à couper le souffle, encore aujourd'hui.

Les deux mots qui décrivent le mieux la façon dont je vois le monde extérieur aujourd'hui sont "Interstellaire" et "Intergalactique", car ces mots inspirent l'idée que notre planète n'est qu'une parmi tant d'autres où la vie existe dans l'immensité de l'espace. Il existe d'innombrables autres mondes que nous explorerons en temps voulu et avec lesquels nous entrerons en contact avec des êtres inimaginables pour nous. Cependant, nous devons d'abord nous dépouiller de notre enveloppe matérielle grâce au mécanisme de la Kundalini que notre Créateur a mis en nous pour voir la nature cachée, holographique, de la réalité et faire l'expérience de notre véritable essence d'Etres de Lumière.

L 'ARBRE DE VIE ET LES CHAKRAS

Dans mon premier livre, *The Magus : Kundalini and the Golden Dawn*, je discute longuement de la Tradition des Mystères Occidentaux et de leur relation avec le système Spirituel Oriental. Dans ce livre, cependant, puisque notre sujet principal est la Kundalini (un terme Oriental), je vais adopter l'approche inverse, en m'en tenant principalement aux systèmes Yogique et tantrique, tout en faisant référence à la Qabalah et à l'Arbre de vie dans certains cas.

L'arbre de vie, composante principale de la Qabalah, est le plan de l'existence. Il s'agit de la carte de notre Système Solaire et de la psyché humaine. L'Arbre de vie se compose de dix Sephiroth (sphères), qui représentent des états de conscience auxquels les humains prennent part quotidiennement et qui donnent naissance à des facultés intérieures telles que l'intuition, la mémoire, la volonté, l'imagination, l'émotion, le désir, la logique et la raison, et la pensée. Les Qabalistes affirment que tout ce qui existe dans la nature peut être classé sur l'Arbre de Vie, car tout est lié d'une manière ou d'une autre à notre Système Solaire et à ses énergies.

Le système Qabalistique s'appuie sur l'énergie des nombres, des symboles et des lettres (Hébraïques). Les dix Sephiroth sont reliées par vingt-deux chemins, correspondant aux vingt-deux *Arcanes Majeurs* du Tarot et aux vingt-deux *Lettres Hébraïques*. Ces dernières correspondent à leur tour aux Cinq Éléments, aux Douze Zodiaques et aux Sept Planètes Anciennes. Ainsi, l'Arbre de Vie englobe la totalité des énergies Universelles, y compris les Constellations, qui ont un impact sur la vie sur Terre.

La Qabalah dont j'ai une grande expérience est hermétique, c'est pourquoi elle s'écrit avec un "Q". L'hermétisme est l'étude de notre système solaire et des énergies universelles qui constituent ce que nous sommes. Il existe en outre une Kabbale juive (avec un K) et une Cabale chrétienne (avec un C) - ces trois systèmes ont cependant la même base, puisqu'ils utilisent l'Arbre de Vie comme glyphe central. Consultez le " Glossaire des termes sélectionnés " en annexe pour une description détaillée de chacune des Sephiroth de l'Arbre de Vie et d'autres termes pertinents des Mystères occidentaux non définis dans le corps du texte.

Les Chakras trouvent leur origine dans l'Inde ancienne. Ils ont été mentionnés pour la première fois dans les Vedas Hindous (1500-1200 avant J.-C.), un vaste ensemble de textes sacrés contenant des connaissances Spirituelles. Les Chakras font partie d'un système énergétique complexe qui décrit différents aspects ou parties de l'aura humaine (champ énergétique). La connaissance des Chakras n'est apparue que récemment dans le monde Occidental, avec la popularité croissante du Yoga et des philosophies du Nouvel Âge en général.

Les êtres humains possèdent des Chakras Majeurs ainsi que des Chakras Mineurs. Cependant, les sept Chakras Majeurs sont les principaux qui alimentent essentiellement l'aura. Les Chakras Mineurs sont reliés aux Chakras Majeurs et ne fonctionnent pas de manière indépendante, mais s'efforcent plutôt d'accomplir leurs tâches. Dans ce livre, je traiterai à la fois des Chakras Majeurs et Mineurs et des Chakras Transpersonnels.

Chakra est un mot Sanskrit qui signifie "roue qui tourne" ou "vortex". Le terme "Chakra" est utilisé pour décrire les centres d'énergie invisibles situés le long de la colonne vertébrale et dans la tête. Ces centres d'énergie sont constitués d'un flux d'énergie multicolore que l'on retrouve dans l'Aura. Les Chakras alimentent l'aura et régulent le système nerveux, les glandes endocrines et les principaux organes. Ce sont des stations centrales d'énergie qui régissent l'être humain dans son ensemble : l'Esprit, le corps et l'Âme.

Les chakras gèrent et distribuent l'énergie vitale dans nos différents Corps Subtils, qui sont des véhicules de conscience pour les multiples Plans Cosmiques d'existence auxquels nous participons. Les Chakras sont des conducteurs d'énergie, et chaque Chakra a des propriétés différentes, qui alimentent et expriment notre Moi intérieur. Ils sont responsables du travail de nos pensées, de nos émotions, de notre volonté, de notre intuition, de notre mémoire et d'autres éléments qui constituent notre identité.

Il est essentiel de comprendre que les Chakras ne sont pas physiques, mais qu'ils sont situés dans le Corps de Lumière. Ils représentent des forces provenant des Corps Subtils qui se manifestent par un modèle de circulation dans sept zones majeures du Corps de Lumière. Les Chakras sont souvent décrits comme ayant la forme de fleurs en pleine floraison. Chaque fleur Chakrique possède un nombre spécifique de pétales qui créent des vortex d'énergie en forme de roue qui rayonnent vers l'extérieur, à angle droit, tandis que les Chakras supérieur et inférieur (Sahasrara et Muladhara) se projettent verticalement. Pour renforcer leur aspect floral, chaque Chakra possède également un canal en forme de tige qui se projette dans la moelle épinière et le tronc cérébral et les relie.

Les Chakras peuvent tourner dans le sens des aiguilles d'une montre ou dans le sens inverse, selon le genre du Chakras et selon qu'il émet ou reçoit de l'énergie. La vitesse de rotation d'un Chakra détermine la qualité de sa fonction. Si leur rotation est rapide, ils sont bien réglés et canalisent davantage d'énergie Lumière. Si leur rotation est lente et stagnante, ils sont désaccordés, ce qui signifie qu'ils canalisent moins d'énergie Lumière. En général, les personnes dont les Chakras sont désaccordés sont davantage alignées avec leur Ego qu'avec leur Âme. Pour s'aligner avec l'Âme et exprimer ses propriétés, il faut avoir des Chakras bien accordés, car l'expression de l'Âme dépend entièrement de la quantité de Lumière canalisée par les Chakras.

Une fois que la Kundalini s'est élevée jusqu'au sommet de la tête pour se localiser de façon permanente dans le cerveau, l'ensemble de l'Arbre de Vie devient pleinement activé. La plus haute séphira est appelée *Kether*, la Couronne, au sommet de l'Arbre de Vie. Kether correspond au septième Chakra, Sahasrara. Tous deux sont appelés "Couronne", en raison de leur emplacement au sommet de la tête. Kether est lié à la lumière blanche Spirituelle qui sous-tend toute l'existence physique.

Figure 4: L'Arbre de Vie/Sept Chakras/Kundalini

Inversement, la Sephira la plus basse est appelée *Malkuth*, la planète Terre, en tant que dixième Sephora sur l'arbre de vie - directement opposée à Kether. Dans le système Chakrique, Malkuth est liée au premier Chakra, Muladhara, et à l'élément Terre. Ces deux ensembles de Sephiroth et de Chakras ont une correspondance et des relations directes, bien que Malkuth soit placé aux pieds tandis que Muladhara est placé dans la région de l'aine. Les autres Sephiroth et Chakras de l'Arbre de Vie correspondent également, bien qu'il faille avoir une expérience directe des deux systèmes pour voir comment ils sont reliés. Ainsi, il n'est pas aussi simple d'unifier les sphères opposées de l'Arbre de Vie pour obtenir les sept Chakras, bien que cette méthode fonctionne mathématiquement.

Après un éveil complet de la Kundalini, les Chakras (et les Sephiroth de l'Arbre de Vie) deviennent en permanence infusés d'énergie Lumière, activant leurs états de conscience au sein de l'individu (Figure 4). Les Chakras deviennent comme des ampoules électriques, qui émettent de la Lumière en fonction de leur degré de propreté, de pureté et d'harmonie. Par exemple, s'il y a beaucoup de karma dans un Chakra particulier, il émet une Lumière faible plutôt qu'une Lumière vive. C'est le devoir solennel que vous avez envers votre Créateur de nettoyer vos Chakras et d'éliminer la négativité de chacun d'eux afin qu'ils puissent briller de mille feux, vous permettant ainsi d'aligner votre conscience avec votre âme.

PURIFICATION DES CHAKRAS

Le Karma est un mot Sanskrit signifiant "action", "travail" ou "acte" qui fait partie de la Loi Universelle. Il implique que chaque action est l'effet d'une ou plusieurs actions précédentes et qu'elle entraînera une ou plusieurs actions futures. Ainsi, le Karma est cyclique et il nous affecte tous. Puisque la réalité évolue par cycles, comme une roue qui tourne, la roue du Karma représente l'énergie karmique bonne ou mauvaise de notre vie, qui se manifestera à l'avenir sous forme de bénédictions ou de problèmes à résoudre. Notre comportement dans la vie détermine si nous avons un bon ou un mauvais Karma et ce comportement s'exprime à travers les Chakras.

Chaque Chakra est une source d'énergie pour la façon dont votre caractère et votre personnalité s'expriment dans le monde intérieur et extérieur. Le caractère est inhérent à votre personne, car c'est l'essence de ce que vous êtes, tandis que la personnalité change avec le temps. Le caractère est constitué de vos croyances éthiques supérieures et des expressions de votre Âme, tandis que la personnalité concerne davantage les expressions de l'Ego et ses goûts et aversions. Chaque Chakra est un réservoir d'énergie pour différentes parties de votre caractère et de votre personnalité, de la façon dont vous pensez à ce que vous ressentez à ce qui vous anime et au-delà.

Lorsque vous avez de l'énergie Karmique dans un Chakra, une partie du Soi est porteuse d'une énergie négative, qui devra être traitée. Par conséquent, tous les Chakras doivent être nettoyés et optimisés afin que vos pensées, vos émotions et vos actions puissent provenir d'un lieu d'amour. Si elles sont imprégnées d'énergie d'amour, vous illuminez le Chakra de cette expression du Soi. Par conséquent, si vous êtes égoïste, craintif, luxurieux, en colère, arrogant, cupide, suffisant, etc., cela signifie que vous devez travailler sur ces parties de vous-même et les transformer en leurs opposés aimants et positifs. Cela signifie que vous devez surmonter le karma de ces Chakras qui expriment ce comportement.

L'énergie karmique présente dans un Chakra peut être une expérience très difficile. Elle rend la vie très inconfortable, vous empêchant de fonctionner aussi bien que vous le devriez, ou que vous le voulez. Pour les personnes éveillées à la Kundalini, celles qui ne sont pas préparées à cette expérience comme je l'étais, l'énergie karmique dans les Chakras peut provoquer une peur et une anxiété débilitantes.

Un éveil complet localise l'énergie de la Kundalini dans le cerveau de façon permanente, unissant le conscient et le subconscient. Si une énergie négative dormante est présente dans les Chakras, elle inondera la conscience sous la forme de pensées et d'émotions désagréables. On ne peut plus se cacher de ses Démons (émetteurs de pensées négatives) après que la Kundalini a pénétré dans le cerveau, ce qui entraîne une résurgence de points de vue, de croyances et d'attitudes néfastes envers la vie qu'il faudra surmonter. Par conséquent, vous devez purger l'énergie de la peur de votre système, ce qui commence par le nettoyage des Chakras.

Grâce à la purification Chakrique, vous modifiez vos croyances sur vous-même et sur le monde. Après tout, si vous voulez faire l'expérience de la Lumière Divine qui est en vous, une transformation complète de votre caractère et de votre personnalité est nécessaire. Vous devez devenir un Etre Spirituel dont la conscience est plus élevée en vibration qu'auparavant. Il n'y a aucun moyen de contourner ce problème. Et pour accomplir cela, votre Ego doit mourir et renaître. C'est le concept de renaissance ultime auquel font allusion de nombreuses religions, anciennes et nouvelles. Cependant, c'est plus qu'une idée pour les personnes éveillées par la Kundalini - c'est la seule réalité dont elles doivent se préoccuper jusqu'à ce que le processus soit terminé.

Les personnes éveillées par la Kundalini doivent apprendre qui elles sont au fond d'elles-mêmes, le bon et le mauvais, et s'accepter et s'aimer. Et une fois qu'ils vont à l'intérieur d'eux-mêmes, ils peuvent contourner l'Ego et entrer en contact avec leur vrai Moi, le Moi supérieur de l'Esprit. Mais pour ce faire, ils doivent développer des vertus, éliminer les vices et adapter des comportements moraux et éthiques dans leur vie s'ils veulent surmonter la peur et l'anxiété qui entravent leur existence même.

Vous voyez donc que le don de la Kundalini peut être considéré comme une malédiction au début si vous avez eu un éveil spontané et que vous n'étiez pas karmiquement préparé. Cependant, il n'y a pas de raccourci vers l'Illumination, et une fois que le génie est sorti de la bouteille, il n'est pas possible de le remettre dedans. La Kundalini accélère rapidement le voyage de votre évolution Spirituelle, mais pour élever la vibration de votre conscience, vous devez surmonter l'énergie négative stockée dans chaque Chakra. Il s'agit d'un processus systématique, qui commence par le Chakra le plus bas, Muladhara, et se termine par Sahasrara, à la couronne. Étant donné que l'Ego est présent dans le corps physique, qui est la partie la plus dense de l'être humain, c'est là que vous devez commencer à éliminer les couches de votre conscience, chacune d'elles étant moins dense que la précédente. Lorsque vous arrivez à la dernière couche, vous avez trouvé votre *Pierre Philosophale*, la quintessence, et vous avez atteint le Soi Supérieur du plan Spirituel.

Le processus d'Illumination est évoqué dans l'histoire de la crucifixion de Jésus-Christ. Une fois mort sur la croix, au lieu d'être ressuscité (Illuminé) immédiatement, il a dû passer trois jours dans le monde souterrain, le royaume des démons, pour devenir le Roi de l'Enfer avant de devenir le Roi du Ciel. Il s'agit donc d'une métaphore de Jésus qui a dû maîtriser ses démons, car ils lui barraient la route vers l'Illumination. Et il l'a fait en les affrontant sans crainte dans son cœur, ce qui lui a permis d'en assumer la maîtrise.

Vous voyez donc que lorsque vous abordez vos démons intérieurs avec courage plutôt qu'avec peur, vous leur enlevez automatiquement leur carburant puisqu'ils se nourrissent de l'énergie de la peur ; c'est leur moyen de subsistance. Vous pouvez alors les maîtriser et leur rendre leurs ailes, métaphoriquement parlant. Ainsi, tous les démons sont essentiellement des *Anges* non maîtrisés. Ils peuvent tous être utilisés pour le bien si l'Esprit est fort et si l'individu apprend à manier leurs pouvoirs. Car pour maximiser notre volonté, nous devons maîtriser notre côté obscur. En fait, avant d'atteindre le Ciel, le Royaume Spirituel, c'est une condition préalable. Que ceux qui ont des oreilles de compréhension entendent ce grand mystère de la Vie, de la mort et de la résurrection. Il a été évoqué dans de nombreuses Traditions Spirituelles Anciennes, avant l'avènement du Christianisme.

PRATIQUES DE GUÉRISON SPIRITUELLE

Le voyage vers la Renaissance Spirituelle est jalonné d'épreuves mentales et émotionnelles qui peuvent souvent être éreintantes. Quoi qu'il en soit, pour s'élever en conscience, il faut surmonter les énergies négatives stockées dans les Chakras et les "éclairer" avant de faire l'expérience de la beauté ineffable du Chakra couronne, Sahasrara. Le nettoyage des Chakras est inévitable. Que vous ayez choisi de travailler avec eux par le biais d'une pratique de guérison Spirituelle ou de permettre à la Kundalini de purifier chaque Chakra systématiquement au fil du temps, cela ne dépend que de vous.

Les pratiques de guérison Spirituelle comprennent, sans s'y limiter, la Magie Cérémonielle, les Pierres Précieuses (Cristaux), les Diapasons, l'Aromathérapie, les Tattvas et les pratiques Yogiques et Tantriques telles que l'Asana, le Pranayama, le Mudra, le Mantra et la Méditation (Dhyana). Ayant essayé la plupart des pratiques de guérison Spirituelle, j'ai découvert que la Magie Cérémonielle isole mieux chaque Chakra et vous permet de surmonter l'énergie karmique dans chacun d'eux et de les accorder. Mon premier livre, *The Magus : Kundalini and the Golden Dawn*, est un cours d'étude complet pour les Mages en herbe, et il vous donne tous les exercices rituels dont vous avez besoin pour travailler avec vos Chakras.

Si la Magie Cérémonielle est une pratique Spirituelle Occidentale, le Yoga et le Tantra sont des pratiques Orientales. Cependant, tant en Orient qu'en Occident, les gens pratiquent la guérison par le Cristal, la guérison par le Son avec des Diapasons et l'Aromathérapie. Bien qu'il s'agisse à l'origine d'une technique Spirituelle Orientale utilisée dans le système Yogique, les Tattvas ont trouvé leur place dans les écoles du Mystère Occidentales en raison de leur capacité à se connecter aux Cinq Éléments, le facteur d'unification entre le système Chakrique Oriental et le système Qabalistique Occidental.

Puisque le but de ce livre n'est pas seulement de donner des réponses concernant la Kundalini mais aussi d'offrir des méthodes alternatives de guérison de l'Aura et des Chakras dans le but d'une évolution Spirituelle, j'ai consacré la totalité des parties V et VI aux pratiques mentionnées ci-dessus. Je vais brièvement passer en revue certaines d'entre elles pour vous donner une impression générale. Bien sûr, il existe d'autres méthodes de travail avec les Chakras, et je ne mentionne que les principales avec lesquelles j'ai une grande expérience. En fin de compte, c'est vous qui choisissez de travailler avec ces méthodes.

Pierres Précieuses (Cristaux)

L'utilisation des Pierres Précieuses, autrement appelées pierres naturelles ou Cristaux, est une pratique Spirituelle puissante qui existe depuis des milliers d'années et qui est largement utilisée par les guérisseurs énergétiques aujourd'hui. Nous trouvons des preuves de l'utilisation des Pierres Précieuses pour la guérison Spirituelle, la manipulation de l'énergie et la protection dans pratiquement toutes les cultures et traditions Anciennes. Par exemple, les Anciens ont incorporé des Pierres Précieuses dans des bijoux, des cosmétiques, des statues décoratives et des talismans, en témoignage de leur puissante capacité à guérir les problèmes mentaux, émotionnels et physiques tout en les protégeant des forces adverses.

Chacune des centaines de Pierres Précieuses existantes possède un large éventail de propriétés curatives. Nous pouvons utiliser les Pierres Précieuses pour cibler les centres d'énergie correspondants dans le corps de Lumière afin de supprimer les blocages et d'augmenter le flux d'énergie dans ces zones. En accordant et en optimisant les Chakras grâce à la guérison par les Cristaux, les Corps Subtils correspondants, y compris le corps physique, sont également rajeunis – Ce qui est en Haut, est comme En Bas.

Pour vraiment comprendre comment une Pierre Précieuse affecte une personne sur le plan physique, émotionnel, mental et Spirituel, il est nécessaire d'avoir une expérience personnelle avec chaque Pierre. Après tout, chaque Pierre Précieuse est liée à un ou plusieurs Chakras, mais aussi à différents éléments, planètes et énergies zodiacales. Par conséquent, l'utilisation des Pierres Précieuses est une pratique viable pour travailler sur votre Microcosme, votre Aura, et une pratique qui peut équilibrer vos énergies et vous guérir à tous les niveaux si vous vous y consacrez. J'ai inclus une liste des correspondances des Pierres Précieuses dans cet ouvrage, y compris les techniques que vous pouvez utiliser pour travailler avec elles.

Diapasons Thérapeutiques

L'utilisation des Diapasons dans la guérison par le son est un domaine relativement nouveau, bien qu'il ait gagné en popularité en raison de son efficacité thérapeutique. Elle repose sur le principe que tout dans l'Univers est en état de vibration, y compris nos pensées, nos émotions et notre corps physique.

Lorsque le praticien frappe un Diapason lors d'une séance de guérison, il crée une onde sonore dont la vibration se propage profondément dans l'Aura du patient, accédant aux Voies Energétiques (Nadis) de son Corps de Lumière et affectant sa conscience. Les Diapasons peuvent être utilisés de nombreuses façons, notamment pour guérir le système énergétique subtil, ajuster les cycles naturels du corps, équilibrer le système nerveux, détendre les muscles et favoriser un bon sommeil.

Les Diapasons les plus populaires sur le marché sont ceux qui correspondent aux principaux Chakras. Comme chaque Chakra vibre à une fréquence spécifique lorsqu'il est sain, un Diapason peut être calibré pour résonner à cette même fréquence. Lorsqu'il est placé sur ou près du Chakra, la vibration du Diapason envoie une onde sonore qui accorde le Chakra correspondant, le rÂmenant à son état vibratoire optimal. Le processus qui permet à deux corps oscillants de se synchroniser l'un avec l'autre lorsqu'ils sont proches l'un de l'autre est appelé "entraînement".

Aromathérapie

L'Aromathérapie est une médecine holistique qui existe également depuis des milliers d'années, remontant à l'époque de l'Ancienne Sumer. Elle utilise des composés extraits de plantes qui capturent le parfum ou l'odeur de la plante - son essence. Les extraits de plantes les plus couramment utilisés dans les huiles "essentielles" de l'aromathérapie sont généralement inhalés par divers moyens et méthodes, bien que nous puissions également les utiliser par voie topique.

Lorsqu'elles sont inhalées par le nez, les huiles essentielles ont un impact sur le Système Limbique, la partie du cerveau qui joue un rôle dans les émotions, les comportements et les souvenirs. En outre, le Système Limbique produit des hormones qui aident à réguler la respiration, le rythme cardiaque, la respiration et la pression sanguine. Pour cette raison, de nombreuses huiles essentielles ont un effet calmant sur le système nerveux, ce qui les rend bénéfiques en tant que précurseur de la méditation, de la Thérapie par les Diapasons, des pratiques Tantriques et Yogiques, et d'autres modalités de guérison Spirituelle qui nécessitent une relaxation. À l'inverse, certaines huiles essentielles ont un effet énergisant et stimulant et sont d'excellents stimulants énergétiques en cas de léthargie et d'épuisement.

Chaque parfum d'huile essentielle possède des vibrations spécifiques aux propriétés curatives qui ont un impact positif sur notre conscience. Leur utilisation peut éliminer les blocages énergétiques dans l'Aura tout en réalignant les Corps Subtils et en recalibrant les Chakras. En outre, les huiles essentielles sont d'excellents compagnons des Pierres Précieuses et autres outils d'invocation de l'énergie. Elles sont généralement sûres et faciles à utiliser et fournissent une méthode différente mais puissante pour guérir l'esprit, le corps et l'Âme.

Tattvas

Le travail avec les Tattvas est une pratique Orientale qui existe depuis plus de deux mille cinq cents ans. Le mot "Tattva" est un mot Sanskrit qui signifie "essence", "principe" ou "élément". Les Tattvas représentent les Quatre Éléments que sont la Terre, l'Eau, l'Air et le Feu, ainsi que le Cinquième Élément, l'Esprit. Il y a cinq Tattvas primaires, chacun d'entre eux ayant cinq Sous-Tattvas, soit un total de trente.

Les Tattvas sont considérés comme des "fenêtres" sur les Plans Cosmiques, correspondant aux énergies des Chakras. En tant que tels, ils peuvent nous aider à travailler avec les Chakras et l'énergie karmique qu'ils contiennent. Ils ne génèrent pas d'énergie en soi, comme les Pierres Précieuses et les Diapasons, mais ils sont utiles pour se concentrer sur les Plans Cosmiques intérieurs et travailler sur les Chakras correspondants. D'après mon expérience, le travail avec les Tattvas va de pair avec l'utilisation des rituels de Magie Cérémonielle des Éléments, car le type d'énergie que chacun traite est pratiquement le même.

Le travail du Tattva est similaire à la Magie Cérémonielle car il isole chaque Chakra, mais l'énergie invoquée est moins puissante. Certains préfèrent cependant la méthode des Tattvas, car elle permet de travailler avec les Sous-Éléments de manière sûre et efficace. En outre, les Tattvas peuvent être utilisés en tandem avec d'autres pratiques Spirituelles présentées dans cet ouvrage, notamment l'Aromathérapie.

Yoga et Tantra

Les systèmes Spirituels Orientaux du Yoga et du Tantra contiennent de nombreux exercices qui peuvent être pratiqués individuellement ou à l'unisson avec d'autres éléments des deux systèmes. Bien que le yoga et le tantra partagent les mêmes pratiques, leurs philosophies diffèrent. Alors que le Yoga applique les techniques Spirituelles à la poursuite d'objectifs et de réalisations particuliers (tels que la réalisation de Soi ou l'Illumination), le Tantra se concentre sur l'utilisation des mêmes méthodes pour se libérer de tous les désirs, ce qui aboutit inévitablement au même résultat que le Yoga. Le Tantra peut donc être considéré comme une approche du Yoga. À l'origine, il s'agissait d'une tradition de maîtres de maison qui s'efforçaient d'embrasser le monde matériel et terrestre au lieu de le transcender, comme le veut le Yoga.

Asana est la pratique de postures de Yoga debout ou assises. La pratique des Asanas présente de nombreux avantages, notamment la tonification du corps physique, le développement de la souplesse et de la force, l'équilibre et l'harmonisation de nos énergies intérieures, l'ouverture des Chakras, la suppression des blocages dans les Nadia et l'ancrage dans la terre. La pratique des Asanas a également un effet apaisant sur l'esprit, ce qui en fait un excellent outil pour combattre l'anxiété et la dépression tout en stimulant les substances chimiques "heureuses" du cerveau. Les Asanas sont pratiqués en tandem avec des exercices de respiration (Pranayama) et de méditation (Dhyana). Les Asanas de méditation sont toutefois une condition préalable à la plupart des pratiques Yogiques, y compris les Mudras et les Mantras.

Le Pranayama est la pratique Yogique de la respiration contrôlée, qui amène l'énergie Pranique dans le corps. Nous pouvons le pratiquer indépendamment ou comme précurseur de la méditation et de tous les exercices d'invocation de l'énergie. Par exemple, l'exercice du "Souffle quadruple" de *The Magus* est une technique de Pranayama adaptée qui fonctionne bien avec les exercices rituels de la Tradition du Mystère Occidental. De même, le Pranayama joue un rôle crucial dans l'exécution des Asanas, des Mudras et des Mantras, car la respiration est la clé du contrôle de l'esprit et du corps. Les exercices de Pranayama présentés dans ce livre sont utilisés à des fins diverses, notamment pour équilibrer les énergies féminine et masculine, calmer le système nerveux, neutraliser l'énergie négative et préparer l'esprit à élever et manipuler l'énergie.

Les Mudras sont des gestes ou des poses symboliques et rituels qui n'impliquent généralement que les mains et les doigts, bien qu'ils puissent aussi engager le corps tout entier. Ils nous permettent de manipuler les énergies dans notre corps (Microcosme) et d'invoquer des pouvoirs supérieurs dans l'univers (Macrocosme). Les Mudras nous relient aux forces Archetypales et élèvent la vibration de notre conscience. Ce livre présente des Mudras permettant d'éveiller et d'affiner les Chakras, d'équilibrer les éléments, d'invoquer la paix de l'esprit et même d'exploiter l'énergie Pranique pour éveiller la Kundalini (Bandhas - Mudras de verrouillage). Vous pouvez utiliser les Mudras avec les exercices de méditation, les Mantras, les Pranayamas et les Asanas, en particulier les Asanas de méditation.

Les Mantras Sanskrits invoquent/évoquent l'énergie en nous mettant en accord avec certains pouvoirs en nous-mêmes et dans notre système solaire. Ils impliquent souvent l'invocation des Dieux et Déesses Hindous ou Bouddhistes sous une forme ou un aspect de leurs pouvoirs. Cette méthode puissante d'induction d'énergie dans l'Aura est utilisée depuis des milliers d'années par les adeptes des systèmes Spirituels Orientaux. Les Mantras véhiculent généralement l'énergie karmique des systèmes respectifs des traditions ou des religions spécifiques dont ils sont issus. Ils vont de pair avec les techniques de Pranayama, les exercices de méditation et d'autres pratiques Yogiques. Par exemple, comme l'énergie invoquée par les Mantras englobe généralement plus d'un Chakra, nous pouvons combiner leur utilisation (en particulier les Mantras Bija) avec les Mudras de la main pour isoler et soigner efficacement les Chakras individuels.

Enfin, la méditation, ou Dhyana, est l'une des disciplines les plus pratiquées pour concentrer l'esprit, que l'on retrouve dans les systèmes Spirituels Orientaux et Occidentaux. Par exemple, dans *The Magus*, la "Meditation du Troisième Œil" est un précurseur des invocations énergétiques, car elle nous calme efficacement, en facilitant l'activité des ondes cérébrales dans un *Etat Alpha*, et en préparant l'esprit aux invocations/évocations rituelles. Les techniques de méditation consistent à visualiser un objet intérieur, à se concentrer sur un objet extérieur ou à utiliser des Mantras pour aider à focaliser l'esprit. La méditation a pour but de faire taire l'Ego et de vider l'esprit, en apportant la guérison à tous les Chakras. Elle accroît notre pouvoir de conscience, nous rendant présents ici et maintenant et nous permettant de puiser dans le champ du potentiel pur. La méditation est utilisée parallèlement au contrôle de la respiration (Pranayama).

***

J'ai constaté que les personnes éveillées à la Kundalini qui choisissent de permettre à la Kundalini de travailler naturellement avec les Chakras individuels sont souvent laissées à la merci de cette énergie qui peut parfois être très dure. La douleur et l'anxiété peuvent être si fortes que certains ont perdu le contrôle total de leur vie et ont envisagé le suicide. Trouver une pratique Spirituelle pour guérir les Chakras vous permet un niveau significatif de contrôle sur ce processus, ce qui peut être très édifiant et vous donner la confiance et la force d'avancer dans votre voyage. Le processus d'éveil de la Kundalini est l'œuvre de toute une vie. Il est donc essentiel de rester inspiré pendant qu'il se déroule afin d'en tirer le meilleur parti et de vivre le plus confortablement possible votre évolution Spirituelle.

LA TRANSFORMATION DE LA KUNDALINI

Il est impératif de discuter de la façon dont le fonctionnement des Chakras est lié au cerveau, étant donné que l'expansion de la conscience, qui est le but premier de l'éveil de la Kundalini, se produit à l'intérieur de la tête. Voyez-vous, en éveillant les Sept Chakras et en élevant la Kundalini jusqu'à la couronne, de nouvelles voies énergétiques s'ouvrent à l'intérieur du cerveau, ce qui donne l'impression que votre tête se creuse à l'intérieur. Le cerveau subit un processus de remodelage, augmentant sa capacité de 10%, ce que l'homme moyen utilise, à 100%. Les zones dormantes du cerveau se débloquent, ce qui nous permet d'absorber et de traiter une énorme quantité d'informations extérieures en une seule fois. Pensez-y comme à un processus d'expansion de la puissance du cerveau.

Une fois que l'Oeuf Cosmique s'est ouvert, activant le Corps de Lumière, il faut un certain temps pour que l'énergie Pranique/Lumière infuse les Nadis et alimente le nouveau système énergétique. Ce processus est réalisé par la transformation des aliments en énergie Lumière via le système digestif. Puisqu'il n'y a pas de mot défini pour ce processus, j'utiliserai le terme "sublimer", car il implique une chose qui change de forme mais pas d'essence. Et puisque tout est fait d'Esprit et de Lumière, y compris la nourriture que nous mangeons, la sublimation fait référence à sa transformation d'un état solide à un état subtil qui infuse et alimente les voies énergétiques du Corps de Lumière. Ce phénomène est responsable non seulement de l'expansion de la conscience mais aussi de l'induction d'états transcendantaux.

Cependant, vous ne pourrez pas vous accorder pleinement avec le corps Spirituel (l'un des Corps Subtils du Corps de Lumière) avant d'avoir complètement travaillé sur les quatre Chakras inférieurs et d'avoir intégré et maîtrisé les Éléments de la Terre, de l'Eau, du Feu et de l'Air dans votre psyché. Pour ce faire, vous devez aller au-delà de l'Abîme, dans le domaine de la Non-Dualité. Ainsi, au cours du long processus de transformation de la Kundalini, votre conscience commence à s'accorder lentement avec *Chokmah* et *Binah*, les deuxième et troisième Sphères (Sephiroth) les plus élevées de l'Arbre de Vie, qui correspondent aux fonctions intérieures de sagesse et de compréhension.

Dans ce livre, je vais vous présenter certains archétypes Qabalistique et les relier à l'Arbre de Vie. Bien que cet ouvrage soit indépendant, de nombreuses idées présentées ici poursuivent et élargissent les connaissances présentées dans *The Magus*. Après tout, sa description de l'énergie de la Kundalini est liée à la tradition Occidentale des Mystères, tandis que *Serpent Rising* est lié au système Oriental. En vous présentant continuellement de nouvelles idées et de nouveaux concepts, je vise à renforcer votre mémoire et votre capacité d'apprentissage afin que votre Soi supérieur puisse prendre le relais et continuer à vous enseigner par le biais de la Gnose - la communication directe avec les énergies supérieures. Avant que cela ne se produise, cependant, vous devez avoir une compréhension approfondie du processus de la Kundalini et réconcilier tous les points de vue divergents à ce sujet.

ACTIVATION DE BINDU

Une fois que la Lumière dans le corps s'est accumulée grâce à la prise de nourriture, ce qui peut prendre trois à quatre mois après un éveil complet de la Kundalini, vous sentirez une valve de libération se former au sommet de l'arrière de la tête, qui est le Bindu Chakra (Figure 5). Son emplacement est exactement celui où les Brahmanes font pousser leur touffe de cheveux. Bindu est un terme Sanskrit qui signifie "point" ou "point", et c'est le point d'accès à la libération pour la conscience individuelle - la porte d'entrée vers "Shoonya", l'état de vide ou de néant. Cependant, pour que Bindu se déverrouille, il faut avoir pleinement éveillé le Lotus aux Mille Pétales de Sahasrara, et la Kundalini doit résider dans le cerveau de façon permanente. En outre, une quantité suffisante de nettoyage Chakrique doit être achevée si l'éveil a été spontané et que vous n'étiez pas préparé sur le plan karmique.

Le nom le plus courant du Bindu est Bindu Visarga, qui signifie "la chute de la goutte" en Sanskrit, en référence au nectar Amrita qui, selon le Tantra Yoga, s'écoule du Bindu. Le nectar Amrita, souvent appelé "Nectar d'Immortalité", est sécrété par le Sahasrara, mais il pénètre dans le corps par le Bindu. L'Amrita et l'Ambroisie sont la même chose et font référence à la "Nourriture des Dieux", l'"Elixir de Vie" dont on entend souvent parler dans les différentes traditions Spirituelles. Ce nectar nourrit le corps de Lumière et est réputé prolonger la vie, fournir la subsistance et jouer un rôle clé dans l'expérience de la transcendance après un éveil complet et soutenu de la Kundalini.

Dans le Tantra, le Bindu symbolise le Seigneur Shiva, la Source de la Création. En raison de sa propriété intrinsèque à refléter les pensées de la conscience cosmique, ce Chakra est souvent appelé le Chakra de la lune. Le Bindu est considéré comme l'un des Chakras Transpersonnels, il n'est donc pas mentionné dans la plupart des livres sur le Yoga. Dans le modèle de Chakra Transpersonnel, le Bindu est appelé Chakra Causal. En examinant diverses écoles de pensée Spirituelles, j'ai constaté que l'emplacement des deux Chakras et leurs propriétés et caractéristiques sont identiques.

Le Chakra Bindu joue un rôle crucial dans le processus de transformation de la Kundalini. Ce Chakra est le prochain à s'éveiller après Sahasrara. Il sert de passerelle ou de canal d'énergie pour les deux Chakras Transpersonnels supérieurs, l'Etoile de l'Âme et la Porte Stellaire. Après un éveil complet de la Kundalini, le Prana/Lumière commence à être canalisé à travers le Corps de Lumière nouvellement activé. Au fil du temps, la conscience est naturellement attirée vers le Chakra Bindu, le déverrouillant par la même occasion. Simultanément, le Septième Oeil s'ouvre, dont le canal auxiliaire est crucial pour soutenir le circuit de la Kundalini et créer un état d'esprit transcendantal. (Nous reviendrons plus tard sur le Septième Oeil.) L'une des fonctions de Bindu est de réguler l'énergie Lumière et de la distribuer dans tout le Corps de Lumière. Il agit comme un transformateur et un conducteur d'énergie. Au fur et à mesure que cette énergie Lumière augmente, votre conscience s'élargit.

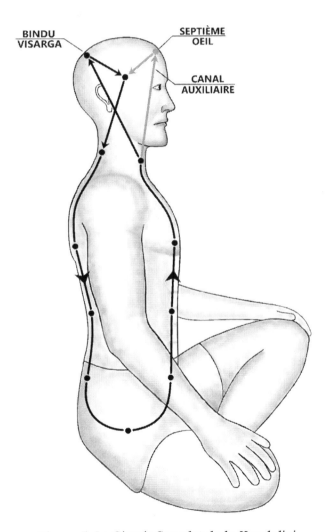

Figure 5: Le Circuit Complet de la Kundalini

47

Une fois Bindu complètement ouvert, votre conscience a un accès direct au royaume de la non-dualité, le royaume Spirituel. Cette expérience s'accompagne d'un sentiment de ravissement Spirituel complet dans votre Chakra du Cœur. Vous commencez à ressentir intuitivement ce que Jésus-Christ voulait dire quand il parlait de la Gloire de Dieu ou du Royaume des Cieux et de la beauté de ce royaume magique qui est le droit de naissance de tous les êtres humains. Le Bindu est notre porte d'entrée dans la Conscience Cosmique. Une fois ouverte, un sentiment constant d'inspiration entre dans votre vie. Vous commencez à avoir l'impression de vivre sur la Planète Terre, mais émotionnellement, vous êtes au Paradis.

Une fois que Bindu est déverrouillé dans le Corps de Lumière, il encourage les Nadis Sushumna, Ida et Pingala à maximiser leur capacité à canaliser l'énergie. La lumière de la Kundalini circule maintenant dans ces canaux sans entrave, avec plus de vélocité que jamais auparavant, alimentée par le Bindu. L'énergie Lumière alimente les Chakras de l'Aura, ce qui vous permet de vous accorder avec n'importe lequel des Plans Cosmiques intérieurs ou des Royaumes d'existence. Il s'agit des Plans Physique, Astral Inférieur et Supérieur, Mental Inférieur et Supérieur, Spirituel et Divin. Les Plans inférieurs aux Plans Divins correspondent aux Sept Chakras.

Le Bindu est la valve de libération dans laquelle se canalise l'énergie Lumière sublimée qui, une fois éveillée, complète le circuit de la Kundalini. Il unifie les pensées et les émotions, ce qui nous permet de faire l'expérience d'une transcendance complète de la conscience. Son activation élève la vibration de notre conscience, nous alignant avec le corps Spirituel. Le Bindu sert de trou noir pour la conscience individuelle. En y pénétrant, nous nous unissons à la Conscience Cosmique et devenons Un avec l'Univers.

Grâce au Bindu, votre conscience peut facilement quitter votre corps lorsque vous vous absorbez dans une forme quelconque de méditation. Une fois que cela se produit, vous commencez à canaliser les pensées de la Conscience Cosmique. C'est le domaine du Plan Spirituel puisque toutes les pensées et tous les sentiments sont réconciliés dans le "Lac de Feu" qui s'y trouve. Ce Feu active le concept de "Gloire de Dieu" comme une émotion tangible ressentie dans le Chakra du Cœur et le cœur physique. La Figure 5 illustre le mouvement de la Lumière, qui est l'énergie Kundalini dans son état le plus sublimé.

Dans la religion Hindoue et le Jaïnisme, il est de coutume de porter un bindi, un point de couleur au centre du front. Il implique la connexion entre le Troisième Oeil(Ajna Chakra) et le Bindu Chakra. En substance, nous atteignons le Bindu Chakra par l'Ajna, comme c'est le cas pour le Sahasrara Chakra. Cependant, comme nous l'avons mentionné, nous ne pouvons accéder au Bindu que si le Sahasrara est complètement ouvert, car un alignement dans l'un implique un alignement dans l'autre. Les hindous appellent le Bindu un "point de création", où toutes les choses sont maintenues ensemble par l'Unité. Ils décrivent alors le bindi comme "le symbole sacré du Cosmos dans son état non-manifesté".

L'ÉRADICATION DE LA MÉMOIRE

Une fois que le Bindu éveillé a aligné votre conscience avec le Plan Spirituel, le phénomène suivant dans le processus de transformation de la Kundalini est le flux de souvenirs aléatoires devant votre Troisième Oeil. Ce phénomène résulte de la relation intime entre Bindu, Ajna Chakra et la Glande Pinéale. Le mental étant réduit au silence sur le Plan Spirituel, les vieux souvenirs refont surface pendant un bref instant, l'un après l'autre, comme des vagues dans un océan infini de conscience. Ces souvenirs peuvent être récents, mais ils datent généralement d'une époque plus ancienne, remontant jusqu'à votre enfance.

Le Soi utilise le Troisième Œil pour faire l'expérience de ces souvenirs passés que le Bindu produit. Pour être précis, le Bindu les "pêche" dans le Chakra causal, l'un des trois Chakras Transpersonnels situés au-dessus de la tête et qui est intimement lié au Bindu. L'énergie d'amour de la cinquième dimension influence le Bindu pour qu'il libère les vieux souvenirs, éliminant ainsi la charge émotionnelle qui les lie à vos chakras.

Et à mesure que ces souvenirs affluent dans votre conscience, la psyché se libère, un souvenir à la fois.

La composante visuelle qui consiste à voir ces souvenirs aléatoires défiler devant vous un par un s'accompagne d'un sentiment intuitif de ce que les souvenirs ont ressenti lorsque ces événements se sont produits. Ainsi, en un sens, vous revivez ces expériences une fois de plus. Cependant, cette fois, votre Moi est dans un état neutre, ce qui signifie que vous n'êtes plus psychologiquement affecté ou émotionnellement attaché de quelque manière que ce soit à ces événements. Vous opérez maintenant dans le domaine de la Non-Dualité, ce qui signifie que l'Ego et le mental sont contournés.

Au fur et à mesure que vous vous débarrassez des vieilles pensées et émotions par le Bindu, vous pouvez avoir l'impression de perdre la tête, car votre Ego se rend compte que son emprise sur la conscience s'affaiblit. Cependant, ce processus d'éradication de la mémoire est normal et peut souvent se poursuivre pendant très longtemps. Après tout, il a fallu de nombreuses années à l'Ego pour se développer, et avec chaque souvenir, il est devenu plus fort. Aujourd'hui, le processus s'inverse, car vous revenez à votre état originel, innocent, avant que l'Ego ne commence à se développer.

Il n'est pas possible d'abolir complètement l'ego tout en vivant dans le corps physique, car il sert à protéger le corps contre les dangers immédiats. Jésus-Christ, l'un des hommes Saints les plus extraordinaires à avoir vécu sur cette planète, a vécu avec un Ego toute sa vie, le guidant et le commandant. Son avant-dernière phrase sur la croix était : "Mon Dieu, mon Dieu, pourquoi m'as-tu abandonné ? "(Matthieu 27:46). Cette phrase a été prononcée par son Ego, qui s'est manifesté en conscience dans les derniers moments de la vie de Jésus pour demander de l'aide à Dieu, sachant que le corps physique était sur le point de périr. Cette déclaration a été suivie de "C'est fini". C'est la dernière chose que son Soi supérieur a dit avant de mourir. Voici un parfait exemple de la dichotomie de l'Ego et du Soi supérieur et de la façon dont chacun peut prendre le contrôle de la conscience à tout moment, en fonction des circonstances et indépendamment de notre degré d'évolution Spirituelle.

Vous voyez donc que vous ne pouvez pas détruire l'Ego dans cette vie. Cependant, vous pouvez lui retirer ses griffes afin que l'Âme puisse prendre la place du conducteur et vous guider dans la vie, y compris dans vos décisions quotidiennes. Et puisque vous n'êtes plus tourmenté par la peur en vous accordant au Plan Spirituel, l'Ego n'a plus rien pour vous corrompre. Une grande partie du fonctionnement de l'Ego comprend la façon dont il réagit à l'énergie de la peur et aux scénarios fictifs mais effrayants que l'esprit crée et que l'Ego cherche à empêcher de se produire. Une autre partie importante du modus operandi de l'Ego consiste à vous séduire avec des pensées et des désirs de vous occuper uniquement des plaisirs du corps et de vos propres besoins et désirs. Cependant, puisque vous n'êtes plus lié à votre corps et que vous reconnaissez l'unicité de toute existence, l'Ego a peu de pouvoir sur vous à cet égard également.

L'expérience de l'éveil de la Kundalini vous fera passer de la Terre au Ciel en une seule décennie dans la plupart des cas. Pendant que ces processus subtils se déroulent, il est inutile d'essayer de rationaliser ce qui vous arrive. La même faculté que vous utilisez pour rationaliser les choses est éradiquée par le Feu de la Kundalini pour vous permettre de commencer à fonctionner entièrement sur l'intuition. La mémoire semble se dissiper au cours de ce processus, tout comme l'impulsion à rationaliser et à expliquer tout ce qui vous arrive par la logique et la raison. Les notions de "lâcher prise" et de "suivre le courant" font donc partie du processus de transformation de la Kundalini. En remettant trop en question le processus avec votre Ego, vous entraverez le flux de la Kundalini et, à long terme, votre transformation prendra plus de temps qu'elle ne devrait.

Pensez à l'analogie de ce qui se passe lorsque vous appliquez le feu à l'eau dans la réalité physique - vous obtenez de la vapeur. L'Élément Feu est l'énergie Kundalini éveillée, tandis que votre mémoire appartient à l'Élément Eau dont l'essence est la pure conscience. S'exprimant physiquement par la teneur en eau de votre corps, l'Élément Eau représente plus de 60 % de votre être physique. La vapeur est la crasse, ou les composants nuisibles de votre Élément Eau, les souvenirs de qui vous étiez ou pensiez être lorsque ces événements passés se sont produits. Cependant, ces souvenirs ne sont rien d'autre que des illusions liées à votre Karma, obscurcissant votre essence et empêchant la Lumière intérieure de briller dans le monde. Au fur et à mesure que le temps passe, et que le Feu de la Kundalini continue d'agir sur les différents Chakras, les purifiant au passage, ces vieilles mémoires s'extirpent de vous. Cette éradication de l'Ego est également un processus de purification de l'Âme. Au bout d'un certain temps, vous commencerez à voir dans votre Troisième Œil des ondes et des schémas énergétiques sous forme d'images visuelles résultant des impressions que votre environnement produit sur vous. Pour en arriver là, cependant, de nombreux souvenirs personnels doivent être purifiés. Vous pouvez même voir des souvenirs de vies antérieures, car ce processus de purification n'est pas limité à cette seule vie. Rappelez-vous que l'âme, que nous essayons de purifier et d'exalter ici, existe depuis de nombreuses vies.

À mesure que la conscience se retire de plus en plus dans le Bindu, vous commencez à perdre conscience de votre corps physique au point de devenir insensible aux sensations du monde extérieur. À un niveau supérieur de l'évolution Spirituelle, votre conscience quitte entièrement votre corps, accompagnée de la sensation que le corps physique se fait injecter de la novocaïne, un puissant antidouleur et agent anesthésiant. Cela atteint un point où, si vous appliquez une poche de glace sur la peau, vous ne sentirez pas le froid mais seulement une sensation d'engourdissement. Des niveaux élevés d'histamine sont libérés pour accomplir ce phénomène. Une fois que les principaux centres du cerveau sont ouverts, des niveaux plus élevés de dopamine et de sérotonine sont libérés, contribuant à un état émotionnel exalté et béat et à une volonté surhumaine.

Ce processus d'expansion de la conscience est sans fin. Vous commencez à vivre dans cette réalité en permanence, car le Bindu est de plus en plus alimenté par l'énergie Lumière apportée par l'ingestion de nourriture. Au fur et à mesure que les nutriments sont absorbés par le corps, la Lumière Kundalini qui circule à l'intérieur de vos Nadis grandit en taille et en vitesse de mouvement, élargissant perpétuellement votre conscience.

COMPLÉTION LA MÉTAMORPHOSE

Vous commencez à éprouver différentes sensations physiques grâce au processus de transformation de la Kundalini. La première manifestation physique de ces changements énergétiques est la sensation de fourmis qui rampent sur la peau. Certaines personnes ressentent une décharge électrique sur certaines parties de leur corps lorsque les soixante-douze mille Nadis, ou canaux énergétiques, sont infusés par l'énergie Pranique. Une sensibilité à l'air ambiant peut se développer, vous rendant susceptible d'attraper un rhume ou une grippe. J'ai constaté que ce phénomène dépend de la dominance de l'élément air dans votre thème natal. N'oubliez pas de vous réchauffer pour éviter de tomber malade si vous commencez à sentir l'air frais sur votre peau d'une manière nouvelle. Vous pourriez également commencer à développer des allergies car votre odorat est exacerbé. Vous commencerez à sentir des odeurs particulières comme si l'objet ou la personne se trouvait en face de vous, alors qu'en réalité, ils sont peut-être à des kilomètres.

Tous les processus que j'ai décrits jusqu'à présent sont interconnectés. Ensemble, ils activent et développent les pouvoirs du Corps de Lumière afin que la conscience puisse s'aligner progressivement sur sa vibration et faire l'expérience de la Conscience Cosmique. Le Corps de Lumière est comme un arbre dont les branches (Nadis) atteignent la surface de la peau depuis l'intérieur. Son centre se trouve dans le Chakra du Cœur, Anahata, la zone centrale du corps où se croisent plusieurs Nadis. Ces branches servent de récepteurs qui utilisent l'air qui les entoure comme un moyen ou un conduit de communication. Ce sont des antennes qui se connectent avec les mondes invisibles, les Plans Cosmiques dont j'ai parlé précédemment.

La croissance de cet arbre énergétique se poursuit en nourrissant le corps physique avec les nutriments, vitamines et minéraux appropriés. Les protéines sont essentielles car elles contribuent à la construction du Corps de Lumière. La vitamine C est également essentielle car elle aide à réguler les Glandes Surrénales, qui sont épuisées par le processus d'éveil de la Kundalini. La peur met à rude épreuve les Glandes Surrénales, et comme vous faites l'expérience d'un effondrement catatonique, la *Nuit Noire de l'Âme*, la peur est considérablement amplifiée. Il est donc vital de boire du jus d'orange ou d'autres jus de fruits qui contiennent de la vitamine C pour éviter que les Glandes Surrénales ne soient endommagées de façon permanente.

Le processus de transformation de la Kundalini est un tel choc pour l'Ego qui est en train de mourir. En conséquence, il peut y avoir une énorme quantité de négativité qui fait surface à partir de votre subconscient. Si vous avez eu un éveil complet et permanent de la Kundalini, ce processus commence immédiatement car c'est l'activation complète du corps de Lumière par la rupture de l'Oeuf Cosmique qui génère le début d'une vie complètement nouvelle. Au début, votre nouvelle vie est confrontée à de nombreux défis uniques alors que vous essayez de donner un sens au processus. Il est utile d'être bien guidé, car cela vous permet de "lâcher prise", de ne pas essayer de contrôler le processus et de laisser les choses se faire naturellement.

LUMIÈRE ET VIBRATION A L'INTÉRIEUR DE LA TÊTE

Après un éveil complet de la Kundalini, en plus de l'énergie Lumière qui est maintenant présente à l'intérieur de votre cerveau à tout moment (Figure 6), vous ressentirez également un bourdonnement, un son vibratoire. Ce son est entendu parce que l'énergie de la Kundalini est localisée en permanence dans votre tête, ce qui signifie qu'elle ne se déplace plus de haut en bas de votre colonne vertébrale, ni ne descend dans le Muladhara. Ainsi, ce qui ressemble souvent au bourdonnement d'un essaim d'abeilles peut également être décrit comme le son d'un courant électrique ou d'un rayonnement.

Le son vibratoire s'entend mieux à l'intérieur lorsque la clÂmeur du monde extérieur est apaisée. Vous remarquerez également qu'il devient plus aigu lorsque vous apportez de la nourriture dans le corps, car votre courant énergétique augmente. Le son varie de son état neutre, qui ressemble au bourdonnement d'un essaim d'abeilles, à un son plus agressif, comme un moteur à réaction, bien que moins prononcé. Lorsqu'il devient plus dynamique ou plus aigu, cela indique une activité plus vigoureuse de la Kundalini dans le Corps de Lumière.

Certaines personnes éveillées ont exprimé leur inquiétude au sujet de ce son vibratoire permanent dans leur tête, disant qu'il a rendu leur vie plutôt inconfortable. Mon conseil est d'apprendre à vivre avec au lieu de le combattre ou d'espérer qu'il disparaisse, car il ne disparaît pas. Il fait partie intégrante de votre vie maintenant, puisqu'il s'agit du son de l'énergie de la Kundalini en vous. Cependant, une fois que vous vous serez éloigné de l'Ego et que vous vous serez aligné davantage avec votre Âme, vous accepterez le son vibratoire comme faisant partie du processus et vous pourrez même apprendre à apprécier sa présence.

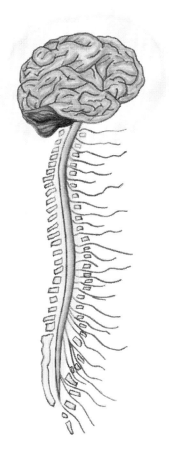

Figure 6: Le Cerveau Rempli de Lumière

J'ai découvert que l'utilisation de bouchons d'oreille au moment de dormir me permet d'utiliser le son pour apaiser et calmer mon esprit, ce qui me permet de m'endormir plus rapidement. Il m'a fallu de nombreuses années pour apprendre à me laisser aller et à apprécier ce son, mais savoir qu'il s'agit d'une partie naturelle du processus et non d'une entité étrangère malveillante dans votre Aura est la moitié de la bataille.

Ces deux manifestations, la Lumière dans la tête et le bourdonnement constant dans les oreilles, marquent un éveil permanent. Rappelez-vous que l'Oeuf Cosmique doit avoir été ouvert par la montée initiale de la Kundalini et les soixante-douze mille Nadis du corps de lumière activés par le nectar d'Ambrosie. Si cet événement ne s'est pas produit, alors l'activation complète de la Kundalini n'a pas eu lieu. Il se peut que vous ayez affaire à une montée partielle dans certains Chakras, la plus courante étant la montée dans le Chakra du cœur Anahata.

TYPES D'ASCENSION DE LA KUNDALINI

Un éveil de la Kundalini peut se produire de différentes manières et pour diverses raisons. La plus courante est un éveil spontané par l'utilisation de drogues récréatives ou après avoir subi un traumatisme grave dans votre vie. Dans le cas d'un traumatisme, un éveil de la Kundalini se produit comme un mécanisme de défense, une fois que l'Âme en a assez de la douleur causée dans le corps. L'Âme détourne la conscience suffisamment longtemps pour induire une relaxation dans le corps. Cet abandon total, accompagné d'une vague d'émotions positives, peut éveiller l'énergie de la Kundalini, ce qui a été le cas pour de nombreuses personnes.

Une méthode moins courante d'éveil de la Kundalini consiste en une transmission connue sous le nom de Shaktipat par une personne qui a elle-même fait cette expérience. La Kundalini peut également être stimulée par l'étude de livres religieux et Spirituels et la compréhension de certaines vérités profondes sur la nature de l'Univers et de Dieu le Créateur. En termes simples, pour que la Kundalini s'éveille, il faut que quelque chose la déclenche. Ce déclencheur peut être une pensée ou une émotion, la vôtre ou celle de quelqu'un d'autre. Shaktipat se produit grâce à la puissance de la pensée d'un maître éveillé et à sa capacité à transmettre cette pensée à votre subconscient.

Il y a ensuite les éveils de la Kundalini qui se produisent à la suite d'une pratique Spirituelle directe destinée à éveiller cette énergie. Cela peut se produire par des pratiques Yogiques, la méditation, des exercices rituels de diverses traditions, le sexe Tantrique, et d'autres méthodes Spirituelles uniquement destinées à éveiller la Kundalini. Ces cas sont moins importants dans le monde d'aujourd'hui, et la plupart des personnes que j'ai rencontrées ont éveillé la Kundalini spontanément et non par des pratiques directes avec une intention consciente. L'exécution de pratiques de guérison Spirituelle, comme celles que je présenterai plus loin dans ce livre, peut élever la vibration de votre conscience suffisamment longtemps pour que la Kundalini s'éveille. Cependant, il s'agit là encore d'un éveil spontané et non planifié.

Certaines personnes quittent leur société moderne et rapide pour se rendre dans des Temples et des Ashrams et vivre en isolement pendant de nombreuses années afin d'essayer d'éveiller la Kundalini. Beaucoup passent une douzaine d'années ou plus à méditer et à faire des pratiques Spirituelles pour éveiller ce pouvoir, sans succès. Ma conviction personnelle est que si vous êtes destiné à éveiller la Kundalini dans cette vie, peu importe à quel point vous essayez ou n'essayez pas, cela vous arrivera. Essentiellement, ce processus ne nécessitera pas d'effort de votre part, mais les événements de la vie se présenteront à vous de manière à éveiller ce pouvoir. Cependant, connaître le pouvoir et le potentiel de l'énergie Kundalini, surtout pour les personnes qui lisent ce sujet pour la première fois, peut développer le désir de l'Âme qui peut être le catalyseur pour mettre cet événement en mouvement.

ÉVEILS PARTIELS ET PERMANENTS DE LA KUNDALINI

Il existe deux types d'éveil de la Kundalini : les éveils permanents et les éveils partiels. La différence entre les deux doit être correctement comprise pour savoir où vous en êtes dans votre processus d'évolution Spirituelle afin de savoir quoi faire pour progresser davantage.

Lors d'un éveil permanent, l'énergie de la Kundalini s'élève de la base de la colonne vertébrale (Muladhara Chakra), traverse la Sushumna et pénètre dans le cerveau pour atteindre le sommet de la tête (Sahasrara). Le long de son parcours se trouvent les Trois Granthis, les "nœuds" psychiques qui entravent le flux de la Kundalini. Chacun d'eux doit être percé systématiquement pour que l'éveil soit complet. Puisqu'ils font partie de la science et de la philosophie du Yoga et du Tantra, je parlerai en détail des Trois Granthis dans la section consacrée à leurs pratiques.

Si la Kundalini éveillée s'élève avec suffisamment de force, elle brisera l'Œuf Cosmique au sommet de la tête. Une fois l'Œuf Cosmique brisé, une substance liquide semblable à du nectar, l'Ambroisie, se déverse sur le corps en descendant du sommet de la tête, revigorant les soixante-douze mille Nadis du Corps de Lumière (Figure 7). Il s'agit d'un éveil "permanent" car la Kundalini ne redescend jamais vers le Muladhara. Au contraire, elle reste au centre du cerveau pour le reste de votre vie.

Dans un éveil partiel, cependant, la Kundalini ne s'élève jamais jusqu'au centre du cerveau ou, du moins, ne génère pas assez de puissance pour délier les Trois Granthis et s'élever jusqu'au sommet de la tête pour ouvrir l'Œuf cosmique. Au lieu de cela, l'énergie de la Kundalini redescend au Muladhara pour répéter le processus d'ascension dans le futur. La Kundalini veut s'élever au sommet de la tête, et elle continuera à essayer de le faire jusqu'à ce qu'elle détache les Trois Granthis et atteigne ce but.

Par conséquent, lors d'un éveil progressif ou "partiel", la Kundalini s'élève généralement vers un Chakra particulier dans son mouvement ascendant systématique. Elle fait cela pour ouvrir ce Chakra spécifique afin que vous puissiez progressivement travailler à purifier l'énergie karmique qui y est stockée. Dans ce cas, il n'y aura pas de déluge de négativité puisque ce n'est pas l'Arbre de Vie tout entier qui est ouvert, mais seulement certaines sphères ou Sephiroth de l'Arbre de Vie. Par conséquent, cet éveil progressif ou partiel est une manière plus confortable d'évoluer Spirituellement. Cependant, il n'y a aucune garantie que la Kundalini atteigne un jour le sommet de la tête dans cette vie.

Rappelez-vous toujours que nous ne pouvons pas choisir comment nous éveillons la Kundalini. J'aimerais pouvoir vous dire qu'une méthode fonctionne dans 100 % des cas ou même 10 %, mais je mentirais. Donc, quiconque vous dit qu'il a découvert une technique qui fonctionne toujours se trompe et trompe les autres, intentionnellement ou non. Ma conviction personnelle est que vous ne pouvez pas choisir avec votre Ego de vivre cette expérience dans cette vie, mais que cela doit être une décision de l'Âme.

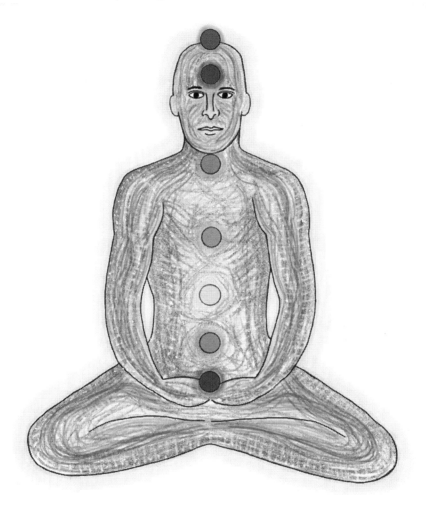

Figure 7: Les Soixante-Douze Mille Nadis

Il est même possible que nous choisissions de vivre cette expérience avant de nous incarner sur cette planète dans cette vie, car il s'agit d'un changement radical par rapport à la réalité moyenne et quotidienne dans laquelle vivent les individus non éveillés. En tant que tel, des pouvoirs supérieurs doivent être impliqués dans le processus d'éveil de la

Kundalini. Cependant, l'éveil permanent de la Kundalini est destiné à tout le monde, que ce soit dans cette vie ou dans d'autres vies. Comme je l'ai dit, savoir ce qu'il faut rechercher et se préparer à cette expérience est la première étape - il faut aussi aller au-delà des structures sociales contraignantes qui maintiennent notre conscience liée à la réalité matérielle.

Si, après avoir lu ce livre, vous préférez toujours dépenser votre temps et votre énergie à essayer de devenir riche plutôt qu'à travailler à votre développement Spirituel, alors l'éveil de la Kundalini n'est peut-être pas fait pour vous dans cette vie. Il se peut que vous ayez encore des leçons à apprendre pour voir que rien n'est aussi important que de vivre cette expérience.

Les Hindous appellent cela le processus de Shakti (la Kundalini) qui s'élève vers le haut pour rencontrer Shiva (la Conscience cosmique), où ils consomment leur Mariage Divin et deviennent Un. Une fois qu'ils se sont unis dans l'extase, Shiva descend dans le Chakra du Cœur pour produire l'acte continu de renouvellement dans la conscience de l'initié Kundalini. Dans cet état de régénération perpétuelle, vous vous libérez du fardeau du péché et vous vous perdez en vous-même. Vous redevenez comme un enfant innocent, regardant le monde avec des yeux neufs, d'un instant à l'autre. Cette expérience est ce que signifie vraiment être dans le "Maintenant", le moment présent. Le Maintenant est le champ de potentiel de conscience pur et illimité dont on peut faire l'expérience lorsqu'on s'est libéré de l'esclavage du monde matériel.

VOIR LA LUMIÈRE EN TOUTES CHOSES

Lorsque l'énergie atteint enfin le sommet de la tête et brise l'Oeuf Cosmique, vous développez une expérience du monde extraordinaire. Au fur et à mesure que la Lumière s'accumule à l'intérieur de vous, elle se transpose sur tout ce que vous voyez avec vos yeux physiques, donnant une lueur ou un éclat chatoyant et argenté à tout ce que vous percevez dans le monde matériel. Lorsque je défocalise ma vision et que je fixe un objet pendant une dizaine de secondes, cette même Lumière dématérialise cet objet sous mes yeux.

De la même manière que quelqu'un peut voir le monde sous LSD ou champignons magiques, je le vois sans aucune drogue. C'est devenu une partie permanente de ma vie après avoir développé naturellement la capacité de percevoir cette réalité holographique, le plan de l'Energie Pure ou "double" du monde matériel. Elle existe ici et maintenant, mais comme nos corps et nos cerveaux sont composés de Matière, nous ne pouvons pas percevoir au-delà sans transformer complètement notre conscience.

La planète Terre est destinée à être vécue avec une Kundalini éveillée, car le fait est que le monde matériel est vivant et est de l'énergie pure. Je me souviens de la façon dont je voyais les choses avant cette transformation, et je peux dire sans me tromper que c'est la Planète Terre 2.0. C'est presque comme si on m'avait donné un casque de réalité virtuelle permanent à porter 24 heures sur 24, 7 jours sur 7. C'est à cela que je faisais référence lorsque je disais que la réalité extérieure devient "numérique".

Avec un éveil complet de la Kundalini, vous commencez également à ressentir l'essence de tout ce que vous percevez dans votre Chakra du Cœur, Anahata. Une fois atteinte, cette nouvelle expérience de la réalité est un changement transcendantal permanent dans la façon dont vous percevez le monde qui vous entoure. Une fois que cela se produit, vous ne pouvez plus jamais l'éteindre.

Comme je l'ai mentionné précédemment, cependant, tout le monde ne voit pas la Lumière en toutes choses après un éveil complet de la Kundalini. La plupart ne le font pas. La première personne qui a corroboré cette expérience pour moi n'était pas quelqu'un à qui j'ai parlé personnellement mais un auteur renommé sur le sujet de la Kundalini, Gopi Krishna. Gopi a parlé de ce phénomène dans ses livres, notamment *Living with Kundalini*, qui a saisi l'essence de ce don. Ce livre brosse un solide portrait du processus d'éveil de la Kundalini, de ses manifestations et de ses dons, y compris cette nouvelle lentille visuelle qui se développe.

Ce phénomène s'est produit chez moi cinq mois après le premier éveil de la Kundalini en 2004 et il est toujours présent aujourd'hui. Cette amélioration visuelle n'est cependant pas le seul don varié chez les personnes éveillées par la Kundalini. Cependant, c'est le plus crucial, à mon avis, car il change radicalement votre perception de la réalité et vous permet de voir la nature holographique du monde, son plan numérique, de vos propres yeux.

J'ai même eu des moments de méditation profonde où le monde extérieur apparaissait comme une projection d'écran de cinéma en 2D, dont la surface était faite de Lumière dorée. Mais la bizarrerie ne s'est pas arrêtée là. J'étais capable de "scruter" à l'intérieur de cette vision et de voir des Univers parallèles qui existent ici et maintenant mais qui sont imperceptibles à la vue humaine normale. (La scrutation est un processus qui consiste à regarder dans des objets physiques en utilisant le Troisième Oeil).

J'ai vécu cette vision comme un ravissement complet qui a englouti ma conscience. Elle m'a envahi comme une vague, et je suis devenu pure conscience en l'embrassant. Pour une raison quelconque, ces visions de mondes parallèles me transportaient souvent à l'époque médiévale, mais à une échelle beaucoup plus petite que notre monde actuel. Cela m'a fait comprendre que les mondes parallèles existent ici et maintenant dans le faisceau de Lumière 2D provenant du Soleil. Une fois que j'ai pu modifier ma vibration intérieure, j'ai pu les voir de mes propres yeux.

Imaginez avoir cette capacité et vous rappeler à chaque instant que le monde dans lequel vous vivez est fait d'énergie pure. Il est très facile de se dissocier de l'ego et de donner la priorité à la vie Spirituelle, ce que j'ai fait et je ne l'ai jamais regretté.

En raison de l'intensité et de la force de l'énergie de la Kundalini lorsqu'elle a traversé ma colonne vertébrale au cours du processus d'éveil, elle a fait exploser mon Troisième de façon exponentielle avant de monter au sommet de la tête. Cet événement s'est produit parce que j'effectuais un exercice de visualisation mentale en utilisant le Troisième Œil pendant le processus d'éveil. Gopi faisait la même chose, comme il le raconte dans ses livres. En concentrant l'attention sur le tunnel de le Troisième Oeil, notre porte d'entrée dans les Plans Cosmiques intérieurs, la Kundalini y pénètre en s'élevant, élargissant sa circonférence avant de s'élever vers le Sahasrara. Le tunnel du Troisième Oeil a la forme d'un beignet, qui sert d'écran mental sur lequel les images visuelles jouent lors des visions.

Il est possible que si vous ne faites pas un exercice de visualisation qui attire l'attention sur la tête de fleur d'Ajna Chakra (entre les sourcils), la Kundalini n'active pas pleinement son pouvoir. Dans ce cas, la Kundalini atteint Sahasrara et peut même ouvrir l'Oeuf Cosmique, mais le plein potentiel d'Ajna Chakra n'est pas éveillé. C'est une possibilité. L'autre option est qu'Ajna s'ouvre, mais pas avec assez d'intensité pour provoquer ce changement radical de perception visuelle.

Bien sûr, ce sont mes théories, mais elles sont basées sur la logique et la raison, car de nombreuses personnes qui rapportent avoir eu l'Œuf Cosmique ouvert et la sensation d'être "électrocuté" ne voient pas la Lumière en toutes choses par la suite. Quoi qu'il en soit, sachez que les éveils et les expériences de la Kundalini sont variés et que tous ne se ressemblent pas.

FACTEURS D'ÉVEIL DE LA KUNDALINI

Lorsque vous essayez d'éveiller l'énergie Kundalini directement, de nombreux facteurs doivent être réunis en même temps pour réussir. Par exemple, si vous essayez de l'éveiller par la méditation de pleine conscience, la vibration de votre volonté doit être sensiblement plus élevée que le bavardage de votre esprit pour que vous puissiez induire le silence. Il est donc peu probable que vous puissiez éveiller la Kundalini avec cette méthode, à moins que vous ne la pratiquiez depuis longtemps et que vous la maîtrisiez.

Une approche plus simple consiste à utiliser une méditation de visualisation. Vous devez maintenir l'image d'un objet symbolique (comme une fleur de lotus ou une statue de dieu ou de déesse) dans votre Troisième Œil pendant une période prolongée. En maintenant une image constante et stable dans votre esprit, votre volonté commence à vibrer à une intensité vigoureuse, attirant votre conscience vers l'intérieur. Si vous pouvez maintenir cette image tout en négligeant les pensées aléatoires qui vous viennent à l'esprit, vous aurez un certain niveau d'expérience Spirituelle et peut-être même éveillerez-vous l'énergie Kundalini à la base de votre colonne vertébrale. Au minimum, vous entrerez dans le portail du Troisième Oeil pour faire l'expérience du Monde Astral, ce qui peut être une expérience exaltante si vous ne l'avez jamais fait auparavant.

Si l'image que vous gardez à l'esprit a une composante sexuelle, il est possible de mettre la Kundalini en activité à la base de la colonne vertébrale. L'énergie sexuelle est essentielle à cet égard, car toute forme d'excitation sexuelle, lorsqu'elle est projetée vers l'intérieur, peut activer la Kundalini. J'ai entendu parler de nombreux cas d'éveils spontanés qui se sont produits après que l'individu ait connu un niveau d'excitation sexuelle supérieur à la normale tout en maintenant un esprit pur et silencieux.

Une activation de la Kundalini peut se produire lorsque l'énergie sexuelle est sublimée et canalisée dans le cerveau au moment de l'orgasme au lieu d'être libérée à l'extérieur par l'éjaculation. Une méditation de visualisation pendant l'activité sexuelle concentre l'énergie vers l'intérieur, vers l'œil de l'esprit dans le cerveau. Elle peut provoquer l'éveil de la Kundalini et son ascension le long de la colonne vertébrale, en ouvrant systématiquement tous les Chakras inférieurs jusqu'à ce qu'elle pénètre dans le cerveau. Toutefois, pour s'assurer que la Kundalini s'élève avec suffisamment de force, il est essentiel d'effectuer une sorte d'exercice de visualisation pour la faire entrer dans le cerveau, où elle peut s'élever jusqu'au sommet de la tête et achever le processus.

La clé de ce processus est de générer de l'énergie sexuelle brute avec un esprit et un cœur purs, stimulant ainsi l'activité des Chakras Muladhara et Swadhisthana. Lorsqu'il est effectué correctement, vous ressentirez dans votre abdomen des sensations à la fois euphoriques et extatiques. Votre corps tout entier se mettra à trembler et à s'agiter, et vous aurez peut-être même la chair de poule tant ces sensations sont agréables.

L'énergie sexuelle doit se construire d'elle-même et devenir plus forte par le simple pouvoir de vos pensées. La plupart des gens ignorent que l'excitation sexuelle peut croître de manière exponentielle et qu'elle ne doit pas toujours aboutir à un orgasme externe. Lorsque vous essayez d'éveiller la Kundalini, la clé est de canaliser l'énergie sexuelle vers l'intérieur en utilisant votre volonté et votre imagination au lieu de l'expulser par vos organes génitaux.

Pendant mon éveil de la Kundalini, je gardais dans mon esprit l'image d'une femme belle et érotique, sur laquelle je me suis concentré si intensément que je l'ai projetée dans le portail d Troisième Oeil et que j'ai pu la vivre comme réelle. Cependant, ce qui a généré la force intense avec laquelle la Kundalini s'est éveillée, c'est l'accumulation d'énergie sexuelle pendant que je lui faisais l'amour dans mon esprit. Cette énergie sexuelle s'est amplifiée et a gagné en puissance jusqu'à ce que je connaisse mon premier orgasme interne. Cependant, l'expérience ne s'est pas arrêtée là. Un autre orgasme interne l'a suivi, et plusieurs autres, tous en succession avec une intensité et une vitesse croissantes. Ma zone génitale ressemblait à une locomotive qui accélère et prend de l'élan à chaque tour de roue.

Une sensation d'excitation sexuelle dans mon abdomen a augmenté de façon exponentielle en synchronisation avec les orgasmes internes. Ils sont apparus par vagues successives pendant quinze à vingt secondes. Puis, à leur apogée, alors que j'avais l'impression que mon cerveau et mon corps ne pouvaient plus supporter l'extase, la Kundalini s'est éveillée à la base de la colonne vertébrale. On aurait dit une sphère d'énergie de la taille d'une balle de golf, sortie de nulle part.

COMPLÉTER LE PROCESSUS D'ÉVEIL DE LA KUNDALINI

Une fois que la Kundalini s'éveille, elle remonte naturellement le long de la colonne vertébrale. Cependant, si vous éveillez la Kundalini spontanément, sans pratique méditative, il est probable qu'elle n'atteigne pas le Chakra Ajna. Comme je l'ai mentionné, pour s'élever avec force, ce qui est nécessaire pour atteindre Ajna Chakra à l'intérieur du cerveau, il est essentiel de maintenir consciemment une image dans votre esprit avec volonté et imagination. Notez que les éveils spontanés de la Kundalini qui se produisent suite à l'utilisation de drogues hallucinogènes peuvent être puissants puisqu'ils impliquent un changement de perception qui stimule le Troisième Oeil.

Pour un éveil complet, il faut que la Kundalini s'élève dans le cerveau par Sushumna, le canal médian, accompagnée de Ida et Pingala, qui fusionnent en un seul courant d'énergie au niveau du Chakra Ajna. Une fois que les énergies masculine et féminine ont fusionné, elles s'unissent à Sushumna pour s'élever jusqu'au Sahasrara et faire exploser l'Oeuf Cosmique (Figure 8) qui contient le potentiel de votre corps de Lumière, votre Soi cosmique.

Sahasrara peut potentiellement être ouvert avec Sushumna seul. Cependant, si Ida et Pingala n'unissent pas leurs forces à l'Ajna, il pourrait y avoir des problèmes débilitants dans le système énergétique qui peuvent faire des ravages sur vos pensées et vos émotions. C'est l'exemple de l'ascension initiale de Gopi Krishna, qui a éveillé Pingala et Sushumna mais pas Ida. Son système nerveux était complètement désorganisé après l'éveil, car l'énergie rafraîchissante d'Ida n'était pas présente, ce qui provoquait une anxiété permanente et sans fin. Après avoir presque perdu tout espoir, il a essayé une méditation de visualisation dans une tentative désespérée de réveiller Ida. Comme Ida représente le principe féminin, l'essence de l'élément eau qui est l'énergie source de toutes les images visuelles, Gopi a finalement réussi à éveiller Ida, qui s'est élevée jusqu'à Ajna pour compléter le processus d'éveil de la Kundalini.

Il est essentiel de comprendre que Sushumna Nadi accompagne toujours Ida ou Pingala ou les deux simultanément, ce qui est l'option souhaitée. Ida, Pingala ou les deux ne peuvent pas s'élever dans un Chakra sans que Sushumna soit présent puisque le Sushumna Nadi porte l'énergie de la Kundalini. Ida et Pingala canalisent les énergies féminine et masculine, mais la Kundalini monte dans la colonne vertébrale, qui est le Sushumna Nadi.

Avant que la Kundalini puisse pénétrer dans le cerveau, elle doit percer Vishuddhi, le Chakra de la gorge. Vishuddhi est plus avancé que les Chakras inférieurs puisqu'il s'agit du premier Chakra de l'Élément Esprit. Pour le percer, il faut avoir évolué au-delà de l'énergie karmique majeure des Éléments inférieurs, qui correspondent aux quatre Chakras inférieurs. (Nous reviendrons sur le lien entre les Éléments et les Chakras et Nadis dans un chapitre ultérieur).

Si vous avez éveillé la Kundalini par des moyens méditatifs, je vous conseille de poursuivre votre méditation au lieu de simplement lâcher prise une fois que vous sentez la Kundalini s'élever. C'est la clé pour rassembler suffisamment de force pour que la Kundalini perce le chakra Vishuddhi lors de son ascension et pénètre ensuite dans le cerveau pour essayer de compléter le processus.

Pour éveiller le lotus aux mille pétales de Sahasrara, les trois Nadis de Sushumna, Ida et Pingala doivent s'unifier en un seul flux d'énergie au milieu du cerveau, dans le Troisième Ventricule, avant de s'élever jusqu'au sommet, au centre de la tête. Une fois que le Lotus commence à s'ouvrir comme une fleur en fleur, l'Oeuf Cosmique au sommet de la tête est transpercé par la Kundalini. Cependant, il n'est pas nécessaire que le Lotus s'ouvre complètement pour que l'Œuf Cosmique se brise. Si la Kundalini s'élève avec suffisamment de force, l'Œuf Cosmique se brisera juste après que Sahasrara commence à s'ouvrir. Ensuite, le nectar Ambrosie de l'Œuf Cosmique est libéré et se déverse sur le corps de haut en bas, activant les soixante-douze mille Nadis du Corps de Lumière.

Vous voyez donc que l'éveil complet de la Kundalini nécessite un effort conscient de votre part pour compléter le processus. La plupart des éveils spontanés sont des éveils partiels de la Kundalini. Mon cas est l'une de ces rares situations où la Kundalini s'est éveillée avec une force incroyable, mais seulement parce que je pratiquais sans le savoir une méditation sexuelle tantrique avec une composante de visualisation sexuelle. Parce que j'ai eu un éveil de la Kundalini aussi intense, apparemment par accident, je me suis toujours considéré comme béni et obligé de partager tout ce que j'ai appris et expérimenté avec le monde.

Il est crucial de comprendre le processus d'éveil de la Kundalini et d'en mémoriser les mécanismes. Il y a beaucoup de points de vue différents sur ce sujet de la part des personnes qui ont vécu cet événement. Cependant, j'ai constaté qu'un petit pourcentage de ces personnes ont achevé le processus et élevé la Kundalini jusqu'à Sahasrara. Et encore moins nombreux sont ceux qui ont ouvert l'Œuf Cosmique et activé le Corps de Lumière. Puis il y a ceux qui ont activé le Corps de Lumière mais qui ne rapportent pas avoir vu la Lumière en toutes choses avec leurs yeux physiques, ce qui me dit qu'ils n'ont pas eu une activation complète de l'Ajna Chakra. Vous voyez donc qu'il existe de nombreuses expériences variées de ce même processus universel.

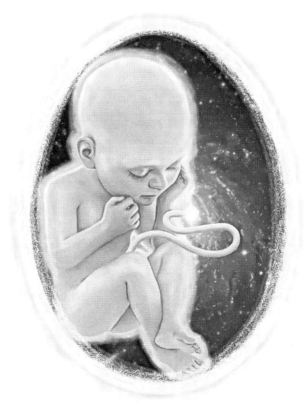

Figure 8: L'Oeuf Cosmique

63

Je peux généralement déterminer le type d'éveil de la Kundalini d'une personne en écoutant ses expériences et en comparant les rapports. En général, ceux qui n'ont pas achevé l'éveil de la Kundalini n'ont pas la connaissance de la partie finale du processus. Par exemple, la plupart des gens savent que la Kundalini éveille les Chakras et cherche à élargir la conscience. Cependant, d'après mon expérience, la plupart des gens ignorent l'existence de l'Œuf Cosmique, l'activation du Corps de Lumière (qui donne la sensation d'être électrocuté), et surtout le remodelage du cerveau pour percevoir un niveau de réalité plus élevé grâce à un Chakra Ajna élargi.

En mémorisant l'ensemble du processus d'éveil de la Kundalini, vous donnez à votre esprit une carte routière de la manière dont cet événement peut se produire pour vous. Partager cette information est une méthode pour vous aider à éveiller vous-même la Kundalini et à compléter le processus.

S'ALIGNER SUR LE CORPS SPIRITUEL

Bien qu'il semble que l'activation de la Kundalini se produise dans le corps physique, elle a lieu dans le Corps de Lumière. Comme je l'ai expliqué dans *The Magus*, nous sommes tous nés avec le Corps de Lumière, inextricablement lié à notre corps physique. Cependant, nous devons activer pleinement ses pouvoirs dans cette vie afin d'optimiser notre système énergétique, ce qui ne peut être réalisé qu'en éveillant la Kundalini et en l'élevant jusqu'à la couronne.

Lorsque la Kundalini commence à s'élever vers le haut, éveillant les Chakras, votre conscience reconnaît l'existence du Corps de Lumière, lui permettant d'incarner les différents Corps Subtils qui correspondent aux Chakras que vous avez éveillés. L'activation complète du Corps de Lumière est l'un des objectifs principaux de l'éveil de la Kundalini. Les soixante-douze mille Nadis servent à faire du Corps de Lumière une antenne aux vibrations du monde extérieur. Ces vibrations sont reçues par le plus élevé des corps subtils, le Corps Spirituel. Votre conscience s'y accorde progressivement après avoir évacué l'énergie karmique des quatre Chakras inférieurs. Pour ce faire, elle doit systématiquement incarner les Corps Subtils qui correspondent à ces Chakras.

Lorsque votre conscience s'accorde avec les Chakras Spirituels, les trois plus élevés, elle s'aligne entièrement avec le Corps Spirituel, qui devient son nouveau véhicule. Lorsque cela se produit, vous vous débarrassez des anciens modes de fonctionnement et vous fonctionnez uniquement par intuition. Être dans cet état ne signifie pas que vous ne ressentirez rien sur le plan émotionnel ou que vous ne serez pas capable d'utiliser la logique. Cela signifie seulement que l'intuition deviendra votre principal mode de fonctionnement.

Vous percevrez le monde qui vous entoure par une expérience énergétique directe puisque votre Être sera élevé au Premier Monde d'Atsiluth, représentant le Plan Spirituel dans la Qabalah. (Plus d'informations à ce sujet dans le prochain chapitre.) Atsiluth est le lieu où existent les pensées de Dieu, les archétypes qui donnent à l'humanité un modèle avec lequel travailler, unifiant notre réalité. La création étant un processus systématique, votre expérience consciente des événements de la vie est filtrée vers le bas, dans les trois mondes inférieurs (il y a quatre mondes de la Kabbale au total) qui évoluent à partir du Premier Monde.

En alignant votre conscience avec le Corps Spirituel, les pensées et les émotions n'auront plus le même impact sur votre esprit et votre corps, car elles sont des expressions des Plans Inférieurs. Et puisque vous êtes maintenant élevé à un plan supérieur à ceux-ci, vous pouvez surmonter leurs effets néfastes. Bien sûr, vous aurez encore des pensées et des émotions négatives, puisque votre Ego est toujours lié au corps physique, mais vous passerez outre leurs effets énergétiques. Au lieu de cela, votre Âme interprétera les émotions négatives comme des leçons d'apprentissage plutôt que de les laisser prendre le contrôle de votre conscience et l'alourdir. Par conséquent, ce que vous vivrez sera fugace et se déroulera dans l'instant. De plus, vous serez en mesure d'utiliser la logique et la raison et de penser intellectuellement, sans vous lier à l'Ego et vous associer à lui comme auparavant.

L'Oeuf Cosmique qui se brise après que la Kundalini a atteint la couronne signifie l'éveil complet et permanent. Dans ce contexte, permanent signifie que l'énergie ne redescend pas vers Muladhara, le Chakra racine. Au lieu de cela, elle reste dans le cerveau. Symboliquement, Kundalini Shakti et son compagnon Shiva, la Conscience Cosmique, se seront unis dans un Mariage Spirituel. C'est le point de vue Oriental sur l'achèvement de l'éveil de la Kundalini.

Du point de vue de la Tradition des Mystères Occidentaux, vous aurez reçu les ailes du Caducée d'Hermès en complétant le processus d'éveil de la Kundalini. Vous deviendrez un prototype du dieu Hermès, que les Romains appellent Mercure. Cela signifie que vous aurez hérité de son casque ailé et de ses chaussures ailées. Symboliquement, cela signifie que vous aurez la tête dans le ciel (Heaven) et les pieds sur la terre (Earth). Votre conscience sera toujours en mode "vol", et vous aurez une sensation naturelle d'euphorie, presque comme si vous glissiez à travers l'espace et le temps. Ces sensations correspondent à ce que l'on ressent lorsqu'on a une conscience élargie.

Une fois que vous aurez achevé le processus d'éveil de la Kundalini, vous développerez avec le temps une connexion avec votre Saint-Ange Gardien (HGA), qui deviendra votre guide et votre professeur dans la vie. Ainsi, vous serez devenu un humain-Dieu dont la conscience transcendantale continuera à vivre au-delà de cette vie et dans la suivante.

VOTRE NOUVELLE LAMBORGHINI VENENO

L'activation de l'Ajna est essentielle pour vivre l'expérience complète de la Kundalini. J'ai déjà décrit certains des dons associés à ce phénomène. D'autres dons comprennent la capacité de se voir de l'extérieur de soi et de vivre une expérience extra-corporelle permanente. Cependant, cette dernière est plutôt une manifestation du Sahasrara Chakra éveillé. Lorsque vous vous verrez et verrez le monde qui vous entoure depuis une perspective plus élevée, vous réaliserez que la Conscience Cosmique n'est pas seulement un concept ou une idée, mais qu'elle est bien réelle.

J'espère avoir fait un bon travail de présentation de la Kundalini, du processus d'éveil et de certains des dons Spirituels les plus incroyables qui se déploient. Cependant, en utilisant des mots pour décrire l'expérience transcendantale de la réalité après un éveil complet de la Kundalini, j'ai l'impression de limiter la portée de cette expérience extraordinaire. Comme Morpheus le dit dans Matrix, "On ne peut dire à personne ce qu'est la Matrice. Vous devez le voir par vous-même." De la même manière, vous devez faire cette expérience par vous-même pour comprendre la situation dans son ensemble. Mais pour l'instant, mes mots devront suffire.

Un éveil de la Kundalini transforme le simple humain en un Demi-Dieu, un super-héros des temps modernes, en une seule vie. Seulement, vos pouvoirs nouvellement reçus ne sont généralement pas quelque chose que vous pouvez prouver aux autres, mais vous vivez et incarnez la vérité de ce que vous devenez. Au fil du temps, grâce à l'élargissement de vos connaissances et à vos bonnes actions envers l'humanité, vous pouvez être reconnu comme un être de lumière et son émissaire. Mais pour y parvenir, de nombreuses années devront s'écouler et de nombreux défis devront être relevés.

Ce qu'il faut retenir de cette introduction à la Kundalini, c'est que, bien qu'il existe différentes façons d'éveiller cette énergie, le processus sera toujours le même. Cependant, sans une bonne compréhension du processus, c'est comme si on vous offrait une Lamborghini Veneno, une voiture de sport de 4,5 millions de dollars, mais que vous ne receviez pas son mode d'emploi et que vous n'ayez aucune expérience de conduite. Ma tentative dans *Serpent Rising : The Kundalini Compendium* est d'écrire le manuel de cette science invisible de l'énergie Kundalini au mieux de mes capacités. Et une fois que vous aurez les instructions et les plans, je veux vous donner un aperçu de la façon de conduire votre nouvelle Lamborghini. Pour être précis, si votre véhicule de conscience actuel peut être comparé à une vieille Ford Focus, alors ce véhicule amélioré est un vaisseau spatial intergalactique. Donc, encore une fois, je dis Lamborghini pour que les gens puissent comprendre.

Je suis reconnaissant à l'Univers d'avoir eu l'éveil de la Kundalini, comme toute personne dans ma situation le ferait. Je crois également que la chance n'a rien à voir avec cela et que mon Âme l'a choisi pour moi avant même ma naissance. Ce n'est pas une coïncidence si j'ai reçu dans cette vie des compétences et des capacités spécifiques qui me serviraient dans ce voyage Spirituel. En raison de ma nature obsessionnelle et du besoin de trouver très tôt les outils Spirituels pour m'aider, j'ai développé au fil des ans une compréhension exceptionnelle de la Kundalini. Mon expérience et mes recherches sur ce sujet sont sans précédent. Mon voyage m'a conduit à assumer le rôle de messager auprès des gens sur l'existence de l'énergie de la Kundalini et le potentiel de la Magie Cérémonielle pour aider le processus de transformation Spirituelle.

Mon travail vise à servir mon Créateur et à remplir ma mission, qui est de transmettre des connaissances à d'autres personnes qui marchent dans les mêmes chaussures que moi il y a de nombreuses années, lorsque je cherchais des réponses à tâtons dans l'obscurité. Nous sommes tous des guerriers en formation sur ce chemin d'évolution Spirituelle, et notre but est d'évoluer et d'élever collectivement la conscience de la Terre. En partageant ce que je sais, je vise à vous transmettre les outils dont vous aurez besoin si et quand votre nouvelle Lamborghini tombera en panne et que vous aurez besoin de conseils.

Et pour les fois où d'autres se tourneront vers vous pour être guidés, vous saurez comment les aider aussi parce que vous avez été aidés. Et pour ceux d'entre vous qui n'ont pas encore reçu leur nouvelle Lamborghini, vous allez maintenant apprendre à la connaître, à savoir comment elle fonctionne et se conduit, et vous saurez ce qu'il faut rechercher consciemment. Comme le dit le vieil adage, "Cherchez et vous trouverez. Frappez, et la porte vous sera ouverte." Mais si vous ne savez pas quoi chercher ou à quelle porte frapper, l'Univers ne saura pas comment vous aider. La connaissance est le pouvoir le plus important de l'Univers.

***

Ceci termine l'introduction à la Kundalini et au processus d'éveil en général. Je veux maintenant aborder d'autres sujets pertinents pour vous donner un aperçu du fonctionnement de votre système énergétique, de ses composants, de sa mécanique et de son interaction avec le corps physique. La partie suivante du livre est consacrée à la science de l'énergie Kundalini. Elle comprend le chapitre essentiel sur l'anatomie humaine qui décrit les changements qui se produisent dans le corps physique pendant et après un éveil Kundalini.

PARTIE II :
LE MICROCOSME ET
LE MACROCOSME

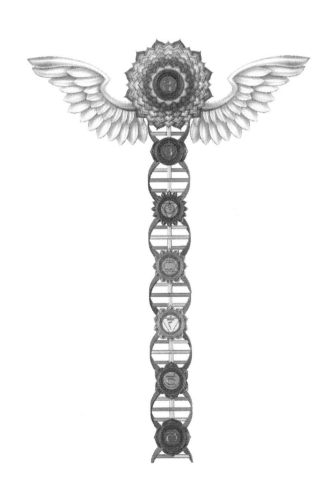

LES CINQ ÉLÉMENTS

Les Éléments classiques sont la Terre, l'Eau, l'Air, le Feu et l'Esprit. Les cultures anciennes telles que la Grèce, l'Égypte, la Perse, le Tibet, l'Inde et le Japon considéraient les Éléments classiques comme les blocs de construction de l'Univers. Elles utilisaient le concept des éléments pour expliquer la complexité et la nature de la Création en termes plus simples. Leurs listes d'éléments et leur ordre de manifestation variaient légèrement mais avaient la même signification. L'élément Esprit était interchangeable avec Aethyr, Ether, Vide, Akasha et Espace, selon la tradition. (Notez que Aethyr ou Aether n'est que l'orthographe latine de Ether).

Le système chinois Wu Xing est légèrement différent puisqu'il décrit différents types d'énergie dans un état de flux constant et d'interaction les uns avec les autres, appelés les "Cinq Phases" des phénomènes naturels. Les cinq phases du Wu Xing sont le Bois, le Feu, l'Eau, le Métal et la Terre. Les Éléments chinois sont perçus comme étant en constante évolution et en mouvement, tandis que les éléments classiques sont séparés les uns des autres, même s'ils font partie d'un tout.

Les Anciens ont postulé que l'Univers extérieur (Macrocosme), y compris la composition énergétique de chaque être humain (Microcosme), est constitué des Cinq Éléments. Les cinq éléments correspondent aux Sept Chakras (Figure 9). Ils constituent notre Aura, les Plans Cosmiques et les Corps Subtils dont notre conscience fait partie.

Les quatre premiers Chakras correspondent à la Terre, l'Eau, le Feu et l'Air, tandis que les trois Chakras supérieurs correspondent à l'Esprit. Les Chakras, à leur tour, sont comparables aux Sephiroth de l'Arbre de Vie de la tradition Mystique Occidentale. Leur correspondance est complexe et n'est pas aussi apparente que le croient de nombreux enseignants Spirituels, mais la relation est là. Pour un exposé complet sur les Sephiroth et les Cinq Éléments, consultez *The Magus : Kundalini et la Golden Dawn*.

Comprendre le fonctionnement des Éléments est un pré-requis essentiel pour les pratiques Yogiques avancées, dont beaucoup sont présentées dans ce livre. Dans le Système Spirituel Oriental, les Cinq Éléments correspondent aux Tattvas, qui seront également explorés dans *Serpent Rising*.

Les Cinq Éléments sont à la base du yoga et de l'Ayurveda (Sanskrit pour "connaissance de la vie"), qui est la médecine holistique traditionnelle indienne développée à peu près en même temps que le Yoga (environ 3000 avant J.-C.). L'Ayurveda repose sur les trois constitutions, ou Doshas - Vata, Pitta et Kapha. Vata est l'énergie du mouvement (Air et

Esprit), Pitta est l'énergie de la digestion et du métabolisme (Feu et Eau), et Kapha est l'énergie qui forme la structure du corps (Terre et Eau). Chaque personne possède un équilibre unique des Éléments en son sein et, par conséquent, un Dosha unique. La dominance des Éléments dans le thème de naissance d'une personne en Astrologie Occidentale, en particulier dans les signes du Soleil, de la Lune et de l'Ascendant, détermine souvent son Dosha. Toutefois, il convient d'analyser son thème de naissance en Astrologie Védique pour obtenir un diagnostic correct, comme le fait traditionnellement l'Ayurveda. (Pour en savoir plus sur l'Ayurveda et les trois Doshas, voir la section Yoga).

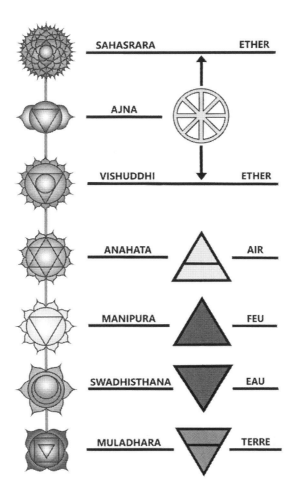

Figure 9: Les Cinq Éléments et les Sept Chakras

Les Cinq Éléments sont également liés aux cinq sens : L'Esprit, ou Aethyr, est le médium par lequel le son est transmis ; ainsi, l'Élément Esprit correspond aux oreilles et à l'ouïe. L'Élément Feu est lié aux yeux et au sens de la vue, car le feu manifeste la lumière, la chaleur et la couleur. L'Élément Air est lié au nez et à l'odorat, tandis que l'Élément Eau

71

est lié à la langue, l'organe du goût. Enfin, l'Élément Terre est associé à la peau et au sens du toucher. Ces informations sont essentielles lorsqu'on explore les pratiques de guérison Spirituelle, car l'application de chacune d'entre elles nécessite l'utilisation d'un ou de plusieurs des sens pour avoir un impact sur la conscience.

En purifiant et en équilibrant les Éléments qui sont en nous, nous atteignons et maintenons une bonne santé et élevons la vibration de notre conscience. Toutes les pratiques Spirituelles visent essentiellement cet objectif. Qu'il s'agisse d'un programme d'Alchimie Spirituelle de la Magie Cérémonielle (tel que présenté dans *The Magus*) ou de pratiques Yogiques régulières, le but est toujours l'évolution Spirituelle.

La Kabbale hermétique ainsi que la science et la philosophie du yoga affirment que le Microcosme est le reflet direct du Macrocosme, et vice-versa - Comme en haut, comme en bas. Dans le *Kybalion,* ce concept est appelé le principe de correspondance, une loi universelle ou une vérité qui sous-tend toute existence. Toutes les traditions Spirituelles sont construites autour de cette Loi, et elles contiennent toutes un élément Solaire ou Lunaire, représentant les principes masculin et féminin de la création.

À un niveau de base, le principe de correspondance implique que le Microcosme, l'Aura humaine (notre composition énergétique), trouve son reflet dans le Macrocosme - l'Univers et, plus particulièrement, notre système Solaire. (Ce concept fonctionne également dans l'autre sens.) Nous portons tous en nous des énergies planétaires et zodiacales. Les équilibrer et s'élever en conscience est le "Grand Travail" de l'Alchimiste, qui fait référence à notre quête éternelle d'unir notre conscience à la Conscience Cosmique du Créateur - c'est notre quête de l'Illumination.

LE PENTAGRAMME

Le symbole du Pentagramme, ou "Etoile à Cinq Branches", existe depuis l'époque de la Babylonie et de la Grèce Antiques. Dans l'Esotérisme Occidental, le Pentagramme vertical (Figure 10) est appelé "l'Etoile du Microcosme". Lorsque le Pentagramme est inscrit dans un cercle, il est appelé Pentacle, utilisé principalement par les Wiccans. Selon Pythagore, cinq est le nombre de l'être humain. Chacun des cinq points du Pentagramme représente l'un des Cinq Éléments de la Terre, de l'Air, de l'Eau, du Feu et de l'Esprit, symbolisés par les jambes, les bras et la tête.

Les associations magiques du Pentagramme en font un puissant symbole rituel utilisé pour invoquer le pouvoir des cinq éléments, notamment dans la Magie Cérémonielle et la Sorcellerie. Il est également utilisé comme symbole religieux par les religions Néo-Païennes Modernes et les Francs-maçons. Lorsque le Pentagramme est orienté vers le haut, il représente l'Esprit qui préside aux Quatre Éléments et est donc un symbole de la Lumière, de l'Amour et du Soi Supérieur. Le Pentagramme droit attire les forces Angéliques tout en servant à protéger des forces Démoniaques. C'est pourquoi il est utilisé dans la Magie Blanche (Lumière).

Figure 10: Le Pentagramme

Il est intéressant de noter que le Pentagramme droit était un symbole Chrétien bien avant que le Néo-Paganisme moderne ne l'adopte. Il représentait les cinq plaies de Jésus-Christ sur la Croix des Quatre Éléments et le sacrifice de soi quotidien nécessaire pour atteindre le Pentagramme droit, symboliquement, qui fait descendre l'Élément Esprit dans les Quatre Éléments et transforme complètement la conscience.

Lorsque le Pentagramme est inversé, il a des associations magiques opposées. Un Pentagramme inversé représente les Quatre Éléments qui commandent à l'Esprit, symbolisant l'obscurité et la domination de l'Ego. Ce symbole invite les énergies Démoniaques tout en repoussant les énergies Angéliques, ce qui en fait un symbole approprié pour les pratiques de la Magick Noire (les Arts sombres), qui utilise les pouvoirs surnaturels à des fins maléfiques et égoïstes.

Les Satanistes utilisent le Pentagramme inversé comme symbole de leur foi. Ils appellent ce symbole le "Sigil de Baphomet", le Dieu à tête de chèvre associé à la dualité, au matérialisme et au Moi charnel. De nombreux Satanistes sont des Athées qui ne croient pas à l'au-delà et n'accordent de valeur qu'à cette vie. Ils affirment donc que le Pentagramme inversé n'est pas un symbole du mal, mais un symbole qui les aligne avec les types d'énergies qui les aideront à atteindre leurs objectifs dans la vie. Cependant, si vous croyez que cette vie n'est qu'une seule dans une chaîne continue de vies que votre Âme immortelle expérimente, vous aligner avec des forces obscures pour satisfaire les désirs de votre Ego est catastrophique pour votre évolution Spirituelle.

LES QUATRE MONDES ET LE PENTAGRAMMATON

Bien qu'il s'agisse d'une version condensée de deux leçons importantes de *The Magus : Kundalini and the Golden Dawn,* elle mérite d'être mentionnée à nouveau car elle résume l'ensemble du processus d'éveil de la Kundalini et son but d'un point de vue occulte. Dans la *Torah* (*l'Ancien TestÂment*), le nom de Dieu est Jéhovah, dont le nom ésotérique est le Tetragrammaton (YHVH), qui signifie "quatre lettres" en Hébreu. (N'oubliez pas que les Hébreux lisent et écrivent de droite à gauche.)

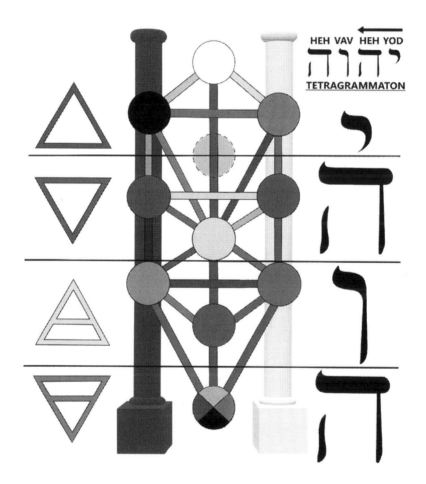

Figure 11: Les Quatre Mondes et le Tetragrammaton (YHVH)

74

Les quatre lettres Hébraïques représentent les Quatre Éléments - Yod (feu), Heh (eau), Vav (air), Heh final (terre). Les Quatre Éléments se trouvent dans les quatre Chakras les plus bas, tandis que le Cinquième Élément, l'Esprit, représente les trois Chakras les plus élevés. Comme vous pouvez le constater, dans le Tétragramme, l'Élément Esprit est absent. Il y a une raison à cela.

Les quatre lettres du Tétragramme représentent également les Quatre Mondes de la Kabbale, le modèle Qabalistique de la création et de la manifestation de l'Univers (Figure 11). Les Quatre Mondes de la Kabbale constituent la totalité de l'Arbre de Vie : Yod (Feu) représente Atsiluth, le Monde Archetypal, Heh (Eau) représente Briah, le Monde créatif, Vav (Air) est Yetzirah, le Monde de la Formation, et Heh final (Terre) est Assiah, le Monde Physique. Les Quatre Mondes sont directement liés aux Plans Cosmiques. Toutefois, dans le cadre de la Kabbale, le monde du Feu Primordial (Atziluth) représente le Plan Spirituel, tandis que les trois autres éléments sont liés aux Plans Mental, Astral et Physique, respectivement.

Vous remarquerez que les correspondances des Plans Cosmiques omettent l'Élément Esprit du modèle des Quatre Mondes ; les Qabalistes croient que nous avons perdu la connexion avec l'Élément Esprit après la chute du jardin d'Eden. Il s'agit donc d'un élément que nous devons retrouver dans cette vie. Cependant, la méthode pour réaliser cet exploit est donnée dans le mystère du Pentagrammaton.

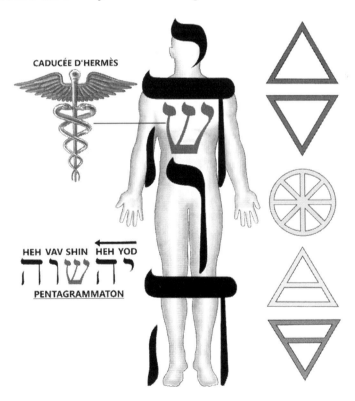

Figure 12: Le Pentagrammaton (YHShinVH)

Le Pentagrammaton (YHShinVH), qui signifie " cinq lettres ", implique l'intégration de la lettre Hébraïque symbolique Shin (Figure 12), appelée " Flamme Triple de l'Âme ". "Shin contient trois traits qui ressemblent visuellement aux trois principaux Nadis Ida, Pingala et Sushumna qui s'élèvent le long de la colonne vertébrale lors de l'éveil de la Kundalini. Les Nadis, à leur tour, correspondent aux deux serpents entrelacés autour du bâton central du Caducée d'Hermès.

Lorsqu'il est placé au milieu du Tetragrammaton, le Shin réconcilie les énergies masculines (Feu et Air) et féminines (Eau et Terre) opposées au sein du Soi. Il représente la carte du Tarot du Jugement dont le chemin de l'Arbre de Vie est appelé "Esprit du Feu Primal". "Cette carte fait allusion à l'éveil de l'Esprit Saint et à son intégration dans le Soi. Le feu de consécration de Shin brûle les impuretés au fil du temps, une allusion au long processus de purification du Feu Kundalini une fois éveillé.

Le Pentagrammaton est également la clé occulte des mystères Chrétiens puisqu'il représente le nom de Jésus-Christ, selon les occultistes de la Renaissance. Le nom anglais de Jésus est dérivé du latin classique "Iesus", basé sur la forme grecque du nom hébreu Yahshuah (Yeshua), généralement traduit par Josué. Yahshuah, cependant, s'écrit YHShinVH, qui est le Pentagrammaton. Le Pentagrammaton nous relie également aux cinq plaies de Jésus et au Royaume des Cieux que nous atteignons en conscience lorsque nous nous sommes sacrifiés, que nous avons sacrifié notre Ego et que nous avons intégré l'Élément Esprit.

Vous voyez donc que Jésus-Christ était le prototype du processus d'éveil de la Kundalini ; il représente l'amour divin de Dieu le Créateur et la conscience élargie qui nous permet de participer aux Royaumes Spirituels et Divins. Alors que dans l'*Ancien TestÂment*, l'humanité était Spirituellement déchue, dans la *Sainte Bible* (*le Nouveau TestÂment)*, Jésus a apporté le Saint-Esprit dans le monde afin que tous ceux qui croient en lui et suivent son exemple puissent être ressuscités ou Renaître Spirituellement et atteindre la Vie Eternelle.

La renaissance Spirituelle ne peut être véritablement atteinte que si nous incarnons les enseignements de Jésus, dont le fondement est que l'amour inconditionnel est la force directrice de nos vies. Il n'est pas nécessaire d'être Chrétien pour apprécier la valeur Spirituelle d'un tel état d'esprit. Nous trouvons des exemples historiques, dans toutes les cultures, de Yogis, de Saints, d'Adeptes, de Sages et d'autres personnes qui sont devenues Eclairées grâce à l'humilité, la piété et une conduite éthique envers leurs semblables. Il s'agit de personnes comme le Mahatma Gandhi, Mère Teresa, Martin Luther King Jr, le Dalaï Lama, Swami Vivekananda et d'autres.

C'est un fait que si vous vous consacrez à cultiver uniquement des pensées et des actions aimantes, la peur vous quittera entièrement, permettant à l'impulsion de votre Ego de tomber, ce qui vous préparera à un éveil de la Kundalini. Les personnes haineuses, égoïstes et malhonnêtes ne pourront jamais éveiller l'énergie de la Kundalini, quelle que soit la méthode qu'elles utilisent et les efforts qu'elles déploient. L'Âme doit être préparée à une telle expérience, ce que nous ne pouvons réaliser qu'en devenant aimants, honnêtes et justes.

Que vous soyez Chrétien, Musulman, Juif ou Bouddhiste, cela n'a aucune importance ; le processus de salut est Universel. Par conséquent, au lieu d'attendre qu'une *Divinité* vous sauve selon les textes religieux auxquels vous croyez, vous devez être notre propre Messie (Sauveur) en assumant le rôle de Jésus, métaphoriquement parlant. Vous êtes tous des Dieux et des Déesses par droit de naissance, mais vous devez éveiller et élever la Kundalini jusqu'à la couronne, infusant ainsi la Lumière divine dans vos Chakras pour optimiser votre potentiel énergétique.

LES ÉLÉMENTS DANS LA NATURE

Tout ce que vous voyez devant vos yeux est constitué d'énergie Spirituelle. C'est pourquoi l'élément Esprit est appelé "Espace" dans la tradition Yogique et Tantrique Orientale - l'idée d'un espace physique qui nous entoure et s'étend à l'infini dans toutes les directions. L'Esprit vibre à la plus haute fréquence de vibration ; il est donc invisible pour les sens. Il interpénètre toute la Matière physique en tant qu'énergie de base qui la compose entièrement.

Au cours de la création de l'Univers, la vibration élevée de l'Élément Esprit a commencé à ralentir, se manifestant séquentiellement sous la forme des Quatre Éléments primaires que sont le Feu, l'Eau, l'Air et la Terre. Toutes les choses créées ont conservé l'énergie de l'Esprit dans son état de potentiel, ce qui signifie que l'Esprit se trouve dans toutes les choses qui existent, comme les Quatre autres Éléments. À part le Plan Physique de la Matière, qui est visible par les sens et représente un aspect de l'Élément Terre, les autres Éléments sont invisibles, mais on peut y accéder par la conscience.

Les Quatre Éléments primaires sont des divisions de la nature et l'énergie fondatrice de tout ce qui existe dans l'Univers. Cependant, les Quatre Éléments ne sont pas techniquement quatre, mais trois, puisque le Quatrième Élément, la Terre, est la composition des trois Éléments fondateurs dans leur forme la plus dense. Par conséquent, la Terre et l'Esprit se ressemblent à bien des égards mais existent à des extrémités opposées de l'échelle vibratoire. Les trois Éléments fondÂmentaux sont l'Eau, l'Air et le Feu.

La planète Terre représente l'aspect brut de l'Élément Terre. Dans la Kabbale, nous faisons référence à notre existence physique sur la planète Terre en tant que Malkuth (le Royaume), qui inclut la terre sur laquelle nous marchons. À travers Malkuth et nos sens corporels, nous pouvons faire l'expérience de la manifestation physique des trois autres Éléments : les océans, les mers, les rivières et les lacs (l'Eau), l'Air contenant de l'oxygène (l'Air) et, enfin, le Soleil (le Feu), notre principale source de Lumière et de chaleur.

Chacun des Cinq Éléments représente un état de la Matière. Par exemple, la Terre constitue tous les solides (y compris la nourriture), l'Eau tous les liquides, l'Air toutes les substances gazeuses, et le Feu se rapporte à la combustion ou à la flamme, qui a le pouvoir de transformer les états de la Matière. Par exemple, l'Eau peut se transformer en gaz (vapeur) par l'application du feu, qui se retransforme en eau, puis en glace (solide) si le feu/la chaleur est retiré(e) suffisamment longtemps.

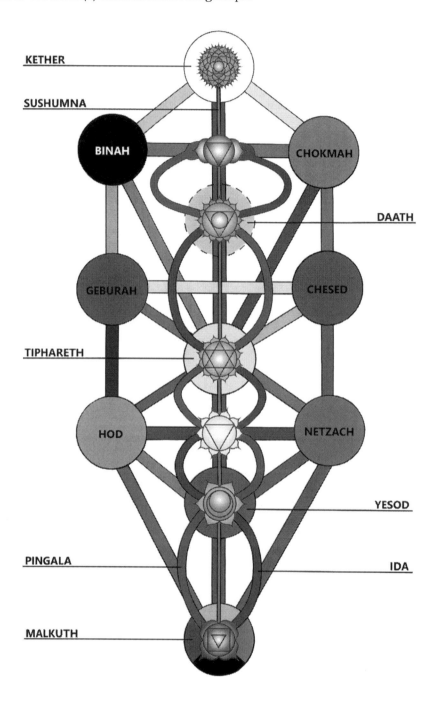

Figure 13: L'Arbre de Vie Sephiroth et les Trois Nadis

Nous avons besoin de tous les Éléments pour survivre. Le Soleil est notre source de chaleur ; sans lui, nous serions gelés. L'Eau et la nourriture assurent la subsistance de notre corps ; sans elles, nous mourrions en quelques jours (eau) ou en quelques semaines (nourriture). Le souffle (l'air) est la preuve de la vie, et sans oxygène, nous ne pourrions pas survivre plus de quelques minutes. Enfin, nous avons l'Esprit, ou Espace, le Vide représentant l'obscurité, le vide et l'immensité, qui sert de base à toutes les expériences Spirituelles.

De nombreux systèmes Anciens considèrent les Quatre Éléments comme des Royaumes intérieurs auxquels nous pouvons accéder par des pratiques Spirituelles, dont certaines sont explorées dans ce livre. Comprenez que vous travaillez avec les Cinq Éléments chaque fois que vous travaillez avec les Sept Chakras Majeurs. L'élément Esprit est le seul qui corresponde à plus d'un Chakra, car sa portée est plus grande que celle des Quatre autres Éléments. En tant que tel, nous ne pouvons explorer l'Élément Esprit qu'à travers plusieurs Chakras.

L'ÉLÉMENT ESPRIT

L'Esprit est la *Prima Materia*, la Première Substance et la Source de toutes les choses qui existent. Il n'est pas techniquement un Élément en soi, mais il est la composition de la somme des Quatre Éléments - c'est le bloc de construction, le milieu, la colle qui les maintient tous ensemble. Comme nous l'avons mentionné, puisque toutes les choses de l'Univers proviennent de l'Esprit, toutes les choses finiront par se réabsorber dans l'Esprit, en temps voulu. C'est pourquoi nous cherchons à évoluer Spirituellement et à nous réunir avec l'Esprit de notre Créateur - c'est un désir inné en nous de le faire.

Le mot anglais "Spirit" vient du mot latin "spiritus", qui signifie "souffle". Cette corrélation entre les deux mots nous indique qu'il existe une correspondance entre l'énergie de l'Esprit et l'acte de respirer l'air contenant de l'oxygène qui nous entoure, une manifestation physique de l'Élément Air.

Tous les êtres vivants qui respirent pour maintenir leur vie ont besoin de ce processus continu d'introduction de l'Esprit dans leur corps. Ainsi, la respiration est la preuve de la vie. Pour cette raison, les techniques de respiration (appelées Pranayama dans le Yoga) sont essentielles dans toutes les disciplines Spirituelles. En outre, la respiration contrôlée facilite la méditation, qui élève la vibration de notre conscience pour faire l'expérience des plans cosmiques supérieurs.

Aethyr est un autre nom pour l'Esprit dans les traditions Anciennes et la physique moderne. L'Aethyr représente le milieu ou la substance invisible et sans forme qui imprègne le Cosmos. Dans *The Magus,* les Aethyrs sont une succession de trente Mondes Intérieurs à travers lesquels nous pouvons explorer les Éléments en nous-mêmes.

L'élément Esprit/Athyr/Espace est attribué au Chakra de la gorge (Vishuddhi), au Chakra du Troisième Œil (Ajna) et au Chakra de la couronne (Sahasrara). Ces trois

Chakras de l'Esprit expriment le Plan Spirituel. Dans la Kabbale, l'Élément Spirituel représente les Sphères Supérieures - les Sphères de Kether, Chokmah et Binah, qui se trouvent au sommet de l'Arbre de Vie. L'Élément Esprit comprend également la partie supérieure de la Sphère de *Daath*, la onzième Sphère invisible, qui correspond directement au Chakra de la gorge. (Consultez la Figure 13 comme référence pour les Sephiroth de l'Arbre de Vie et leur relation avec les Chakras et les trois Nadis de la Kundalini.)

Daath est appelé "l'Abîme" dans la Qabalah, en tant que point de séparation entre la dualité des sept Sephiroth inférieures et la Non-Dualité des Supernaux. La seule dualité qui existe au niveau des Supernaux est Chokmah - le Père et Binah - la Mère. Chokmah et Binah sont les sources de toute dualité dans l'Univers, en tant que composantes de la Force et de la Forme, de l'Âme (Feu) et de la Conscience (Eau). Ces deux Sephiroth sont la source des Éléments Primordiaux que sont le Feu et l'Eau, bien qu'au niveau de l'Esprit (Feu de l'Esprit et Eau de l'Esprit). Le Kether est la Lumière blanche qui contient ces deux aspects doubles, et qui est également la source de l'Élément Air (Air de l'Esprit).

Les trois Sphères de Kether, Chokmah et Binah fonctionnent comme un tout. Chokmah reçoit son énergie Archétypal de Kether, et Binah transforme ces idées Archétypales en forme. L'équivalent Chrétien des Supernaux est la Trinité - le Père, le Fils et le Saint-Esprit (ou l'Esprit). Le concept de la Trinité est à la base de toutes les traditions Spirituelles, bien que sous des noms différents. Par exemple, dans l'Hindouisme, la Trimurti (Sanskrit pour "trois formes de trinité") représente la triple déité de la Divinité suprême - l'expression cosmique de la Création (Air), du maintien (Eau) et de la destruction (Feu). Une fois de plus, nous voyons les trois Éléments fondateurs en action, mais dans un ordre différent. L'Air est toujours au sommet de la pyramide, bien que l'Eau et le Feu puissent être interchangeables.

Daath correspond au Chakra de la gorge, Vishuddhi. Comme Daath représente la connaissance et que le but de notre boîte vocale (larynx) est de générer la vibration (hauteur et volume) dans nos tiges vocales, la communication verbale exprimée par le langage nous relie au Créateur.

Le *livre de la Genèse* dit : "Au commencement était la Parole, et la Parole était Dieu, et la Parole était avec Dieu" (Jean 1:1). Par conséquent, le Verbe est notre lien avec Dieu. En tant que telle, la pratique de Mantras impliquant l'utilisation de mots de pouvoir et la vibration de notre boîte vocale dans un ton profond est une façon de se connecter avec nos pouvoirs donnés par Dieu et d'accorder notre conscience aux Royaumes Supérieurs. L'esprit étant le facteur d'unification des Quatre autres Éléments, le Chakra de la gorge, Vishuddhi, représente la synthèse des Quatre Éléments en Esprit, exprimée par la communication.

Le sixième Chakra, Ajna, concerne la vision psychique (clairvoyance) - la capacité de voir des images visuelles Astrales, à un niveau intérieur. Ces messages sont souvent projetés depuis les Mondes Divins et Spirituels et nous donnent le don de prémonition, la capacité de prédire les événements avant qu'ils ne se produisent. Étant donné que le don psychique d'Ajna concerne les visions intérieures, on l'appelle le Troisième Oeil, ou Oeil de l'Esprit. (Nous reviendrons plus loin sur l'importance du Chakra Ajna et de son portail de vision). Ajna est directement lié à Chokmah et Binah puisque, par ce Chakra, nous accédons à ces deux Sphères.

Ajna Chakra est le siège de l'intuition, notre faculté de perception intérieure la plus élevée. L'intuition nous permet de lire directement l'énergie qui nous entoure au lieu d'utiliser notre intellect ou nos émotions. Elle nous donne un sentiment de connaissance, même si elle ne révèle pas précisément comment nous savons ce que nous savons. L'intuition nous permet également d'accéder à la guidance intérieure des Mondes Divins, car elle nous relie à notre Saint-Ange Gardien, qui réside dans la Sphère Chokmah. L'Ajna nous permet de couper l'illusion, d'accéder à des vérités plus profondes et de voir au-delà du mental et des mots. Il nous permet d'expérimenter l'énergie Archétypale derrière les images.

Le septième Chakra est le Chakra de la couronne, Sahasrara, situé au sommet de la tête. C'est le plus élevé des Chakras Majeurs et leur point culminant. Sahasrara est la source de l'énergie Spirituelle et de la Grande Lumière Blanche, qui se déverse dans les Chakras inférieurs, les alimentant ainsi. Le point de départ de notre Soi Transpersonnel s'exprime à travers nos Chakras Transpersonnels au-dessus de la tête et sous les pieds. Sahasrara est notre connexion à la Source Divine de toute la création et l'expression la plus élevée de l'Élément Esprit. Il représente l'unité et la réconciliation des opposés puisqu'il s'agit du Chakra de l'unité.

D'un point de vue Qabalistique, Sahasrara Chakra correspond à Kether - la Couronne - comme le début des Trois Voiles de l'Existence Négative, également appelé *Ain Soph Aur*. Sahasrara est le point de rencontre entre le fini et l'infini - il est au-delà du temps et de l'espace car il est éternel, ce qui signifie qu'il a toujours existé et continuera d'exister jusqu'à la fin des temps.

Bien que les trois premiers Chakras soient de l'Élément Esprit, seul Sahasrara est Non-Dual. Ajna est le véhicule de notre Esprit pour atteindre la Couronne, tandis que Vishuddhi se connecte à l'énergie de l'Esprit par la parole. La conscience de l'Ego atteint aussi haut que Vishuddhi, bien qu'elle se perde entièrement dans Ajna en raison de la connexion d'Ajna avec Sahasrara. En dessous de l'Ajna, nous faisons l'expérience de la peur et de la souffrance, tandis qu'au-dessus, nous transcendons l'Ego. Grâce à la transcendance, nous accédons aux états de béatitude qui accompagnent l'expérience Spirituelle, ce qui est incompréhensible pour la personne ordinaire qui occupe principalement son esprit avec les désirs de l'Ego.

L'ÉLÉMENT FEU

L'Élément Feu purifie et transforme toutes les choses qui ne sont plus utiles à notre corps, notre esprit et notre Âme. Toutes les nouvelles choses sortent du Feu, comme les vieilles choses sont consumées par lui - le Feu est un puissant nettoyant puisqu'il brûle les impuretés.

L'Élément Feu est le Principe Masculin et l'énergie du Père (Chokmah) - l'Âme. En Alchimie, l'Âme et l'Élément Feu font référence au *Soufre*, l'un des trois Principes de la nature. Le Feu représente la force et la volonté, et c'est le plus proche des trois Éléments fondateurs de l'Esprit. La partie active du Soi s'appuie sur l'Élément Feu - il représente l'esprit conscient et la vitalité, la confiance, la créativité et le courage.

L'Élément Feu est le troisième Chakra, Manipura, situé dans le Plexus Solaire. En raison de son emplacement et de son type d'énergie, il est lié aux processus digestifs et métaboliques du corps. L'Élément Feu représente la combustion dans le Monde de la Matière, manifestant à la fois la chaleur et la Lumière. Il entraîne la transmutation, la régénération et la croissance par l'application de la chaleur.

La correspondance Qabalistique de l'Élément Feu est la Séphira *Geburah*, dont l'attribution planétaire est Mars. Le Feu de Geburah est celui de la volonté et du dynamisme. L'Élément Feu s'exprime également à travers *Netzach* par le désir et la passion, qui sont alimentés par l'Élément Feu. Le désir est souvent instinctif et involontaire, comme le désir sexuel ou sensuel. D'autre part, la passion implique généralement la créativité et est quelque chose que nous pouvons contrôler.

L'Élément Feu stimule et alimente également l'intelligence ; c'est pourquoi il s'exprime également à travers la Séphira *Hod* - comme la force de l'esprit (fortitude) face aux émotions fluctuantes. L'intellect et la raison sont la force motrice de la volonté aux niveaux inférieurs, tandis que l'Âme est la force motrice aux niveaux supérieurs.

Manipura est l'expression du Plan Mental Supérieur, juste en dessous du Plan Spirituel. Il est en contact direct avec l'Élément Esprit et les Supernaux. Lorsque l'énergie de l'Esprit descend dans Manipura, la volonté est exaltée car elle devient motivée par l'amour inconditionnel.

Le Feu est le dynamisme et la motivation, la cause derrière l'effet. Le Feu est la volonté ciblée qui alimente la pensée derrière chaque action consciente. Il a besoin de son opposé (l'Eau) comme baromètre et impulsion pour agir. Une personne utilise sa volonté soit par amour de Soi, soit par amour inconditionnel pour l'ensemble de l'humanité. Par conséquent, les Éléments Feu et Eau existent en dualité l'un par rapport à l'autre, que ce soit dans le corps ou dans l'esprit.

Les personnes dont l'Élément Feu est inactif ont un faible pouvoir personnel et n'ont pas de réel contrôle sur leur vie. Les autres font leurs réflexions à leur place et elles n'ont pas l'énergie brute nécessaire pour manifester les désirs de leur vie. En revanche, les personnes dont l'élément feu est abondant ont le pouvoir nécessaire pour réaliser leurs rêves. Elles sont confiantes et attirent les désirs de leur Âme, y compris le choix de leurs partenaires romantiques et ne se contentent pas de ce qui leur tombe sous la main.

La manifestation nécessite l'application de l'Élément Feu, qui est filtré par l'Élément Terre. Il y a un va-et-vient d'action et de réaction, se produisant continuellement entre les Éléments Feu et Terre lorsque votre Âme est votre force directrice. À l'inverse, lorsque c'est votre Ego qui vous guide, la volonté est détournée et l'Élément Terre puise son énergie primaire dans les émotions involontaires de l'Élément Eau.

L'Élément Air est nécessaire pour alimenter le Feu et l'Eau, et vos pensées peuvent servir votre Âme ou votre Ego. Votre libre arbitre détermine qui vous choisissez de servir, car vous ne pouvez pas vous occuper simultanément de votre Âme et de votre Ego.

L'Élément Feu, tout comme l'Élément Esprit, s'exprime à travers les trois autres Éléments. Il est le plus élevé des Quatre Éléments en termes de portée et exige notre plus grande attention.

L'ÉLÉMENT EAU

L'élément Eau est le principe féminin, la Mère, le Yin du Yang de l'Élément Feu. Ainsi, l'Élément Eau est lié à la forme et à la conscience, tandis que l'Élément Feu est lié à la force et à l'Âme. Ces deux éléments existent dans une relation symbiotique l'un avec l'autre. En Alchimie, l'Élément Eau est lié au Principe de *Mercure*.

En tant qu'énergie fluide de la conscience, l'Élément Eau est également lié à la Séphira Binah, l'astral ou le plan invisible de tous les corps solides de l'Univers. À un niveau intérieur, humain, l'Élément Eau comprend nos sentiments et nos émotions. Il s'agit de la partie passive et réceptive du soi - le subconscient. L'eau (H2O) est constituée des molécules d'hydrogène et d'oxygène qui soutiennent physiquement la vie matérielle. Toute vie aquatique dépend également de l'oxygène présent dans l'eau pour respirer.

L'Élément Eau est le deuxième Chakra, Swadhisthana (Sacral), situé entre le nombril et le bas-ventre. Swadhisthana est l'expression du Plan Astral Supérieur (émotionnel). Les émotions concernent principalement l'expression de l'amour dans la vie d'une personne, y compris l'amour de Soi et l'amour des autres. La correspondance Qabalistique de l'élément Eau est avec *Chesed*, dont l'attribution planétaire est Jupiter. Chesed est l'expression de l'amour inconditionnel, de la miséricorde et de l'altruisme, qui sont les plus hautes expressions de l'Élément Eau.

Puisqu'il est lié aux émotions, l'Élément Eau englobe d'autres Séphiroth de l'Arbre de Vie, tout comme l'Élément Air (pensées). La Sphère de Netzach étant la forme des émotions inférieures, plus instinctives, telles que la luxure et l'amour romantique, l'Élément Eau s'exprime également à travers cette Sphère. Netzach correspond à la planète Vénus et au désir, qui est ressenti comme une émotion tempérée par l'Élément Feu.

L'Élément Eau alimente également l'esprit logique, le raisonnement de Hod, car Hod et Netzach se complètent l'un l'autre. Hod correspond à Mercure, et donc, dans cet aspect de l'Élément Eau, il travaille en combinaison avec l'Élément Air et les pensées.

L'Élément Eau est également lié à l'énergie et aux instincts sexuels que l'on trouve dans la Lune, correspondant à la Sphère de *Yesod*. Comme vous pouvez le constater, l'Élément Eau englobe plusieurs Séphiroth intermédiaires et inférieures de l'Arbre de Vie, tout comme les Éléments Air et Feu.

La leçon humaine globale du Chakra de l'eau est d'apprendre à aimer sans attachement à travers l'Âme. Vous devez transformer vos émotions d'amour inférieures en émotions supérieures en permettant à votre Âme de diriger votre conscience au lieu de votre Ego.

L'ÉLÉMENT AIR

L'Élément Air est la progéniture des Éléments Feu et Eau, le stade suivant de la manifestation. En tant que progéniture, l'Élément Air représente l'énergie du Fils. Pour l'humanité, l'Air est associé à l'intellect et à l'esprit logique. La pensée et les pensées, tout comme l'air qui nous entoure, sont rapides, prompts à changer et sans forme.

Comme l'Élément Feu est lié à l'action, l'Air est associé à la communication. Comme l'Élément Feu, l'Air est de qualité masculine, il représente l'activité et l'énergie, mais au niveau intérieur, au niveau de l'esprit. L'Air soutient toute la vie par l'action de respirer l'Air contenant de l'oxygène qui nous entoure. Dans la réalité physique, l'Élément Air constitue l'atmosphère terrestre sous la forme d'un mélange de gaz.

L'Élément Air correspond au quatrième Chakra, Anahata (cœur), situé entre les deux seins au centre de la poitrine. Anahata est également le Chakra central dans le modèle des Sept Chakras Majeurs, séparant les trois Chakras des Éléments de l'Esprit au-dessus, et les trois Chakras des Éléments inférieurs en dessous. Dans le modèle des Plans Cosmiques, Anahata est l'expression du Plan Mental inférieur, qui sépare l'Élément Eau en bas et l'Élément Feu en haut. En tant que tel, l'Élément Air interagit le plus avec ces deux Éléments sur le Plan Psychique.

D'un point de vue Qabalistique, l'Élément Air correspond à la Sphère de *Tiphareth* (dont l'attribution planétaire est le Soleil) et à la Sphère de Yesod (qui est attribuée à la Lune). En tant que partie des Supernaux, l'Élément Air est attribué à Kether en tant qu'énergie créatrice.

Tiphareth est notre source d'imagination, qui exige d'être dans un acte constant de création, une expression de l'Élément Air. Tiphareth est le centre de l'Arbre de Vie, car il reçoit toutes les autres énergies des Sephiroth, à l'exception de Malkuth - la Terre. Malkuth est atteint par Yesod, la Lune. L'Élément Air a une nature double. Il peut être trompeur, comme la Lune, ou exprimer la vérité, comme le Soleil. La vérité est reçue et perçue par l'intuition.

Alors que le Chakra de l'Élément Terre (Muladhara) concerne la stabilité, le Chakra de l'Élément Air (Anahata) concerne son opposé : les pensées. Comme les pensées sont constituées d'une substance éthérée, elles appartiennent à l'Esprit. Tous les êtres vivants utilisent les pensées pour naviguer dans leur réalité, car la pensée insuffle la vie aux Éléments Feu et Eau de la psyché. Le Feu représente la volonté, tandis que l'Eau représente l'émotion et l'amour. On ne peut avoir ni l'un ni l'autre sans l'Air, car la pensée les alimente tous les deux. Avant de pouvoir accomplir quoi que ce soit dans ce monde, vous devez d'abord avoir pensé à le faire. Ainsi, la pensée est à la base de toute la création, que ce soit pour les humains ou les autres animaux.

L'Air est également en corrélation directe avec l'Élément Esprit/Athyr et les Supernaux. L'Élément Air est l'équilibreur de tout ce qui est mental, émotionnel et Spirituel. En tant que tel, il est directement lié à Kether, la source de l'énergie de l'Esprit.

Les hermétistes soutenaient que, bien que les animaux aient des sentiments et de l'imagination, seuls les humains possèdent la logique et la raison, qu'ils appelaient "Nous". Le Nous est une faculté de l'Esprit qui est la composante de base de l'intelligence, alimentée par l'Élément Air. Dans la Kabbale, la Sphère de Hod est directement liée à l'intellect. Cependant, dans la Sphère de Hod, l'Élément Air est tempéré par l'Élément Eau.

L'Air est également lié à l'Élément du Feu et aux pensées ou impulsions émotionnelles. Ainsi, l'Air est en corrélation directe avec Netzach - émotions et désirs. Un esprit qui fonctionne bien signifie que l'individu est bien équilibré dans l'élément Air.

L'ÉLÉMENT TERRE

L'Élément Terre représente le monde Tridimensionnel, l'expression matérielle de l'énergie Universelle. Au cours du processus de Création, l'Élément Terre s'est manifesté lorsque l'Esprit a atteint le point le plus bas de densité et de fréquence de vibration. En tant que tel, il représente tous les solides qui ont une masse et occupent de l'espace, un terme que nous appelons "Matière". La Terre est la synthèse des Éléments Feu, Eau et Air dans leur forme la plus dense et le contenant de ces éléments sur le Plan Physique. En Alchimie, l'Élément Terre est lié au principe du *Sel* dans la nature.

La Terre représente le mouvement et l'action ; nous avons besoin de l'énergie de la Terre pour accomplir toute activité physique. Sur le plan énergétique, l'Élément Terre représente l'ancrage et la stabilité. Une dose adéquate d'énergie terrestre est nécessaire pour manifester ce qui se trouve dans notre esprit et notre cœur ; sinon, notre énergie mentale et émotionnelle reste dans les Plans Cosmiques intérieurs.

Dans la réalité physique, la Terre est constituée des composés organiques et inorganiques de notre planète. Elle représente la croissance, la fertilité et la régénération de Gaia, la planète Terre, la Mère qui nourrit nos corps. Les termes "Mère" et "Matière" ont la même consonance et partagent des significations similaires. De même, les Éléments Eau et Terre ont une relation étroite en tant que seuls Éléments passifs et réceptifs. La Terre est l'expression matérielle du Monde Astral, représenté par l'Élément Eau.

L'Élément Terre est Muladhara, le Chakra Racine, qui correspond, du point de vue de la Kabbale, à la Sphère de Malkuth. Muladhara est l'expression du Plan Astral inférieur, qui est inextricablement lié au Plan Physique en tant que lien de connexion. Par conséquent, Muladhara est le premier Chakra dont l'emplacement (entre le coccyx et le périnée) est le plus proche de la Terre physique.

L'expression de l'Élément Terre dans notre psyché est toujours liée à notre connexion avec le monde matériel. Parmi les aspects les plus banals de l'Élément Terre, citons le fait d'avoir un emploi, une maison et une voiture. Tout ce qui est lié à l'argent et à la possession de biens matériels est une expression de l'Élément Terre. Un excès de l'Élément Terre se traduit par un matérialisme et une avidité excessifs, ce qui nuit à l'énergie Spirituelle d'une personne.

La Terre est l'opposé de l'Esprit - car l'Esprit utilise l'énergie du Feu, de l'Eau et de l'Air à un niveau supérieur, la Terre utilise ces trois Éléments à un niveau inférieur, plus dense. L'énergie de la Terre cherche à nous fournir les choses dont nous avons besoin pour que notre existence matérielle et physique soit heureuse et satisfaite.

Cependant, comme le dit l'axiome Hermétique, "Comme en haut, comme en bas", Kether est dans Malkuth, et Malkuth est dans Kether. Dieu est dans tout ce que nous voyons devant nous et en nous - l'énergie de l'Esprit interpénètre toute l'existence. Par conséquent, l'Élément Terre est directement lié à l'Esprit puisque l'Esprit incarne la Terre. L'Esprit a besoin de l'Élément Terre pour être capable de manifester la réalité dans le Monde de la Matière. Lorsque l'Esprit se manifeste à travers l'Âme, le résultat est fructueux, alors que lorsqu'il agit à travers l'Ego, le résultat est un karma négatif.

L'Élément Terre se concentre sur la satisfaction de nos besoins physiologiques de base, essentiels à notre survie, tels que l'abri et le besoin d'air, d'eau, de nourriture et de sommeil. L'exercice physique est également essentiel, tout comme la qualité de la nourriture et de l'eau que nous apportons à notre corps. L'Élément Terre traite également de la procréation et de notre désir de relations sexuelles. L'énergie de l'Élément Terre calme notre esprit et nous offre le carburant nécessaire pour nous attaquer à nos activités physiques quotidiennes dont le but est de nous faire avancer dans notre existence terrestre.

LES PLANS COSMIQUES

Le processus de transformation de la Kundalini commence comme un feu ardent, volcanique, qui brûle les scories et les impuretés dans les différents Corps Subtils du Soi. À chaque Chakra correspond un Corps Subtil, dans lequel le Corps de Lumière nouvellement activé se moule, car la Lumière est une substance élastique. Votre conscience incarne alors ces différents Corps Subtils pour faire l'expérience de leurs Plans Cosmiques d'existence ou de manifestation correspondants. Votre Âme fait l'expérience des Plans Cosmiques par le biais de l'esprit, car elle est le médiateur entre l'Esprit et la Matière. Elle agit comme un récepteur qui peut s'accorder avec ces différents Plans Cosmiques.

Il est essentiel de comprendre le concept de l'Âme, ce qu'elle est et en quoi elle est différente de l'Esprit. L'Âme est l'étincelle de Lumière individuelle que nous portons tous en nous. Les Anciens disent que l'Âme vient du Soleil. C'est pourquoi ils appellent le Soleil "Sol", qui est à l'origine du mot "Âme". L'éveil de la Kundalini libère l'Âme du corps physique pour qu'elle puisse voyager dans les Plans Cosmiques intérieurs de l'existence. L'Âme est la partie la plus élevée de l'expression de ce que vous êtes en tant qu'étincelle Divine issue du Soleil. La question de savoir si l'Âme est particulière à ce Système Solaire est sujette à débat. En théorie, puisque toutes les étoiles canalisent l'énergie Lumière, l'Âme pourrait être celle qui peut voyager d'un Système Solaire à un autre et se manifester dans un corps organique sur une autre planète.

L'Esprit est l'essence la plus élevée de l'énergie Divine et constitue le Plan de toutes les choses qui existent. L'Esprit est la "matière à penser" du Mental Divin ou Cosmique, qui projette l'Univers connu. Par conséquent, l'Esprit est la substance animatrice de toutes choses, et il est Universel, tandis que l'Âme est individuelle et particulière à chaque être humain. L'Âme est un Feu, tandis que l'Esprit est au-dessus des Quatre Éléments que sont le Feu, l'Eau, l'Air et la Terre, en tant que synthèse de la conscience. Le support de la conscience est le mental et le cerveau, tandis que le support de l'Âme est le cœur. L'Esprit est ce en quoi l'Âme et l'Esprit ont leur existence.

Il peut être quelque peu complexe de comprendre réellement ces distinctions, principalement parce que les mots "Esprit" et "Âme" sont utilisés au hasard dans notre société, sans définition claire de leur signification et de leur différence. La plupart des gens semblent généralement penser qu'il s'agit de la même chose. Les Anciens ont fait de leur mieux pour définir l'Âme et l'Esprit, mais comme la personne moyenne d'aujourd'hui se situe à un niveau inférieur d'évolution Spirituelle, la compréhension collective n'est pas encore au rendez-vous. J'espère donc que cette définition très élémentaire de chacun d'eux vous aidera à mieux comprendre la différence.

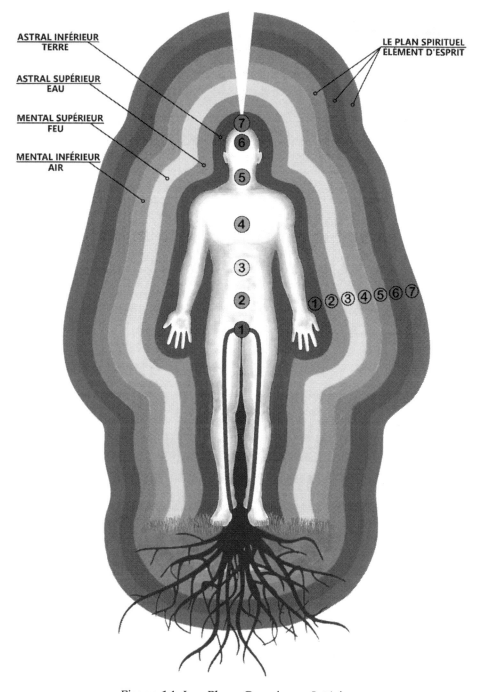

ASTRAL INFÉRIEUR
TERRE

ASTRAL SUPÉRIEUR
EAU

MENTAL SUPÉRIEUR
FEU

MENTAL INFÉRIEUR
AIR

LE PLAN SPIRITUEL
ÉLÉMENT D'ESPRIT

Figure 14: Les Plans Cosmiques Intérieurs

Au fur et à mesure que vous progressez dans le processus de transformation de la Kundalini, votre Âme va pénétrer systématiquement dans les différents Plans Cosmiques d'existence et intégrer ces expériences dans votre psyché. Vous pouvez également induire des états mentaux particuliers par le biais de techniques rituelles de Magie Cérémonielle, qui invoquent l'un des Cinq Éléments que sont la Terre, l'Air, l'Eau, le Feu et l'Esprit, ainsi que les sous-éléments de chacun d'eux. Ces exercices rituels vous permettront d'accéder directement aux Plans Cosmiques puisque les Cinq Éléments correspondent aux Chakras. Consultez *The Magus : Kundalini and the Golden Dawn* pour ces techniques rituelles.

Les Plans Cosmiques d'existence occupent le même espace et le même temps mais existent à des degrés de vibration différents. La vibration la plus basse et la plus dense sera le Monde Physique de la Matière que nous vivons dans notre vie de tous les jours. Une fois que vous augmentez la vibration, vous entrez dans les différents Plans d'existence, Astralement, par l'intermédiaire de l'esprit. Plus le taux ou la fréquence de vibration est élevé, plus le Plan est élevé. La Matière est à la fréquence la plus basse, tandis que l'Esprit vibre à une fréquence si élevée qu'il est pratiquement au repos et invisible pour les sens.

Les Plans Cosmiques existent dans l'Aura par couches (Figure 14), comme les couches d'un oignon superposées les unes aux autres. Les couches supérieures interpénètrent et influencent les couches inférieures. L'image de la Figure 14 est un schéma montrant la séquence des couches concernant les Chakras. Cependant, il ne s'agit pas d'une représentation exacte de l'Aura elle-même. Dans l'Aura humaine, chacune des couches des Chakras Majeurs est plus proche les unes des autres, superposée à quatre couches plus étendues liées aux Chakras Transpersonnels. Ainsi, onze couches primaires composent l'Aura. (Pour plus d'informations sur l'Aura, voir le discours intitulé "L'Aura - Champ d'énergie toroïdal".)

Gardez également à l'esprit que l'Aura est dynamique dans son expression et se trouve dans un état constant de flux et de reflux alors qu'elle exprime la conscience individuelle. À chaque instant, différentes couleurs tourbillonnent et virevoltent dans l'Aura en fonction du contenu sur lequel l'esprit et le cœur se concentrent et dont ils font l'expérience.

Les Plans Cosmiques existent tous de manière séquentielle, émanant de la Lumière blanche, qui se trouve dans le Sahasrara, le Chakra de la couronne. Le processus de manifestation du Divin filtre vers le bas dans ces différents Plans, et un Plan affecte un autre - il existe une relation symbiotique entre eux. Au fur et à mesure que le processus de manifestation filtre vers le bas, une fois qu'il a atteint le Plan Physique, il remonte vers la Lumière blanche et a un impact systématique sur chaque Plan. Le processus de manifestation est donc le va-et-vient continu de l'ensemble de ce processus, une infinité de fois en un instant fini, illustré par l'axiome Hermétique "Comme en Haut, donc en Bas".

Lorsque vous accomplissez des actions dans le Monde Physique, vous avez un impact sur ces Plans Intérieurs, formant ainsi un Karma. L'énergie karmique est la somme totale de vos actions et l'expression de leur qualité. Si vos actions ne sont pas accomplies au nom de Dieu, le Divin, qui agit par l'énergie de l'amour inconditionnel, elles auront des conséquences karmiques. En tant que tel, le Karma négatif sera logé dans l'un des Plans de manifestation, pour que vous appreniez les leçons de ce Plan et accordiez vos actions correctement, en optimisant vos Chakras dans le processus.

En faisant l'expérience de ces Plans Cosmiques, vous pouvez découvrir les parties de vous-même qui ont besoin d'être travaillées. Et vous pouvez travailler sur ces parties de vous-même en faisant l'expérience de ces Plans Cosmiques. Par exemple, il arrive que des entités Démoniaques se logent dans un ou plusieurs des Plans Cosmiques, et vous devez rencontrer ces Démons et les "tuer". Souvent, cette action est perçue visuellement dans une vision ou un rêve, lorsque vous infusez de la Lumière Blanche à un Démon, le désarmant ainsi. Cependant, le fait de les affronter avec courage suffit généralement à les transformer et à éliminer l'énergie de peur du Plan Cosmique qu'ils habitent. À son tour, le Chakra correspondant s'affinera, permettant à l'énergie de la Lumière de briller davantage à travers lui.

Lorsque vous travaillez avec l'énergie Karmique, vous travaillez principalement avec la peur, car la peur est le carburant de toutes les énergies Démoniaques. Le but et l'objectif de tous les démons sont de vous effrayer d'une manière ou d'une autre. Puisque la peur est quantifiable, en travaillant avec l'énergie Karmique, vous éliminez la peur de votre Aura, petit à petit, jusqu'à ce qu'elle disparaisse complètement. Cependant, ce processus prend de nombreuses années et exige que vous soyez fort d'esprit et de cœur. Vous devez devenir résilient et têtu pour réussir si vous voulez vaincre vos Démons. Une fois que vous aurez retiré toute la peur qui vous habite, les Démons ne pourront plus vous effrayer, et vous aurez enfin le contrôle ultime sur eux. Ce processus est l'essence même de l'obtention du véritable pouvoir personnel.

LES CINQ PLANS COSMIQUES

Plan Physique et Plan Astral Inférieur (Élément Terre)

Votre voyage vers la transcendance commence dans le Plan Physique, en correspondance avec Muladhara, le Chakra de base et l'Élément Terre. Muladhara est le plus bas des Chakras, représentant le Plan d'existence le plus dense, le monde de la Matière. Ce Chakra affecte également le Plan Astral Inférieur, le plan énergétique de toutes les choses de l'existence. Il existe une correspondance entre le Plan Physique et l'Astral Inférieur, car tous deux participent de l'Élément Terre et du Chakra Muladhara. Le Corps Subtil correspondant à ce Plan Intérieur est le Corps Astral Inférieur. Le Corps Physique est le corps que nous utilisons pour faire l'expérience du monde de la matière. Cette relation est évidente.

L'être humain est inextricablement lié à la Terre par la force de gravité. Sur le plan énergétique, nous sommes reliés à la Terre par les Chakras des pieds et les canaux énergétiques des jambes qui se connectent au Chakra Muladhara. Cette connexion nous permet de mettre à la terre notre système Chakrique, tandis que le nerf sciatique relie notre système nerveux et notre corps physique à la Terre. Le système énergétique humain est comme un arbre dont les racines sont profondément ancrées dans la terre. La Terre nous nourrit grâce à cette communication bidirectionnelle, qui soutient et alimente notre conscience.

Plan Astral Supérieur (Élément Eau)

Comme vous vous élevez dans les Plans, le Plan suivant dans la séquence est le Plan Astral Supérieur. Il est souvent appelé le Plan Emotionnel, lié aux émotions inférieures, plus instinctives - nos actions dans le Monde Physique provoquent une réponse émotionnelle involontaire. Le Plan Astral supérieur est associé à la sexualité, à la peur et à l'Ego, car il est directement lié au subconscient. Il correspond à l'Élément Eau et à Swadhisthana, le Chakra sacré. Le Corps Subtil propre à ce plan est le Corps Astral Supérieur.

Après un éveil complet de la Kundalini, une fois que le conscient et le subconscient ont été rapprochés, le chaos émotionnel domine la psyché pendant un certain temps. Faire face à son ombre peut être effrayant, surtout si l'on n'est pas préparé à une telle expérience. Quel que soit le défi, l'énergie Karmique de l'Élément Eau doit être surmontée pour que vous puissiez avancer dans votre voyage d'Ascension Spirituelle. L'énergie de peur peut prendre plus de temps à purger, selon le niveau de votre évolution Spirituelle. Toutefois, avec du courage et de la détermination, on peut y parvenir, ce qui a pour effet d'accorder le Chakra Swadhisthana, permettant à la conscience de s'élever au-dessus de son niveau et d'entrer dans le Plan Supérieur.

Plan Mental Inférieur (Élément Air)

Une fois que vous avez fini d'intégrer les leçons de l'Élément Eau, le Plan Intérieur suivant à traiter est le Plan Mental Inférieur, correspondant à l'Élément Air et à Anahata, le Chakra du cœur. Ce Plan est lié à vos pensées et à la pensée rationnelle ainsi qu'à l'imagination. Les émotions affectent les pensées et vice versa. En raison de sa connexion avec l'Élément Esprit, Anahata traite des émotions supérieures, telles que la compassion et l'amour inconditionnel. En tant que tel, vous pouvez rencontrer des tests de l'Âme relatifs à ces énergies. Le Corps Subtil particulier à ce Plan Intérieur est le Corps Mental Inférieur.

Une fois que vous êtes entré dans le Plan Mental et que votre conscience vibre à son niveau, vous commencerez à faire des rêves lucides. Comme Anahata est directement lié à l'Élément Esprit dans Vishuddhi (le chakra situé au-dessus), votre conscience peut s'envoler hors de votre corps physique par le Chakra Sahasrara et incarner votre Corps de Lumière si vous avez reçu une activation complète par l'éveil de la Kundalini. En raison de sa densité plus élevée, le Plan Mental est le point de contact du Corps de Lumière pour entrer dans un Rêve Lucide. Une fois que vous l'aurez incarné, vous vous projetterez dans l'un des Plans Cosmiques Supérieurs. Selon l'expérience de Rêve Lucide que vous vivez, il s'agit du Plan Spirituel ou du Plan Divin. Les Rêves Lucides commencent à se produire lorsque votre conscience est dans Anahata, car l'influx de l'Élément Air vous permet de vous projeter hors du Sahasrara.

Dans un Rêve Lucide, vous serez pleinement conscient. Vous vivrez le rêve comme réel puisque le Corps de Lumière est un véhicule de la conscience, similaire au corps physique, mais à un niveau de densité inférieur. Les Rêves Lucides sont généralement caractérisés par une liberté absolue d'expérimenter tout ce que vous désirez pendant que vous êtes dans l'état de rêve. Une fois que votre conscience est projetée hors du Sahasrara Chakra, un Rêve Lucide devient une expérience extra-corporelle complète. (J'aborderai le Rêve Lucide plus en détail dans la seconde moitié du livre, car c'est l'un des cadeaux les plus importants reçus après l'éveil de la Kundalini).

Plan Mental Supérieur (Élément Feu)

Le Plan suivant que vous devrez traverser est le Plan Mental Supérieur, correspondant à l'Élément Feu, et le troisième Chakra, Manipura (Chakra du Plexus Solaire). Manipura est lié à votre volonté, vos croyances, votre motivation et votre dynamisme dans la vie. C'est là que se trouve votre Âme, qui filtre à travers l'esprit conscient. Vos croyances sont formées par vos actions et vos pensées habituelles. Cette connexion avec l'Âme dans le Plan Mental donne lieu au Rêve Lucide, car le Corps de Lumière est le véhicule de l'Âme. Gardez à l'esprit que les Éléments Feu et Air sont tous deux reliés à l'Élément Esprit, et que le Plan Mental est donc le point de contact pour atteindre les Royaumes Cosmiques Supérieurs.

Nombre de nos croyances profondément ancrées nous empêchent d'exploiter notre potentiel le plus élevé en tant qu'êtres humains sSpirituels. Surmonter les croyances négatives et limitatives est primordial pour vivre le genre de vie que vous voulez vivre. Les croyances affectent également, à leur tour, vos rêves et vos objectifs. Le but de l'expérience de ces Plans est de purifier le Karma négatif stocké dans chaque Chakra. Une fois purifié, votre conscience s'élève naturellement au-dessus d'un Chakra pour apprendre d'autres leçons d'Âme dans un Chakra situé au-dessus. Le Corps Subtil correspondant à ce Plan est le Corps Mental Supérieur.

Plan Spirituel (Élément Esprit)

Une fois que vous avez dépassé les Plans d'existence Inférieurs liés aux Quatre Éléments, l'énergie de la Kundalini se sublime et se transforme en un feu liquide apaisant, beaucoup plus agréable. Sa qualité est celle de l'Élément Esprit, et une fois que cette transformation se produit, elle devient votre "modus operandi" pour le reste de votre vie. Cette énergie Spirituelle élève votre conscience dans les trois plus hauts Chakras de Vishuddhi (Chakra de la gorge), Ajna (Chakra du Troisième Oeil) et Sahasrara (Chakra de la couronne). Il correspond au plan d'existence Spirituel expérimenté par le Sahasrara Chakra et le Bindu Chakra. Il a été appelé le Mercure Philosophique des Alchimistes et la Pierre Philosophale.

Le Corps Subtil correspondant au Plan Spirituel est le Corps Spirituel. Ce Corps Spirituel est le prochain véhicule de la conscience auquel le Corps de Lumière nouvellement activé s'efforce de s'aligner en permanence. Dans les états de rêve, le Corps de Lumière se transforme en Corps Spirituel pour voyager dans le Plan Spirituel.

Le Plan Spirituel est souvent appelé "Aethyr" et il est souvent fait référence à l'empreinte Ethérique de toutes les formes de matière. C'est un synonyme de l'empreinte Astrale déjà mentionnée. Les gens ne disposent souvent pas du langage nécessaire pour expliquer cette science invisible très particulière, aussi la référence à ces termes implique-t-elle l'empreinte énergétique de base que nous possédons tous. Ne vous laissez pas déconcerter si vous ne pouvez pas saisir immédiatement comment tout fonctionne, mais soyez ouvert à l'apprentissage et, avec le temps, en vous exposant davantage à cette réalité invisible, votre compréhension s'améliorera.

Il est essentiel de comprendre que l'énergie de la Kundalini n'est jamais statique ; elle est en constante évolution dans son expression, sa fonction et son état. Cette transformation constante de l'énergie Kundalini vous permet d'entrer naturellement dans ces différents Plans, à moins que vous ne choisissiez de le faire intentionnellement par des techniques d'invocation rituelle.

Gardez à l'esprit que jusqu'à présent, je décris le processus d'élévation sur les Plans Intérieurs par la conscience. Au fur et à mesure que la vibration de votre conscience augmente, vous faites l'expérience de Plans de plus en plus élevés jusqu'à atteindre le Plan Spirituel. Votre conscience peut atteindre les Plans Divins, bien que leur expérience se produise généralement au cours de Rêves Lucides. Le processus de manifestation proprement dit est un cycle continu où l'Esprit filtre dans la Matière et remonte. Ce processus est instantané, incessant et constant, et tous les Plans situés entre les deux sont affectés.

LES PLANS DIVINS

Les Plans Divins d'existence font référence aux Chakras Transpersonnels situés au-dessus du Sahasrara ; les Plans Inférieurs sont généralement liés au Chakra de l'Etoile de l'Âme, tandis que les Plans Supérieurs sont liés à la Porte Stellaire. Théoriquement, les Plans de conscience Divins sont illimités. Toute tentative d'expliquer leur nombre réel est futile, car la conscience humaine peut s'élever aussi haut que l'Esprit de Dieu, qui est Multidimensionnel. Ceux qui tentent de définir les Plans Divins se trompent dans le jugement qu'ils portent sur eux car leurs expériences ne peuvent être catégorisées avec un quelconque degré de continuité.

Je n'entrerai pas trop dans les détails des Plans Divins puisque le but de ce travail est de se concentrer sur les Sept Chakras principalement, car les défis initiaux après l'éveil de la Kundalini résident dans la maîtrise et la purification de ceux-ci. Faire l'expérience de l'énergie vibratoire élevée des Plans Divins dans des états de rêve ou des visions éveillées est une expérience transcendantale qui ne peut être exprimée par des mots, car cela reviendrait à limiter l'expérience et à la rÂmener dans ce domaine de la dualité.

Les Plans Divins sont Non-Dual et ineffables, car ils sont le point de contact entre l'Inconnu et le Connu. Les informations provenant des Plans Divins sont filtrées par le

Chakra Causal/Bindu dans le Sahasrara, la couronne, ce qui permet à des êtres d'un autre monde d'entrer en contact avec votre conscience. Chaque fois que vous vivez une expérience "hors du monde" dans vos rêves et que vous visitez des royaumes jamais vus ou expérimentés auparavant, vous travaillez avec les Chakras situés au-dessus du Sahasrara et "surfez" sur l'un des Plans Divins.

L'expérience des Plans Divins est différente pour chacun. Dans *The Magus*, j'ai essayé d'expliquer certaines de mes expériences avec ces sources d'énergie, mais je crois avoir limité ces expériences incroyables en le faisant. Si vous avez éveillé la Kundalini et que vous faites des rêves incroyables, parfois lucides, vous allez invariablement contacter les Plans Divins de l'existence.

Vous verrez des paysages jamais vus auparavant, magnifiques à contempler. Vous aurez l'impression d'être sur une autre planète, dans un autre Système Solaire, et en réalité, c'est peut-être le cas. Une fois que votre conscience est libérée du corps physique, vous pouvez l'élever par une idée ou une pensée inspirante. Il est rare de faire l'expérience des Plans Divins pendant la journée, à moins que vous ne soyez en méditation, mais une fois que vous aurez ouvert cette porte, vous pourrez la visiter la nuit.

Une fois que vous avez pris contact avec les Plans Divins dans votre conscience, vous pouvez être capable de sentir leur présence intuitivement, mais la nuit vous pouvez utiliser votre Corps de Lumière pour y entrer et en faire l'expérience. Une attraction vers le haut se produit dans votre conscience, et lorsque vous entrez dans l'état Alpha pendant le sommeil, vous pouvez officiellement vous rendre dans les Plans Divins avec votre Corps de Lumière. Si vous avez l'impression d'être dans ce monde physiquement, mais que votre esprit se trouve sur une autre planète ou dans une autre Dimension supérieure, il y a de fortes chances que vous fassiez l'expérience des Plans Divins.

VARIATION DE LA SÉQUENCE DES COUCHES AURIQUES

Vous remarquerez que la séquence d'évolution Spirituelle à travers les Éléments suit la succession des couches Auriques concernant les Chakras, sauf qu'au lieu de progresser vers le Feu après avoir surmonté l'Élément Eau, j'ai fait l'expérience que l'on atteint plutôt l'Élément Air. Il y a donc un saut progressif dans une couche supérieure avant de revenir dans une couche inférieure. Ou alors, la séquence des couches de l'Aura ne suit pas l'ordre des Chakras.

Supposons que nous suivions le système de l'Arbre de Vie Qabalistique de l'évolution Spirituelle vers la Divinité (la Lumière Blanche de Kether). Une fois que nous nous élevons au-dessus du Plan Physique de la Terre, la conscience fait l'expérience des trois autres Éléments en deux séquences distinctes avant d'atteindre le Plan Spirituel. Après avoir quitté Malkuth, la Terre, l'individu atteint Yesod (l'Air inférieur), suivi de Hod (l'Eau inférieure) et enfin Netzach (le Feu inférieur). Il s'élève ensuite vers Tiphareth (Air supérieur), suivi de Geburah (Feu supérieur) et enfin de Chesed (Eau supérieure). Ils sont alors aux portes de l'Esprit et du Plan Spirituel, représentés par Daath sur l'Arbre de Vie. Et même au sein du Plan Spirituel, la première Séphira, Binah, est attribuée à l'Élément Eau, tandis que la deuxième Séphira, Chokmah, est liée au Feu. Binah et Chokmah sont considérées comme les sources primaires des Éléments Eau et Feu, selon la Kabbale. Kether, la plus haute Séphire, correspond à l'Élément Air et est également considérée comme sa plus haute source.

L'Élément Air de l'Arbre de Vie est considéré comme le réconciliateur entre les Éléments Feu et Eau. Pour cette raison, il se trouve strictement sur le *Pilier Central* de l'Arbre de Vie, également appelé Pilier de l'Equilibre. D'autre part, les deux Éléments Eau et Feu s'échangent sur les Piliers opposés de l'Arbre de Vie, le *Pilier de la Sévérité* et le *Pilier de la Miséricorde*. Ainsi, dans mon expérience d'élévation de conscience et d'évolution Spirituelle, je n'ai pas fait l'expérience des Chakras de manière séquentielle. Je crois que ce processus est Universel. Par conséquent, soit le système Qabalistique est correct, soit le système Shakrique l'est, mais pas les deux puisqu'ils sont différents. Je reviendrai sur ce sujet plus tard, lorsque je décrirai et discuterai du concept Oriental des Koshas.

IDA, PINGALA, ET LES ÉLÉMENTS

Le flux correct d'énergie à travers Ida et Pingala est d'une importance capitale pour le bon fonctionnement du circuit de la Kundalini. Des blocages dans l'un ou l'autre de ces Nadis empêcheront l'énergie de fonctionner comme elle le devrait. S'il y a des blocages, vous subirez de graves problèmes mentaux et émotionnels car Ida et Pingala régulent les Chakras et la conscience. Ida et Pingala sont alimentés par les pensées et les émotions, qui sont influencées par les quatre Chakras situés sous Vishuddhi (Chakra de la gorge) et les Éléments Terre, Eau, Air et Feu.

Dans ce chapitre, j'aborderai la manière dont les Cinq Éléments affectent le flux d'Ida et de Pingala. Grâce aux pratiques Spirituelles présentées dans ce livre ou aux exercices rituels de la Magie cérémoniale présentés dans *The Magus*, vous pouvez accorder vos Chakras. Cela permet aux courants d'énergie d'Ida et de Pingala de circuler correctement et d'atténuer les difficultés mentales et émotionnelles que vous pouvez rencontrer. Comme décrit dans *The Magus*, les Trente Aethyrs Enochiens influencent directement Ida et Pingala puisqu'ils utilisent l'énergie sexuelle combinée à l'énergie élémentaire pour travailler sur l'un ou l'autre canal ou les deux à la fois. J'ai trouvé que cette opération rituelle était la meilleure pour accorder les deux canaux de la Kundalini et les aider à atteindre leur état le plus optimal.

L'Élément Terre représente la stabilité et est représenté par le Chakra Racine, qui se trouve entre l'anus et les organes génitaux. Ce Chakra est vital car l'énergie doit y circuler correctement pour alimenter le système Kundalini. L'Élément Terre vous donne les moyens de corriger ce Chakra et de l'accorder correctement. Comme nous l'avons mentionné, des lignes d'énergie provenant Des chakras des pieds traversent les jambes jusqu'au Chakra de la terre, Muladhara. Ces lignes doivent être pleinement activées et optimisées après l'éveil de la Kundalini. Leur flux correct permet au Chakra de la terre de travailler à sa capacité maximale. Leur flux alimente également les Nadis Ida et Pingala, qui commencent dans Muladhara mais reçoivent leurs énergies masculines et féminines des canaux énergétiques primaires des jambes.

Le travail avec l'élément Terre permet de s'ancrer dans la terre et de maximiser le flux d'énergie dans les jambes. L'Élément Eau et les émotions influencent le flux Ida (féminin), tandis que l'Élément Feu influence le flux Pingala (masculin). L'Élément Air anime à la fois les canaux Ida et Pingala, car il donne vie aux Éléments Eau et Feu. Il est placé dans le

Chakra du Cœur, Anahata, qui contient la plus grande confluence de Nadis mineurs dans le corps.

Anahata régule tous les Chakras ainsi que les Éléments du corps. En outre, le Chakra du Cœur est relié aux Chakras des mains, qui canalisent l'énergie d'amour et de guérison, et servent de récepteurs pour lire l'énergie qui vous entoure. Une fois que le flux correct est établi entre les Chakras des mains et le Chakra du Cœur chez les individus complètement éveillés par la Kundalini, il en résulte une sensation d'apesanteur dans le corps physique et une dissociation mentale avec celui-ci. L'énergie de l'Esprit doit imprégner l'ensemble du corps physique, le Corps de Lumière, pour libérer complètement la conscience du monde physique.

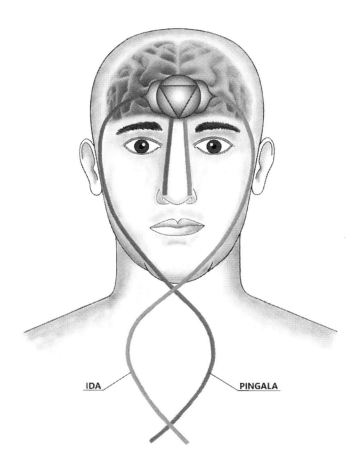

Figure 15: Ida et Pingala Nadis et Ajna Chakra

Lorsque vous travaillez avec l'élément Air, vous stimulez à la fois les Nadis Ida et Pingala. Comme les deux Nadis se croisent à chacun des points Chakriques pendant un éveil de la Kundalini, ils se terminent à Ajna Chakra (Figure 15) au milieu du cerveau, au centre du Thalamus. Le portail d'Ajna Chakra est le Troisième Oeil, entre et au-dessus des sourcils et à un centimètre à l'intérieur de la tête. Si les deux canaux ne se croisent pas correctement, ou si le mouvement de l'un d'eux est bloqué au centre du Troisième Oeil, l'ensemble du système Kundalini est déséquilibré, ce qui affecte son fonctionnement. Il en résulte souvent des pensées obsessionnelles ou des problèmes mentaux semblables à ceux des patients schizophrènes ou bipolaires.

Les problèmes de santé mentale chez les individus proviennent d'une mauvaise circulation de Ida et Pingala et de déséquilibres dans les Chakras. Cependant, nous ne pouvons pas le prouver avec les outils de mesure scientifiques modernes. Après dix-sept ans d'observation de mes processus mentaux et des hauts et des bas de mes pensées et de mes émotions, j'en suis arrivé à cette conclusion. Je crois que ces problèmes sont Universels puisque Ida et Pingala sont actifs chez tous les gens car ils régulent la conscience. Cependant, chez les personnes pleinement éveillées par la Kundalini, leur flux est optimisé puisque les Trois Granthis sont déverrouillés, permettant à l'énergie Pranique sublimée d'alimenter continuellement le système, induisant l'état transcendantal.

HÉMISPHÈRES GAUCHE ET DROIT DU CERVEAU

Dans la Kabbale, les deux facultés intérieures les plus élevées d'un être humain sont la Sagesse et la Compréhension, toutes deux reçues par intuition. Ces deux aspects du Soi existent en dualité l'un avec l'autre, car on ne peut avoir l'un sans l'autre. Ils sont tous deux liés à l'Élément Esprit, car ils représentent la partie Surnaturelle du Soi, qui n'est jamais née et ne mourra jamais. Sur l'Arbre de Vie, ce sont les Sphères Chokmah (sagesse) et Binah (compréhension). Elles sont également liées à l'expression ultime des composantes masculine et féminine du Soi, que l'on trouve dans le cerveau sous la forme des hémisphères gauche et droit.

L'hémisphère gauche du cerveau est influencé par le Chiah (qui se trouve dans la Sphère de Chokmah). D'un point de vue Qabalistique, le Chiah est notre volonté véritable. C'est la partie masculine et projective du Soi, appartenant à l'Élément Feu. C'est notre Saint Ange Gardien et la partie de nous qui nous alimente continuellement pour nous rapprocher de la Divinité. Le Chiah est alimenté par le Pingala Nadi, qui est également associé à l'hémisphère gauche du cerveau dans le Tantra Yoga. Il est lié à la pensée analytique, à la logique, à la raison, aux sciences et aux mathématiques, au raisonnement et à l'écriture. Le Chiah est fondÂmentalement Archétypal, ce qui signifie qu'il échappe dans une certaine mesure à notre capacité à le comprendre pleinement. Nous pouvons utiliser le côté gauche de notre cerveau, mais nous ne pouvons pas comprendre pourquoi nous savons ce que nous savons ni la source de cette connaissance.

La petite Neschamah se trouve dans la Sphère de Binah. Elle est féminine et réceptive, et appartient à l'Élément Eau. Le Petit Neschamah est notre intuition psychique. C'est l'aspiration la plus élevée du Soi et notre désir le plus profond ou notre état de conscience le plus élevé. Après tout, notre pouvoir intuitif nous relie directement au Divin. L'Ida Nadi alimente le Petit Neschamah. Il influence les fonctions de l'hémisphère droit du cerveau, telles que la compréhension, les émotions, la créativité, l'imagination, la perspicacité, la pensée holistique et la conscience de la musique et des formes d'art en général.

COURT-CIRCUIT DE NADI

Tout au long de votre voyage de transformation Kundalini, vous pouvez rencontrer un moment où Ida ou Pingala sont court-circuités, ce qui signifie qu'ils cessent leur fonction pour le moment. Il est crucial de comprendre qu'une fois que vous avez ouvert votre circuit Kundalini, il restera actif pour le reste de votre vie, et que les courts-circuits et les blocages sont des obstacles temporaires sur la route. Dans le cas des courts-circuits, vous devez reconstruire les canaux Ida ou Pingala (celui qui s'est effondré) par la prise de nourriture, ce qui se produit naturellement avec le temps. En ce moment, il se peut que votre Âme vous incite à manger plus que d'habitude pour y parvenir, car elle reconnaîtra ce que vous devez faire pour régler le problème.

Les courts-circuits sont des problèmes Universels, et de nombreuses personnes éveillées par la Kundalini ont rapporté que cela leur était arrivé. Si Ida a été court-circuité, c'est généralement à la suite d'un événement effrayant dans votre vie qui a provoqué une charge émotionnelle tellement négative qu'elle a surchargé le canal et l'a bombardé de bioélectricité négative. Les courts-circuits Pingala sont moins fréquents et résultent généralement du fait que quelqu'un ou quelque chose prend le contrôle de votre vie et pense à votre place pendant une période prolongée. Si cela se produit, le canal Pingala, dont le but est de canaliser la volonté, cesse de fonctionner.

Les deux canaux peuvent être reconstruits au fil du temps grâce à l'apport de nourriture et aux changements dans votre vie qui peuvent affecter négativement leur fonctionnement. La façon dont vous menez votre vie affecte invariablement l'ensemble du système Kundalini et le fonctionnement des Chakras, y compris les canaux Ida, Pingala et Sushumna.

Sushumna exige que les centres du cerveau soient ouverts et que le Bindu fonctionne correctement, mais elle exige également que la connexion à la Couronne soit bien établie. Si Ida ou Pingala, ou les deux, cessent leur fonction et sont court-circuités, il peut en résulter que Sushumna ne fonctionne pas non plus correctement, en particulier au niveau cérébral supérieur. Il est impossible d'arrêter complètement le flux de la Sushumna, car elle est notre moyen de faire l'expérience de la conscience élargie, qui, lorsqu'elle est éveillée, ne peut jamais être annihilée. Les canaux auxiliaires Ida et Pingala, qui régulent la conscience, peuvent être tempérés, mais pas la conscience supérieure elle-même.

Je discuterai plus en détail des courts-circuits de la Kundalini dans la "Partie X : Contrôle des dommages de la Kundalini" et présenterai dans la section suivante des méditations que vous pouvez utiliser pour reconstruire et réaligner les canaux dans la tête au lieu d'attendre que cela se produise naturellement.

PARTIE III : LE SYSTÈME D'ÉNERGIE SUBTILE

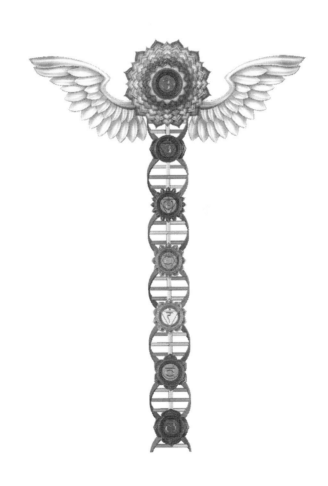

LE CHAMP ÉNERGÉTIQUE AURA-TOROÏDAL

Un champ électromagnétique est une combinaison d'énergies électrique et magnétique. Les champs électromagnétiques sont les champs primaires qui génèrent et entretiennent la vie. L'Aura est un champ électromagnétique d'énergie qui existe autour de chaque chose vivante et non vivante dans l'Univers. Elle est de forme toroïdale car le tore est la forme préférée que l'Univers utilise pour créer la matière à partir de l'énergie.

Le tore est constitué d'un axe central et de tourbillons à chaque extrémité qui font circuler l'énergie. En coupe transversale, le tore ressemble à un beignet dynamique avec un trou au milieu qui est infiniment petit. La plupart des dynamiques de tore contiennent des aspects masculins et féminins, l'énergie circulant vers le haut dans l'un et vers le bas dans l'autre.

Le champ énergétique toroïdal est un système auto-entretenu qui fait circuler l'énergie en permanence. Le symbole de l'infini est une ancienne représentation en 2D du champ toroïdal, car il possède les mêmes propriétés de continuité et d'auto-équilibre. Il représente également la Source de toute la Création. La Source a créé tous les tores en existence et est reliée à eux de manière inextricable.

Chaque humain et animal vivant sur la planète Terre, y compris la planète elle-même (Figure 16), possède sa propre Aura. Il en va de même pour les autres planètes et même les galaxies. Toutes les auras de l'Univers s'influencent et se nourrissent les unes des autres. Après tout, nous sommes tous interconnectés. Les nombreux écosystèmes différents présents dans l'atmosphère terrestre, tels que la vie végétale et animale, les océans, et même les amibes et les organismes unicellulaires, sont liés entre eux sur le plan énergétique. Par un échange dynamique d'énergie, le système toroïdal Universel relie chaque cellule et chaque atome à travers notre corps physique et notre conscience.

Le tore est affecté par le mouvement continu de l'énergie Universelle ou Prana. Son activité est semblable à celle d'une vague qui fluctue avec le mouvement de l'eau. L'énergie pranique est partout autour de nous - elle entre et sort continuellement de nos Auras. Tant que notre Soleil existe, la Lumière et le Prana existent aussi, ce qui donne vie à tous les êtres vivants de notre Système Solaire.

L'un des principaux objectifs de l'Aura est d'échanger et de traiter les signaux de communication. L'Aura des organismes biologiques vivants fluctue continuellement en fonction de ce qu'elle reçoit du Soi, de l'environnement ou d'autres êtres vivants. Bien que les objets inanimés et non vivants aient une Aura, celle-ci ne change pas beaucoup par l'interaction avec d'autres choses vivantes ou non vivantes. L'Aura des choses non vivantes est souvent appelée corps Ethérique, ou corps énergétique. Essentiellement, le corps énergétique de toute chose est son Aura, qui est le produit du mouvement continu d'un tore.

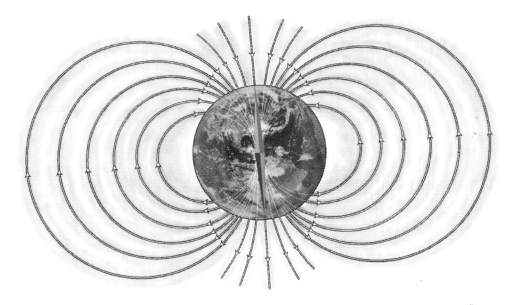

Figure 16: Le Champ Electromagnétique de la Terre

L'AURA HUMAINE

L'aura nous aide à interagir avec le monde qui nous entoure et à relayer les informations dans notre corps physique. Elle s'étend autour du corps physique mais s'écoule également à travers lui. Le corps physique est la projection holographique de la conscience individuelle alimentée par l'Aura.

J'ai déjà décrit les couches de l'Aura de l'être humain, qui correspondent aux Sept Chakras Majeurs et aux Plans Cosmiques de l'existence. Chacune des couches de l'Aura a sa fréquence de vibration et contient différentes formes d'informations. Les quatre couches auriques suivantes sont liées aux Chakras Transpersonnels de l'étoile de la terre, du chakra causal, de l'étoile de l'âme et du portail stellaire. Elles émanent séquentiellement des sept premières couches Auriques.

La couche Aurique du Chakra de l'Etoile de la Terre se projette d'abord après la couche du Chakra du Sahasrara, qui sert à mettre à la terre l'ensemble du Système Chakrique lorsqu'il se connecte au Corps Ethérique du Plan Astral Inférieur. Vient ensuite la couche Aurique du Chakra Causal, qui relie les Plans Spirituel et Divin. Ensuite, nous avons la couche Aurique de l'Etoile de l'Âme, qui nous permet d'accéder aux Plans Divins Inférieurs, suivie de la couche de la Porte Stellaire, qui représente les Plans Supérieurs. Enfin, le Hara Chakra, qui fait partie du modèle des Chakras Transpersonnels, ne possède pas sa propre couche Aurique, mais interpénètre divers aspects de l'Aura, puisqu'il s'agit de notre principal centre Pranique. Chacune des onze couches Auriques a un flux torique qui s'emboîte pour créer la forme d'un œuf énergétique géant (Figure 17).

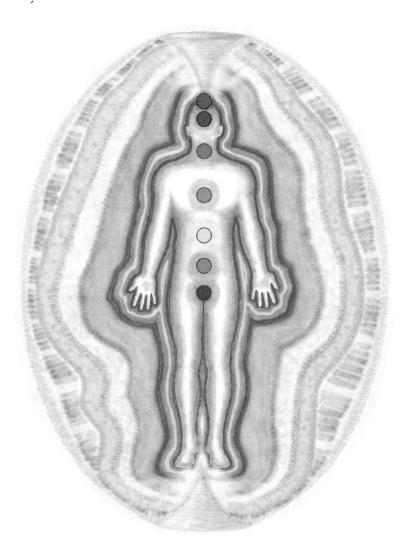

Figure 17: L'Aura Humaine

104

Avec l'inclusion des couches mentionnées ci-dessus, le corps principal de l'Aura est créé. En outre, d'autres champs subtils affectent notre bioénergie et nous relient les uns aux autres, aux autres êtres vivants, à la Terre et à l'Univers dans son ensemble. Il s'agit notamment des champs électriques et magnétiques qui ne sont pas détectés dans le spectre électromagnétique et qui nous affectent physiquement et psychiquement. Il y a ensuite le son et les autres forces électromagnétiques qui nous affectent, comme la lumière infrarouge, les micro-ondes, les ondes radio, la lumière ultraviolette, les rayons X, les rayons gamma, pour n'en citer que quelques-uns.

Chaque cellule du corps, chaque pensée et chaque émotion génèrent un champ énergétique. Il existe donc des centaines, voire des milliers, de champs énergétiques subtils, dont certains n'ont pas encore été découverts. Les scientifiques découvrent régulièrement de nouveaux champs d'énergie, ce qui renforce encore notre compréhension de l'interconnexion de toute l'existence.

Chez l'être humain, l'axe du tore va du sommet de la tête à la région de l'aine, englobant les Chakras Majeurs et Transpersonnels, et s'étendant jusqu'aux pieds. L'énergie circule à travers un vortex le long de l'axe et sort du second vortex, où elle s'enroule autour de sa circonférence et repasse par le vortex d'origine. Comme le tore tourne autour de son axe vertical, l'anneau lui-même tourne également autour de son axe circulaire. Les particules d'énergie qui entrent dans notre tore suivent un chemin en spirale.

Le centre du tore est le cœur, qui possède son propre champ électromagnétique qui s'étend plus loin du corps que le champ Aurique. Lorsque des personnes sont proches les unes des autres, un échange d'énergie électromagnétique est produit par le cœur, qui est enregistré par les ondes cérébrales. (Voir le chapitre "Le Pouvoir du Cœur" pour plus d'informations à ce sujet).

Le cœur abrite l'Âme. Le tore est essentiellement la structure de l'Âme pour s'exprimer dans le monde de la matière. Il permet à l'Âme d'entrer en contact avec les autres Âmes existantes. Puisque, d'un point de vue philosophique, l'Âme s'exprime à travers l'Esprit, l'Esprit a choisi le tore comme la forme la plus optimale dans la nature pour manifester le corps physique. Grâce à l'esprit, les désirs de l'Âme sont communiqués au corps physique. Le corps ne peut exister sans l'esprit. Lorsque le corps physique disparaît, l'esprit disparaît également, ce qui éradique le tore. En revanche, l'Âme ne peut jamais s'éteindre, et elle continue son voyage après la mort physique.

CARACTÉRISTIQUES DE L'AURA

La photographie de l'Aura est une technologie relativement récente (depuis les années 1970) qui utilise un système d'imagerie de biofeedback pour enregistrer et afficher l'énergie électromagnétique d'une personne. Les appareils de lecture de l'Aura prennent généralement des mesures dans la main par le biais d'un capteur, qui enregistre les énergies intérieures d'une personne et fournit une image colorée de l'état actuel de l'Aura.

Le dispositif de biofeedback de lecture d'Aura avec lequel je travaille est AuraFit, créé par Bettina Bernoth. Il intègre une technologie de pointe pour afficher l'Aura en "temps réel" en utilisant un bracelet "intelligent" au lieu d'un capteur manuel. J'ai obtenu les clichés de mon Aura tels que présentés dans ce livre avec le système AuraFit. (Pour voir toute la gamme de couleurs de ces images d'Aura, qui est optimale pour approfondir votre compréhension du sujet, visitez mon site Web). Grâce aux technologies de lecture de l'Aura comme AuraFit et d'autres, nous pouvons déterminer la taille de l'Aura, ses couleurs dominantes, et la santé des Chakras à tout moment.

Lorsque nous observons le champ énergétique d'un individu, nous voyons l'énergie colorée qui circule dans l'Aura. Le type et la qualité de l'énergie en vous dépendent de ce sur quoi votre conscience concentre son attention. Il peut changer d'un moment à l'autre, car l'Aura fluctue continuellement en fonction des expressions de la conscience. Les pensées et les émotions auxquelles nous pensons et que nous vivons utilisent leurs Chakras correspondants à ces moments-là. Lorsqu'un Chakra individuel est exprimé dans l'Aura, sa couche respective sera dominante, y compris sa couleur correspondante.

Les couleurs Auriques changent et évoluent continuellement en fonction de ce sur quoi la conscience se concentre et des couches impliquées. Cependant, chaque personne a une couleur de base dans son Aura, qui reflète sa personnalité et sa disposition. La couleur de base de la personne nous donne une idée de sa disposition générale et de son état émotionnel, influencés par ses croyances, ses valeurs et ses comportements. Le niveau de progression Spirituelle d'une personne affecte également la gamme de couleurs dans laquelle elle vibre.

Taille d'Aura

Grâce à la technologie de lecture d'Aura et validée par des clairvoyants, nous avons déterminé que la circonférence d'une Aura saine avec des Chakras qui fonctionnent bien s'étend jusqu'à six pieds autour d'une personne, en moyenne. S'il y a des blocages ou une stagnation de l'énergie lumineuse dans les Chakras, cela affaiblira l'Aura, ce qui réduira la taille de sa circonférence. Les Auras malsaines peuvent se rétrécir jusqu'à un mètre et même jusqu'à l'extérieur de la peau de la personne.

La taille de l'Aura varie et fluctue de la même manière que ses couleurs. Par exemple, si une personne est contemplative ou désire la solitude et le repos, elle sera centrée sur elle-même et gardera ses énergies pour elle, ce qui rétrécit l'Aura. À l'inverse, si la personne désire une connexion avec les autres et l'aventure, elle sera extravertie, ce qui élargira son Aura. D'une manière générale, se concentrer sur l'extérieur et partager son énergie d'amour avec les autres fait grandir l'Aura, tandis qu'être introverti et se concentrer sur l'amour de soi rétrécit l'Aura.

L'Aura est comme un organisme vivant et respirant dans le sens où elle se dilate ou se contracte, selon que nous sommes introvertis ou extravertis et selon le type d'énergies que nous exprimons. Par exemple, si une personne est fatiguée et privée de son énergie vitale, son Aura se rétrécira, alors que si elle est énergisée et a beaucoup de vitalité, elle aura une

Aura plus expansive. Le stress a également un impact sur la taille de l'Aura car il la fait se contracter lorsque la conscience est en tension.

La respiration affecte également la taille de notre Aura ; les personnes qui respirent par l'abdomen nourrissent continuellement leurs Sept Chakras avec de l'énergie Pranique, ce qui maintient l'équilibre du système énergétique et élargit l'Aura. Les personnes qui ne respirent que par la poitrine maintiennent leurs Chakras moyens et supérieurs activés tandis que leurs Chakras inférieurs restent relativement inutilisés. Ces personnes auront des Auras plus petites et doivent changer leur mode de respiration pour équilibrer leurs Chakras et optimiser la taille de leur Aura.

La taille générale du champ Aurique d'une personne dépend également du stade auquel elle se trouve dans le processus d'évolution Spirituelle et de la quantité d'énergie Lumière qu'elle a intégrée dans son Aura. Les personnes ayant des vibrations élevées ont généralement des Auras plus grandes, tandis que celles ayant des vibrations plus faibles ont des Auras plus petites. Les personnes dont l'Aura est plus grande ont des capacités plus puissantes pour réaliser leurs objectifs et leurs rêves, tandis que celles dont l'Aura est plus petite ont plus de mal à manifester la vie qu'elles désirent.

Les personnes éveillées par la Kundalini qui ont intégré l'énergie de la Lumière dans les Chakras ont des Auras dont la circonférence dépasse largement les deux mètres. Il a été rapporté que les individus pleinement éclairés, les Adeptes, les Sages et les Yogis réalisés, ont des Auras rayonnantes dont la Lumière peut remplir une pièce entière et faire une impression sur tous ceux qui se trouvent à proximité.

Si quelqu'un est extraverti, optimiste et engagé dans le partage de l'énergie d'amour, mais que la circonférence de son Aura est toujours bien en dessous de six pieds, c'est une indication qu'il pourrait y avoir une maladie dans le corps physique. Selon le Principe Hermétique de Correspondance, la qualité de l'énergie dans l'Aura se manifestera physiquement par la même qualité, et vice versa.

Si une personne subit des changements psychologiques et même physiques importants, cela se verra dans son Aura. Par exemple, les personnes qui sont trop dans l'espace et qui ont besoin d'être mises à la terre manifesteront une abondance d'énergie dans la zone de la tête et une énergie minimale autour des pieds. Pour une connexion équilibrée entre l'esprit, le corps et l'Âme, les énergies doivent être réparties de manière égale dans les zones de la tête (esprit), des pieds (corps) et du cœur (Âme).

Forme de l'Aura et Intensité des Couleurs

Lorsque l'on observe l'Aura d'une personne en temps réel, plusieurs facteurs entrent en jeu et reflètent l'aspect de l'Aura, de sa taille et de sa forme à l'intensité de sa couleur. Tout d'abord, l'Aura doit être de forme ovoïde et symétrique, reflétant le flux d'énergie toroïdal de l'individu. La forme ovoïde de l'Aura doit présenter une surface lisse sur son enveloppe extérieure lorsqu'elle est dans un état neutre. Une enveloppe extérieure floue indique un manque de limites personnelles. Si l'Aura présente des trous, des déchirures ou des accrocs, elle prend un aspect hérissé, indiquant des problèmes énergétiques légers à graves. L'énergie stagnante se manifeste par des débris ou des taches de couleur sombre dans l'enveloppe extérieure.

Les couleurs vives et rayonnantes de l'aura reflètent les aspects positifs et harmonieux des Chakras correspondants, tandis que les couleurs sombres reflètent les aspects négatifs et discordants. C'est pourquoi chaque couleur de l'Aura peut être plus claire ou plus foncée.

Toutes les zones de l'Aura doivent rayonner avec la même intensité et la même luminosité. Les zones de couleur qui ne sont pas distribuées de manière égale des deux côtés de l'Aura en termes d'intensité de couleur indiquent un déséquilibre Chakrique.

Une énergie équilibrée se manifeste par des couleurs stationnaires et plus vives, tandis que les énergies déséquilibrées se manifestent par des couleurs plus sombres. Le rouge, par exemple, représente l'énergie brute de l'action, qui est un attribut positif du Chakra Muladhara, tandis que le rouge foncé représente l'anxiété et le stress.

Lorsque l'individu subit un stress physique, mental ou émotionnel, une couleur rouge foncé apparaît sur le côté gauche du corps. Si le stress persiste, le rouge foncé se répand dans les régions du cœur, de la gorge et de la tête, enveloppant les premières couches de l'Aura les plus proches du corps.

Lorsque l'individu détourne son attention de ce qui lui causait de l'anxiété, de son propre chef ou sous l'effet d'une influence extérieure, la tension quitte le psychisme et le corps, suivie par la couleur rouge foncé qui s'échappe de l'Aura. Cependant, si le stress persiste, il continuera à remplir le reste des couches auriques et à imprégner l'ensemble de l'Aura jusqu'à ce qu'il soit résolu (Figure 18).

Figure 18: L'Energie Stressante qui Entre et Sort de l'Aura

Quelle que soit la couleur qui remplace le rouge foncé dans l'Aura, elle est souvent visible sur le côté gauche du corps (côté droit de l'image de l'Aura) avant d'imprégner le cœur, la gorge et la tête. Elle s'écoulera ensuite dans les premières couches Auriques, puis dans les autres couches si ce sur quoi la conscience se concentre est suffisamment puissant. La nouvelle énergie se stabilisera ensuite dans l'Aura jusqu'à ce qu'un changement de conscience se produise.

Supposons que nous observions cette expérience en temps réel avec un appareil de lecture de l'Aura. Dans ce cas, cela ressemble à une vague de nouvelle énergie qui balaie la zone du cœur, se projetant vers l'extérieur jusqu'à ce qu'elle remplace complètement toutes les taches rouge foncé de l'Aura. Les derniers vestiges du rouge profond sont parfois visibles sur le côté droit avant de disparaître complètement.

Lorsqu'une pensée ou une émotion domine le champ énergétique d'une personne, on dirait que l'Aura prend une inspiration, tandis que lorsqu'un changement intérieur se produit, l'Aura prend une expiration, expulsant ainsi la couleur correspondante hors du système.

Les couleurs qui entrent dans l'Aura sont toujours le résultat d'une intention et d'une attention concernant les pensées et les émotions sur lesquelles la conscience se concentre. Nous pouvons les changer à tout moment en faisant preuve de volonté. Ce à quoi vous pensez ou accordez votre attention détermine votre réalité, et nous pouvons en voir la manifestation dans l'Aura.

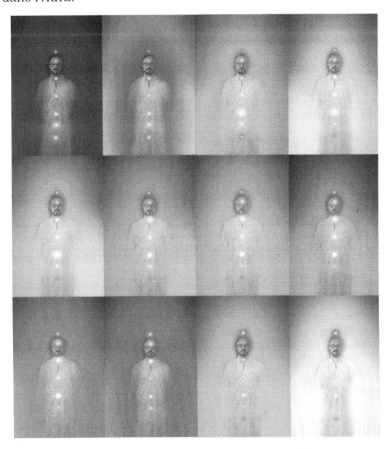

Figure 19: Progression des Couleurs Auriques

La Figure 19 montre une progression des couleurs auriques d'un état de stress à un état méditatif paisible et équilibré. La première image montre un rouge profond qui remplit toute l'Aura, remplacé par un rouge plus calme dans l'image suivante, suivi d'un nettoyage complet dans la troisième image, suite à un exercice de pleine conscience.

L'esprit tranquille élève la vibration de la conscience progressivement à travers les chakras. Après l'orange, il manifeste la couleur jaune dans l'Aura, suivie par le vert, le bleu, l'indigo, le violet et la lavande, dans l'ordre.

La couleur blanche finale représente l'état d'esprit d'une personne lorsqu'elle est libérée de toute pensée, positive ou négative, ce qui représente la connexion la plus substantielle avec Sahasrara - la Lumière Blanche Divine. Une Aura blanche apporte la félicité Divine que nous pouvons ressentir dans le Chakra du Cœur.

ANATOMIE DE L'AURA (ZONES DE COULEUR)

Au-dessus de la Tête

La couleur au-dessus de Sahasrara Chakra représente votre conscience et le moment présent. Elle est donc liée à vos pensées et à ce qui vous préoccupe actuellement. Vos pensées sont projetées depuis le plan mental et sont plus changeantes que les émotions. En tant que telle, la couleur au-dessus de la tête est la plus rapide à changer.

Si une bande de couleur s'étend comme un arc sur la partie supérieure de l'Aura, cela indique les espoirs, les buts et les aspirations d'une personne (Figure 20). La couleur de la bande nous indique le type d'aspirations ou d'objectifs que la personne a en tête. Par exemple, si la bande est indigo ou violette, cela indique que les ambitions actuelles de la personne sont Spirituelles. Une bande bleue indique que les aspirations de la personne sont liées à l'expression créative. En revanche, une bande rouge indique des objectifs plus monétaires visant à améliorer la qualité de la vie terrestre.

Autour du Cœur

La couleur qui entoure la région de votre cœur est représentative de votre humeur et de votre disposition générale. Cette couleur est liée au Plan Astral, qui comprend les deux premières couches les plus proches du corps. Ces deux couches entourent le corps physique, s'étendant autour de la tête et enveloppant les pieds.

Puisque ce que nous ressentons est plus important et moins changeant que ce à quoi nous pensons, la zone du cœur est l'expression de notre personnalité profonde. Elle représente le Chakra que nous utilisons le plus au cours de la journée. Il est courant de voir la même couleur au-dessus de votre tête et autour de votre cœur et de votre corps, car nous pensons souvent à des choses qui correspondent à ce que nous ressentons.

La couleur de la zone du cœur est votre fondement ; c'est la couleur dominante de votre Aura qui représente le Soi à ce moment précis. Au fur et à mesure que vos croyances générales et votre vision de la vie changent, votre couleur de base évolue également. Si l'individu subit un événement qui change sa vie, il y a souvent un changement radical dans sa couleur de base.

Votre couleur de base change tout au long de la journée pour refléter les changements dans vos émotions, mais elle revient généralement à son état neutre. Ainsi, la meilleure façon d'obtenir votre couleur fondÂmentale est de surveiller l'Aura pendant une période plus courte. Prendre un seul instantané d'une Aura avec un appareil de lecture d'Aura est insuffisant pour obtenir la couleur centrale.

Un autre facteur qui influe sur notre couleur de fond est la façon dont nous utilisons notre Chakra de la gorge, notre centre de communication. Lorsque nous nous exprimons intensément verbalement ou par le biais du langage corporel, le Chakra de la gorge a tendance à s'illuminer, ce qui illumine la région de la gorge, éclaircissant ainsi notre couleur de base. Il est donc essentiel de dire sa vérité et de s'exprimer pour avoir une Aura saine, non obstruée, avec une énergie qui circule librement et des couleurs vives.

Côté Gauche du Corps

Le côté gauche du corps représente l'énergie féminine, passive, réceptive, Yin, qui s'imprime dans l'imagination. La couleur présente sur le côté gauche nous montre l'énergie qui entre en nous, qu'elle soit auto-cultivée ou projetée en nous par une autre personne ou même par des stimuli environnementaux. En tant que telle, cette énergie de couleur représente l'avenir si nous l'absorbons, l'acceptons et lui permettons de s'emparer de notre conscience.

Si notre disposition actuelle est plus puissante que l'énergie qui nous est imposée, elle s'attardera brièvement sur le côté gauche et quittera entièrement l'Aura. En revanche, si nous embrassons cette énergie, elle se déversera dans la zone du cœur et s'étendra vers l'extérieur pour devenir la couleur dominante de notre Aura qui a pris le dessus sur nos pensées et nos émotions. Cependant, comme nous l'avons mentionné, à moins que la nouvelle énergie qui a pénétré dans notre centre ne corresponde à notre disposition générale, elle disparaîtra de l'Aura peu de temps après pour être remplacée par notre couleur principale.

Si l'énergie du côté gauche est projetée en nous par une personne avec laquelle nous sommes en contact, que ce soit lors d'une séance de guérison ou par communication verbale, il est courant de voir la même couleur que la couleur dominante dans son Aura. N'oubliez pas que notre imagination doit toujours être alimentée par la volonté, que ce soit la nôtre (car elle est optimale) ou celle de quelqu'un d'autre.

Dans de nombreuses lectures de l'Aura, une couleur rouge foncé apparaît sur le côté gauche si une personne est déclenchée émotionnellement ou mentalement. Elle y restera pendant quelques instants, le temps que la conscience la traite. Si le système nerveux de la personne est suffisamment fort, elle le surmontera et le rouge foncé sortira de son Aura. S'il le laisse prendre le dessus mentalement ou émotionnellement, ou les deux, le rouge foncé imprègnera l'Aura et deviendra la couleur dominante, ce qui signifie que le stress s'est totalement emparé de la conscience.

Si la couleur du côté gauche est la même dans toute l'Aura, l'énergie est ressentie très fortement car l'individu est en accord avec ses pensées, ses émotions et ses actions. Si la couleur du côté gauche est la même que celle du côté droit, l'individu exécute ce qu'il pense, même s'il ne le ressent pas. Pour que nous puissions ressentir une énergie de manière tangible, celle-ci doit prendre la place de la couleur de base et imprégner la zone du cœur et les premières couches de l'Aura.

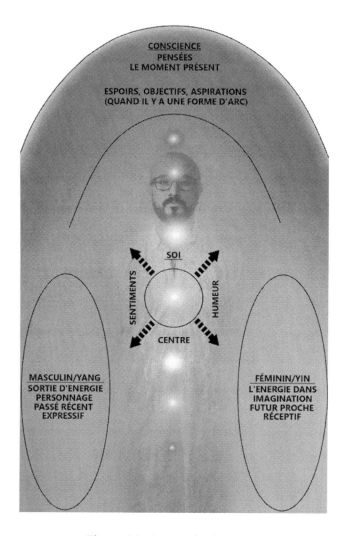

Figure 20: Anatomie de l'Aura

Côté Droit du Corps

Le côté droit du corps représente l'énergie masculine, active, projective, Yang. Il représente l'énergie récente qui nous a traversés et qui est maintenant libérée et exprimée. C'est l'énergie de l'action qui est un sous-produit de ce que nous pensons et ressentons. Comme il s'agit de l'énergie que nous diffusons dans le monde, elle représente la façon dont les autres nous perçoivent - notre personnalité.

Lorsque nous exprimons quelque chose, nous faisons une impression sur le Plan Physique et nous construisons des souvenirs. Chaque acte que nous accomplissons a un sens, car il nous libère ou nous lie davantage à notre roue du Karma. Nous devons nous assurer que les énergies que nous projetons dans le monde matériel ne sont pas sombres et boueuses, car elles expriment les qualités négatives des Chakras.

Comme la couleur du côté droit représente le Moi conscient dans l'acte d'expression, la couleur du côté gauche représente le subconscient. En tant que tels, les côtés gauche et droit de l'Aura montrent notre Moi introverti et extraverti. Si nous sommes naturellement très sociaux et extravertis, la couleur du côté droit changera souvent au fur et à mesure que nous nous exprimons dans le monde. Cependant, si nous sommes plus introvertis et passons beaucoup de temps à penser et à contempler nos émotions, alors nous aurons plus de changements d'énergie du côté gauche, avec très peu ou pas de mouvement du côté droit.

Par exemple, un écrivain qui passe du temps à réfléchir et à contempler des idées Aura des changements constants de couleur et d'énergie sur son côté gauche. À l'inverse, un chanteur qui se produit en concert sera en perpétuel acte d'expression, et les couleurs de son côté droit changeront donc en fonction des émotions qu'il exprime à travers ses chansons. Il n'aura que peu ou pas de temps pour s'intérioriser et devenir introspectif afin de faire consciemment une impression sur son imagination. Cependant, les couleurs qui entrent dans leur côté gauche correspondront aux énergies projetées sur eux par leurs fans présents.

PROBLÈMES ÉNERGÉTIQUES DANS L'AURA

Les problèmes énergétiques au sein de l'Aura se manifestent par des trous, des déchirures ou une énergie stagnante (Figure 21). Les trous dans l'Aura peuvent se trouver sur l'enveloppe extérieure et ressemblent à des vides d'énergie drainante ; ils représentent une perte d'énergie importante et une vulnérabilité aux influences négatives. Les trous de l'Aura peuvent rapidement créer un déséquilibre dans le système énergétique en faisant fuir l'énergie vers l'extérieur et en permettant aux énergies indésirables de pénétrer de l'extérieur.

Les trous de l'Aura se manifestent lorsque les individus passent trop de temps à rêvasser et à ne pas être présents dans leur corps. Toute activité qui favorise la distraction et le fait de ne pas gérer ses émotions au moment où elles se produisent peut potentiellement créer des trous dans l'Aura. L'abus de drogues et d'alcool est bien connu pour faire des trous dans l'Aura, tout comme la consommation quotidienne de cigarettes.

Une Aura très poreuse est comme une éponge énergétique. Une sensibilité excessive aux stimuli de l'environnement crée, avec le temps, une confusion quant à votre propre identité. En d'autres termes, il devient difficile de déterminer quelles pensées et émotions sont les vôtres et lesquelles sont celles des autres. Les personnes dont l'Aura est trouée se tournent souvent vers la satisfaction des gens pour se sentir en sécurité dans un environnement. En cas de déclenchement ou de confrontation, au lieu de faire face à la situation, ces personnes craintives ont tendance à quitter consciemment leur corps pour éviter de ressentir les émotions négatives.

Nous avons tous besoin de regarder la réalité en face pour nous développer mentalement, émotionnellement et Spirituellement. En évitant de faire face à la réalité telle qu'elle se présente, la confiance en soi et l'estime de soi sont considérablement affectées au fil du temps, créant ainsi d'autres problèmes énergétiques.

Les déchirures dans l'enveloppe extérieure de l'Aura sont des signes de traumatismes physiques et psychologiques passés qui ressemblent à des déchirures dans un morceau de tissu lisse. Les déchirures permettent une vulnérabilité psychique et une perte d'énergie, semblables à des trous dans l'Aura mais moins intenses. Les déchirures de l'Aura indiquent une histoire d'abus, qu'ils soient physiques, sexuels, mentaux ou émotionnels. D'autre part, le comportement habituel nuisible d'une personne crée des trous dans l'Aura, bien que le fait d'éviter de faire face à la réalité indique des problèmes subconscients profondément enfouis.

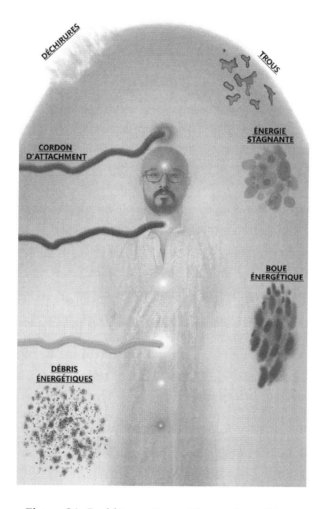

Figure 21: Problèmes Energétiques dans l'Aura

114

Une personne profondément blessée se sent constamment menacée par les autres. Elle est réactive et prête au conflit à tout moment. Souvent, elles blessent les autres par inadvertance, même lorsqu'elles essaient simplement de les aider. Ces personnes doivent diagnostiquer la source de leur douleur et la traiter par une thérapie ou des pratiques de guérison Spirituelle. Cela les aidera à retrouver leur identité, en réparant les déchirures et les trous dans leur Aura.

L'énergie stagnante dans l'Aura se manifeste de diverses manières. Les particules de débris représentent l'énergie stagnante et non ancrée qui se manifeste dans l'Aura ou le long du Corps de Lumière. Les débris énergétiques sont constitués de particules sales et statiques qui sont généralement dispersées dans une zone et entraînent une dispersion des pensées et des émotions.

Un autre exemple d'énergie stagnante est celui des taches de couleur sombre le long de l'enveloppe extérieure de l'Aura qui ressemblent à des flaques d'eau épaisses et boueuses. Lorsque l'énergie stagnante s'accumule sur une période plus longue, elle devient plus dense et se transforme en boues énergétiques - des taches épaisses ressemblant à de l'huile et d'apparence sombre.

L'énergie stagnante est causée lorsque l'individu retient trop longtemps des pensées ou des émotions sans les exprimer. Avec le temps, elle peut se transformer en poches d'énergie denses ou lourdes qui s'accumulent dans certaines parties de l'Aura, rendant l'esprit léthargique. Les taches de couleur se trouvent généralement dans la même zone et impliquent un ou plusieurs des Chakras correspondants (selon la couleur). Les nuages d'énergie à l'intérieur de l'Aura sont souvent ressentis comme un stress caché au plus profond du subconscient.

Les taches sombres dans l'Aura sont comme des résidus psychiques qui nous séparent du moment présent. En ne nous permettant pas d'exprimer ce que nous pensons et ressentons, nous nous privons de notre capacité à établir des liens solides avec les gens. Au lieu de nous appuyer sur la vérité et les faits pour guider notre réalité, nous avons tendance à vivre notre vie à travers des associations et des suppositions, car nous n'avons pas le courage d'être plus expressifs. Ne pas s'aimer suffisamment affaiblit le Chakra de la gorge, qui est généralement associé à une énergie stagnante dans l'Aura. Les personnes ayant de nombreuses taches sombres dans l'Aura ont tendance à vivre dans la réclusion car elles se sentent plus en sécurité en étant isolées des autres.

Enfin, les attachements malsains se manifestent sous la forme de cordons énergétiques qui relient deux personnes par un ou plusieurs de leurs Sept Chakras. Les interactions qui contiennent constamment une peur intense, de la colère ou une autre émotion négative impliquent l'existence d'un ou plusieurs cordons d'attachement. Les cordons d'attachement sont souvent présents dans les relations malsaines entre membres d'une même famille. Ils sont souvent le résultat de la culpabilité ou d'autres émotions non résolues qui lient psychiquement deux personnes.

Les cordons d'attachement peuvent également être créés par un souvenir traumatique partagé entre amis ou inconnus. Les relations de co-dépendance et les relations sadomasochistes sont deux exemples courants où des cordons énergétiques peuvent être présents.

Les liens Spirituels sont la version opposée des cordons d'attachement négatifs. Ils représentent des attachements positifs entre deux personnes, qui canalisent l'énergie d'amour et de guérison de l'une à l'autre. Les liens Spirituels sont souvent partagés entre une personne et son animal de compagnie, en particulier avec les chiens qui canalisent une énergie vibratoire élevée vers leurs maîtres et sont liés à eux dans cette vie.

L'AURA ET LES VIBRATIONS

Le principe Hermétique de la vibration stipule que toutes les choses dans l'Univers vibrent à une fréquence particulière. Notre corps étant principalement composé d'eau, les vibrations sonores de l'environnement sont continuellement induites en nous, affectant directement ce que nous pensons et ce que nous ressentons. À leur tour, ces états vibratoires affectent notre champ aurique toroïdal et le renforcent ou l'affaiblissent. N'oubliez pas que le champ électromagnétique du cœur d'une personne fonctionne de concert avec son champ aurique, en l'alimentant en énergie émotionnelle.

Le son est le plus transcendant des sens et celui qui nous met le plus en harmonie avec les Plans Cosmiques Supérieurs. Une musique agréable au rythme harmonique affecte notre Aura, suscitant un état émotionnel positif. Elle nous met en contact avec notre Âme et nous guérit. En revanche, la musique aux tonalités discordantes crée des ondes sonores qui font exactement le contraire. Elle peut nous rendre anxieux et agités, induisant ainsi une énergie de peur. Dans le premier cas, notre Aura se dilate, car une musique aux sonorités agréables crée un état émotionnel aimant qui fait vibrer notre cœur de joie. Dans le second cas, notre Aura se contracte pour nous protéger des vibrations nuisibles. Par exemple, la musique hip-hop moderne utilise la boîte à rythmes 808 dont les battements à basse fréquence nous font entrer dans le chakra racine, Muladhara. Sa vibration dense maintient notre conscience liée au plan matériel, induisant souvent irritation et agressivité.

Nous sommes fortement affectés par l'énergie électromagnétique libérée par les appareils technologiques présents dans nos foyers, même si la plupart d'entre nous n'en ont pas conscience. Les ordinateurs, les téléphones portables, les tablettes, et surtout les routeurs WiFi interfèrent avec le flux naturel de notre champ toroïdal et peuvent provoquer des perturbations. Pour cette raison, il n'est pas rare que les personnes sensibles sur le plan énergétique éteignent leur téléphone portable ou débranchent leur routeur WiFi au moment de s'endormir. Certains vont même jusqu'à débrancher tous les appareils technologiques des prises électriques pour neutraliser l'énergie électromagnétique présente autour d'eux.

Le fondement de toutes les énergies vibratoires supérieures est l'amour. En revanche, toutes les énergies vibratoires inférieures sont basées sur la peur. La règle générale à garder à l'esprit est que les énergies positives et aimantes font dilater l'Aura, tandis que les énergies négatives et basées sur la peur la font se contracter. La contraction de l'Aura se produit pour sauvegarder les énergies de la personne, tandis que l'expansion se produit pour permettre à davantage d'énergies positives extérieures d'entrer.

Nous sommes naturellement attirés par les personnes aimantes, paisibles et calmes, car elles influencent positivement notre Aura. Combien de fois avez-vous entendu dire : "Cette personne a une belle Aura". Cela sous-entend que la personne possède une abondance d'énergie Lumière, qu'elle partage volontiers avec les autres. À l'inverse, les personnes pessimistes, hostiles, en colère et généralement chaotiques sont difficiles à côtoyer car elles affectent négativement notre Aura. Par conséquent, nous essayons naturellement de rester à l'écart de ces personnes, à moins qu'elles ne fassent ressortir quelque chose en nous que nous souhaitons guérir.

Il est propice à la santé de notre champ Aurique de passer du temps à l'extérieur et de se relier souvent à la Terre. Que vous ayez été exposé à des fréquences électromagnétiques ou que vous ayez besoin de vous vider la tête après une rencontre avec une personne négative, il est utile de faire une promenade, surtout dans la nature. La plupart des personnes qui ont envie de se promener après avoir été exposées à des énergies négatives ignorent consciemment que les énergies terrestres aident à libérer l'Aura de la négativité en facilitant la mise à la terre. L'Âme détourne la conscience suffisamment longtemps pour vous inciter à vous promener et à vous exposer aux éléments de la nature, ce qui vous permet de réinitialiser et de neutraliser vos énergies.

Marcher pieds nus dans la nature par une journée ensoleillée est le meilleur et le plus rapide moyen de s'ancrer à la Terre. Le Soleil nourrit nos énergies Auriques, tandis que le tore s'aligne avec la Terre. Le traitement du corps physique affecte directement nos énergies Chakriques, et vice-versa - Comme en Haut, Comme en Bas. Grâce à la mise à la terre et à l'exercice physique, nous évacuons les énergies négatives du corps et nous nous désintoxiquons tout en soulageant les tensions physiques et en optimisant le flux de nos Nadis. En retour, notre vitalité augmente et notre Aura se renforce.

Entre *The Magus* et *Serpent Rising*, j'ai abordé de puissantes pratiques Spirituelles telles que la Magie Cérémonielle, la guérison par le Cristal, la guérison par le son du Diapason, l'Aromathérapie, etc. Toutes ces pratiques visent à guérir et à équilibrer les Chakras, à optimiser l'Aura et à évoluer Spirituellement. Bien entendu, il est utile de combiner ces pratiques avec le Yoga, l'exercice physique ou toute autre méthode qui agit directement sur le corps physique et l'enracine. Lorsque le corps est sain, l'esprit l'est aussi, et vice versa.

KUNDALINI ET L'AURA

Votre champ toroïdal est une batterie autonome alimentée par le Prana, qui a besoin de nourriture et d'eau comme carburant. Une fois que la Kundalini a percé le Sahasrara

Chakra et ouvert le Lotus aux Mille Pétales, la conscience s'unit à la Conscience Cosmique, étendant et optimisant votre champ énergétique torique.

Au fur et à mesure que les Chakras sont nettoyés et purifiés par le Feu de la Kundalini, l'énergie Lumière imprègne davantage l'Aura, alimentant et optimisant les Chakras. Ainsi, le champ Aurique se renforce puisque la quantité d'énergie Lumière qu'une personne canalise influence directement le degré de magnétisation de l'Aura. À son tour, le corps physique atteint son état le plus optimal et le plus sain, et la vitalité générale augmente.

Pendant la transformation Kundalini, les Chakras des mains et des pieds s'ouvrent, permettant à l'Esprit de descendre et d'imprégner les recoins les plus profonds du Soi. En outre, le flux d'énergie provenant des doigts et des orteils renforce le tore et amplifie encore la vitesse de l'énergie qui y circule (Figure 22).

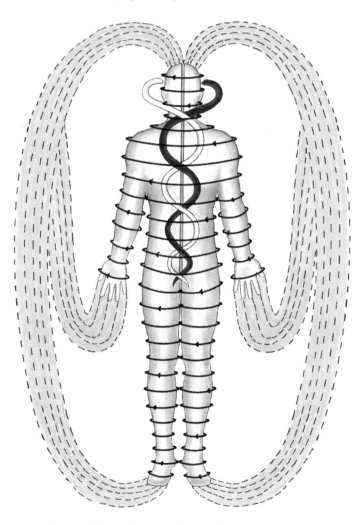

Figure 22: Le Champ Toroïdal de la Kundalini

D'autres canaux énergétiques s'ouvrent également et facilitent l'optimisation du tore. L'ensemble du processus d'éveil de la Kundalini et la transformation qui s'ensuit sont conçus pour permettre à l'individu d'atteindre son potentiel le plus élevé en tant qu'être humain Spirituel, ce qui se reflète dans l'expansion de sa bioénergie qui constitue le champ Aurique.

Ce n'est pas une coïncidence si une personne éveillée par la Kundalini semble unique aux yeux des autres. Comme nous sommes tous interconnectés, lorsque nos champs énergétiques interagissent, nous pouvons nous rendre compte intuitivement que le champ énergétique de quelqu'un est plus important que d'habitude. Par conséquent, une personne dont le champ énergétique est amélioré est naturellement attirante pour tous ceux qui entrent en contact avec elle.

Le centre du tore étant le cœur, les personnes qui vivent à partir du cœur, et non de la tête, ont naturellement des champs énergétiques toroïdaux plus puissants. Elles sont plus magnétisées et plus électriques, ce qui signifie qu'elles canalisent naturellement plus d'énergie Lumière que quelqu'un qui vit uniquement par l'intellect.

Les personnes qui vivent avec leur cœur s'aiment et aiment les autres car elles sont en contact avec leur âme. N'oubliez pas que l'Âme vit à travers le cœur, tandis que l'Ego vit à travers l'esprit. Une personne qui vit à travers son cœur est en contact avec sa capacité intuitive. Elle ressent les énergies qui l'entourent au lieu d'interagir avec son environnement par le biais de l'intellect.

En contournant le mental et l'Ego, vous entrez en contact avec le moment présent, le Maintenant, qui est le champ des possibilités infinies. Être dans le Maintenant et vivre à travers le cœur et l'Âme élargit votre champ énergétique, maximisant votre potentiel Spirituel.

LES SEPT CHAKRAS MAJEURS

Si vous avez éveillé la Kundalini et l'avez élevée jusqu'au Sahasrara, les Sept Chakras, correspondant à l'arbre de vie complet, sont maintenant pleinement activés en vous. Chaque Chakra s'exprime à travers différentes parties de la psyché et affecte les fonctions corporelles. Nous pouvons encore décomposer les énergies Chakriques en Cinq Éléments, puisque chacun d'eux correspond soit à la Terre, à l'Eau, au Feu, à l'Air ou à l'Esprit.

Les Chakras du Corps de Lumière et les éléments et Plans Cosmiques d'existence correspondants occupent le même espace et le même temps que votre corps physique. Ils existent tous à l'intérieur de votre Aura et forment des couches de celle-ci, qui sont, par essence, interconnectées et interpénétrées. Plus le Chakra ou l'élément est élevé, plus il se projette loin.

Muladhara Chakra

Le premier Chakra, Muladhara, est situé entre le coccyx (os de la queue) et le périnée. C'est le plus bas des Sept Chakras majeurs et il est lié à l'élément Terre et à la planète Saturne, la plus lente des Sept Planètes Anciennes, en relation avec le Karma et les cycles du temps. Le Muladhara est le centre de notre énergie physique et de notre ancrage. Son modus operandi est la sécurité et la survie du corps physique. Comme Muladhara est lié au monde de la Matière, son énergie est liée à l'expression physique - toutes les activités physiques nécessitent de l'énergie terrestre.

La Kundalini est lovée à la base de la colonne vertébrale et elle est inextricablement liée à la planète Terre par les lignes énergétiques de nos jambes, qui sont reliées à nos chakras des pieds. Muladhara est également appelé le Chakra de la racine, de la base ou de la terre, car il est le plus bas des Sept Chakras Majeurs. L'énergie de ce Chakra est la plus dense, vibrant à la fréquence la plus basse de tous les Chakras. Selon l'axiome Hermétique "Comme en Haut, Comme en Bas", Muladhara traite de l'aspect de la manifestation - le bas.

Muladhara a quatre pétales, ou vortices, et est de couleur rouge. Les aliments qui correspondent au Chakra Muladhara sont les légumes racines, la viande rouge, les fruits rouges, le poivre, le cayenne et le paprika. Les défis de ce Chakra concernent les choses que nous acquérons dans notre vie matérielle et leur qualité. Par exemple, avons-nous le bon emploi, la bonne maison, le bon véhicule de transport, le bon partenaire de vie, les bons amis, ou manquons-nous de stabilité et de sécurité dans ces domaines ?

Un Chakra racine ouvert et actif rend une personne confiante, stable et ancrée. Elle a de la facilité à manifester la vie qu'elle désire et est équilibrée émotionnellement et mentalement. Un Chakra racine trop actif rend une personne matérialiste et avide. D'autre part, un Chakra racine sous-actif rend une personne trop craintive et anxieuse. En manquant de stabilité émotionnelle et mentale, il est apparemment impossible de manifester quoi que ce soit de valeur dans votre vie.

Swadhisthana Chakra

Le deuxième Chakra, Swadhisthana, est situé dans la partie inférieure de l'abdomen et est lié à l'Élément Eau et à la planète Jupiter, la planète bienveillante de la miséricorde et de la justice. Swadhisthana traite des émotions, des sentiments et des instincts projetés par le subconscient. Étant lié au subconscient, Swadhisthana est la source de l'énergie de la peur qui influence considérablement ce que nous devenons dans la vie.

Swadhisthana est appelé le Chakra du sacrum ou de la rate. Au niveau humain de base, le Chakra sacré affecte notre expression sexuelle, nos interactions sociales et la façon dont nous sommes à l'aise avec nous-mêmes et avec les autres. Le Chakra Sacré est l'aspect personnalité de la conscience du Moi, qui se forme au fil du temps. L'Ego est tempéré par la peur, car il évite toutes les activités qui font que le corps et l'esprit se sentent mal, tout en embrassant tout ce qui le fait se sentir bien. L'Ego est principalement préoccupé par la recherche du plaisir, sans tenir compte de l'effet de ses actions sur les autres.

Swadhisthana a six pétales et est de couleur orange. Les aliments qui correspondent au Chakra Swadhisthana sont les fruits et légumes de couleur orange, les œufs, le tofu, les produits à base de soja, le beurre de cacahuète, les noix, les graines, le miel et la vanille. Les défis de Swadhisthana se trouvent dans le type d'émotions que nous portons en nous. Ressentons-nous beaucoup de peur, et cette peur nous empêche-t-elle de manifester les désirs de notre âme ? Avons-nous de la joie dans nos vies, ou la vie est-elle fade et ennuyeuse ? Avons-nous des problèmes d'intimité, et sommes-nous sexuellement expressifs ? Sommes-nous à l'aise avec qui nous sommes, ou nous cachons-nous du monde ?

Lorsque Swadhisthana est ouvert et actif, la personne est en contact avec ses émotions et est franche avec les autres, ce qui lui permet de nouer des relations saines. Elle est à l'aise dans l'intimité et exprime ses désirs intérieurs. Un Chakra Sacré équilibré favorise la créativité et vous permet de suivre le cours de la vie sans trop vous attacher. Il vous permet de ressentir du bonheur et de la joie dans les petites activités quotidiennes.

Si votre Chakra Sacré est bloqué ou sous-actif, vous vous fermez émotionnellement aux autres, vous vous repliez naturellement sur vous-même. Dans cet état, une personne devient introvertie et trop en contact avec son ego et ses insécurités. À l'inverse, un Chakra Sacré trop actif vous rend excessivement émotif, attaché aux autres et trop sexuel, ce qui entraîne la promiscuité.

Manipura Chakra

Le troisième Chakra, Manipura, est situé au niveau du Plexus Solaire, au-dessus du nombril. Son autre nom est le chakra du Plexus Solaire. Manipura correspond à l'Élément Feu, et à la planète Mars, d'où la raison pour laquelle il est la source de notre volonté. Notre motivation, notre dynamisme, notre vitalité et notre niveau de créativité sont tous régis par Manipura. En outre, ce chakra est responsable de notre confiance, de notre estime de soi et de notre capacité à nous affirmer dans la vie.

Manipura régit la digestion qui nous permet de transformer les aliments en énergie précieuse pour le corps et l'esprit. Manipura travaille avec les Chakras situés au-dessus et au-dessous de lui, car il est le "siège de l'Âme". L'Âme gouverne notre caractère, tandis que l'Ego gouverne notre personnalité. L'Âme requiert intelligence, clarté mentale et harmonisation de la volonté avec la logique, la raison et l'imagination. En tant que tel, Manipura tire son énergie du Chakra de l'air qui le surplombe, Anahata. Le feu de Manipura active également l'impulsion créatrice, qui nécessite les émotions de Swadhisthana pour s'exprimer.

Manipura a dix pétales et est de couleur jaune. Les aliments qui correspondent au Chakra Manipura sont les fruits et légumes jaunes et or, les produits laitiers, les glucides et les céréales complexes, la moutarde, le curcuma, le cumin et le gingembre. Les défis de ce Chakra sont liés à la façon dont nous utilisons notre volonté. Sommes-nous responsables de notre vie, ou est-ce que ce sont les autres qui le sont ? Sommes-nous motivés et déterminés à atteindre nos objectifs, ou avons-nous des lacunes dans ce domaine ? Exprimons-nous nos désirs les plus intimes, ou sommes-nous trop enfermés dans nos émotions ? Savons-nous faire preuve de sévérité lorsque les autres nous font du tort, ou sommes-nous un paillasson que les autres utilisent ?

Lorsque Manipura est ouvert et actif, nous exerçons une domination dans nos vies et nous nous sentons en contrôle. Nous avons un pouvoir personnel accru et nous manifestons les objectifs de notre vie. Manipura travaille avec le Chakra de la terre, Muladhara, pour accomplir ces tâches.

Si Manipura est sous-actif, nous avons tendance à être passifs, indécis et timides. S'il est trop actif, nous devenons dominateurs et trop sévères. Un excès d'énergie de Feu peut entraîner la tyrannie et l'oppression sur les autres. La volonté a besoin des émotions pour s'équilibrer, qui sont fournies par Swadhisthana. Si le Chakra de l'eau n'équilibre pas notre Chakra du Feu, nous pouvons devenir excessivement agressifs pour obtenir ce que nous voulons et hostiles. La volonté a besoin de l'amour pour la guider ; sinon, l'action d'une personne comporte des conséquences Karmiques. À ce titre, Manipura s'appuie sur Anahata pour être guidé.

Anahata Chakra

Le quatrième Chakra, Anahata, est situé entre les deux seins, au centre de la poitrine. Autrement connu sous le nom de Chakra du cœur, Anahata correspond à l'Élément Air et à la Planète Vénus. Anahata est notre centre d'amour qui traite de la compassion, de l'affection, de l'altruisme, de la gentillesse et de l'inspiration. Il stimule notre imagination, nos pensées, ainsi que nos fantasmes. Le défi d'Anahata est de surmonter les karmas des trois chakras inférieurs afin de pouvoir s'accorder à l'énergie de l'amour inconditionnel.

Anahata est notre centre Spirituel puisqu'il reçoit l'énergie des trois Chakras supérieurs. C'est le centre où nous ressentons l'unité avec toutes choses grâce au pouvoir contraignant de l'amour. En tant que tel, Anahata est le centre de la conscience de groupe.

Anahata est relié à nos Chakras de la Paume, qui nous permettent de ressentir l'énergie qui nous entoure comme une essence quantifiable et de guérir les autres. La guérison par les mains exige que nous canalisions l'énergie d'amour d'Anahata via nos Chakras de la Paume et que nous la projetions dans les zones à guérir. L'énergie d'amour est le guérisseur ultime de l'esprit, du corps et de l'Âme.

Dans Anahata, nous comprenons le travail et le but de notre vie. Comme l'essence de l'Élément Air est la pensée, Anahata alimente les éléments Feu et Eau et leur donne vie. Si ce Chakra est inactif, nous nous tournons vers l'égoïsme et la satisfaction de l'Ego.

Anahata a douze pétales, et sa couleur est le vert. Les aliments qui correspondent à Anahata Chakra sont la grande variété de fruits, légumes et herbes de couleur verte, ainsi que les légumes verts à feuilles. Les défis de ce Chakra concernent la clarté de la pensée. Sommes-nous trop absorbés par des pensées fantaisistes et illusoires, ou nos pensées sont-elles fondées sur la vérité ? Utilisons-nous notre imagination pour nous aider à atteindre nos objectifs ? Nos pensées sont-elles d'une nature supérieure dans le sens d'aider les autres ou d'une qualité inférieure, où nous nous concentrons uniquement sur nous-mêmes ?

Lorsque Anahata est ouvert et actif, nous sommes compatissants et amicaux avec les autres, ce qui nous permet d'avoir des relations harmonieuses. Nous avons une compréhension de notre nature Spirituelle qui nous rend vertueux et éthiques dans nos paroles et nos actions. Ainsi, nous devenons indulgents, gentils et charitables. Essentiellement, notre comportement est motivé par l'amour inconditionnel, par opposition à l'amour de Soi.

Lorsque Anahata est sous-actif, nous avons tendance à être émotionnellement froids et distants. Nous sommes trop ancrés dans les Chakras inférieurs, ce qui nous rend égoïstes au lieu d'exalter notre nature Spirituelle. Nous nous occupons de nous-mêmes, de nos besoins et de nos désirs sans tenir compte des autres. Si ce Chakra est trop actif, en revanche, nous étouffons les autres d'amour, souvent pour des raisons égoïstes.

Vishuddhi Chakra

Le cinquième Chakra, Vishuddhi, est situé au centre du cou, d'où son nom de Chakra de la gorge. Vishuddhi est de l'Élément de l'Esprit (Aethyr) ; il fonctionne en conjonction avec les deux Chakras qui le précèdent et les Chakras qui le suivent. Vishuddhi est lié à l'expression verbale, subtile et écrite de ses pensées. Il correspond à la planète Mercure, qui régit la communication et la vitesse de la pensée. Vishuddhi génère la vibration de la parole sur un plan énergétique et physique.

Vishuddhi contrôle également le discernement et l'intellect. Il possède seize pétales, et sa couleur est le bleu. Vishuddhi Chakra régit tous les liquides que nous introduisons dans le corps. Les aliments qui correspondent à ce Chakra sont les fruits et légumes de couleur bleue, le sel, la sauge et la menthe poivrée. Les défis de Vishuddhi concernent l'expression de ce que nous pensons et notre capacité à communiquer avec les autres. Parlons-nous trop, ou ce que nous disons a-t-il de la substance ? Lorsque nous parlons, projetons-nous de la puissance avec nos cordes vocales, ou paraissons-nous doux et timides ?

Lorsque Vishuddhi est ouvert et actif, nous disons notre vérité aux autres de manière créative. Nous nous exprimons et utilisons les mots comme des points d'ancrage pour transmettre notre réalité aux autres. Nous sommes non seulement de grands parleurs, mais aussi de grands auditeurs, car la communication fonctionne dans les deux sens.

Lorsque Vishuddhi est sous-actif, nous avons tendance à être silencieux et introvertis en général. Nous manquons de confiance pour dire notre vérité, ce qui peut provenir de problèmes liés au Chakra du Plexus Solaire. Si nous ne transmettons pas notre vérité parce que nous nous sentons indignes, nous pouvons avoir des problèmes dans Anahata. Dire notre vérité intérieure nous aligne avec le Divin, tandis que mentir nous aligne avec des entités inférieures, Démoniaques.

Lorsque Vishuddhi est hyperactif, nous avons tendance à trop parler, ce qui obscurcit notre capacité à écouter les autres. Cette situation se produit généralement à cause du désir de l'Ego de dominer les autres en raison d'un Chakra Manipura déséquilibré. Si nous devenons des bavards et que nous manquons de substance dans notre discours, les autres s'éloignent généralement de nous. Il est donc essentiel d'avoir un Chakra de la gorge équilibré si nous voulons nous épanouir dans la vie et avoir des relations significatives.

Ajna Chakra

Le sixième Chakra, Ajna, est situé au centre du cerveau, dans le troisième ventricule. (Son point d'accès le plus immédiat se situe légèrement au-dessus du centre des sourcils. Ajna est souvent appelé le Chakra du Troisième Oeil, le Troisième Oeil ou le Chakra des sourcils. Il est lié à l'Élément de l'Esprit ou Aethyr.

Ajna correspond à la Lune. Bien que la Lune soit classée comme un satellite alors que le Soleil est notre Etoile centrale, les Anciens les incluaient tous deux dans le cadre de leurs Eept Planètes Anciennes, les désignant comme des planètes. La Lune est notre centre de clairvoyance et d'intuition. Elle nous donne un aperçu de l'inconnu parce qu'elle reçoit des informations des Royaumes Supérieurs, à travers Sahasrara, le Chakra de la couronne. Ajna est notre centre psychique. Il nous donne la sagesse et la compréhension des mystères de l'Univers. Nous obtenons cette connaissance par la Gnose, notre capacité à canaliser directement les informations provenant des énergies divines. Ce sixième Chakra nous donne le sixième sens de la connaissance au-delà du Soi.

Ajna est le Chakra essentiel concernant les mondes Spirituel et Astral. En tant que tel, il est le centre du rêve. Grâce à ce Chakra, nous atteignons la couronne/Sahasrara et sortons de notre corps physique pour voyager dans différentes dimensions du Temps et de l'Espace. Ces voyages en Rêve Lucide ont lieu dans les mondes ou Plans Intérieurs - nous utilisons notre corps de Lumière comme véhicule.

Ajna a deux pétales et est de couleur indigo. Les aliments qui correspondent au Chakra Ajna sont les fruits et légumes de couleur indigo ou bleu foncé, le vin rouge, la caféine, le chocolat, le genévrier et la lavande. Les défis de ce Chakra sont liés au fait que nous recevons des informations supérieures de Sahasrara ou que notre Troisième Oeil est fermé ? Passons-nous trop de temps dans notre tête, nous concentrant sur notre intellect pour nous guider ou sommes-nous en contact avec notre intuition ? Nos rêves sont-ils vifs et pleins de vie ou fades et sans histoire ?

Lorsque le Chakra Ajna est ouvert et actif, nous avons une bonne intuition qui nous sert de guide dans la vie. Lorsque notre intuition est forte, notre foi l'est aussi puisque nous pouvons percevoir la réalité au-delà de la troisième dimension. Une forte intuition est généralement liée au fait d'être un être humain Spirituel conscient.

Lorsque Ajna est sous-actif, nous avons tendance à perdre le contact avec la réalité Spirituelle. Nous commençons alors à trop compter sur notre intellect et notre Ego pour nous guider dans la vie. La confusion s'installe quant à notre véritable essence, ce qui nous pousse à chercher des réponses existentielles auprès de personnes faisant autorité.

Lorsque Ajna est hyperactif, nous avons tendance à vivre dans un monde imaginaire. Nous perdons le contact avec la réalité de qui nous sommes et pouvons même souffrir de psychose. Une personne qui consomme trop souvent des drogues hallucinogènes surstimule invariablement son Chakra Ajna.

Sahasrara Chakra

Le Septième Chakra, Sahasrara, est situé au sommet et au centre de la tête. En tant que tel, il est également connu sous le nom de Chakra de la couronne. Sahasrara est notre source d'illumination, d'unité, de vérité, de sagesse et de compréhension Spirituelles. Il correspond au Soleil, l'Étoile de notre Système Solaire. Le Chakra de la couronne est le Chakra le plus élevé de l'Élément Esprit/Athyr, et il sert de passerelle vers les Plans Divins représentés par les Chakras Transpersonnels au-dessus de la tête.

Sahasrara est le point le plus élevé de la conscience humaine et l'ultime compréhension et connaissance de l'Univers. Traditionnellement, ce centre est décrit comme une roue aux mille (innombrables) pétales ou vortex. Lorsque tous les pétales sont ouverts, l'individu obtient un lien permanent avec la Conscience Cosmique, atteignant ainsi la transcendance.

Comme Sahasrara est la source de tout, il est aussi la source de tous les pouvoirs et de leur totalité. La couleur de Sahasrara est le blanc puisque le blanc est la source de toutes les couleurs. Son autre couleur est le violet, première couleur du spectre de la Lumière Blanche, et celle qui suit l'indigo. Les aliments qui correspondent à Sahasrara sont les aliments de couleur blanche, violette et lavande. De même, l'eau purifiée, l'air frais et la lumière du soleil nous alignent avec l'énergie de Sahasrara, tout comme le jeûne, la désintoxication, les techniques de respiration et de méditation.

La Lumière Blanche entre dans le Corps de Lumière par le Sahasrara, et selon la quantité de Karma présente dans les Chakras inférieurs, cette Lumière devient plus faible.

Par conséquent, plus les Chakras inférieurs au Sahasrara sont faibles, plus l'Ego est présent et moins le Soi supérieur est présent.

La source du Soi Supérieur est Sahasrara. Eveiller la Kundalini et l'élever jusqu'au Sahasrara vous permettra d'obtenir une connexion directe avec votre Soi supérieur. Une fois cette connexion établie, le Soi Supérieur devient votre propre maître et enseignant pour le reste de votre vie. Vous n'aurez plus jamais besoin d'un enseignant extérieur puisque vous serez le maître et l'élève en un. Le défi, cependant, est de purifier les Chakras afin que vous puissiez facilement être guidé et enseigné par votre Soi supérieur.

Un centre Sahasrara ouvert et actif nous transmet la compréhension que nous sommes des êtres Spirituels vivant une existence humaine et non l'inverse. Embrasser notre Spiritualité nous permet de reconnaître que la réalité physique n'est qu'une illusion. Notre essence est l'Âme et la conscience, qui sont éternelles et ne peuvent être annihilées. Les personnes Spirituelles ne considèrent pas la mort physique comme la fin, mais simplement comme le début de quelque chose de nouveau et de différent. Une vision Spirituelle du monde crée une sorte de détachement pour ne pas prendre cette réalité trop au sérieux, ce qui apporte la joie et le bonheur qui accompagnent les personnes qui ont embrassé l'énergie de l'Esprit en elles.

Si vous êtes fermé à la réalité Spirituelle des choses, votre centre Sahasrara est très probablement inactif. Vous ne vous occupez que du corps physique, ce qui vous fait vous aligner sur l'Ego, ses besoins et ses désirs. Embrasser l'Ego tout en niant l'Âme attire des entités inférieures, Démoniaques, qui se nourrissent de notre énergie. La conscience est détournée et le reste jusqu'à ce que nous reconnaissions que nous ne sommes pas séparés du monde et qu'il existe une réalité Spirituelle qui sous-tend tout.

D'autre part, un Sahasrara trop actif peut conduire à ignorer les besoins corporels et à trop intellectualiser. Si la Lumière se déverse uniquement dans les Chakras supérieurs, il n'y a pas d'ancrage et l'individu devient très cérébral. N'oubliez pas que ce monde est une illusion, mais que nous devons le respecter puisque notre corps physique est le véhicule qui nous permet de manifester la réalité que nous désirons. L'équilibre entre l'esprit, le corps et l'Âme est la clé de l'Illumination, et non l'abandon d'un aspect pour un autre.

LES SEPT CHAKRAS ET LE SYSTÈME NERVEUX

Le canal Sushumna transporte l'énergie de la Kundalini à travers la moelle épinière et dans le cerveau. La moelle épinière et le cerveau constituent le système nerveux central (SNC). De la moelle épinière partent des nerfs qui s'étendent vers l'extérieur comme les branches d'un arbre, la Sushumna faisant office de tronc central. Ces fibres nerveuses constituent le système nerveux sympathique (SNS) et le système nerveux parasympathique (PNS) qui font partie du système nerveux autonome (ANS).

Le système nerveux autonome fonctionne principalement de manière inconsciente et régule des processus essentiels tels que la respiration, la digestion et les battements du cœur. Par exemple, lors d'un éveil Spirituel, le cœur commence à s'emballer, impliquant ainsi le système nerveux autonome, qui est régulé par les réseaux émotionnels du cerveau.

Le système nerveux sympathique et le système nerveux parasympathique font des choses opposées dans la plupart des cas - le système nerveux sympathique prépare le corps à l'action et à l'activité tandis que le système nerveux parasympathique permet au corps de se détendre. Le système nerveux autonome est chargé de créer un équilibre sain entre les deux, favorisant un esprit calme et paisible.

Les zones où le système nerveux sympathique et le système nerveux parasympathique se rencontrent sont centrées autour des principaux organes du corps et des glandes endocrines. Appelées "plexus", ces zones de convergence dans les cavités du corps forment le groupement le plus vital de cellules nerveuses. Les plexus relient les organes corporels importants à la moelle épinière. Ce sont également les zones où se trouvent les principaux Chakras à l'avant du corps.

Les Chakras Majeurs interagissent avec le corps physique par le biais du système nerveux et des glandes et organes endocriniens. Chaque Chakra est associé à des fonctions corporelles particulières, contrôlées par son plexus et les glandes et organes endocriniens qui lui sont liés.

Au centre de chacun des Chakras majeurs se trouve un canal en forme de tige (Figure 23). Chaque canal s'étend vers la moelle épinière et fusionne avec elle. La Sushumna alimente chacun des Chakras Majeurs en leur fournissant leur énergie vitale. Les tiges Chakriques se courbent vers le bas près du plexus pharyngien (gorge), des plexus cardiaque et pulmonaire (cœur), des plexus splénique et cœliaque (solaire), du plexus pelvien (sacré) et des plexus coccygien et sacré (racine). Au-dessus du plexus carotidien (Troisième Oeil), la tige Chakrique se courbe vers le haut, tandis que pour le Chakra Sahasrara, elle s'élève jusqu'au sommet de la tête en passant par le cortex cérébral.

Le plexus pharyngien "innerve" (alimente en nerfs des organes ou d'autres parties du corps) notre palais et nos cordes vocales. Comme le Chakra Vishuddhi (gorge) régit la communication et l'expression, il n'est pas étonnant que la gorge et l'intérieur de la bouche soient alimentés par lui. Son canal Chakrique s'étend de la moelle épinière entre les deuxième et troisième vertèbres cervicales (C2-3) jusqu'au centre de la gorge.

Le Plexus Pulmonaire est en continuité avec le Plexus Cardiaque, situé au-dessus de l'aorte du cœur, à peu près au milieu de la poitrine. Le Plexus Cardiaque innerve le cœur, l'organe associé à notre capacité d'amour et de compassion et à notre lien avec tous les êtres vivants et non vivants. Ce sont là tous les attributs du Chakra Anahata (cœur) qui l'alimente. Le canal Chakrique d'Anahata, qui ressemble à une tige, s'étend de la moelle épinière entre la septième vertèbre cervicale et la première vertèbre thoracique (C7-T1) jusqu'au centre de la poitrine.

Les branches du Plexus Cardiaque et du nerf vague forment le Plexus Cardiaque. (Nous reviendrons sur l'importance du Nerf Vague dans un chapitre ultérieur.) Connu sous le nom de Plexus Solaire dans les milieux scientifiques et Spirituels, le Plexus Cardiaque est situé à la base des côtes, près de l'estomac. Ses nerfs innervent le pancréas, la vésicule biliaire, les intestins supérieurs, le foie et l'estomac. Le Chakra Manipura (Plexus Solaire) régit notre volonté, notre vitalité et notre digestion, alimentées par les organes mentionnés ci-dessus. Son canal Chakrique s'étend de la moelle épinière entre les huitième et neuvième vertèbres thoraciques (T8-9) jusqu'au centre de l'abdomen supérieur.

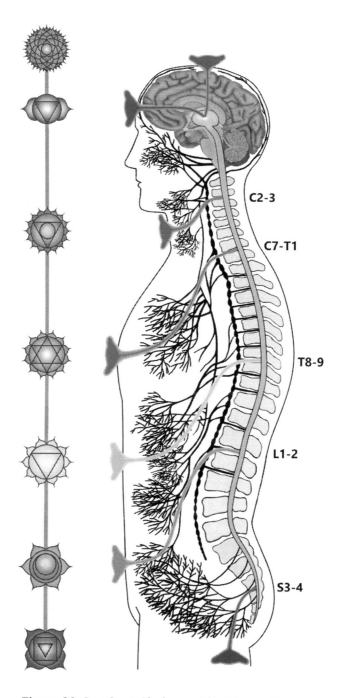

Figure 23: Les Sept Chakras et les Plexus Nerveux

Le Plexus Pelvien régit les fonctions d'élimination et de reproduction et se compose des Plexus Hypogastriques supérieur et inférieur. Le Plexus Hypogastrique supérieur innerve les ovaires chez les femmes et les testicules chez les hommes. Il est situé dans la partie inférieure de l'abdomen et est en corrélation avec le Chakra Swadhisthana (sacré), qui est associé à la reproduction et à la fertilité.

Le Plexus Hypogastrique inférieur est le prolongement du Plexus Supérieur, situé juste en dessous de celui-ci dans la région pelvienne inférieure. Il innerve l'utérus et le col de l'utérus chez la femme et la prostate chez l'homme. Il est également relié au rectum et à la vessie. Le canal Chakrique de Swadhisthana, semblable à une tige, s'étend de la moelle épinière entre la première et la deuxième vertèbre lombaire (L1-2) jusqu'au centre du bas-ventre.

Le Plexus Coccygien comprend le nerf coccygien et le cinquième nerf sacré, qui innervent la peau de la région du coccyx (os de la queue). Le Plexus Sacré est un réseau de nerfs qui émergent des vertèbres lombaires et sacrées inférieures et assurent le contrôle moteur et la réception des informations sensorielles de la plupart du bassin et des jambes. Le nerf le plus important du Plexus Sacré est le nerf sciatique qui innerve la cuisse, la jambe inférieure et le pied.

Le canal en forme de tige du Chakra Muladhara s'étend du sacrum, entre les troisième et quatrième vertèbres sacrées (S3-4), et descend jusqu'à la zone située entre le périnée et le coccyx. Le Chakra Racine pointe vers le bas, en direction de la Terre, car il a pour mission d'ancrer notre système Chakrique. Les canaux énergétiques des jambes constituent notre connexion énergétique avec le Chakra de l'Etoile de la Terre situé sous nos pieds. Ils alimentent également les Nadis Ida et Pingala, qui commencent dans le Muladhara, mais reçoivent leurs courants féminins et masculins par chacun des canaux énergétiques des jambes.

PURIFICATION DES CHAKRAS

Après un éveil complet et permanent de la Kundalini, une fois que le Corps de Lumière a été construit par l'alimentation, l'étape suivante consiste à accorder votre conscience à son aspect le plus élevé, le corps Spirituel. Cette partie est difficile car vous devrez d'abord purifier vos Chakras inférieurs, ce qui permettra à votre conscience de s'élever naturellement. Votre conscience sera alourdie par l'énergie Karmique dans les Chakras inférieurs jusqu'à ce que vous le fassiez. Ce processus d'ascension Spirituelle est systématique à cet égard.

Les énergies les plus basses et les plus denses doivent être surmontées avant que les énergies vibratoires plus élevées ne puissent imprégner le Soi. L'énergie Karmique négative de la peur est la partie qui maintient la plupart d'entre nous en vibration à une fréquence inférieure. Comme l'énergie de la peur lie l'Ego aux quatre éléments inférieurs, ces éléments doivent être purifiés et consacrés pour permettre à votre conscience de s'élever et d'opérer à partir des trois chakras Spirituels supérieurs - Vishuddhi, Ajna et Sahasrara.

Une fois que votre Corps de Lumière est construit, vous aurez des expériences occasionnelles de ces états de ravissement dans certains moments où vous perdrez de vue votre Ego. Cependant, comme vous devez vous défaire des griffes de l'Ego pour intégrer pleinement le Corps Spirituel et y absorber votre conscience, les Quatre Chakras Élémentaires en dessous des Chakras Spirituels doivent être travaillés. Il n'y a pas d'autre moyen, et vous ne pouvez prendre aucun raccourci dans ce processus. Cela peut prendre de nombreuses années, et c'est le cas dans la plupart des cas, mais il faut l'accomplir.

Dans *The Magus : Kundalini and the Golden Dawn*, je propose des exercices rituels de Magie Cérémonielle pour travailler sur les quatre Chakras les plus bas : Muladhara, Swadisthana, Manipura et Anahata. Quiconque a besoin de travailler sur ses Chakras trouvera ce travail inestimable sur son chemin vers l'ascension Spirituelle. *The Magus* se concentre sur le travail de tous les Chakras et leur purification par des exercices rituels particuliers qui invoquent les énergies élémentaires de la Terre, de l'Eau, du Feu, de l'Air, y compris l'Esprit.

Une fois que vous aurez décomposé les parties du Soi inférieur en travaillant avec les Quatre Éléments, vous aurez affiné les aspects correspondants de votre psyché. L'étape suivante consiste à réintégrer ces parties du Soi grâce à l'élément Esprit. Ces techniques d'invocation rituelle sont des outils puissants pour accorder les Sept Chakras et élever votre conscience afin de canaliser le maximum d'énergie Lumière dans votre Aura.

Le but du travail rituel de la Magie Cérémonielle est d'établir une connexion éternelle avec votre Saint-Ange Gardien, qui est un autre terme pour le Soi Supérieur. C'est la partie de vous qui est de Dieu - le Divin. En nettoyant et en purifiant vos Chakras, vous vous alignez sur votre Soi supérieur et vous vous éloignez de votre Soi inférieur - l'Ego.

L'éveil complet de la Kundalini (qu'il se produise d'un seul coup ou progressivement) et la localisation permanente de l'énergie de la Kundalini dans le cerveau sont considérés comme l'état d'éveil Spirituel le plus élevé que l'on puisse atteindre. Il n'existe aucune autre forme d'éveil Spirituel ou d'initiation qui soit plus élevée ou de plus grande portée. Mais l'éveil de la Kundalini n'est que le début de votre voyage vers l'Illumination. L'étape suivante consiste à purifier vos Chakras et à élever la vibration de votre conscience. Et pour y parvenir dans un délai plus court, vous aurez besoin d'une certaine forme de pratique Spirituelle pour vous aider dans votre voyage.

EXPANSION DU CERVEAU

Les six Chakras, Muladhara, Swadhisthana, Manipura, Anahata, Vishuddhi et Ajna, ont des contreparties différentes dans les zones respectives du cerveau (Figure 24). Cela signifie que lorsqu'un Chakra est entièrement ouvert par l'éveil de la Kundalini, la partie du cerveau associée à ce Chakra est activée de façon permanente. L'activation du cerveau est nécessaire pour faciliter l'expansion de la conscience. De plus, au fur et à mesure que les différentes zones du cerveau s'ouvrent, celui-ci commence à se sentir transparent et en apesanteur, comme si vous perdiez le contact avec la matière qui le compose. Au fur et à mesure que l'effet de la matière s'estompe dans votre conscience, votre cerveau devient une antenne qui reçoit les vibrations de l'Univers extérieur par l'intermédiaire du Chakra de la couronne, Sahasrara, situé juste au-dessus de lui.

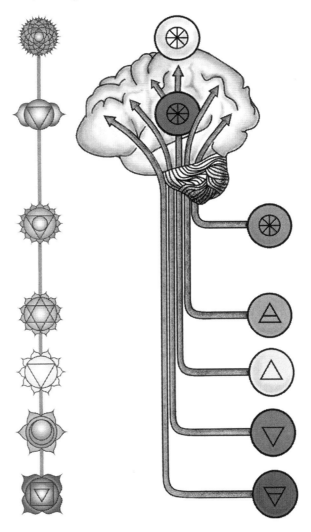

Figure 24: Expansion du Cerveau et Correspondances Chakriques

Alors que cet effet d'engourdissement se produit dans le cerveau, vous commencez à ressentir une connexion avec la Conscience Cosmique. La Lumière à l'intérieur de votre tête est ressentie comme une essence quantifiable. Votre Lumière intérieure est connectée à la Grande Lumière Blanche qui est le fondement de toute existence et qui est l'essence

131

de la Conscience Cosmique. C'est par cette connexion que vos pouvoirs psychiques se développent.

Au fur et à mesure que votre Corps de Lumière s'optimise, de petites poches d'énergie s'ouvrent dans différentes zones du cerveau, ce qui donne la sensation d'une substance liquide qui se déplace dans votre cerveau. Cette substance est l'énergie liquide de l'Esprit, qui active et éclaire les différentes zones de votre cerveau. Lorsque vous introduisez de la nourriture dans votre système, elle se transforme en énergie Lumière, qui devient une substance liquide dans la zone de votre cerveau. Ainsi, vous sentirez votre conscience et votre cerveau se développer quotidiennement. Ce processus est semblable à celui d'une plante qui reçoit ses nutriments du sol et qui se développe et grandit au fil du temps. Sa croissance et son développement dépendent entièrement des nutriments qu'elle reçoit du sol. Parfois, il y a beaucoup de pression dans différentes parties du cerveau et de la tête lorsque ce processus de développement se produit, ce qui entraîne des maux de tête. Si cela se produit, c'est un signe que vous n'apportez pas assez d'aliments nutritifs dans votre système ou que vous ne mangez pas assez fréquemment.

Gardez à l'esprit que ce que je décris ne se produit que si vous avez eu un éveil permanent de la Kundalini, ce qui signifie que cette énergie est montée dans votre cerveau et y réside désormais de façon permanente. Dès que cela se produit, le cerveau commence à être remodelé par cette nouvelle Lumière qui l'imprègne. Et comme nous l'avons dit, cela s'accompagnera également d'un son vibratoire entendu à l'intérieur de votre tête, dont la hauteur dépend de la nourriture que vous apportez à votre corps. C'est parce que vous êtes maintenant comme une batterie d'énergie de Lumière Divine, qui est bio-électrique.

LES PHÉNOMÈNES D'EXPANSION DE LA CONSCIENCE

Au fur et à mesure que le cerveau se développe, un autre sens se développe - la conscience du Témoin silencieux, le gardien de l'enregistrement de la réalité à chaque instant. Le Témoin silencieux est la partie du Soi qui se tient à l'écart dans la conscience et observe les actions du corps physique comme un témoin impartial de celles-ci. Il peut lire l'énergie créée par le langage corporel comme une essence quantifiable et vous tenir informé de ce que vous envoyez dans le monde par vos actions, comme un superordinateur.

La Témoin silencieux se développe à mesure que l'énergie de la Kundalini élargit le cerveau. Cette nouvelle capacité à percevoir la réalité entraîne un détachement complet de l'Ego, car vous vous percevez de manière radicalement différente qu'avant l'éveil de la Kundalini. Je crois que l'un des principaux objectifs de la transformation de la Kundalini est d'exalter l'observateur silencieux qui se trouve à l'intérieur, le Vrai Soi, et de lui permettre de s'élever hors du corps physique via le circuit activé de la Kundalini et de planer au-dessus de vous, enregistrant vos mouvements.

L'observateur silencieux, ou témoin silencieux, est la partie de vous qui est Esprit, qui est Dieu. C'est la partie de vous qui est la conscience pure et indifférenciée qui fait partie de la Conscience Cosmique. En réalité, nous sommes tous Un et la partie de nous qui se tient à l'écart et observe silencieusement nos actions est la même pour tous ; c'est Dieu. Mais avec un éveil Kundalini, il y a une distinction incroyable entre cette partie de vous et votre Ego. Vous devenez plus proche de l'aspect observateur silencieux de votre être que de l'Ego, car il vous permet de contrôler votre réalité et de manifester vos désirs.

Le Témoin silencieux vous observe et vous incite à vaquer à vos occupations et à accomplir vos tâches quotidiennes, presque comme un réalisateur qui met en scène le film du personnage principal - vous. Votre notion ou concept du Soi utilise le corps physique pour accomplir le but recherché par le Témoin silencieux.

Lorsque j'ai développé ce sens, j'ai commencé à voir en dehors de moi, et le monde qui m'entoure a commencé à ressembler à un jeu vidéo, avec moi comme personnage principal. Ce phénomène est permanent et continuera d'être présent pour le reste de ma vie. Il me permet de voir mes expressions faciales et l'énergie qu'elles évoquent chez les autres, et sur la base de cette perception, je peux avoir un contrôle total sur le type de vibrations que j'émets dans l'Univers. En tant que tel, j'ai un degré élevé de contrôle sur ce que les autres ressentent en ma présence puisque je navigue dans leurs émotions avec mon langage corporel et l'énergie que je dégage. Lorsque je suis dans cet état, je suis généralement neutre avec mes sentiments, rien ne m'excite ou ne me déprime outre mesure, mais je suis dans un état d'esprit tranquille et équilibré.

En étant dans cet état d'esprit élevé, je ressens une forte connexion avec le son, où tout ce que j'entends fait une impression sur ma conscience. Il m'a fallu un certain temps pour m'y habituer, et j'ai dû réapprendre à me concentrer lorsque j'ai quelque chose d'important à faire, afin de ne pas être influencée par les sons provenant de mon environnement. J'ai également dû mettre en place des bouchons d'oreille au début de mon processus de transformation Kundalini, car il était difficile d'induire le sommeil à cause de cette puissante connexion au son. J'ai appris à me tourner vers l'intérieur lorsque c'est nécessaire, au lieu de laisser ma conscience se projeter vers l'extérieur, comme c'est mon état naturel maintenant.

Au fil des années, ma conscience a continué à s'élargir, tout comme ma capacité à voir davantage de l'extérieur. J'en suis arrivé à un point où je pouvais me projeter très haut dans les nuages et regarder le monde en dessous de moi d'un point de vue d'oiseau. Pour être clair, je ne quitte mon corps physique qu'en Esprit. Puisque ma conscience s'est élargie et qu'elle n'a plus de limites ni de barrières en termes de taille, je peux porter mon attention sur tout ce que je vois devant moi, quelle que soit la distance, et m'y connecter grâce à mon Esprit. À ce moment-là, ma conscience va sortir de mon corps physique et se projeter à cet endroit. Ce faisant, des niveaux élevés d'histamine seront libérés dans mon corps, l'engourdissant temporairement et permettant à ma conscience de quitter mon corps.

Même si ma conscience est hors de mon corps physique, j'en ai encore le contrôle total, et je peux quitter l'état transcendantal dans lequel je me trouve à tout moment. C'est une expérience mystique de projeter ma conscience de cette manière, car je ressens un sentiment d'unité avec tout ce que je vois devant moi. Avec le fait de voir la Lumière dans tout ce que je regarde, c'est le cadeau préféré que j'ai reçu du Divin après avoir éveillé l'énergie Kundalini.

LES CHAKRAS MINEURS

LES CHAKRAS DE LA TÊTE

La tête contient des Chakras mineurs qui sont distincts des Sept Chakras Majeurs. En raison de l'emplacement de ces Chakras Mineurs, ils créent un motif en forme de couronne sur la tête. Ce n'est pas une coïncidence si les représentations des figures Spirituelles portent souvent des couronnes sur la tête dans de nombreuses traditions. Par exemple, dans le Christianisme, Jésus-Christ est souvent représenté portant une couronne qui fait allusion à son statut de Roi du Ciel. Comme il l'a dit, nous pouvons tous être des Rois et Reines du Ciel, ce qui signifie que nous pouvons tous porter cette couronne métaphorique une fois que nous l'aurons atteinte en évoluant Spirituellement. La couronne représente également la réalisation du Chakra de la couronne, Sahasrara, le Chakra Majeur le plus élevé et notre connexion à la Lumière Divine.

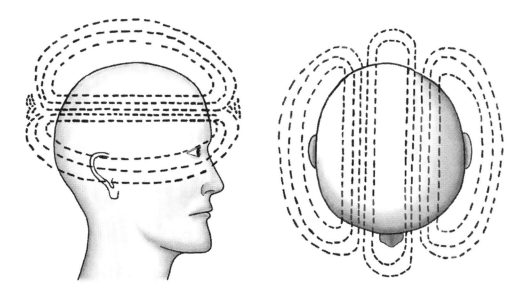

Figure 25: Halo Autour de la Tête

La couronne symbolique représente les Chakras éveillés dans la tête et, par conséquent, l'expansion de la conscience. L'auréole autour de la tête de Jésus, des saints et d'autres figures Spirituelles significatives signifie que la couronne Spirituelle a été activée - le Chakra Sahasrara est entièrement ouvert, et la conscience individuelle a été élargie. La lumière dans, sur et autour de la tête représente une personne éclairée (Figure 25). Le terme même d'"Illuminé" provient de ce processus de manifestation de la Lumière et d'imprégnation de la zone autour de la tête.

Sur le diagramme ci-dessous (Figure 26), le Chakra 1 est appelé le Septième Oeil. Il s'agit d'un important Chakra mineur situé sur la tête qui, avec le Bindu (Chakra 6), sert à alimenter le circuit de la Kundalini à l'intérieur du Corps de Lumière. Ces deux Chakras transportent l'énergie qui relie le Soi à l'éternité et à la Non-Dualité, permettant à l'individu éveillé de ressentir le ravissement du Royaume Spirituel et la connexion avec le Divin. En outre, comme le Royaume Spirituel est le point de contact avec le Royaume Divin qui le surplombe, il n'est pas rare de vivre des expériences dans un autre monde lorsque les Chakras 1 et 6 sont actifs et fonctionnent au maximum de leurs capacités.

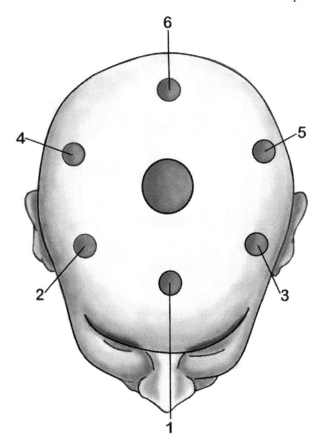

Figure 26: Les Chakras Mineurs de la Tête (Couronne)

Le Bindu est assimilé au "Vide" ou à l'Abîme. Dans la Qabalah, l'Abîme est la onzième Sphère du Daath sur l'Arbre de Vie, représentant la mort - la mort de l'Ego. En entrant dans le Vide, le Soi trouve son Soi véritable ou Spirituel, et la dualité de l'esprit cesse d'exister. Le Vide de Bindu est notre entrée dans le Plan Spirituel de l'Unité. Le Bindu est comme un "Lac de Feu", qui unit tous les opposés et purifie toutes les impuretés. Le mental fait l'expérience de la dualité des pensées et des idées, et à travers cette dualité, la douleur de la séparation est créée. Dans le Bindu Chakra, toutes les pensées ou idées duales sont réconciliées par leurs opposés. Ce processus nous permet de contourner le mental et d'expérimenter la pureté et l'unité du monde Spirituel. Ce mécanisme énergétique a été laissé en nous par notre Créateur. Il marque la prochaine étape de notre évolution Spirituelle et notre retour au jardin d'Eden.

Le Chakra 3 du diagramme est directement lié à Ida, le canal féminin du corps, tandis que le Chakra 2 est lié à Pingala, le canal masculin. Une fois le Chakra 2 complètement ouvert, on commence à ressentir une connexion avec le côté droit du corps, par lequel passe le canal Pingala. Au fil du temps, le Cœur Spirituel s'éveille, qui ressemble à une poche d'énergie sphérique traversée par Pingala. Il se situe à droite du cœur physique. Il contient une flamme apaisante puisque le Nadi Pingala est lié à l'Élément Feu de l'Âme. Tout comme le cœur physique régule la circulation du sang dans le corps physique, le Cœur Spirituel régit le flux d'énergie Pranique dans le Corps de Lumière. Le Cœur Spirituel est transcendant, et il régule les pensées et les émotions qui sont d'une qualité non duelle.

Le Chakra 3, lorsqu'il est complètement ouvert, forme la connexion avec le côté gauche du corps et le sentiment d'ouverture et d'expansion dans le cœur physique. Il se caractérise par un sentiment de tranquillité dans vos émotions, qui appartiennent à l'Élément Eau. Avoir un cœur ouvert vous permet de mieux ressentir et recevoir les vibrations du monde extérieur. En outre, il augmente votre capacité d'empathie.

Les Chakras 4 et 5 sont les suivants à s'ouvrir pendant la sublimation/transformation de la lumière, ou énergie pranique dans le corps. Ils donnent une connexion plus forte avec le Bindu (Chakra 6) et permettent à la conscience de l'individu de quitter le corps physique lorsqu'il est en méditation. L'ouverture totale de ces deux Chakras permet à l'individu pleinement éveillé par la Kundalini d'être absorbé par tout ce qu'il voit avec ses yeux physiques lorsqu'il y porte son attention. Ces deux Chakras aident la conscience individuelle à atteindre l'Unité.

Vous pouvez savoir que les six Chakras mineurs de la tête s'ouvrent et s'alignent lorsque vous sentez une substance liquide se déplacer dans votre cerveau à la manière d'un serpent. Elle infuse les canaux qui sont reliés à chacun des six Chakras Mineurs de la tête. Ce phénomène se caractérise par une sensation agréable et tranquille dans votre cerveau lorsqu'il se produit.

Vous pouvez savoir que Bindu s'aligne et s'ouvre davantage lorsque les Chakras 4 et 5 s'ouvrent. Par conséquent, lorsque les Chakras 2 et 3 s'ouvrent, un alignement se produit dans le Septième Oeil (chakra 1). Une trinité de Chakras travaille ensemble tandis que l'autre trinité travaille également ensemble. C'est pourquoi les adeptes des Mystères

Occidentaux portent souvent une kippa sur la tête, contenant une image de l'hexagramme, ou Etoile de David comme l'appellent les Hébreux. Les triangles vers le haut et vers le bas de l'Hexagramme représentent les deux trinités de Chakras Mineurs dans la tête.

LES CHAKRAS DU PIED

Outre les Sept Chakras majeurs qui traversent verticalement le corps, nous disposons d'un réseau de centres d'énergie auxiliaires, ou Chakras Mineurs, dans les pieds et les mains, qui fournissent un large éventail d'influx d'énergie dans notre système. Malheureusement, les Chakras Mineurs des pieds et des mains sont souvent ignorés et négligés par les enseignants Spirituels, alors qu'ils jouent un rôle crucial dans la structure énergétique de notre corps.

Chaque orteil, y compris le milieu du pied et la zone du talon, est régi par l'un des Chakras Majeurs (Figure 27). Le gros orteil correspond à Manipura, l'orteil de l'index à Anahata, l'orteil du milieu à Vishuddhi, le quatrième orteil à Ajna, le petit orteil à Swadhisthana, le milieu de la plante à Sahasrara, et l'arrière du talon à Muladhara.

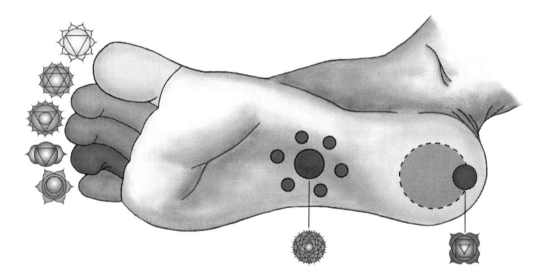

Figure 27: Les Chakras du Pied

L'une des fonctions des orteils est de décharger l'excès d'énergie qui a été accumulé dans les Chakras Majeurs par nos activités quotidiennes et les fonctions du corps. Cet excédent d'énergie est libéré et transmis à la terre, ce qui facilite l'ancrage dans notre conscience. Lorsque les Chakras mineurs des pieds fonctionnent bien et sont en harmonie avec les Chakras Majeurs, il existe une connexion et un flux de communication constants entre les grilles énergétiques de la Terre et nos énergies.

En raison de leur emplacement et de leur connexion avec la Terre, les Chakras des pieds servent également à canaliser l'énergie du Chakra transpersonnel de l'Etoile de la Terre (sous les pieds) et à la transmettre aux Chakras majeurs via les canaux énergétiques des jambes. Dans ce cas, les Chakras des pieds servent de conduits ou de connecteurs énergétiques qui permettent à l'Etoile de la Terre d'être en communication directe non seulement avec le Chakra Muladhara, mais aussi avec les autres Chakras Majeurs.

Les Chakras des pieds contribuent également à faciliter l'équilibrage et l'assimilation de l'énergie de la Kundalini qui provient de la Terre par le biais de ses courants magnétiques. Ils fonctionnent comme des transformateurs d'énergie, en régulant la quantité et l'intensité de l'énergie qui arrive de la Terre dans le Corps de Lumière.

Le Chakra de la semelle est situé au milieu du pied et est lié au Sahasrara, la couronne. Le Chakra de la semelle est le plus important des Chakras du pied. Si nous examinons sa structure, nous pouvons constater que ses six points secondaires reflètent directement les Chakras mineurs de la tête, liés à Sahasrara.

La relation entre le Chakra solitaire et le sahasrara est décrite au mieux par l'axiome "Comme en Haut, comme en Bas". Ces deux ensembles de Chakras permettent à l'initié d'avoir simultanément les pieds sur la Terre et la tête au Ciel. Il est intéressant de noter que les pieds symbolisent la dualité du monde de la Matière, tandis que la tête représente la singularité du Royaume Spirituel.

Un autre Chakra important du pied est le Chakra du talon, lié au Muladhara. Ce Chakra mineur nous aide à nous sentir ancrés dans la terre puisque nos talons sont les premiers à toucher la terre chaque fois que nous faisons un pas. Le Chakra du talon est directement relié à Muladhara par les canaux énergétiques des jambes. Les principaux canaux énergétiques des jambes alimentent les Nadis Ida et Pingala, féminins et masculins, qui commencent dans le Muladhara. Chez les hommes, Ida et Pingala sont alimentés par les testicules, tandis que chez les femmes, ce sont les ovaires. De nombreux autres Nadis longent les canaux énergétiques primaires des jambes, reliant les orteils aux autres Chakras Majeurs.

LES CHAKRAS DE LA MAIN

Les Sept Chakras Majeurs trouvent leur correspondance dans les pieds mais aussi dans les mains (Figure 28). Le pouce correspond à Manipura, l'index à Anahata, le majeur à Vishuddhi, l'annulaire à Muladhara, l'auriculaire à Swadhisthana, le milieu de la paume à Sahasrara, et la pointe du poignet à Ajna Chakra.

Les Chakras sont parfaitement équilibrés sur la main, car l'annulaire et l'auriculaire sont de qualité féminine tandis que le pouce et l'index sont de qualité masculine. En outre, une ligne centrale part de la pointe du poignet, passe par le milieu de la paume et remonte jusqu'au majeur, correspondant à l'élément Esprit, qui réconcilie les principes opposés du genre.

Les Chakras des mains sont essentiels pour la guérison et la réception d'informations énergétiques en provenance de l'Univers. Nos mains nous permettent d'interagir avec le monde à un niveau à la fois physique et énergétique. Les doigts servent de capteurs tandis que les paumes servent à canaliser l'énergie de guérison. Votre main dominante envoie de l'énergie tandis que la main non dominante la reçoit.

Alors que les pieds sont liés à l'Élément Terre et au corps physique, les mains correspondent à l'Élément Air et à l'esprit puisqu'elles sont littéralement suspendues dans l'air devant nous. En tant que tels, les Chakras des mains ont une grande influence sur les informations qui entrent dans notre esprit.

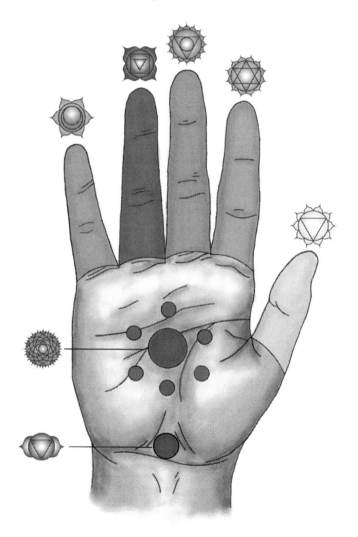

Figure 28: Les Chakras de la Main

140

C'est pourquoi la société a adopté la poignée de main comme principale forme de salutation entre les gens. En serrant la main de quelqu'un, vos paumes se touchent, ce qui vous permet de savoir qui il est en tant que personne puisque vous entrez en contact direct avec son énergie.

Le milieu de la paume contient un Chakra Mineur essentiel, qui est lié au Sahasrara, la couronne. Autrement appelé le Chakra de la Paume, il est le plus important de nos Chakras de la main puisqu'il est utilisé à des fins de guérison. Vous remarquerez que le Chakra de la Paume reflète le Chakra de la Sole, qui reflète les Chakras Mineurs situés au sommet de la tête. Ces trois ensembles de Chakras correspondent au Sahasrara et à l'Élément Esprit. Leur fonction est cruciale dans le processus de transformation de la Kundalini, car ils infusent l'énergie de l'Esprit dans le corps.

Les Chakras des mains sont reliés au Chakra de la gorge, Vishuddhi, par les canaux énergétiques des bras. Par conséquent, pour ouvrir complètement les Chakras de la main et maximiser leurs capacités fonctionnelles, il faut éveiller le Chakra de la gorge, car c'est le premier Chakra de l'Élément Esprit. L'Élément Esprit comprend également les deux Chakras situés au-dessus de Vishuddhi, Ajna et Sahasrara.

L'énergie de guérison est générée dans Anahata, qui est envoyée à travers les Chakras de la Paume via Vishuddhi (Figure 29). Le Chakra de la gorge est utilisé pour percevoir les impressions énergétiques autour de soi en raison de sa connexion avec Ajna Chakra, le centre psychique, qui a un point énergétique correspondant dans la région du poignet. Ces impressions sont souvent reçues par les Chakras de la main, que nous pouvons utiliser comme des capteurs d'énergie par la seule intention.

La prise de conscience et l'activation des Chakras de la main peuvent faire une différence significative dans la qualité de votre vie. En moyenne, les Chakras Mineurs des mains d'une personne sont ouverts dans une certaine mesure, ce qui signifie que l'énergie de guérison entre et sort continuellement d'elles. Seules les personnes qui sont entièrement tournées vers le mal seront complètement fermées à l'énergie de guérison jusqu'à ce qu'elles puissent rouvrir leur cœur à l'amour et à la bonté. Il y a ensuite les personnes qui ont dépassé les masses en matière d'évolution Spirituelle. Ces personnes ont leurs Chakras du Cœur et de la Gorge complètement ouverts. Leur conscience est beaucoup plus élevée en termes de vibrations, ce qui signifie que leurs Chakras des mains fonctionnent de manière optimale et qu'ils envoient et reçoivent de l'énergie de guérison.

Une personne complètement éveillée à la Kundalini aura tous ses Chakras ouverts, y compris les Chakras des Mains et des Pieds. Elle sera naturellement guérisseuse, emphatique et télépathe. La plupart des informations extérieures entrent par les mains. Le simple fait de toucher un objet permet de recevoir des connaissances énergétiques sur cet objet. Lorsque les Chakras des mains sont complètement ouverts, le bout des doigts devient très sensible pour recevoir des informations et les envoyer dans le corps pour évaluation.

Figure 29: Production et Transmission d'Energie de Guérison (Palms)

GUÉRIR AVEC LES MAINS

Les Chakras de la main peuvent être utilisés pour recevoir de l'énergie mais aussi pour en envoyer ; tout dépend de votre intention. Lorsque vous recevez de l'énergie, le bout des doigts est impliqué, tandis que lorsque vous l'envoyez, vous le faites principalement par les Chakras de la Paume (Figure 30).

L'utilisation la plus courante de la fonction de réception des Chakras de la Main est le balayage de l'Aura d'un individu et la recherche de "points chauds" et d'autres informations qui peuvent vous aider à comprendre l'état de son énergie globale. Les Chakras des Mains peuvent volontiers être utilisés comme des capteurs qui vous informent de l'état de l'énergie dans votre environnement.

142

Vous pouvez utiliser la fonction d'envoi des Chakras de la Main pour canaliser l'énergie de guérison vers quelqu'un, débarrasser une pièce de l'énergie stagnante, charger un cristal ou un autre objet, ou même bénir ou offrir une protection à un individu ou un groupe de personnes. Vous pouvez également utiliser votre énergie pour vous soigner et soigner vos Chakras, bien que cela puisse être épuisant. Il est préférable de se soigner en utilisant une pierre précieuse, par exemple.

Bien qu'il soit crucial de savoir comment développer votre chi dans votre Chakra du Hara (plus d'informations à ce sujet dans le chapitre suivant sur les Chakras transpersonnels), il est beaucoup plus efficace pour le travail de guérison d'apprendre à faire entrer l'énergie Spirituelle et à lui permettre de circuler à travers vous. Tant que vous venez d'un lieu mental d'amour inconditionnel (une caractéristique du chakra Anahata), votre intention seule devrait suffire à faire appel à l'énergie Spirituelle et à la canaliser à travers vos Chakras de la main à des fins de guérison.

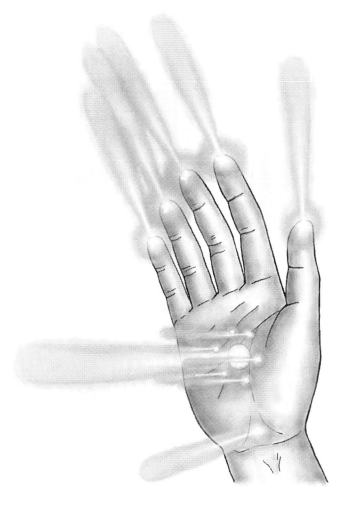

Figure 30: L'Energie de Guérison des Mains

Il est essentiel de rester neutre quant aux résultats spécifiques de votre séance de guérison et de ne pas imposer votre volonté. Pendant la majeure partie de la séance de guérison, vous ne faites que vous transformer en un canal, un conduit d'énergie Spirituelle. Par conséquent, vous ne devez faire intervenir votre volonté supérieure que pour déplacer et éliminer les blocages énergétiques. Pour ce faire, vous pouvez soit peigner la zone de l'Aura qui contient de l'énergie négative, soit repousser cette énergie négative avec l'énergie de guérison de vos Chakras de la Paume. Dans ce dernier cas, vous pouvez intensifier l'ampleur de l'énergie de guérison canalisée par vos Chakras de la Paume en utilisant votre volonté et votre attention concentrée.

INFUSION D' ÉNERGIE SPIRITUELLE

Le but du processus de purification de la Kundalini est de faire de votre corps un vaisseau pour l'Esprit. Bien sûr, rien n'arrive à votre corps physique au cours de ce processus, même si votre conscience en a l'impression. La Kundalini permet à votre conscience de s'élever aussi haut que le Corps Spirituel et de s'aligner sur sa vibration en purgeant les Chakras.

Le corps doit être infusé par l'énergie de l'Esprit véhiculée par les Chakras de la Sole et de la Paume. Ces chakras mineurs sont pleinement activés lorsque la Kundalini atteint le Sahasrara au cours du processus d'éveil. Il faut généralement un certain temps à la conscience pour se préparer à l'infusion de l'Esprit, car les Chakras doivent être nettoyés. Une fois prête, cependant, l'énergie de l'Esprit s'élève dans le corps via les Chakras de la Sole et de la Paume. Cette expérience donne l'impression qu'un coup de vent est entré dans les membres et les a rendus transparents. Ce souffle divin peut alors imprégner entièrement le torse, permettant à la conscience individuelle de ressentir l'apesanteur dans le corps, en particulier dans les bras et les jambes. L'expérimentateur a l'impression que le corps physique est devenu creux de l'intérieur.

Lorsque l'Esprit entre dans le corps, l'individu commence à ressentir un engourdissement général de tout le corps. Là encore, il faut un certain temps pour que cette partie de la transformation de la Kundalini se manifeste. Comme je l'ai déjà mentionné, c'est au cours de la septième année de l'éveil que cela s'est produit pour moi. C'était comme si le corps physique avait reçu une injection permanente de Novocaïne, un agent anesthésiant.

La sensation d'engourdissement se produit afin que la conscience puisse perdre sa connexion avec le corps physique, ce qui lui permet de se localiser plus facilement dans le Corps de Lumière. En perdant la conscience du corps physique, l'Âme est finalement libérée de ses entraves. La conscience individuelle s'unit à la Conscience Cosmique, mettant fin à la douleur de la division entre les deux.

LES YEUX PSYCHIQUES

Outre les deux yeux physiques, il existe cinq yeux Spirituels supplémentaires dans notre tête (Figure 31) qui nous permettent d'avoir une conscience élargie lorsque notre conscience est élevée. En outre, les deux yeux physiques ont des fonctions qui dépassent les capacités de vision ordinaires et qui méritent d'être mentionnées. L'œil droit est principalement utilisé pour voir les formes des objets ; il aide à la perception des détails. L'œil gauche est lié à notre moi émotionnel. Il nous donne une idée de la relation entre les objets à travers leur couleur et leur texture.

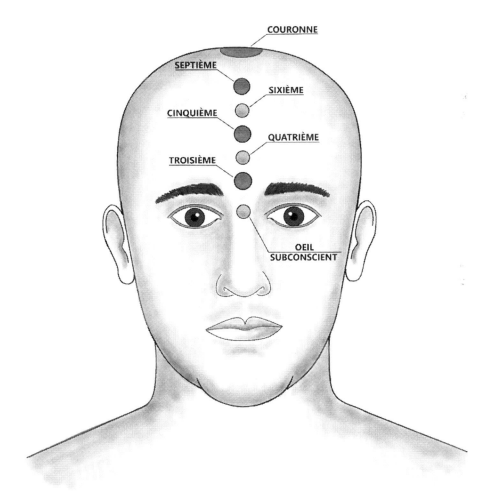

Figure 31: Emplacement des Yeux Psychiques

Le Troisième Oeil, ou œil de l'esprit, est situé légèrement au-dessus et entre les sourcils. Il sert de portail énergétique qui nous permet de percevoir la forme énergétique des objets de notre Troisième Dimension. Le Troisième Oeil nous donne un aperçu de l'inconnu en

145

tant que fenêtre sur le Monde Astral. L'emplacement réel d'Ajna Chakra, cependant, se trouve au centre du cerveau, dans la zone du Troisième ventricule, comme nous le verrons dans un chapitre ultérieur. Les yeux psychiques décrits ci-dessous ont des fonctions auxiliaires au Troisième Oeil. Ils servent de portails énergétiques, chacun ayant des pouvoirs spécifiques qui, lorsqu'ils sont éveillés, nous donnent une conscience et une compréhension élargies puisqu'ils sont des composants distincts de l'Ajna Chakra dans son ensemble.

Le Quatrième Oeil se situe juste au-dessus du Troisième Oeil et nous permet de comprendre les relations entre les personnes tout en favorisant la croyance dans le Créateur. C'est le sens supérieur de ce que l'Oeil physique gauche perçoit, car il nous permet de comprendre la Source de la Création. Le Quatrième Œil est le bâtisseur de la foi.

Le Cinquième Oeil se trouve au milieu du front et nous aide à comprendre les vérités et les idéaux Universels. Grâce à lui, nous recevons des concepts sur le fonctionnement des Lois Universelles qui régissent la réalité. Il nous permet d'avoir une vision plus large de la vie et de notre place dans celle-ci. Le Cinquième Oeil active l'esprit supérieur et notre pensée créative. Il nous permet également de voir nos vies antérieures.

Le Sixième Oeil est situé juste au-dessus du Cinquième Oeil et sa fonction est de nous donner une véritable vision intérieure et la compréhension du but de notre Âme. Le Septième Oeil se trouve juste à la naissance des cheveux, du côté opposé du Bindu. Il aide à comprendre la totalité et le but de l'Univers dans son ensemble. Il nous permet de communiquer avec les êtres Angéliques du Plan d'Existence Divin.

Le Septième Œil est primordial dans le processus de transformation de la Kundalini car il agit comme le point de sortie de la Kundalini, tout comme le Bindu. Le Septième Oeil et le Bindu agissent comme des entonnoirs pour le circuit de la Kundalini lorsqu'ils sont pleinement actifs et intégrés. Si le Septième Oeil est bloqué, le circuit de la Kundalini devient inactif et l'on perd le contact avec le Bindu et les plans d'existence Spirituels et Divins.

Il est crucial de comprendre que tous les yeux psychiques se développent au fil du temps lors d'une transformation Kundalini après un éveil complet. Une fois qu'ils sont tous créés et que la conscience acquiert la capacité d'utiliser leurs fonctions, le Cinquième Oeil devient le "centre de commandement" de la conscience, à la place du Troisième Oeil, puisqu'il est au milieu des cinq yeux psychiques et peut recevoir des impressions de chacun d'eux.

Il existe un autre centre psychique appelé "Oeil Subconscient", et il se trouve juste entre les deux yeux physiques, au niveau de l'arête du nez. L'esprit subconscient est le centre de notre vie primitive et basique et de nos sentiments au niveau des tripes. Sa fonction est la survie ; il est donc lié aux nécessités de la vie, comme la nourriture, l'eau et l'abri. La peur joue également un rôle crucial dans la survie, car nous apprenons à éviter les choses qui peuvent nous blesser, que ce soit physiquement ou émotionnellement. Le subconscient devient un entrepôt de toutes ces choses qui nous ont fait souffrir au fil du temps, contenant l'énergie de la peur qui nous limite dans la vie.

Une fois que la Kundalini a pénétré dans le cerveau et percé le Chakra Ajna, l'Oeil Subconscient est pleinement éveillé. Puisqu'un éveil complet de la Kundalini établit un pont entre le conscient et le subconscient, toute l'énergie négative stockée dans le subconscient est libérée pour être traitée et transformée. En tant que tel, l'Oeil Subconscient nous permet de voir tout ce qui nous était caché psychiquement.

L'Oeil du Subconscient nous permet de voir le fonctionnement de l'esprit subconscient pour devenir des Co-Créateurs plus efficaces avec notre Créateur. Une fois que nous avons surmonté l'énergie négative stockée dans le subconscient, nous pouvons utiliser ce centre psychique pour modeler nos pensées et devenir maîtres de nos réalités. Cependant, l'Oeil Subconscient n'est qu'une fenêtre ou un portail vers le subconscient, situé à l'arrière de la tête. En revanche, la partie consciente de l'esprit se trouve à l'avant de la tête.

LES CHAKRAS TRANSPERSONNELS

Selon de nombreuses écoles de pensée Spirituelles, outre les Chakras Majeurs et Mineurs, il existe également des Chakras Transpersonnels. Il s'agit de Chakras situés en dehors du corps de Lumière et auxquels l'être humain est relié énergiquement. Transpersonnel signifie qu'ils transcendent les domaines de la personnalité incarnée. En outre, dans la science Chakrique, ils constituent la deuxième pièce cruciale du puzzle, après les Chakras Majeurs et Mineurs, pour comprendre notre composition énergétique.

Le but premier des Chakras Transpersonnels est de connecter le corps physique et les Chakras Majeurs et Mineurs à d'autres personnes, à des Etres Ethérés et à d'autres sources d'énergies Divines et Supérieures. La plupart des écoles de pensée Spirituelles affirment qu'il existe Cinq Chakras Transpersonnels, bien que ce nombre puisse varier. Il est également courant de voir de nombreux systèmes Chakriques n'utiliser que les deux Chakras Transpersonnels opposés, l'Etoile de l'Âme et l'Etoile de la Terre.

Les Chakras Transpersonnels existent le long de la ligne Hara, qui est une colonne énergétique contenant les Sept Chakras primaires. Lorsque nous étendons cette colonne énergétique vers le haut et vers le bas, au-delà des Sept Chakras primaires, nous rencontrons plusieurs Chakras Transpersonnels au-dessus de Sahasrara et un sous Muladhara appelé le Chakra de l'Etoile de la Terre (Figure 32).

Les Chakras Transpersonnels détiennent les clés du développement Spirituel et de la compréhension de la dynamique de la Création. Grâce aux Chakras situés au-dessus de Sahasrara, nous pouvons nous connecter aux vibrations les plus subtiles du Cosmos. Dans *The Magus,* j'ai fait référence à ces états de conscience vibratoires supérieurs comme étant les Plans Divins d'existence.

En termes d'Arbre de Vie Qabalistique, les Chakras Transpersonnels autour et au-dessus de la tête font partie de la Séphire Kether et non des Trois Voiles de l'Existence Négative (Ain Soph Aur). Et puisque Kether est la Lumière Blanche, ces Chakras Transpersonnels traitent de la façon dont cette lumière filtre dans le Corps de Lumière et les Sept centres de Chakras Majeurs.

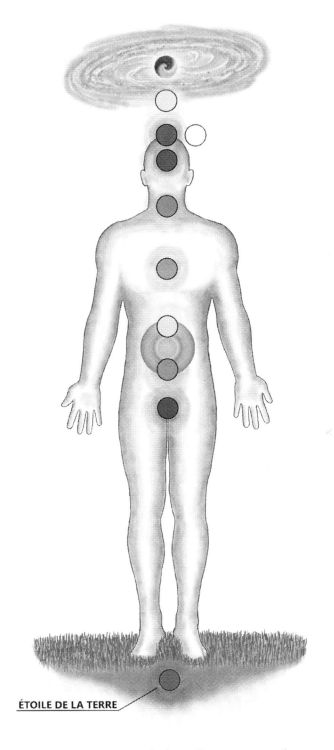

ÉTOILE DE LA TERRE

Figure 32: Les Chakras Transpersonnels

149

À moins que vos Sept Chakras Majeurs ne soient convenablement équilibrés et que votre vibration ne soit élevée, je vous déconseille fortement d'essayer de travailler avec les trois Chakras Transpersonnels les plus élevés. Essayer d'utiliser ces puissantes sources d'énergie avant de vous transformer en un conduit approprié sera futile puisque vous ne pourrez pas accéder à leur puissance. Il est donc préférable de ne travailler avec ces Chakras supérieurs que lorsque vous vous serez suffisamment développé Spirituellement. Le seul Chakra Transpersonnel avec lequel vous pouvez travailler en toute sécurité est l'Etoile de la Terre, car ce Chakra est lié à la mise à la terre.

CHAKRA DE L'ÉTOILE DE LA TERRE

Le Chakra de l'Etoile de la Terre, Vasundhara (Sanskrit pour "Fille de la Terre"), se trouve à environ 15 cm sous les pieds. Appelé aussi "Super-Racine", ce Chakra contribue à l'ancrage et à la connexion avec la planète Terre, car il est en contact direct avec le sol. L'étoile de la Terre agit comme un pont entre notre conscience et la conscience collective de la planète Terre. Ainsi, ce Chakra traite de la conscience de la nature. Les Chakras des pieds sont le moyen de communication entre les Chakras Majeurs et l'Etoile de la Terre.

L'Etoile de la Terre nous permet également de nous connecter aux énergies terrestres plus denses de notre planète. L'énergie terrestre/tellurique s'élève à travers les canaux énergétiques des jambes via les Chakras des pieds jusqu'à atteindre le Chakra racine, Muladhara. Le Chakra Muladhara est le fondement de notre système Chakrique, sa racine, d'où son nom. Muladhara et l'Etoile de la Terre ont une relation directe : ils sont tous deux liés à l'élément Terre et servent à canaliser son énergie. D'un point de vue Qabalistique, leur fonction correspond à la Séphira Malkuth, placée directement au niveau des pieds. Cependant, l'Étoile de la Terre représente l'aspect Spirituel de la Terre, vibrant à la quatrième dimension de vibration ou d'énergie.

L'Etoile de la Terre est essentielle pour nous ancrer dans le plan physique de l'existence. L'une des fonctions de l'Etoile Terrestre est d'enraciner les parties personnelles et Transpersonnelles de l'Âme dans le noyau magnétique de la planète Terre par le biais de son champ électromagnétique. Comme le système énergétique de l'être humain peut être comparé à un arbre, l'Etoile Terrestre lui sert de racines.

L'Etoile de la Terre nous permet de rester ancré malgré toutes les activités quotidiennes qui nous déstabilisent. Une connexion solide avec ce Chakra nous permet de rester fermement ancrés dans le but de notre vie et de ne pas être influencés par les pensées et les émotions des autres personnes qui nous entourent. Ces énergies externes sont éliminées de notre Aura lorsque notre connexion avec notre Etoile de la Terre est forte. Ainsi, notre relation avec notre étoile terrestre donne à notre âme la sécurité nécessaire pour s'exprimer et atteindre son but.

L'étoile de la Terre possède sa propre couche Aurique qui s'étend au-delà de la couche du Sahasrara Chakra. Elle sert de plan directeur éthérique reliant les couches Auriques intermédiaires à notre Corps Astral Inférieur (Corps Ethérique), le premier Corps Subtil au-delà du plan physique. En raison de son emplacement sous les pieds, ce Chakra met à la terre les corps subtils et l'ensemble du système Chakrique, y compris les Chakras Transpersonnels au-dessus de Sahasrara.

L'Etoile de la Terre est également directement impliquée dans la stimulation de la Kundalini en activité en raison de sa relation avec le Muladhara. Sans son aide, le processus d'éveil serait impossible, car la conscience humaine est inextricablement liée à la conscience terrestre. Les changements dans la conscience de la Terre affectent la conscience humaine à un niveau collectif et personnel.

Pour qu'un éveil de la Kundalini se produise, nous devons créer un puissant courant énergétique dans le Chakra Muladhara. La création de cette énergie commence dans l'Étoile de la Terre puisque ces deux chakras des éléments de la Terre travaillent ensemble. En d'autres termes, l'énergie dans Muladhara est générée par le Chakra de l'Etoile de Terre. L'Étoile de la Terre agit comme une batterie pour Muladhara ; elle y envoie les énergies planétaires via les courants positifs et négatifs représentés par les deux canaux énergétiques dans les jambes.

L'histoire de notre vie est enregistrée dans la matrice de notre Etoile Terrestre. Ce Chakra est responsable de notre développement personnel sur le plan matériel et des chemins que nous empruntons pour avancer dans la vie. Il englobe toute notre histoire ancestrale et nos modèles d'ADN. Ce Chakra est également le gardien de l'enregistrement de toutes les incarnations des vies passées et des leçons Karmiques apprises.

L'Etoile de la Terre nous relie à l'ensemble de l'humanité à un niveau terrestre. Lorsqu'il est équilibré, ce Chakra nous permet de ressentir une connexion profonde avec nos pouvoirs intérieurs inhérents et de travailler pour une plus grande cause. Le but ultime de l'Étoile de la Terre est de faire progresser la conscience collective de notre planète et de l'Univers dont nous faisons partie. Une Étoile de la Terre équilibrée nous permet également de nous sentir ancrés, protégés et en sécurité, car notre connexion Divine avec la Terre Mère (Gaia) est renforcée.

Une Etoile Terrestre déséquilibrée crée une instabilité mentale et émotionnelle dans la vie. En n'étant pas ancré à la Terre Mère, nous perdons le contact avec notre Spiritualité, ce qui nous fait perdre le sens du but à atteindre avec le temps. Sur le plan physique, une Etoile Terrestre déséquilibrée peut causer des problèmes au niveau des jambes, des genoux, des chevilles et des hanches, car ces parties de notre corps nous relient à la Terre Mère.

La couleur de l'Etoile de la Terre est noire, brune ou magenta (lorsqu'elle est activée). Les pierres précieuses attribuées à ce Chakra sont le Quartz Fumé, l'Onyx, l'Obsidienne noire et la Magnétite (Lodestone).

HARA CHAKRA (NOMBRIL)

Hara est un mot japonais qui signifie "mer d'énergie". Son nom est approprié puisque le Chakra Hara agit comme une passerelle vers le Plan Astral. Par ce Plan, on peut accéder à tous les Plans Cosmiques intérieurs. En tant que tel, Hara Chakra est notre accès à l'océan infini d'énergie dans l'Univers. Il ne s'agit pas nécessairement d'un Chakra, mais d'une ligue à part entière en raison de sa taille et de sa portée. Cependant, le Hara fait partie du modèle des Chakras Transpersonnels dans de nombreux systèmes Chakriques du Nouvel Âge. Il se situe entre Swadhisthana et Manipura, au niveau du nombril (Figure 33), à environ deux pouces vers l'intérieur.

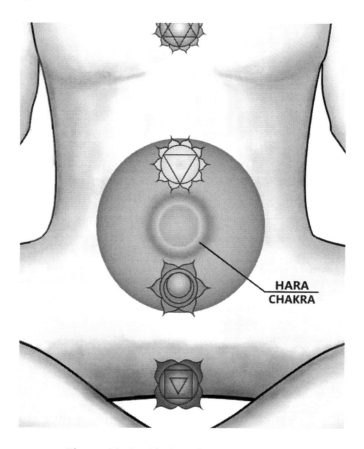

Figure 33: Le Chakra du Hara (Nombril)

Autour du Hara se trouve une boule d'énergie Ethérique, de la taille d'un ballon de football, appelée le "Dantian" ou "Tan Tien". L'énergie du Dantian est le chi, le qi, le mana, le Prana, qui est l'énergie Vitale. Cette boule d'énergie interagit avec les organes voisins impliqués dans la transformation des aliments puisque les aliments ingérés se transforment en énergie Vitale, dont l'essence est l'énergie Lumière. Cette énergie est remplie à partir du Hara, car c'est son centre. Une fois que l'énergie de Lumière est générée dans le Dantian par le Chakra du Hara, elle est ensuite distribuée dans tout le corps.

Hara Chakra a une relation directe avec Swadhisthana puisqu'il agit comme un portail vers le Plan Astral et un générateur d'énergie Vitale. La distinction entre les deux est que la fonction de Swadhisthana est de générer l'énergie sexuelle (avec Muladhara), tandis que Hara génère l'énergie Vitale. En réalité, les deux travaillent ensemble comme une batterie, tout comme Muladhara travaille avec le Chakra de l'Etoile de la Terre. Sur l'Arbre de Vie, la fonction des Chakras Hara et Swadhisthana correspond à la Sephira Yesod.

Hara Chakra nous donne la subsistance et la force, ce qui dépend du Muladhara et de l'Etoile de la Terre qui sont suffisamment ancrés. Notre source de pouvoir se trouve dans le Hara et notre capacité de régénération. Pendant que l'Etoile de la Terre et le Chakra Muladhara puisent les énergies de la Terre, le Hara utilise l'énergie sexuelle de Swadhisthana pour alimenter la volonté. Pour ce faire, il utilise l'énergie brute du Feu de Manipura, qui se trouve directement au-dessus de lui. Manipura est directement impliqué dans le processus de transformation de la nourriture ingérée en énergie Lumière. De nombreuses traditions Spirituelles reconnaissent l'existence de Hara Chakra mais ne peuvent pas distinguer s'il est lié à Swadhisthana ou à Manipura, ou aux deux - comme c'est le cas.

L'efficacité du Hara Chakra dépend également de l'ancrage de l'Etoile de la Terre et du Chakra racine. Ces deux Chakras puisent les énergies de la Terre, tandis que le Hara utilise cette énergie, ainsi que celle des Chakras Swadhisthana et Manipura, pour alimenter l'ensemble du système énergétique. Le Chakra Hara est essentiellement notre noyau et notre fondation. Sa couleur est l'ambre, car il est un mélange du jaune de Manipura et de l'orange de Swadhisthana.

Bien que Swadhisthana soit souvent appelé le Chakra du nombril dans les traditions Spirituelles, Hara est le véritable Chakra du nombril en raison de son emplacement et de sa fonction. En tant que fœtus, nous avons tous été nourris par le nombril pendant la formation de notre Corps Subtil. Une fois que nous sommes nés et que le cordon ombilical a été coupé, nous avons été coupés de la source d'énergie Ethérique. Nous avons donc cessé de puiser de l'énergie par le Hara. Par le conditionnement et la formation de l'Ego, nous avons perdu de vue ce portail et nous avons commencé à canaliser l'énergie dans notre tête en réfléchissant trop. Pour remédier à cela, nous devons nous concentrer sur notre noyau et aspirer de l'énergie à travers notre Chakra du Hara, ce qui élargira notre Dantian.

Le Hara et le Dantian (Tan Tien) sont souvent mentionnés dans le Qigong, le Tai Chi et d'autres arts martiaux. Toutes les disciplines d'arts martiaux qui tentent de travailler avec l'énergie se rendent compte de la puissance du centre Hara et du renforcement du Dantian, qu'elles considèrent comme le centre de gravité. Mais pour y parvenir, il faut être fermement connecté à son corps Ethérique, faute de quoi il sera incapable de canaliser ses énergies intérieures. Dans beaucoup de ces systèmes d'arts martiaux, le Hara n'est qu'un des Dantians, appelé le Dantian inférieur. Le Dantien moyen se trouve dans la région du cœur (Anahata), tandis que le dantien supérieur se trouve dans la région de la tête, au niveau du Chakra Ajna. Cette répartition des trois principaux centres énergétiques du corps humain permet aux artistes martiaux d'utiliser au mieux le flux naturel de leurs énergies pour optimiser leur puissance de combat.

Le Hara Chakra doit être ouvert et le Dantian (inférieur) plein d'énergie si l'on veut avoir une bonne santé et une abondance de vitalité. Si le Hara est fermé ou inactif, il peut provoquer de nombreuses dépendances, notamment à la nourriture. La suralimentation est une tentative de se sentir rassasié malgré le blocage du Hara et le vide du Dantian. La pratique du sexe tantrique est un moyen d'ouvrir le Hara et de prendre conscience de son dantien. Le sexe tantrique concentre l'énergie dans l'abdomen, incorporant l'utilisation de notre énergie sexuelle ainsi que de notre volonté, impliquant ainsi les Chakras Swadhisthana et Manipura.

CHAKRA CAUSAL (BINDU)

Le Bindu sert de porte d'entrée au Chakra Causal, qui se trouve à environ deux ou trois pouces du sommet de l'arrière de la tête une fois que vous projetez une ligne droite à partir du thalamus (Figure 34). Il s'aligne ensuite avec le Sahasrara Chakra, qui se trouve directement devant lui. Le Chakra Causal est l'un des trois Chakras Célestes Transpersonnels situés autour de la tête, avec l'Etoile de l'Âme et le Portail Stellaire.

Le Bindu situé en haut à l'arrière du crâne (de l'intérieur) fait office de porte vers le Chakra Causal. Le Bindu est la porte, tandis que le Chakra Causal est la maison. Mais vous ne pouvez pas avoir la porte sans la maison, ni la maison sans la porte - les deux vont ensemble. Pour cette raison, les caractéristiques du Chakra Bindu reflètent celles du Chakra Causal dans le modèle des Chakras Transpersonnels.

Le chakra Causal s'occupe de l'éradication de l'Ego et de la transformation de la personnalité. Il nous donne la notion de la continuité de la vie au-delà de la mort physique. Nous sommes des êtres de Lumière Eternels qui continueront à vivre au-delà de cette existence physique momentanée. Ce Chakra sert à faire taire l'Ego et à rendre l'esprit calme, permettant à l'individu d'explorer le plan Spirituel et les Plans Divins.

Le Chakra Causal est un point d'entrée dans les Plans Divins, dont on peut faire l'expérience par l'intermédiaire des Chakras de l'Etoile de l'Âme et du Portail Stellaire qui se trouvent au-dessus du Chakra de la couronne. Le Chakra Causal contribue également aux activations supérieures des Chakras Spirituels (couronne, Troisième Œil et Gorge), qui facilitent l'exploration du Plan Spirituel.

Comme le Chakra Causal/Bindu est appelé Chakra de la Lune, il est de qualité féminine. Lorsqu'il est éveillé, les qualités féminines d'amour, de compassion, de créativité et d'intuition sont renforcées chez l'individu. Ce Chakra absorbe et rayonne la Lumière Lunaire, illuminant ainsi les pensées que nous recevons directement de la Conscience Cosmique.

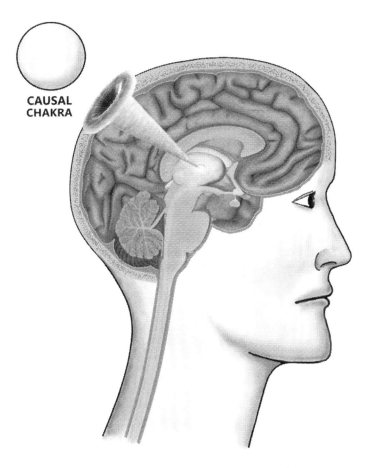

Figure 34: Le Chakra Causal/Bindu

Grâce au Chakra Causal, nous recevons des informations provenant des Plans Divins et du Plan Spirituel Supérieur ; des informations auxquelles nous ne pouvons accéder que lorsque nous sommes détachés de notre Ego et de notre personnalité. En tant que tel, l'une des principales propriétés de ce Chakra est qu'il nous permet d'explorer la sagesse supérieure et les mystères du Cosmos.

Le Chakra Causal vibre à la Quatrième Dimension, la Dimension de la vibration ou de l'énergie. Il reçoit les énergies des deux Chakras de Cinquième Dimension situés au-dessus de la tête (Etoile de l'Âme et Porte Stellaire) et les filtre dans l'Aura. Le Causal/Bindu Chakra est notre lien avec ces deux Chakras de plus haute fréquence car il nous permet d'accepter les doses progressives de Lumière Blanche que les Plans Divins émettent.

Les Etres Spirituels Supérieurs des Royaumes Divins peuvent communiquer avec nous par le biais du Chakra Causal. Lorsque l'information entre par ce Chakra, elle est Âmenée dans les Chakras inférieurs, où nous pouvons y accéder par les Corps Subtils respectifs à ces Plans particuliers.

155

Le Chakra Causal joue le rôle le plus crucial dans le processus d'éveil de la Kundalini, car son ouverture entraîne une plus grande clarté de la communication psychique et télépathique. Il permet à l'individu de "lire" l'énergie qui l'entoure grâce à ses capacités intuitives. Le Chakra Causal/Bindu travaille avec le Chakra Ajna pour accomplir cet exploit. L'individu utilise les différents portails de Troisième Œil pour "voir" l'information qui est canalisée dans le Chakra Causal depuis la Conscience Cosmique.

Le Chakra Causal/Bindu s'ouvre naturellement et reste ouvert dans le cadre du processus de transformation de la Kundalini. Lorsque ce Chakra est déverrouillé, et que le mental et l'Ego sont réduits au silence, notre Soi Divin Supérieur peut communiquer directement avec nous. Cette communication est un processus immédiat qui ne nécessite aucun effort conscient. L'individu s'absorbe dans la méditation d'un instant à l'autre et devient une incarnation vivante de l'unité de toute existence. Cependant, cette expérience ne se produit que lorsque la Kundalini a été éveillée et élevée au Sahasrara Chakra.

Bien que vous puissiez accéder aux énergies du Chakra Causal/Bindu par le biais de différentes pratiques Spirituelles (telles que l'utilisation de Pierres Précieuses), le seul moyen de l'ouvrir et de le maintenir ouvert en permanence est l'éveil de la Kundalini. Comme nous l'avons mentionné, les deux points de sortie de la Kundalini sont le Bindu et le centre du Septième Oeil. Une fois que le système de la Kundalini est actif dans le Corps de Lumière après l'éveil, le Bindu régule l'énergie Lumière qui y circule, nourrissant les soixante-douze mille Nadis ou canaux énergétiques. Au fur et à mesure que ces canaux sont imprégnés d'énergie Lumière, la conscience s'élargit. Le Bindu s'ouvre davantage, permettant à l'individu de canaliser davantage d'informations provenant du Plan Spirituel et des Plans Divins Supérieurs.

Le Chakra Causal/Bindu est blanc, ce qui suggère une connexion profonde et intime avec l'Élément Esprit et la Lune. Les Pierres Précieuses attribuées à ce Chakra sont la pierre de Lune, le quartz Angel Aura, la Célestite, la Kyanite et l'Herdérite.

CHAKRA DE L'ÉTOILE DE L'ÂME

Le Chakra de l'Etoile de l'âÂme, Vyapini (qui signifie "omniprésent" en Sanskrit), est situé à environ 15 cm au-dessus du sommet de la tête, dans l'alignement direct du Chakra de la couronne (Figure 35). La couleur de ce Chakra est blanc doré. L'Etoile de l'Âme sert de connexion avec les énergies Cosmiques de notre Système Solaire, tandis que le Portail Stellaire sert de connexion avec la Voie Lactée dans son ensemble. L'Etoile de l'Âme modère également l'énergie vibratoire très élevée de la passerelle Stellaire et la transmet (via le Chakra Causal) aux Sept Chakras Majeurs du Corps de Lumière. Ainsi, nous sommes en mesure d'assimiler ces énergies galactiques dans notre existence physique.

Le Chakra de l'Etoile de l'Âme est de la fréquence de la Cinquième Dimension, représentant l'énergie de l'amour, de la vérité, de la compassion, de la paix, de la sagesse et de la conscience Spirituelles. Il correspond au Plan Divin le plus bas de l'existence.

Selon les enseignements de l'Ascension, la Terre et l'humanité sont en train de passer à un tout nouveau niveau de réalité, qui est la Cinquième Dimension.

Nous ne pouvons faire l'expérience des énergies Cosmiques de la Cinquième Dimension que par l'unité de la conscience individuelle avec la Conscience Cosmique. Lorsqu'une personne parvient à cette connexion, elle a accès aux archives Akashiques, une banque de mémoire au sein de la Conscience Cosmique qui contient tous les événements, pensées, émotions et intentions humaines du passé, du présent et du futur. En tant que tel, il devient un clairvoyant, un psychique ou un voyant. Par conséquent, une partie du processus de transformation de la Kundalini consiste à activer pleinement le Chakra Bindu/Causal, qui nous relie à l'Etoile de l'Âme et au Portail Stellaire, nous permettant ainsi de ne faire qu'un avec la Conscience Cosmique.

Le Chakra de l'Etoile de l'Âme est l'endroit où nous nous connectons à notre Soi divin Supérieur. Cependant, cette connexion est intégrée par le Chakra Causal/Bindu et les Chakras de l'Esprit (Vishuddhi, Ajna et Sahasrara). Ces Chakras servent à ancrer l'expérience de la connexion avec notre Soi Supérieur. Comme l'Etoile de l'Âme représente la divinité sous toutes ses formes, elle participe à l'amour inconditionnel, à l'altruisme et à la compassion Spirituels, ainsi qu'à l'unité en toutes choses. Elle est à l'origine de notre quête d'ascension et d'Illumination.

Comme le Chakra Causal/Bindu est appelé Chakra de la Lune, l'Etoile de l'Âme serait notre Chakra du Soleil puisqu'elle est à l'origine de notre Âme. Elle est intimement liée à l'Etoile de notre Système Solaire (le Soleil) et au Chakra Manipura, le siège de l'Âme et le Soleil du corps de Lumière. D'où l'aspect doré de la couleur de l'Etoile de l'Âme, qui est une vibration supérieure de la couleur jaune de Manipura.

Comme l'Etoile de l'Âme correspond au Plan Divin, elle est au-dessus de l'énergie Karmique puisque le Karma appartient aux Plans Inférieurs de l'existence. L'Etoile de l'Âme régule cependant le Karma de l'Âme en lui transmettant les leçons de vie nécessaires par le biais du Chakra Manipura et de l'Élément Feu. Ces énergies Karmiques se sont accumulées au cours de nombreuses vies, et elles nous empêchent de manifester nos désirs. Par conséquent, en développant notre volonté, nous éclairons Manipura Chakra et établissons une connexion plus forte avec notre Etoile de l'Âme.

L'Etoile de l'Âme travaille avec la passerelle Stellaire, ce qui nous permet de voir la connexion Cosmique entre nous et l'Univers dans lequel nous vivons. Lorsque l'Etoile de l'Âme est en alignement avec les Chakras Inférieurs, nous ressentons un fort sentiment d'utilité et une joie de vivre. L'Etoile de l'Âme est notre véritable volonté dans la vie et le pont entre notre essence impersonnelle et la réalité personnelle et physique.

Pour éviter de se retrouver dans l'espace et sans ancrage, il faut activer l'Etoile de la Terre avant de travailler avec l'Etoile de l'Âme. Ceux qui passent trop de temps à travailler sur leurs Chakras Transpersonnels Supérieurs tout en ignorant l'Étoile de la Terre seront trop spatiaux et éthérés. L'Etoile de l'Âme et l'Etoile de la Terre fonctionnent ensemble pour accomplir le travail de l'Etoile centrale de notre Système Solaire, le Soleil. Les Pierres attribuées à l'Etoile de l'Âme sont la Sélénite, la Kyanite, le Quartz du Nirvana et la Danburite.

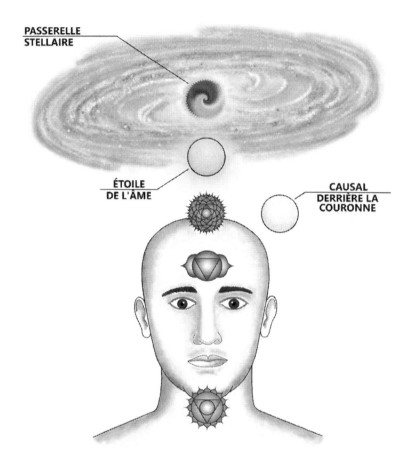

PASSERELLE
STELLAIRE

ÉTOILE
DE L'ÂME

CAUSAL
DERRIÈRE LA
COURONNE

Figure 35: Les Chakras Transpersonnels Au-Dessus de la Couronne

PASSERELLE STELLAIRE

Le Chakra de la Porte Stellaire, Vyomanga (qui signifie "Etre Céleste" en Sanskrit), se trouve à environ 30 cm au-dessus du sommet de la tête, directement au-dessus de l'Etoile de l'Âme et du Chakra de la couronne (Figure 35). La couleur de ce Chakra est l'or pur ou l'arc-en-ciel (lorsqu'il est activé). Le Portail Stellaire, comme son nom l'indique, est une porte ou un portail vers les Etoiles de la Voie Lactée. En d'autres termes, il s'agit du Chakra de la Conscience Cosmique.

Le Portail Stellaire est la vibration la plus élevée de tous les Chakras Transpersonnels. C'est le plus élevé des Chakras de la Cinquième Dimension et notre connexion ultime avec la Source de toute la création. La Passerelle Stellaire correspond aux plans d'existence Divins Supérieurs.

La Cinquième Dimension représente l'Unité consciente avec le Créateur (divinité). L'Etoile de l'Âme nous permet de comprendre que nous avons des Âmes Eternelles, qui proviennent de l'Etoile Centrale (le Soleil) de notre Système Solaire. Toutefois, la Passerelle Stellaire nous permet de comprendre que nos Âmes Eternelles proviennent de la même source que les autres Âmes des autres Systèmes Solaires de notre Galaxie de la Voie lactée. Ainsi, la Passerelle Stellaire représente le niveau le plus élevé de la Cinquième Dimension, qui est l'Unité avec toutes les Etincelles de Lumière de la Galaxie.

La Cinquième Dimension est la source même de la Lumière Blanche à laquelle nous participons tous. Elle nous unit non seulement aux Etres terrestres, mais aussi aux Etres Extraterrestres. Quel que soit le Système Solaire d'où vous venez, nous sommes tous Un puisque notre Créateur est le même, tout comme l'Hologramme Cosmique auquel nous participons tous. En tant que telle, la Cinquième Dimension est liée à la paix et à l'harmonie ultimes entre toutes choses et à l'énergie d'amour Divin qui relie tout.

La Porte Stellaire est un baromètre Spirituel qui modère l'intensité de la Lumière Blanche qui se déverse dans notre Aura. L'Etoile de l'Âme est le filtre à travers lequel la Lumière est mesurée, tandis que l'Etoile de la Terre fonde cette Lumière et notre conscience sur la conscience de la planète Terre.

La Passerelle Stellaire est la connexion Interstellaire de l'humanité, qui est intemporelle. Comme elle est intemporelle, elle contient toutes nos expériences de toutes nos vies passées. Ainsi, chaque fois que vous vous rappelez une vie passée, vous vous connectez au Chakra de la Porte Stellaire.

Le Portail Stellaire est l'apogée de l'expérience de transformation de la Kundalini et l'état de conscience le plus élevé que les êtres humains puissent atteindre. Ce Chakra émet les énergies vibratoires les plus élevées, sur lesquelles se fondent les vertus humaines. L'Illumination n'est possible que lorsque l'individu se connecte pleinement au Chakra de la Porte Stellaire. Les Pierres Précieuses attribuées à la Porte Stellaire sont la Moldavite, la Calcite Faisceau Stellaire, l'Azeztulite et la Sélénite.

LA LIGNE HARA

La ligne du Hara est un conduit énergétique majeur qui relie la colonne des Chakras Transpersonnels. C'est un canal qui permet à l'énergie Lumière de passer de la Passerelle Stellaire à l'Etoile de l'Âme, dans le Chakra Causal, jusqu'au Chakra du Hara et de se conncctcr à l'Etoile de la Terre sous les pieds. Cette énergie passe par la partie centrale du corps humain, le long du canal Sushumna, où se trouvent les Sept Chakras Majeurs.

La ligne Hara vise à apporter la lumière dans les Sept Chakras mMajeurs, à travers le Chakra Causal et dans le Sahasrara. Cette Lumière est ensuite distribuée dans les six Chakras Majeurs Inférieurs. Enfin, le Chakra du Hara recueille cette Lumière et l'envoie à travers le périnée (chakra Muladhara) jusqu'à l'Etoile de la Terre, reliant ainsi les Chakras Majeurs et les Chakras Transpersonnels.

La ligne de Hara dirige également le flux d'énergie dans les Chakras Majeurs. Étant donné que chacun de nos Sept Chakras Majeurs reçoit et transmet de l'énergie aux Chakras Supérieurs et Inférieurs, la ligne du Hara sert d'axe invisible qui dirige et distribue subtilement le flux de cette énergie.

Le Chakra du Hara sert de centre au conduit énergétique de la ligne du Hara, car il est le récipient de l'énergie Vitale (Prana, chi, qi, mana). La ligne Hara est entièrement activée et revigorée lorsque la Kundalini s'éveille et s'élève jusqu'au Chakra de la couronne. La Kundalini sert de force qui relie les Chakras Transpersonnels aux Chakras Majeurs. Cette connexion est ensuite ancrée à la Terre Mère (Gaïa) par l'intermédiaire de l'Etoile de la Terre.

Puisque la ligne Hara s'occupe de canaliser l'énergie de Lumière dans les Chakras Majeurs et de la distribuer ensuite, elle constitue l'essence de notre Divinité. Cette énergie de Lumière est guidée par le Chakra de l'Etoile de l'Âme, notre essence Divine. L'Âme utilise l'axe de la ligne Hara comme une autoroute, faisant monter et descendre l'énergie de Lumière d'un Chakra à l'autre. L'Etoile de l'Âme sert de centre de commande (contrôle) pour accomplir cette tâche.

Lorsque les Chakras Transpersonnels et les Sept Chakras Majeurs sont correctement équilibrés, il se produit un phénomène Alchimique où tous les Chakras sont unifiés et fusionnés en un seul. Ce phénomène, sur le plan énergétique, représente le point le plus élevé de l'Illumination. Pour que cette expérience se produise, l'Etoile de l'Âme et l'Etoile de la Terre doivent être activées et travailler ensemble. Ces deux Chakras Transpersonnels fonctionnent comme les pôles négatif et positif d'une batterie, où l'énergie Lumière rebondit entre eux.

LA CINQUIÈME DIMENSION

La plupart des religions et des Traditions Spirituelles s'accordent à dire que la Cinquième Dimension est le domaine le plus élevé qu'une Âme puisse atteindre et la frontière finale de la conscience humaine. La Cinquième Dimension est la dimension de la Lumière Blanche qui sous-tend toute la Création manifestée. C'est le "Mental de Dieu", autrement appelé Conscience Cosmique. Notre Univers manifesté existe au sein de cette Lumière Blanche, qui est Illimitée, intemporelle et éternelle.

La Lumière Blanche est le Premier Esprit, tandis que l'Univers manifesté est le Second Esprit. En réalité, les deux ne font qu'Un, car les Formes du Second Esprit dépendent de la force projetée par le Premier Esprit pour leur donner vie. La Lumière Blanche est la Séphiroth Kether de l'Arbre de Vie, qui dépend de Chokmah (force) et Binah (forme) pour que la création se manifeste. Ces deux Séphiroth manifestent l'Âme et la conscience dans l'Univers.

La Lumière Blanche est la Source de l'amour, de la vérité et de la sagesse. Nous nous incarnons sur cette planète en tant qu'êtres lumineux de Lumière, mais avec le temps, à mesure que notre Ego se développe, nous perdons le contact avec notre Âme et nos pouvoirs Spirituels. Au fur et à mesure de la dévolution de notre conscience, il devient impératif que nous reprenions contact avec notre Âme afin de pouvoir nous élever Spirituellement à nouveau et réaliser notre plein potentiel. L'éveil de la Kundalini est notre méthode pour atteindre la réalisation Spirituelle. Notre Créateur a laissé le déclencheur Kundalini en nous à dessein. La plupart des gens ne sont pas conscients de ce fait, c'est pourquoi des personnes comme moi servent de messagers de l'existence et du potentiel de l'énergie Kundalini.

Un éveil complet de la Kundalini active les Sept Chakras Majeurs, dont chacun résonne avec la vibration d'une des couleurs de l'arc-en-ciel. Nous trouvons ces couleurs de l'arc-en-ciel lorsque nous faisons briller la Lumière Blanche à travers un prisme. Nous avons le rouge, l'orange, le jaune, le vert, le bleu, l'indigo et le violet, dans l'ordre.

Lorsque la Kundalini s'élève à travers la colonne vertébrale et dans le cerveau, elle cherche à atteindre le Chakra de la couronne et à briser l'Oeuf Cosmique. Ce faisant, elle active les soixante-douze mille Nadis du Corps de Lumière, éveillant ainsi tout son potentiel latent. Lorsque tous les pétales du Sahasrara s'ouvrent avec l'ascension de la Kundalini, la conscience individuelle s'élargit jusqu'au niveau Cosmique. Le Sahasrara étant la porte d'entrée vers les Chakras Transpersonnels Supérieurs, l'individu éveillé accède également à leurs pouvoirs avec le temps.

Un éveil complet de la Kundalini amorce le processus de transformation Spirituelle, qui vise à aligner notre conscience avec les deux Chakras de Cinquième Dimension situés au-dessus de la tête, l'Etoile de l'Âme et le Portail Stellaire. Lorsque nous avons accès à ces Chakras, nous nous élevons au-dessus de la douleur physique, de la peur et de la dualité en général. Nous commençons à fonctionner pleinement sur l'intuition et à vivre dans le moment présent, le Now. Une fois que le mental est contourné, l'Ego est conquis, puisqu'il n'existe que dans le mental.

Grâce à une transformation Kundalini, la douleur de la séparation est surmontée puisque nous faisons l'expérience de l'Unité de toute la Création en prenant part à la Cinquième Dimension. Toutes nos actions sont fondées sur l'amour et la vérité, ce qui renforce la sagesse au fil du temps. Nous avons accès à une connaissance illimitée des mystères de la Création, reçue par la Gnose.

Avec l'activation complète de notre Corps de Lumière, nous gagnons l'Immortalité. Nous réalisons que nous allons mourir physiquement, oui, puisque nous ne pouvons pas l'éviter, mais nous savons intérieurement que cette vie n'est qu'une parmi d'autres puisque nos Âmes ne peuvent jamais être annihilées.

LE MERKABA -VÉHICULE DE LUMIÈRE

Le mot "Merkaba" est dérivé de l'égyptien ancien. Il désigne le véhicule de Lumière d'un individu qui lui permet d'effectuer des voyages Interdimensionnels et Interplanétaires.

"Mer" fait référence à deux champs de Lumière contrarotatifs tournant dans le même espace, tandis que "Ka" fait référence à l'Esprit individuel et "Ba" au corps physique. Les deux tétraèdres opposés l'un dans l'autre représentent les deux pôles, ou aspects de la Création, l'Esprit et la Matière, en équilibre complet.

La Merkaba occupe également une place importante dans la mystique juive. En Hébreu, le mot "Merkabah" (Merkavah ou Merkava) signifie "char", et il fait référence au char divin de Dieu décrit par le prophète Ézéchiel dans l'une de ses visions (*Ancien TestÂment*). Les visions d'Ézéchiel font penser à des visites d'Êtres d'une autre dimension ou d'un autre monde, décrites par des métaphores contenant des images symboliques.

Dans sa vision, Ezéchiel décrit un véhicule Divin qui avait "des roues dans des roues", qui étincelaient comme "des diamants dans le soleil" et tournaient les unes autour des autres comme un gyroscope. Les mystiques juifs et les personnes Spirituelles interprètent la vision d'Ézéchiel comme une référence au véhicule de Lumière Interdimensionnel de chacun, la Merkaba. C'est un fait connu dans les cercles Spirituels que les Maîtres Ascensionnés et les Êtres au-delà de nos Royaumes et dimensions se manifestent dans notre réalité via leur Merkaba.

La Merkaba est une représentation géométrique du tore optimisé, notre "beignet dynamique", qui comprend le champ Aurique et le champ électromagnétique du cœur. Comme nous l'avons mentionné, le tore a un axe central avec un pôle nord et un pôle sud qui font circuler l'énergie en spirale. Après un éveil complet de la Kundalini, l'énergie commence à circuler dans le tore à une vitesse plus élevée, ce qui affecte la vitesse de rotation de la Merkaba.

Figure 36: Le Cube de Métatron et la Merkaba

162

La Merkaba est pleinement activée lorsque le tore est optimisé, ce qui permet de voyager à travers la conscience. Le Cube de Metatron est un symbole qui contient toutes les formes géométriques sacrées connues dans l'Univers. Attribué à l'Archange Metatron, le représentant de l'Élément Esprit, le Cube de Metatron sert de métaphore pour l'Univers manifesté et l'harmonie et l'interconnexion de toutes choses. Parmi la myriade de formes géométriques que l'on peut trouver dans le Cube de Metatron, on trouve la Merkaba, vue sur le plan vertical depuis le haut ou le bas (Figure 36).

Vus de côté, sur le plan horizontal, les deux tétraèdres de la Merkaba se croisent au milieu et pointent dans des directions opposées : l'un pointe vers le haut et l'autre vers le bas. Le tétraèdre du Merkaba qui pointe vers le haut est le principe masculin du Soleil, lié aux Éléments Feu et Air et à l'énergie électrique. Le tétraèdre orienté vers le bas est le principe féminin de la Terre, correspondant aux éléments Eau et Terre et à l'énergie magnétique. Ensemble, les deux tétraèdres opposés et entrelacés créent le "tétraèdre étoilé", un objet à huit pointes qui est une extension Tridimensionnelle de l'Hexagramme, l'Etoile de David.

VUE DE HAUT

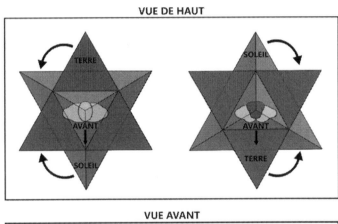

VUE AVANT

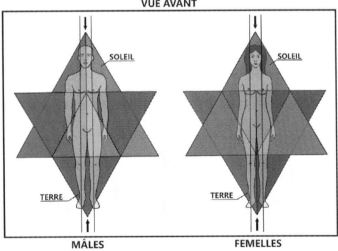

MÂLES   FEMELLES

Figure 37: Orientation des Tétraèdres Chez les Mâles et les Femelles

Le Tétraèdre du Soleil tourne dans le sens des aiguilles d'une montre, tandis que le Tétraèdre de la Terre tourne dans le sens inverse. Chez les hommes, l'énergie masculine étant dominante, le Tétraèdre du Soleil est orienté vers l'avant du corps, tandis que le Tétraèdre de la Terre est orienté vers l'arrière. Chez les femmes, l'orientation est inversée, et le Tétraèdre de la Terre est orienté vers l'avant (Figure 37).

Le Tétraèdre du Soleil est alimenté par le Chakra de l'Etoile de l'Âme, situé à 15 cm au-dessus de la tête, à son sommet. À l'inverse, le Tétraèdre de la Terre inversé est alimenté par le Chakra de l'Etoile de la Terre, situé à 15 cm sous les pieds. Le Chakra de l'Etoile Terrestre est le sommet du Tétraèdre Terrestre inversé. L'énergie Lumière rebondit entre l'Etoile de l'Âme et l'Etoile de la Terre, le long de la ligne Hara, alimentant les deux Tétraèdres de la Merkaba et les faisant tourner dans des directions opposées.

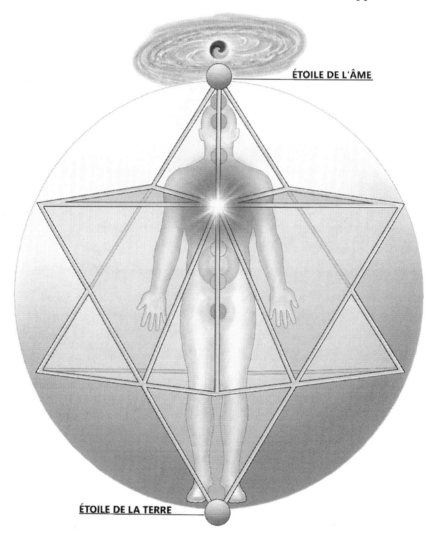

Figure 38: La Merkaba : Le Véhicule de la Lumière (Chez les Hommes)

Lorsque le Merkaba est optimisé, le champ de Lumière généré autour de sa forme sphérique en rotation peut s'étendre sur un diamètre de 15 à 20 mètres, proportionnellement à la taille de la personne. Si vous deviez observer un Merkaba en rotation rapide avec des instruments appropriés, vous verriez une forme de soucoupe autour de la personne qui s'étend horizontalement. Ce n'est pas le Merkaba lui-même qui est si grand, mais la Lumière qu'il émet qui crée sa forme étendue, se diffusant le long du plan horizontal.

Le centre du système Chakrique se trouve dans le Chakra du Cœur, Anahata ; les deux Tétraèdres contrarotatifs de la Merkaba sont suspendus à son niveau (Figure 38). La Lumière qui émane du Chakra du Cœur fait tourner les Tétraèdres du Merkaba. C'est pourquoi il existe une corrélation entre l'activation du Merkaba et la résonance de son Être avec l'énergie de l'amour inconditionnel. En d'autres termes, plus vous portez d'amour dans votre cœur, plus votre Merkaba tourne vite.

Les personnes qui aiment inconditionnellement ont des capacités créatives accrues, y compris des capacités psychiques telles que la transposition de leur Esprit dans des objets et d'autres personnes. Leur Merkaba à rotation rapide leur permet de transcender les barrières de leur corps physique grâce à leur imagination.

Le Chakra du Cœur est le centre de notre être qui reçoit l'énergie Lumière de l'Etoile de l'Âme et la distribue aux Chakras inférieurs avant de l'ancrer dans l'Etoile de la Terre. Nos cœurs physique et éthérique sont en interface avec le monde qui nous entoure en tant que récepteurs d'énergies. Comme je le décrirai dans la prochaine section sur la Kundalini et l'anatomie, le cœur travaille en tandem avec le cerveau pour guider notre réalité.

Lorsque la Kundalini est éveillée, elle se déplace vers le haut par le canal Sushumna. En revanche, Ida et Pingala voyagent le long de la colonne vertébrale en spirale, l'un en face de l'autre, comme la double hélice de la molécule d'ADN. Lorsque la Kundalini atteint le sommet de la tête, au Sahasrara, elle dilate ce centre de façon exponentielle, permettant à l'énergie Lumière de l'Etoile de l'Âme de se déverser dans notre système Chakrique. À mesure que chacun des Chakras s'imprègne de la Lumière, le champ énergétique toroïdal s'optimise, activant le potentiel latent de la Merkaba.

Un éveil complet de la Kundalini dynamise le Corps de Lumière, maximisant la capacité du Merkaba (Figure 39). Lorsque la Lumière est infusée dans l'Aura, les Tétraèdres contrarotatifs du Merkaba commencent à tourner plus rapidement, formant une Sphère de Lumière autour du corps physique. L'Âme, qui est également sphérique, a maintenant un véhicule qui supporte sa forme, avec lequel elle peut quitter le corps physique pour voyager dans d'autres dimensions de l'Espace/Temps. Voir des orbes de Lumière est un phénomène Spirituel courant qui consiste à regarder les Merkabas tournoyants d'Êtres situés au-delà de la Troisième Dimension qui veulent s'interfacer avec les êtres humains par la conscience.

L'une des principales fonctions de la Merkaba est de permettre à l'individu d'explorer les significations et les couches les plus profondes de la vie dans l'Univers. En optimisant votre fonction Merkaba, vous devenez un être de Lumière de Cinquième Dimension qui peut utiliser les Chakras Transpersonnels Supérieurs à votre avantage.

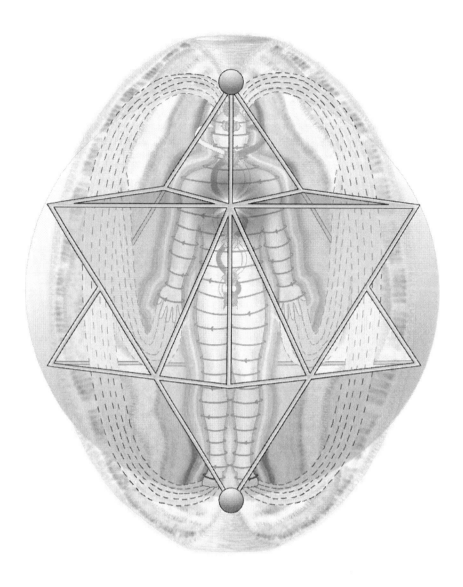

Figure 39: L'Eveil de la Kundalini et l'Optimisation du Merkaba

LE RETOUR AU JARDIN D'EDEN

La forme torique ressemble étonnamment à une pomme, une corrélation intéressante qui nous ramène à l'histoire du jardin d'Eden de l'*Ancien TestÂment* et à l'acquisition de la connaissance par l'humanité. Le serpent malicieux est celui qui s'est opposé à Dieu, le Créateur, en tentant Eve de faire la seule chose qu'Adam et elle avaient reçu l'ordre de ne pas faire : manger de l'Arbre de la Connaissance du Bien et du Mal.

Le serpent a dit que si Adam et Ève désobéissaient à Dieu, ils deviendraient "comme les Dieux et connaîtraient la dualité" (Genèse 3:4-5). La connaissance est reçue par l'expérience de la vie dans le monde de la Matière, construit sur la dualité de la Lumière et des ténèbres, du bien et du mal.

Le fait qu'Adam et Eve aient mangé la pomme interdite de l'Arbre de la Connaissance du bien et du mal peut être considéré comme une référence à l'obtention par l'humanité d'un champ énergétique toroïdal, qui permet à notre conscience de faire l'expérience du monde de la Matière. En se matérialisant dans la Troisième Dimension, notre conscience s'est engluée dans la Matière, ce qui nous a fait perdre le contact avec le Plan Spirituel, notre droit inhérent à la naissance.

Le jardin d'Eden est une représentation métaphorique du Plan Spirituel, source de notre innocence primordiale. Comme nous l'avons déjà mentionné, tout ce qui a une forme dans le monde de la matière est entouré d'un champ énergétique toroïdal. Le champ d'énergie toroïdal soutient l'existence de la matière dans la Troisième Dimension de l'Espace/Temps.

Le tore est composé des Chakras Majeurs et Transpersonnels qui forment notre monde intérieur et nous donnent les fonctions cognitives nécessaires pour apprendre de nos expériences et grandir intellectuellement. Il nous permet également de contempler la Création de Dieu et les mystères de l'Univers à travers les Plans et Dimensions Cosmiques intérieurs correspondant aux Chakras.

Après avoir été expulsés du jardin d'Eden pour leur acte de désobéissance, Dieu le Créateur a déclaré qu'Adam et Eve ne pourraient réintégrer le jardin que s'ils "mangeaient le fruit de l'Arbre de Vie", ce qui leur donnerait la vie éternelle. Comme je l'ai expliqué dans mon précédent livre, manger le fruit de l'Arbre de Vie signifie éveiller l'énergie Kundalini et progresser à travers les Chakras pour atteindre l'Illumination Spirituelle. Par conséquent, le serpent, symbole de l'énergie Kundalini, est également impliqué dans le processus de "retour à la maison". Il se trouve dans la cause mais aussi dans l'effet.

En éveillant l'ensemble de l'Arbre de Vie en vous par le biais du pouvoir du Serpent, la Kundalini, vous intégrez la Lumière dans votre Être. Ce faisant, vous optimisez le taux de rotation des Tétraèdres contrarotatifs de votre Merkaba, qui fournissent un véhicule à votre Âme pour voyager dans d'autres dimensions de l'Espace/Temps. Mais surtout, en unifiant les énergies positives et négatives en vous, vous regagnez l'entrée du Jardin d'Eden et devenez Immortel et Eternel, comme les Dieux.

L' ÉVÈNEMENT FLASH SOLAIRE

De nombreux récits d'ascension issus des traditions Anciennes et des écritures religieuses disent qu'il arrivera un moment où la Terre, ainsi que tous ses habitants, se transformeront en un Corps de Lumière de Cinquième Dimension. Ils disent que notre planète connaîtra un changement physique qui transfigurera son corps matériel dense en un Corps de Lumière. Certaines personnes croient que la Terre deviendra une Etoile, mais je ne le pense pas. Je pense plutôt que la Terre conservera ses propriétés, qui ne feront que s'améliorer à mesure que la vibration de sa conscience s'élèvera. Et, bien sûr, avec ce changement de conscience de la Terre, la conscience humaine sera affectée.

Après de nombreuses années de recherche et un puissant rêve prophétique au début de 2019, j'ai conclu qu'un événement d'Ascension se produira dans notre avenir proche. Ce sera un moment réel dans le temps où quelque chose d'important se produira à un niveau Cosmique. Selon la Tradition et la Prophétie Mayas, il était censé se produire en 2012. Cependant, de nombreux initiés Cosmiques qui affirment être en contact avec des Extra-Terrestres investis dans notre évolution Spirituelle pensent que l'humanité n'était pas prête à ce moment-là, et que l'événement a été retardé. Donc, si je devais prédire une année réelle, je dirais entre 2022-2025, mais cela dépend vraiment de la façon dont l'humanité sera prête.

Le Soleil sera la force d'activation derrière ce grand événement, qui fera entrer l'humanité dans l'âge d'or tant attendu. Le Soleil effectuera une sorte d'activation de l'intérieur, qui modifiera la fréquence de sa Lumière. En un instant, alors que l'activation aura lieu, le Soleil émettra un flash qui pourrait être catastrophique pour la surface de la Terre, car il mettra hors service notre réseau électromagnétique et provoquera des incendies de forêt massifs. Indépendamment de ses ramifications physiques, cet événement provoquera un changement significatif dans la conscience de la Terre, entraînant des éveils massifs de la Kundalini pour toute l'humanité.

Une fois que notre société se sera stabilisée après cet événement, un nouveau mode de vie commencera pour nous tous. Le mal sera éradiqué à grande échelle, car la bonté prévaudra. Pour avoir moi-même vécu un éveil de la Kundalini, je peux dire sans me tromper qu'une fois que vous en faites l'expérience, vous n'avez plus d'autre choix que de vous tourner vers la Lumière. Et comme vous le faites, l'obscurité en vous brûle grâce au feu transformationnel de la Kundalini.

Je crois que certaines personnes qui ont été si mauvaises toute leur vie, les meurtriers et violeurs récidivistes, par exemple, seront complètement consumées par ce feu et ne survivront pas physiquement. Le changement soudain de conscience sera trop difficile à intégrer pour eux, et alors qu'ils essaieront de s'accrocher à leurs mauvaises habitudes, le feu dévorera leur cœur. D'autre part, la plupart des personnes qui n'ont fait que barboter dans les ténèbres sans leur permettre de prendre le contrôle total de leur Âme seront purifiées par le feu sacré de la Kundalini.

Bien que ma conviction puisse sembler Chrétienne, comprenez que Jésus-Christ était un individu éveillé à la Kundalini, un prototype de l'expérience que les autres étaient censés imiter. D'autres figures religieuses centrales comme Moïse du Judaïsme et le Bouddha du Bouddhisme ont également été éveillés à la Kundalini. Cependant, en raison de mon ascendance et de mon éducation, je me suis aligné sur Jésus-Christ et ses enseignements, mais je les ai étudiés d'un point de vue ésotérique et non religieux. Pour cette raison, je mentionne souvent les enseignements de Jésus.

Cependant, ne confondez pas mon programme et ne pensez pas que je fais la promotion du Christianisme ou du Catholicisme. Au contraire, je crois que toutes les figures centrales des religions ont une nature ésotérique qui révèle l'essence de leurs enseignements réels avant d'être polluée par les vues dogmatiques de leurs religions respectives. Ce sont ces enseignements qui m'ont toujours intéressé, car chacun d'eux contient un noyau de vérité sur notre existence.

La prophétie de la seconde venue de Jésus est une métaphore d'un moment futur où l'humanité intégrera sa conscience christique comme la sienne et deviendra comme lui, un être de Lumière. La seconde venue de Jésus s'inscrit dans la lignée des prophéties des Anciens qui parlent de l'Ascension collective de l'humanité. Cela ne signifie pas que Jésus réapparaîtra sous une forme physique, qu'il ait même existé ou non, ce qui est un débat laissé pour une autre fois.

Le mot "Christ" est basé sur la traduction grecque de "Messie". En tant que tel, Jésus de Nazareth a reçu le titre de "Christ" pour désigner sa divinité. La conscience du Christ représente un état de conscience de notre vraie nature, en tant que Fils et Filles de Dieu - le Créateur. Dans cet état, l'intégration de l'esprit dans la matière et l'équilibre entre les deux sont implicites, et sont expérimentés par un influx d'énergie d'amour via le Chakra du Cœur élargi.

La Conscience Christique s'apparente à la Conscience Cosmique, la Cinquième Dimension, qui est la destinée ultime de la race humaine. Et alors que l'humanité apprend à fonctionner au niveau de la Cinquième Dimension, l'amour, la vérité et la sagesse seront notre force directrice. Nous n'aurons pas besoin de gouvernements ni d'autres structures de contrôle, mais nous serons guidés par la Lumière nouvellement éveillée en nous. Au lieu que les pays se battent les uns contre les autres, nous nous unifierons et concentrerons nos énergies sur l'exploration de l'espace en devenant de véritables êtres intergalactiques.

PARTIE IV : ANATOMIE ET PHYSIOLOGIE DE LA KUNDALINI

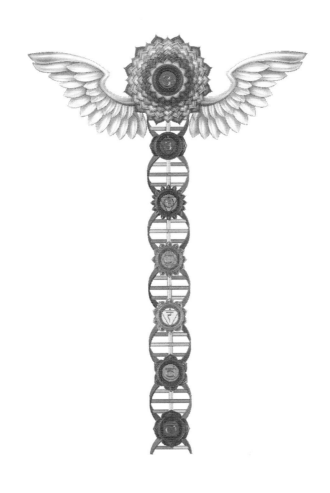

ÉVEILLER L'ŒIL DE L'ESPRIT

L'Oeil de l'Esprit ou Troisième Oeil est un portail énergétique ou une "porte" dans le cerveau qui permet de percevoir au-delà de la vue ordinaire. C'est un œil invisible ou une fenêtre sur les Plans Cosmiques intérieurs et les états de Conscience supérieurs. L'Oeil de l'Esprit est souvent associé à la clairvoyance, à la capacité de voir des visions, d'observer des Auras, à la précognition et même à des expériences extra-corporelles. Les personnes qui affirment avoir la capacité d'utiliser leur Oeil de l'Esprit sont connues sous le nom de "voyants". L'éveil ou l'activation de votre Oeil de l'Esprit va de pair avec l'évolution Spirituelle et le chemin vers l'Illumination.

Comme décrit dans *The Magus*, l'Œil de l'Esprit est situé entre les sourcils, juste au-dessus du niveau des yeux, à environ 1/5 de la ligne des cheveux. Il comporte un petit portail circulaire, dont l'emplacement se trouve à un centimètre à l'intérieur de la tête lorsque l'on regarde ce point les yeux fermés. Lorsque nous nous concentrons sur ce point, une attraction magnétique se produit, qui nous plonge dans un état calme et méditatif. En maintenant notre attention sur le portail de l'Œil de l'Esprit, l'Ego devient silencieux, et nous commençons à recevoir des visions et des images qui défilent dans cette zone comme sur un écran de cinéma.

Bien que le portail de l'Oeil de l'Esprit soit situé légèrement au-dessus du centre des sourcils, l'emplacement réel du Chakra Ajna se trouve dans le troisième ventricule du cerveau. Ajna n'est pas un seul Chakra, mais un ensemble de centres énergétiques situés dans le cerveau et le long du front. Ajna Chakra est souvent appelé l'Oeil de l'Esprit ou le Troisième Oeil, bien que ces derniers termes insinuent le portail d'Ajna, alors que l'emplacement réel du Chakra est au centre du cerveau.

Ajna est décrit comme le projecteur de film, tandis que l'écran de cinéma est l'Oeil de l'Esprit. Par conséquent, le nom "Troisième Oeil" est associé au troisième ventricule de l'Ajna, mais aussi à son emplacement, entre les deux yeux physiques, au centre du cerveau. En outre, le Troisième œil nous donne la capacité de percevoir notre réalité de manière psychique, avec notre esprit, en contournant ainsi la vue physique ordinaire ; c'est pourquoi on l'appelle l'Oeil de l'Esprit.

Bien que certaines traditions Anciennes affirment que le Chakra Ajna est le Thalamus, mes recherches m'ont Âmené à découvrir que le Thalamus, l'Hypothalamus et les Glandes Pinéale et Pituitaire contribuent tous au fonctionnement de l'Ajna. Ces quatre tableaux endocriniens et neurologiques primaires du cerveau fonctionnent en synchronisation les uns avec les autres.

Le troisième ventricule est rempli de liquide céphalo-rachidien (LCR), qui sert de support à la transmission des informations d'une partie du cerveau à l'autre. Le sacrum pompe le LCR le long de la moelle épinière et dans le cerveau. Le sacrum est également responsable de l'éveil de la Kundalini, qui est enroulée dans le coccyx. Le courant bioélectrique de la Kundalini se charge le long de la colonne vertébrale et dans le cerveau par l'intermédiaire du LCR. Je décrirai plus en détail le rôle du LCR et du sacrum plus loin dans cette section.

La tradition Hindoue parle largement de la connexion entre l'Œil de l'Esprit et Sahasrara, la Couronne, également appelée Lotus aux Mille Pétales. Le premier est le récepteur des énergies expérimentées et projetées par le second. D'un point de vue Qabalistique, le Kether (la Lumière Blanche) ne peut être expérimenté que lorsque Chokmah (la Force) projette son pouvoir omnipotent dans Binah (la Forme). Binah sert de récepteur féminin, la composante "Moi" du Soi qui reçoit son impulsion du projecteur masculin, le "Je". Comme Binah est liée à l'intuition et à la compréhension, Chokmah est la force omnisciente qui se projette en elle pour nous donner la sagesse. Le travail de Chokmah et Binah constitue le fonctionnement du Chakra Ajna, tandis que Kether correspond à Sahasrara. Les trois Séphiroth Suprêmes fonctionnent ensemble et ne peuvent être soustraites les unes des autres.

Dans le système du Tantra Yoga, l'Œil de l'Esprit est associé au son "Om". Le son Om est le son primordial de l'Univers, qui désigne l'Atman (l'âme) et le Brahman (l'esprit) comme étant Un. Cependant, lorsqu'il est prononcé correctement, il ressemble davantage à "Aum", dont les trois lettres incarnent l'énergie Divine de Shakti et ses trois caractéristiques principales : création, préservation et libération. Après tout, Ajna Chakra est féminin par nature, ce qui explique sa relation avec la Lune.

Le taoïsme enseigne qu'en pratiquant des exercices d'entraînement de l'Oeil de l'Esprit, on peut s'accorder avec la vibration correcte de l'Univers et acquérir une base solide pour atteindre des niveaux de méditation plus avancés. Ils enseignent que le portail de l'Oeil de l'Esprit s'étend jusqu'au milieu du front lorsque le centre du Cinquième Oeil s'ouvre. Il s'agit de l'un des principaux centres énergétiques du corps, qui fait partie du méridien principal, lequel sépare les hémisphères gauche et droit du corps et du cerveau.

Ajna Chakra est l'entrepôt lunaire du Prana, tandis que Manipura est le dépositaire du Prana Solaire. Ajna Chakra est féminin et nourricier, et son principal mode de fonctionnement est de servir de récepteur aux énergies vibratoires supérieures projetées par Sahasrara. Ajna, tout comme Vishuddhi, est Sattvique, ce qui signifie qu'il contient les qualités de positivité, de vérité, de bonté, de sérénité, de tranquillité, de vertu, d'intelligence et d'équilibre. Les qualités Sattviques attirent l'individu vers le Dharma (qui signifie "Loi et Ordre Cosmiques" dans le Bouddhisme) et le Jnana (connaissance).

Comme Ajna a deux pétales, cela indique le nombre de Nadis majeurs qui se terminent à ce Chakra. Ajna a le plus petit nombre de Nadis mais les deux plus importants, Ida et

Pingala. Sushumna est exclu car il s'agit du canal d'énergie central qui alimente le système nerveux central et soutient tous les Chakras.

Ida est le canal Lunaire qui alimente l'hémisphère droit du cerveau et le système nerveux parasympathique (SNP). Pingala est le canal solaire qui alimente l'hémisphère gauche du cerveau et le système nerveux sympathique (SNS). Le SNP empêche le corps de se surmener et le ramène à un état calme et posé - toutes les qualités de l'élément eau apportées par le refroidissement d'Ida Nadi. Le SNS prépare le corps à l'activité et le prépare à une réaction de "combat ou de fuite" lorsqu'un danger potentiel est reconnu. Le SNS est caractéristique de l'Élément Feu et de la chaleur, induite par le Pingala Nadi.

LES SEPT CHAKRAS ET LES GLANDES ENDOCRINES

Chacun des Chakras Majeurs est associé à une ou plusieurs glandes endocrines, dont il régit les fonctions (Figure 40). Dans de nombreux cas, les Chakras individuels affectent également les organes entourant ces glandes. Le système endocrinien fait partie du principal mécanisme de contrôle du corps. Il comprend plusieurs glandes sans conduit qui produisent des hormones, lesquelles servent de messagers chimiques de l'organisme et agissent sur différents processus et opérations corporelles. Il s'agit notamment de la fonction cognitive et de l'humeur, du développement et de la croissance, du maintien de la température du corps, du métabolisme des aliments, de la fonction sexuelle, etc.

Le système endocrinien fonctionne pour ajuster les niveaux d'hormones dans le corps. Les hormones sont sécrétées directement dans la circulation sanguine et sont transportées vers les organes et les tissus pour stimuler ou inhiber leurs processus. L'équilibre hormonal est un processus délicat, et un léger manque ou excès d'hormones peut entraîner des états pathologiques dans le corps. Si l'on ressent des maux physiques, cela signifie qu'il existe des problèmes soit avec les glandes endocrines, soit avec les Chakras qui les gouvernent, soit avec les deux. N'oubliez jamais que toutes les manifestations physiques résultent de changements énergétiques dans les Plans Intérieurs - Comme en Haut, Comme en Bas. Ce principe ou Loi Hermétique est Universel et est toujours en vigueur.

Muladhara/Glandes Surrénales

Le Chakra racine, Muladhara, régit les Glandes Surrénales, qui sont situées au-dessus des reins et contribuent à la fonction d'auto-préservation de ce Chakra. Les glandes Surrénales produisent les hormones adrénaline et cortisol qui soutiennent notre mécanisme de survie en stimulant la réponse "combat ou fuite" lorsque nous sommes confrontés à une situation stressante. En outre, les Surrénales produisent également d'autres hormones qui aident à réguler notre métabolisme, notre système immunitaire, notre pression sanguine et d'autres fonctions vitales essentielles.

Le Chakra racine étant lié à la mise à la terre, il régit le soutien du corps physique, notamment le dos, les hanches, les pieds, la colonne vertébrale et les jambes. Il régit également le rectum et la prostate (chez les hommes). Un déséquilibre du Chakra Muladhara peut entraîner des problèmes tels que la sciatique, les douleurs aux genoux, l'arthrite, la constipation et les problèmes de prostate chez les hommes.

Swadhisthana/Glandes Reproductrices

Le Chakra Sacré, Swadhisthana, gouverne les Glandes Reproductrices, y compris les testicules chez les hommes et les ovaires chez les femmes. Les Glandes Reproductrices régulent notre libido et favorisent notre développement sexuel. Les ovaires produisent des ovules tandis que les testicules produisent des spermatozoïdes, tous deux essentiels à la procréation. En outre, les ovaires produisent les hormones féminines œstrogènes et progestérone, qui contribuent au développement des seins à la puberté, régulent le cycle menstruel et favorisent la grossesse. Les testicules produisent l'hormone mâle testostérone, qui aide les hommes à développer leur pilosité faciale et corporelle à la puberté et stimule la croissance du pénis pendant l'excitation sexuelle.

Swathisthana Chakra gouverne également les autres organes sexuels, les intestins, la vessie, la prostate, l'intestin inférieur et les reins. Ainsi, les problèmes liés à ces organes et à leurs performances sont liés à un Chakra Sacré déséquilibré ou inactif. Notez que dans de nombreux Systèmes Spirituels, les correspondances sont inversées - le Chakra Muladhara gouverne les Glandes Reproductrices, tandis que le Chakra Swadhisthana gouverne les Glandes Surrénales. Des arguments crédibles peuvent être avancés dans les deux cas. Chez la femme, les ovaires et les Glandes Surrénales sont liés. Si le cycle menstruel d'une femme est affecté, cela peut être un signe de fatigue surrénalienne.

Manipura/Pancréas

Le Chakra du Plexus Solaire, Manipura, gouverne le pancréas, qui régule le système digestif. Les organes et les parties du corps régis par Manipura comprennent le foie, la vésicule biliaire, la partie supérieure de la colonne vertébrale, la partie supérieure du dos, la partie supérieure des intestins et l'estomac. Le pancréas est situé derrière l'estomac, dans la partie supérieure de l'abdomen. Il produit des enzymes qui décomposent les sucres, les graisses et les amidons pour faciliter la digestion. Il produit également des hormones qui aident à réguler le niveau de glucose (sucres) dans le sang. Le diabète est le signe d'un dysfonctionnement du pancréas résultant d'un déséquilibre du Chakra Manipura. Lorsque Manipura est sur-stimulé, il peut y avoir un excès de glucose dans le sang, ce qui provoque le diabète. Lorsque Manipura est sous-stimulé, une hypoglycémie (faible taux de glucose dans le sang) peut se produire, ainsi que des ulcères d'estomac. Un Chakra Manipura déséquilibré peut également entraîner des problèmes digestifs et de vésicule biliaire.

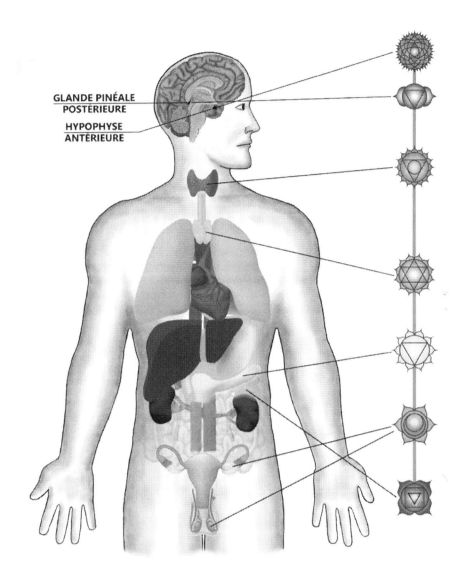

GLANDE PINÉALE
POSTÉRIEURE

HYPOPHYSE
ANTÉRIEURE

Figure 40: Les Glandes Endocrines Dans le Corps

Anahata/Glandes Thymus

Anahata Chakra gouverne la Glande Thymus tout en régulant le système immunitaire. La Glande Thymus est située dans la partie supérieure de la poitrine, derrière le sternum et avant le cœur. Le Thymus est essentiel au bon fonctionnement de notre système immunitaire. Sa fonction est de produire des globules blancs (lymphocytes T) qui servent de système de défense de l'organisme contre les virus, les bactéries et les cellules cancéreuses. En outre, les globules blancs combattent les infections et détruisent les cellules anormales.

Anahata Chakra régule également la fonction du cœur, des poumons et de la circulation sanguine. Également connu sous le nom de Chakra du "Cœur", Anahata est associé à la guérison Spirituelle et physique. Il est considéré comme le centre de notre être car il produit une énergie d'amour qui nous guérit à tous les niveaux, esprit, corps et Âme. Les sentiments de compassion et d'amour inconditionnel s'expriment à travers le Chakra du Cœur. En revanche, le Chakra du Cœur s'affaiblit lorsque nous éprouvons des émotions négatives, telles que la colère, la haine, la jalousie et la tristesse, ce qui affecte la Glande Thymus et réduit la capacité du système immunitaire à lutter contre les maladies. Un chakra du cœur déséquilibré peut entraîner une pression artérielle élevée, une mauvaise circulation sanguine, des difficultés respiratoires, des problèmes cardiaques et une baisse du système immunitaire.

Vishuddhi/Glandes Thyroïdiennes

Le Chakra de la gorge, Vishuddhi, gouverne la glande thyroïde, située à la base du cou. La thyroïde libère des hormones qui contrôlent le métabolisme, c'est-à-dire la vitesse à laquelle le corps transforme les aliments en énergie utilisable. Ces hormones régulent également la température du corps, la fonction respiratoire, le rythme cardiaque, le taux de cholestérol, les processus de digestion, le tonus musculaire et les cycles menstruels chez les femmes. En tant que telle, la glande thyroïde est l'une des glandes essentielles de l'organisme.

Un dysfonctionnement de la glande thyroïde entraîne des problèmes importants tels qu'une fatigue débilitante, une faiblesse musculaire, une prise ou une perte de poids, des troubles de la mémoire et des cycles menstruels irréguliers (chez les femmes). La fonction du Chakra de la gorge contrôle également les cordes vocales, les bronches et toutes les zones de la bouche, y compris la langue et l'œsophage. Un Chakra de la gorge déséquilibré peut entraîner des maux de gorge ou des laryngites, des douleurs à la mâchoire, des problèmes pulmonaires, des douleurs ou des raideurs dans le cou et des problèmes de cordes vocales.

Ajna/Glandes Pinéales

Le Chakra de l'Oeil de l'Esprit, Ajna, gouverne la Glande Pinéale, qui régule les cycles biologiques. Outre la libération de l'hormone mélatonine, responsable de notre somnolence, la Glande Pinéale sécrète également de la sérotonine, la substance chimique "heureuse" du corps.

La Glande Pinéale est située dans la partie postérieure (à l'arrière) du cerveau, directement derrière le Thalamus et légèrement au-dessus du niveau des yeux. La Glande Pinéale a la taille d'un grain de riz (5-8 mm) chez l'homme et a la forme d'une pomme de pin (d'où son nom). Elle régit et inhibe la fonction de la Glande Pituitaire. Ces deux glandes travaillent en partenariat l'une avec l'autre pour atteindre l'équilibre général du corps. La création d'un équilibre sain entre les glandes pinéale et pituitaire facilite l'ouverture du c Chakra Ajna, le troisième œil.

Ajna est notre centre psychique puisqu'il nous donne la vision intérieure. Les troubles mentaux et émotionnels tels que l'insomnie, la bipolarité, la schizophrénie, les troubles de la personnalité et la dépression résultent d'un déséquilibre du Chakra Ajna et d'une sur ou sous-stimulation de la Glande Pinéale. Ajna contrôle également la fonction de la moelle épinière, du tronc cérébral, des centres de la douleur et des nerfs. Par conséquent, un Chakra Ajna déséquilibré peut également être responsable de crises d'épilepsie et d'autres troubles neurologiques.

Sahasrara/Glandes Pituitaires

Le Chakra de la couronne, Sahasrara, gouverne la Glande Pituitaire et produit des hormones qui contrôlent le reste du système endocrinien. En tant que telle, l'Hypophyse est appelée la "Glande Maîtresse" du corps. "Elle est légèrement plus grosse qu'un petit pois et se trouve dans un creux osseux, juste derrière l'arête du nez. Elle est située à l'avant du cerveau et est reliée à l'Hypothalamus par un mince pédoncule. L'Hypophyse est reliée au système nerveux central par l'Hypothalamus. Les organes régulés par Sahasrara comprennent les yeux et le cerveau.

Des problèmes tels que les maux de tête, la vision et certains problèmes neurologiques sont associés à un déséquilibre du Chakra Sahasrara. Notez que dans certains systèmes Spirituels, la Glande Pinéale est associée à Sahasrara, tandis que la Glande Pituitaire est liée à Ajna. La Glande Pinéale étant située à l'arrière du cerveau, elle est liée au subconscient, à la Lune et à l'Élément Eau (féminin), qui sont associés au Chakra Ajna. La Glande Pituitaire se trouve à l'avant du cerveau, elle est liée au Soi conscient, au Soleil et à l'Élément Feu (masculin). Par conséquent, je crois que ce sont les correspondances correctes de la Pituitaire et des Glandes Pinéales. (Plus d'informations sur les Glandes Pinéale et Pituitaire et leurs diverses fonctions dans un chapitre ultérieur.)

***

Comme chacun des Chakras est lié à l'un des Plans Subtils, l'énergie négative dans ces plans se manifestera par des perturbations dans les glandes et organes correspondants. Tous les symptômes physiques sont des manifestations de la qualité des énergies Chakriques. Les Chakras étant des centres d'énergie qui influencent notre être à de nombreux niveaux, nous devons les maintenir en équilibre si nous voulons être en bonne santé dans notre esprit, notre corps et notre Âme.

Des afflictions physiques peuvent survenir lorsqu'un de nos centres énergétiques est rempli d'énergie négative ou est bloqué. L'accordage des Chakras est donc d'une importance cruciale pour notre bien-être physique. Mon premier livre, *The Magus,* se concentre sur le travail énergétique par le biais de la Magie Cérémonielle, la méthode Occidentale de guérison des Chakras. Dans *Serpent Rising*, je me concentre sur les techniques orientales telles que le Yoga, les Tattvas et les Mantras, tout en mettant en œuvre des pratiques New Age telles que les pierres précieuses (Cristaux), l'Aromathérapie et les Diapasons de guérison.

Il est essentiel de comprendre que l'énergie négative dans un Chakra est ressentie au niveau de ce Chakra spécifique et des autres Chakras liés à sa fonction. Après tout, nos pensées affectent nos émotions et vice versa. Et celles-ci, à leur tour, affectent notre volonté, notre imagination, notre niveau d'inspiration, etc.

LA GUÉRISON PAR LES CHAKRAS ET LES GLANDES ENDOCRINES

Les glandes endocrines sont des points de référence utiles pour la guérison des Chakras car elles représentent la connexion entre l'énergie des Chakras et les fonctions physiques et physiologiques du corps. Le système nerveux et ses multiples nœuds sont également associés aux glandes et aux organes. Par conséquent, la connaissance du système nerveux et de ses parties est cruciale car elle peut faciliter les séances de guérison. C'est pourquoi j'ai inclus un chapitre sur ce sujet dans ce livre. La relaxation et l'équilibre du système nerveux permettent une guérison plus efficace d'une glande ou d'une région spécifique du corps.

Il existe différentes méthodes pour optimiser le fonctionnement des Chakras. L'une de ces méthodes, à laquelle une section entière de cet ouvrage est consacrée, est la pratique orientale du Yoga. Le Yoga comprend des postures (Asana), des techniques de respiration (Pranayama), des chants (Mantra), la méditation (Dhyana), ainsi que l'exécution de gestes physiques spécifiques pour la manipulation de l'énergie (Mudras). Certains de ces gestes impliquent le corps entier, tandis que d'autres ne font intervenir que les mains. En plus d'équilibrer le système énergétique, le Yoga est une excellente forme d'exercice physique qui vous permettra de vous sentir bien et d'avoir une belle apparence.

Le régime alimentaire est également un élément essentiel de la pratique Yogique. Après tout, vous êtes ce que vous mangez. Le corps physique a besoin de certains nutriments tout au long de la journée pour fonctionner et atteindre son niveau optimal. En favorisant une bonne santé par l'alimentation et l'exercice, les Chakras sont guéris à un niveau subtil. En retour, nos pensées, nos émotions et notre bien-être Spirituel général sont positivement affectés. De plus, en travaillant sur un Chakra, les autres Chakras sont touchés puisque le système entier est interdépendant de ses différents composants.

ÉVEIL SPIRITUEL ET ANATOMIE DU CERVEAU

LA GLANDE PITUITAIRE

Les deux glandes qui régulent l'ensemble des fonctions glandulaires et biologiques de l'organisme sont l'Hypophyse et la Glande Pinéale. Ce sont les deux glandes les plus essentielles du corps humain. Elles orchestrent et contrôlent l'ensemble du système endocrinien.

La fonction principale de l'Hypophyse est de réguler la chimie du corps. Tout comme la glande pinéale exprime sa double nature en contrôlant les cycles jour/nuit, la double nature de l'Hypophyse s'exprime dans les deux lobes qui la composent (Figure 41). Le lobe frontal (antérieur) représente 80 % du poids de l'Hypophyse et est le lobe dominant.

Diverses traditions anciennes affirment que le lobe antérieur est associé à l'esprit intellectuel, à la logique et à la raison. En revanche, le lobe postérieur est lié à l'esprit émotionnel et à l'imagination.

Comme nous l'avons mentionné, l'Hypophyse contrôle l'activité de la plupart des autres glandes sécrétant des hormones, notamment la thyroïde, les surrénales, les ovaires et les testicules. Elle sécrète des hormones à partir de ses lobes antérieur et postérieur, dont le but est de transmettre des messages d'une cellule à l'autre par le biais de notre circulation sanguine. En raison de son immense rôle dans notre vie, il a été dit que l'ablation de l'Hypophyse du cerveau entraînerait la mort physique en trois jours.

L'Hypothalamus est situé immédiatement au-dessus de l'Hypophyse et lui est relié. Juste devant lui se trouve le Chiasma Optique qui transmet les informations visuelles des nerfs optiques au lobe occipital, à l'arrière du cerveau.

L'Hypothalamus gouverne l'Hypophyse en lui envoyant des messages ou des signaux. Ces signaux régulent la production et la libération d'autres hormones par l'Hypophyse, qui, à leur tour, envoient des messages à d'autres glandes ou organes du corps. L'Hypothalamus est une sorte de centre de communication pour l'Hypophyse.

L'Hypothalamus travaille avec le Medulla Oblongata. Le Bulbe Rachidien et l'Hypothalamus contrôlent les processus involontaires et autonomes de l'organisme, tels que la régulation du rythme cardiaque, de la respiration et de la température corporelle. En outre, le Bulbe Rachidien est essentiel à la transmission des impulsions nerveuses entre la moelle épinière et les centres cérébraux supérieurs. Elle est essentiellement la porte d'entrée entre la moelle épinière et le cerveau.

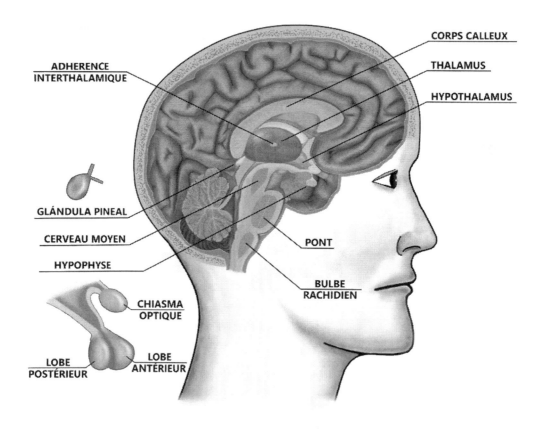

Figure 41: Les Principaux Centres Cérébraux

LA GLANDE PINÉALE

La Glande Pinéale se trouve dans le centre géométrique, au plus profond du cerveau. Elle produit l'hormone sérotonine et son dérivé la mélatonine, essentiels à notre fonctionnement et à notre bien-être. La sérotonine est un produit chimique et un neurotransmetteur qui contrôle nos humeurs, notre comportement social, notre appétit et notre digestion, notre mémoire, ainsi que notre désir et notre fonction sexuels. La sérotonine contribue à notre niveau de bonheur et de bien-être mental et émotionnel. Des niveaux faibles de sérotonine ont été associés à la dépression, à l'anxiété et à d'autres troubles mentaux et émotionnels. Pour certains de ces problèmes, les médecins prescrivent généralement des médicÂments antidépresseurs (ISRS), qui sont conçus pour augmenter les niveaux de sérotonine dans le cerveau.

Pendant la journée, en réponse à la lumière du soleil reçue par les yeux, la glande pinéale sécrète et stocke une grande quantité de sérotonine. Lorsque la nuit tombe et que l'obscurité s'installe, la Glande Pinéale commence à convertir la sérotonine stockée en mélatonine, une hormone qui est libérée dans le cerveau et dans le sang et qui provoque la somnolence pendant toute la nuit. La mélatonine est la seule hormone synthétisée par la Glande Pinéale, et elle affecte nos schémas d'éveil et de sommeil ainsi que les fonctions des saisons. C'est pourquoi on l'appelle souvent "l'hormone de l'obscurité".

Autour du Solstice d'été (le jour le plus long de l'année), les gens bénéficient de la plus grande lumière du soleil et sont les plus heureux et les plus joyeux car leur Glande Pinéale sécrète le plus de sérotonine. À l'inverse, au moment du Solstice d'hiver (le jour le plus sombre de l'année), il y a le moins de Lumière Solaire, ce qui signifie que la Glande Pinéale reçoit le moins de sérotonine, ce qui entraîne le "blues de l'hiver", le moment du monde où les gens sont le plus déprimés.

L'"Etat Hypnagogique", également appelé "Etat de Transe" ou "Etat Alpha", se produit lorsque la conscience se trouve à un point situé entre l'éveil et le sommeil. On est à la fois conscient et inconscient, mais alerte. L'activité cérébrale ralentit, mais pas suffisamment pour vous endormir. Le but ultime de la méditation est d'atteindre cet état, car l'Oeil de l'Esprit est utilisé pendant la méditation, ce qui permet de voir des visions et de vivre des Expériences Mystiques. L'état Alpha est également connu pour induire des Rêves Lucides si on l'atteint pendant un cycle de sommeil.

Les Anciens utilisaient volontiers l'état Hypnagogique pour contacter le monde des esprits et recevoir des messages du Divin. Nous pouvons l'atteindre par des pratiques et des méthodes Spirituelles, mais aussi par l'utilisation de certaines drogues.

Le DMT (Dimethyltryptamine) est également produit par la Glande Pinéale par des voies similaires à celles de la mélatonine. Souvent appelé "Molécule de l'Esprit", le DMT est très répandu dans le règne végétal, mais on en trouve également des traces chez les mammifères.

Les plantes contenant du DMT, comme l'Ayahuasca, sont couramment utilisées dans les rituels Chamaniques. Son utilisation peut produire des expériences puissantes, mystiques, psychédéliques et de mort imminente. On suppose que le DMT est libéré à la naissance, à la mort et dans les rêves vifs. On trouve le DMT dans le sang, l'urine, les fèces, les poumons et les reins des humains. Ses traces les plus importantes se trouvent toutefois dans le liquide Céphalo-rachidien.

LA GLANDE PINÉALE ET LA SPIRITUALITÉ

Le mot "Pinéal" est dérivé du mot Latin "pinealis", qui fait référence à une pomme de pin, la forme de la glande. Les traditions Anciennes ont largement représenté la Glande Pinéale dans leur art et leur sculpture. Toutefois, sa signification et son rôle étaient dissimulés aux profanes par des symboles, comme la plupart des connaissances ésotériques transmises à travers les âges. En examinant les symboles des Anciens associés à la Glande Pinéale (notamment la pomme de pin), nous pouvons nous faire une meilleure idée de son rôle Spirituel dans nos vies.

L'intérêt pour la Glande Pinéale remonte à la Chine Ancienne, sous le règne de l'Empereur Jaune Huangdi, le plus ancien des cinq empereurs chinois légendaires. Dans les anciennes écritures Hindoues, *les Vedas*, la Glande Pinéale était l'un des sept points Chakriques, prétendument reliés à Sahasrara, la couronne. Ce point de vue a évolué au fil du temps lorsque d'autres Yogis et sages ont commencé à relier la Glande Pinéale au Chakra Ajna. Comme mentionné, selon l'école de pensée, les correspondances d'Ajna et de Sahasrara avec les Glandes Pinéale et Pituitaire sont interchangées. Gardez donc cela à l'esprit lorsque vous lisez sur l'anatomie du cerveau et les chakras.

Les philosophes et scientifiques de la Grèce Antique sont peut-être ceux qui ont eu l'impact le plus important sur notre compréhension de la fonction Spirituelle de la Glande Pinéale. Leur voyage de découverte a commencé par des débats philosophiques et théologiques sur le siège de l'Âme, en référence à la zone du corps d'où l'Âme opère. Ils ont appelé ce concept "Phren", le mot Grec Ancien désignant l'emplacement de la pensée ou de la contemplation.

Il y a plus de 2000 ans, Platon et Aristote ont écrit sur l'Âme et ont convenu que l'Âme opérait à partir du cœur mais ne résidait pas dans le corps. Ils ont mis en évidence les trois types d'Âme, la nutritive, la sensible et la rationnelle, et ont conclu que le cœur était leur centre de contrôle. Hippocrate a réfuté cette affirmation et a estimé que l'Âme résidait dans le corps et opérait à partir du cerveau, et non du cœur, puisque le cerveau est concerné par la logique, la raison et les sentiments.

Puis vint le médecin grec Hérophile, considéré par beaucoup comme le père de l'anatomie. Il fut le premier scientifique à découvrir la Glande Pinéale dans le cerveau car il fut le premier à effectuer systématiquement des dissections scientifiques de cadavres humains (cadavres). Il a également été le premier à décrire les ventricules du cerveau, qu'il considérait comme le "Siège de l'Esprit". En outre, il a conclu que la Glande Pinéale régule le flux de "Pneuma" psychique, un mot grec ancien pour "souffle", à travers ces ventricules cérébraux.

Le pneumatique désigne également l'Esprit et l'Âme d'un point de vue théologique et religieux. Il s'agit d'une substance Ethérée sous forme d'air qui circule des poumons et du cœur vers le cerveau. Le pneumatique est nécessaire au fonctionnement systémique des organes vitaux. En outre, c'est la matière qui soutient la conscience du corps - désignée comme le "premier instrument de l'Âme". Hérophile pensait que la Glande Pinéale régulait les pensées et les souvenirs d'une personne sous la forme d'un pneumatique psychique.

Galien, philosophe et médecin grec, réfute Hérophile et affirme que la Glande Pinéale est simplement une glande qui régule le flux sanguin et rien de plus. Il préconisait plutôt que le Vermis du Cervelet contrôlait le Pneuma psychique dans les ventricules cérébraux. Galien ayant été l'autorité médicale suprême jusqu'au 17e siècle, ses opinions et ses croyances sur la nature de la Glande Pinéale sont restées relativement incontestées jusqu'à ce que René Descartes, le mathématicien et philosophe français, commence à examiner ces sujets.

Descartes a conclu que la Glande Pinéale était le médium entre l'Âme et le corps et la source de toute pensée. Il réfute Galien et affirme que, puisque la Glande Pinéale est la seule structure du cerveau qui n'est pas dupliquée, elle est le siège de l'Âme. Selon lui, comme le Vermis du Cervelet comporte deux moitiés, il ne pouvait pas être un candidat approprié pour cette tâche. Descartes pensait que l'Âme était au-delà de la dualité et devait avoir une seule contrepartie symbolique de sa fonction.

Descartes pensait que l'Esprit pouvait être séparé du corps mais qu'il pouvait prendre le dessus sur les instincts animaux par l'intermédiaire de la Glande Pinéale. L'Âme contrôle l'esprit, qui, à son tour, régit le système d'actions menées par le corps par l'intermédiaire de la Glande Pinéale. Descartes pensait que la Glande Pinéale était l'Âme sous une forme physique. Comme la communauté scientifique respectait largement Descartes, la plupart n'ont pas osé remettre en question son point de vue, et l'idée que la Glande Pinéale était le siège de l'Âme est restée intacte pendant les trois siècles suivants.

Ces dernières années, les scientifiques ont déterminé que la Glande Pinéale est un organe endocrinien intimement lié à la perception de la Lumière par le corps. Cependant, sa fonction Spirituelle est encore sujette à débat, même si la plupart des spécialistes s'accordent à dire qu'elle joue un rôle important.

Dans *The Magus,* j'ai fait référence au siège de l'Âme comme étant dans Manipura, le Chakra du Plexus Solaire, en tant que source d'énergie de l'Âme. Manipura est la source de notre volonté, la plus haute expression de l'Âme. En outre, l'Âme a besoin d'énergie Pranique pour exister, ce qu'elle reçoit par la digestion des aliments (liée à Manipura) et la respiration/l'absorption d'oxygène (liée à Anahata). L'Âme est donc située (assise) dans notre centre solaire, la Sphère Tiphareth, située entre les Chakras Manipura et Anahata.

D'autre part, la Glande Pinéale pourrait très bien être le lien physique de l'Âme avec le corps. Cependant, mes recherches et mon intuition m'ont Âmené à conclure que c'est la dynamique entre les Glandes Pinéale et Pituitaire et le Thalamus et l'Hypothalamus qui régule la conscience et la Spiritualité et non une glande ou un centre du cerveau en particulier.

LE THALAMUS

Le Thalamus se trouve au centre du cerveau, au sommet du tronc cérébral, entre le Cortex Cérébral et le Mésencéphale. Il est relié à ces deux organes par de vastes connexions nerveuses qui permettent des échanges d'informations de type hub. Le Thalamus est notre système de contrôle central, le centre de commande de la conscience qui régule le sommeil, la vigilance et la cognition. Son nom est dérivé du Grec et signifie "chambre intérieure".

Le Thalamus agit comme une station relais qui filtre les informations entre le cerveau et le corps. Il reçoit les vibrations (données) du monde extérieur par l'intermédiaire de tous les récepteurs sensoriels (sauf l'olfactif) et les transmet aux différentes parties du cerveau. Le Thalamus affecte les mouvements volontaires en communiquant des signaux moteurs au cortex cérébral. Il relaie également les informations concernant l'excitation et la douleur physique.

Avec l'Hypothalamus, l'Amygdale et l'Hippocampe, le Thalamus fait partie du Système Limbique (Figure 42) qui régit les émotions et la mémoire. Le Système Limbique régit les fonctions autonomes et endocriniennes, qui traitent des réponses aux stimuli émotionnels, comme la "lutte ou la fuite". Le Système Limbique est souvent appelé le "Cerveau Reptilien", car il régit nos réponses comportementales et nos motivations de survie. Notre odorat affecte directement le Système Limbique ; les odeurs sont reçues par les bulbes Olfactifs qui enregistrent les signaux neuronaux détectés par les cellules des cavités nasales.

Il est intéressant de noter que le Thalamus ne semble pas faire de distinction entre ce qui est extérieur et ce qui est intérieur à nous. Il donne un sens émotionnel à tout ce que nous recevons par les sens, y compris nos concepts de spiritualité et de Dieu-créateur. En substance, le Thalamus est notre interface avec la réalité qui nous entoure. Il nous transmet notre impression de ce que nous acceptons comme réel.

Le Thalamus possède deux lobes, appelés "Corps Thalamiques", qui ressemblent à une version réduite des deux hémisphères du cerveau. Ils sont également comparables à deux petits œufs réunis. En appliquant le Principe Hermétique des correspondances (Comme en Haut, Comme en Bas), nous trouvons un reflet des Corps Thalamiques dans les testicules de l'homme et les ovaires de la femme, qui sont également doubles et en forme d'œuf. Alors que le Thalamus contribue à la création de notre réalité mentale (le dessus), les testicules et les ovaires sont chargés de générer notre progéniture sur le plan terrestre (le dessous). En tant que telle, la forme d'œuf est liée à la création à tous les niveaux de la réalité.

Dans 70 à 80 % des cerveaux humains, les deux lobes Thalamiques sont reliés par une bande de tissu aplatie appelée Massa Intermedia ou Adhésion Interthalamique (Figure 41). Ce tissu contient des cellules et des fibres nerveuses. Autour de la Massa Intermedia, les deux corps Thalamiques sont séparés par le troisième ventricule, qui pompe continuellement le Liquide Céphalo-Rachidien dans cette zone du cerveau.

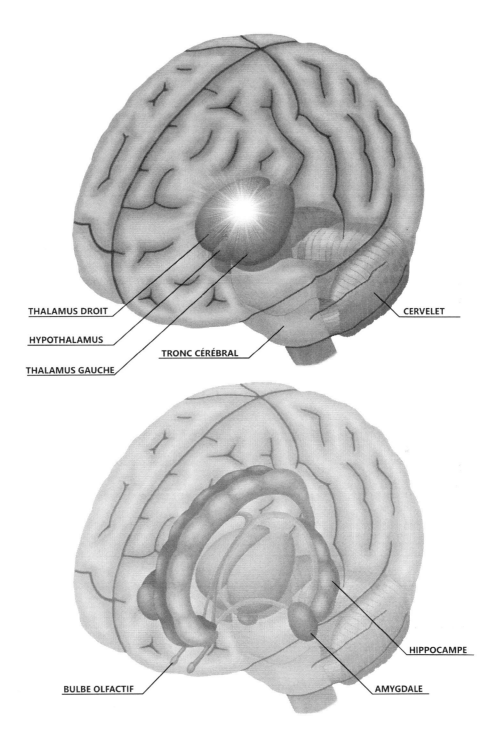

THALAMUS DROIT

HYPOTHALAMUS

THALAMUS GAUCHE

TRONC CÉRÉBRAL

CERVELET

BULBE OLFACTIF

HIPPOCAMPE

AMYGDALE

Figure 42: Le Système Limbique

187

Le Thalamus est le noyau de notre cerveau, le moyen de communication entre les différentes parties du néocortex. Les chercheurs et les neurologues pensent que le Thalamus est le centre de notre conscience. Selon des études scientifiques, si le Thalamus est endommagé, la conscience s'éteint, entraînant un coma permanent.

De nombreuses Traditions Anciennes, y compris celles des Égyptiens, considéraient le Thalamus comme le centre du Troisième Oeil. Lorsque la Kundalini s'élève le long de la colonne vertébrale (Sushumna), elle atteint le Thalamus au sommet du tronc cérébral. Selon le Yoga et le Tantra, les Nadis Ida et Pingala se rencontrent au niveau du Troisième Oeil et s'unifient. Leur unification représente l'ouverture complète du Troisième Oeil. Le Caducée d'Hermès représente ce même concept, à savoir les deux têtes de serpent qui se font face dans la partie supérieure du bâton. Le Caducée est le symbole Universel de l'humanité représentant le processus d'éveil de l'énergie Kundalini. Cependant, la plupart des gens ne connaissent pas la signification ésotérique profonde de ce symbole et l'associent uniquement à la médecine.

Dans les traditions Yogiques, la zone centrale du cerveau où se trouve le Thalamus joue un rôle essentiel dans l'éveil Spirituel. Les énormes faisceaux nerveux qui émergent de la colonne vertébrale et du tronc cérébral passent par le Thalamus avant d'être distribués par le Corps Calleux. Le Corps Calleux (Figure 41) est un grand faisceau de fibres nerveuses en forme de C, situé sous le Cortex Cérébral, qui relie les hémisphères gauche et droit du cerveau. Les fibres nerveuses qu'il contient se ramifient vers le haut dans tout le néocortex jusqu'à ce qu'elles atteignent le sommet de la tête. Les millions de neurones situés le long de la couronne de la tête sont en corrélation avec le Sahasrara Chakra et son appellation de Lotus aux Mille Pétales.

À côté du Thalamus se trouvent les Glandes Pituitaire et Pinéale et l'Hypothalamus, qui jouent un rôle central dans les pratiques de méditation et l'éveil Spirituel. Pendant la méditation, la Lumière du Sahasrara est attirée dans le centre du cerveau, ce qui entraîne un changement substantiel et permanent de la perception que l'on a de soi et du monde. Le Thalamus est essentiellement notre centre de transformation Spirituelle et d'expansion de la conscience.

Comme le Thalamus concentre notre attention, il est impliqué dans le processus de filtrage des nombreuses impulsions qui affluent dans notre cerveau à tout moment. Il agit comme une valve qui hiérarchise les messages vibratoires que notre cerveau reçoit du monde extérieur. C'est pourquoi, lorsqu'une personne subit un éveil de la Kundalini, son Thalamus est optimisé afin de pouvoir recevoir et traiter plus d'informations à la fois.

La transfiguration du Thalamus permet de recevoir et d'expérimenter une version plus élevée de la réalité grâce à des sens améliorés. Ainsi, les pouvoirs psychiques comme la clairvoyance, la clairaudience et la clairsentience font partie de la vie quotidienne. Lorsque le Thalamus est optimisé, l'ADN latent est activé au sein du Soi, ce qui entraîne une transformation permanente de la conscience au niveau cellulaire.

Le Thalamus est également la passerelle entre les parties consciente et subconsciente du Soi, un filtre qui maintient nos énergies Karmiques à distance. Lorsqu'une personne subit un éveil complet de la Kundalini et que la Lumière pénètre de façon permanente dans le cerveau, un pont se forme entre le conscient et le subconscient, permettant à nos énergies négatives et refoulées de se déverser dans la conscience. Au lieu de servir de filtre, le Thalamus ne fonctionne plus comme tel. Au contraire, sa fonction passe à l'hyperdrive, permettant à notre conscience de faire l'expérience de toutes les énergies qui sont en nous en même temps. La raison de ce phénomène est en partie d'ouvrir pleinement notre conscience afin que nous puissions purifier nos énergies Karmiques grâce au Feu de la Kundalini et évoluer Spirituellement.

LA FORMATION RÉTICULAIRE

La Formation Réticulaire (Figure 43) est un réseau complexe de neurones et de fibres nerveuses qui s'étend de la moelle épinière au tronc cérébral inférieur, en passant par le mésencéphale et le Thalamus, et se divise en plusieurs radiations vers différentes parties du Cortex Cérébral. La formation réticulaire est un conduit qui transmet les informations provenant des différentes voies sensorielles et les transmet aux parties du cerveau via le Thalamus. Son autre nom est le système d'activation réticulaire, ou RAS en abrégé.

La Formation Réticulaire est essentielle à l'existence de la conscience car elle est le médiateur de toute notre activité consciente. Comme le Thalamus est notre boîte de contrôle centrale, le Système Réticulaire est le câblage qui relie cette boîte au tronc cérébral en dessous et au cortex cérébral au-dessus. Il est impliqué dans de nombreux états de conscience qui font intervenir le Thalamus.

La Formation Réticulaire permet au Thalamus, à l'Hypothalamus et au cortex cérébral de contrôler les signaux sensoriels qui atteignent le cerveau (partie supérieure du cerveau) et qui sont soumis à notre attention consciente. En tant que telle, elle constitue le mécanisme de focalisation de notre esprit.

La Formation Réticulaire est également impliquée dans la plupart des activités du Système Nerveux Central. Les sensations de douleur, par exemple, doivent passer par la formation réticulaire avant d'atteindre le cerveau. En outre, le système nerveux autonome, qui gère les comportements automatisés tels que la respiration, les battements du cœur et l'éveil, est également régulé par la formation réticulaire.

La méditation modifie notre conscience pour permettre aux régions supérieures du cerveau de contrôler les impulsions sensorielles et les stimuli environnementaux. Pendant la méditation, l'Hypothalamus et la formation réticulaire sont partiellement inhibés, ce qui explique certains des effets physiologiques de la méditation, tels que la diminution de la pression sanguine et de la fréquence respiratoire.

Lorsque nous pouvons suspendre le fonctionnement de la Formation Réticulaire et arrêter le flux d'informations sensorielles distrayantes et non pertinentes, le cerveau commence à émettre des ondes Alpha, ce qui entraîne un état d'esprit calme et détendu. En tant que tel, le fait de surmonter les effets de la Formation Réticulaire est associé à la conscience et à la pleine conscience.

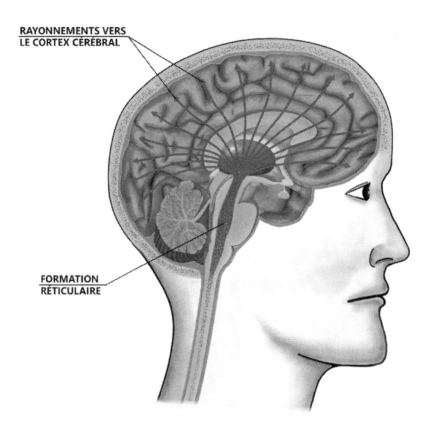

RAYONNEMENTS VERS
LE CORTEX CÉRÉBRAL

FORMATION
RÉTICULAIRE

Figure 43: La Formation Réticulaire

La Formation Réticulaire dirige nos impressions sur la vie et ses activités, ce qui nous amène à nous identifier à ces impressions. Le Soi s'ancre dans les sensations du corps physique, qu'elles soient bonnes ou mauvaises, et notre conscience tombe au niveau de l'Ego. Avec le temps, la conscience est détournée par l'Ego. En s'alignant sur lui, nous perdons le contact avec l'Âme qui se trouve à l'autre bout du spectre.

Après un éveil complet de la Kundalini, à mesure que le voltage de la bioélectricité augmente, le thalamus est optimisé et la Formation Réticulaire est désengagée de façon permanente. Cette expérience permet de ressentir la radiance du Corps de Lumière à travers toutes les cellules du corps en même temps, au lieu de vivre des moments ou des rencontres Spirituels individuels. En contournant le mental et l'Ego, l'individu commence à opérer par le cœur, ce qui lui permet de faire l'expérience du champ d'énergie qui l'entoure de manière plus substantielle.

Le crâne est assis sur l'Atlas, la première vertèbre cervicale (C1). Atlas est également le nom d'un Titan de la mythologie Grecque qui soutient les cieux célestes ou le ciel. Les images visuelles d'Atlas le représentent comme tenant la planète Terre sur ses épaules.

Nous voyons ici un lien entre le crâne et le cerveau, le monde et les cieux. L'Atlas cervical soutient la tête, qui contient le cerveau qui régit notre concept de réalité. Notre cerveau est également le lien avec le Ciel, ou Dieu le Créateur, représenté par l'artiste Michel-Ange dans une fresque intitulée "La Création d'Adam", qui fait partie du plafond de la Chapelle Sixtine.

Le premier groupement de neurones de la formation réticulaire commence dans la zone située entre le Medulla Oblongata et le sommet de la moelle épinière, représentée par l'Atlas. Cette zone est le principal point d'entrée de l'énergie Pranique dans le corps pour les individus éveillés par la Kundalini. La plus forte concentration de la force vitale est stockée dans le Sahasrara, notre centre de Lumière Blanche, le principal réservoir de Prana chez les personnes dont la conscience est élargie. L'énergie Pranique s'écoule du Sahasrara vers le bas, dans les centres importants du cerveau, les alimentant ainsi. Ensuite, elle descend le long de la colonne vertébrale et pénètre dans le système nerveux, puis dans les organes et les muscles. Ainsi, le corps est nourri par l'énergie de la Lumière. Pour cette raison, les personnes Spirituellement éveillées n'ont pas besoin de beaucoup d'énergie Pranique provenant de la nourriture et du Soleil comme les personnes non éveillées - elles obtiennent tout ce dont elles ont besoin du Chakra Sahasrara.

Par conséquent, cette même zone où commence la Formation Réticulaire est l'endroit où se trouve un Chakra caché crucial et mystérieux, appelé Lalana ou Talu Chakra. La Kundalini doit percer le Chakra Lalana dans son ascension avant de pénétrer dans le cerveau. Ensuite, avec la pleine activation de Lalana Chakra, la Kundalini peut atteindre Ajna au centre du cerveau, puis Sahasrara au sommet de la tête.

Lalana est le tableau principal qui contrôle l'entrée, le stockage et la distribution de l'énergie Pranique. La force vitale doit passer par Lalana avant d'atteindre les Cinq Chakras inférieurs, qui transmettent la puissance Pranique aux principaux organes et aux glandes endocrines par le biais du système nerveux périphérique (SNP). Comparés à Lalana, les Chakras inférieurs ne sont que des centres de distribution mineurs de la Force Vitale. Lalana est relié à Hara Chakra dans le nombril, qui représente l'endroit où le Soi s'est ancré dans le corps physique lors de la conception.

Lalana est ésotériquement appelé la "Bouche de Dieu" ou le "Calice d'or" comme notre Chakra de l'ascension - il est lié à la "Flamme triple de l'Âme" (lettre Hébraïque Shin). Une fois Lalana percé, la Kundalini continue de s'élever vers le centre du cerveau, où les trois canaux Ida, Pingala et Sushumna s'unifient en une seule source d'énergie. Leur unification entraîne la fusion énergétique des Glandes Pinéale et Pituitaire, du Thalamus et de l'Hypothalamus. L'effet de la Formation Réticulaire sur la conscience se détache dès que l'individu commence à opérer à partir de l'énergie source présente au centre de son cerveau.

Lorsque les Chakras Ajna et Sahasrara sont pleinement ouverts, la conscience s'étend au niveau Cosmique, ce qui entraîne une expérience permanente de la réalité Spirituelle. Après l'activation complète du Corps de Lumière, un recâblage du cerveau se produit au fil du temps, éveillant son potentiel latent. L'individu transformé devient un récepteur de la Sagesse Cosmique, car son intelligence est développée. Une fois aligné sur ces vibrations supérieures, l'individu se dissocie progressivement du corps physique, ce qui réduit l'emprise de l'Ego sur la conscience.

Une fois que la Formation Réticulaire est désengagée, le Soi peut vaincre l'Ego beaucoup plus facilement puisque la conscience est naturellement élevée à un niveau supérieur. La douleur physique est l'un des facteurs critiques qui alignent le Soi avec le corps physique. Après un éveil complet de la Kundalini, la connexion consciente de l'individu avec la douleur physique est définitivement coupée. Comme j'ai décrit ce phénomène précédemment, on peut encore ressentir la douleur, car il est impossible de la surmonter complètement en vivant dans le corps physique. Au lieu de cela, ils développent la capacité de se dissocier consciemment de l'expérience de l'énergie négative de la douleur en s'élevant à un plan cosmique sensiblement plus élevé que le plan physique où la douleur se produit.

PARTIES DU CERVEAU

Le cerveau est divisé en trois parties principales : le Cerveau, le Cervelet et le Tronc Cérébral. J'ai déjà parlé du Tronc Cérébral, qui comprend le Mésencéphale, l'Apophyse et le Bulbe Rachidien. Le Mésencéphale est en continuité avec le Diencéphale, notre "inter-cerveau", qui comprend le Thalamus, l'Hypothalamus, l'Hypophyse (partie postérieure) et la Glande pinéale. Le Diencéphale renferme le Troisième Ventricule.

Le cerveau est la plus grande partie du cerveau et comprend les hémisphères droit et gauche du cerveau, reliés par le corps calleux. La moitié droite du cerveau contrôle le côté gauche du corps, tandis que la moitié gauche contrôle le côté droit. Chaque hémisphère contient quatre lobes sur sa surface externe : Les lobes frontaux, pariétaux, temporaux et occipitaux (Figure 44). La couche externe du cerveau est appelée le Cortex Cérébral, qui forme la matière grise du cerveau, tandis que la couche interne est la matière blanche.

Chacun des quatre lobes est associé à un ensemble de fonctions. Par exemple, le lobe frontal se trouve dans la partie avant du cerveau. Le Cortex préfrontal est le Cortex Cérébral qui recouvre la partie avant du lobe frontal. Le lobe frontal est concerné par les fonctions cognitives supérieures telles que le rappel de la mémoire, l'expression des émotions, les changements d'humeur, le langage et la parole, la créativité, l'imagination, le contrôle des impulsions, les interactions et les comportements sociaux, le raisonnement et la résolution de problèmes, l'attention et la concentration, l'organisation et la planification, la motivation et l'expression sexuelle.

Le lobe frontal est également responsable de la fonction motrice primaire et de la coordination des mouvements. C'est le lobe le plus proéminent du cerveau et il est le plus fréquemment utilisé par le Moi au quotidien. Étant donné qu'il se trouve à l'avant de la tête, directement derrière le front, le lobe frontal est la région du cerveau la plus fréquemment touchée par un traumatisme et celle dont les effets secondaires sont potentiellement les plus graves, car il affecte vos capacités cognitives et votre fonction motrice. En outre, les lésions du lobe frontal peuvent déclencher une réaction en chaîne susceptible d'affecter négativement d'autres zones du cerveau.

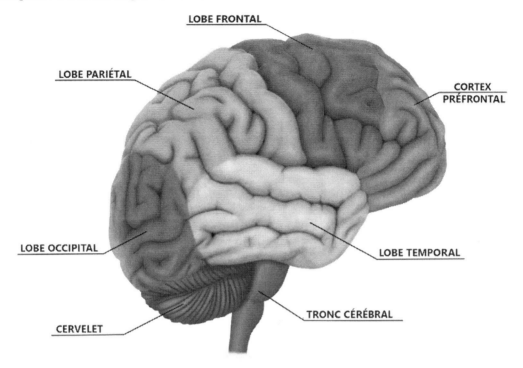

Figure 44: Les Parties du Cerveau

Le Lobe Pariétal est situé près du centre du cerveau, derrière le lobe frontal. Cette zone du cerveau est la zone sensorielle primaire où les impulsions de la peau liées à la température, à la douleur et au toucher sont traitées et interprétées. Le Lobe Pariétal gauche s'occupe de la manipulation des symboles, des lettres et des chiffres et de l'interprétation des informations archétypales. Le Lobe Pariétal droit est chargé d'interpréter la distance spatiale dans les images.

Le Lobe Pariétal est concerné par toutes les informations spatiales, ce qui nous permet d'évaluer la taille, la distance et les formes. Il nous permet d'avoir conscience de nous-mêmes et des autres personnes dans l'espace qui nous entoure. Il est intéressant de noter que les neuroscientifiques ont déterminé qu'une personne connaît une activité accrue dans le Cortex Pariétal pendant une expérience Spirituelle. La frontière entre le Soi et les objets et personnes qui nous entourent est rompue puisque la plupart des expériences Spirituelles impliquent un élément "hors du corps". Lorsque l'individu éprouve un sentiment d'unité avec son environnement, il transcende son environnement physique.

Le Lobe Temporal se trouve derrière les oreilles et les tempes de la tête. Il contient le Cortex Auditif Primaire, qui s'occupe du traitement des sons et de l'encodage de la mémoire. Il joue également un rôle essentiel dans le traitement des émotions, du langage et de certains aspects de la perception visuelle. Le lobe temporal est constitué de structures vitales pour la mémoire consciente relative aux faits et aux événements. Il communique avec l'Hippocampe et est modulé par l'Amygdale.

Le Lobe Occipital est situé dans la partie arrière de la partie supérieure du cerveau. Il contient le cortex visuel primaire, une région du cerveau qui reçoit les informations provenant des yeux. Le Lobe Occipital s'occupe généralement de l'interprétation des distances, des couleurs, de la perception de la profondeur, de la reconnaissance des objets et des visages, des mouvements et des informations de la mémoire.

Le Cervelet, situé à l'arrière de la tête, contrôle la coordination de l'activité musculaire. Il nous aide à maintenir la posture, l'équilibre et la stabilité en coordonnant la synchronisation et la force des différents groupes de muscles pour produire des mouvements corporels fluides. Le Cervelet coordonne également les mouvements des yeux, ainsi que la parole.

Le fondateur de la psychanalyse, Sigmund Freud, a associé le Cervelet à l'inconscient personnel, la partie refoulée du Moi qui est cachée à l'esprit conscient. Bien que Freud ait inventé le terme d'esprit "inconscient", il l'a souvent interverti avec l'esprit "subconscient", le premier étant une couche plus profonde du second. Cela correspond aux enseignements de la Sagesse Antique qui associe le subconscient à l'arrière de la tête et à la Lune. Cependant, l'étendue du subconscient implique la plupart des parties du cerveau, y compris le Système Limbique. Le Cortex Préfrontal, qui représente l'esprit conscient et le Soleil, en est exclu.

Lors d'un éveil complet de la Kundalini, alors que l'énergie monte à travers la moelle épinière, de grandes quantités d'énergie à haut indice d'octane atteignent le cerveau. Cette énergie circule de la Formation Réticulaire au Thalamus et au Cortex Cérébral, éveillant les parties dormantes et inactives du cerveau, en particulier le Lobe Frontal. Ensuite, le cerveau entier commence à pulser comme une unité cohésive, générant des ondes cérébrales cohérentes et de grande amplitude dans toutes les bandes de fréquence. Ce processus d'augmentation de la puissance cérébrale est couplé à une expansion de la conscience lorsque la Kundalini perce le Sahasrara Chakra.

La bande de fréquence Alpha atteint son amplitude maximale dans le Lobe Occipital, créant des changements dans la perception du monde qui nous entoure. Les choses qui paraissaient auparavant d'une certaine façon se transforment sous vos yeux une fois que le potentiel du Lobe Occipital est maximisé, combiné à l'influx de Lumière Astrale dans la tête.

L'augmentation de l'activité cérébrale unifie les esprits conscient et subconscient, représentés Alchimiquement comme les énergies du Soleil et de la Lune conjointes dans le Saint Mariage. Le Cervelet est également affecté par l'activité accrue du cerveau, car l'individu a accès à des sentiments, des pensées, des désirs et des souvenirs cachés qu'il doit intégrer et transformer.

De grandes quantités d'activité électrique se produisent dans les bandes de fréquences bêta et gamma dans le lobe frontal, maximisant le potentiel du Cortex Préfrontal et d'autres parties essentielles. En conséquence, l'individu éveillé par la Kundalini développe la capacité de contrôler ses pensées, ses émotions et son comportement, ce qui lui permet de maîtriser sa réalité. En outre, ses capacités cognitives, y compris l'imagination, la créativité, l'intelligence, la communication, la pensée critique et le pouvoir de concentration, sont toutes considérablement améliorées, ce qui lui permet de devenir le Co-Créateur puissant et efficace du Créateur qu'il est destiné à être.

LE SYSTÈME NERVEUX

Le système nerveux est constitué de l'ensemble des cellules nerveuses du corps humain. Nous utilisons notre système nerveux pour communiquer avec le monde extérieur et contrôler les différents mécanismes de notre corps. Le système nerveux assimile les informations transmises par les sens et les traite, provoquant ainsi des réactions dans le corps. Il travaille en collaboration avec le système endocrinien pour répondre aux événements de la vie.

Le système nerveux relie le cerveau à tous les autres organes, tissus et parties du corps. Il contient des milliards de cellules nerveuses appelées neurones. Le cerveau lui-même compte 100 milliards de neurones qui agissent comme des messagers d'information. Ces neurones utilisent des signaux chimiques et des impulsions électriques pour transmettre des informations entre différentes parties du cerveau, ainsi qu'entre le cerveau et le reste du système nerveux.

Le système nerveux se compose de deux parties avec trois divisions distinctes. Tout d'abord et surtout, nous avons le Système Nerveux Central (SNC), qui contrôle les sensations et les fonctions motrices. Le Système Nerveux Central comprend le cerveau, douze paires de nerfs crâniens, la moelle épinière et trente et une paires de nerfs spinaux. Tous les nerfs du système nerveux central sont contenus en toute sécurité dans le crâne et le canal rachidien.

Deux types de nerfs desservent le cerveau : les nerfs moteurs (efférents), qui exécutent les réponses aux stimuli, et les nerfs sensoriels (afférents), qui transmettent les informations et les données sensorielles du corps au Système Nerveux Central. Les nerfs rachidiens remplissent les deux fonctions, d'où leur nom de nerfs "mixtes". Les nerfs rachidiens sont reliés à la moelle épinière par des ganglions qui agissent comme des stations relais pour le Système Nerveux Central.

La tête et le cerveau servent d'organes de l'Âme et du Soi Supérieur. Comme elle se trouve au sommet du corps, la tête est la plus proche des cieux. Le cerveau nous permet d'expérimenter le monde qui nous entoure grâce aux cinq sens que sont la vue, le toucher, le goût, l'odorat et l'ouïe. Il nous permet également de faire l'expérience de la réalité grâce au sixième sens du psychisme, reçu par l'Oeil de l'Esprit.

Le Système Nerveux Périphérique (SNP) relie les nerfs émanant du système nerveux central aux membres et aux organes. Tous les nerfs situés en dehors du cerveau et de la colonne vertébrale font partie du Système Nerveux Périphérique (Figure 45). Le Système

Nerveux Périphérique est encore subdivisé en trois sous-systèmes distincts : le Système Nerveux Somatique (SNS), le Système Nerveux Entérique (ENS) et le Système Nerveux Autonome (ANS).

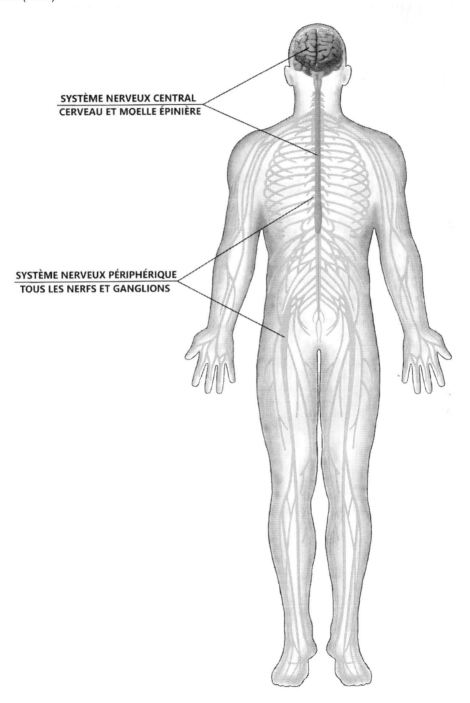

Figure 45: Les Systèmes Nerveux Central et Périphérique

Le Système Nerveux Somatique est le Système Nerveux volontaire dont les nerfs sensoriels et moteurs servent de moyen de transmission des impulsions entre le Système Nerveux Central et le système musculaire. Le Système Nerveux Somatique contrôle tout ce qui concerne notre corps physique et que nous pouvons influencer consciemment. Le Système Nerveux Entérique agit de manière involontaire et a pour fonction de contrôler le système gastro-intestinal. Il s'agit d'un système nerveux autonome qui régule la motilité intestinale dans le processus de digestion.

Le Système Nerveux Autonome est également un système involontaire qui agit le plus souvent de manière inconsciente. Il régule le rythme cardiaque, la respiration, le métabolisme, la digestion, l'excitation sexuelle, la miction et la dilatation/constriction des pupilles. Le Système Nerveux Autonome et le Système Nerveux Entérique sont tous deux actifs en permanence, que nous soyons éveillés ou endormis. Le Système Nerveux involontaire réagit rapidement aux changements dans l'organisme, ce qui lui permet de s'adapter en modifiant ses processus de régulation.

Le Système Nerveux Autonome est contrôlé par l'Hypothalamus et peut être décomposé en Système Nerveux Sympathique (SNS) et Système Nerveux Parasympathique (PNS). Le Système Nerveux Sympathique et le Système Nerveux Parasympathique font généralement des choses opposées dans le corps. Le Système Nerveux Sympathique est alimenté par l'énergie masculine (Yang) du corps, tandis que le Système Nerveux Parasympathique est alimenté par l'énergie féminine (Yin).

Le Système Nerveux Sympathique prépare le corps à l'activité mentale et (ou) physique. Il est activé en cas d'urgence (combat ou fuite) pour créer de l'énergie utilisable. Il accélère le rythme cardiaque, dilate les pupilles, ouvre les voies respiratoires pour faciliter la respiration, augmente l'apport sanguin aux muscles et inhibe la digestion et l'excitation sexuelle. Le Système Nerveux Parasympathique, quant à lui, est passif. Il est activé lorsque le corps et l'esprit sont dans un état de relaxation. Le Système Nerveux Parasympathique abaisse le rythme cardiaque, contracte les pupilles, stimule la digestion et la miction, déclenche divers processus métaboliques et favorise l'excitation sexuelle.

SYSTÈMES NERVEUX FORTS/FAIBLES

Le stress et l'anxiété sont des problèmes courants dans la société actuelle, où tout va très vite. C'est pourquoi on parle souvent de l'importance d'avoir un système nerveux fort pour faire face à l'adversité dans la vie. Une personne dotée d'un système nerveux robuste et résilient fait face à la réalité, qu'elle soit bonne ou mauvaise. À l'inverse, une personne dont le système nerveux est faible se laisse facilement intimider et se met à l'abri de la réalité pour éviter la négativité.

En tant que co-créateur avec le Créateur, vous ne pouvez pas contrôler à 100 % ce qui se présente à vous, car il y a toujours des facteurs externes auxquels même les esprits les plus aiguisés ne peuvent penser, mais vous pouvez choisir, par le biais du libre arbitre, de vous permettre d'affronter tout ce qui se présente à vous. Ce choix dépend souvent de la façon dont vous gérez l'énergie de la peur, qui renforce ou affaiblit votre système nerveux au fil du temps.

Pensez au système nerveux comme à un récipient. Les personnes dont le système nerveux est faible ont un petit récipient, car il y a une limite à l'anxiété, au stress ou à la douleur physique qu'elles peuvent supporter. Les personnes dont le système nerveux est fort ont des récipients beaucoup plus grands et peuvent faire face à tout ce qui leur arrive. Elles vivent et traitent les événements indésirables beaucoup plus rapidement et ne sont pas ébranlées dans leur équilibre. Les personnes dotées d'un système nerveux robuste ont la capacité de faire face à la peur et à l'adversité, même si les choses semblent effrayantes à première vue. Le résultat est de devenir un maître de la manifestation de votre réalité et de maximiser votre potentiel personnel. Les personnes dotées d'un système nerveux robuste vivent leurs rêves et tirent le meilleur parti de la vie.

La force de votre système nerveux dépend de la façon dont vous utilisez votre volonté et de votre capacité à surmonter vos émotions. Les émotions sont fluides ; elles fluctuent à tout moment du positif au négatif. Il faut parfois du temps pour que les choses deviennent négatives, mais elles le deviennent inévitablement, et elles finissent par redevenir positives.

Le Principe du Rythme (tiré du *Kybalion*) affirme que le pendule du rythme se balance entre tous les opposés que l'on trouve dans la nature, y compris les émotions et les pensées. Par conséquent, rien ne reste jamais statique, et toutes les choses sont constamment soumises à un processus de changement et de transformation d'un état à un autre. En tant que tel, ce principe est toujours en jeu. Vous ne pouvez pas le surmonter à moins d'apprendre à faire vibrer votre volonté si fortement que vous vous élevez au-dessus du Plan Astral où se produit l'oscillation émotionnelle et dans le Plan Mental.

Une autre clé d'un système nerveux robuste est d'apprendre à détendre le corps et l'esprit lorsqu'on fait face à une situation stressante. Le stress et l'anxiété activent immédiatement le Système Nerveux Sympathique, qui vous met en mode survie. En appliquant des techniques de pleine conscience et de respiration lorsque vous êtes sous pression et en ne laissant pas vos émotions vous dominer, vous désactivez le SNS et activez le Système Nerveux Parasympathique. Ainsi, même lorsque vous êtes confronté à une situation défavorable, vous pouvez garder votre sang-froid, votre calme et votre sang-froid, ce qui améliorera votre capacité à résoudre les problèmes et vous permettra d'obtenir le meilleur résultat dans n'importe quelle situation.

Laisser vos émotions guider votre vie vous apportera toujours le chaos et le désespoir, alors que si vous vous accordez à votre volonté et la laissez vous guider, vous triompherez dans la vie. Les émotions sont doubles et dépourvues de logique et de raison. Sur l'Arbre de Vie, elles appartiennent à la Sphère Netzach, tandis que la logique et la raison correspondent à son opposé, Hod. Les émotions sont naturellement opposées à la logique et à la raison jusqu'à ce que l'on apprenne à utiliser leurs Séphiroth supérieures. En mettant en œuvre la volonté (Geburah) et l'imagination (Tiphareth), tempérées par la mémoire (Chesed), vous pouvez vous élever dans la conscience et contrôler votre réalité beaucoup plus efficacement qu'en étant l'esclave de vos émotions.

Pour vous élever encore plus haut sur l'Arbre de Vie, vous devez contourner complètement la dualité, ce qui signifie que votre conscience doit être accordée à l'intuition. L'intuition appartient au Chakra Ajna, qui est alimenté par Binah (compréhension) et Chokmah (sagesse). Pour fonctionner pleinement par l'intuition, vous devez soit avoir eu un éveil permanent de la Kundalini, soit avoir maîtrisé la méditation et acquis la capacité de résonner avec le plan Spirituel à volonté. Comme nous l'avons mentionné, l'éveil de la Kundalini vous mettra naturellement en harmonie avec le plan Spirituel au fil du temps. Il s'agit donc de l'expérience souhaitée par tous ceux qui connaissent le pouvoir de transformation de la Kundalini.

LE YOGA ET LE SYSTÈME NERVEUX

Les Systèmes Nerveux Sympathique et Parasympathique passent de l'un à l'autre de nombreuses fois au cours de la journée, en particulier chez les personnes dont les émotions dominent la vie. Ainsi, pour qu'une personne soit équilibrée dans son esprit, son corps et son Âme, elle doit avoir un système nerveux autonome équilibré. Lorsqu'une moitié du système nerveux autonome est trop dominante, elle cause des problèmes à l'autre moitié.

Les personnes sujettes au stress, par exemple, utilisent le Système Nerveux Sympathique plus que ce qui est sain pour l'esprit et le corps, ce qui nuit au Système Nerveux Parasympathique au fil du temps. Ainsi, la personne est toujours tendue et sous pression mentale, incapable de se détendre et d'être en paix.

Le stress psychologique affecte également le système immunitaire. C'est donc la qualité de notre système nerveux autonome qui fait la différence en matière de vulnérabilité aux maladies. Les maladies dégénératives chroniques telles que les maladies cardiaques, l'hypertension artérielle, les ulcères, la gastrite, l'insomnie et l'épuisement des glandes surrénales résultent d'un système nerveux autonome déséquilibré.

La façon dont nous gérons les deux moitiés complémentaires du système nerveux autonome dépend du régime alimentaire et de la nutrition, mais aussi du mode de vie et des habitudes de vie. Nous devons apprendre à équilibrer l'activité et le repos, le sommeil et l'éveil, ainsi que nos pensées et nos émotions.

Le Yoga aide à réguler et à renforcer le système nerveux autonome par son effet sur l'Hypothalamus. Le Yoga est très efficace pour aider le corps et l'esprit à se détendre grâce à des exercices de respiration (Pranayama) et à la méditation. La respiration est une interface entre le système nerveux central et le système nerveux autonome. Par la pratique du Pranayama, on peut apprendre à contrôler ses fonctions autonomes. En contrôlant les poumons, on obtient le contrôle du cœur. Les postures Yogiques (Asanas) visent à équilibrer les énergies masculines et féminines en soi, ce qui favorise un système nerveux sain et robuste.

L'Anulom Vrilom (respiration alternée), par exemple, agit directement sur le Système Nerveux Sympathique ou le Système Nerveux Parasympathique, selon la narine par laquelle vous respirez. Lorsque vous respirez par la narine droite, le métabolisme augmente et l'esprit se concentre sur l'extérieur. Lorsque vous respirez par la narine gauche, le métabolisme ralentit et l'esprit se tourne vers l'intérieur, ce qui améliore la concentration.

L'ÉVEIL DE LA KUNDALINI ET LE SYSTÈME NERVEUX

Une impulsion nerveuse est un phénomène électrique, tout comme un coup de foudre. Ainsi, lorsqu'il y a une abondance de bioélectricité dans le corps après un éveil complet de la Kundalini, tout le système nerveux est en surrégime. Une transformation complète se produit au fil du temps, alors que le système nerveux s'améliore, construisant chaque jour de nouveaux circuits pour s'adapter aux changements intérieurs.

Tout d'abord, comme la Lumière Kundalini active et revigore tous les nerfs latents, le Système Nerveux Central commence à fonctionner à sa capacité maximale. Des niveaux d'activité plus élevés sont observés dans le cerveau, qui travaille très dur pour enregistrer les impulsions vibratoires provenant des systèmes nerveux périphérique et autonome hyperactifs. En plus de s'adapter à l'expansion de la conscience, le cerveau doit également construire de nouvelles voies neuronales pour s'adapter à cette expansion bioénergétique et se synchroniser avec le reste du système nerveux.

Les premières étapes de la reconstruction de votre système nerveux sont éprouvantes pour l'esprit et le corps. Comme tout le processus est nouveau pour la conscience, le corps se met en mode "combat ou fuite" pour se protéger d'un danger potentiel. Ainsi, le Système Nerveux Sympathique domine pour le moment tant que l'énergie de la peur est présente. Comme beaucoup de personnes éveillées par la Kundalini le savent d'expérience, l'épuisement des Glandes Surrénales dû au stress est courant dans ces phases initiales.

Cependant, au cours des dernières étapes du processus de reconstruction, une fois que les nouvelles voies neuronales ont été construites, l'esprit accepte mieux le processus, ce qui lui permet de se détendre. En conséquence, le Système Nerveux Sympathique se désactive et le Système Nerveux Parasympathique prend le relais. Le Nerf Vague joue également un rôle dans ce processus, car il contribue à apporter de la cohérence au corps. Bien qu'il faille plusieurs années pour achever la transformation globale, le résultat sera un système nerveux nettement plus fort, qui permettra de gérer des situations potentiellement stressantes d'une manière inédite.

FONCTION DU NERF VAGUE

Les Douze Nerfs Crâniens vont par paires et permettent de relier le cerveau à d'autres parties du corps, comme la tête, le cou et le torse. Le Nerf Vague (Figure 46) est le plus long des Nerfs Crâniens (dixième nerf) puisqu'il va du tronc cérébral à une partie du côlon. Il a des fonctions motrices et sensorielles.

Le mot "Vagus" signifie "vagabond" en Latin, ce qui est approprié puisqu'il s'agit d'un faisceau sinueux et serpentin de fibres motrices et sensorielles qui relie principalement le tronc cérébral au cœur, aux poumons et à l'intestin. L'intestin est le système digestif (tractus gastro-intestinal) qui comprend la bouche, l'œsophage, l'estomac, le foie, l'intestin grêle, le gros intestin et le rectum (anus).

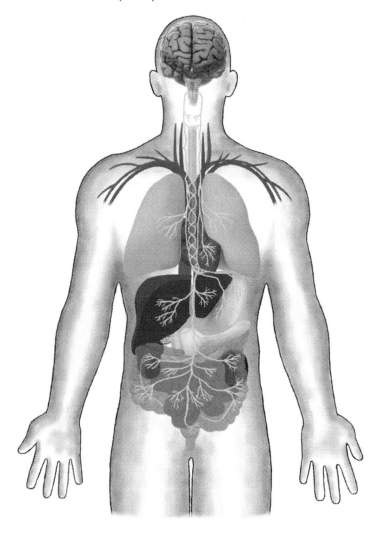

Figure 46: Le Nerf Vague

Le Nerf Vague se ramifie également pour interagir avec le foie, la rate, la vésicule biliaire, l'uretère, l'utérus, le cou, les oreilles, la langue et les reins - ses fibres nerveuses innervent tous les organes internes. Bien que le cerveau communique avec les organes du corps via le nerf vague, 80 % des informations sont dirigées des organes vers le cerveau. De tous les organes du corps, c'est l'estomac qui utilise le plus le Nerf Vague pour communiquer avec le cerveau. Il lui envoie des signaux liés à la satiété (faim), au rassasiement (satiété) et au métabolisme énergétique.

Le traitement et la gestion des émotions se font par le nerf vague, entre le cœur, le cerveau et l'intestin. Le système nerveux entérique est un système maillé de neurones qui régit le fonctionnement de l'intestin et communique avec le cerveau par le nerf vague. Lorsque vous entendez quelqu'un dire qu'il a un "pressentiment" à propos de quelque chose, ce sentiment de connaissance est un véritable signal nerveux dans l'intestin. C'est pour cette raison que nous avons une puissante réaction intestinale aux états mentaux et émotionnels intenses. Le système nerveux entérique est souvent considéré comme notre "deuxième cerveau", centré dans la zone du Plexus Solaire, et le Nerf Vague est souvent appelé "l'axe intestin-cerveau".

Le Nerf Vague active le Système Nerveux Parasympathique, qui contrôle les fonctions inconscientes de "repos et digestion" du corps. Le Nerf Vague sert à calmer l'organisme après un repas afin de faciliter la digestion. Cependant, l'un de ses principaux rôles est d'agir comme un bouton de "réinitialisation" qui contrecarre notre système d'alarme interne automatique, la réaction de "combat ou de fuite" du Système Nerveux Sympathique.

Le neurotransmetteur que le Nerf Vague utilise pour communiquer avec le corps, l'acétylcholine, est responsable des sentiments de calme, de paix, de relaxation et des fonctions d'apprentissage et de mémoire. Les personnes dont le Nerf Vague est inactif souffrent d'anxiété chronique et ont de faibles capacités d'apprentissage et de mémorisation. Il est essentiel pour ces personnes de stimuler le Nerf Vague, soit naturellement, soit à l'aide d'un dispositif électrique artificiel. Cette stimulation peut avoir des effets positifs sur la santé, notamment en permettant de surmonter le stress et la dépression et en réduisant l'inflammation causée par la douleur émotionnelle.

Le tonus vagal est mesuré en suivant le rythme cardiaque et le rythme respiratoire. Lorsque nous inspirons, notre rythme cardiaque s'accélère, tandis que lorsque nous expirons, notre rythme cardiaque ralentit. Les personnes ayant un tonus vagal élevé ont une période plus longue entre leur fréquence cardiaque à l'inspiration et à l'expiration, ce qui signifie que leur corps peut se détendre plus rapidement après un événement stressant.

Un tonus vagal élevé améliore le fonctionnement de nombreux systèmes de l'organisme : il réduit le risque d'accident vasculaire cérébral en abaissant la pression artérielle, facilite la digestion et la régulation de la glycémie, et améliore l'humeur générale et la résistance au stress. Un faible tonus vagal, en revanche, a un effet inverse sur l'organisme : il est associé à des problèmes cardiovasculaires, au diabète, à des troubles cognitifs, à l'anxiété chronique et à la dépression. Un faible tonus vagal rend également le corps plus sensible aux maladies auto-immunes résultant d'états inflammatoires élevés.

Le Nerf Vague est connu pour favoriser l'amour, la compassion, la confiance, l'altruisme et la gratitude, autant d'éléments qui contribuent à notre bonheur général dans la vie. L'une des méthodes naturelles les plus efficaces pour stimuler le nerf vague et améliorer le tonus vagal est la technique de respiration diaphragmatique (Pranayama). Lorsque vous respirez lentement et rythmiquement par l'abdomen, le diaphragme s'ouvre, ce qui permet à l'oxygène de pénétrer davantage dans le corps. Par conséquent, le Système Nerveux Parasympathique est activé, ce qui calme l'esprit.

La respiration diaphragmatique englobe l'ensemble du système nerveux et les Sept Chakras Majeurs, nous permettant ainsi d'ancrer nos énergies au lieu de les laisser courir frénétiquement dans la région de la poitrine, ce qui provoque un stress et une anxiété inutiles. (Pour une description complète de la technique de la respiration diaphragmatique et de ses bienfaits, reportez-vous à la rubrique "Exercices de Pranayama" de la section Yoga.)

Le Nerf Vague étant relié aux cordes vocales, chanter, fredonner et psalmodier est également associé à l'amélioration du tonus vagal. La communication orale est bénéfique, et les personnes qui parlent beaucoup sont généralement de bonne humeur. Communiquer avec les autres favorise les émotions positives et apporte une proximité sociale, ce qui améliore le tonus vagal.

Des recherches ont montré que le Yoga augmente le tonus vagal, réduit le stress et améliore la récupération après un traumatisme émotionnel et mental. Le Pranayama et la méditation activent le Système Nerveux Parasympathique, calment l'esprit et stimulent le Nerf Vague. Les Asanas (postures Yogiques) équilibrent les parties masculine et féminine du Soi, créant une harmonie dans le corps et favorisant la pleine conscience. D'autres techniques Yogiques ont également des effets bénéfiques considérables sur la santé physique et Spirituelle. C'est pourquoi j'ai consacré une section entière à la science, à la philosophie et à la pratique du Yoga.

LE NERF VAGUE ET LA KUNDALINI

Il existe des similitudes intéressantes entre le Nerf Vague et la Kundalini qui méritent d'être examinées. Après avoir vu ces correspondances, il sera évident que le Nerf Vague complète le processus d'éveil de la Kundalini et peut même être une représentation physique de la Kundalini elle-même.

Tout d'abord, le Nerf Vague va de la région du côlon (Muladhara) au cerveau (Sahasrara). En revanche, la Kundalini est enroulée à la base de la colonne vertébrale dans le Muladhara, juste à côté de l'anus. Une fois éveillée, elle s'élève vers le haut, jusqu'au centre du cerveau, puis vers le sommet de la tête pour achever le processus.

Les gens se réfèrent au Nerf Vague comme à un seul nerf, mais en réalité, il s'agit de deux nerfs qui fonctionnent comme un seul. Nous voyons ici une corrélation avec les Nadis Ida et Pingala, les deux serpents qui, lorsqu'ils sont équilibrés, fonctionnent comme un seul canal (Sushumna).

Le Nerf Vague interagit directement avec tous les organes et glandes du corps. Son rôle est de collecter les informations provenant des organes et des glandes et de les transmettre au cerveau pour exÂmen. De même, la Kundalini se connecte aux organes et glandes du corps et communique leur état au cerveau via le système nerveux.

La Kundalini se déplace dans la moelle épinière, tandis que le nerf vague traverse le corps de manière plus centrale. Lorsque nous activons la Kundalini, tous les organes et glandes commencent à travailler en synchronisation les uns avec les autres, apportant ainsi de la cohérence au corps. Le Nerf Vague, lorsqu'il est stimulé, crée également un effet unificateur dans les organes et les glandes, qui commencent à fonctionner en harmonie les uns avec les autres.

Comme le Nerf Vague est relié au système digestif, une déficience du Nerf Vague entraînera des problèmes d'estomac. En revanche, le centre de pouvoir de la Kundalini se trouve à Manipura, et lorsqu'il n'est pas activé ou que son énergie est bloquée, des problèmes de digestion et d'estomac s'ensuivent.

Le cœur et le cerveau sont étroitement liés, et ils communiquent beaucoup par le biais du Nerf Vague. Le Chakra du Cœur est également en communication directe avec les deux Chakras les plus élevés du cerveau, Ajna et Sahasrara. Dans le système Kundalini, le Chakra du Cœur est le centre du Soi, la partie de nous qui assimile et harmonise les énergies des autres Chakras. Sur le plan physique, le cœur est le plus puissant générateur d'énergie électromagnétique du corps et notre principale interface avec notre environnement (voir le chapitre "Le Pouvoir du Cœur" pour plus de détails à ce sujet).

Le sujet de la Kundalini trouve son origine en Orient et fait partie des pratiques Yogiques et Tantriques. Le Yoga et le Tantra font appel au Pranayama, aux Asanas, à la méditation et à d'autres techniques qui font intervenir la réponse du Nerf Vague pour détendre le corps et calmer l'esprit. De nombreux Yogis reconnaissent le rôle et le pouvoir du Nerf Vague dans le corps et l'esprit et le considèrent comme la contrepartie anatomique du Sushumna Nadi. En tant que tel, le Nerf Vague requiert notre plus grande attention.

LES DOUZE PAIRES DE NERFS CRÂNIENS

Les Douze Paires de Nerfs Crâniens (Figure 47) relient votre cerveau à différentes parties de votre tête, de votre cou et de votre tronc. En tant que tels, ils relaient les informations entre votre cerveau et les parties du corps, en particulier vers et depuis les régions de la tête et du cou. Ces Nerfs Crâniens régissent la vue, l'odorat, l'ouïe, le mouvement des yeux, la sensibilité du visage, l'équilibre et la déglutition. Les fonctions des douze paires de nerfs crâniens sont sensorielles, motrices ou les deux. Les nerfs sensoriels s'occupent de la vue, de l'ouïe, de l'odorat, du goût et du toucher. D'autre part, les nerfs moteurs aident à contrôler les mouvements de la tête et du cou.

À chacune des douze paires de nerfs crâniens correspondent des chiffres romains entre I et XII, en fonction de leur emplacement d'avant en arrière. Il s'agit du Nerf Olfactif (I), du Nerf Optique (II), du Nerf Oculomoteur (III), du Nerf Trochléaire (IV), du Nerf Trijumeau (V), du Nerf Abducens (VI), du Nerf Facial (VII), du Nerf Vestibulocochléaire (VIII), du Nerf Glossopharyngien (IX), du Nerf Vague (X), du Nerf Spinal Accessoire (XI) et du Nerf Hypoglosse (XII). Le Nerf Olfactif et le Nerf Optique émergent du cerveau, tandis que les dix autres paires émergent du tronc cérébral.

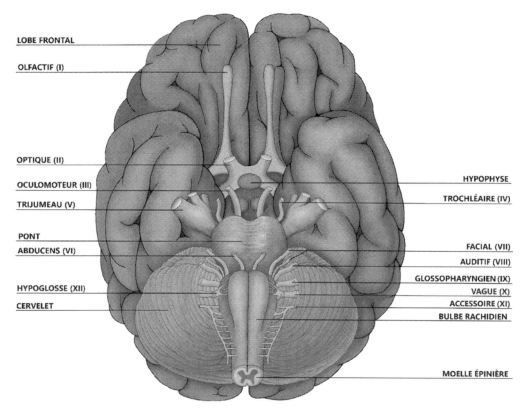

Figure 47: Les Douze Paires de Nerfs Crâniens

Le Nerf Olfactif transmet au cerveau les informations relatives à l'odorat de l'individu, tandis que le Nerf Optique relaie les informations relatives à la vision. Les Nerfs Oculomoteur, Trochléaire et Abducens s'occupent des mouvements des yeux. Le Nerf Trijumeau régit les sensations et les fonctions motrices du visage et de la bouche. Le Nerf Facial contrôle les muscles de l'expression faciale et transmet les sensations gustatives de la langue. Le Nerf Vestibulocochléaire transmet les sons et l'équilibre de l'oreille interne au cerveau. Le Nerf Glossopharyngien est concerné par le sens du goût reçu de la partie de la langue et de la région de la gorge. Le Nerf Vague a de nombreuses fonctions, que j'ai déjà décrites. Le Nerf Spinal auxiliaire contrôle les muscles de l'épaule et du cou. Et enfin, le Nerf Hypoglosse contrôle les mouvements de la langue concernant la parole et la déglutition des aliments.

Les Douze Paires de Nerfs Crâniens correspondent aux Douze Constellations Zodiacales. En tant que telles, elles illustrent le principe Hermétique "Comme en haut, Comme en Bas". Il y a douze "paires" car nous vivons dans un monde de dualité où tout est double. Le monde de la dualité, le monde matériel, reflète l'unité du monde Spirituel, qui alimente les Douze Constellations Zodiacales (groupements d'étoiles) en émettant sa Lumière Blanche à travers elles.

N'oubliez pas que le Soleil de notre Système Solaire n'est qu'une étoile parmi d'autres et que la Voie Lactée compte à elle seule des millions d'étoiles dotées de leur propre Système Solaire. Les Anciens ont nommé celles que nous voyons dans notre ciel nocturne en fonction des formes et des images que leurs regroupements faisaient, nous donnant ainsi la bande des Douze Zodiaques. Par conséquent, les Douze Constellations Zodiacales se reflètent dans les Douze Paires de Nerfs Crâniens, soit une grande coïncidence, soit une partie d'un plus grand mystère. Ce plan directeur a beaucoup à voir avec notre évolution Spirituelle et l'optimisation de notre pouvoir personnel.

Les Nerfs Crâniens informent l'esprit humain (en bas) de tout ce qui se passe dans l'univers manifesté dont ils font partie (en haut). Ils sont responsables de la façon dont nous interagissons avec la réalité matérielle et l'interprétons. En tant qu'interface avec le monde extérieur, les Douze Paires de Nerfs Crâniens contribuent à définir notre réalité. Elles nous permettent de recevoir des informations extérieures et d'exprimer nos réponses à ces informations par le biais du langage corporel, y compris les expressions faciales et les mouvements des yeux.

Les Nerfs Crâniens influencent la façon dont les autres nous perçoivent en agissant sur nos réponses corporelles aux stimuli extérieurs. Comme 93 % de notre communication est non verbale, les nerfs crâniens sont chargés d'exprimer nos énergies intérieures, bien que la plupart de cette communication se fasse à un niveau subconscient.

Lorsqu'une personne subit un éveil complet de la Kundalini et optimise ses Chakras, elle acquiert un contrôle total de ses vibrations et des signaux qu'elle envoie à l'univers par le biais de son langage corporel. L'éveil du Témoin silencieux du Soi permet à l'individu éveillé de se voir à la troisième personne. Je crois que ce don de l'éveil est lié à l'expansion du rayon du portail intérieur de l'Œil de l'Esprit, permettant à l'individu de quitter son corps à volonté et d'observer les processus de son corps, y compris les gestes du visage et les mouvements des yeux qui révèlent son état interne. En acquérant le contrôle conscient des fonctions involontaires des douze paires de nerfs crâniens, l'individu est sur la voie de la maîtrise de Soi.

LIQUIDE CÉPHALO-RACHIDIEN (LCR)

Le Liquide Céphalo-Rachidien (LCR) est une substance liquide claire qui baigne les espaces à l'intérieur et autour de la moelle épinière ainsi que le tronc cérébral et le cerveau. Il joue un rôle crucial dans le maintien de la conscience, la coordination de toute activité physique et la facilitation du processus d'éveil de la Kundalini.

Il y a environ 100-150 ml de LCR dans le corps d'un adulte normal (en moyenne), ce qui représente environ deux tiers d'une tasse. Le corps produit lui-même environ 450 à 600 ml de LCR par jour. Le LCR est produit en permanence, et il est entièrement remplacé toutes les six à huit heures.

Les cavités du cerveau sont des réservoirs de fluide appelés "ventricules", qui créent le LCR. Les ventricules du cerveau servent de voies de passage ou de canaux pour la conscience. Lorsque ces passages sont obstrués ou bloqués, une perte de conscience se produit. Le ventricule le plus important est le Troisième Ventricule, qui englobe la zone centrale du cerveau et contient les Glandes Pinéale et Pituitaire, le Thalamus et l'Hypothalamus. Le LCR baigne également l'extérieur du cerveau, assurant la flottabilité et l'absorption des chocs.

Après avoir desservi le cerveau et le tronc cérébral, le LCR descend dans le canal central de la moelle épinière ainsi qu'à l'extérieur de celle-ci (Figure 48). Le canal central est un espace creux rempli de LCR qui descend tout le long de la colonne vertébrale. Même si la moelle épinière se termine entre la première et la deuxième vertèbre lombaire (L1-2), juste au-dessus de la taille, le LCR descend par le sacrum. Lorsqu'il atteint le bas de la colonne vertébrale, le LCR est absorbé par la circulation sanguine.

Le système nerveux central est contenu dans le cerveau et la moelle épinière. Il est immergé dans le LCR à tout moment. Elle sert de moyen de communication entre le cerveau et le système nerveux central. Les circuits réels sont constitués par la matière blanche et la matière grise (en forme de papillon) qui composent la moelle épinière. Une fois que le système nerveux central a intégré les informations du cerveau, il les transmet aux différentes parties du corps.

Le LCR est contenu dans les espaces sous-arachnoïdiens du cerveau et de la moelle épinière. Le cerveau et la moelle épinière sont protégés par trois membranes (méninges) : la pia mater, l'espace arachnoïdien et la dure-mère. La zone sous-arachnoïdienne est le tissu conjonctif situé entre la pia mater et l'espace arachnoïdien. Elle a l'aspect d'une toile d'araignée et sert d'amortisseur pour le système nerveux central, la moelle épinière et le cerveau. Plus important encore, elle sert de canal pour le LCR.

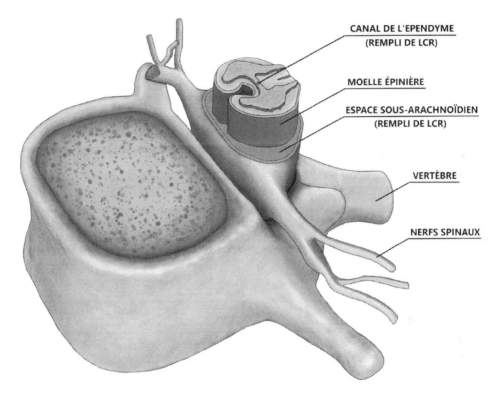

CANAL DE L'EPENDYME
(REMPLI DE LCR)

MOELLE ÉPINIÈRE

ESPACE SOUS-ARACHNOÏDIEN
(REMPLI DE LCR)

VERTÈBRE

NERFS SPINAUX

Figure 48: La Moelle Epinière (Coupe Transversale)

Le LCR peut transmettre la Lumière, les vibrations, les mouvements et les molécules. Il transporte les nutriments et les hormones vers l'ensemble du système nerveux et du cerveau. Le LCR sert à les protéger, ainsi que la moelle épinière. Il élimine également tous les déchets de ces trois parties du corps. À un niveau plus fondÂmental, le LCR régule les rythmes circadiens et l'appétit.

Le LCR est essentiel au maintien de la vitalité, de la santé et de l'équilibre du corps physique. En outre, il facilite la libre circulation de la colonne vertébrale et de la tête en assurant la mobilité.

Le LCR fournit des facteurs de croissance et de survie essentiels au cerveau, du stade embryonnaire à l'âge adulte. Il est essentiel pour la multiplication, la croissance, la migration et la différenciation des cellules souches et pour notre survie globale.

VENTRICULES DU CERVEAU

Le Troisième Ventricule (Figure 49) est une structure parfaitement centrée qui contient la Glande Pituitaire à l'extrémité avant et la Glande Pinéale à l'extrémité arrière. En son milieu se trouvent le Thalamus et l'Hypothalamus. Il s'agit du point de connexion entre les parties supérieures rationnelles du cerveau et les fonctions de survie du cerveau inférieur.

Les Anciens ont vénéré l'espace situé entre le Troisième Ventricule depuis des temps immémoriaux en raison de ses qualités Spirituelles. Les taoïstes l'appelaient le "Palais de Cristal", tandis que les Hindous le désignaient comme la "Grotte de Brahma". "Le Troisième Ventricule est essentiellement le fondement de la connexion entre l'esprit, le corps et l'Âme. Les sentiments profonds de béatitude, de paix et d'unité avec la Source prennent naissance dans le Troisième Ventricule, qui sert de portail vers la connaissance Universelle.

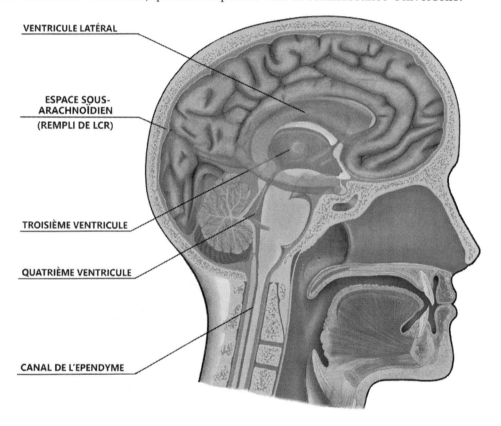

Figure 49: Le LCR et les Ventricules du Cerveau (Vue Latérale/de Côté)

La caverne du Troisième Ventricule du cerveau est l'espace qui nous donne une conscience unifiée de notre véritable essence. Nombreux sont ceux qui pensent que le Liquide Céphalo-Rachidien du cerveau transmet l'énergie de l'Esprit une fois que les

Glandes Pinéale et Pituitaire et le Thalamus sont activés. En tant que tel, le Troisième Ventricule permet la transformation de la conscience.

Le Ventricule Latéral contient deux cornes (Figure 50) qui entrent en contact avec le Lobe Frontal, le Lobe Pariétal, le Lobe Occipital et le Lobe Temporal. La corne postérieure est en contact avec les zones visuelles du cerveau.

Le Quatrième Ventricule est en contact avec le Cervelet, l'Apophyse et la Moelle. Il est situé entre le Troisième Ventricule et le canal central dans le tronc cérébral et la moelle épinière. Le LCR produit et (ou) s'écoulant dans le Quatrième Ventricule se trouve dans l'espace sous-arachnoïdien au fond du crâne, à l'endroit où le canal central pénètre dans le tronc cérébral.

Le LCR sert de véhicule pour la transmission des informations au cerveau. Il absorbe, stocke et transmet les vibrations du monde extérieur aux différents récepteurs du cerveau. Pour cette raison, toutes les zones de contrôle du cerveau, y compris la moelle épinière (système nerveux central), sont immergées dans le LCR à tout moment.

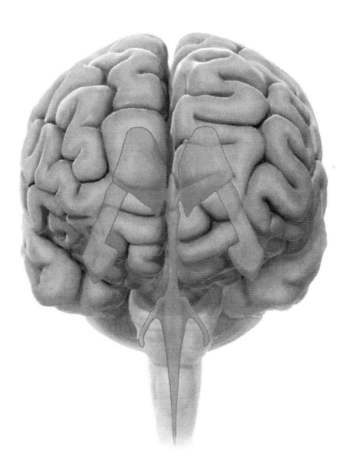

Figure 50: Les Ventricules du Cerveau (Vue de Face)

LA CSF ET L'ÉVEIL DE LA KUNDALINI

Les trois Nadis Ida, Pingala et Sushumna se rencontrent au niveau du troisième ventricule, cet espace rayonnant rempli de LCR au milieu de notre tête. Lorsque la Kundalini et les Nadis activés pénètrent dans la zone du troisième ventricule, les glandes Pinéale et Pituitaire s'électrisent par l'intermédiaire du LCR. L'éveil de la Kundalini et l'activation des Chakras se produisent à un niveau subtil, Ethérique, tandis que le LCR électrifié revigore le système nerveux et active le potentiel latent des principaux centres du cerveau.

Comme les Glandes Pinéale et Pituitaire représentent les composantes féminine et masculine du Soi, les émotions et la raison, leur activation simultanée représente l'unification des hémisphères droit et gauche du cerveau. Ainsi, le Thalamus commence à fonctionner à un niveau supérieur, facilitant l'ouverture et l'optimisation du Chakra Ajna.

La Sushumna agit par le biais du LCR dans la moelle épinière. Au point où la moelle épinière se termine entre la première et la deuxième vertèbre lombaire (L1-2), appelé Conus Medullaris, un filÂment délicat appelé Filum Terminale commence et se termine au niveau du coccyx (Figure 51). Il mesure environ 20 cm de long et est dépourvu de tissu nerveux. L'un des objectifs du Filum Terminale est de transporter le LCR vers le bas de la colonne vertébrale.

Les scientifiques pensent qu'une autre fibre minuscule traverse le canal central de la moelle épinière et est constituée de protéines condensées du LCR. Cette fibre sert de filÂment qui s'allume lorsqu'il est chargé électriquement. Étant donné que l'une des fonctions du LCR est de transporter les énergies de la lumière, il sert de conduit par lequel la Kundalini éveillée remonte la colonne vertébrale jusqu'au cerveau.

La Sushumna commence dans le coccyx et remonte le Filum Terminale jusqu'à atteindre le Conus Medullaris. Elle continue à travers la fibre dans le canal central, passe par le Quatrième Ventricule et se termine dans la zone du Troisième Ventricule, à savoir le Thalamus et l'Hypothalamus qui y est relié. Le LCR est chargé électriquement par l'énergie Kundalini éveillée, qui remonte le long de la moelle épinière, activant systématiquement les principaux Chakras jusqu'à ce qu'elle atteigne les centres cérébraux supérieurs. Le LCR est la clé des changements anatomiques qui se produisent dans le cerveau lors de l'éveil de la Kundalini. Le système nerveux se transforme également grâce à la revigoration des nerfs spinaux. Les organes sont affectés par cette infusion d'énergie Lumière, ce qui explique pourquoi tant d'individus éveillés par la Kundalini rapportent des changements anatomiques dans leur intérieur.

Lorsque la Kundalini pénètre dans le cerveau par le canal Sushumna, elle se termine dans le thalamus, le dynamisant. Simultanément, les Nadis Ida et Pingala dynamisent les Glandes Pinéale et Pituitaire. Comme Ida et Pingala se terminent dans les Glandes Pinéale et Pituitaire, leur activation crée un effet magnétique qui projette un flux d'énergie vibratoire vers le Thalamus. L'unification de ces pouvoirs masculins (Yang) et féminins

(Yin) dans le Thalamus permet une ouverture complète du Chakra Ajna, suivi du Sahasrara au sommet de la tête.

Lorsque la Kundalini atteint la Couronne, la composante "Je Suis" du Soi, le Soi Supérieur, s'éveille dans notre conscience. Le potentiel du Thalamus est maximisé, faisant de ce centre cérébral une antenne parfaite pour les vibrations extérieures. La conscience s'élargit au niveau Cosmique et, au lieu de n'absorber que 10 % des stimuli de l'environnement, elle peut désormais en ressentir la totalité.

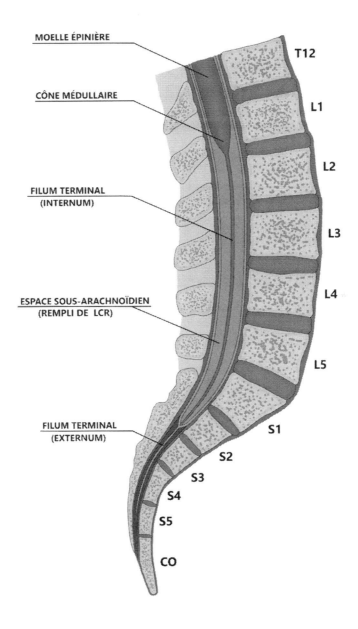

Figure 51: Conus Medullaris et Filum Terminale

MULADHARA ET KUNDALINI

LE SACRUM ET LE COCCYX

Le sacrum et le coccyx (Figure 52) jouent un rôle important dans le processus d'éveil de la Kundalini. Le sacrum, ou colonne sacrée, contient cinq vertèbres soudées. C'est un grand os triangulaire situé entre les os de la hanche et la dernière vertèbre lombaire (L5). En latin, le mot "sacrum" signifie "sacré". Les Romains appelaient cet os "os sacrum" tandis que les Grecs le nommaient "hieron osteon", la signification de ces deux termes étant "Os Sacré".

Il est intéressant de noter que le mot "hieron" en grec se traduit également par "Temple". Le sacrum était considéré comme sacré parce que dans sa concavité osseuse se trouvaient les ovaires et l'utérus des femmes. Les Anciens croyaient que les organes reproducteurs féminins étaient divins, car l'utérus est à l'origine de la création.

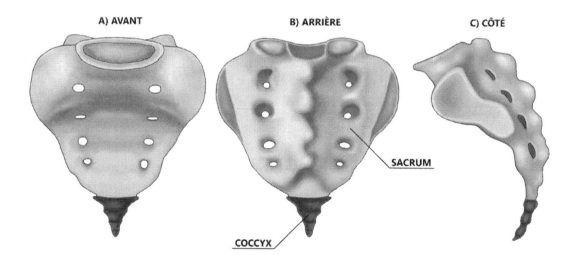

Figure 52: Le Sacrum et le Coccyx

Le sacrum est notre temple Sacré, car il abrite et protège les organes génitaux, les plexus et les centres énergétiques subtils inférieurs, qui sont tous impliqués dans l'activation du processus d'éveil de la Kundalini. Le sacrum est également responsable du pompage du LCR vers le haut, dans le cerveau. Ce fluide soutient la conscience et joue un rôle crucial dans l'activation des centres cérébraux supérieurs lors de l'éveil Spirituel.

Dans la tradition égyptienne, le sacrum était sacré pour Osiris, le dieu des enfers. Les Égyptiens croyaient que la colonne vertébrale d'Osiris, appelée pilier Djed, représentait l'énergie Kundalini dont le processus d'éveil commençait dans le sacrum. Le coccyx (os de la queue) est un autre petit os triangulaire attaché à la base du sacrum.

Comme mentionné, dans son état de potentiel, la Kundalini est enroulée trois fois et demie dans le coccyx. Muladhara Chakra, le Chakra source de l'énergie Kundalini, est situé entre le coccyx et le périnée. Lorsque l'énergie Kundalini est libérée, elle se déplace dans le tube creux de la moelle épinière comme un serpent (Figure 53), accompagnée d'un sifflement qu'un serpent émet lorsqu'il est en mouvement ou sur le point de frapper.

Par coïncidence, le coccyx est composé de trois à cinq vertèbres coccygiennes ou os spinaux fusionnés. Sur le plan physique, le coccyx est le vestige d'une queue vestigiale. Dans le contexte de l'évolution humaine, on pense que tous les humains ont eu une queue à un moment donné, comme la plupart des mammifères aujourd'hui.

Le mot "coccyx" vient du grec "coucou", car l'os lui-même a la forme du bec d'un coucou. Il est intéressant de noter que le coucou est un oiseau réputé pour le son qu'il émet et qui entraîne des changements dans la vie d'une personne. Son appel est symbolique d'un nouveau destin ou d'un événement qui se déroule dans la vie d'une personne. Rappelez-vous que le caducée d'Hermès, symbole du processus d'éveil de la Kundalini, est originaire de Grèce. Les Grecs étaient bien conscients du potentiel Spirituel du coccyx, car ils savaient qu'il abritait l'énergie transformatrice de la Kundalini.

Dans la tradition Egyptienne, le Dieu de la Sagesse, Thot (Tehuti), a une tête d'oiseau ibis avec un long bec dont la forme ressemble au coccyx. Thoth est le pendant Egyptien de l'Hermès Grec et du Mercure Romain. Ces trois Dieux ont des attributs et des correspondances presque identiques, et tous trois sont associés à l'énergie Kundalini et au processus d'éveil.

Dans le *Coran* (également orthographié Quran), le prophète Mahomet a déclaré que le coccyx ne se décompose jamais et que c'est l'os à partir duquel les humains seront ressuscités le jour du jugement dernier. Les Hébreux avaient la même idée, mais au lieu du coccyx, ils pensaient que c'était le sacrum qui était indestructible et constituait le noyau de la résurrection du corps humain. Ils appelaient le sacrum l'os "Luz" (mot araméen signifiant "noix"). Le sacrum présente un motif de fossettes qui, avec sa forme générale, ressemble à la coquille d'une amande. Dans le *Zohar,* le livre des enseignements ésotériques et mystiques Juifs, le Luz est l'os de la colonne vertébrale qui ressemble à une tête de serpent. Étant donné que le coccyx et le sacrum ont tous deux une forme triangulaire, certains rabbins estiment que c'est le sacrum qui est sacré, tandis que d'autres pensent que c'est le coccyx.

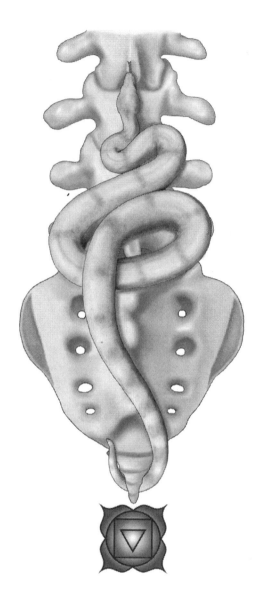

Figure 53: La Kundalini Déroulée

PLEXUS SACRÉ ET NERF SCIATIQUE

Deux autres facteurs essentiels dans le processus d'éveil de la Kundalini sont le Plexus Sacré et le Nerf Sciatique (Figure 54). Le Plexus Sacré est un plexus nerveux qui émerge des vertèbres lombaires inférieures et des vertèbres Sacrées (L4-S4). Il fournit des nerfs moteurs et sensoriels pour la partie postérieure de la cuisse, le bassin, et la plupart de la partie inférieure de la jambe et du pied.

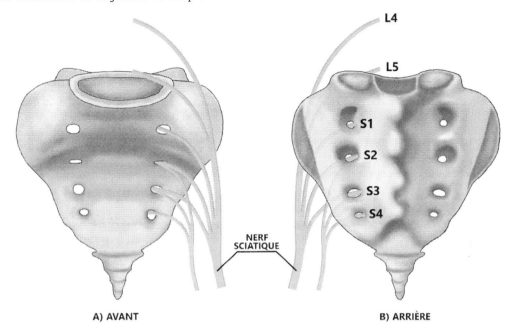

Figure 54: Le Plexus Sacré

Sous le Plexus Sacré se trouve Muladhara Chakra, situé entre le coccyx et le périnée. Le capitule de Muladhara se projette vers le bas, en direction de la Terre, et se trouve près du Plexus Coccygien. La tige Chakrique de Muladhara prend toutefois naissance entre les troisième et quatrième vertèbres Sacrées (S3-4), une partie du Plexus Sacré.

Le Plexus Pelvien est situé dans la région abdominale, juste devant le Plexus Sacré. Le Plexus Pelvien innerve les organes associés aux Chakras Swadhisthana et Muladhara, à savoir nos organes sexuels.

Il existe un lien entre les éléments Terre et Eau et la Planète Terre qui se trouve sous nos pieds. Ce n'est pas une coïncidence si nos deux Chakras Majeurs les plus bas, Muladhara et Swadhisthana, sont liés aux deux seuls Éléments passifs concernés par la réception de l'énergie. Alors que Muladhara est un réceptacle de l'énergie terrestre générée par l'Etoile de la Terre sous nos pieds, Swadhisthana est notre conteneur émotionnel, le Chakra du subconscient et des instincts.

Swadhisthana représente les émotions, y compris notre énergie sexuelle, qui alimente la créativité. Il est prouvé que l'énergie sexuelle, lorsqu'elle est tournée vers l'intérieur, a un effet transformateur sur la conscience. Dans mon expérience personnelle, je générais une énorme quantité d'énergie sexuelle par le biais d'une pratique sexuelle Tantrique que je pratiquais par inadvertance, ce qui a conduit à des orgasmes internes continus qui ont abouti à un éveil complet de la Kundalini.

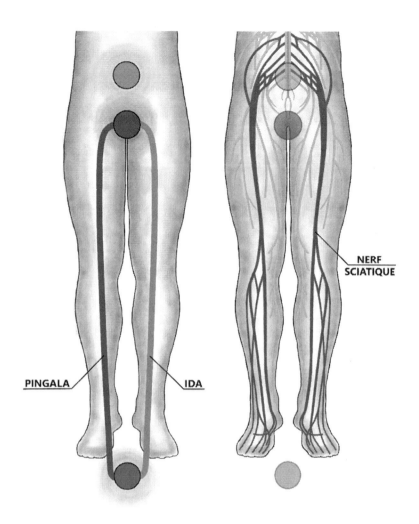

Figure 55: Les Nerfs Sciatiques et les Canaux d'Energie Dans les Jambes

Le Nerf Sciatique est le plus grand nerf périphérique du corps humain, formé par l'union de cinq racines nerveuses provenant du Plexus Sacré. Il mesure 2 cm de diamètre et traverse la cuisse et la jambe, jusqu'à la plante des pieds. Le Nerf Sciatique fonctionne comme une racine pour le système nerveux en nous reliant à la Planète Terre. Comme il y a deux jambes, elles sont traversées par deux Nerfs Sciatiques. Le Nerf Sciatique se divise en deux branches principales dans la région du genou (nerf tibial et nerf péronier commun).

Comme le Nerf Vague est une représentation physique de l'énergie de la Kundalini, les Nerfs Sciatiques sont un équivalent biologique des canaux énergétiques des jambes qui nous relient à l'Étoile de la Terre via les Chakras des pieds (Figure 55). Bien que les Nadis Ida et Pingala commencent dans le Muladhara, leur source d'énergie provient des deux courants d'énergie dans les jambes, le négatif et le positif.

Ida est attribuée au côté gauche du corps, et elle reçoit son courant d'énergie négative de la jambe gauche, tandis que Pingala traverse le côté droit du corps, recevant son courant d'énergie positive de la jambe droite. Les deux jambes transportent les énergies féminines et masculines de l'Étoile de la Terre dans le Muladhara, alimentant ainsi l'ensemble du système Chakrique avec ces deux forces. Comme nous l'avons mentionné, l'Étoile de la Terre fonctionne comme une batterie pour le Muladhara - les canaux énergétiques des jambes servent de courants négatifs et positifs qui transmettent les énergies terrestres de notre Planète.

RÉUNIR LE TOUT

Pour stimuler la Kundalini en activité et la sortir de son sommeil, nous devons créer un puissant courant énergétique dans le Muladhara, ce qui implique que de nombreux facteurs travaillent ensemble. La stimulation des Nadis Ida et Pingala commence dans l'Étoile de la Terre, la racine de notre système énergétique global, représentée par la ligne Hara. Lorsque l'étoile de la terre est dynamisée, par la méditation ou d'autres pratiques, elle projette un courant énergétique dans les canaux énergétiques des jambes via les Chakras du talon. Simultanément, le Nerf Sciatique est stimulé, dynamisant la zone du Plexus Sacré où commence la tige Chakrique de Muladhara.

Comme je le décrirai plus en détail dans la section sur la science Yogique, nous devons stimuler les deux cChakras Muladhara et Swadhisthana pour éveiller la Kundalini. La tige Chakrique Swadhisthana commence entre la première et la deuxième vertèbre lombaire (L1-2), ce qui correspond à l'endroit où la moelle épinière se termine et où le Filum Terminale commence. Le processus d'éveil de la Kundalini a beaucoup à voir avec la dynamisation du LCR, qui commence dans le Filum Terminale et traverse la moelle épinière jusqu'à ce qu'il atteigne le Troisième Ventricule et le Thalamus central et l'Hypothalamus. En dynamisant le Troisième Ventricule, les lobes cérébraux environnants sont également stimulés. L'ensemble du processus d'expansion de la puissance cérébrale implique le troisième ventricule et le LCR électrifié.

L'éveil de la Kundalini dans le Muladhara implique les cinq Prana Vayus, les cinq mouvements ou fonctions du Prana, la Force Vitale. Lorsque trois de ces Prana Vayus changent de direction pour se rencontrer dans le Hara Chakra, il se produit une activation qui entraîne la production de chaleur dans le centre du nombril. Cette immense chaleur s'accompagne d'un sentiment d'extase dans l'abdomen, comparable à une excitation sexuelle intensifiée, qui électrise alors le Nadi Sushumna, le faisant s'allumer comme une ampoule électrique. Une fois que Sushumna s'allume, la Kundalini s'éveille à la base de la colonne vertébrale. (J'expliquerai cette partie du processus plus en détail dans le chapitre "Les cinq Prana Vayus").

D'après mon expérience, la Kundalini éveillée se manifestait comme une boule d'énergie lumineuse, émanant un champ électrique de la taille d'une balle de golf. Lorsqu'elle s'éveillait, elle créait une pression dans le bas de la colonne vertébrale, qui n'était pas physique mais pouvait être ressentie malgré tout à un niveau subtil. La boule de Lumière Kundalini se déplace vers le haut, à travers le LCR, dans la moelle épinière. Simultanément, l'Etoile de la Terre génère une énorme énergie, qui est transmise vers le Chakra Muladhara via les canaux énergétiques des jambes, dynamisant ainsi les Nadis Ida et Pingala.

Au niveau physique, les testicules (hommes), les ovaires (femmes) et les Glandes Surrénales sont impliqués dans le processus d'éveil de la Kundalini puisqu'ils génèrent l'énergie sexuelle nécessaire pour alimenter Ida et Pingala et les faire monter. Ida correspond au testicule et à l'ovaire gauche, tandis que Pingala se rapporte au droit. Une fois que la Kundalini commence à s'élever à travers Sushumna, Ida et Pingala, alimentés par l'énergie sexuelle, s'élèvent dans un mouvement ondulatoire, à côté de la moelle épinière, se croisant à chacun des points Chakriques le long de la colonne vertébrale.

Lorsque la boule d'énergie lumineuse de la Kundalini atteint systématiquement chacune des tiges Chakriques, elle se combine avec les courants féminins et masculins équilibrés d'Ida et de Pingala, électrifiant et envoyant un faisceau d'énergie Lumière à travers chacune des tiges des fleurs Chakriques. Une fois que chaque tige Chakrique est infusée d'énergie Lumière, la fleur Chakrique située à l'avant du corps commence à tourner plus rapidement, éveillant pleinement chaque Chakra et optimisant son flux.

Après avoir transpercé Brahma et Vishnu Granthis et éveillé les cinq premiers Chakras, l'énergie Kundalini pénètre dans le centre du cerveau, se terminant dans le Thalamus, qui s'illumine de l'intérieur. À l'inverse, les Nadis Ida et Pingala électrifiés se terminent dans les Glandes Pinéale et Pituitaire. Une fois pleinement activées, les Glandes Pinéale et Pituitaire sont magnétisées et projettent un courant électrique qui s'unifie dans le Thalamus central en une seule source de lumière. Lorsque le Thalamus reçoit les énergies d'Ida et de Pingala, il s'illumine plus que jamais via les Glandes Pinéale et Pituitaire, car les trois principaux Nadis s'intègrent.

L'unification des Nadis Sushumna, Ida et Pingala dans le Thalamus envoie un courant d'énergie Lumière à travers la tige Chakrique de l'Ajna jusqu'à ce qu'il atteigne sa tête de fleur qui se trouve au centre des sourcils (légèrement au-dessus). Si le courant d'énergie Lumière projeté par le Thalamus est suffisamment puissant, il élargira le portail de l'Oeil de l'Esprit d'Ajna. J'ai comparé cette partie du processus au portail circulaire d'Ajna qui passe de la taille d'un beignet à celle d'un pneu de voiture. Comme je l'ai mentionné, cependant, cette partie du processus n'était pas Universelle, ce qui signifie qu'elle n'arrive qu'aux individus qui génèrent une quantité exceptionnelle d'énergie de Lumière au centre de leur cerveau, comme cela m'est arrivé.

La phase suivante du processus d'éveil de la Kundalini implique que le courant de Lumière unifié de Ida, Pingala et Sushumna Nadis s'élève à travers le cortex cérébral jusqu'au sommet, au centre de la tête. En cours de route, le Rudra Granthi est percé, ce qui est nécessaire pour l'éveil de Sahasrara, car c'est le nœud final qui lie la conscience à la dualité. (Pour en savoir plus sur les Granthis et leur rôle dans le processus d'éveil de la Kundalini, voir le chapitre "Les trois Granthis").

Si le courant de la Kundalini est suffisamment puissant lorsqu'il atteint le sommet de la tête, l'Œuf cosmique s'ouvre, ce qui entraîne le phénomène d'"électrocution", qui implique l'infusion d'énergie de Lumière dans les Soixante-Douze Mille Nadis. Cette expérience représente l'activation complète du Corps de Lumière. L'étape suivante et finale du processus d'éveil de la Kundalini consiste à ouvrir complètement le Lotus aux Mille pPétales de Sahasrara, à optimiser le champ d'énergie toroïdal de la personne et à unifier sa conscience avec la Conscience Cosmique. (La Figure 56 est une représentation symbolique du processus d'éveil de la Kundalini et de son association avec le caducée d'Hermès et la double hélice de l'ADN.)

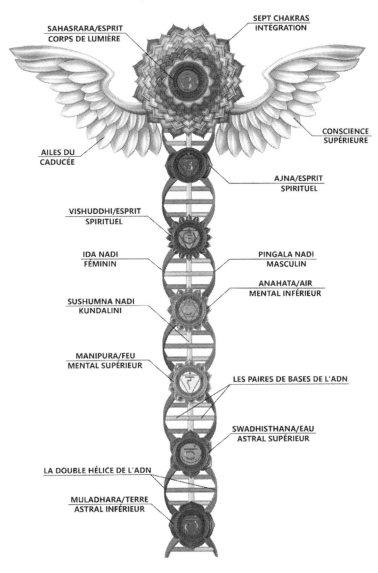

Figure 56: Kundalini/ Caducée d'Hermès/ Double Hélice d'ADN

221

LE POUVOIR DU CŒUR

L'Institut HeartMath mène depuis deux décennies des recherches sur la puissance du cœur humain. Il a déterminé que le cœur est le générateur d'énergie électromagnétique le plus puissant du corps humain. L'amplitude de son champ électrique est environ 60 fois supérieure à celle du cerveau. Le champ magnétique du cœur, quant à lui, est 5000 fois plus puissant que le champ généré par le cerveau.

Le champ électromagnétique (CEM) du cœur est de forme toroïdale (Figure 57), et il enveloppe chaque cellule du corps humain. Le champ électromagnétique de notre cœur s'étend dans toutes les directions et affecte directement les ondes cérébrales des personnes qui se trouvent à moins de deux mètres (en moyenne) de l'endroit où nous nous trouvons. Les personnes plus éloignées (jusqu'à 15 pieds) sont également affectées, mais de manière plus subtile. Le champ électromagnétique du cœur, tout comme le champ Aurique, fluctue en taille le long du plan horizontal, s'étendant et se contractant comme un organisme vivant et respirant.

Comme les découvertes de HearthMath sur le pouvoir du cœur sont relativement récentes, de nombreux chercheurs ont suggéré que le champ électromagnétique du cœur et le champ Aurique sont la même chose puisque tous deux sont de forme toroïdale et expriment nos énergies électromagnétiques. Ma conviction, formée par des recherches approfondies et la guidance Divine, est qu'il s'agit de deux champs électromagnétiques distincts mais interconnectés.

Le champ Aurique est un composite des différentes énergies subtiles qui expriment les Chakras Majeurs et Transpersonnels, qui vibrent à diverses fréquences électromagnétiques. Le champ Aurique contient également d'autres champs subtils qui nous relient aux autres êtres vivants, à la planète Terre et à l'Univers. Étant donné que le champ Aurique s'étend sur environ 1,5 à 2 mètres et que le champ électromagnétique du cœur est beaucoup plus grand, nous parlons clairement de deux choses différentes.

Je crois que le champ Aurique se trouve à l'intérieur du champ électromagnétique du cœur, et qu'ils sont les deux parties d'un tout. Le but du champ électromagnétique du cœur est d'enregistrer les vibrations de l'environnement et de les envoyer au cerveau et au reste du corps. En conséquence, les Plans Cosmiques intérieurs sont affectés, influençant les énergies Chakriques. Les Chakras, à leur tour, suscitent certaines réponses dans la conscience en fonction de leurs facultés intérieures correspondantes. Pour cette raison, le

CEM du cœur nous affecte à tous les niveaux, Spirituel, mental, émotionnel et physique. Il agit comme notre interface avec l'environnement, en envoyant des informations dans le champ aurique, qui alimente la conscience.

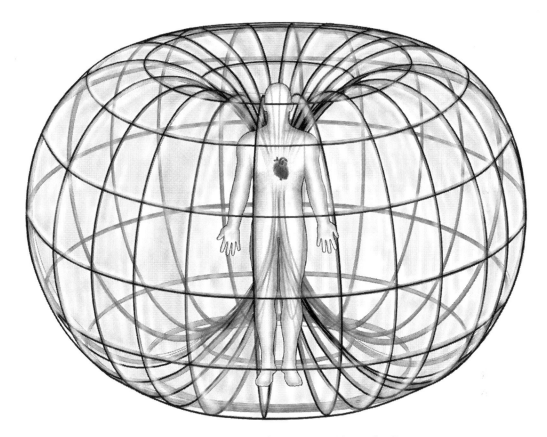

Figure 57: Le Champ Electromagnétique du Cœur

L'EMF du cœur est lié au Chakra du Cœur, qui correspond à l'Élément Air et au Plan Mental Inférieur. En raison de son emplacement, l'EMF du cœur sert d'intermédiaire entre les Plans Cosmiques supérieurs et inférieurs. Les vibrations subtiles de l'environnement sont captées et transmises aux Plans Mental et Spirituel Supérieurs, au-dessus, et aux Plans Astral et Physique, au-dessous.

Le Chakra du Cœur est le Quatrième Chakra Majeur, situé entre les trois Chakras Supérieurs de l'Élément Esprit et les trois Chakras inférieurs (feu, eau et terre). L'Élément Air est connu ésotériquement comme un intermédiaire entre l'Esprit et la Matière, comparé à la façon dont l'atmosphère contenant de l'air sépare les Cieux en haut et la Terre en bas. L'air est lié à la respiration et à l'oxygène, qui entretiennent toute la vie. Nous ne pouvons pas survivre plus de quelques minutes sans l'acte de respirer, car il est essentiel à notre survie. De cette façon, le CEM du cœur sert l'âme et l'esprit, les intermédiaires entre l'Esprit et la Matière.

CONNEXION CŒUR-CERVEAU

Au cours du développement du Fœtus, le cœur est le premier organe qui se forme - il commence à battre avant même que le cerveau ne se développe. Le cœur est la partie centrale du Moi, le fondement sur lequel le reste du corps est créé dans l'utérus. Les neurocardiologues ont déterminé que le cœur contient de nombreux éléments similaires à ceux du cerveau, ce qui permet un dialogue dynamique, permanent et bidirectionnel.

Environ 60 à 65 % des cellules cardiaques sont des cellules neuronales, un peu comme celles du cerveau. Ces 40 000 neurones sont regroupés de la même manière que les groupements neuronaux du cerveau et contiennent les mêmes ganglions, neurotransmetteurs, protéines et cellules de soutien. Le "cœur-cerveau", comme on l'appelle communément, permet au cœur d'agir indépendamment du cerveau crânien. En traitant les événements de la vie de manière émotionnelle, le cœur développe ses capacités de prise de décision et sa mémoire. Avec le temps, le cœur développe sa propre intelligence émotionnelle qui nous aide à nous guider dans la vie.

Le cœur et le cerveau communiquent de manière neurologique (par le système nerveux) et énergétique (par leurs CEM). Ils communiquent également de manière hormonale et par le biais d'ondes pulsées (biophysiquement). Les énergies vibratoires qui circulent continuellement entre le cœur et le cerveau aident à traiter les événements et les réponses émotionnelles, l'expérience sensorielle, le raisonnement et la mémoire.

Le cœur est notre principale interface avec le monde qui nous entoure et travaille à l'unisson avec le Thalamus et le cerveau. Le cerveau et le cœur sont liés à l'Esprit et à l'Âme, qui sont des partenaires dans le maintien et la gestion de la conscience. Tout comme le cerveau contient les ventricules qui canalisent l'énergie et la conscience de l'Esprit, le cœur possède également des passages subtils qui accomplissent la même chose. Si le flux harmonieux de communication de l'Esprit et de la conscience entre le cerveau et le cœur est perturbé, il peut en résulter une perte de conscience.

Notre cœur reçoit continuellement des signaux de l'environnement, mais la plupart de ces informations ne parviennent jamais à l'esprit conscient. Au lieu de cela, les données sont stockées dans le subconscient. Le subconscient est associé à 90 % de l'activité neuronale du cerveau et a un impact plus important sur notre comportement que le conscient. C'est pourquoi la plupart de nos réponses instinctives, telles que les expressions du langage corporel, sont automatiques sans que nous soyons conscients de les avoir initiées.

L'esprit conscient utilise le cortex préfrontal du cerveau pour traiter les informations. Il ne peut traiter et gérer que 40 impulsions nerveuses par seconde. En comparaison, le subconscient, qui opère à l'arrière du cerveau, peut traiter 40 millions d'impulsions nerveuses par seconde - le processeur du subconscient est 1 million de fois plus puissant que celui du conscient.

Après un éveil complet de la Kundalini, lorsque la Lumière intérieure pénètre dans le centre du cerveau et s'y localise de façon permanente, le conscient et le subconscient ne font plus qu'un, ce qui entraîne une mise à niveau permanente de l'unité centrale de traitement de l'individu. Ainsi, l'individu a un accès complet à toutes les informations lues par son CEM cardiaque, ce qui augmente sa conscience et optimise ses capacités de prise de décision.

COHÉRENCE DU CORPS

Le cœur humain est un muscle creux, de la taille d'un poing, qui bat à 72 pulsations par minute et constitue le centre du système circulatoire (Figure 58). Le cœur est situé au centre de la tête et du torse, au centre de la poitrine (légèrement décalé vers la gauche), ce qui permet une connexion optimale avec tous les organes qui alimentent le corps.

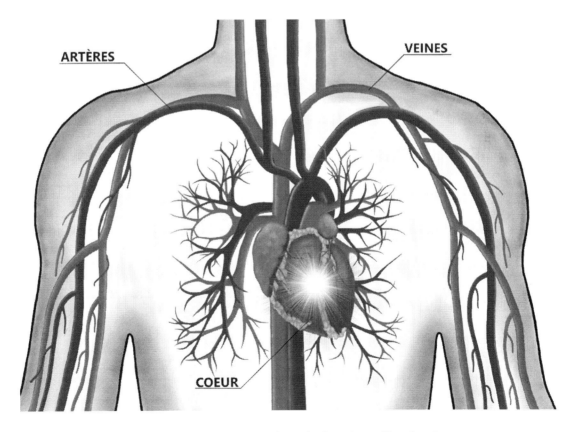

Figure 58: Le Cœur Humain et le Système Circulatoire

225

Le système circulatoire est constitué de vaisseaux sanguins (artères) qui transportent le sang vers et depuis le cœur. Le côté droit du cœur reçoit le sang pauvre en oxygène des veines et le pompe vers les poumons, où il capte l'oxygène et rejette le dioxyde de carbone. Le côté gauche du cœur reçoit le sang riche en oxygène et le pompe à travers les artères vers le reste du corps, y compris le cerveau. De tous les organes, le cerveau est l'un des plus grands consommateurs de sang riche en oxygène, et une alimentation crânienne insuffisante peut entraîner une fatigue cérébrale importante.

Le cœur a une influence considérable sur le corps physique au niveau cellulaire. Non seulement le cœur pompe l'oxygène et les nutriments vers chaque cellule du corps par le biais du système circulatoire, mais il produit également des hormones qui ont un impact sur le fonctionnement physiologique du corps et du cerveau. Comme nous l'avons mentionné, l'un des moyens de communication entre le cœur et le cerveau est hormonal, car le cœur est une glande endocrine.

Par le biais de fréquences électromagnétiques et de libérations chimiques, notre cœur entraîne les rythmes du cerveau, ainsi que les différents systèmes du corps (respiratoire, immunitaire, digestif, circulatoire, endocrinien, etc.) La cohérence corporelle est atteinte lorsque des interactions harmonieuses et équilibrées sont créées dans tous les systèmes du corps.

Si nous éprouvons des émotions positives et aimantes, une cohérence corporelle se produit, ralentissant les ondes cérébrales et équilibrant les Systèmes Nerveux Parasympathique et Sympathique. Les battements de notre cœur ralentissent et deviennent doux et équilibrés. Notre esprit devient clair, ce qui nous permet d'accéder à la lumière intérieure de notre Âme. Ainsi, notre créativité, notre imagination, notre intuition et notre inspiration sont renforcées, ce qui nous permet de puiser dans notre potentiel le plus profond en tant qu'êtres humains Spirituels.

À l'inverse, si nous ressentons des émotions négatives et craintives, notre corps perd son harmonie et le stress et l'anxiété s'installent. Nos ondes cérébrales s'accélèrent, ce qui nous rend plus vigilants. Le rythme cardiaque s'accélère également, et nous ressentons souvent des contractions rythmiques résultant du traitement de la négativité par notre esprit. Notre système nerveux sympathique prend le pas sur le système parasympathique et nous perdons le contact avec notre âme, ce qui rompt notre lien avec l'inspiration et la créativité. Notre capacité à penser est obscurcie par l'état négatif dans lequel nous nous trouvons, et nous nous fions à notre ego pour rationaliser notre existence.

Respirer par le ventre en élargissant le diaphragme (respiration diaphragmatique) est peut-être le moyen le plus utile pour neutraliser l'énergie négative et calmer l'intérieur. Cette technique de respiration yogique (Pranayama) permet de reprendre le contrôle de ses rythmes corporels et de retrouver une cohérence corporelle. La respiration diaphragmatique est une condition préalable à la méditation, qui est une autre méthode pour élever la vibration de la conscience qui optimise la santé du corps.

LE CŒUR ET LES VIBRATIONS

Selon le principe hermétique de la vibration, toutes les choses de l'Univers (y compris les organismes vivants, les pensées, les émotions, etc.) sont en état de mouvement vibratoire à un niveau subatomique. La physique quantique confirme aujourd'hui ce que les Anciens disent depuis des milliers d'années. Non seulement la matière est constituée d'énergies vibratoires, mais la vibration est la base de toute communication dans l'Univers, que ce soit oralement ou par des niveaux plus subtils - nous nous induisons tous continuellement les uns les autres par nos vibrations.

Les résonances magnétiques de la Terre vibrent à la même fréquence que nos rythmes cardiaques et nos ondes cérébrales - Comme en Haut, Comme en Bas. Tous les organismes vivants diffusent des énergies vibratoires uniques, tandis que le cœur est le récepteur qui "lit" les champs énergétiques qui nous entourent. Les CEM de notre cœur reçoivent constamment des signaux vibratoires de l'environnement, ce qui permet à nos cellules d'interagir avec le monde extérieur. L'analyse scientifique révèle que c'est le cœur, et non le cerveau, qui initie la première réponse aux informations provenant de l'extérieur. C'est pourquoi on entend souvent les gens dire : "J'aime les vibrations de cette personne", en référence à l'impression qu'ils ont reçue d'elle par le cœur.

Il est intéressant de noter qu'avec la pléthore de stimuli présents à tout moment, le cœur enregistre principalement les informations qui résonnent avec les vibrations intérieures d'une personne. Ce phénomène est une manifestation de la Loi de l'Attraction, selon laquelle les pensées et les émotions positives ou négatives entraînent des expériences positives ou négatives dans la vie d'une personne. En d'autres termes, nous vivons ce sur quoi notre esprit et notre cœur se concentrent.

Par exemple, une personne qui occupe son esprit et son cœur avec des pensées et des sentiments d'amour s'accordera aux informations de l'environnement relatives à l'énergie de l'amour. L'EMF de son cœur se concentrera sur tous les signaux de l'environnement liés à l'amour et les amplifiera. Une personne qui ne pense qu'à la peur et éprouve des émotions de peur accédera aux données de l'environnement relatives à la peur. Et même si nous pensons à ne pas penser à quelque chose, nous nous concentrons malgré tout sur cette chose, ce qui se manifeste dans notre esprit et notre cœur. Ainsi, nous enregistrons et entendons continuellement ce que nous sommes programmés à entendre.

Le cœur de chaque personne possède un modèle d'ondes électromagnétiques aussi unique que son empreinte digitale. Il contient non seulement des données sur l'état actuel du corps, mais aussi des souvenirs codés stockés dans les deux réseaux distincts de nerfs du cœur. Vous pouvez trouver la preuve du phénomène de mémoire du cœur chez les personnes ayant subi une transplantation cardiaque. Il est fréquent qu'une personne ayant reçu le cœur d'une autre personne développe des changements dans sa personnalité, ses goûts, ses aversions et ses préférences, provoqués par d'anciens souvenirs stockés dans le cœur.

LE CŒUR ET LES RELATIONS

Lorsque nous rencontrons quelqu'un, nous subissons une synchronisation cœur-cerveau avec cette personne. Notre état mental et émotionnel induit immédiatement l'autre personne puisqu'elle lit psychiquement nos intentions à un niveau énergétique. Par exemple, si nous venons d'un lieu d'amour, de vérité et de respect, le cœur d'une autre personne s'ouvrira naturellement à nous et elle nous rendra nos bonnes intentions. Si nous venons d'un lieu d'Ego, et que nos intentions ne sont pas pures, comme lorsque nous essayons de manipuler quelqu'un pour des gains égoïstes, alors l'autre personne se défendra naturellement. Son cœur restera fermé à notre égard et son cerveau prendra le relais pour essayer de rationaliser la situation.

Si nous sommes stressés et agités, nous repoussons naturellement les personnes qui nous entourent alors que nous les attirons lorsque nous sommes calmes et en paix. Les gens sont attirés par la positivité parce que nous savons intuitivement que nous communiquons continuellement par télépathie et que nous nous induisons mutuellement par nos pensées et nos émotions. Nous sommes nés avec cette connaissance, même si nous ne la reconnaissons pas avec notre Moi.

Compte tenu de la puissance électromagnétique du cœur et de l'impact de l'énergie positive et aimante sur les personnes que nous rencontrons, il n'est pas étonnant que nous ayons naturellement envie d'être sociaux et de nouer des liens avec les autres. Nous nous nourrissons et nous guérissons mutuellement lorsque nos cœurs sont ouverts et que nos intentions sont bonnes. Avec de bonnes intentions uniquement, nous pouvons traverser la barrière de l'Ego et de la personnalité et atteindre l'Âme d'un autre être humain. À l'inverse, lorsque nos intentions sont égoïstes, nous nous déclenchons mutuellement sur le plan émotionnel et pouvons causer du tort à un niveau profond. Dans ce dernier cas, l'Ego prend le dessus et il n'y a pas d'échange d'énergies de guérison de l'Âme.

Lorsque vous êtes en conflit avec quelqu'un, la meilleure façon de résoudre vos différends est de parler avec votre cœur à cette personne, qui vous rendra le plus souvent la pareille. La vérité a le don d'éliminer tous les obstacles, car elle neutralise toute énergie négative, ce qui permet d'aller au "cœur du problème", comme on dit. Lorsqu'il y a une ouverture du cœur entre deux personnes, non seulement les différences se résolvent, mais le lien d'amour entre elles se renforce. C'est pourquoi vivre avec son cœur et être honnête à tout moment permet de ne jamais avoir de regrets et de vivre avec une conscience claire.

S'isoler des autres et manquer de contact humain sur le plan physique et émotionnel est douloureux et souvent engourdissant si trop de temps passe. Nous avons besoin de connexions humaines, y compris d'amitiés et d'intimité, pour nous aider sur le chemin de notre évolution Spirituelle. Les relations romantiques sont les plus apaisantes, surtout si elles impliquent des rapports sexuels, car le sexe est l'acte physique d'unification qui crée le lien le plus puissant lorsqu'un cœur ouvert et des intentions d'amour sont appliqués.

COMPORTEMENT HUMAIN ET CAUSES ET EFFETS

Comme je l'ai décrit dans *The Magus,* si vous voulez développer un véritable pouvoir personnel, vous devez vous familiariser avec vos Démons afin de pouvoir utiliser leurs énergies de manière productive lorsque la situation l'exige. Par exemple, lorsque quelqu'un essaie de vous manipuler, vous reconnaîtrez son intention au lieu d'y être aveugle et pourrez exiger une réaction égale et opposée pour neutraliser la Loi du Karma.

Lorsque je parle de Démons, je me réfère à l'énergie négative de peur qui n'est pas de la Lumière en soi, mais qui peut faire avancer l'agenda de la Lumière. Bien que ce que je dis puisse sembler contre-intuitif (puisque beaucoup d'entre vous ont appris que les énergies démoniaques sont mauvaises), ce n'est pas le cas. L'énergie négative n'est pas quelque chose que vous devez fuir mais que vous devez chercher à apprivoiser en vous. Grâce à l'application du libre arbitre, vous pouvez facilement utiliser l'énergie négative pour obtenir un résultat positif. Ce faisant, vous donnez des ailes à vos démons, métaphoriquement parlant.

Le fait de connaître vos énergies Démoniaques vous permet de vous rendre compte quand vous êtes attaqué énergétiquement par les autres, de peser le type d'attaque et de mobiliser vos forces intérieures pour passer à l'offensive. N'oubliez pas que nous devons punir tout le mal ; sinon, nous devenons les complices du mal. La Loi du Karma exige que nous soyons vigilants et forts face à toute énergie adverse et que nous fassions preuve de sévérité lorsqu'on nous le demande. Ce faisant, nous apprenons subtilement aux autres à se comporter correctement, conformément aux lois Universelles. Nous avons tous un devoir sacré envers notre Créateur de nous traiter mutuellement avec amour et respect et de nous protéger mutuellement de tout mal.

Si nous fuyons les énergies négatives, nous ne parvenons pas à construire notre pouvoir personnel, ce qui, avec le temps, nous prive des capacités que Dieu nous a données. Chaque fois que nous ne punissons pas le mal par peur de la confrontation, cette peur s'amplifie en nous, nous coupant de plus en plus de la Lumière de notre Âme. Et comme la Loi du Karma est cyclique, nous continuons à faire face aux mêmes défis, encore et encore, jusqu'à ce que nous y arrivions.

La Loi de Moïse "Œil pour Oeil", tirée de la *Torah (l'Ancien TestÂment),* contient le principe sous-jacent selon lequel la punition doit être adaptée au crime. Elle est conforme à la Troisième Loi de cause à effet de Newton, basée sur la Loi Hermétique de Cause à Effet bien antérieure : "Pour toute action (force) dans la nature, il y a une réaction égale et opposée." La Loi de Cause à Effet est le fondement de la Loi du Karma, et elle implique essentiellement que ce que vous mettez dans l'Univers, vous le récupérez.

"On récolte ce que l'on sème", dit le dicton : si vous faites de mauvaises choses, de mauvaises choses vous arriveront, tandis que si vous faites de bonnes choses, de bonnes choses vous arriveront. Du point de vue des relations humaines, si vous êtes positif et aimant envers les autres, ils vous le rendront, tandis que si vous êtes égoïste et mauvais, les autres vous rendront la pareille. Nous sommes tous intrinsèquement chargés d'exprimer la loi de cause à effet et d'être l'effet des causes des autres.

Une maxime similaire, avec la même énergie sous-jacente, nous vient de Jésus, qui a dit : "Vous vivez par l'épée, vous mourrez par l'épée", ce qui signifie que la qualité de votre vie et les choix que vous faites déterminent le cours de votre vie. À un niveau encore plus profond, la parole de Jésus implique que vous attirez le type de vie qui correspond à la qualité de votre cœur. Si vous faites preuve de courage, de force et de force d'Âme, vous pouvez vous montrer à la hauteur de votre potentiel en tant qu'être humain Spirituel. En revanche, si vous vivez dans la peur, vous ne serez jamais satisfait de la qualité de votre vie, vous vous trouverez continuellement des excuses et vous vous sentirez victime. Et la façon la plus optimale de maîtriser l'énergie de la peur est d'y faire face au lieu de la fuir. Par conséquent, nous devons devenir des Co-Créateurs responsables avec notre Créateur et intégrer les pouvoirs Angélique et Démoniaque en nous et les maîtriser.

La phrase de Jésus "Tendre l'Autre Joue", tirée du Sermon sur la montagne (Nouveau TestÂment), fait référence à la réponse à une blessure sans se venger ni permettre davantage de mal. À un niveau plus subtil, il s'agit de pardonner les transgressions des autres et de ne pas se défendre puisque "Dieu s'en chargera". Cette phrase est devenue l'épine dorsale de la façon dont l'Église Chrétienne a enseigné à ses adeptes à se comporter. Rétrospectivement, cependant, l'Église l'a mise en œuvre pour des raisons politiques.

Il est apparu clairement que l'Église Chrétienne endoctrinait ses adeptes pour qu'ils aient le pouvoir et le contrôle sur eux, tout en n'ayant aucune répercussion sur leurs actions Maléfiques pendant une grande partie de l'Age des Ténèbres et au-delà. L'Église taxait son peuple de manière immorale et l'opprimait de toute autre manière, tout en brûlant sur le bûcher ceux qui défiaient ses lois. Elle maintenait le peuple dans l'ignorance tout en menant des guerres de religion et en détruisant des régions païennes pour les convertir de force au Christianisme.

La phrase "Tendre l'Autre Joue", utilisée à tort par l'Église Chrétienne comme une Loi Universelle, crée des personnes faibles et timides qui sont des "paillassons" dont les autres se servent, car on leur apprend à ne jamais défendre leur honneur et à ne jamais punir le mal qui leur est fait. Elle laisse toutes les actions entre les mains de Dieu, le Créateur, avec l'espoir que la justice arrivera naturellement et que nous n'avons pas besoin de participer à l'exercice de la justice.

L'Église Chrétienne a enseigné à ses adeptes que Jésus est le Sauveur, alors que les enseignements originaux de Jésus étaient que nous sommes chacun notre propre Sauveur. En d'autres termes, nous sommes des co-créateurs conscients avec le Créateur et nous avons la responsabilité de manifester la création en utilisant les pouvoirs que Dieu nous a donnés et en respectant la Loi de Cause à Effet. L'interprétation erronée de l'Église a été, une fois de plus, pour des raisons politiques, de retirer le pouvoir personnel du peuple et de se faire la seule force dirigeante.

Selon les enseignements de la Kabbale, il faut toujours maintenir un bon équilibre entre la Miséricorde et la Sévérité. Une miséricorde déséquilibrée entraîne une faiblesse d'esprit, tandis qu'une sévérité déséquilibrée engendre la tyrannie et l'oppression. Bien qu'il ait été dépeint à tort comme étant uniquement un pilier de miséricorde, Jésus a exigé la sévérité lorsque cela était nécessaire. N'oublions jamais que lorsqu'il est entré dans le Temple de Jérusalem et qu'il a vu les marchands et les changeurs de monnaie l'utiliser à des fins lucratives, il a retourné leurs tables dans un accès de rage pour faire comprendre que le Temple est un lieu Saint.

La loi de Jésus "Tendre l'Autre Joue" peut être utilisée efficacement, comme nous l'a montré le Mahatma Gandhi, qui a utilisé la non-violence pour extirper les Britanniques hostiles de l'Inde. L'idée qui sous-tend la Loi de Jésus est que l'énergie négative, lorsqu'elle est projetée, vous est renvoyée si l'autre personne devient neutre en appliquant une énergie d'amour et en pardonnant la transgression au moment où elle se produit. On est censé devenir le produit de sa propre négativité si les autres personnes neutralisent énergétiquement leur traitement immoral.

La Loi de Jésus peut obtenir l'effet désiré si la personne qui l'applique est un Être hautement évolué Spirituellement, comme l'étaient Jésus et Gandhi, qui ne se laisse pas emporter par ses émotions lorsque quelqu'un leur manque de respect. Cependant, c'est impossible pour le commun des mortels, car ses émotions sont instinctives et sa conscience fait l'expérience de la dualité. Par conséquent, le commun des mortels doit toujours trouver un équilibre entre la pitié et la sévérité et appliquer chaque force lorsque cela est nécessaire. En punissant le mal, nous maintenons l'intégrité de la Lumière dans le monde, ce qui favorise l'évolution Spirituelle de l'ensemble de l'humanité. Nous sommes tous juges, guérisseurs et enseignants les uns des autres, et ce parce que nous sommes tous interconnectés au niveau le plus profond par la puissance électromagnétique de nos cœurs.

OUVRIR LE CHAKRA DU CŒUR

Tout au long de l'histoire Ancienne, les Mystiques, les Sages, les Yogis, les Adeptes et les humains Spirituellement avancés ont considéré le cœur physique comme le centre de l'Âme. Notre Âme est notre Lumière intérieure qui nous guide et qui est liée à l'Etoile ardente de notre Système Solaire, le Soleil. Bien que l'élément feu corresponde au Chakra du Plexus Solaire, l'interaction entre les Chakras Manipura et Anahata initie la conscience Solaire. Dans la Kabbale, la conscience Solaire est représentée par la Séphira Tiphareth, dont l'emplacement se situe entre les Chakras du Cœur et du Plexus Solaire, car elle partage des correspondances avec les deux.

Le cœur physique correspond au Chakra du Cœur, Anahata, situé au milieu de la poitrine. Le Chakra du Cœur est notre centre de paix intérieure, d'amour inconditionnel, de compassion, de vérité, d'harmonie et de sagesse. C'est notre centre d'énergie de guérison qui peut être appliquée à l'extérieur par des pratiques de guérison pratiques telles que le Reiki et le Ruach Healing. L'énergie de guérison est captée dans le Chakra du Cœur,

231

mais elle est envoyée vers l'extérieur par le Chakra de la Gorge, qui est relié à des canaux énergétiques dans les bras qui rayonnent vers les Chakras de la Paume.

Le Chakra du Cœur est notre centre Spirituel par lequel nous pouvons accéder aux énergies vibratoires supérieures. Puisque le Chakra du Cœur se situe entre les Chakras Supérieurs de l'Esprit et les Chakras inférieurs Élémentaires, le large spectre de ces énergies vibratoires supérieures nous est entièrement accessible lorsque nos centres Chakriques inférieurs et supérieurs sont pleinement activés, purifiés et équilibrés. Par exemple, si les centres supérieurs sont encore relativement fermés, moins de Lumière se déversera dans les Chakras inférieurs depuis Sahasrara, les empêchant de fonctionner à leur niveau optimal. En conséquence, vous aurez accès à l'amour inconditionnel, par exemple, mais ne serez pas en mesure de le ressentir au plus profond de votre Être.

Le Chakra du Cœur est le centre des Sept Chakras Majeurs, qui harmonise nos énergies masculines et féminines. C'est le premier Chakra de la Non-Dualité, grâce auquel nous pouvons faire l'expérience du témoin silencieux qui est en nous et qui est notre Soi supérieur ou notre Saint-Ange Gardien. Le Saint-Ange Gardien réside dans Sahasrara mais peut être expérimenté par le Chakra du Cœur si Vishuddhi et Ajna sont ouverts.

Bien que Manipura (Élément Feu) soit le siège de l'Âme, si Anahata (Élément Air) n'est pas éveillé, l'Âme ne peut faire l'expérience que des énergies vibratoires inférieures de Swadhisthana (Élément Eau) et Muladhara (Élément Terre). Ainsi, l'Âme devient trop ancrée dans la Matière, atténuant sa Lumière et permettant à l'Ego de prendre le dessus. Lorsque Anahata est éveillée, l'Âme a accès à l'Élément Esprit, ce qui lui permet de subir une transformation Spirituelle si les centres Chakriques supérieurs sont ouverts.

Si nous transposons le modèle des Chakras Transpersonnels et les Sept Chakras mMajeurs, nous constatons que le Chakra du Cœur est le centre de l'ensemble du système Chakrique. Notre source d'énergie Cosmique est la Porte Stellaire, qui se rapporte à la Galaxie de la Voie Lactée qui contient notre Système Solaire parmi des dizaines de milliards d'autres Systèmes Solaires. La Voie lactée est une Galaxie Spirale, comme plus de deux tiers de toutes les galaxies observées dans l'Univers.

L'énergie Cosmique émane de la Porte Stellaire en spirale (Figure 59), englobant l'Étoile de la Terre et l'Étoile de l'Âme avant d'atteindre les Chakras Majeurs. L'ensemble de notre système Chakrique reflète notre énergie source, qui est la Porte Stellaire et la Voie lactée. Nous puisons dans cette énergie source de Cinquième Dimension par le Chakra du Cœur, au centre de la spirale.

Lorsque notre Chakra du Cœur est ouvert, nous nous souvenons de notre Divinité, qui est profondément inhérente. Nous reconnaissons également la Divinité de tous les êtres vivants qui nous entourent, y compris les autres humains, les animaux et les plantes, et nous développons une conscience d'unité. Chaque être vivant a une Âme, une cellule individuelle dans le corps d'un immense Être Cosmique qui s'exprime à travers notre Système Solaire avec le Soleil comme centre. Dans la Kabbale, nous désignons ce grand Être par le terme *Adam Kadmon*, apparenté à la Conscience Cosmique. Adam Kadmon est la somme de toutes les Âmes manifestées sur Terre en tant que conscience supérieure qui nous unit.

Figure 59: Le Centre du Chakra du Cœur

Avec un Chakra du Cœur ouvert, nous réalisons que notre existence actuelle fait partie d'une chaîne de vies sans fin, puisque nos Âmes sont Eternelles et continueront à vivre après la mort physique. Nous avons vécu de nombreuses vies différentes auparavant et nous continuerons à le faire une fois que notre corps physique aura péri. Nous sommes nés avec cette connaissance, qui nous permet de réintégrer la foi comme partie intégrante de notre existence lorsqu'elle est réactivée. Et lorsqu'on a la foi et l'amour, on subjugue immédiatement la peur puisque la peur est l'absence de foi et d'amour.

Des relations saines et équilibrées exigent que nous soyons ouverts les uns aux autres. Un Chakra du Cœur ouvert nous rend généreux et bons en paroles et en actes, car nous sommes des êtres humains Spirituels au plus profond de nous-mêmes. En faisant l'expérience de l'énergie Spirituelle à travers le Chakra du Cœur, nous développons une véritable compréhension des difficultés des autres, ce qui nous permet de devenir miséricordieux et indulgents. À l'inverse, un Chakra du Cœur ouvert nous donne le courage de faire preuve de sévérité lorsque la situation l'exige, ce que nous appelons "l'amour vache". "Si nous voyons quelqu'un s'engager dans des activités immorales qui l'éloignent du chemin Spirituel, nous voulons naturellement l'aider, ce qui nous oblige à faire preuve de miséricorde ou de sévérité, selon la situation.

En devenant Spirituels, nous apportons la joie et la félicité dans nos vies. Nous apprenons également à nous aimer et à nous accepter, dans le bon comme dans le mauvais sens, ce qui constitue le premier pas vers la transformation personnelle. Si nous nous cachons de qui nous sommes, nous perdons notre sens de l'identité, ce qui nous fait perdre le contact avec notre Âme. Nous nous identifions alors à l'Ego et ne fonctionnons qu'à travers sa conscience de bas niveau.

L'Ego représente la partie de nous qui est séparée du monde. Il manque d'empathie et s'adonne aux vices, alors que l'Âme est vertueuse puisqu'elle fait partie de l'Unité de toute l'existence. En ouvrant le Chakra du Cœur, nous retrouvons notre connexion avec l'état d'unité, ce qui active la guérison intérieure. Ainsi, tous les traumatismes personnels, y compris l'abandon, le rejet, la trahison, les abus physiques et émotionnels, commencent à être purgés pour intégrer la conscience Spirituelle dans notre cœur.

En guérissant nos énergies intérieures, nous guérissons également les problèmes du corps physique puisque les maladies sont une manifestation des blocages énergétiques du Chakra. Nous pouvons consciemment envoyer de l'énergie de guérison du Chakra du Cœur vers n'importe quelle partie du corps pour guérir tout déséquilibre. Lorsque nous rencontrons des problèmes physiques, c'est un signe que notre cœur n'est pas assez ouvert ; soit nous ne nous aimons pas assez, soit nous ne sommes pas assez aimants envers les autres. Au lieu de nous concentrer sur la maladie ou le malaise, nous devons nous efforcer de canaliser l'énergie d'amour et de devenir un phare de Lumière dans le monde.

L'ouverture du Chakra du Cœur nous permet de faire preuve de patience et de ne pas attendre de récompenses immédiates pour nos actions. La patience est un signe que la foi est entrée dans notre vie et que nous suivons un chemin plus élevé. L'intégrité, l'éthique et une boussole morale deviennent notre force directrice au lieu d'être guidés par l'Ego et ses désirs. Lorsque notre cœur nous guide, nous marchons sur le chemin de la Lumière avec notre vérité intérieure comme plus grande alliée. La sagesse intérieure s'éveille, nous éloignant de la simple logique et de la raison pour rationaliser notre existence. Au lieu de cela, nous voyons la situation dans son ensemble : notre but ultime sur Terre est d'évoluer Spirituellement et d'harmoniser nos vibrations avec la Conscience Cosmique de Dieu, le Créateur.

KUNDALINI ET EXPANSIONS DU CŒUR

Lorsque la Kundalini ouvre le Chakra du Cœur lors de son ascension, elle maximise le champ électromagnétique du cœur, qui donne l'impression que le Soi s'est étendu dans toutes les directions. L'effet immédiat est un sens accru de la perception et un éveil du son non frappé du silence.

Le son intérieur du silence est une immobilité sous-jacente comparée au bruit blanc, un bourdonnement régulier. C'est le son du néant, le vide de l'espace, qui est apaisant et relaxant lorsque nous l'écoutons. Nous nous accordons au son du silence lorsque nous sommes en profonde méditation, bien que, avec l'éveil du Chakra du Cœur, il devienne plus accessible.

Comme nous l'avons mentionné, le Chakra du Cœur est le premier Chakra de la Non-Dualité. Lorsque la Kundalini y pénètre, nous nous éveillons au moment présent, le Now. Cette expérience nous fait immédiatement sortir de notre tête et entrer dans notre cœur. Nous développons un sens plus élevé de la conscience, qui est assez transcendant au début, mais auquel nous nous habituons au fil du temps.

Si la Kundalini s'élève dans le Chakra du Cœur, mais pas plus haut, elle redescendra vers le Muladhara pour s'élever à nouveau dans le futur jusqu'à ce qu'elle perce les Chakras supérieurs et achève le processus d'éveil. Une fois que l'éveil de la Kundalini est complet et que l'énergie a pénétré le Sahasrara, le champ toroïdal de la personne est maximisé, ce qui entraîne une expansion de la conscience et un remodelage complet de l'esprit, du corps et de l'Âme. Comme le cœur et le cerveau sont des partenaires dans la gouvernance et le maintien de la conscience, une transformation des deux s'ensuit.

J'ai déjà parlé du processus d'activation du pouvoir cérébral une fois que la Kundalini s'élève de façon permanente dans sa zone centrale. Le cerveau a l'impression de s'ouvrir de l'intérieur, éveillant des parties latentes de celui-ci. Un processus complet de mise à niveau se produit dans notre unité centrale, les principaux centres cérébraux commençant à fonctionner à un niveau supérieur. Une sensation de transparence et d'apesanteur accompagne ce processus, qui donne l'impression que la tête s'est élargie dans toutes les directions.

Les expansions du cœur se produisent lorsque la félicité et l'amour intenses entrent dans le cœur. Ce n'est généralement pas un processus immédiat, car les Chakras inférieurs doivent d'abord être nettoyés. Si une personne fait l'expérience d'un éveil spontané de la Kundalini, le feu intérieur purgera naturellement les Chakras inférieurs au fil du temps, permettant à l'énergie Spirituelle de descendre dans le cœur.

Les expansions cardiaques détendent les muscles et le système nerveux, ce qui peut provoquer une sensation de nausée au creux de l'estomac et une faiblesse dans les bras et les jambes. L'EMF du cœur peut sembler très grande depuis que le concept de Conscience Cosmique n'est plus une idée mais une partie permanente de la réalité de chacun. L'Âme a l'impression de ne plus être dans le corps mais d'être présente partout. On développe une conscience et une présence accrues de l'environnement dans lequel on se trouve. Dès qu'on porte son attention sur un objet extérieur, on est absorbé par lui et on peut lire son énergie psychiquement. Ce phénomène résulte de l'expansion exponentielle de l'EMF du cœur, ce qui lui permet de recevoir un degré d'information beaucoup plus élevé de l'environnement.

L'augmentation de l'EMF du cœur provoque une transfiguration du corps, activant l'ADN latent de la personne. Au fil du temps, une fois que le corps s'est adapté aux changements intérieurs qui se produisent dans la conscience, l'EMF cardiaque se stabilise, mais fonctionne désormais en permanence à un niveau supérieur (Figure 60).

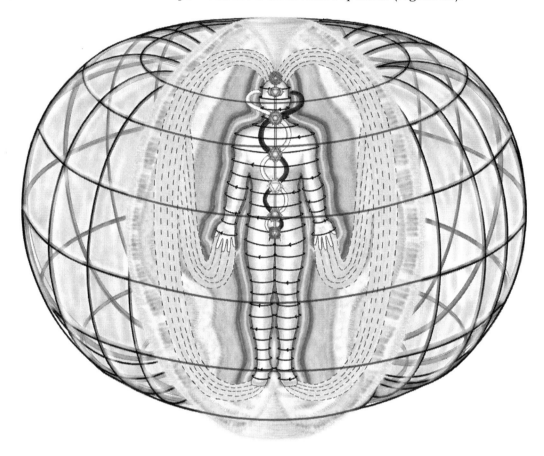

Figure 60: L'Eveil de la Kundalini et le CEM du Cœur

Le rythme cardiaque devient plus puissant à mesure que le corps et le cerveau traitent davantage d'informations et font des heures supplémentaires pour soutenir la conscience nouvellement élargie. Pendant les expansions et les mises à niveau du cœur et du cerveau, il est utile de relier son champ électromagnétique au champ énergétique de la Terre. Rester à l'intérieur de la maison peut être préjudiciable car cela nous coupe de la nature et des rayons du soleil, qui stimulent notre vitalité et la capacité de guérison du corps. Marcher pieds nus dans la nature à ciel ouvert, s'allonger dans l'herbe et se trouver à côté d'un plan d'eau sont autant d'activités bénéfiques pour prévenir la fatigue physique et favoriser un processus de transformation en douceur.

Une bonne alimentation est cruciale, car il faut intégrer des fruits et des légumes dans son régime alimentaire pour s'aligner sur les énergies de la planète. En outre, tout ce qui est naturel et biologique devrait être adopté, tandis que ce qui ne l'est pas devrait être évité.

Les stimulants tels que l'alcool et les drogues provoquent un déséquilibre du système nerveux et doivent être évités. La consommation de café doit également être modérée, même si une tasse par jour peut contribuer à l'ancrage.

La Glande Thymus joue un rôle important dans l'éveil du Chakra du Cœur et les expansions cardiaques. Comme nous l'avons mentionné, la Glande Thymus fait partie de notre système lymphatique et se trouve entre le cœur et le sternum. Lorsque le Chakra du Cœur s'ouvre, notre système immunitaire est stimulé, ce qui optimise la capacité de notre corps à lutter contre les maladies. Le corps n'a plus besoin de dépenser des réserves d'énergie supplémentaires pour se soigner mais peut utiliser cette énergie pour purifier le système Spirituel.

La Glande Thymus se réveille de manière significative pendant les expansions cardiaques, provoquant souvent une immense pression dans la poitrine. Nous pouvons soulager cette pression en tapotant simplement la Glande Thymus de façon rythmique. Lorsque le cœur connaît un afflux d'énergie Spirituelle, la relaxation et l'euphorie envahissent le corps, souvent par vagues ondulantes. La tension artérielle a tendance à baisser dans ces cas-là, tandis que les niveaux d'histamine et de sérotonine augmentent. Cette situation nous indique qu'il est temps de nous détacher de la vie quotidienne et de nous occuper de nous-mêmes et de nos besoins. Il est impossible d'attendre de nous que nous soyons à 100 % ; par conséquent, au lieu de lutter contre le processus, il est préférable de l'accepter et de s'adapter en conséquence.

Les expansions du cœur se produisent généralement par phases et peuvent durer des semaines, parfois des mois. Elles peuvent se produire une fois au cours du processus de transformation de la Kundalini, mais il est plus courant qu'elles apparaissent plusieurs fois. La phase d'équilibre du corps suit les expansions cardiaques. Le système nerveux s'équilibre en augmentant les niveaux d'adrénaline, de dopamine et de sérotonine et en augmentant la fréquence cardiaque, la pression artérielle et la glycémie.

Quoi qu'il arrive à votre corps, et peu importe où vous vous trouvez dans le processus de transformation Spirituelle, rappelez-vous toujours qu'il est préférable de s'y abandonner. Il est indispensable d'être détendu dans son esprit, son corps et son Âme au cours de ce processus, car il est inutile de le rationaliser ou de le contrôler. Un abandon complet et absolu nous aidera à atteindre la ligne d'arrivée dans le temps le plus court possible et facilitera le voyage le plus doux.

PARTIE V : MODALITÉS DE GUÉRISON DES SEPT CHAKRAS

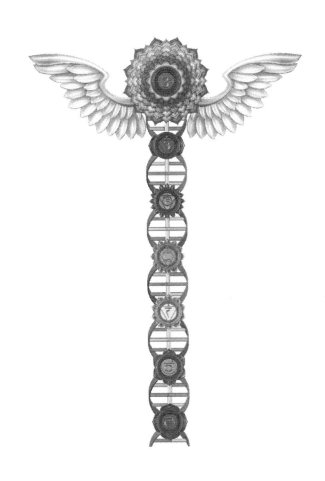

CHAKRAS MASCULINS ET FÉMININS

Le principe de genre du *Kybalion* déclare : "Le Genre est en tout ; tout a ses principes Masculins et Féminins, le Genre se manifeste sur tous les Plans". Ce principe implique que chaque être humain possède une dynamique à double énergie, une composante masculine et féminine, qui s'exprime à travers ses Sept Chakras Majeurs.

Chacun des Chakras Majeurs est associé à une énergie masculine ou féminine, représentant la qualité de leur essence. Les énergies Masculines (Yang) représentent une énergie active et projective, tandis que les énergies Féminines (Yin) représentent une énergie passive et réceptive. Ces énergies binaires sont une manifestation de Shiva et Shakti, la source Divine des principes Masculin et Féminin. En termes scientifiques, l'énergie masculine est composée de protons, tandis que l'énergie féminine est composée d'électrons.

De même, comme tous les êtres de l'Univers ont une composante masculine et féminine (indépendamment du sexe de leur Âme), il en va de même pour les Chakras. En d'autres termes, un Chakra n'est jamais entièrement masculin ou féminin, mais contient des aspects des deux. Cependant, chacun des Sept Chakras est dominant dans un genre, car il exprime un pôle positif ou négatif. Les deux pôles de genre définissent la nature et la fonction du Chakra, qui sont inversées dans le système Chakrique des Âmes masculines et féminines. Je fais la distinction entre les Âmes et les corps de genre car il n'est pas rare qu'une Âme féminine naisse dans un corps masculin dans notre société moderne, et vice versa.

La Figure 61 est un schéma qui décrit le système des Sept Chakras et ses différentes parties et fonctions. Une colonne d'énergie centrale à l'intérieur du corps canalise la Lumière et la fait aller et venir entre Sahasrara et Muladhara. Le Sahasrara se projette vers le haut, vers l'Etoile de l'Âme, tandis que le Muladhara se projette vers le bas, vers l'Etoile de la Terre.

Chaque Chakra situé entre Sahasrara et Muladhara possède une partie avant et arrière qui se projette vers l'extérieur. Lorsque le Chakra fonctionne bien, il projette plus loin, alors que lorsque son énergie est stagnante, sa projection atteint une distance plus courte. Le Chakra arrête sa rotation lorsqu'il est bloqué, et sa projection est plus proche du corps.

Utilisez le schéma de la Figure 61 comme référence pour les méthodes de guérison Spirituelle de cette section, à savoir le travail énergétique avec les baguettes de cristal et les fourchettes d'accord.

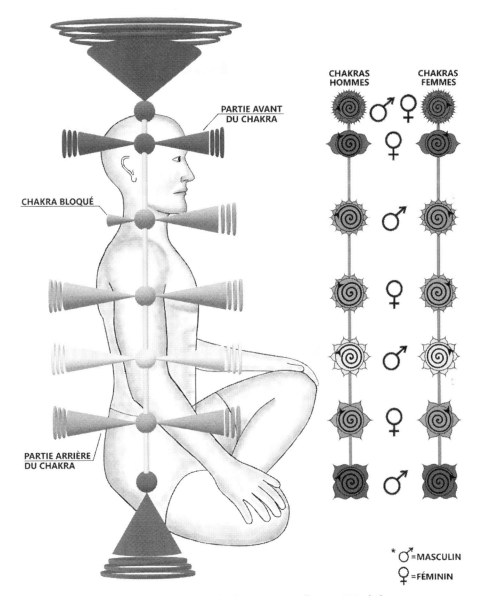

Figure 61: Les Sept Chakras Masculins et Féminins

Chaque Chakra étant une roue d'énergie tournante, il peut tourner dans le sens des aiguilles d'une montre ou dans le sens inverse, en spirale vers l'extérieur selon un angle de quatre-vingt-dix degrés par rapport au corps. Le sens dans lequel un Chakra tourne est quelque chose d'inhérent à notre personne depuis la naissance. L'origine de la rotation opposée des Chakras masculins et féminins commence dans le Sahasrara, et alterne au fur et à mesure que nous descendons dans les Chakras. En tant que tel, chacun d'entre nous est soit positif soit négatif, à dominante énergétique masculine ou féminine. Les hommes résident davantage dans leurs Premier, Troisième et Cinquième Chakras, dans lesquels ils sont dominants, tandis que les femmes opèrent à partir de leurs Deuxième, Quatrième et Sixième Chakras.

Gardez cependant à l'esprit que la direction de rotation de nos Chakras masculins et féminins n'est pas fixe. Chaque Chakra peut être en train de projeter ou de recevoir, ce qui affecte son sens de rotation. Les Chakras sont comme les rouages d'une machine où chaque roue est liée à toutes les autres. Ils fonctionnent ensemble comme les pièces d'un moteur ou d'une horloge, où chaque pièce de la machinerie affecte chaque autre composant, et tout doit être synchronisé pour que l'appareil fonctionne. De même, chaque Chakra doit tourner en douceur et à la même vitesse que tous les autres Chakras pour donner de la cohérence à l'ensemble du système énergétique.

Le défi pour les hommes et les femmes est d'équilibrer leurs Chakras en travaillant avec leurs Chakras non dominants. Nous pouvons atteindre l'équilibre Chakrique par des méthodes de guérison Spirituelle, mais aussi en tombant amoureux. Lorsque deux personnes de polarité d'Âme opposées tombent amoureuses, leurs énergies complémentaires leur permettent de réaliser l'unification de leurs polarité masculine et féminine, donnant lieu à un état de conscience supérieur. Tomber amoureux est très bénéfique pour l'évolution Spirituelle d'une personne, ce qui explique pourquoi il est si recherché dans notre société.

Qu'un Chakra soit de qualité masculine ou féminine, sa puissance est optimisée lorsqu'il passe plus de temps à tourner dans le sens des aiguilles d'une montre. Comme vous le voyez sur la Figure 61, le Chakra est dominant lorsque la rotation se fait dans le sens des aiguilles d'une montre. L'énergie est projetée vers l'extérieur dans le sens des aiguilles d'une montre, ce qui permet à la Lumière intérieure de circuler plus efficacement dans le système Chakrique. La Lumière intérieure est essentiellement ce qui alimente le Chakra - plus une personne porte de lumière, plus ses Chakras sont puissants. À l'inverse, lorsqu'un Chakra reçoit de l'énergie, il tourne dans le sens inverse des aiguilles d'une montre. Dans ce cas, sa puissance n'est pas pleinement utilisée puisqu'il puise de l'énergie dans l'environnement au lieu d'utiliser sa propre source d'énergie.

Pour que les Chakras restent sains et équilibrés, il ne faut jamais passer trop de temps à attirer l'énergie de l'extérieur, car les énergies inconnues et étrangères peuvent facilement bloquer un Chakra, surtout si elles ont une fréquence vibratoire basse. Un Chakra bloqué entraîne une stagnation du flux d'énergie de l'Aura et peut même provoquer des maladies physiques avec le temps. Inversement, projeter constamment de l'énergie vers l'extérieur sans prendre le temps nécessaire pour s'ancrer et réfléchir sur soi peut vider l'Aura de l'énergie vitale du Pranique, épuisant l'esprit, le corps et l'Âme.

Dans le cas d'un éveil complet de la Kundalini, cependant, lorsque l'individu a établi une connexion permanente avec Sahasrara, il canalise un plus grand degré d'énergie lumineuse dans ses six Chakras optimisés en dessous, ce qui lui permet d'être un guérisseur naturel pour les autres. Les individus sont naturellement attirés par les personnes éveillées par la Kundalini - on est guéri simplement en étant en leur présence.

Par ailleurs, pour entretenir des relations saines, il faut toujours donner et recevoir une quantité égale d'énergie. Nous devrions nous sentir rajeunis en passant du temps avec les autres au lieu de nous sentir épuisés. Les personnes qui prennent trop d'énergie sans rien donner en retour (qu'elles le fassent consciemment ou non) sont appelées "vampires énergétiques". Le concept de vampirisme est né de ce type d'échange d'énergie égoïste entre les personnes ; si nous sommes ouverts à l'idée de prendre l'énergie d'amour des autres, nous devrions être ouverts à l'idée de leur rendre notre énergie d'amour également.

CARACTÉRISTIQUES DES CHAKRAS EN FONCTION DU SEXE

En tant que source de l'énergie brute de la physicalité et de l'action, Muladhara, le Chakra Racine, est de nature masculine (positive) et tourne dans le sens des aiguilles d'une montre chez les hommes et dans le sens inverse chez les femmes. Chez les femmes, le Muladhara est en mode réception ; chez les hommes, il est en train de donner de l'énergie. C'est la raison pour laquelle les hommes sont généralement le sexe le plus dominant dans les activités physiques telles que le travail manuel et les sports de compétition.

Swadhisthana, le Chakra Sacré, la source des émotions, est de nature féminine (négative) ; il tourne dans le sens inverse des aiguilles d'une montre chez les hommes et dans le sens des aiguilles d'une montre chez les femmes. Swadhisthana est en mode réceptif chez l'homme et en mode projectif chez la femme. Comme Swadhisthana est plus dominant chez les femmes, il n'est pas étonnant qu'elles soient généralement les plus émotives des deux sexes.

En tant que source de la volonté, Manipura, le Chakra du Plexus Solaire, est d'énergie masculine (positive), tournant dans le sens des aiguilles d'une montre chez les hommes et dans le sens inverse chez les femmes. Manipura est en mode récepteur chez les femmes, alors qu'il donne de l'énergie chez les hommes. La dominance de Manipura chez les hommes a conduit à une obsession du pouvoir et du contrôle, comme le montre historiquement l'histoire des guerres que les hommes se sont livrées. D'un point de vue positif, l'énergie guerrière des hommes a fait d'eux le protecteur et le pourvoyeur du foyer familial depuis des temps immémoriaux.

La source de la compassion et de l'amour, Anahata, le Chakra du Cœur, est de nature féminine (négative), et il tourne dans le sens inverse des aiguilles d'une montre chez les hommes et dans le sens des aiguilles d'une montre chez les femmes. Anahata est dans l'acte de recevoir pour les hommes et dans le mode de projeter pour les femmes. Les femmes sont associées aux soins et à la prise en charge. Elles peuvent suivre le cours de la vie au lieu de contrôler toutes les facettes de leur existence. Comme les femmes dominent les Chakras du Cœur et du Sacrum, l'intimité leur est beaucoup plus accessible qu'aux hommes. La plupart des femmes sont généralement au cœur de leurs relations amoureuses, alors que les hommes luttent contre leurs sentiments.

Vishuddhi, le Chakra de la Gorge, le centre d'expression de chacun, est d'énergie masculine (positive) ; il tourne dans le sens des aiguilles d'une montre chez les hommes et dans le sens inverse chez les femmes. Comme les hommes sont dominants dans le Chakra de la Gorge, il n'est pas rare qu'ils soient plus en phase avec leur but et leur expression que les femmes, qui ont tendance à être plus introverties.

Centre de l'intuition, Ajna, l'Oeil de l'esprit, est de nature féminine (négative), et tourne dans le sens inverse des aiguilles d'une montre chez l'homme et dans le sens des aiguilles d'une montre chez la femme. Chez l'homme, l'Ajna est dans l'acte de recevoir, tandis que chez la femme, il est dans l'acte de donner. Ainsi, les femmes sont connues pour avoir des sens psychiques plus élevés que les hommes. Tout au long de l'histoire, il n'est pas étonnant que les femmes aient été les voyantes et les oracles, car elles étaient un meilleur canal pour les énergies des Plans Supérieurs.

Sahasrara est neutre du point de vue du sexe car il est la source de la Lumière Divine. Les pôles positif et négatif fusionnent en une seule énergie unifiée, ce qui fait de Sahasrara le seul Chakra Majeur qui ne soit pas duel. Chez les hommes, ce Chakra tourne dans le sens des aiguilles d'une montre, tandis que chez les femmes, il tourne dans le sens inverse. Sahasrara est la source des énergies Divine Masculine et Divine Féminine. Pour les deux sexes, Sahasrara est en train d'émettre l'énergie de la Lumière Divine et de la projeter dans les Chakras Inférieurs.

Les rôles et les désignations entre les sexes mentionnés ci-dessus ne sont en aucun cas fixes, et ne déterminent pas les forces et les faiblesses d'un être humain. De nombreux individus, hommes et femmes, ont optimisé les Chakras dans lesquels ils ne sont pas naturellement dominants et s'épanouissent dans des domaines qui sont moins courants pour les personnes de leur sexe. Le libre arbitre l'emporte sur toutes les dispositions énergétiques et les conditionnements sociaux ; avec de la concentration et de la détermination, les êtres humains peuvent devenir ce qu'ils veulent être.

ÉQUILIBRER LES CHAKRAS

Lorsqu'il s'agit de guérison Spirituelle, il est utile de savoir dans quels Chakras nous sommes naturellement dominants. Grâce à cette connaissance, nous pouvons développer nos Chakras non dominants et atteindre un meilleur équilibre dans notre système énergétique global. Après tout, la clé pour maximiser son potentiel est d'équilibrer les énergies masculines et féminines dans le corps. En gardant cela à l'esprit, lorsque vous travaillez avec les Chakras par le biais de pratiques de guérison Spirituelle, les femmes doivent se concentrer sur les Chakras masculins impairs (premier, troisième et cinquième), tandis que les hommes doivent se concentrer sur les Chakras féminins pairs (deuxième, quatrième et sixième).

Lorsqu'un Chakra est hyperactif (en excès d'énergie) ou lorsqu'un Chakra est sous-actif et déficient en énergie, nous pouvons appliquer les principes masculins et féminins pour rééquilibrer ce Chakra. Par exemple, comme le Chakra Swadhisthana a une énergie féminine, un déséquilibre dans ce Chakra signifie que la personne a une quantité excessive d'énergie féminine ou est déficiente en énergie masculine. Si la personne se sent trop émotive, elle doit appliquer de l'énergie masculine dans son Chakra sacré pour l'équilibrer. Si elle est froide, distante et déconnectée de ses émotions, elle doit utiliser l'énergie féminine.

Comme le Chakra Manipura a une qualité masculine, si l'individu ressent un excès d'énergie qui le rend agité et en colère, c'est un signe que le Chakra est hyperactif et qu'il a besoin qu'on lui applique de l'énergie féminine pour le rÂmener à l'équilibre. Inversement, si l'individu est déconnecté de sa volonté, il doit utiliser l'énergie masculine pour rétablir son équilibre.

Qu'il soit masculin ou féminin, chaque Chakra tourne dans le sens des aiguilles d'une montre lorsqu'il est suractif et dans le sens inverse lorsqu'il est sous-actif. Par conséquent, pour optimiser un Chakra, il faut trouver le bon équilibre entre ses fonctions de projection et de réception. Cependant, comme nous l'avons mentionné, pour que l'individu puisse canaliser sa Lumière intérieure, les Chakras doivent projeter l'énergie plus que la recevoir. Cela permettra de renforcer la connexion avec l'Âme.

L'ASTROLOGIE ET LES SEPT CHAKRAS

L'Astrologie est une science ancienne qui examine les mouvements et les positions relatives des Corps Célestes (planètes) dans notre Système Solaire. Pour nos premiers Ancêtres, l'Astrologie était au cœur de toutes les sciences, de la philosophie, de la médecine et de la Magick. Selon eux, l'Univers extérieur (Macrocosme) se reflétait dans l'expérience humaine (Microcosme) - Comme en Haut, Comme en Bas. Ils croyaient qu'en étudiant les Constellations d'Etoiles et les Planètes, ils pouvaient deviner les affaires humaines, guérir le corps et même prédire les événements ici sur Terre.

Les Astrologues pensent que chaque être humain est influencé par les Planètes et les signes du Zodiaque dans lesquels il se trouvait lorsqu'il est né. Ils appellent le plan de ces influences énergétiques notre Horoscope, ou Carte de Naissance. Notre Horoscope nous donne une carte des énergies qui composent notre Moi global. À la naissance, les énergies Zodiacales sont enfermées dans notre aAura, alimentant les Chakras et influençant nos désirs, nos aspirations, nos motivations, nos goûts et nos aversions, ainsi que nos tendances comportementales. Les Etoiles nous fournissent les leçons Karmiques dont nous avons besoin pour évoluer Spirituellement dans cette vie.

L'essence de l'Astrologie réside dans la compréhension de la signification des Planètes, car elles régissent les signes du Zodiaque et les Douze Maisons. En d'autres termes, les forces des Constellations d'Etoiles se manifestent à travers les Planètes. Chaque être humain est composé de différentes combinaisons et degrés d'énergie des Planètes. Les Sept Planètes Anciennes servent de relais pour la réception et la transmission des énergies Stellaires. Elles correspondent aux Sept Chakras, tandis que les Douze Signes du Zodiaque représentent les aspects masculins et féminins, diurnes (Solaires) et nocturnes (Lunaires) des Sept Planètes Anciennes (Figure 62). Par conséquent, en jaugeant notre thème de naissance, nous pouvons déterminer les caractéristiques de nos Chakras qui façonnent notre caractère et notre personnalité.

Le thème de naissance est un instantané dans le temps, un plan de qui nous sommes et de qui nous pouvons devenir. Lorsque l'on examine le thème de naissance, il faut prêter une attention particulière aux signes du Soleil, de la Lune et de l'Ascendant. Ces trois

246

signes nous donnent un aperçu extraordinaire de notre orientation Chakrique dans la vie, des forces sur lesquelles nous pouvons nous appuyer, et des faiblesses et limitations que nous pouvons améliorer et surmonter pour évoluer Spirituellement.

La répartition des éléments d'un individu dans son thème de naissance détermine également la quantité d'énergie masculine ou féminine qu'il incarne, ce qui a un impact sur sa psychologie. Cependant, son apparence physique est affectée par son Ascendant et les planètes qui se trouvent dans la première maison. Par exemple, si quelqu'un a Jupiter dans sa première maison, il peut avoir du mal à prendre du poids, alors que s'il a Mars, son corps physique sera tonique et musclé. Ces associations ont beaucoup à voir avec les Chakras dominants des planètes, qui seront étudiés en détail dans ce chapitre.

ASTROLOGIE OCCIDENTALE ET ASTROLOGIE VÉDIQUE

Depuis l'avènement de l'Astrologie, qui est aussi vieille que l'humanité elle-même, de nombreux systèmes Astrologiques ont été inventés pour étudier et diviniser les Etoiles. Cependant, les deux plus remarquables qui ont résisté à l'épreuve du temps sont l'Astrologie Occidentale et l'Astrologie Védique.

L'Astrologie Védique, Hindoue ou Indienne, autrement appelée "Jyotish Shastra" ("Science de la Lumière" en Sanskrit), est différente et plus complexe que l'Astrologie Occidentale. L'Astrologie Védique est ancrée dans les Védas et a au moins 5000 ans. Elle utilise le Zodiaque Sidéral, qui repose sur la position des Constellations d'Etoiles dans le ciel nocturne, lesquelles servent de toile de fond aux Planètes en mouvement. Des cultures Anciennes comme les Égyptiens, les Perses et les Mayas utilisaient le Système Sidéral pour prédire avec précision les événements futurs.

En revanche, l'Astrologie Occidentale est basée sur le Zodiaque Tropical, qui est géocentrique ; elle suit l'orientation de la Terre par rapport au Soleil, où les Signes du Zodiaque sont placés sur l'écliptique. L'Astrologie Occidentale est alignée sur les changements de saisons ; le Bélier est le premier signe du Zodiaque car il coïncide avec le premier jour du printemps, lors de l'équinoxe de printemps, lorsque le Soleil traverse l'équateur céleste en direction du nord. Ainsi, le Bélier commence l'année Solaire, tandis que les Poissons la terminent année après année. La plupart des pays modernes ont adopté le calendrier Tropical ou Solaire pour compter le temps en raison de sa cohérence avec les changements de saisons.

Par conséquent, l'Astrologie Occidentale évalue la naissance d'une personne en utilisant les alignements des Etoiles et des Planètes du point de vue de la Terre, et non de l'espace comme dans l'Astrologie Védique. L'Astrologie Occidentale est née dans la Grèce Antique avec Ptolémée, il y a environ 2000 ans. Cependant, elle était une continuation des traditions Hellénistiques et Babyloniennes.

Étant donné que la Terre oscille et s'incline à environ 23,5 degrés de l'équateur, elle provoque un décalage d'un degré tous les 72 ans, que nous appelons la "Précession des

Equinoxes". Cela signifie que l'équinoxe de printemps arrive 20 minutes plus tôt chaque année et un jour plus tôt tous les 72 ans. Si l'Astrologie Védique tient compte de cette variance, l'Astrologie Occidentale ne le fait pas. Ainsi, alors que l'Astrologie Védique est mobile et donne des résultats pratiquement en "temps réel" de la configuration des Constellations d'Etoiles, l'Astrologie Occidentale est fixe et ne tient pas compte de ces changements dans le ciel nocturne.

Mais c'est là que les choses se compliquent. Bien que les deux systèmes aient été alignés lors de l'avènement du Zodiaque Tropical il y a quelque 2000 ans, les dates des Signes Solaires ont changé au fil des ans en Astrologie Védique, alors qu'elles sont restées les mêmes en Astrologie Occidentale. Ainsi, par exemple, à l'heure actuelle, le Bélier commence le 13 avril (ce nombre varie) dans le Zodiaque Sidéral, tandis que dans le Zodiaque Tropical, le Bélier maintient son arrivée le 21 mars.

Par conséquent, bien que les Douze Signes Zodiacaux partagent les mêmes caractéristiques et traits de caractère, puisque leurs dates diffèrent, vous pouvez obtenir une lecture entièrement différente dans votre thème de naissance. Par ailleurs, bien qu'il ne fasse pas officiellement partie de l'un ou l'autre système, puisque sa Constellation touche l'écliptique, Ophiuchus, le "Porteur de sSerpent", a parfois été suggéré comme treizième signe Zodiacal en Astrologie Sidérale. Il se situe entre le Scorpion et le Sagittaire, du 29 novembre au 18 décembre.

Une autre différence essentielle entre les deux systèmes est que l'Astrologie Occidentale utilise les trois Planètes extérieures de notre Système Solaire, Uranus, Neptune et Pluton, comme partie du cadre planétaire. En revanche, l'Astrologie Védique (qui reflète l'Alchimie Ancienne et la Qabalah Hermétique) se concentre uniquement sur les Sept Planètes Anciennes. Cependant, elle inclut les Nœuds Nord et Sud de la Lune (Rahu et Ketu), pour un total de neuf corps Célestes (Déités), appelés les "Navagrahas" (Sanskrit pour "Neuf Planètes"). Selon les croyances Hindoues, les Navagrahas influencent l'humanité collectivement et individuellement. Par conséquent, il n'est pas rare de voir des Hindous vénérer les Navagrahas dans leurs maisons pour surmonter l'adversité ou les malheurs découlant des Karmas passés.

L'Astrologie Occidentale met l'accent sur la position du Soleil dans un signe Solaire spécifique. Dans le même temps, l'Astrologie Védique met l'accent sur la position de la Lune et de l'Ascendant (Lagna en Sanskrit). En outre, elle inclut les "Nakshatras" (Demeures Lunaires), ce qui est unique à ce système. En outre, les Douze Maisons font partie de la Carte de Naissance en Astrologie Védique, alors qu'elles sont secondaires en Astrologie Occidentale. Le Système Solaire de l'Astrologie Occidentale est sans doute plus apte à évaluer la personnalité et les caractéristiques d'une personne, ainsi que les influences planétaires sur le comportement et les perceptions. En revanche, le Système d'Astrologie Védique basé sur la Lune est plus à même de donner un aperçu de la destinée et du destin d'une personne en raison de sa précision dans la prédiction de l'avenir. En d'autres termes, l'Astrologue Occidental est plutôt un psychologue, tandis que l'Astrologue Védique est plutôt un voyant ou un devin.

Pour conclure sur ce sujet, ayant étudié l'Astrologie Occidentale toute ma vie, je peux attester de sa validité et de sa précision concernant mes propres traits et caractéristiques de personnalité et d'autres personnes que j'ai rencontrées. De plus, comme l'Hermétisme est l'influence principale de tout mon travail, je reconnais l'importance de la Lumière du Soleil et de ses effets sur la vie sur Terre et sur notre nature Spirituelle intérieure et je lui donne la priorité sur toutes choses. C'est pourquoi l'attribution saisonnière des Signes Zodiacaux a toujours eu un sens pour moi, puisque leur emplacement reflète la vie, la mort et la renaissance métaphoriques du Soleil du point de vue de la Terre.

Mon intérêt pour l'Astrologie a toujours été une forme de psychologie Transpersonnelle plutôt que de prédire les événements futurs de ma vie. En tant que telle, l'Astrologie Occidentale m'a été d'un grand secours. Cependant, si votre intérêt pour l'Astrologie est principalement une forme de divination, vous trouverez l'Astrologie Védique plus bénéfique. Cela dit, je pense qu'aucun des deux systèmes ne détient les réponses ultimes. Par conséquent, pour comprendre pleinement l'Astrologie, vous devez vous familiariser avec les deux systèmes, ce que font de nombreux Astrologues sérieux.

LES SEPT PLANÈTES ANCIENNES

Les Sept Chakras Majeurs correspondent aux Sept Planètes Anciennes de la manière suivante : Muladhara est lié à Saturne, Swadhisthana à Jupiter, Manipura à Mars, Anahata à Vénus, Vishuddhi à Mercure, Ajna à la Lune et Sahasrara au Soleil (Figure 62).

En plaçant les Planètes dans leur position Chakrique, nous obtenons une séquence presque exacte de leur ordre dans notre Système sSolaire. La seule variante est la Lune, placée en deuxième position après le Soleil au lieu d'être entre Vénus et Mars, à côté de la Terre.

Sur l'Arbre de Vie Qabalistique, la Lune est la première Séphira (Yesod) que nous rencontrons lorsque nous allons vers l'intérieur. Comme elle reflète la lumière du Soleil, elle correspond aux pensées visuelles projetées par l'Oeil de l'esprit - notre porte ou portail vers les Plans ou Royaumes Cosmiques Intérieurs. La Lune représente le Plan Astral, reflétant la réalité Spirituelle que le Soleil génère à l'autre extrémité du spectre.

Dans la symbologie Alchimique, la Lune et le Soleil ont toujours été représentés ensemble en tant que représentants des énergies féminines et masculines universelles. L'interaction des énergies du Soleil et de la Lune se trouve à la base de toute la création en tant qu'Âme et conscience - les Éléments Feu et Eau.

Par conséquent, l'emplacement des Sept Planètes Anciennes sur l'arbre Chakrique reflète presque leur disposition sur l'Arbre de Vie qQabalistique, bien qu'en sens inverse. Si nous remplaçons le Soleil par la planète Terre, nous avons ensuite la Lune, suivie de Mercure, Vénus, Mars, Jupiter et Saturne.

Comme nous l'avons déjà mentionné, la lumière du Soleil est l'origine de nos Âmes. L'association entre la Terre et le Soleil implique que la réalité Spirituelle se reflète dans la réalité matérielle et vice versa. Les deux ne sont que des aspects opposés de l'Unique.

Si le Soleil représente l'Âme, alors les Planètes sont les pouvoirs supérieurs de l'Âme qui se manifestent à travers les Chakras qui leur sont associés. Elles sont les différentes composantes du Soi intérieur et la source de toutes les vertus, morales et éthiques qui composent notre caractère. Comme indiqué dans *The Magus*, grâce à notre connexion avec les Planètes et leurs cycles autour du Soleil, nous sommes un "Microcosme parfait du macrocosme - un Mini Système sSolaire qui reflète le grand Système Solaire dans lequel nous avons notre existence physique".

Comme chacune des Sept Planètes Anciennes correspond à l'un des Sept Chakras, chaque Chakra affiche la nature de la Planète qui le gouverne. Il est utile de connaître cette association lorsque nous examinons notre Horoscope ou notre carte de naissance. La vie étant continue, le positionnement des Planètes reflète les pouvoirs nécessaires pour surmonter l'énergie Karmique des vies précédentes.

Selon le Signe du Zodiaque avec lequel une Planète était alignée au moment de la naissance d'un individu, certaines Planètes sont maléfiques, tandis que d'autres sont bénignes dans le thème de naissance. Cela est dû à la relation entre les Planètes et les souverains des Signes du Zodiaque dans lesquels elles se trouvent. Les Planètes sont fortes dans les signes de leurs amis, tandis qu'elles sont neutres dans les signes neutres. Inversement, elles sont faibles dans les signes de leurs ennemis. Ainsi, les radiations Planétaires et Cosmiques peuvent avoir un impact positif ou négatif sur les Chakras qui leur sont associés dans le Corps de Lumière. Si l'une de nos Planètes est faible dans notre thème de naissance, le Chakra correspondant sera également faible. Lorsque les Chakras sont faibles et (ou) bloqués, cela entraîne des problèmes de santé liés à ce Chakra.

Enfin, la plupart des Astrologues Occidentaux incluent les pPlanètes extérieures dans leurs modèles d'Horoscope. Ils assimilent Pluton au côté féminin du Chakra de Mars (Scorpion), Neptune au côté féminin du Chakra de Jupiter (Poissons) et Uranus au côté masculin du Chakra de Saturne (Verseau).

Les Nœuds Nord et Sud de la Lune sont souvent inclus également. Ils sont appelés Caput et Cauda Draconis en latin - la Tête et la Queue du Dragon. D'une manière générale, le Nœud Nord est lié à notre sort et à notre destin dans cette vie, tandis que le Nœud Sud est lié au Karma que nous apportons dans cette incarnation à partir de vies antérieures.

Voici la description des pouvoirs Planétaires en relation avec les Chakras qui leur sont associés. Pour un exposé plus complet des correspondances Planétaires et Zodiacales de l'Astrologie Occidentale, consultez *The Magus*. Les connaissances Astrologiques présentées ici complètent les informations sur le même sujet contenues dans mon précédent ouvrage.

Saturne/Muladhara

Saturne (Shani en Sanskrit) est la Planète qui se déplace le plus lentement dans notre Système Solaire, c'est pourquoi elle est associée aux leçons de vie liées au passage du temps. C'est la Planète de la maîtrise de soi, de la responsabilité, de la diligence et de la discipline, qui donnent une structure à nos vies. Son énergie est ancrée dans le sol, comme l'Élément Terre qu'elle représente. Saturne représente le Chakra masculin Muladhara.

Saturne nous permet de voir la vérité des choses et de nous aligner avec elle. En tant que tel, il est très concerné par l'intégrité. L'énergie saturnienne affecte notre capacité à manifester les rêves et les objectifs de notre vie, nous inspirant à prendre le monde à bras le corps. Elle affecte également nos limites et nos restrictions, nous permettant de vivre dans les contraintes de la société d'une manière saine et productive.

Saturne contient une qualité Aérienne ; il stimule l'intuition et la connaissance profonde d'une réalité supérieure qui règne sur l'Univers. Après tout, c'est la Planète de la foi et du Karma. Une forte influence de l'énergie saturnienne nous permet de donner la priorité à notre évolution Spirituelle sur les gains matériels.

En ce qui concerne le corps, Saturne régit tout ce qui est lié à notre structure physique, notamment le système squelettique, les dents, le cartilage, les glandes, les cheveux et la peau. Un manque d'énergie Saturnienne dans le Muladhara nous rendra déséquilibrés et incapables de subvenir à nos besoins. Un manque de discipline et d'ambition peut nous rendre inertes et en conflit interne, nous empêchant d'atteindre les objectifs que nous nous sommes fixés. D'autre part, si Saturne est trop présent, une personne peut devenir trop ambitieuse, égoïste, inflexible et pessimiste.

Saturne entretient une relation amicale avec Mercure et Vénus dans un Thème de Naissance, tout en étant ennemi avec Mars et neutre avec Jupiter. En outre, il régit les deux Signes du Zodiaque, le Verseau (Kumbha en Sanskrit) et le Capricorne (Makara en Sanskrit), qui sont fermes et dignes de confiance. Le Verseau représente l'énergie masculine de Saturne, tandis que le Capricorne représente son énergie féminine. Alors que le Verseau s'occupe de l'expression de la force conservatrice de la vie, le Capricorne s'occupe de la stabiliser.

Si l'un de ces deux signes est proéminent dans votre Thème de Naissance, principalement s'il se trouve être votre Signe Solaire, votre Signe Lunaire ou votre Signe Ascendant, vous devriez prêter attention au Chakra Muladhara. Les Verseaux et les Capricornes reçoivent souvent trop ou trop peu d'énergie saturnienne et ont besoin d'un travail Spirituel sur Muladhara pour l'équilibrer.

Jupiter/Swadhisthana

La Planète Jupiter (Brihaspati ou Guru en Sanskrit) est une Planète expansive et généreuse qui apporte bonne fortune, abondance et succès. Elle est liée à l'Élément Eau et représente les qualités supérieures de la conscience dont l'énergie de base est l'amour inconditionnel. Jupiter correspond au Chakra féminin Swadhisthana.

L'énergie bienveillante de Jupiter inspire la confiance en soi, l'optimisme, la coopération avec les autres et l'impulsion protectrice. L'énergie Jupitérienne développe des vertus qui façonnent notre caractère et nous relient à notre Moi supérieur. Elle nous donne un sens aigu de la moralité et de l'éthique et nous permet de nous épanouir dans la société et d'être un atout pour les autres. Jupiter instille en nous un sens de la compassion, de la pitié et de la générosité, nous rendant justes et honorables dans nos paroles et nos actions. La chance, le bonheur et la bonne santé sont tous des aspects de Jupiter. Il régit la croissance du corps physique, y compris le développement cellulaire et la préservation des tissus mous.

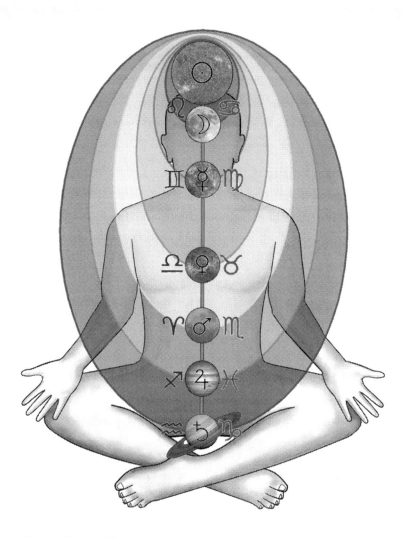

Figure 62: Positions Chakriques des Sept Planètes Anciennes

Jupiter est le professeur qui nous donne la sagesse intérieure et nous incite à développer une vision philosophique de la vie. Son énergie positive nous rend amicaux, joyeux et généralement appréciés des autres. Il nous permet de voir le positif dans toutes les situations, ce qui donne du succès dans les entreprises.

Si Swadhisthana est déficient en énergie Jupitérienne, il s'ensuit une répression des émotions et de la sexualité, ce qui affecte négativement la créativité, la confiance en soi et le sentiment d'identité personnelle. Trop peu d'énergie Jupitérienne peut nous rendre pessimistes, malhonnêtes, timides et généralement malchanceux dans la vie. Inversement, trop de Jupiter peut nous rendre aveuglément optimistes, extravagants et paresseux. L'inconvénient des choses trop faciles dans la vie est que nous ne pouvons pas développer notre force de caractère.

Dans un Thème de Naissance, Jupiter est ami avec le Soleil, la Lune et Mars, mais ennemi avec Mercure et Vénus et neutre avec Saturne. En outre, Jupiter gouverne le Sagittaire (Dhanus en Sanskrit) et les Poissons (Mina en Sanskrit), deux Signes très moraux. Le Sagittaire représente l'énergie masculine de Jupiter, tandis que les Poissons représentent son énergie féminine. Alors que le Sagittaire manifeste l'énergie créatrice de la vie, les Poissons l'expriment. Les personnes qui ont l'un de ces deux signes dans leur Thème de Naissance devraient prêter attention à Swadhisthana Chakra et à son fonctionnement. Si elles sont déséquilibrées dans leur consommation d'énergie Jupitérienne, elles peuvent avoir besoin d'un travail Spirituel pour optimiser ce Chakra.

Mars/Manipura

La Planète Mars (Mangals, Angaraka ou Kuja en Sanskrit) est le carburant de la volonté qui initie l'action et le changement. Elle représente l'Élément Feu, correspondant au Chakra masculin Manipura. Mars est la Planète de l'énergie physique qui régit la libido. C'est la source de notre pouvoir personnel qui donne force et courage à l'esprit, au corps et à l'Âme.

Mars est excitant et dynamique ; il nous donne de la force mentale et nous rend compétitifs par rapport aux autres êtres humains. De plus, étant donné qu'il s'agit de l'Élément Feu, il nous permet de construire des croyances fortes qui nous aident à trouver le but de notre vie et la motivation pour le réaliser.

Mars nous donne également de l'enthousiasme, de la passion et la capacité de relever les défis de la vie et de les surmonter par la détermination et la persistance. Il facilite la croissance intérieure et le changement nécessaire pour continuer à évoluer. L'énergie martienne est fortement axée sur la transformation intérieure puisque l'Élément Feu consume l'ancien pour faire place au nouveau.

En tant que Planète rouge, Mars régit les globules rouges et l'oxydation dans le corps. Si Manipura reçoit trop d'énergie Martienne, les individus peuvent devenir destructeurs pour eux-mêmes et pour les autres. Ainsi, ils peuvent se tourner vers la colère, la rage, la tyrannie, l'oppression et même la violence. Par conséquent, Jupiter devrait toujours équilibrer Mars - l'Ego doit être tenu en échec par l'Âme et ses aspirations supérieures. À l'inverse, si l'énergie martiale est insuffisante, on peut être intimidé, craintif, lâche, dubitatif, trop changeant dans ses croyances personnelles, manquer de passion et de dynamisme, et être généralement indifférent aux résultats de la vie.

Dans un thème de naissance, Mars a une relation amicale avec le Soleil, la Lune et Jupiter, tout en étant ennemi avec Mercure et neutre avec Vénus et Saturne. En outre, les deux signes très ambitieux et orientés vers l'action, le Bélier (Mesha en Sanskrit) et le Scorpion (Vrishchika en Sanskrit), sont gouvernés par Mars. Le Bélier représente l'énergie masculine de Mars, tandis que le Scorpion représente son énergie féminine. Alors que le

Bélier régit notre projection de vitalité, le Scorpion affecte sa préservation. Si l'un de ces deux signes est prédominant dans votre thème de naissance, vous devriez prêter attention à Manipura Chakra et vérifier son niveau de fonctionnement. Pour optimiser Manipura, vous aurez besoin d'un rayon équilibré d'énergie Martienne.

Vénus/Anahata

La Planète Vénus (Shukra en Sanskrit) est la Planète de l'amour, du désir et du plaisir. Vénus est une Planète joyeuse et bénigne qui porte chance aux amitiés et aux relations amoureuses. Elle régit notre capacité à accepter et à exprimer l'affection et à apprécier la beauté. Son énergie nous donne du sex-appeal puisqu'elle régit les arts de la séduction. Comme l'amour affecte notre niveau d'inspiration et d'imagination, Vénus alimente la pensée abstraite du cerveau droit. Elle régit les expressions artistiques telles que la musique, les arts visuels, la danse, le théâtre et la poésie.

Vénus est liée au Chakra féminin Anahata et à l'Élément Air, qui régit nos pensées. Les désirs sont soit le sous-produit de pensées à vibrations inférieures de l'Ego, soit des pensées à vibrations supérieures de l'Âme. Vénus a une affinité avec l'Élément Feu ; le désir peut facilement se transformer en passion qui alimente la créativité. Elle a également une affinité avec l'Élément Eau, car l'amour est une émotion puissante. N'oubliez pas que l'Air alimente les Éléments Feu et Eau et leur donne vie.

Comme Anahata est le pont entre les trois Chakras Élémentaires inférieurs et les trois Chakras supérieurs de l'Esprit, Vénus nous apprend à aimer sans attachement pour transcender notre individualité et fusionner avec l'Esprit dont l'essence est l'Amour Divin. L'énergie Vénusienne nous permet d'évacuer les attachements émotionnels à l'argent, au sexe et au pouvoir créés par les trois Chakras inférieurs. Cela facilite l'exploration des qualités expansives de l'Élément Esprit que nous pouvons expérimenter à travers les trois Chakras supérieurs, nous donnant des niveaux de compréhension plus profonds.

Vénus est une planète tactile, elle régit donc les organes sensoriels du corps. Une faible dose d'énergie Vénusienne dans Anahata Chakra entraîne des relations malsaines, un attachement extrême aux choses du monde, de l'auto-indulgence et des blocages créatifs. Une carence en énergie Vénusienne crée la peur de ne pas être aimé, ce qui nous rend peu sûrs de nous.

Lorsque les Chakras supérieurs sont utilisés, l'individu peut aimer inconditionnellement. Cependant, lorsque les Chakras inférieurs sont dominants, l'amour se transforme en luxure qui peut être destructrice pour l'Âme si elle n'est pas équilibrée par Mercure et ses pouvoirs de raisonnement.

Dans un Thème de Naissance, Vénus est amie avec Mercure et Saturne, ennemie avec le Soleil et la Lune et neutre avec Mars et Jupiter. En outre, les deux signes sociaux et orientés vers le plaisir, la Balance (Tula en Sanskrit) et le Taureau (Vrishabha en Sanskrit) sont gouvernés par Vénus. La Balance représente l'énergie masculine de Vénus, tandis que le Taureau représente son énergie féminine. Alors que la Balance représente notre capacité à exprimer des émotions, le Taureau régit notre réceptivité émotionnelle. Si l'un de ces deux signes est influent dans votre Thème de Naissance, soyez attentif à Anahata Chakra pour vous assurer qu'il reçoit un rayon équilibré d'énergie Vénusienne.

Mercure/Vishuddhi

Mercure (Budha en sSanskrit) est la Planète de la logique, de la raison et de la communication, correspondant au Chakra masculin Vishuddhi et à l'Élément Esprit. Puisqu'il est lié aux processus de pensée, Mercure a une affinité avec l'Élément Air ; sa désignation correcte serait Air of Spirit. Mercure régit également les voyages et le désir d'expérimenter de nouveaux environnements.

Comme Mercure régit l'intelligence, il influence la façon dont une personne pense et les caractéristiques de son esprit. Mercure tempère Vénus et donne une structure aux pensées et aux idées créatives. Les deux hémisphères du cerveau sont affectés par Mercure, bien qu'il soit dominant dans l'hémisphère gauche qui traite de la pensée linéaire par la logique et la raison.

Mercure régit le cerveau, les nerfs et le système respiratoire. Comme il régit la communication verbale et non verbale, comme le langage corporel, Mercure affecte notre capacité à exprimer nos pensées. Une forte influence de Mercure nous donne une bonne mémoire et d'excellentes capacités d'expression orale et écrite. Il fait de nous des conteurs captivants et des négociateurs habiles et rusés. Comme il régit la voix, il nous donne le pouvoir de parler et de nous produire en public.

Mercure reflète la façon dont nous voyons, entendons, comprenons et assimilons les informations. Une énergie Mercurielle trop faible rend le Vishuddhi inactif, nous fermant aux informations intuitives subtiles qui nous sont transmises par les Chakras supérieurs. Les personnes qui ont une faible énergie Mercurielle perdent la capacité d'exprimer leur vérité intérieure, ce qui leur fait perdre le contact avec la réalité et vivre dans l'illusion.

Une déficience de l'énergie Mercurielle se traduit souvent par une mauvaise prise de décision, car nous devons réfléchir intelligemment avant d'agir. De même, si nous ne parvenons pas à équilibrer nos émotions avec la logique et la raison, un comportement névrotique peut s'ensuivre. Notre capacité à planifier les choses dans notre esprit affecte notre capacité à manifester nos objectifs et nos rêves et à obtenir des résultats fructueux.

Inversement, trop de Mercure peut rendre les individus sarcastiques, argumentatifs, manipulateurs, et trop critiques envers eux-mêmes et les autres. Les mensonges et la tromperie indiquent un Mercure déséquilibré, qui bloque Vishuddhi Chakra alors que dire la vérité l'optimise.

En Astrologie, Mercure entretient une relation amicale avec le Soleil et Vénus, tout en étant ennemi avec la Lune et neutre avec Mars, Jupiter et Saturne. En outre, Mercure gouverne les deux signes très communicatifs que sont les Gémeaux (Mithuna en Sanskrit) et la Vierge (Kanya en Sanskrit). Les Gémeaux représentent l'énergie masculine de Mercure, tandis que la Vierge représente son énergie féminine. Alors que les Gémeaux sont impliqués dans l'expression des idées, la Vierge régit notre réception des impressions. Faites attention à Vishuddhi Chakra si vous avez l'un de ces deux signes dans votre thème de naissance. Il indique l'utilisation de l'énergie Mercurielle et le besoin d'équilibre de ce Chakra.

La Lune/Ajna

La Planète Lune (Chandra en Sanskrit) est la planète des instincts, des illusions et des émotions involontaires projetées par le subconscient. Elle a une grande influence sur les capacités mentales supérieures telles que l'introspection, la contemplation, l'auto-exÂmen et l'intuition, car elle reflète les pensées et les émotions profondes. La Lune affecte nos perceptions de la réalité puisque tout ce que nous absorbons doit passer par le subconscient. Son influence affecte les cinq sens : la vue, l'ouïe, le goût, l'odorat et le toucher.

La Lune correspond au Chakra féminin Ajna et à l'Élément Esprit. Cependant, elle est affiliée à l'Élément Eau - sa désignation correcte serait Eau de l'Esprit. Ajna est intimement lié à Swadhisthana, car tous deux exercent les fonctions du subconscient qui contrôlent les émotions volontaires et involontaires.

La Lune régit la nuit comme le Soleil régit le jour. Elle régit les rêves, en donnant de la clarté aux images visuelles. En tant que telle, elle a un impact sur notre imagination et notre pensée créative. La Lune est nourricière et a une forte influence sur la croissance, la fertilité et la conception. Elle est très changeante ; à un moment, nous pouvons être froids et distants alors que nous sommes sous le contrôle de la Lune, et le moment suivant, nous devenons intensément passionnés.

Dans l'Horoscope, le Signe Lunaire reflète notre moi intérieur, émotionnel, et est le deuxième en importance après le signe solaire. De même que le Soleil est l'expression de notre caractère, la Lune exprime notre personnalité. Comme elle régule le flux et le reflux de toutes les masses d'eau, la Lune régit tous les fluides corporels et affecte les fluctuations des émotions.

La Lune est notre noyau intérieur qui éprouve des réactions émotionnelles aux stimuli de l'environnement. Comme elle représente le subconscient, la Lune est la partie de notre personnalité que nous pouvons trouver dérangeante chez nous. Elle donne lieu à des fantasmes et des rêveries étranges, souvent immoraux, et suscite des réactions instinctives comme la haine et la jalousie. D'autre part, la Lune affecte également notre appel à la spontanéité et notre désir de plaisirs sensuels. En tant que deux planètes féminines, la Lune et Vénus ont une affinité.

Si le Chakra Ajna d'une personne est déficient en énergie Lunaire, ses pensées visuelles deviennent floues et peu claires, ce qui a un impact négatif sur l'imagination, la créativité et le niveau d'inspiration. Un Chakra Ajna faiblement alimenté coupe la connexion avec l'intuition et les émotions profondes, laissant la peur et l'anxiété prendre le dessus. L'individu n'est plus guidé intérieurement, ce qui le rend incapable de tirer des leçons des expériences de la vie, d'où un sentiment général de désespoir et de dépression. Une faible énergie Lunaire dans le Chakra Ajna a également un impact négatif sur les rêves, qui deviennent ternes, flous et obscurs. Une méthode efficace pour recevoir l'énergie Lunaire est de passer du temps à l'extérieur lors d'une pleine Lune.

En Astrologie, la Lune est amie avec le Soleil et Mercure et neutre avec Vénus, Mars, Jupiter et Saturne. Elle n'a pas d'ennemis. La Lune gouverne le signe intuitif et sensible, le Cancer (Kataka en Sanskrit), qui est d'une qualité énergétique féminine. Si le Cancer est proéminent dans votre thème de naissance, prêtez attention au Chakra Ajna et à son fonctionnement. Il peut être nécessaire d'équilibrer le rayon d'énergie Lunaire par des pratiques de guérison Spirituelle.

Le Soleil/Sahasrara

La Planète Soleil (Surya en Sanskrit) est la planète de l'imagination, de l'inspiration, de la Spiritualité et de la transcendance. Le Soleil est la source d'énergie Pranique qui donne vie, Lumière et chaleur à tous les êtres vivants de notre Système Solaire. Toutes les Âmes de notre Système Solaire émanent du Soleil et dépendent de lui pour leur subsistance.

Le Soleil correspond au Chakra Non Dual Sahasrara et à l'Élément Esprit. Comme le Soleil est la source de Lumière de notre Système Solaire, Sahasrara est notre source de Lumière Chakrique. La Lumière Blanche est notre source d'Unité, de Vérité et de Sagesse Universelle. Elle représente l'esprit conscient, alors que la Lune représente le subconscient.

Le Soleil génère non seulement de la Lumière mais aussi de la chaleur. Il est donc affilié à l'Élément Feu ; sa dénomination correcte est Feu de l'Esprit, ce qui implique que, bien qu'il soit au-delà de la dualité, il a une propension au principe projectif, masculin.

L'énergie de l'amour génère une chaleur calme et régulière, dont l'essence est la Lumière Blanche. Par conséquent, lorsque nous utilisons le terme "Conscience Cosmique", nous faisons référence à la conscience du Soleil, source d'Amour, de Lumière, de Vie et de Félicité Divine de notre Système Solaire.

Le Soleil est l'expression fondÂmentale de l'identité de l'individu - le Moi. En tant que tel, il est l'influence la plus critique de notre Horoscope. Il représente qui nous sommes et l'essence de notre Âme. Par conséquent, le Signe Solaire est notre énergie fondatrice qui influence notre caractère et nos aspirations les plus élevées.

Le Soleil donne d'excellentes capacités de leadership. Il gouverne le cœur, régulant notre système circulatoire. Le Soleil nous donne également la vitalité, l'harmonie et l'équilibre, car il équilibre toutes les énergies opposées dans le corps. Si nous manquons de l'énergie du Soleil, nous rencontrons des blocages dans le Sahasrara, ce qui affecte négativement l'ensemble de notre Système Chakrique. De faibles niveaux d'énergie Lumière dans le Système Chakrique ralentissent la rotation des Chakras, manifestant des problèmes mentaux, émotionnels et physiques.

La façon idéale de recevoir l'énergie solaire est de passer du temps à l'extérieur par une journée ensoleillée et de permettre aux rayons du soleil de nourrir vos Chakras, en alimentant votre Aura en énergie Pranique. Le Soleil est la source de batterie de notre système énergétique ; sans lui, nous péririons. Un éveil complet de la Kundalini optimise le Sahasrara Chakra, maximisant notre connexion avec le Soleil, nous permettant d'accéder au plein potentiel de notre Signe Solaire.

Dans le Zodiaque, le Soleil a une relation amicale avec la Lune, Mars et Jupiter, alors qu'il est ennemi avec Vénus et Saturne et neutre avec Mercure. Le Soleil gouverne le signe de l'autorité, le Lion (Simha en Sanskrit), dont l'énergie de base est de qualité masculine. Le Cancer et le Lion, les signes de la Lune et du Soleil, représentent la polarité de base de l'esprit en termes d'émotions et de raison, le subconscient et le conscient. Remarquez si vous avez le Lion dans votre Thème de Naissance et comment l'énergie Solaire affecte le Sahasrara Chakra. Vous pourriez avoir besoin d'une guérison Spirituelle pour équilibrer votre courant Solaire et optimiser ce Chakra essentiel.

GUÉRISON SPIRITUELLE ET ÉVOLUTION

Alors que nous entrons dans l'Ere du Verseau, l'évolution Spirituelle (Figure 63) est devenue de la plus haute importance pour l'humanité. Depuis l'avènement d'Internet et du libre partage de l'information, notre conscience collective a évolué pour comprendre que Dieu n'est pas à l'extérieur de nous mais à l'intérieur. En conséquence, les questions existentielles relatives à notre but dans la vie et à la manière d'atteindre un bonheur réel et durable ont pris le pas sur notre quête de richesses matérielles.

Les grandes religions du monde sont devenues obsolètes, comme toutes les religions le sont après un certain temps. Elles n'apportent plus de réponses à la nouvelle génération d'humains, et beaucoup cherchent d'autres méthodes et techniques Spirituelles pour se connecter à Dieu, le Créateur. Indépendamment de la religion dans laquelle ils sont nés, les gens sont ouverts à l'idée d'essayer des pratiques de guérison Spirituelle nouvelles et anciennes, pour autant que ces pratiques donnent les résultats qu'ils recherchent.

Entrant dans la catégorie des "modalités de guérison", ces techniques thérapeutiques alternatives visent à équilibrer l'esprit, le corps et l'Âme de manière intégrative tout en favorisant l'évolution Spirituelle. Elles sont donc très attrayantes pour les personnes Spirituelles et celles qui recherchent des méthodes alternatives pour traiter les problèmes aux niveaux énergétique et corporel.

Même si nous avons tous la même base énergétique, nous avons des inclinations différentes. Certains d'entre nous sont attirés par certaines pratiques de guérison Spirituelle, tandis que d'autres sont repoussés par d'autres. Notre énergie Ancestrale a beaucoup à voir avec cette propension, tout comme notre conditionnement environnemental. C'est pourquoi, au cours des quatre dernières années, mon objectif a été de présenter les modalités de guérison Spirituelle Occidentales et Orientales les plus optimales dans *Serpent Rising* et *The Magus*. Je voulais offrir aux gens des options et leur donner les instructions les plus pratiques pour appliquer ces pratiques Spirituelles dans leur vie quotidienne.

Avant d'aborder la science et la philosophie du Yoga, je souhaite me concentrer sur d'autres pratiques Spirituelles qui recalibrent les principaux Chakras. En guérissant les Chakras en profondeur, vous optimisez leur flux d'énergie, maximisant ainsi la quantité d'énergie Lumière que l'Aura peut contenir. Plus la Lumière est présente, plus la vibration de la conscience est élevée, ce qui améliore la qualité de l'esprit, du corps et de l'Âme et favorise l'évolution Spirituelle.

Les quatre modalités de guérison sur lesquelles je vais me concentrer dans cette section sont les Pierres Précieuses (Cristaux), les Diapasons, l'Aromathérapie et les Tattvas. Ce sont les modalités de guérison avec lesquelles j'ai trouvé le plus d'intérêt à travailler et à apprendre au cours de mon voyage Spirituel, et celles qui ont eu l'impact le plus significatif sur moi. Les autres méthodes de guérison comprennent, sans s'y limiter, le Reiki, l'Acupuncture, le Qigong, le Tai Chi, la Réflexologie, le Biofeedback, le Ruach Healing, la Régression dans les Vies Antérieures, l'Hypnose, la Méditation Transcendantale et la Programmation Neuro-Linguistique.

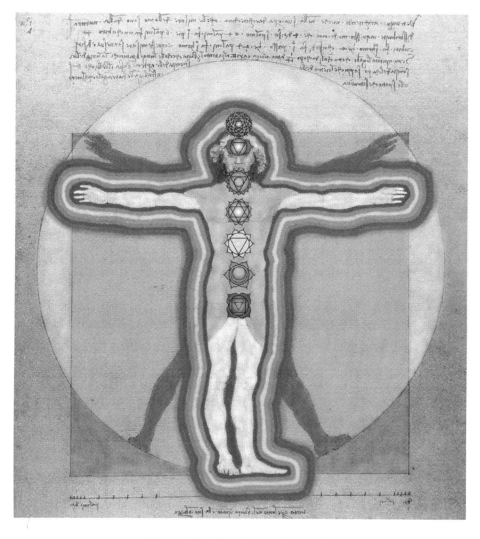

Figure 63: L'Evolution Spirituelle

260

PIERRES PRÉCIEUSES (CRISTAUX)

Formées au cœur de la Terre au cours d'Eons de temps, les Pierres Précieuses (Cristaux) renferment d'intenses concentrations d'énergie. Leur utilisation thérapeutique remonte à environ 5000 ans ; les anciens textes Chinois sur la médecine traditionnelle mentionnent les Pierres Précieuses, tout comme les textes Ayurvédiques de l'Inde. Nous trouvons des preuves de l'utilisation des Pierres Précieuses avant même que l'histoire ne soit écrite - même la *Sainte Bible* contient plus de 200 références aux Pierres Précieuses et à leurs propriétés curatives et protectrices.

De nombreuses Civilisations et Traditions Anciennes, dont les Olmèques de Méso-Amérique et les Égyptiens, utilisaient des Pierres Précieuses dans leurs sites sacrés, où nous avons trouvé des preuves de la production et de la manipulation d'énergie. La pratique de l'utilisation des Pierres Précieuses pour guérir l'esprit, le corps et l'Âme et protéger l'Aura des influences énergétiques négatives se poursuit aujourd'hui puisqu'elles sont toujours utilisées comme une forme de guérison alternative par les praticiens Spirituels.

Une Pierre Précieuse est une Pierre Précieuse ou semi-précieuse produite par la nature, trouvée dans des formations rocheuses. Elles sont l'ADN de la Terre et contiennent des enregistrements du développement de la Terre sur des millions d'années. La plupart des Pierres Précieuses sont des Cristaux minéraux - des pierres semi-précieuses qui sont plus répandues dans la nature que les Pierres Précieuses. Pour clarifier, les Pierres Précieuses (Rubis, Saphir, Diamant et Emeraude) sont considérées comme des Pierres Précieuses mais pas comme des Cristaux, alors que tous les Cristaux existants peuvent être qualifiés de Pierres Précieuses. Il existe également certaines matières organiques occasionnelles qui ne sont pas des minéraux (Ambre, Jais, Corail et Perle) mais qui sont également considérées comme des Pierres Précieuses. En raison de leur rareté, de leur couleur et de leur composition, les Pierres Précieuses sont beaucoup plus chères sur le marché que les pierres semi-précieuses.

La "Guérison par les Cristaux" est le terme utilisé dans la communauté Spirituelle pour l'utilisation thérapeutique des Cristaux - les pierres précieuses semi-précieuses. Les molécules de nombreux Cristaux sont disposées de manière à créer un motif géométrique, ce qui en fait d'excellents générateurs et conducteurs d'énergie pour les séances de guérison. Une séance de guérison peut avoir des effets positifs qui durent plusieurs jours, notamment une conscience accrue, une paix et un calme intérieurs, une intuition, une empathie et des capacités intellectuelles accrues, ainsi qu'un sentiment d'amour et d'acceptation de soi et des autres.

Les Pierres Précieuses sont généralement faciles à utiliser, ce qui les rend très attrayantes pour les débutants dans le domaine de la guérison Spirituelle. Cependant, il faut bien comprendre les correspondances de chaque pierre pour en tirer le meilleur parti, car de nombreuses pierres sont liées à plusieurs Chakras. Pour cette raison, il n'est pas rare de voir des auteurs sur ce sujet présenter des relations incohérentes entre les Pierres et les Chakras.

Comme nous l'avons mentionné, il existe des centaines de Pierres Précieuses, et chacune d'entre elles possède une vibration unique et des propriétés énergétiques spécifiques déterminées par sa couleur et d'autres facteurs. En apprenant à connaître les différentes variétés de Pierres Précieuses et leurs applications, vous pouvez exploiter pleinement leur potentiel de guérison. La médecine énergétique par les Pierres Précieuses utilise la force de guérison inhérente au corps pour nourrir et guérir les énergies de l'Aura. Lorsqu'elle est placée sur le corps, la vibration du Cristal induit la gaine du Corps Astral Inférieur (corps éthérique) - le Corps Subtil le plus bas et le plus dense après le corps physique et celui qui nous relie aux Corps Subtils supérieurs des Éléments Eau, Feu, Air et Esprit.

Le corps physique et le Corps Astral inférieur sont liés à l'Élément Terre - le point de contact permettant aux énergies Cristallines de pénétrer dans notre Aura. Extraits des profondeurs de notre Planète, tous les Cristaux ont une composante terrestre, même si leurs propriétés se rapportent à d'autres Éléments. C'est pourquoi le travail sur les Cristaux est très efficace pour traiter les affections liées au corps physique. Cependant, bien que nous puissions utiliser les Cristaux et autres pierres pour soigner des problèmes mentaux, des troubles émotionnels ou des maladies aiguës, leur but ultime est de nous aider à atteindre notre plus haut potentiel en tant qu'êtres humains Spirituels.

Comme nos Chakras vibrent à une fréquence spécifique, nous sommes naturellement réceptifs aux vibrations des Pierres Précieuses puisque nous pouvons aligner nos vibrations sur les leurs. Les Pierres pPrécieuses ont l'effet vibratoire le plus puissant lorsqu'elles sont placées directement sur le corps dans les zones qui correspondent aux Chakras Majeurs. L'énergie émise par la Pierre Précieuse affecte directement le Chakra, éliminant ainsi les blocages ou les stagnations qui s'y trouvent. Ainsi, les Chakras retrouvent leur fonctionnement optimal, ce qui, à son tour, facilite la libre circulation de l'énergie dans les Nadis. En substance, c'est ainsi que fonctionne la pratique de la guérison par le Cristal.

L'utilisation des Pierres Précieuses ne commence pas et ne se termine pas avec la guérison Spirituelle, cependant. Nous pouvons également incorporer des Pierres pour renforcer le pouvoir d'autres modalités de guérison énergétique et même nous aider à manifester un désir ou un objectif. Par exemple, si vous voulez un coup de pouce énergétique pendant la méditation, il suffit de tenir une pierre dans votre main avec les propriétés correspondantes que vous essayez d'induire dans votre Aura. Ou, si vous désirez attirer l'amour romantique ou voulez un nouveau travail ou une carrière, vous pouvez concevoir un rituel où vous infusez votre intention dans une Pierre Précieuse avec des propriétés qui peuvent attirer ces choses à vous. En fait, puisqu'ils sont liés à l'Élément Terre, les cristaux sont des outils puissants pour aider à la manifestation.

Les Pierres Précieuses sont essentiellement comme des piles dotées de différentes propriétés que nous pouvons utiliser de diverses manières. Un autre exemple de leur utilisation est d'ajouter une protection à une pièce ou d'y infuser une énergie positive, pour en faire un espace sacré. Pour élever la vibration d'une zone, placez des Pierres Précieuses aux propriétés spécifiques dans certaines parties de la pièce, notamment dans les coins ou devant une fenêtre où la lumière entre. Toutefois, faites attention avec le Quartz Clair devant une fenêtre car il concentre les rayons du Soleil et peut déclencher un incendie.

En plaçant diverses Pierres Précieuses autour d'un espace, on crée un motif énergétique en forme de grille qui les relie, diffusant de l'énergie dans les deux sens pour produire les effets désirés et influencer tous ceux qui entrent dans cet espace. Cette utilisation des Pierres Précieuses existe depuis des temps immémoriaux, c'est pourquoi nous les trouvons placées stratégiquement dans de nombreux sites anciens de diverses cultures et traditions.

Bien que les Pierres Précieuses aient de nombreuses utilisations, dans cette section, nous nous concentrerons principalement sur la guérison Chakrique et l'utilisation des cristaux pour aider au processus d'évolution Spirituelle. Rappelez-vous qu'en guérissant l'énergie d'une personne à un niveau profond, son état mental, émotionnel et physique s'améliore et sa capacité à manifester la vie qu'elle désire.

FORMATIONS ET FORMES DU CRISTAL

Les Cristaux peuvent être trouvés sous de nombreuses formes, avec de nombreuses formations naturelles telles que les Géodes, les Amas, les Cristaux de forme libre, et d'autres que les humains ont extraites et taillées dans des formes spécifiques (Figure 64). Les Géodes sont des formations rocheuses arrondies qui exposent un bel intérieur cristallin une fois qu'elles sont cassées en deux. Les Amas, quant à eux, sont des groupes de Cristaux extraits des Géodes. Chaque Amas est spécial et unique, ce qui fait qu'il n'y a pas deux Amas identiques.

Les Géodes et les Amas possèdent tous deux de puissantes énergies vibratoires puisqu'ils contiennent de nombreux points de Cristal combinés. Contrairement aux Amas, cependant, les Géodes ont toutes leurs terminaisons situées à l'intérieur. Les deux variétés se présentent également sous différentes formes et tailles et sont souvent utilisées en décoration en raison de leur attrait visuel. Les Amas sont plus souvent utilisés lors de séances de guérison pour amplifier et concentrer leurs énergies naturelles.

Les Cristaux de forme libre, ou Cristaux "Bruts", comme on les appelle, sont des morceaux de pierre semi-précieuse de forme irrégulière et non polie. Ils ont été taillés et sculptés au lieu d'être polis pour mettre en valeur la beauté naturelle de chaque Cristal. Les petits cristaux de forme libre peuvent être utilisés lors de séances de guérison. En revanche, les plus grands sont plus souvent utilisés pour ajouter une énergie positive et protectrice à un espace ou simplement comme éléments décoratifs.

Les pierres tommées sont la forme standard de Cristal taillé et poli sur le marché, avec des formes qui varient en taille et en forme. Elles sont généralement plus petites, jusqu'à un pouce de diamètre, ce qui les rend utiles pour la guérison par le Cristal, car elles peuvent être placées directement sur le corps pour générer et manipuler l'énergie.

Ensuite, nous avons les Cristaux qui sont sculptés et polis en différentes formes géométriques et symboliques. Cette coutume existe depuis des milliers d'années dans diverses traditions et cultures Anciennes. Puisque toutes les formes géométriques dirigent l'énergie de différentes manières, en sculptant un Cristal dans une forme, nous modifions sa production d'énergie et améliorons ses propriétés spécifiques, ce qui nous permet de travailler avec la pierre de différentes manières. Parmi les formes de Cristal les plus courantes, on trouve les Pointes, les Baguettes, les Cœurs, les Sphères, les Oeufs, les Pyramides et les Eclats. D'autres formes de Cristal moins courantes sont les Tiges et les Dalles, pour n'en citer que quelques-unes.

Les Points de Cristal (Tours) sont généralement des pierres plus grandes qui se terminent en un point, générant une énergie plus dirigée. Elles sont souvent à six ou huit côtés et ont la forme de Baguettes de Cristal, mais plus grandes. Les Pointes de Cristal apparaissent naturellement dans de nombreux types d'Amas, notamment l'Améthyste, le Quartz Clair et la Citrine. Elles sont généralement coupées à la base pour se tenir debout et sont recherchées par les guérisseurs d'énergie car elles transportent plus d'énergie naturelle. De plus gros morceaux de cristaux bruts peuvent également être taillés en pointe pour diriger l'énergie. Ils sont moins chers que les tours, ce qui les rend plus désirables pour les guérisseurs d'énergie.

Les Baguettes de Cristal existent dans une variété de formes, de tailles et de types. Comme les Pointes de Cristal, les Baguettes sont taillées en pointe pour aider à amplifier et à diriger l'énergie d'un Cristal. Certaines Baguettes ont une double terminaison, avec une pointe à chaque extrémité du Cristal. En revanche, les Baguettes de Massage sont entièrement arrondies et lisses à chaque extrémité. Les Baguettes de Cristal sont généralement utilisées pour guérir différentes parties de l'Aura. On peut aussi les utiliser pour optimiser le spin d'un Chakra, comme le montre une technique de guérison des Chakras à la fin de ce chapitre.

Figure 64: Formes et Formations des Cristaux

Les Cœurs de Cristal sont des pierres en forme de cœur qui existent en différentes tailles. Elles ont généralement des propriétés liées au Chakra du Cœur, comme le Quartz Rose, la Malachite et l'Aventurine Verte. Ils émettent de l'énergie d'une manière aimante et douce, nous donnant un sentiment de paix et d'harmonie. Les Cœurs de Cristal nous rappellent symboliquement de nous équilibrer et de nous centrer en nous accordant au Chakra Anahata et en permettant à notre Âme de nous guider dans la vie. Lorsqu'il est utilisé lors d'une séance de guérison, le Cœur de Cristal devient le point central car il sert à insuffler l'Esprit dans les Éléments inférieurs, ce qui entraîne une transformation complète de l'esprit, du corps et de l'Âme.

Une Sphère de Cristal est un objet tridimensionnel dont chaque point de sa surface est à la même distance du centre. Les Sphères sont réfléchissantes, elles émanent de l'énergie vers l'extérieur dans des directions égales, ce qui en fait des outils parfaits pour la scrutation, également appelée "Regard de Cristal". "Le but de la scrutation est de recevoir des téléchargements Divins ou des visions de choses qui se produiront dans le futur ou d'obtenir des informations sur quelque chose qui se passe en ce moment même et dont nous ne sommes pas conscients.

Les Oeufs de Cristal sont similaires aux Sphères de Cristal car ils émettent de l'énergie de tous les côtés, mais avec un point focal au sommet. Les Oeufs de Cristal contiennent une composante symbolique liée à la transformation et au renouvellement personnels. Ils nous aident à nous accorder à notre énergie féminine, à notre côté réceptif et passif de l'être connecté à l'Élément Eau. Les Oeufs de Cristal sont connus pour nous accorder à notre esprit subconscient, où la transfiguration Spirituelle commence à se produire.

Les Pyramides de Cristal sont des figures Tridimensionnelles avec une base plate et quatre côtés qui se rejoignent en un point. Elles puisent l'énergie de la Terre et la projettent vers le haut à travers le point de terminaison. Elles peuvent être constituées d'un seul type de Cristal ou d'une combinaison de différents Cristaux, comme dans les Pyramides d'Orgonite qui sont souvent utilisées pour absorber et protéger des radiations électromagnétiques.

Les Eclats de Cristal sont de petits morceaux de Cristal brut en forme de bâtonnets, le plus souvent utilisés pour ajouter de l'énergie à d'autres pierres pendant les séances de guérison. Les trois types d'Eclats de Cristal les plus courants sont le Quartz Clair, l'Améthyste et le Quartz Rose. Les Tiges de Cristal sont des morceaux de Cristal bruts et non polis, taillés en forme de bâton, de taille variable. Le Sélénite étant assez fragile et difficile à façonner par des machines, il est généralement vendu sous cette forme. Enfin, les Dalles de Cristal sont des tranches de Cristal taillées et polies, aux côtés rugueux, qui préservent l'aspect naturel de la pierre. Les plus grandes tailles sont généralement utilisées pour la décoration, tandis que les plus petites (jusqu'à 2 pouces de diamètre) sont utilisées à des fins thérapeutiques.

VINGT-QUATRE TYPES DE PIERRES PRÉCIEUSES SIGNIFICATIVES

Amber

Cette pierre est crée par la résine fossilisée d'arbres anciens ; elle se décline en diverses nuances de jaune, d'or et de brun. L'Ambre possède des propriétés de l'Élément Feu, ce qui en fait un puissant guérisseur et nettoyeur du corps, de l'Esprit et de l'Âme. Il renouvelle le système nerveux tout en équilibrant nos énergies intérieures. Il absorbe également l'énergie négative tout en nous mettant à la Terre et en nous connectant à la sagesse Ancestrale. L'ambre est associé au Chakra Manipura et à la Planète Soleil. Il est lié aux signes du Zodiaque Taureau et Lion. L'ambre nous aide à surmonter la dépression tout en stimulant l'intellect et en favorisant la confiance en soi, l'altruisme, la confiance en soi, la prise de décision et la paix intérieure. Cette pierre nous donne également le courage d'établir des limites saines dans nos relations tout en nous protégeant des personnes qui drainent notre énergie.

Améthyste

Une pierre violette transparente qui améliore la conscience Spirituelle en débloquant un niveau de conscience supérieur. Vibrant à une fréquence élevée, l'améthyste possède des propriétés d'Élément Spirituel qui créent un anneau de protection autour de l'Aura d'une personne, bloquant les fréquences et les énergies inférieures. L'Améthyste aide également à la méditation tout en augmentant l'intuition, la guidance intérieure et la sagesse. Elle renforce nos capacités psychiques en stimulant le Troisième Oeil et les Chakras de la couronne. En outre, l'Améthyste favorise l'équilibre émotionnel et mental en éliminant la négativité et la confusion. Elle est connue pour éloigner les cauchemars et encourager les rêves positifs. L'Améthyste est liée aux Signes Astrologiques du Verseau et des Poissons, avec une affinité pour les Planètes Uranus et Neptune et les Éléments Air et Eau.

Aigue-Marine

Cette pierre vert-bleu transparente à opaque possède des énergies calmantes qui réduisent le stress tout en apaisant l'esprit et en apportant une conscience Spirituelle. Elle nous relie aux pouvoirs de l'Eau et de l'Air puisqu'elle est associée à la Planète Jupiter tout en ayant une affinité avec Uranus et Neptune. L'Aigue-Marine est connue pour stimuler les capacités cérébrales et intellectuelles. En relation directe avec le Chakra Vishuddhi, cette pierre améliore nos capacités de communication tout en nous donnant le courage d'exprimer notre vérité intérieure. Elle apaise nos peurs et augmente notre sensibilité aux énergies de notre environnement. L'Aigue-Marine aiguise notre intuition tout en éliminant les blocages créatifs. Elle nous aide à développer la tolérance et la responsabilité tout en améliorant nos capacités à résoudre les problèmes. Cette pierre aligne les Chakras tout en protégeant l'Aura des énergies négatives. Elle libère la conscience des pensées chargées d'émotions, favorisant l'harmonie et l'équilibre, ce qui en fait un excellent outil de méditation. L'Aigue-Marine est liée aux Signes du Zodiaque Gémeaux, Scorpion et Poissons.

Obsidienne Noire

Cette pierre noire sombre et réfléchissante provient de lave en fusion qui s'est refroidie si rapidement qu'elle n'a pas eu le temps de se cristalliser. Liée à l'Élément Terre, cette pierre a un effet calmant sur l'esprit et les émotions, nous aidant à rester centrés et concentrés sur la tâche à accomplir. Sa couleur noire attire l'utilisateur vers l'intérieur, vers le vide de l'espace, là où se trouve notre vérité intérieure. En tant que telle, cette pierre de vérité possède des qualités réfléchissantes qui exposent les blocages, les faiblesses et les défauts d'une personne. Elle agit comme un miroir de l'Âme qui nous donne la vitalité nécessaire pour trougver le but de notre vie. Les propriétés énergétiques de l'obsidienne noire éloignent les pensées négatives et favorisent une vision positive de la vie. Nous pouvons également l'utiliser pour dévier les énergies négatives des autres et éliminer les influences Spirituelles indésirables. Cette pierre est liée au Chakra de l'Etoile de la Terre et à la Planète Terre, avec une affinité avec Pluton et l'Élément Feu. Son énergie est également caractéristique du Signe Zodiacal du Scorpion.

Pierre de Sang

Cette pierre vert foncé à noir avec des taches rouges semblables à du sang aide à éliminer les blocages énergétiques de l'Aura tout en stimulant la vitalité, la motivation, le courage, la créativité, l'endurance et l'énergie générale. Associée à la Planète Mars et à l'Élément Feu, la pierre de sang purifie et nettoie les trois Chakras Élémentaires inférieurs tout en équilibrant le Chakra du Cœur. Elle possède des propriétés d'ancrage, réduisant le stress, l'irritabilité, l'impatience et l'agressivité, et nous permettant de vivre le moment présent. Elle nous protège également des énergies environnementales nocives, telles que les fréquences électromagnétiques perturbatrices. En outre, cette pierre est excellente pour améliorer la circulation sanguine et équilibrer les hormones, apportant ainsi de la cohérence au corps physique. Les anciens soldats utilisaient la pierre de sang pour éloigner le mal et invoquer l'énergie du guerrier. La pierre de sang est associée au Bélier et aux Poissons, les deux Signes du Zodiaque gouvernés par Mars. Elle a une affinité avec l'Élément Terre.

Cornaline

Cette pierre translucide de couleur orange à rouge brunâtre stimule la créativité et l'imagination, nous aidant à donner naissance à de nouveaux projets. La Cornaline a un effet puissant sur les émotions, elle est donc directement liée au Chakra Swadhisthana. Connue comme une pierre d'action et de progression dans la vie, la Cornaline nous aide à trouver des solutions en cas de blocages émotionnels. Elle possède les propriétés de l'Élément Feu, ce qui nous motive à réussir en affaires et dans d'autres domaines. Elle nous aide également à traiter les émotions négatives telles que la colère, la jalousie, la peur, la tristesse, la confusion, la solitude, tout en nous protégeant des énergies négatives projetées par les autres. La Cornaline peut également être utilisée comme un outil pour nous impliquer dans des expressions créatives telles que l'art visuel, la musique, la danse ou l'écriture. Cette pierre est associée aux Signes du Zodiaque Bélier, Lion et Vierge. En outre, elle a une affinité avec Mars et le Soleil.

Citrine

Cette pierre transparente jaune-orange apporte vitalité, confiance, courage, bonheur et joie dans la vie. Comme elle est liée au Hara et aux Chakras du Plexus Solaire, la Citrine est une pierre très énergisante, qui stimule l'énergie Pranique, la créativité, la motivation et la capacité à résoudre les problèmes. La Citrine favorise le respect de soi et l'expression de sa vérité intérieure. Elle a des propriétés liées aux Éléments Air et Feu. Ses rayons lumineux dorés font disparaître les insécurités provenant d'un état d'esprit négatif et les remplacent par de la positivité. Cette pierre est également liée au Signe Astrologique des Gémeaux et à la Planète Mercure. Elle a une affinité avec le sSoleil, c'est pourquoi nous pouvons l'utiliser pour dynamiser tous les Chakras.

Quartz Clair

Cette pierre transparente porte en elle le spectre complet de la Lumière, ce qui en fait un maître guérisseur à tous les niveaux. En relation directe avec l'Élément Esprit, le Quartz Clair peut être utilisé pour la méditation, la canalisation, le travail dans les rêves, la guérison énergétique, tout en nous connectant à notre moi supérieur. Grâce à ses propriétés de nettoyage en profondeur, le Quartz Clair élimine toute énergie stagnante et négative de l'Aura. Il favorise la positivité, la clarté mentale et émotionnelle, et la concentration. Le Quartz Clair améliore les capacités métaphysiques de chacun et nous accorde à notre but Spirituel et à notre volonté véritable. Puisque ses utilisations curatives sont très variées, cette pierre agit sur tous les Chakras. Cependant, comme elle a un niveau vibratoire très élevé, le Quartz Clair fonctionne mieux sur le Chakra du Sahasrara et les Chakras Transpersonnels au-dessus de la tête. Son énergie amplifie également les aspects positifs de tous les Signes Astrologiques. Nous pouvons utiliser le Quartz Clair pour purifier, nettoyer et amplifier l'énergie d'autres Cristaux. Comme il est facilement programmable par l'intention et les pensées, il peut aussi être utilisé comme talisman pour attirer ce que l'on désire.

Fluorite

Cette pierre transparente est un mélange de couleurs violettes, bleues, vertes et transparentes. Elle est excellente pour neutraliser l'énergie négative, désintoxiquer l'esprit et apporter l'harmonie à l'esprit, au corps et à l'Âme. La Fluorite fait ressortir le génie intérieur en stabilisant l'Aura et en améliorant la concentration. Associée au Chakra Ajna, cette pierre fonde et intègre les énergies Spirituelles, renforçant les pouvoirs psychiques et l'intuition. Comme elle élève la conscience vers le Plan Spirituel, la Fluorite est une bonne pierre pour la méditation et le sommeil profond. Ses propriétés sont liées aux Éléments

Air, Eau et Esprit, invoqués par ses couleurs : son énergie verte infuse l'Élément Air, purifiant le cœur, le bleu apporte l'Élément Eau, calmant l'esprit, tandis que la couleur violette intègre les propriétés métaphysiques de l'Élément Esprit. L'énergie claire et transparente, la force directrice de la pierre, réaligne tous les Chakras et les Éléments en un tout intégré, permettant de fonctionner mentalement, émotionnellement et physiquement à leur capacité optimale. Outre ses profondes propriétés curatives, la Fluorite est l'un des Cristaux les plus étonnants du marché, ce qui en fait une pierre populaire dans les foyers.

Grenat

Cette pierre rouge rubis transparente à translucide stimule la vitalité, le courage, la créativité, la détermination, le changement et la capacité à manifester ses objectifs. Associé à Mars et à l'Élément Feu, le Grenat nettoie tous les Chakras tout en les redynamisant. Il active et renforce l'instinct de survie tout en invoquant l'amour inconditionnel, la passion et la dévotion Spirituelle. Il permet d'ancrer l'énergie chaotique d'une personne, d'équilibrer les émotions et de créer une conscience élargie de Soi et de son environnement. C'est la pierre de l'éveil Spirituel dont l'énergie est connue pour stimuler l'activité de la Kundalini lorsqu'elle est utilisée parallèlement aux pratiques Yogiques destinées à éveiller cette énergie. Le Grenat a également des liens étroits avec la Glande Pituitaire, car il favorise la régénération du corps tout en stimulant le métabolisme, le système immunitaire et la libido. Cette pierre est associée aux Signes du Zodiaque Bélier, Scorpion et Capricorne.

Aventurine Verte

Cette pierre verte translucide est connue pour manifester la prospérité et la richesse. Elle amplifie les intentions de chacun pour créer plus d'abondance dans la vie. Associée au Chakra du Cœur et à la planète Vénus, l'Aventurine verte apporte l'harmonie à tous les aspects de l'Etre. Elle équilibre les énergies masculines et féminines, favorisant un sentiment de bien-être. Elle renforce également les qualités de leadership et l'esprit de décision tout en favorisant la compassion et l'empathie. L'aventurine verte améliore la créativité en permettant de voir différentes alternatives et possibilités. Elle stabilise l'esprit, apaise les émotions et calme l'irritation et la colère. Cette pierre protège des vampires psychiques. Comme elle aide à la manifestation, l'Aventurine Verte possède de puissantes propriétés de l'Élément Terre.

Hématite

Cette pierre noire métallique à gris acier fournit une énergie d'ancrage et d'équilibre qui aide à dissoudre les limitations mentales. L'Hématite utilise les qualités magnétiques de nos énergies Yin-Yang pour équilibrer les Nadis et apporter de la stabilité au système nerveux. Elle élimine les énergies chaotiques de l'Aura tout en repoussant les pensées négatives des autres personnes. Elle nous donne également un sentiment de sécurité tout en renforçant l'estime de Soi, le courage et la volonté. Les vibrations calmantes de l'Hématite en font la pierre parfaite pour les personnes souffrant d'anxiété, de stress et de nervosité. Cette pierre est connue pour aider à surmonter les compulsions et les dépendances. Son effet relaxant sur le corps physique renforce notre lien avec la Planète Terre. L'Hématite est liée au Chakra Muladhara et à l'Élément Terre, avec une affinité avec Mars et l'Élément Feu. Parce qu'elle stimule la concentration, la focalisation et l'originalité des pensées, l'Hématite a des propriétés spécifiques liées aux Signes du Zodiaque Bélier et Verseau.

Cyanite

Cette pierre bleu profond aligne instantanément tous les Chakras et les Corps Subtils. Associée aux Chakras Causal et de l'Etoile de l'Âme, la Cyanite équilibre nos énergies Yin-Yang tout en éliminant les blocages et en restaurant le Prana dans le corps. La Cyanite apporte la paix et la sérénité ; elle élimine toute confusion et tout stress et améliore la communication et l'intellect. La Cyanite équilibre également le Chakra de la Gorge car elle favorise l'expression de soi tout en nous alignant sur notre vérité intérieure. Elle éveille nos facultés psychiques, activant notre capacité innée à communiquer par télépathie. La couleur bleue apaisante de la Cyanite nous ouvre aux Royaumes Spirituels et Divins, nous permettant de contacter nos guides Spirituels, que ce soit par la méditation ou les rêves. Son énergie est de Cinquième Dimension, tout en ayant certaines propriétés proches de l'Élément Air. La Cyanite est un puissant transmetteur et amplificateur d'énergies de haute fréquence qui nous éveille à notre véritable moi et à notre but dans la vie. Cette pierre ne nécessite jamais de nettoyage énergétique car elle ne peut pas retenir les vibrations négatives.

Lapis Lazuli

Cette pierre opaque d'un bleu foncé profond avec des mouchetures métalliques dorées ouvre le Troisième Oeil, améliorant l'intuition, la perspicacité Spirituelle, la guidance intérieure et les capacités psychiques. Les médiums utilisent souvent le Lapis-Lazuli pour contacter les Plans Cosmiques supérieurs et améliorer leur capacité à canaliser. Cette pierre est adaptée pour améliorer la mémoire et est souvent utilisée dans le travail des rêves. Le Lapis-Lazuli possède des propriétés de l'Élément Eau qui ont un effet calmant sur le système nerveux, améliorant la concentration et la focalisation. Son utilisation est bénéfique pour les études et l'apprentissage, car il améliore la capacité à assimiler les connaissances et à comprendre les choses en profondeur. On peut également l'utiliser pour surmonter les dépendances et les traumatismes, car il favorise la guérison émotionnelle. Comme il harmonise tous les aspects du Soi, le Lapis Lazuli aide à surmonter le stress et l'anxiété, facilite la paix intérieure et favorise un sommeil profond. Le Lapis-Lazuli est lié au Chakra Ajna et à la Planète Jupiter.

Malachite

Cette pierre opaque vert foncé avec des bandes vert clair, vert foncé et bleu-vert protège contre les énergies négatives tout en libérant les schémas émotionnels malsains qui empêchent nos Âmes de progresser. Associée au Chakra du Cœur et à la Planète Vénus, la Malachite réaligne l'esprit avec le cœur, aidant à la croissance Spirituelle. Elle invoque l'amour, la compassion et la gentillesse dans nos vies, guérissant les traumatismes du passé tout en augmentant nos capacités empathiques. La Malachite nous apprend à assumer la responsabilité de nos actions, de nos pensées et de nos sentiments, tout en encourageant la prise de risque et le changement. Elle est connue pour protéger des radiations tout en éliminant la pollution électromagnétique. La Malachite a une composante terreuse et d'ancrage ; elle est associée au Signe Astrologique du Capricorne.

Moldavite

Cette pierre de couleur vert olive ou vert terne nous emmène au-delà de nos limites et de nos frontières vers des dimensions d'un autre monde. Il s'agit techniquement d'une Tektite, qui est un groupe de verres naturels formés par des impacts de météorites. En tant que telle, la Moldavite est littéralement hors du monde. Ses propriétés énergétiques sont de Cinquième Dimension ; elles sont liées aux Plans de Conscience Divins supérieurs, que nous pouvons contacter par une transcendance complète. La Moldavite nous permet de communiquer avec notre Moi Supérieur, les Maîtres Ascensionnés et d'autres Etres de Haute Vibration. Cette pierre est également réputée pour nous ouvrir au contact Extraterrestre par la conscience. Associée au Chakra Transpersonnel le plus élevé, le Portail Stellaire, les propriétés métaphysiques de la Moldavite nous permettent de transcender le temps et l'espace. En tant que telle, elle peut être utilisée pour obtenir des connaissances liées à nos vies passées et pour évacuer tout bagage indésirable que nous avons porté dans cette incarnation. À un niveau plus temporel, la Moldavite nous aide à découvrir les émotions qui nous maintiennent coincés dans des situations malheureuses de la vie. Elle nous permet d'avancer vers la découverte du but de notre Âme.

Pierre de Lune

Cette pierre d'un blanc laiteux et luminescente est idéale pour stimuler l'énergie féminine, améliorer l'intuition, les capacités psychiques et équilibrer les émotions. Elle est liée aux deux Chakras majeurs féminins, Swadhisthana et Ajna, tout en étant directement connectée au Chakra Causal/Bindu. Avec les propriétés de l'Élément Eau, la Pierre de Lune nous maintient en équilibre émotionnel, nous permettant d'aller avec le flux de la vie sans être trop attaché. Elle invoque la passivité, la réceptivité et la réflexion, nous permettant de percevoir le monde qui nous entoure sans jugement. La Pierre de Lune est également connue pour améliorer les schémas de croyance négatifs tout en renforçant nos capacités empathiques. Son utilisation favorise un sens plus élevé de la conscience et la croissance Spirituelle. La Pierre de Lune est liée au Signe Zodiacal du Cancer et à la Planète Lune ; son énergie est plus puissante lorsque la Lune est croissante (croissante) que décroissante (décroissante). Lorsqu'il s'agit d'une Pleine Lune, la Pierre de Lune est connue pour induire des Rêves Lucides. Les Anciens utilisaient la Pierre de Lune pour aider à résoudre les problèmes du système reproducteur féminin.

Jaspe Rouge

Cette pierre rouge est excellente pour assurer la protection et la stabilité de l'Aura tout en absorbant l'énergie négative. Elle peut également neutraliser les radiations et autres formes de pollution électromagnétique et environnementale. Sa vibration rouge augmente nos niveaux d'énergie, inspirant une attitude positive tout en mettant à la terre toutes les énergies indésirables. Le Jaspe Rouge donne le courage de s'affirmer et l'endurance mentale pour accomplir toutes les tâches. Il possède des caractéristiques de l'Élément Feu ; le Jaspe Rouge est associé au Chakra Muladhara et au Signe Zodiacal du Bélier, avec une affinité avec Saturne. Cette pierre nous soutient dans les moments de stress, en nous apportant une stabilité émotionnelle et une tranquillité d'esprit. Elle stimule notre imagination, nous incitant à mettre nos idées en pratique. Comme il stimule notre système énergétique, le Jaspe Rouge régénère et rajeunit également nos passions et notre libido.

Quartz Rose

Une pierre de couleur rose transparente à translucide qui équilibre le Chakra du Cœur avec son énergie aimante et paisible. Elle invoque l'Amour Divin, la miséricorde, la compassion, la tolérance et la bonté dans l'Aura. La vibration de couleur rose de cette pierre active un pont entre les trois Chakras supérieurs de l'Esprit et les trois Chakras inférieurs des Éléments. La création de ce pont est cruciale pour synthétiser le Soi Spirituel avec le Soi physique humain. Avec les propriétés de l'Élément Eau, le Quartz Rose nous rend réceptifs, nous apprenant à nous aimer et à aimer les autres par la confiance, le pardon et l'acceptation. Son utilisation est bénéfique pendant les périodes traumatisantes car il apaise les émotions à un niveau profond. Elle est apaisante pour l'ensemble du système nerveux, réduisant le stress et l'anxiété. Le Quartz Rose est la pierre idéale pour aider une personne à attirer un partenaire romantique dans sa vie, car il augmente le niveau d'amour inconditionnel dans le Chakra du Cœur. Il est lié aux Signes Astrologiques de la Balance et du Taureau et à la Planète Vénus. Le Quartz Rose peut également être utilisé comme aide au sommeil et pour guérir tout problème lié au cœur physique.

Sélénite

Cette pierre réfléchissante, d'un blanc laiteux, est un outil puissant pour nous accorder aux Plans de conscience Spirituels et Divins. Son utilisation fournit une énergie Ethérée qui nous connecte à notre corps de Lumière et nous permet de contacter des êtres de haute vibration tels que les Anges, les Archanges et les Maîtres Ascensionnés dans ces Royaumes Célestes. Associée à la Déesse Grecque de la Lune, Séléné, cette pierre apaisante aux propriétés d'Élément Spirituel nous guérit à tous les niveaux : physique, émotionnel et mental. Attribuée au Sahasrara Chakra et au Soul Star Chakra, on peut utiliser la Sélénite pour se connecter à son objectif Divin et l'ancrer à sa conscience inférieure. En outre, nous pouvons utiliser cette pierre pour nous accorder avec notre sagesse innée et réaligner notre conscience avec l'amour et la Lumière. La Sélénite nous connecte au cycle lunaire, à nos Anges Gardiens et à nos Guides Spirituels.

Quartz Fumé

Cette pierre translucide de couleur brun clair à brun foncé maintient les énergies protectrices d'une personne tout en déviant les ondes négatives. Le Quartz Fumé est connu pour créer un cercle protecteur autour de soi pendant les cérémonies et les rituels Spirituels. On peut aussi l'utiliser pour dévier les fréquences électromagnétiques émises par l'électronique. Grâce aux propriétés des Éléments Terre et Air, le Quartz Fumé met à terre tous les bavardages de l'esprit tout en augmentant la concentration, ce qui en fait un compagnon idéal pour la méditation. Cette pierre aide à éliminer la peur, la nervosité et l'anxiété tout en nous donnant un sentiment de sécurité. Elle est connue pour amplifier l'énergie masculine et les instincts de survie. Le Quartz Fumé est souvent recommandé pour traiter la dépression et le stress émotionnel car il chasse l'obscurité tout en apportant de l'énergie positive. Le Quartz Fumé est associé au Chakra de l'Etoile de la Terre et à la Planète Saturne. Il est également lié au Signe Astrologique du Capricorne.

Sodalite

Cette pierre bleu foncé opaque avec des stries blanches et noires est excellente pour améliorer l'intuition, le psychisme, l'expression créative et la communication. Reliée aux Chakras Vishuddhi et Ajna, la Sodalite élève la conscience au Plan Spirituel, ce qui amène l'esprit supérieur au niveau physique. En élevant sa perception Spirituelle, la Divination et les pratiques méditatives s'intensifient. Avec ses propriétés liées aux Éléments Air et Eau, la Sodalite est une bonne aide à l'étude car elle élimine la confusion mentale tout en augmentant la concentration, l'attention et la capacité à se souvenir des informations. En outre, elle augmente les capacités de raisonnement, l'objectivité et le discernement. La Sodalite stabilise également les émotions et apporte la paix intérieure, ce qui en fait un bon outil pour surmonter les crises de panique. En outre, elle renforce l'estime de soi, l'acceptation de soi et la confiance en soi. Elle a une affinité avec la Planète Jupiter et le Signe du Zodiaque Sagittaire.

Oeil de Tigre

Cette pierre opaque de couleur marron et or avec des bandes plus claires de ces deux couleurs combine les énergies Solaire et Terrestre pour invoquer la confiance, le courage, la motivation, la protection et l'équilibre émotionnel. L'Oeil de Tigre soutient l'intégrité, la fierté, la sécurité et nous aide à accomplir nos objectifs et nos rêves. Il est associé au Chakra Swadhisthana tout en ayant une affinité avec les Chakras Muladhara (Terre) et Manipura (Feu) et les Éléments qui les gouvernent. Comme son énergie est directement liée au Soleil, l'Oeil de Tigre stimule l'imagination tout en nous gardant ancrés dans nos aspirations et nos recherches Spirituelles et matérielles. Il nous connecte à notre Âme, ce qui nous donne du pouvoir et nous ouvre à notre plein potentiel. Son utilisation allège notre vision de la vie, apportant clarté mentale et positivité, même face à l'adversité. L'Oeil de Tigre nous aide à maîtriser nos émotions en libérant les sentiments négatifs envers les autres, comme la jalousie. Il a une affinité avec les Signes du Zodiaque Capricorne et Lion.

Turquoise

Cette pierre opaque de couleur bleu-vert à bleu-verdâtre est excellente pour la communication car elle aide à exprimer les sentiments intérieurs tout en éliminant les obstacles à l'expression de soi. Elle est liée à Vishuddhi, le Chakra de la Gorge, où les énergies masculines et féminines s'équilibrent grâce à l'Élément Esprit. La Turquoise est bénéfique pour nous connecter à notre vérité intérieure tout en nous protégeant des émotions négatives des autres. Grâce aux propriétés des Éléments Air, Eau et Feu, la Turquoise équilibre les sautes d'humeur tout en stimulant l'inspiration, ce qui nous aide mentalement lorsque nous sommes confrontés à des blocages créatifs. En outre, elle aide à canaliser la sagesse supérieure et à l'exprimer verbalement ou par écrit. La Turquoise est liée aux Planètes Jupiter et Mercure et aux Signes du Zodiaque Gémeaux, Vierge et Sagittaire. C'est une pierre couramment utilisée en bijouterie à travers les âges en raison de sa couleur frappante et de ses propriétés énergétiques. Les Amérindiens, en particulier, la portent depuis des milliers d'années pour se connecter aux énergies Cosmiques.

PIERRES DE PURIFICATION

Les Pierres Précieuses sont programmées avec de l'énergie au fil du temps. C'est dans leur nature, surtout si elles ont été manipulées par d'autres personnes ou même par vous-même lorsque vous étiez dans un état d'esprit déséquilibré. Par conséquent, avant d'utiliser des Pierres Précieuses à des fins de guérison, il est crucial de les "nettoyer" de toute énergie résiduelle. Nettoyer une Pierre Précieuse la ramènera à son état optimal et neutre, ce qui est essentiel, en particulier lorsque vous effectuez une séance de guérison sur une nouvelle personne. Mais même si vous vous soignez vous-même, il est utile de nettoyer souvent les pierres car elles sont plus puissantes lorsque leurs énergies sont réinitialisées.

Je vais discuter de quelques méthodes qui, selon moi, fonctionnent le mieux pour nettoyer les Pierres Précieuses. Gardez à l'esprit que si vous êtes familier avec la façon de nettoyer l'énergie des cartes de Tarot, comme indiqué dans *The Magus,* vous pouvez utiliser ces mêmes méthodes pour nettoyer les Pierres Précieuses. La purification par la pleine lune est particulièrement utile car les rayons de la lune sont très efficaces pour dissiper les vieilles énergies des Pierres Précieuses et les rÂmener à leur vibration optimale.

La façon la plus rapide, la plus populaire, et peut-être la plus efficace de nettoyer une Pierre Précieuse est de la placer dans de l'eau salée. L'eau en elle-même, en particulier d'un cours d'eau naturel, fonctionne bien pour nettoyer une Pierre Précieuse, mais lorsque vous la versez dans un verre (pas en métal ou en plastique) et que vous ajoutez du sel de mer, cela permet un nettoyage plus puissant. Assurez-vous d'utiliser uniquement du sel de mer car le sel de table contient de l'aluminium et d'autres produits chimiques.

Assurez-vous que la Pierre Précieuse est entièrement immergée dans l'eau et laissez-la dans l'eau pendant 24 heures afin qu'elle ait le temps de se réinitialiser complètement.

Une Pierre Précieuse qui nécessite un nettoyage beaucoup plus profond et approfondi peut être laissée dans l'eau jusqu'à une semaine. Ensuite, rincez vos Pierres Précieuses à l'eau froide afin d'éliminer tout résidu de sel. Il est recommandé de jeter l'eau salée après car elle aurait absorbé les énergies négatives non désirées.

Gardez à l'esprit que même si l'eau salée est la méthode la plus optimale pour nettoyer une Pierre Précieuse, elle peut avoir un effet nocif sur certaines pierres et même modifier leur apparence et leurs propriétés. Par exemple, les pierres poreuses qui contiennent du métal ou de l'eau ne doivent pas être laissées dans l'eau salée. Les pierres qui doivent être tenues à l'écart du sel sont l'Opale, le Lapis-Lazuli, la Pyrite et l'Hématite, pour n'en citer que quelques-unes.

PROGRAMMATION DES PIERRES PRÉCIÉUSES

En plus d'être utilisées pour la guérison énergétique, les Pierres Précieuses peuvent également être programmées avec une intention spécifique pour manifester un objectif. Les Pierres Précieuses sont connues à travers l'histoire pour être utilisées comme des outils permettant de connecter les pensées conscientes avec le corps. Les pensées sont puissantes car elles dirigent l'énergie. Lorsque l'on utilise une Pierre Précieuse programmée, sa fréquence aide à magnifier les pensées et les intentions, aidant ainsi le processus de manifestation.

Bien que beaucoup de gens utilisent les Pierres Précieuses pour manifester des choses matérielles pour eux, comme une nouvelle petite amie ou une voiture, j'ai toujours pensé que se concentrer sur votre transformation Spirituelle serait plus propice à long terme. Après tout, attirer à soi quelque chose que son Ego désire, mais qui ne favorise pas la progression de son Âme, fera stagner les progrès de son évolution Spirituelle, car il faudra bien finir par s'en débarrasser pour avancer. Par conséquent, si vous vous concentrez plutôt sur l'illumination et que vous programmez des Pierres Précieuses pour atteindre cet objectif, votre vie matérielle se mettra en place en temps voulu.

Vous pouvez programmer une pierre pour qu'elle concentre son énergie sur quelque chose que vous désirez atteindre ou modifier en vous, amplifiant ainsi votre intention. Ainsi, la Pierre Précieuse devient un talisman, un dispositif d'énergie autogénérateur (batterie) qui ajoute le carburant nécessaire à votre volonté pour atteindre votre objectif.

Trouvez un endroit où vous pouvez être seul pour cet exercice. Avant de commencer le processus de programmation d'une Pierre Précieuse, vous devez rendre votre intention ou votre but clair dans ce que vous essayez d'atteindre à travers son aide. Construisez une phrase simple avec votre désir ancré en elle, formulée du point de vue affirmatif. Si vous voulez de l'aide pour développer une meilleure mémoire, par exemple, ou pour augmenter votre créativité ou votre inspiration, exprimez clairement votre intention dans votre phrase. Consultez le Tableau 1 à la fin de ce chapitre pour connaître les correspondances entre les Pierres Précieuses et les expressions/pouvoirs humains.

Vous devez ensuite nettoyer la Pierre Précieuse et en retirer toutes les énergies préprogrammées. Pour ce faire, effectuez l'une des techniques de nettoyage mentionnées précédemment. Ensuite, tenez la Pierre Précieuse dans votre main et connectez-vous avec elle en entrant dans un état méditatif. Sentez son énergie se déverser dans votre Chakra du Cœur à travers vos paumes et ne faites qu'un avec elle. Une fois que vous avez établi une connexion, vous pouvez commencer à la programmer.

Parlez à la pierre à voix haute comme vous le feriez avec un ami. Explique clairement ce pour quoi tu as besoin d'aide. Si tu sens que son énergie devient négative par rapport à ce que tu lui demandes, tu devras trouver une autre pierre. La connexion entre toi et la pierre doit être positive pour que cela fonctionne.

Commencez maintenant à répéter votre phrase, que vous utiliserez comme un mantra. Votre phrase est magique car vous l'utiliserez pour manifester la réalité que vous désirez. Répétez le mantra pendant quelques minutes et sentez la pierre chauffer dans votre main pendant que vous la chargez. Lorsque vous sentez que vous avez suffisamment chargé la pierre avec votre volonté, terminez l'exercice.

Vous disposez maintenant d'un outil puissant qui vous aidera à réaliser tout ce pour quoi vous avez besoin d'aide. Range la pierre dans un linge blanc et porte-la sur toi jusqu'à ce que ce que tu lui as demandé se manifeste. Si vous ressentez le besoin de reprogrammer la pierre ou de la charger davantage, vous pouvez toujours la tenir dans votre main, établir une connexion et répéter votre mantra pour la programmer davantage.

GUÉRISON DES CHAKRAS PAR LES PIERRES PRÉCIEUSES

La technique de guérison par les Cristaux suivante peut être pratiquée sur vous-même ou sur d'autres personnes. Si vous la pratiquez sur vous-même, créez un espace dans lequel vous pourrez vous détendre et méditer sans être dérangé. Si vous souhaitez brûler de l'encens pour vous mettre dans le bon état d'esprit, faites-le. Vous devrez être confortablement allongé pour cet exercice, utilisez donc un oreiller si vous le souhaitez. Vous devez être dans un état d'esprit détendu et méditatif, en pratiquant la pleine conscience.

Le contrôle de la respiration est l'une des composantes essentielles pour entrer dans un état d'esprit méditatif, ce qui est une condition préalable pour travailler avec toutes les modalités de guérison Spirituelle. Pour des résultats optimaux, utilisez la technique de la respiration quadruple (Sama Vritti) que vous trouverez dans le chapitre "Exercices de Pranayama" de la section Yoga de ce livre. Cet exercice de respiration va calmer vos énergies intérieures et élever la vibration de votre conscience, vous ouvrant ainsi à la réception de la guérison. Vous pouvez l'utiliser de manière isolée pendant quelques minutes avant la séance de guérison et pendant la séance de guérison pour vous maintenir en équilibre.

Si vous pratiquez la guérison par les Cristaux sur quelqu'un d'autre, vous pouvez inclure une composante de guérison manuelle dans cet exercice pour des résultats optimaux. Cependant, il serait utile de déterminer quels Chakras nécessitent une attention particulière avant de commencer l'exercice de guérison des Chakras. Ces informations peuvent ensuite être appliquées si vous souhaitez ajouter l'utilisation de Baguettes de Cristal pour optimiser la rotation des Chakras.

Balayez chaque Chakra avec la paume de votre main non dominante pour savoir s'il fonctionne bien ou si son énergie est stagnante. Les Chakras qui fonctionnent bien ont une boule d'énergie d'où émane une chaleur constante que vous pouvez sentir sur votre main de balayage, la pression s'intensifiant au fur et à mesure que vous entrez en contact conscient avec eux. En revanche, les chakras stagnants ne créent que très peu ou pas de pression sur votre main de balayage.

Méthode de Guérison des Chakras par les Pierres Précieuses (avec Éléments Ajoutés en Option)

Pour commencer l'exercice, placez une Pierre Précieuse correspondante sur chacun des Sept points des Chakras Majeurs (sur le devant du corps) en vous allongeant. (Utilisez le Tableau 1 pour obtenir ces informations.) Pour Sahasrara, placez une pierre précieuse au-dessus de la tête. Pour Muladhara, vous pouvez placer une pierre précieuse sur vos organes génitaux ou juste en dessous, dans la zone située entre le périnée et le coccyx.

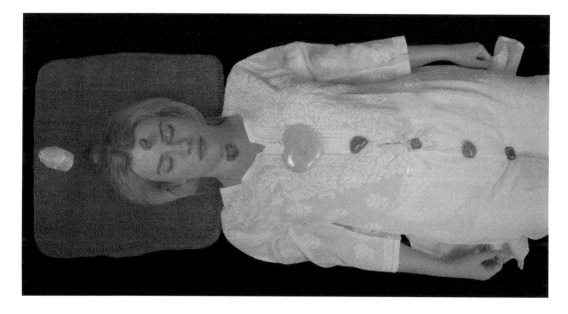

Figure 65: Placement des Pierres Précieuses sur les Chakras

Si vous travaillez avec les Chakras Transpersonnels, placez le Cristal Etoile de l'Âme à 15 cm au-dessus du sommet de la tête et le Cristal Hara directement au-dessus du nombril (Figure 65). Le Cristal Etoile de Terre doit être placé à 15 cm sous les pieds. Si vous faites cet exercice seul et que vous avez du mal à placer les Cristaux sur votre corps, vous pouvez vous faire aider par une autre personne.

Une fois les Pierres Précieuses placées, fermez les yeux et détendez-vous, en calmant votre esprit pendant 10 à 30 minutes. Plus vous faites cet exercice longtemps, plus vous obtiendrez d'énergie curative. Il est essentiel de faire au moins 10 minutes pour que l'énergie des Pierres Précieuses infuse efficacement les Chakras. Cet exercice a un effet quantifiable, ce qui signifie que plus vous le faites longtemps, plus vous obtiendrez de guérison. Pour commencer, il est préférable de commencer avec moins de temps, puis d'ajouter du temps au fur et à mesure que vous répétez l'exercice. Idéalement, il serait préférable que vous répétiez cet exercice quotidiennement. Laissez votre Soi supérieur vous guider dans ce processus.

Pendant la séance de guérison, entraînez-vous à prendre conscience de toutes les réactions de votre corps au traitement de guérison. Votre attention peut être attirée sur une ou plusieurs pierres et vous pouvez ressentir une sensation de chaleur ou de froid, de lourdeur ou de légèreté. Vous pouvez ressentir des picotements ou des décharges électriques, généralement dans les zones où la pierre est placée, mais aussi dans d'autres zones du corps. Remarquez-les simplement et laissez-les aller. Ne vous attardez pas sur ce que vous ressentez. Cet exercice devrait vous faire sentir calme et détendu mais aussi ancré. L'énergie des Pierres Précieuses va stimuler vos pensées et vos émotions. Quoi qu'il en soit, concentrez votre attention sur le fait de garder votre esprit immobile.

Option# 1-Eclats de Cristal

Une technique puissante pour amplifier la guérison dans un ou plusieurs Chakras spécifiques consiste à ajouter quatre, huit ou douze éclats de Cristal de Quartz Clair autour d'une Pierre Précieuse de Chakra pour intensifier ses propriétés de guérison. Plus vous ajoutez d'Eclats de Cristal de Quartz, plus l'effet sera important. Vous pouvez utiliser cette partie de l'exercice sur vous-même ou sur d'autres personnes. Chaque Eclat de Cristal de Quartz doit être dirigé vers la pierre centrale, ce qui concentrera l'énergie dans le Chakra choisi de manière plus efficace, amplifiant et intensifiant considérablement le pouvoir de guérison.

Par exemple, vous pouvez augmenter la puissance du Cristal placé sur le Chakra du Cœur, comme un Quartz Rose ou une Malachite, car c'est le Chakra de l'Élément Air qui harmonise les trois Chakras inférieurs du Feu, de l'Eau et de la Terre tout en infusant l'Élément Esprit. L'utilisation d'un Cristal de Cœur dans ce but peut être bénéfique, surtout s'il est de grande taille et qu'il devient le point central de la séance de guérison par le Cristal. Il peut également être utile d'amplifier le pouvoir d'un Cristal du Chakra du Hara (Figure 66), comme une Citrine ou une Pierre de Soleil. Cela augmentera la quantité de Prana dans votre corps, qui peut être utilisée à diverses fins, comme l'alimentation de l'esprit ou la guérison du corps.

Figure 66: Amplification d'un Cristal avec des Eclats de Quartz Clair

Option#2 - Guérison par les Mains

Si vous pratiquez la guérison par le Cristal sur quelqu'un d'autre, vous pouvez profiter du moment où il est allongé en silence pour pratiquer la guérison manuelle sur ses Chakras (Figure 67).

Figure 67: Envoyer de l'Energie de Guérison Par les Paumes

En utilisant les Chakras de la paume de la main, vous pouvez envoyer intentionnellement de l'énergie de guérison dans tout Chakra qui a besoin d'être travaillé ou sur tous les Chakras en passant quelques minutes sur chacun d'entre eux si votre objectif est de les équilibrer.

Lorsque vous effectuez un soin par les mains, il est nécessaire de générer de l'énergie Pranique dans la poitrine, ce qui vous oblige à porter votre attention sur son centre et à respirer à partir des poumons. Canalisez maintenant cette énergie par vos mains en imaginant que l'énergie de guérison sort de vos Chakras de la Paume et infuse le Chakra ciblé. Si vous vous y prenez bien, vous devriez sentir la chaleur qui émane de vos mains et de temps à autre des zébrures à la surface de votre paume.

Option#3-Baguettes en Cristal

Une méthode puissante pour optimiser la rotation des Chakras consiste à utiliser des Baguettes de Cristal. Cette technique peut être utilisée sur vous-même ou sur d'autres personnes. Si vous effectuez une séance de guérison par le Cristal sur une autre personne, vous pouvez incorporer cette technique sur les Chakras qui nécessitent une attention particulière. Il est utile d'avoir déjà scanné chacun des Chakras avant de commencer l'exercice. Puisque vous devrez déplacer la Baguette de Cristal de façon circulaire pour optimiser la rotation d'un Chakra, vous devrez également déterminer si le Chakra sur lequel vous souhaitez travailler tourne dans le sens des aiguilles d'une montre ou dans le sens inverse. (Utilisez le diagramme de la Figure 61 pour obtenir cette information).

Placez la Baguette de Cristal devant le Cristal qui se trouve sur le corps, au-dessus du Chakra visé. Assurez-vous que les propriétés de la Baguette de Cristal correspondent au Chakra ou utilisez-en une qui peut être utilisée sur tous les Chakras, comme une Baguette en Quartz Clair. Commencez ensuite à la déplacer dans le sens des aiguilles d'une montre ou dans le sens inverse. Lorsque vous travaillez près du corps, vos cercles doivent avoir un diamètre plus petit que si vous travaillez plus loin, car chaque Chakra se projette vers l'extérieur à la manière d'un cône. Vous pouvez également tirer vers l'extérieur à la manière d'une spirale, en suivant l'extérieur du Chakra qui se projette.

En entrant en contact avec le capitule du Chakra, vous créez un vortex d'énergie dans l'Aura dont le mouvement optimise la rotation de ce Chakra particulier. Pour de meilleurs résultats, consacrez cinq à dix minutes à chaque Chakra à travailler. À moins que vous ne pratiquiez cette technique sur vous-même, vous pouvez travailler sur deux Chakras à la fois (Figure 68).

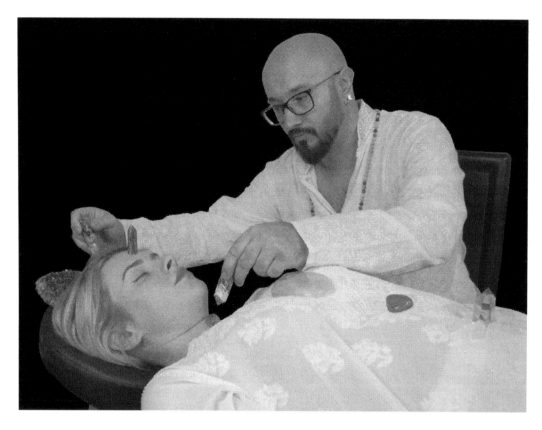

Figure 68: Optimiser la Rotation des Chakras Avec les Baguettes de Cristal

Une fois l'exercice de guérison par les Cristaux terminé, retirez les Pierres Précieuses de votre corps. Vos Chakras seront imprégnés d'une nouvelle énergie, que vous pourrez ressentir fortement pendant le reste de la journée. Tout excès d'énergie se dissipera pendant le sommeil, tandis que vos Chakras conserveront une partie de l'énergie le lendemain ou le surlendemain. Votre conscience peut remarquer un changement dans votre énergie immédiatement, selon votre sensibilité psychique. Étant donné que vous accordez les Sept Chakras Majeurs dans cet exercice, vous serez équilibré dans votre esprit, votre corps et votre Âme. Cet effet n'est cependant que temporaire, c'est pourquoi je vous conseille de faire cet exercice souvent.

FOURCHETTES D'ACCORD

Pendant des milliers d'années, toutes les cultures et traditions ont parlé d'un champ énergétique Universel qui relie tout ce qui existe. *Le Kybalion* le désigne comme "le Tout" et ajoute que tout ce qui se trouve dans ce champ global est en vibration et en mouvement constants. La *Sainte Bible* fait référence à la vibration de l'Univers comme étant "le Verbe", tandis que dans l'Hindouisme, elle est exprimée par le mantra sacré "Om". "

Dans notre Système Solaire et au-delà, tout est essentiellement constitué de Lumière et de son. Pythagore a enseigné que toutes les Planètes créent une mélodie de son dans leur mouvement de rotation, une vibration qu'il appelait la "Musique des Sphères". "Alors que la Lumière est constituée d'ondes électromagnétiques, le son est constitué d'ondes mécaniques. Une onde mécanique est une vibration de la matière qui transfère de l'énergie par le biais d'un matériel tel qu'un Diapason, qui émet des modèles sonores sinusoïdaux parfaits.

Le Diapason a été inventé au début des années 1700, mais il était utilisé à ses débuts pour accorder les instruments de musique. Cependant, ce n'est que dans les années 1960 que la science des Diapasons a été appliquée au corps humain et à ses énergies. En tant que tel, le Diapason est devenu une modalité puissante utilisée dans la guérison par le son.

La thérapie par le Son est basée sur le principe de la résonance sympathique : un objet vibrant envoie des impulsions dans l'air, faisant ainsi vibrer en harmonie d'autres objets situés à proximité. Les Fourchettes d'Accord sont principalement utilisées sur ou autour du corps, envoyant des ondes sonores dans des zones ciblées. Pour la guérison Chakrique, on se concentre sur l'avant du corps, où se trouvent les centres d'énergie Chakrique, ou sur l'arrière, le long de la colonne vertébrale, en ciblant à nouveau les points Chakriques. Les centres d'énergie Chakrique se trouvent là où se trouvent les centres nerveux le long de la colonne vertébrale qui envoient des impulsions aux différents organes du corps. C'est pourquoi, en dynamisant les centres Chakriques, nous stimulons également les organes et optimisons leur santé.

Notre sens de l'ouïe qui détecte le son est associé à l'Élément de l'Esprit ou Aethyr. Pour cette raison, l'utilisation des Diapasons dans la guérison par le son a un impact immédiat sur notre conscience, contrairement à l'utilisation d'autres modalités de guérison mentionnées dans cette section qui nécessitent une période d'application plus longue pour ressentir leurs effets énergétiques.

Le temps nécessaire à une modalité de guérison pour avoir un impact sur la conscience dépend des cinq sens par lesquels elle est filtrée et du niveau du Plan Cosmique de l'Élément correspondant. Les Cristaux, par exemple, puisqu'ils sont associés à l'Élément Terre, nécessitent une plus longue période d'utilisation au cours d'une séance de guérison pour avoir un impact sur la conscience que l'Aromathérapie, qui est liée aux Éléments Eau et Air qui sont plus élevés sur l'échelle. À l'inverse, l'utilisation des Tattvas a un impact encore plus immédiat sur la conscience que les Cristaux et l'Aromathérapie, car elle est associée aux Éléments Feu et Air.

Il existe sur le marché de nombreux Diapasons et sets utilisés pour la guérison Spirituelle. Chaque diapason est calibré pour émettre une fréquence sonore particulière liée à notre bien-être physique, mental, émotionnel et Spirituel. Parmi les ensembles de Diapasons les plus utilisés, citons le Solfège sacré, l'activation de l'ADN, le Sephiroth de l'Arbre de Vie et les énergies Planétaires. Dans tous les cas, les ensembles de Diapasons sont calibrés pour correspondre aux énergies particulières qu'ils sont censés produire. L'utilisation de ces sons spécifiques modifie notre vibration interne, ce qui permet une guérison cellulaire profonde.

TYPES DE DIAPASONS ET UTILISATION

Il existe des versions lestées et non lestées de tous les jeux de Diapasons. Les Diapasons lestés ont un poids rond à l'extrémité de chaque Fourchette. Plus le Diapason est lourd, plus sa vibration est forte ou lourde. Les Diapasons lestés ont une vibration plus robuste et peuvent être utilisés autour du corps et directement sur celui-ci, l'extrémité du Diapason, la tige, étant placée à la verticale. Les Diapasons non lestés ne fournissent pas la même fréquence que les diapasons lestés et sont mieux utilisés autour du corps et des oreilles.

Les jeux de Diapasons dont nous nous occuperons dans ce livre concernent directement les Chakras Majeurs et Transpersonnels. Le processus de guérison Chakrique avec les Diapasons est simple. Il suffit de frapper un Diapason et de le placer sur la zone correspondante. Ensuite, en écoutant la vibration du Diapason jusqu'à ce qu'elle s'éteigne, le Chakra concerné s'habitue à son son et retrouve ainsi son état optimal et sain.

Comme les Diapasons sont une forme de guérison par le son, il est impératif d'entendre leur vibration sans être dérangé, surtout si vous utilisez des Diapasons non lestés. Mais j'ai constaté que même si vous portez des bouchons d'oreille lorsque vous êtes à proximité de Fourchettes vibrantes, l'onde sonore induit l'Aura et provoque un changement intérieur. Son intensité, cependant, est moindre que si vous écoutiez également la vibration.

Selon mon expérience, il n'existe aucune autre méthode aussi puissante et efficace pour équilibrer les Chakras que le travail avec les Diapasons. Et ce, parce que la guérison par le son a un impact direct sur le Plan Spirituel, qui affecte les Plans qui lui sont inférieurs. Les exercices rituels de Magie Cérémonielle du *Magus* sont la pratique la plus efficace pour isoler chaque Chakra et travailler dessus. En même temps, les Diapasons sont optimaux pour équilibrer tous les Chakras en même temps.

Les Fourchettes d'accord des Chakras procurent également un regain de vitalité et un sentiment de bien-être tout en calmant et en relaxant le système nerveux. L'équilibre des Chakras fait taire l'Ego puisque les impulsions provenant des parties inférieures du Soi sont neutralisées. Avec des Chakras équilibrés, on obtient la paix de l'esprit. À son tour, cet état d'esprit équilibré permet à la conscience de se connecter avec le Soi supérieur, apportant inspiration, créativité et vie utile dans la vie de chacun.

La connexion avec le Soi supérieur permet de vivre l'instant présent, d'améliorer les capacités cognitives et de prendre conscience de son environnement. Vivre dans le moment présent est un processus exaltant qui nous permet d'exploiter notre potentiel le plus élevé en tant qu'êtres humains Spirituels.

SETS DE DIAPASONS POUR CHAKRAS

Il existe sur le marché deux séries de Diapasons pour les Chakras, dont je vais vous parler. Les deux ensembles permettent d'équilibrer et d'accorder les Chakras Majeurs, bien que les effets produits soient légèrement différents. Le premier est l'ensemble des Sept Chakras (Figure 69), qui comprend souvent les Fourchettes de l'Etoile de l'Âme et de l'Etoile de la Terre.

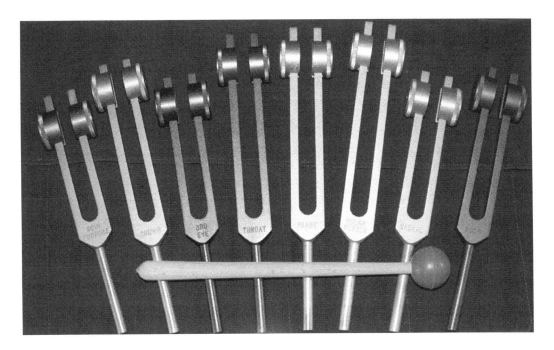

Figure 69: Jeu de Diapasons des Sept Chakras avec Etoile de l'Âme (Pondéré)

Cet ensemble de Diapasons est conçu pour contacter les Plans Cosmiques supérieurs, y compris l'énergie Spirituelle intérieure. Grâce au principe Hermétique de correspondance (As Above, So Below), les plans inférieurs seront affectés, y compris les émotions et les pensées. L'ensemble de Fourchettes d'Accord des Sept Chakras est basé sur la rotation des Planètes autour du Soleil.

L'ensemble des Sept Chakras utilise des formules mathématiques précises des cycles Planétaires de notre Système Solaire, en se connectant à notre moi Cosmique Multidimensionnel. Il nous permet essentiellement de nous connecter à notre Soi supérieur et d'utiliser ses pouvoirs. Le travail avec ces Diapasons équilibre les Chakras et neutralise l'Ego. Le résultat immédiat est un état d'esprit inspiré et une clarté de pensée. Le fait de pouvoir accorder les Chakras Transpersonnels de l'Etoile de l'Âme et de l'Etoile de la Terre permet de mettre à la terre l'ensemble du système Chakrique, ce qui aligne la conscience avec la volonté supérieure. Cela permet d'être en harmonie avec la Planète Terre.

Le deuxième ensemble de Diapasons pour Chakras est appelé l'ensemble du spectre harmonique (Figure 70). Il s'agit d'une octave complète de huit Diapasons (C, D, E, F, G, A, B, C) dérivés des mathématiques Pythagoriciennes, qui sont essentiellement la gamme musicale ascendante. Par rapport à l'ensemble des Sept Chakras, l'ensemble du spectre harmonique agit davantage au niveau physique, affectant directement la fonction cognitive. Le plan physique étant plus dense et moins vibrant que le plan Spirituel, le corps physique est affecté en premier lieu, ce qui affecte ensuite les plans cosmiques intérieurs par le biais du principe de correspondance.

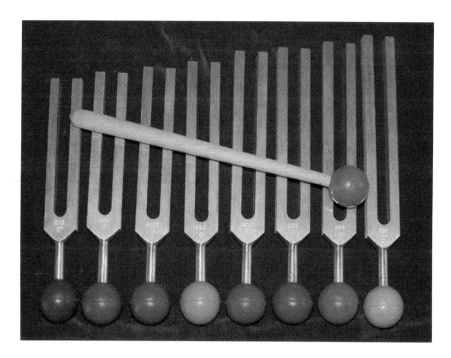

Figure 70: Spectre Harmonique du Jeu de Diapasons (Non Pondéré)

L'ensemble du spectre harmonique est davantage centré sur les cinq sens humains ; les tissus, les fluides, les organes, les os, etc. du corps physique sont touchés. Il s'agit des fréquences traditionnelles des Chakras de la tradition Hindoue, les deux notes C correspondant au Chakra Racine, D au Chakra Sacré, E au Plexus Solaire, F au Chakra du Cœur, G au Chakra de la Gorge, A au Chakra Ajna et B à la Couronne.

GUÉRISON DES CHAKRAS PAR LE DIAPASON

Vous pouvez effectuer la guérison par le Diapason sur vous-même si vous souhaitez cibler les points Chakriques situés à l'avant du corps (Figure 72). Pour les points Chakriques situés le long de la colonne vertébrale, vous aurez besoin de l'aide d'une autre personne. Gardez à l'esprit que la personne qui vous aide recevra également la guérison puisque les diapasons fonctionnent par le biais d'ondes sonores - il suffit d'écouter le son émis par un Diapason ou de se trouver à proximité pour que la vibration induise son Aura.

Si vous effectuez la guérison par le Diapason sur vous-même, vous devez être assis confortablement en position de lotus ou sur une chaise. Assurez-vous d'avoir un peu d'intimité lorsque vous effectuez la guérison des Chakras par le Diapason. Comme pour toutes les pratiques et exercices Spirituels, la relaxation, la concentration et la paix de l'esprit sont de première importance. Ainsi, vous devez commencer chaque séance en effectuant la respiration quadruple pendant quelques minutes, les yeux fermés, afin de calmer votre intérieur et d'entrer dans un état d'esprit méditatif. N'oubliez pas de continuer à utiliser cette technique de respiration pendant la séance de guérison pour obtenir des résultats optimaux.

La guérison par le Diapason se fait de préférence à jeun, car c'est le moment où l'Ego est le moins actif et où l'esprit est le plus concentré. De plus, j'enseigne à mes étudiants de ne jamais travailler avec des exercices d'invocation ou d'équilibrage de l'énergie juste avant de dormir car, dans de nombreux cas, il est difficile d'induire le sommeil par la suite. Dans le cas du Tuning Fork Chakra Healing, vous constaterez que votre vitalité et votre énergie brute globale augmenteront après l'exercice, ce qui vous empêchera de vous endormir pendant au moins quelques heures. Il est préférable d'effectuer cette pratique le matin même avant un repas et de donner le ton de la journée en étant énergétiquement équilibré.

Guérison des Chakras par le Diapason - Méthode de Base

Commencez l'exercice par le Chakra le plus bas, l'Etoile de la Terre, si vous avez le Diapason correspondant. Sinon, commencez par le Chakra Racine, Muladhara, et frappez son Diapason avec le maillet en caoutchouc fourni avec le kit. Si vous n'avez pas reçu de maillet en caoutchouc, vous pouvez utiliser une rondelle de hockey à la place. De nombreux praticiens préfèrent utiliser la rondelle de hockey, car elle est plus polyvalente.

Vous utiliserez deux techniques sur chaque Chakra dans cette méthode de guérison de base. La première technique consiste à utiliser la partie vibrante du Diapason, la Fourche, dans les Fourchettes non lestées et le poids rond dans les Fourchettes lestées, et à la placer à environ un centimètre du corps sur le Chakra. Une autre méthode que vous pouvez utiliser uniquement avec les Diapasons lestés est de le tenir sur sa tige (partie terminale) et de le placer verticalement directement sur le Chakra afin que la vibration induise le corps. (Veillez à ne pas toucher les dents du Diapason afin de ne pas perturber sa vibration).

Le Diapason doit être maintenu en place et écouté pendant vingt secondes. Vous devrez frapper le Diapason deux, voire trois fois, car le son s'estompe après une dizaine de secondes. La Figure 71 montre le positionnement des Diapasons dans la guérison Chakrique, qu'ils soient pondérés ou non.

Le Diapason de l'Etoile de la Terre doit être placé à 15 cm sous les pieds ou aux pieds si vous êtes debout, tandis que l'Etoile de l'âÂme doit être placée à 15 cm au-dessus du centre supérieur de la tête. Pour le Chakra Racine, vous devez placer le Diapason sur ou directement sous le périnée, tandis que pour le Chakra Couronne, vous devez le placer sur ou directement au-dessus du centre supérieur de la tête. L'idée derrière cette première technique de guérison, que vous utilisiez le Diapason sur le corps ou à quelques centimètres de celui-ci, est de permettre au Diapason vibrant d'induire le Chakra et de le faire vibrer en résonance avec lui.

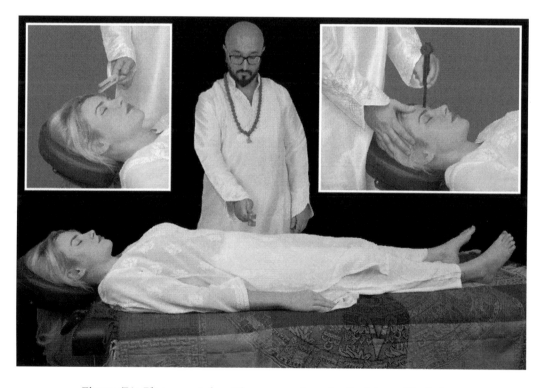

Figure 71: Placement des Diapasons dans la Guérison Chakrique

La deuxième technique est similaire à la méthode des Baguettes de Cristal pour optimiser le spin d'un Chakra. Avec cette méthode, vous vous concentrerez uniquement sur les Sept Chakras Majeurs. En fonction du sexe de votre Âme, déterminez la direction du mouvement du capitule de votre Chakra Racine. (Encore une fois, utilisez la Figure 61 du chapitre précédent pour savoir lesquels de vos Chakras tournent dans le sens des aiguilles d'une montre et lesquels tournent dans le sens inverse). Ensuite, utilisez le Diapason du Chakra Racine et déplacez-le progressivement de façon circulaire dans la même direction que la rotation du Chakra correspondant. Vous pouvez garder le Diapason parallèle au corps ou le placer à un angle de 45 degrés. Lorsque vous faites le tour des Diapasons, déplacez-les vers l'extérieur dans un mouvement de traction pour les Chakras qui se projettent perpendiculairement au corps. En revanche, pour les Chakras de la Couronne et de la Racine qui sont parallèles au corps, faites circuler les Fourchettes correspondantes vers le haut et vers le bas, en spirale. Veillez à toujours vous concentrer sur le centre d'où émane l'énergie Chakrique.

Vous devez utiliser les deux techniques de guérison avec les Diapasons et les interchanger, en consacrant environ deux à trois minutes à chaque Chakra. Gardez à l'esprit que cet exercice a un effet cumulatif. Plus vous passerez de temps sur chaque Chakra, plus vous l'accorderez. Si vous voulez passer plus de trois minutes sur chaque Chakra, le choix vous appartient. Veillez à être cohérent avec tous les Chakras - si vous passez un certain temps sur un Chakra, passez alors un temps égal sur tous les autres puisque le but de cet exercice est d'accorder les chakras mais aussi de les équilibrer.

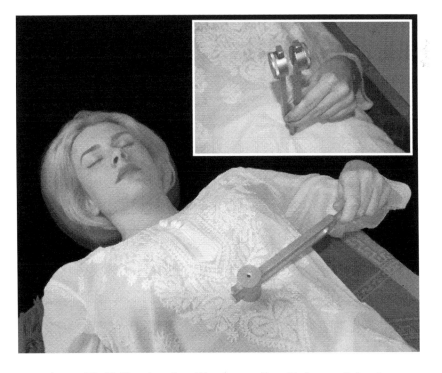

Figure 72: Utilisation des Diapasons Pondérés sur Soi-même

Ensuite, prenez le Diapason pour le Chakra Sacré, Swadhisthana, et suivez la même procédure. Gardez à l'esprit que si votre Chakra Racine tourne dans le sens des aiguilles d'une montre, votre Chakra Sacré tourne dans le sens inverse et vice versa. Par conséquent, une fois que vous avez déterminé le sens de rotation de votre Chakra Racine, le Chakra situé au-dessus tournera dans le sens opposé, en s'interchangeant au fur et à mesure que vous vous élevez jusqu'à atteindre le Sahasrara.

Soyez cohérent avec la variation de votre technique tout en étant clair d'esprit et concentré sur la tâche à accomplir. Laissez toutes les pensées extérieures se dissiper et quitter votre Aura sans vous y attacher. La clé est de garder l'esprit silencieux et de se concentrer uniquement sur l'énergie qui est en vous lorsque vous accordez vos Chakras. C'est ainsi que la guérison sera la plus optimale possible.

Ensuite, prenez le Diapason pour le Chakra du Plexus Solaire, Manipura, et répétez la même procédure avec les deux techniques mentionnées ci-dessus. Ensuite, faites de même pour les autres Chakras. Notez que si vous travaillez avec les Chakras de l'Etoile de la Terre et de l'Etoile de l'Âme, vous devez commencer par l'Etoile de la Terre et terminer par l'Etoile de l'Âme, car ce sont les deux Chakras les plus bas et les plus hauts avec lesquels vous travaillez. De même, lorsque vous travaillez avec les Chakras Transpersonnels, vous ne devez utiliser que la première technique de guérison, car ces Chakras émanent de leur centre au lieu de se projeter horizontalement ou verticalement.

Une fois que vous avez terminé l'exercice, passez quelques minutes à méditer sur votre énergie et à permettre à la guérison d'imprégner tous les niveaux de votre conscience. Vous constaterez que la guérison des Chakras par le diapason ne se contente pas d'accorder et d'équilibrer les Chakras, mais qu'elle vous connecte également à votre Soi supérieur. En conséquence, votre inspiration et votre créativité augmenteront, tout comme la neutralité de votre état émotionnel. Il n'existe pas de moyen plus efficace d'équilibrer vos Chakras que l'utilisation des Diapasons.

Guérison des Chakras au Diapason - Méthode Avancée

Une méthode plus avancée de guérison des Chakras par le Diapason consiste à utiliser plusieurs Diapasons simultanément (Figure 73). L'idée derrière cette technique est de connecter deux Chakras en séquence. Cette technique est plus efficace sur les Chakras Majeurs, bien que vous puissiez également la pratiquer pour relier l'Etoile de la Terre au Muladhara et l'Etoile de l'Âme au Sahasrara.

Si vous travaillez uniquement sur les Chakras Majeurs, prenez les Diapasons des Chakras Racine et Sacré dans une main et frappez chacun d'eux. Pendant qu'ils vibrent, placez l'un des Diapasons dans l'autre main et positionnez-les au-dessus de leurs Chakras respectifs. Après environ cinq secondes, prenez le Diapason du Chakra Sacré et déplacez-le vers le Chakra Racine en le brossant. Remontez ensuite jusqu'à la zone du Chakra Sacré, toujours dans un mouvement de brossage. Répétez ce processus plusieurs fois avec le Diapason du Chakra Sacré, en montant et en descendant tout en maintenant le Diapason du Chakra Racine en place.

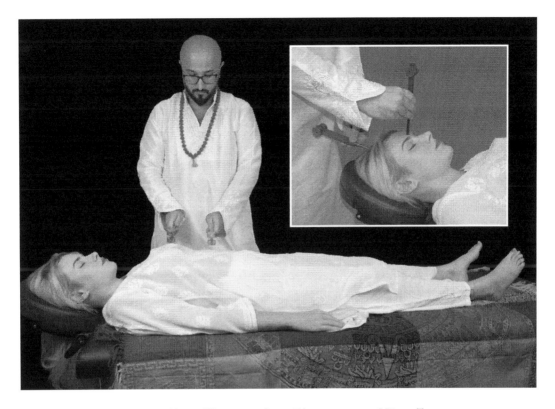

Figure 73: Travailler avec deux Diapasons en Même Temps

Ensuite, prenez les deux Diapasons dans une main et frappez chacun d'eux avec le maillet en caoutchouc ou la rondelle de hockey. Répétez le même processus, mais cette fois, tenez le Diapason du Chakra Sacré en place tout en déplaçant le Diapason du Chakra Racine de haut en bas dans un mouvement de brossage. Répétez cette procédure plusieurs fois, en consacrant environ trois à cinq minutes à chaque série de Chakras.

Maintenant, posez le Diapason du Chakra Racine et prenez celui du Plexus Solaire. Répétez la même procédure pour les Chakras Sacrés et du Plexus Solaire, en consacrant autant de temps à cette série de Chakras qu'à la première. Puis, posez le Diapason du Chakra Sacré et prenez celui du Chakra du Cœur. Répétez le même processus. Faites de même pour les autres Chakras, en veillant à travailler de manière cohérente avec chaque paire. Lorsque vous avez terminé, passez quelques minutes en silence à méditer sur les énergies invoquées avant de terminer l'exercice.

FOURCHETTES D'ACCORD DU SOLFÈGE SACRÉ

Les Fréquences Sacrées du Solfège remontent à des centaines d'années. On pense qu'elles ont été créées par des Moines Grégoriens qui chantaient ces fréquences en harmonie pendant les messes religieuses pour provoquer un éveil Spirituel. Ces fréquences sonores constituent une échelle de six tons où chaque fréquence harmonise différentes parties du Soi sur les plans physique, émotionnel et Spirituel.

Comme il y a six fréquences originales, trois autres notes manquantes ont été ajoutées récemment pour compléter la gamme entière. Ensemble, les fréquences du Solfège Sacré guérissent et équilibrent l'ensemble du système Chakrique. Sept des neuf fréquences sont attribuées à l'un des Sept Chakras Majeurs, tandis que les deux autres Diapasons correspondent aux Chakras de l'Etoile de la Terre et de l'Etoile de l'Âme (Figure 75).

Lorsqu'ils sont utilisés pour la guérison par le son, les Diapasons Sacrés de Solfeggio sont appliqués de préférence à une distance de 0,5 à 1 pouce des oreilles, ce qui permet un contact direct avec le Plan Ethérique, la première couche Aurique du corps liée à l'Etoile de la Terre et aux Chakras Muladhara. L'Étoile de la Terre possède également une couche Transpersonnelle qui est comme un Plan Ethérique contenant l'ensemble du système Chakrique tout en se connectant aux énergies des trois plus hauts Chakras Transpersonnels. Ainsi, en ciblant la couche Aurique la plus basse, le Plan Ethérique, nous pouvons induire n'importe quelle couche supérieure à la sienne contenue dans ce Plan Ethérique. Rappelez-vous que les couches supérieures interpénètrent les couches inférieures - Comme en Haut, Comme en Bas.

Chaque couche Aurique des Chakras Majeurs est séparée en largeur d'environ un pouce de celle qui la précède ou la suit (Figure 74). (Ce nombre varie selon les écoles de pensée.) Les quatre couches Auriques des Chakras Transpersonnels sont plus complètes que celles des Sept Chakras Majeurs. Chacune d'elles a une largeur d'au moins 10 à 15 cm, voire plus.

Bien que le Chakra Causal/Bindu possède sa propre couche Aurique, placée entre le plan Ethérique de l'Etoile Terrestre et l'Etoile de l'Âme, il sert généralement de point de contact entre les Plans Spirituel et Divin. Ensuite, nous avons la couche Aurique de la Porte Stellaire et d'autres champs subtils qui la recouvrent. Toutefois, en utilisant les Fourchettes d'Accord du Solfeggio Sacré, nous ne travaillerons qu'avec les Sept premières couches Auriques liées aux Plans Physique, Astral, Mental et Spirituel, tout en utilisant la Fourchette de l'Etoile de l'Âme pour ouvrir notre conscience aux vibrations élevées du Plan Divin.

Lorsque vous utilisez les Diapasons du Solfège Sacré (Figure 76), vous commencez par la fréquence la plus basse, 174 Hz (Etoile de l'Âme), suivie de la fréquence 285 Hz (Etoile de la Terre). La basse fréquence du Diapason de l'Etoile de l'Âme ne vous relie pas au Plan Divin en élevant la vibration de votre conscience jusqu'à lui. Au contraire, elle tranquillise votre conscience afin que vous vous ouvriez à l'énergie d'amour de la Cinquième Dimension, qui se projette vers le bas depuis l'Etoile de l'Âme. Ensuite, la fourche de l'Etoile de la Terre capte cette vibration élevée, la met à la terre et l'ancre profondément dans l'Aura. Ensuite, vous commencez à vous déplacer progressivement vers l'extérieur à travers les sept couches Auriques en utilisant les fréquences correspondantes liées aux Sept Chakras Majeurs. Vous devez terminer la progression avec la fréquence finale, 964Hz, liée au Sahasrara Chakra.

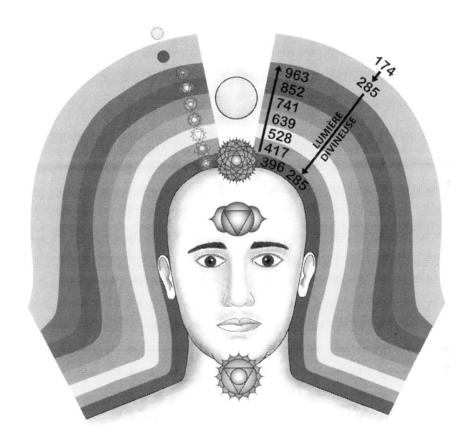

Figure 74: Les Fréquences Sacrées du Solfeggio et les Couches de l'Aura

Par rapport aux deux ensembles que j'ai décrits précédemment, les Fourchettes d'Accord du Solfège Sacré ont une vibration nettement plus élevée et plus éthérée. Ils ouvrent l'esprit au Plan Divin et permettent à sa Lumière de se déverser dans la conscience. Ils donnent un aperçu de l'expérience Spirituelle ou religieuse de Dieu. Je décrirai ci-dessous chacune des neuf fréquences Sacrées du Solfeggio, ainsi que leurs attributs et pouvoirs.

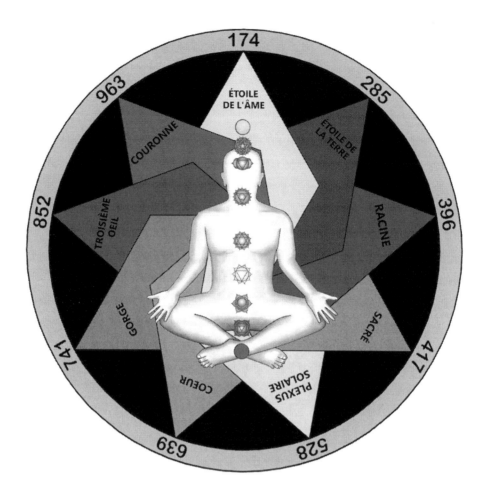

Figure 75: Les Fréquences Sacrées du Solfeggio et les Chakras

174 Hz/Soul Star

En tant que vibration la plus basse de l'échelle Sacrée de Solfeggio, la vibration 175 Hz agit comme un anesthésiant énergétique - toute douleur dans le corps physique ou dans l'Aura sera diffusée par elle. Sa faible vibration apaisante donne à nos organes un sentiment de sécurité, de sûreté et d'amour, et les ramène à leur état optimal. Elle nous réconforte et nous nourrit en renforçant notre connexion avec le Chakra de l'Etoile de l'Âme.

285 Hz/Etoile Terrestre

La fréquence de 285 Hz relie la conscience à la Terre Mère car elle a une relation intime avec le Chakra de l'Etoile de la Terre. Cette fréquence particulière traite les trous dans l'Aura et les déséquilibres dans les Chakras. Elle aide à réparer les tissus endommagés en envoyant des messages aux champs énergétiques correspondants, leur demandant de restructurer les tissus et de les rÂmener à leur forme d'origine. 285 Hz est la fréquence de choix pour de nombreux guérisseurs énergétiques.

396 Hz/Muladhara

Comme elle est liée à Muladhara, le Chakra racine, la fréquence de 396 Hz est utilisée pour réaliser nos objectifs dans la vie. Son énergie nous accorde avec l'Élément Terre, que la conscience utilise pour manifester nos désirs dans la réalité. Comme il met à la Terre les émotions et les pensées, l'Élément Terre met également à la terre notre culpabilité, nos peurs et nos traumatismes. La fréquence 396 Hz est une fréquence libératrice qui crée un puissant champ magnétique qui élimine tous les obstacles à la réalisation.

417 Hz/Swadhisthana

Cette fréquence particulière soulage les tensions et le stress et facilite le changement positif et la créativité. Elle est associée à Swadhisthana, le Chakra Sacré, qui correspond à l'Élément Eau. Elle a un effet purificateur sur les émotions car elle évacue les influences destructrices des événements passés stockés dans le subconscient. 396 Hz restructure l'ADN pour qu'il fonctionne de manière optimale en éliminant les croyances limitatives qui nous empêchent d'être la meilleure version de nous-mêmes. Sur le plan physique, cette fréquence augmente la mobilité physique en soulageant les tensions dans les articulations et les muscles grâce à l'afflux d'énergie de l'Élément Eau. 395 Hz est un nettoyeur d'Âme qui commence le processus d'harmonisation avec la Lumière.

528 Hz/Manipura

Étant donné qu'elle est liée au Chakra du Plexus Solaire (Manipura) et à l'Élément Feu, la fréquence 528 Hz concerne la transformation à tous les niveaux. En optimisant notre énergie vitale et notre vitalité, cette fréquence nous apporte une conscience accrue, une clarté d'esprit, de l'inspiration et de l'imagination. Elle nous donne l'énergie brute pour des expressions créatives et nous rend enthousiastes face aux opportunités de la vie. La fréquence 528 Hz a été associée à la réparation de l'ADN et au recâblage des voies neuronales dans le cerveau. Elle ouvre davantage nos cœurs à la puissance de la Lumière et provoque des expériences Spirituelles profondes et des miracles dans nos vies. Cette fréquence aide à neutraliser l'anxiété et la douleur physique tout en facilitant la perte de poids.

639 Hz/Anahata

Cette fréquence est liée à Anahata, le Chakra du Cœur, et à l'Élément Air. Mieux connue comme la fréquence de l'amour et de la guérison, 639 Hz nous aide à créer des relations interpersonnelles harmonieuses dans nos vies, que ce soit avec la famille, les amis ou les partenaires romantiques. Cette fréquence inspire la compassion et crée des liens profonds avec les autres. Elle améliore la tolérance, la patience, la compréhension et la communication. Dans les relations amoureuses, la fréquence 639 Hz nous permet de devenir vulnérables, ce qui améliore l'intimité. Sur le plan mental et émotionnel, cette fréquence est très curative car elle nous permet de nous connecter à notre Âme et de nous éloigner de l'Ego et de ses inhibitions.

741 Hz/Vishuddhi

Cette fréquence traite de l'autonomisation et du fait de dire sa vérité. Étant donné qu'elle est liée à Vishuddhi, le Chakra de la Gorge, la fréquence de 741 Hz améliore la communication en facilitant la clarté de la pensée et de la parole, ce qui augmente la confiance en soi. En outre, cette fréquence provoque un afflux de l'Élément Esprit qui nous permet de nous mettre en phase avec notre intuition et notre Moi supérieur. Cela permet de mener une vie plus simple et plus saine, remplie de nouvelles opportunités. Sur le plan physique, la fréquence 741 Hz entraîne un changement de régime alimentaire en faveur des aliments contenant des toxines nocives. De plus, cette fréquence est connue pour éliminer les infections bactériennes, virales et fongiques dans le corps.

852 Hz/Ajna

Comme elle est liée au Chakra Ajna, l'Oeil de l'Esprit, cette fréquence est liée à la vision intérieure, à l'intuition, aux rêves profonds (souvent Lucides), à la conscience et à la réduction des illusions. En provoquant un afflux de l'Élément Esprit, la fréquence 852 Hz nous permet de nous reconnecter à la pensée Spirituelle et aux expériences mystiques. Elle met de l'ordre dans nos vies en établissant un lien avec le Soi Supérieur afin qu'il puisse communiquer facilement avec notre conscience. Ainsi, la fréquence 852 Hz nous permet de mieux comprendre les mystères de la Création. Elle transforme l'ADN et élève sa vibration, nous mettant ainsi pleinement en phase avec la Lumière et notre Âme.

963 Hz/Sahasrara

Cette fréquence particulière correspond à Sahasrara, le Chakra de la couronne, et traite de l'Unité. Elle nous connecte à la Conscience Cosmique et à la Cinquième Dimension, ce qui nous permet de faire des expériences directes des Plans Spirituel et Divin. Comme la fréquence 852 Hz nous a permis de comprendre les vérités intérieures concernant notre réalité, la fréquence 963 Hz nous transmet la sagesse et la connaissance Universelles. Grâce à cette fréquence, les Maîtres Ascensionnés peuvent entrer en contact avec notre conscience et nous enseigner par la Gnose. Il n'est pas rare non plus que nous canalisions des informations reçues des Plans supérieurs. La fréquence 963 Hz nous donne la connexion la plus substantielle avec notre Soi supérieur en nous rapprochant le plus possible de l'esprit du Créateur.

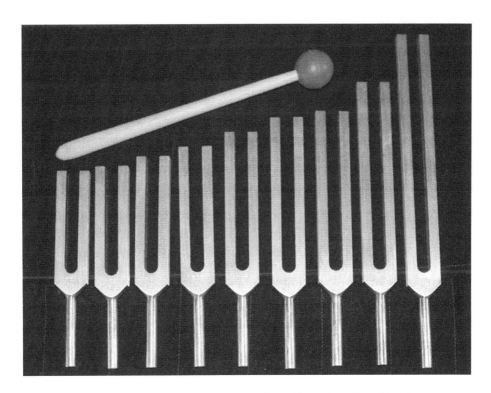

Figure 76: Diapasons Sacrés du Solfège (non Pondérés)

Méthode de Guérison par les Fourchettes d'Accord du Solfeggio Sacré

L'exercice suivant doit être utilisé avec les Diapasons non pondérés Sacred Solfeggio, bien que vous puissiez utiliser n'importe quel ensemble de Diapasons non pondérés avec une échelle descendante, comme l'ensemble Harmonic Spectrum que j'ai décrit. L'idée est de commencer par la fréquence la plus basse et de monter dans l'échelle jusqu'à la fréquence la plus élevée. Vous trouverez cette méthode de guérison simple à réaliser puisqu'elle ne nécessite que l'écoute des vibrations des Diapasons (Figure 77).

Vous pouvez effectuer cet exercice sur vous-même ou sur quelqu'un d'autre. La personne qui accepte le soin doit être assise ou allongée. Commencez par calmer vos énergies intérieures et entrez dans un état d'esprit méditatif. Cette méthode de guérison comporte deux séquences différentes qui peuvent être effectuées plusieurs fois dans la journée, mais pas simultanément.

Dans la première séquence, vous devez écouter chaque fréquence Sacrée du Solfège une par une, de la plus basse (174 Hz) à la plus haute (963 Hz). Placez d'abord le Diapason vibrant près de votre oreille gauche (à une distance de 0,5 à 1 pouce) et écoutez son son sans être dérangé pendant vingt secondes. Vous devrez frapper le Diapason au moins deux fois car le son s'éteint après dix secondes. Ensuite, placez le Diapason vibrant à côté de l'oreille droite et écoutez pendant vingt secondes avant de passer au Diapason suivant dans l'ordre. Travaillez sur l'échelle ascendante en répétant le même processus jusqu'à ce que vous terminiez avec la fréquence de 963 Hz, complétant ainsi l'échelle.

Dans la deuxième séquence, vous écoutez deux Diapasons simultanément, un par chaque oreille, en suivant leur ordre dans la gamme. Commencez par le 174Hz et le 285Hz, en plaçant l'un près de l'oreille gauche et l'autre près de l'oreille droite. Ensuite, changez d'oreille. Ensuite, prenez le 285Hz et le 396Hz et répétez le processus. Et ainsi de suite, jusqu'à ce que vous ayez terminé avec les fréquences 963Hz et 174Hz, complétant ainsi le cycle. Passez quelques minutes en silence après chaque séquence, en méditant sur les énergies que vous avez invoquées, avant de terminer l'exercice.

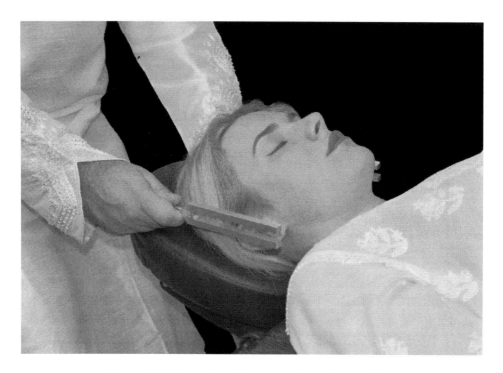

Figure 77: Placer les Diapasons Près des Oreilles

***

Il n'est pas rare que des problèmes non résolus remontent à la surface pour être traités, comme c'est le cas avec tout soin énergétique. N'oubliez pas que vous accordez vos Chakras, ce qui signifie que vous devez guérir l'énergie Karmique qu'ils portent. Ce processus peut être désagréable pour certains et accueillant pour d'autres qui sont déterminés à le traverser. Concentrez-vous pour faire face à vos problèmes au lieu de les fuir. Une guérison permanente et durable ne se produit que lorsque vous avez accepté quelque chose à votre sujet et que vous êtes prêt à changer.

Il serait préférable que vous fassiez preuve de souplesse pour changer vos croyances sur vous-même et sur le monde dans lequel vous vivez. Sinon, chaque séance de guérison ne sera que temporaire pour vous jusqu'à ce que vous retombiez dans votre ancienne programmation. Votre conscience doit s'aligner sur votre Soi supérieur qui est de la Lumière, si vous désirez réaliser et vivre votre véritable potentiel Spirituel dans cette vie.

TABLEAU 1: Les Douze Chakras et leurs Correspondances

Nom du Chakra (Sanskrit & Anglais)	Emplacement et Couleur	Élément, Plan Cosmique	Expressions/ Powers	Diapason Hz-Cosmique /Musical	Pierres Précieuses
Earth Star, Super-Root	6 Pouces Sous les Pieds, Noir, Marron, Magenta	Tous les Éléments, Empreinte Bleue Ethérique/Astral Inférieur (Éthérique)	Fondation Energétique, Vies Passées, Conscience de la Nature, Archives Karmiques	68.05, -	Quartz fumé, Onyx, Obsidienne Noire, Magnétite
Muladhara, racine ou base	Entre le Périnée et le Coccyx, Rouge	Élément Terre, Plan Astral Inférieur (Éthérique)	Survie, Ancrage, Sécurité, Physicalité, Kundalini (Origine)	194.18, 256.0 & 512.0	Hématite, Tourmaline Noire, Jaspe Rouge, Obsidienne Flocon de Neige
Swadhisthana, Sacré ou Rate.	Abdomen Inférieur, Orange	Élément Eau, Plan Astral Supérieur (Emotionnel)	Émotions, Energie de la Peur, Esprit Subconscient, Sexualité, Personnalité (Ego)	210.42, 288.0	Cornaline, Calcite orange, Oeil de Tigre, Septaire
Hara, Navel	Nombril, Ambre	Tous les Éléments, Plan Astral	Passerelle Astrale, Source Pranique, Subsistance, Régénération.	-	Agate de Feu, Citrine, Pierre de Soleil
Manipura, Plexus Solaire	Plexus Solaire, Jaune	Élément du Feu, Plan Mental Supérieur	Volonté, créativité, Vitalité, Motivation, Estime de Soi, Conscience, Caractère (âme)	126.22, 320.0	Ambre, Citrine jaune, Topaze Dorée, Jaspe Jaune et Opale
Anahata, Cœur	Entre les Seins (Centre), Vert	Élément Air, Plan Mental Inférieur	Pensées, Imagination, Amour, Compassion, Affection, Bonté, Guérison, Harmonie, Conscience de Groupe	136.10, 341.3	Aventurine Verte, Jade Vert, Malachite, Quartz Rose
Vishuddhi, Gorge	Gorge, Bleu	Élément Spirituel, Plan Spirituel	Communication, Intelligence, Expression de Soi, Vérité, Discernement	141.27, 384.0	Amazonite, Aigue-marine, Agate à Dentelle Bleue, Topaze Bleue, Turquoise, Sodalite, Angélite
Ajna, Sourcils, Oeil de l'Esprit, Troisième Oeil	Entre les Sourcils (légèrement au-dessus), Indigo	Élément Spirituel, Plan Spirituel	Clairvoyance, Intuition, Sens Psychiques, Rêve, Gnose	221.23, 426.7	Lapis Lazuli, Saphir, Azurite, Sodalite, Fluorite, Labradorite.
Sahasrara, Couronne	Sommet de la Tête (Centre), Violet ou Blanc	Élément Spirituel, Plan Spirituel	Unité, Dieu Soi et Conscience Cosmique (Lien), Transcendance, Compréhension, Sagesse	172.06, 480.0	Améthyste, Diamant, Quartz Clair, Quartz Rutile, Sélénite, Azeztulite
Causal/Bindu	Haut et arrière de la Tête (2 à 3 pouces), Blanc	Tous les Éléments, Plan Spirituel/Divin	Union, Mort de l'Ego, Continuité de la Vie, Exploration Cosmique, 4th Dimension	-	Pierre de Lune, Quartz Aura Ange, Célestite, Kyanite, Herderite
Soul Star	6 Pouces Au-Dessus du Sommet de la Tête, Doré-Blanc	Tous les Éléments, Plan Divin	Soi Solaire, Conscience Spirituelle, But de la Vie, Volonté Véritable	272.2,-	Sélénite, Cyanite, Quartz Nirvana, Danburite
Passerelle Stellaire	12 Pouces Au-Dessus du Sommet de la Tête, or ou Arc-En-Ciel	Tous les Éléments, Plan Divin	Soi Galactique, Conscience Cosmique & Soi Dieu (Source), Divinité, Eternité, 5th Dimension	-	Moldavite, Calcite à Faisceau Stellaire, Azeztulite, Sélénite

299

AROMATHÉRAPIE

L'Aromathérapie utilise des extraits naturels de plantes pour créer des huiles essentielles, des encens, des sprays et des brouillards, que nous pouvons utiliser à des fins Spirituelles, thérapeutiques, rituelles et hygiéniques. Cette pratique existe depuis des milliers d'années dans diverses cultures et traditions anciennes - des documents écrits remontant à environ 6000 ans mentionnent l'utilisation d'huiles essentielles.

Dans l'Ancienne Mésopotamie, berceau de la civilisation, le peuple Sumérien utilisait les huiles essentielles dans les cérémonies et les rituels. Immédiatement après eux, les Anciens Égyptiens ont mis au point les premières machines à distiller pour extraire les huiles des plantes et les utiliser dans leur processus d'embaumement et de momification. Les Égyptiens ont également été les premiers à créer des parfums à partir d'huiles essentielles, ce que nous faisons encore aujourd'hui dans l'industrie cosmétique.

La vaste gamme de parfums d'huiles essentielles n'a pas seulement des senteurs agréables, mais elle dégage des vibrations spécifiques aux propriétés curatives qui ont un impact sur notre conscience lorsqu'elles sont respirées par le canal olfactif ou appliquées directement sur la peau. La médecine Chinoise Ancienne a été la première à utiliser les huiles essentielles de manière holistique, tandis que les Grecs Anciens utilisaient les huiles essentielles par voie topique pour combattre les maladies et guérir le corps. Même les Romains de l'Antiquité utilisaient les huiles essentielles pour leur parfum dans le cadre de l'hygiène personnelle.

L'Aromathérapie est une excellente méthode pour utiliser les éléments du monde naturel afin de guérir l'esprit, le corps et l'Âme. Ses bienfaits pour la santé comprennent le soulagement du stress, de l'anxiété et de la douleur physique, l'amélioration du sommeil, l'augmentation de la vitalité et le renforcement des sentiments de relaxation, de paix et de bonheur.

Les huiles essentielles sont les extraits de plantes les plus utilisés en Aromathérapie. Il s'agit de teintures concentrées fabriquées à partir de parties de fleurs, d'herbes et d'arbres, comme l'écorce, les racines, les écorces et les pétales. Les cellules qui donnent à une plante son parfum sont considérées comme son "essence", qui devient une huile essentielle lorsqu'elle est extraite d'une plante. Les trois principales méthodes d'extraction des huiles essentielles à partir d'extraits de plantes sont la distillation, le pressage à froid et l'extraction au CO_2 supercritique.

À un niveau subtil, les huiles essentielles ont un effet curatif sur l'Aura et les Sept Chakras. Elles peuvent être utilisées indépendamment ou combinées avec des Cristaux, des Diapasons, des Mudras, des Mantras et d'autres outils donnés dans cette section pour l'invocation/manipulation de l'énergie.

UTILISATION DES HUILES ESSENTIELLES

L'Aromathérapie est une guérison vibratoire fondée sur des principes métaphysiques et sur les bienfaits physiologiques et physiques des composants chimiques de chaque parfum. Alors que les Cristaux ont un impact sur notre conscience par le biais du contact physique (toucher) et que les Fourchettes d'Accord fonctionnent par le biais du son, les huiles essentielles agissent par le biais de notre odorat pour affecter nos énergies intérieures.

Les trois méthodes les plus populaires d'utilisation des huiles essentielles sont l'usage topique, la diffusion et l'inhalation. L'usage topique consiste à mélanger les huiles essentielles avec des lotions ou des huiles porteuses et à les appliquer directement sur la peau. Les huiles essentielles ont des composants chimiques puissants aux propriétés antiseptiques, antibactériennes et antivirales qui sont utilisées depuis des siècles pour prévenir et traiter les maladies lorsqu'elles sont utilisées directement sur la peau.

La diffusion et l'inhalation exigent que vous utilisiez votre nez pour respirer le parfum de l'huile essentielle afin d'obtenir un effet curatif. Si vous utilisez les huiles essentielles pour leurs propriétés subtiles, vous aurez besoin de beaucoup moins d'huile que pour une application topique. D'une manière générale, plus la quantité d'huile utilisée est faible, plus l'effet subtil est puissant.

Dans le cas de la diffusion, vous combinez des gouttes d'huiles essentielles avec de l'eau froide dans un appareil de diffusion (Figure 78), libérant progressivement un brouillard dans l'environnement. Lorsqu'ils sont diffusés, les nombreux parfums n'affectent pas seulement notre état mental et émotionnel, ils contribuent également à éliminer les odeurs indésirables de l'atmosphère environnante et à la purifier des contaminants nocifs.

L'utilisation des huiles essentielles est généralement sans danger, bien que certains effets secondaires puissent se produire, notamment une irritation des yeux, de la peau et du nez. Il s'agit d'extraits "concentrés", c'est-à-dire qu'il faut une énorme quantité de matière végétale pour produire une seule goutte d'huile essentielle, et chaque goutte contient les composants chimiques condensés de toutes les plantes qui l'ont fabriquée. Par conséquent, l'utilisation d'une trop grande quantité d'huile essentielle peut avoir des effets indésirables, tout comme l'utilisation d'une trop grande quantité de médicÂments.

En outre, certains parfums peuvent provoquer de légères réactions allergiques chez les personnes sensibles aux plantes. C'est pourquoi l'inhalation est la méthode la plus utilisée par les praticiens de la médecine, qui consiste à sentir l'huile essentielle directement dans le flacon pour obtenir les effets désirés. Elle permet de contrôler totalement la quantité de parfum que l'on souhaite inhaler, ce qui en fait la méthode la moins risquée pour appliquer des huiles essentielles pendant une séance de guérison. Par exemple, si une personne devait avoir une réaction allergique avec un diffuseur, elle pourrait devoir quitter complètement l'espace, ce qui interromprait ou même mettrait fin à la séance de guérison.

Les huiles essentielles peuvent également être utilisées pour préparer un bain aromatique dans le cadre d'un processus de nettoyage rituel. N'utilisez que six à huit gouttes d'une huile essentielle dans les bains rituels et combinez-les avec des bougies allumées dans des couleurs correspondant à l'effet que vous cherchez à produire. N'oubliez pas que l'intention est fondÂmentale, choisissez donc votre huile essentielle avec soin et pratiquez la pleine conscience pendant le bain. Les bains rituels sont un excellent moyen de purifier vos énergies et devraient être pratiqués souvent, en particulier comme précurseur de la méditation, de la Magie Cérémonielle, du Yoga et d'autres pratiques de guérison Spirituelle.

Figure 78: Huiles Essentielles et Diffuseur

Il y a quelques précautions à prendre avec l'utilisation des huiles essentielles. Tout d'abord, les huiles essentielles ne doivent jamais être avalées. Certaines huiles sont considérées comme toxiques lorsqu'elles sont ingérées, ce qui peut causer des dommages au corps et aux organes. Pour cette raison, veillez à garder toutes vos huiles essentielles hors de portée des enfants. Deuxièmement, les femmes enceintes doivent éviter d'utiliser des huiles essentielles, surtout pendant le premier trimestre. Il en va de même pour les enfants de moins de six ans. Enfin, il n'est pas recommandé d'utiliser les huiles essentielles sur les animaux, car ils pourraient avoir des réactions indésirables à la puissance de certains parfums et même en mourir. Par exemple, l'utilisation d'huiles essentielles sur des oiseaux peut s'avérer fatale dans de nombreux cas.

COMMENT FONCTIONNENT LES HUILES ESSENTIELLES

Les parfums des huiles essentielles utilisent l'air qui nous entoure comme moyen de transmission pour transporter les molécules dans le passage nasal (Figure 79), déclenchant ainsi une réponse émotionnelle. Dans le même temps, les particules de l'huile essentielle sont acheminées vers les poumons à chaque respiration, où elles entrent dans la circulation sanguine, ce qui a un impact direct sur le système nerveux et d'autres organes. En tant que telle, l'Aromathérapie est directement associée à l'Élément Air. Cependant, comme notre odorat est lié à notre système limbique, qui régule les émotions, les comportements, les souvenirs et la mémoire, l'Aromathérapie est également en relation avec l'Élément Eau.

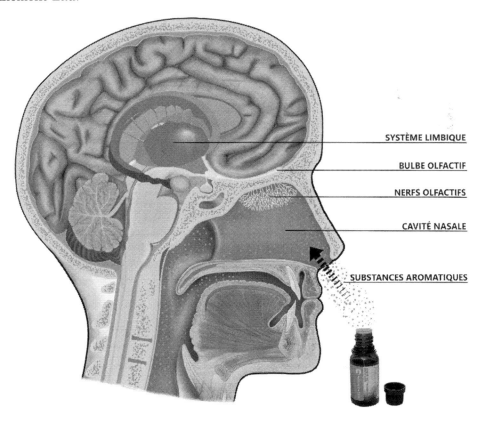

Figure 79: L'Aromathérapie et le Système Limbique

Il existe une relation symbiotique entre les Éléments Eau et Air, illustrée par les processus naturels. Par exemple, la molécule d'eau (H2O) contient une partie d'oxygène. Cette relation étroite se retrouve également dans nos processus mentaux puisque chaque fois que nous éprouvons un sentiment (Élément Eau), une pensée (Élément Air) le précède.

Dans l'école de philosophie indienne Samkhya (également orthographiée Sankhya), le sens de l'odorat est associé à l'Élément Terre, ce qui convient dans ce cas puisque les plantes sont des solides organiques qui proviennent de la Terre. Cependant, nous pouvons modifier l'état solide des plantes par l'application de chaleur et les transformer en formes liquides pour créer des teintures d'huiles essentielles. En revanche, nous ne pouvons pas modifier l'état solide des cristaux, c'est pourquoi leurs énergies sont plus denses que celles des parfums d'Aromathérapie.

Les parfums d'Aromathérapie sont connus pour activer de vieux souvenirs et rÂmener nos émotions à leur état paisible. De nombreux parfums sont également connus pour améliorer notre humeur générale, car ils stimulent l'Hypothalamus pour qu'il envoie des messages à la Glande Pituitaire afin de créer des substances chimiques cérébrales bénéfiques, comme la sérotonine. Lorsque nous sommes calmes et heureux, l'esprit devient tranquille, ce qui élève la vibration de notre conscience. C'est pourquoi il est bénéfique de brûler de l'encens ou de diffuser des huiles avant de commencer à méditer, car cela nettoie l'espace et nous calme, ce qui nous permet d'aller plus profondément en nous.

Lorsque nous appliquons des huiles essentielles par voie topique, alors que le parfum pénètre dans les poumons et les narines, encore plus de molécules sont absorbées directement par la peau, ce qui procure des bienfaits physiques immédiats. En outre, nous pouvons utiliser l'application topique d'huiles essentielles pour soigner des problèmes liés à la peau, notamment pour guérir une éruption cutanée ou une blessure mineure, stopper une infection, apaiser la douleur d'un coup de soleil ou soulager les démangeaisons dues aux piqûres d'insectes. Les massothérapeutes aiment utiliser les huiles essentielles directement sur la peau pour détendre les muscles et gérer la douleur.

HUILES ESSENTIELLES POUR LES SEPT CHAKRAS

Chaque Chakra a des propriétés uniques qui correspondent à certaines huiles essentielles. Par conséquent, nous pouvons utiliser les huiles essentielles sur le corps pour favoriser le fonctionnement équilibré des Chakras. La méthode décrite ci-dessous peut être utilisée sur un seul Chakra à la fois pour optimiser son flux énergétique ou sur plusieurs Chakras qui ont besoin d'être guéris. Vous pouvez également appliquer cette méthode aux Sept Chakras en même temps pour aligner l'ensemble du système Chakrique. Cependant, comme les huiles essentielles doivent être appliquées sur le corps, là où se trouvent les Chakras, nous ne pouvons pas cibler les Chakras transpersonnels avec cette méthode d'application particulière.

Lorsque vous utilisez des huiles essentielles pour guérir et équilibrer les Chakras, ne les appliquez jamais directement sur la peau sans les diluer au préalable avec une huile de support. Les mélanges d'huiles essentielles améliorent et maximisent les effets thérapeutiques et médicinaux. Il existe une variété d'huiles porteuses que vous pouvez utiliser pour préparer des mélanges d'huiles essentielles pour les Chakras, notamment l'huile de jojoba ou l'huile de coco fractionnée. Le ratio à garder à l'esprit est de deux à trois gouttes d'une huile essentielle pour une cuillère à café d'huile de support. Les mélanges d'huiles essentielles s'appliquent le mieux avec un flacon roll-on standard de 10 ml. Si vous utilisez un autre type de flacon, vous pouvez utiliser votre doigt pour appliquer l'huile.

Pour appliquer un mélange d'huiles essentielles, frottez-en un peu sur le devant ou l'arrière du corps, là où se trouve le Chakra. Utilisez-en juste assez pour couvrir une zone d'environ 1,5 à 2 pouces de diamètre. Une fois le produit appliqué, vous pouvez le laisser sur votre corps pendant toute la journée pour obtenir des effets thérapeutiques maximaux. La seule façon d'arrêter l'influence curative continue du ou des mélanges essentiels est de les laver de votre corps avec un savon fort, bien qu'une partie du mélange persiste généralement à la surface de la peau.

Gardez à l'esprit que lorsque vous avez appliqué le mélange d'huiles essentielles pendant plus d'une heure, des changements dans votre énergie auront déjà eu lieu, même si votre conscience a besoin de plus de temps pour les intégrer. Il est donc utile de méditer immédiatement après l'application pour accélérer le processus d'intégration.

Utilisez le Tableau 2 pour trouver la ou les huiles essentielles les plus appropriées à utiliser sur chaque Chakra. Certaines huiles essentielles ont un effet énergisant sur un Chakra, tandis que d'autres ont un effet calmant. Les huiles équilibrantes sont bonnes pour Âmener les Chakras en équilibre, qu'ils soient sous-actifs ou hyperactifs. Lorsque le Chakra est sous-actif, la vibration émise par l'huile essentielle choisie accélère la rotation du Chakra, le rÂmenant à sa vitesse optimale. Lorsqu'il est hyperactif, la vibration va ralentir la rotation du Chakra et le rÂmener à l'équilibre.

Utilisez une huile de support pour préparer un mélange d'huiles essentielles pour chaque Chakra sur lequel vous souhaitez travailler. Votre intention est de la plus haute importance, car il s'agit d'être cohérent et de suivre les correspondances données dans le Tableau 2. Vous pouvez constituer une collection de mélanges d'huiles essentielles pour la guérison des Chakras de cette manière, que vous pourrez utiliser lors de vos futures séances de guérison.

Vous pouvez également faire des mélanges d'huiles multiples, à condition qu'ils correspondent au Chakra que vous ciblez et que vous essayiez de le dynamiser, de le calmer ou de l'équilibrer. Par exemple, si vous préparez un mélange d'huiles de 10 ml (deux cuillères à café) pour équilibrer un Chakra Muladhara hyperactif, vous devriez utiliser quatre à six gouttes d'une combinaison d'huiles calmantes appartenant uniquement à ce Chakra. Essayez de mélanger les mélanges d'huiles essentielles en utilisant le Tableau ci-dessous comme référence.

TABLEAU 2: Huiles Essentielles pour les Sept Chakras

Nom du chakra (Sanskrit & anglais)	Huiles énergisantes	Huiles calmantes	Huiles équilibrantes	Application sur le corps (avant/arrière)
Muladhara, Racine ou Base	Cannelle, Cardamome, Poivre noir, Gingembre, Cyprès	Vétiver, Patchouli, Bois de Cèdre, Myrrhe, Basilic	Bois de Santal, Encens, Géranium	Entre le Périnée et le Coccyx, la Plante des Pieds, ou les Deux
Swadhisthana, Sacré ou Rate.	Orange, Mandarine, Citron, Bergamote	Bois de Rose, Ylang-Ylang, Sauge sclarée, Néroli	Néroli, Jasmin, Hélichryse, Santal, Élémi.	Bas-ventre (sous le nombril), Bas du Dos, ou les Deux
Manipura, Plexus solaire	Pamplemousse, Citron, Citronnelle, Gingembre, Lime, Genévrier	Vétiver, Bergamote, Fenouil, Romarin	Poivre Noir, Nard, Hélicryse	Plexus Solaire, Milieu du Dos, ou les Deux.
Anahata, Cœur	Palmarosa, Pin, Bois de rose, Bergamote	Rose, Marjolaine, Bois de cèdre, Eucalyptus	Jasmin, Melissa, Bois de Santal, Géranium	Entre les Seins (centre), le Haut du Dos, ou les Deux.
Vishuddhi, Gorge	Menthe poivrée, Cyprès, Citron, Menthe Verte, Sauge	Camomille Romaine, Basilic, Romarin, Bergamote	Coriandre, Géranium, Eucalyptus	Milieu de la Gorge, Arrière du Cou, ou les Deux
Ajna, sourcils, œil de l'esprit, troisième œil	Sauge Sclarée, Pin, Lavande, Myrrhe Bois de Santal, Genévrier	Camomille Allemande, Basilic, Patchouli, Bois de Cèdre, Thym	Encens, Helichrysum, Jasmin	Entre les sourcils, à l'Arrière de la Tête, ou les Deux. Aussi, le Milieu du Front (Cinquième Oeil).
Sahasrara, Couronne	Lavande, Safran, Palo Santo	Bois de Rose, Thym, Bois de Cèdre, Néroli, Lotus	Encens, Myrrhe, Hélichrysum, Bois de Santal	Sommet de la Tête (Centre)

LES TATTVAS

Tattva, ou Tattwa, est un mot Sanskrit qui signifie "principe", "vérité" ou "réalité". Il signifie "cela", qui peut être compris comme "l'essence qui crée le sentiment d'existence". "Dans *les Védas, les* Tattvas sont des formules sacrées ou des principes de réalité qui dénotent l'identité du Soi individuel et de Dieu, le Créateur. Ils représentent le corps de Dieu, qui est l'Univers lui-même, et notre propre corps qui fait l'expérience de la nature par la conscience.

Il existe cinq Tattvas primaires (Figure 80), représentant l'essence de la nature qui se manifeste sous la forme des Cinq Éléments. Les cinq Tattvas sont connus sous les noms d'Akasha (Esprit), Vayu (Air), Tejas (Feu), Apas (Eau) et Prithivi (Terre). Les quatre premiers Tattvas (Prithivi, Apas, Tejas, Vayu) représentent des modes ou des qualités de l'énergie Solaire du Prana à des degrés de vibration différents. Ils sont la conséquence des émanations de Lumière et de son, qui se fondent dans le dernier Tattva, ou principe - Akasha, l'Élément Esprit/Athyr.

Les Tattvas sont primitifs et simples dans leur forme ; ils prennent les cinq formes principales dans la gamme de la perception humaine - le carré, le croissant de lune, le triangle, le cercle et l'œuf. Les Tattvas sont présentés sur des cartes dont le fond blanc fait ressortir leur forme et leur couleur. Ils sont classés dans la catégorie des "Yantras" - outils de concentration mentale et de méditation. Les Yantras sont des diagrammes mystiques issus de la tradition Tantrique et de la religion indienne qui se présentent sous de nombreuses formes et configurations géométriques, souvent très complexes. En plus de les utiliser comme outils de méditation, les Hindous se servent souvent des Yantras pour vénérer les Divinités dans les Temples ou à la maison. Ils les utilisent également comme talismans pour se protéger ou pour porter chance.

Les Tattvas sont peut-être les Yantras les plus simples qui existent. Dans la simplicité de leurs formes et de leurs couleurs réside cependant le potentiel d'établir une connexion puissante avec les Cinq Éléments primordiaux qui existent au niveau Microcosmique. Ainsi, nous pouvons obtenir une connexion avec le niveau Macrocosmique - Comme en Haut, Comme en Bas. Par conséquent, en maîtrisant les Éléments en nous-mêmes, nous développons la capacité de modifier et de changer la réalité par nos pensées, devenant ainsi des maîtres manifestants.

Kundalini Shakti est la forme la plus subtile de l'énergie (féminine) et une partie inséparable de la conscience pure (masculine) - représentée par le Seigneur Shiva, l'époux de Shakti. Bien que l'énergie et la conscience se soient séparées et diversifiées pour donner naissance à la Création, elles s'efforcent toujours de se réunir à nouveau. Ce processus est illustré par l'énergie Kundalini qui s'élève du bas de la colonne vertébrale au sommet (couronne) de la tête.

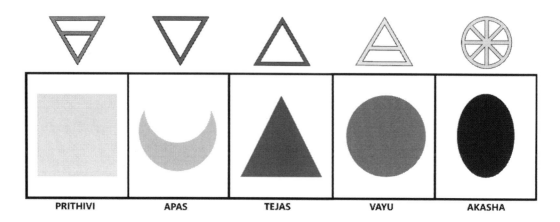

Figure 80: Les Cinq Principaux Tattvas

Le but de l'éveil de la Kundalini n'est pas seulement l'illumination de l'individu dans le corps duquel ce processus a lieu, mais aussi de permettre à Shakti et Shiva de faire à nouveau l'expérience de l'unité cosmique à partir de laquelle ils ont évolué. Cependant, lorsque la Kundalini s'élève, l'individu fait l'expérience de l'éveil complet et de l'infusion de la Lumière dans les Sept Chakras, dont les énergies peuvent être décomposées en Cinq Éléments, représentés par les cinq Tattvas primaires. Ainsi, en travaillant avec les Tattvas, vous travaillez à accorder vos Chakras et à guérir l'énergie Karmique qu'ils contiennent.

LE PROCESSUS DE CRÉATION

Au cours du processus de Création, l'infinie Lumière Blanche a progressivement abaissé sa vibration, manifestant les Cinq Éléments par étapes successives. Chacun des cinq Tattvas primaires représente l'un des processus de création, en commençant par l'Esprit, suivi de l'Air, du Feu, de l'Eau, puis de la Terre comme matérialisation finale de la Création. Selon les Mystères Esotériques Orientaux et Occidentaux concernant ce sujet, chaque Élément (Tattva) fait partie d'une série connectée dans laquelle chaque Élément (Tattva) successif est dérivé de son prédécesseur. En outre, tous les Tattvas doivent être considérés comme une extension de la conscience pure et non comme des principes individuels qui existent séparément.

Le premier Tattva, Akasha (Esprit), est un amalgÂme d'énergie et de Matière qui contient une quantité infinie d'énergie potentielle dans la Mer de la Conscience. Lorsque l'énergie d'Akasha a commencé à vibrer dans le processus d'évolution, elle a créé un mouvement qui a donné naissance au Tattva Vayu (Air). Les particules de Vayu ont une liberté de mouvement maximale, car l'air est le moins ténu des Quatre éEéments inférieurs. Alors que le processus créatif se poursuivait, le mouvement perpétuel de Vayu a généré de la chaleur, provoquant l'émergence du prochain Tattva, Tejas (Feu).

Comme le mouvement de l'énergie de Tejas était inférieur à celui de Vayu, il lui permit d'expulser une partie de sa chaleur radiative, qui se refroidit pour créer le Tattva Apas (l'Eau). Avec Apas, les particules d'Esprit, d'Air et de Feu furent confinées dans un espace restreint, avec un mouvement limité mais fluide. Cependant, à mesure que la vibration de la manifestation de la Création s'abaissait, Apas se solidifiait pour devenir le Tattva Prithivi (Terre), l'étape suivante et finale du processus de Création. Prithivi est l'équivalent de la séphira Malkuth sur l'Arbre de Vie, représentant le monde de la matière, la réalité physique.

Il est à noter qu'au cours du processus de création, les états subtils ont donné naissance à des états plus grossiers, plus denses, dont la vibration est inférieure à celle de l'état précédent. Plus la vibration est élevée, plus l'état de conscience et l'Élément auquel il correspond sont élevés. Gardez également à l'esprit que la cause est une partie essentielle de l'effet. La Terre contient les éléments Eau, Feu, Air et Esprit, puisqu'elle a évolué à partir d'eux, alors que l'Esprit ne les contient pas puisqu'il précède tous les Éléments.

J'ai décrit dans *The Magus* que lorsque vous travaillez avec l'énergie d'un Élément, lorsque vous avez terminé son processus d'Alchimie Spirituelle, l'Élément suivant dans la séquence se dévoile devant vous. Par conséquent, il n'y a pas de ligne fine entre la fin d'un Élément et le début de l'autre, mais les Cinq Éléments sont connectés comme faisant partie d'une même séquence.

Vous remarquerez que la séquence Orientale d'émanation des Éléments est légèrement différente de la séquence Occidentale - l'Élément Air vient immédiatement après l'Esprit, au lieu de l'Élément Feu. Selon le système Spirituel Oriental, l'Élément Air est moins dense et plus Ethéré que le Feu, aussi les Anciens Rishis ont-ils placé l'Air avant le Feu dans la séquence de manifestation de la Création. Je discuterai en profondeur de cette variation entre les systèmes Oriental et Occidental dans la section suivante sur le Yoga, plus précisément dans le chapitre "Les Cinq Koshas".

LE SYSTÈME DES TRENTE TATTVAS

Chacun des cinq Tattvas possède cinq Sous-Tattvas qui se rapportent à différents plans du Tattva principal auquel ils se rapportent. Par exemple, le Tattva du feu a cinq Sous-Éléments : Feu du Feu, Esprit du Feu, Eau du Feu, Air du Feu et Terre du Feu. En travaillant avec les Sous-Éléments des Tattvas, nous disposons d'un moyen plus précis de nous accorder avec l'énergie exacte que nous désirons.

Les principales énergies qui affectent notre Système Solaire, Planétaire et Zodiacal, peuvent toutes être décomposées en Sous-Éléments, correspondant à différentes parties du Soi. Ils sont liés aux chemins de connexion de l'Arbre de Vie (Cartes de Tarot) et aux énergies qui filtrent un état de conscience vers un autre. Ces états de conscience sont au nombre de dix, représentés par les dix sphères de l'Arbre de Vie dans la Kabbale.

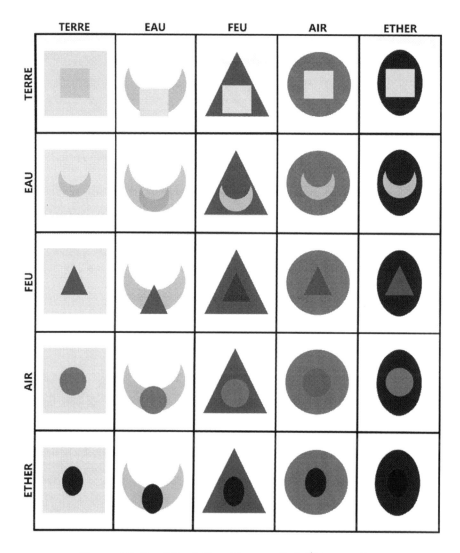

Figure 81: Les Vingt-Cinq Tattvas Sub-Élémentaires

Il existe six grandes écoles de pensée sur la Philosophie Tattvique en Inde. Le système Tattva original a été développé par le Sage Védique Kapila au sixième siècle avant J.-C. dans le cadre de sa philosophie Samkhya, qui a fortement influencé la science du Yoga.

La philosophie Samkhya utilise un système de vingt-cinq Tattvas, tandis que le Shaivisme en reconnaît trente-six. L'Ordre Hermétique de l'Aube Dorée utilise le système des trente Tattvas car cette répartition particulière correspond aux Éléments et Sous-Éléments de l'Arbre de Vie Qabalistique. Ce système comprend les cinq Tattvas primaires et les vingt-cinq Tattvas Sous-Élémentaires (Figure 81). Étant donné que j'ai la plus grande expérience de ce système particulier, c'est celui auquel j'adhérerai dans ce livre.

Comme le travail avec les Tattvas fait appel à notre sens de la vue, qui perçoit les couleurs et les formes dans l'environnement, cette modalité de guérison vibratoire est associée à l'Élément du Feu et au Plan Mental Supérieur. Ainsi, elle nous permet d'aller plus profondément en nous-mêmes qu'avec les autres modalités de guérison présentées dans ce livre. Et comme le Feu dépend de l'Air pour sa subsistance, il y a également une composante de l'Élément Air dans le travail avec les Tattvas, correspondant au Plan Mental Inférieur.

Par conséquent, le Plan Mental qui utilise notre volonté et nos pensées est notre point de contact pour atteindre les Plans Cosmiques Supérieurs et Inférieurs, représentés par les Tattvas. De plus, cette relation symbiotique entre les Éléments du Feu et de l'Air est évidente dans les processus de la nature. Par exemple, le feu physique, ou flamme, a besoin d'oxygène pour se nourrir ; sans oxygène, il meurt. De la même manière, l'intention et la volonté ne peuvent réussir dans aucune entreprise sans pensées et imagination.

Comme nous l'avons mentionné précédemment, le travail avec les Tattvas s'apparente au travail avec les Éléments à travers les exercices rituels de la Magie Cérémonielle présentés dans *The Magus*. Cependant, la Magie Cérémonielle traite principalement des invocations, ou de l'appel d'énergies particulières de l'Univers extérieur dans votre Aura, tandis que le travail avec les Tattvas constitue une évocation, ce qui signifie que vous accédez ou "tirez" un type spécifique d'énergie en vous-même pour une introspection. Par conséquent, les exercices rituels de la Magie Cérémonielle invoquent une quantité plus importante d'énergie élémentaire dans l'Aura alors que les Tattvas ne travaillent qu'avec nos énergies intérieures, naturelles.

Cependant, l'avantage des Tattvas sur les exercices rituels de la Magie Cérémonielle est que vous pouvez vous concentrer sur les Sous-Éléments sans effort en utilisant leurs cartes Tattva respectives (Yantras). En revanche, les seuls exercices rituels de la Magie Cérémonielle qui vous permettent d'atteindre le même objectif sont les Clés Enochiennes qui sont très avancées et portent beaucoup d'énergie Karmique spécifique à cet égrégore. J'ai laissé des notes d'avertissement dans plusieurs pages de *The Magus* concernant le travail avec la Magick Enochienne car elle nécessite plus d'une douzaine de mois de préparation avec d'autres invocations élémentaires plus basiques. Avec les Tattvas Sous-Élémentaires, cependant, vous pouvez vous lancer directement.

LES CINQ PRINCIPAUX TATTVAS

Akasha Tattva (Élément de l'Esprit)

Le premier Tattva, Akasha, correspond à l'Élément Esprit. Akasha représente le vide de l'espace, l'Aethyr, symbolisé par un ovoïde ou un œuf noir ou indigo. Esprit et Aethyr sont des termes interchangeables qui désignent la même chose, l'Akasha. La couleur noire de l'Akasha reflète l'obscurité du vide, que nous pouvons voir dans le vaste espace entre les Corps Célestes (Etoiles et Planètes) dans l'Univers. Lorsque nous fermons les yeux, nous voyons aussi mentalement cette même obscurité de l'espace devant nous, ce qui implique que l'Akasha est également en nous. Bien que le noir soit l'absence de Lumière, il contient en lui toutes les couleurs du spectre. En tant que tel, son potentiel et sa portée sont infinis. Par exemple, un trou noir dans l'Univers contient plus de masse que des millions d'étoiles réunies.

L'Akasha est assimilé au principe de la Lumière Blanche qui s'étend à l'infini dans toutes les directions. Les Hermétistes l'appellent l'Esprit Premier de Dieu, le Créateur (le Tout). Un autre nom est la "Monade", qui signifie "Singularité" en grec. L'obscurité de l'espace n'est qu'un reflet de la Lumière Blanche au niveau physique, manifestée par le Second Esprit, qui a été généré (enfanté) par le Premier Esprit par le biais du processus de différenciation. Bien que nous ne puissions pas entrer dans le Premier Esprit de notre vivant, nous pouvons faire l'expérience de son potentiel en éveillant la Conscience Cosmique en nous (via la Kundalini), qui relie le Premier et le Second Esprit.

L'Univers manifesté, y compris toutes les Galaxies et Etoiles existantes, est contenu dans le Second Esprit. La matière est un sous-produit de l'énergie Spirituelle qui est invisible aux sens mais qui imprègne toutes choses. En tant qu'essence de toute chose, la vibration d'Akasha est si élevée qu'elle semble immobile, contrairement aux Quatre autres Éléments, qui sont constamment en mouvement et peuvent être perçus par les sens physiques. L'Akasha est une Matière indifférenciée contenant une quantité infinie d'énergie potentielle. En d'autres termes, la Matière et l'Energie existent dans leur état potentiel dormant au sein de l'Élément Esprit, au cœur même de la création. L'Akasha n'est jamais né et ne mourra jamais. On ne peut ni le soustraire ni l'ajouter.

L'énergie Spirituelle du Premier Esprit se manifeste dans le Second Esprit à travers les Etoiles sous forme de Lumière visible. Cependant, on dit que l'Esprit voyage plus vite que la vitesse de la Lumière, ayant la plus grande vélocité connue par l'humanité. Cela expliquerait pourquoi les informations canalisées par la Conscience Cosmique sont transmises instantanément partout dans l'Univers. Et pourquoi les personnes évoluées sur le plan Spirituel n'ont qu'à penser à un objet ou à un lieu pour faire immédiatement l'expérience, par la pensée, de ce que c'est que d'être cet objet ou de se trouver à cet endroit.

Comme elle voyage plus vite que la vitesse de la Lumière, l'énergie Spirituelle transcende l'espace et le temps selon la théorie de la relativité d'Einstein. Ainsi, il n'est pas rare que les personnes éveillées Spirituellement développent le sens de la précognition ou de la prescience, ce qui leur permet de voir dans l'avenir grâce au sixième sens (psychisme). La conscience Spirituelle permet d'accéder aux archives Akashiques.

Dans l'Alchimie Hermétique, Akasha est la quintessence. Il est tout-pénétrant puisque tout ce qui existe a évolué à partir de l'Akasha, et que tout retournera finalement dans l'Akasha. L'Akasha est lié au principe de la vibration du son. Il fournit le support permettant au son de voyager dans l'espace. L'Akasha est la source des Quatre autres Éléments qui ont évolué au cours du processus de manifestation de la Création.

L'énergie Planétaire de Saturne influence l'Akasha, comme en témoignent les couleurs indigo et noire qui leur correspondent. Dans la Qabalah, Saturne est lié à la Séphira Binah, l'un des Supernaux représentant l'Élément Esprit. Binah est le Plan Astral de tout ce qui existe, les formes subtiles et éthérées de toutes les choses qui sont invisibles aux sens physiques mais que nous pouvons expérimenter par l'Oeil de l'Esprit. On ne peut accéder à la vibration de l'Akasha que lorsque le mental est réduit au silence et que l'Ego est transcendé. Dans la philosophie Yogique et Hindoue, son domaine d'expérience est le Plan de la conscience, appelé "Jana Loka", la demeure des mortels libérés qui résident dans le Royaume Céleste.

L'Akasha est attribué aux trois Chakras de Vishuddhi, Ajna et Sahasrara (Figure 82). Au niveau de Sahasrara, Akasha est mieux exprimé par le symbole de l'infini, un chiffre huit sur son côté, représentant le concept d'éternité et d'absence de limites. Au niveau d'Ajna, Akasha est mieux symbolisé par le symbole Taoïste Yin/Yang, représentant la dualité, les forces féminines et masculines, Ida et Pingala, qui s'unissent au niveau du Chakra Ajna. Vishuddhi est le représentant traditionnel du Tattva Akasha dans le Tantra et le Yoga, à son niveau le plus accessible qui le relie aux Éléments et aux Chakras inférieurs.

Le Bija Mantra d'Akasha est "Ham". "L'expérience de l'énergie d'Akasha Tattva ressemble à l'effet des invocations rituelles de l'Élément Esprit et de l'énergie Saturnienne, bien que cette dernière puisse être décrite comme l'aspect terrestre d'Akasha. Les sous-Éléments d'Akasha sont l'Esprit de l'Esprit, le Feu de l'Esprit, l'Eau de l'Esprit, l'Air de l'Esprit et la Terre de l'Esprit.

Vayu Tattva (Élément Air)

Le texte religieux Hindou, *les Upanishads*, enseigne que le premier principe ou Tattva à évoluer à partir de l'Akasha est Vayu, symbolisé par un cercle bleu. "Vayu vient de la même racine Sanskrite que le mot "mouvement" et est donc attribué à l'Élément Air. Ayant la nature du vent, Vayu prend la couleur bleue du ciel clair.

Lorsque le vide de l'Akasha a été influencé par le mouvement au cours du processus de création, une énergie Lumière a été créée, manifestant le Vayu Tattva. Cependant, Vayu n'est pas la Lumière physique, mais l'énergie cinétique sous ses diverses formes : énergie électrique, chimique et vitale (Prana). Alors que l'Akasha était immobile, Vayu est le mouvement omniprésent.

Tous les gaz présents dans l'atmosphère terrestre, y compris l'oxygène, englobent le Tattva Vayu. Bien qu'invisible à l'œil nu, Vayu est le premier Tattva que l'on peut ressentir de manière tangible sur la peau. En tant que tel, il est lié au sens du toucher. L'essence de Vayu s'exprime par la contraction et l'expansion. Dans le corps physique, Vayu contrôle les cinq "airs" vitaux appelés Prana Vayus : Prana, Apana, Samana, Udana, Vyana.

Vayu est attribué à Anahata, le Chakra du Cœur. Il est lié à l'Esprit, aux pensées et à l'imagination, alimentés par le processus de respiration - apportant l'énergie Pranique dans le corps. Le mouvement constant de Vayu Tattva crée le changement, entraînant l'instabilité, l'incohérence, la volatilité et l'inconstance de l'individu et de l'environnement. Telle est la nature de l'Élément Air. Son domaine d'expérience est le Plan de la Conscience, appelé "Maha Loka", la demeure des grands Sages et Rishis.

Le Bija Mantra de Vayu Tatva est "Yam". Son énergie est comparable aux invocations rituelles de l'Élément Air et aux invocations de la Planète Mercure avec des aspects de l'énergie Solaire. Après tout, Vayu est une extension de l'énergie Pranic, dont la source est le Soleil. Les Sous-Éléments de Vayu sont l'Air de l'Air, l'Esprit de l'Air, le Feu de l'Air, l'Eau de l'Air et la Terre de l'Air. Le Sous-Élément Air de l'air est apparenté à l'énergie du Zodiaque Verseau, tandis que le Feu de l'Air est semblable à la Balance et l'Eau de l'air aux Gémeaux.

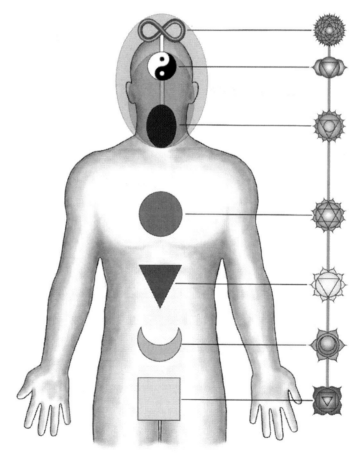

Figure 82: Les Tattvas et les Chakras

Tejas Tattva (Élément Feu)

Tejas, ou Agni (feu), est le Tattva de l'Élément Feu. Tejas signifie "aigu" en Sanskrit ; sa signification se traduit par "chaleur" ou "illumination". Tejas Tattva est symbolisé par un triangle rouge ascendant dont la couleur est associée à son énergie archétypale. Cependant, lorsqu'il est placé sur le corps, le triangle pointe vers le bas, vers l'élément Apas (Eau) (Figure 82). Le concept "Eau vers le haut, Feu vers le bas" explique le flux énergétique naturel de notre corps.

Le Feu étant la source de chaleur et de Lumière, il est le premier principe dont la forme est visible à l'œil nu. Après tout, c'est par l'apparition de la Lumière que nous percevons les formes dans notre environnement. Ainsi, Tejas est la qualité qui donne une définition ou une structure aux différentes expressions de l'énergie cinétique représentée par Vayu Tatva, à partir duquel Tejas a évolué.

La naissance de la forme est étroitement liée à l'avènement de l'Ego, l'antithèse de l'Âme. L'Ego est né lorsque nous avons reconnu pour la première fois quelque chose d'extérieur à nous-mêmes. En s'acclimatant au monde matériel au cours de nos premières années, nous nous sommes attachés aux formes que nous voyions dans l'environnement, ce qui a permis à l'Ego de grandir et de prendre une emprise ferme sur la conscience. Ainsi, les Samskaras se sont développés au fil du temps, un terme Sanskrit désignant les impressions mentales, les souvenirs et les empreintes psychologiques. Les Samskaras sont la racine de l'énergie Karmique qui nous empêche d'évoluer Spirituellement jusqu'à ce que nous les dépassions.

Le développement de l'Ego se poursuit pendant l'adolescence, formant notre personnalité au fil du temps. L'Ego ne cesse de croître et de s'étendre pour le reste de notre vie ici sur Terre puisqu'il est lié au corps physique et à sa survie. La seule façon d'arrêter la croissance de l'Ego est de reconnaître et d'embrasser la réalité Spirituelle plus profonde qui sous-tend la réalité physique - une réalité qui est vide et donc sans forme. Lorsque notre attention se concentre sur l'évolution Spirituelle au lieu de nourrir l'Ego, l'Âme prend finalement le dessus et nous commençons à construire un caractère qui transcende notre existence matérielle.

Comme nous l'avons déjà mentionné, l'Ego et l'Âme ne peuvent pas coexister en tant que conducteurs de la conscience ; l'un d'entre eux doit toujours prendre la place du passager. Ce choix est déterminé par nous-mêmes et par l'aspect du Soi auquel nous accordons notre attention à un moment donné, puisque nous avons le libre arbitre. Par conséquent, Tejas se rapporte à la fois à l'Âme et à l'Ego. L'Élément Feu est la volonté que nous utilisons pour exprimer notre principe de libre arbitre dans l'une ou l'autre direction, alimenté par Manipura, le Chakra du Plexus Solaire. Son domaine d'expérience est le Plan de la conscience, appelé "Swar Loka", la région située entre le Soleil et l'Etoile Polaire, le Ciel du Dieu Hindou Indra.

Tejas Tattva a souvent été décrit comme une force dévorante qui consume tout sur son passage. Cependant, la destruction est un catalyseur de transformation puisque rien ne meurt jamais mais change seulement d'état. En tant que tel, l'Élément Feu est crucial pour l'évolution Spirituelle car il nous permet de refaire nos croyances sur nous-mêmes et sur le monde, nous permettant ainsi d'exploiter notre plus haut potentiel. La destruction de Tejas entraîne donc de nouvelles créations propices à la croissance de l'Âme.

Le Bija Mantra de Tejas est "Ram". "L'énergie de ce Tattva est comparable à une invocation rituelle de l'Élément Feu et de l'énergie de la Planète Mars avec des aspects de l'énergie du Soleil. Tejas est masculin et actif car il stimule le dynamisme et la volonté de l'individu. Les Sous-Éléments de Tejas sont le Feu du Feu, l'Esprit du Feu, l'Air du Feu, l'Eau du Feu et la Terre du Feu. Le Sous-Élément Feu de Feu est apparenté à l'énergie du Zodiaque Bélier, tandis que l'Air de Feu est similaire au Lion et l'Eau de Feu au Sagittaire.

Apas Tattva (Élément Eau)

Le Tattva suivant dans la séquence de manifestation est Apas, symbolisé par le croissant de lune argenté. Apas est une matière intensément active qui a émergé de l'Élément Feu en raison de la diminution du mouvement et de la condensation. Elle est confinée dans un espace définitif tout en étant dans un état de fluidité.

Apas est l'Univers physique qui s'organise encore avant de se matérialiser sous la forme du prochain Tattva. Il représente l'ordre issu du chaos. L'arrangement des atomes et des molécules dans Apas occupe très peu d'espace avec une liberté de mouvement limitée, contrairement aux Éléments Feu, Air et Esprit. Par exemple, l'hydrogène et l'oxygène se comportent différemment de ces mêmes molécules dans la vapeur.

Apas est féminin et passif ; il est attribué à Swadhisthana, le Chakra sSacré. Apas est lié à l'effet de la Lune sur les marées de la mer et à l'Élément Eau en nous. Si l'on considère que notre propre corps physique est composé à 60 % d'eau, l'importance de l'Élément Eau dans notre système biologique est évidente.

Puisque Apas est une matière en cours de création, il représente l'impulsion créatrice au sein de notre psyché. Il est lié aux émotions qui sont fluides et changeantes, comme l'Élément Eau qui les représente. Notre sexualité s'exprime également sur le plan émotionnel sous la forme du désir, qui est un puissant facteur de motivation dans notre vie. Les cycles Lunaires ont non seulement une forte influence sur nos émotions mais aussi sur notre sexualité.

Apas a la qualité de la contraction et le principe du goût. Son Bija Mantra est "Vam". "Les Expériences d'Apas sont similaires aux invocations rituelles de l'Élément Eau. Sa correspondance Planétaire est avec la Lune et Jupiter et des aspects de Vénus puisque ces trois planètes sont associées aux émotions et aux sentiments.

Les Sous-Éléments d'Apas sont l'Eau de l'eau, l'Esprit de l'eau, le Feu de l'eau, l'Air de l'eau et la Terre de l'Eau. Le Sous-Élément Eau de l'Eau est apparenté à l'énergie du Zodiaque des Poissons, tandis que le Feu de l'Eau est semblable au Cancer et l'Air de l'Eau au Scorpion. Le domaine d'expérience d'Apas est le Plan de conscience appelé "Bhuvar Loka", la zone située entre la Terre et le Soleil et le foyer des êtres Célestes connus sous le nom de Siddhas.

Prithivi Tattva (Élément Terre)

Le cinquième et dernier Tattva est Prithivi, symbolisé par un carré jaune et lié à l'Élément Terre. Le dernier Élément qui évolue dans le processus de la Création résulte d'une nouvelle diminution de la vibration qui fait que l'Élément Eau se solidifie et devient immobile. Prithivi est le plus dense de tous les Tattvas, car il représente le monde concret de la matière dont les molécules sont fixées en place. Il représente les qualités de solidité, de poids et de cohésion, apportant stabilité et permanence à tous les niveaux.

Bien que la couleur jaune représente généralement l'Élément Air dans les Mystères Occidentaux, dans le système Tattvic, elle est associée à la Terre. Le jaune est lié à la lumière jaune du Soleil qui nous permet de percevoir le monde de la matière. La correspondance de Prithivi est avec la racine ou Muladhara Chakra et le sens de l'odorat. Son Bija Mantra est "Lam. "

L'énergie de Prithivi est similaire aux invocations rituelles de l'Élément Terre. Les Sous-Éléments de Prithivi sont la Terre de la Terre, l'Esprit de la Terre, le Feu de la Terre, l'Eau de la Terre et l'Air de la Terre. L'énergie du Sous-Élément Feu de la Terre est apparentée au Zodiaque Capricorne, tandis que l'Eau de la Terre est semblable à la Vierge et l'Air de la Terre peut être comparé au Taureau. Le domaine d'expérience de Prithivi est le Plan de conscience appelé "Bhu Loka", le Monde Physique de la Matière brute.

TATTVA SCRYING

Les Tattvas sont faciles à utiliser et très efficaces pour vous accorder avec les énergies Élémentaires souhaitées. Il suffit de tenir un Tattva dans sa main et de le "scruter" en le fixant ou en le regardant profondément, pour libérer son pouvoir. La scrutation des Tattvas permet de développer des pouvoirs psychiques tels que la clairvoyance. C'est l'une des méthodes les plus faciles, les plus rapides et les plus efficaces pour exercer et améliorer vos capacités de voyance.

La méthode de scrutation Tattva peut également faciliter une expérience Extra-corporelle complète puisqu'elle comprend une composante de Projection Astrale dont la technique s'apparente au voyage Chamanique et au Pathworking. Cependant, vous devez être prudent lorsque vous tentez la Projection Astrale, surtout si vous souffrez d'anxiété ou de nervosité. Cela peut être une sacrée secousse pour l'esprit de faire l'expérience de choses au-delà du physique, surtout la première fois. Par conséquent, vous devez être suffisamment équilibré sur le plan énergétique avant de tenter la Projection Astrale, ce que vous pouvez obtenir en utilisant les modalités de guérison Spirituelle présentées dans ce livre.

Avant de commencer cet exercice, vous devrez imprimer les cartes Tattva en couleur à partir de mon site Web à l'adresse www.nevenpaar.com en suivant le lien "Cartes Tattva" dans la navigation principale. Les cartes du document PDF mesurent cinq pouces sur six, ce qui est leur taille idéale pour la scrutation, avec des symboles d'environ trois à quatre pouces de hauteur. Si vous possédez déjà des cartes Tattva, vous pouvez les utiliser pour autant qu'elles respectent les paramètres indiqués.

Cependant, les cartes de Tattva les plus optimales doivent être construites par vous-même à partir de carton. Vous devez découper les symboles séparément, les peindre à la main et les coller sur les cartes pour obtenir une perspective Tridimensionnelle. La Figure 83 montre les cartes Tattva que j'ai construites il y a de nombreuses années lorsque j'étais dans l'Ordre de la Golden Dawn.

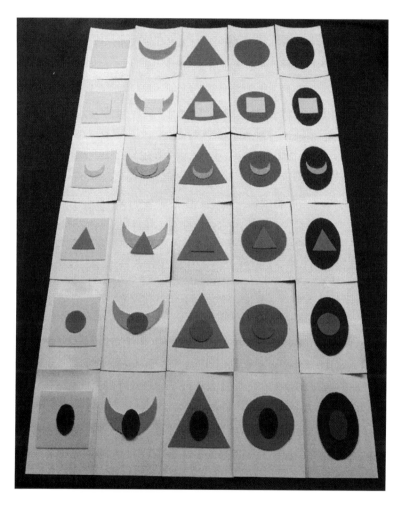

Figure 83: Les Cartes de Tattva de l'Auteur

La méthode de scrutation Tattva présentée par l'Ordre Hermétique de l'Aube Dorée comporte deux parties. La première partie s'intitule "Scrutation dans la Vision de l'Esprit" et consiste à s'accorder avec l'énergie Élémentaire et Sous-Élémentaire de votre Aura, ce qui permet d'isoler vos Chakras afin de pouvoir travailler avec eux. La deuxième partie, facultative, est une continuation de la première, appelée "Voyager dans la Viśion de l'Esprit". "Après avoir évoqué l'énergie Élémentaire ou Sous-Élémentaire et l'avoir amplifiée dans votre Aura, votre conscience s'en imprègne. C'est une excellente occasion d'effectuer une Projection Astrale dans son Plan Cosmique en utilisant une technique de visualisation qui fait appel à votre imagination et à votre volonté.

Avant de commencer l'exercice de scrutation du Tattva, trouvez un espace calme où vous ne serez pas dérangé pendant son exécution. Comme la pratique implique de se tourner vers l'intérieur, il est conseillé de brûler de l'encens pour nettoyer votre espace des énergies négatives et le rendre sacré. Si vous connaissez les exercices du Rituel de Magick Cérémoniel de mon premier livre, effectuez le Petit Rituel de Bannissement du Pentagramme et le Rituel de Bannissement de l'Hexagramme pour bannir les influences énergétiques négatives et vous centrer.

Ces deux exercices rituels sont essentiels pour la protection lors du travail Astral, y compris la Projection Astrale qui ouvre la conscience à un contact direct avec les intelligences Spirituelles dans les Plans Cosmiques intérieurs. Outre les Élémentaires de base, il peut s'agir d'entités ou d'esprits Angéliques ou Démoniaques qui se sont logés dans les couches de votre Aura et leurs Chakras respectifs à un moment donné dans le passé. Ils sont responsables de nombre de nos humeurs et de nos sentiments, qu'ils soient positifs et constructifs, comme dans le cas des Anges, ou négatifs et destructeurs, comme dans le cas des Démons.

Les Démons sont plus insaisissables que les Anges, car les gens évitent généralement de les affronter. Souvent, ils s'enferment au plus profond du subconscient par peur d'avoir à les affronter. Cependant, les Démons resteront attachés à vous jusqu'à ce que vous les affrontiez avec courage et appreniez leur véritable nature, intégrant ainsi pleinement leurs pouvoirs et les relâchant dans l'Univers. Ce faisant, vous guérissez et optimisez les Chakras tout en maîtrisant les Éléments correspondants dans votre psyché. Rappelez-vous que quelle que soit l'intelligence Spirituelle que vous rencontrez lors de votre séance de Spiritisme, si vous l'affrontez avec calme et amour dans votre cœur, elle sera à votre service.

Méthode de Scrutation Tattva - Partie 1 (Scrutation dans la Vision de l'Esprit)

Commencez l'exercice en vous asseyant confortablement dans la position du lotus ou sur une chaise, en faisant face à la direction cardinale de l'Élément que vous souhaitez lire. (Utilisez le Tableau 3 pour obtenir toutes les informations pertinentes dont vous aurez besoin pour la scrutation des Tattvas). Vous devez avoir une surface blanche devant vous, comme un mur, un écran ou une sorte de fond, car vous devrez y transposer l'empreinte Astrale du Tattva dans le cadre de l'exercice. La surface blanche garantit également l'absence de distractions pour l'esprit lorsque vous vous concentrez sur la carte du Tattva. Si vous avez des tableaux suspendus ou des meubles à proximité de votre zone de travail, enlevez-les.

Effectuez la respiration quadruple pendant quelques minutes les yeux fermés pour vous mettre dans un état d'esprit méditatif, ce qui est essentiel pour réussir ce travail. Ensuite, ouvrez les yeux et prenez le Tattva. Tenez-le dans votre main, à bout de bras, de manière à ce que l'image soit à la hauteur des yeux. Commencez à le regarder confortablement, en clignant le moins possible des yeux. Veillez à ce que vous voyiez la carte Tattva et le fond blanc devant vous et rien d'autre. Ne laissez pas vos yeux errer. Au contraire, absorbez-vous dans le Tattva tout en gardant votre esprit vide de toute pensée. Laissez son image emplir votre conscience en vous imaginant être imprégné de l'énergie de l'Élément ou du Sous-Élément qui lui est associé.

Vous devez fixer le Tattva pendant vingt secondes à une minute au début, puis allonger la durée au fur et à mesure que vous maîtrisez cet exercice. Veillez à ne pas fatiguer vos yeux à aucun moment. Au bout d'un certain temps, le Tattva commencera à "clignoter" à partir du symbole que vous regardez, comme si vous voyiez son empreinte énergétique ou son Aura. L'expérience vous apprendra combien de temps il faut pour en arriver là.

L'étape suivante consiste à poser la carte Tattva et à déplacer doucement votre regard sur la surface blanche unie devant vous. Vous remarquerez le transfert du symbole dans sa couleur "clignotante" ou complémentaire au Tattva. Par exemple, si vous regardez Prithivi, sa couleur complémentaire sera le violet. Si vous regardez un Tattva Sous-Élémentaire, vous verrez deux couleurs complémentaires clignoter devant vous.

Fixez maintenant le symbole clignotant devant vous. S'il commence à dériver, remettez-le au point devant vous. Dès qu'il disparaît de votre vue physique, fermez les yeux et concentrez-vous sur ce qui reste de son empreinte mentale. Laissez votre vision physique se transformer en vision Astrale, comme si l'arrière de vos paupières était un écran de cinéma vous renvoyant l'image.

Il est conseillé de s'entraîner à transférer visuellement la carte Tattva sur le fond blanc trois ou quatre fois, car cette partie de l'exercice est la plus importante pour l'étape suivante de la Projection Astrale. Cependant, en regardant simplement le Tattva, vous débloquez l'énergie qui lui est associée dans votre Aura, que vous devriez ressentir immédiatement (si vous êtes sensible aux énergies) comme une essence quantifiable. Notez que plus vous fixez le Tattva, plus l'énergie correspondante imprègne votre Aura.

Méthode de Scrutation Tattva - Partie 2 (Voyager dans la Vision de l'Esprit)

Après la disparition de l'image Astrale, utilisez votre imagination pour la faire revenir dans votre Oeil de l'Esprit dans la couleur complémentaire du Tattva avec lequel vous travaillez. Imaginez que l'image soit agrandie à la taille d'une porte. Ensuite, visualisez votre forme Astrale et voyez-la se tenir juste devant cette porte. Prenez un moment pour noter tous les détails de votre Moi Astral, y compris votre garde-robe, les expressions de votre visage, etc. Si cela vous aide à visualiser, imaginez-vous portant les mêmes vêtements que ceux que vous portez pendant l'exercice. Notez que vous devez vous regarder à la troisième personne dans votre esprit pour cette partie de l'exercice, comme si vous étiez à la fois le réalisateur et la vedette du film.

Ensuite, vous devez transférer votre graine de conscience dans votre Soi Astral. Cette partie est délicate et la plupart des étudiants doivent s'y exercer. Pour y parvenir, vous devez cesser de vous voir à la troisième personne et passer à la première personne. Imaginez que votre essence entière entre dans votre Soi Astral alors que vous sortez de votre corps physique, qui reste assis tranquillement, les yeux fermés. Ouvrez les yeux en tant que Soi Astral et observez vos mains et vos pieds comme si vous veniez de vous réveiller dans un Rêve Lucide. Ensuite, regardez la porte qui se trouve devant vous, votre portail vers une autre dimension. Lorsque vous êtes prêt, franchissez la porte. Si vous êtes familier avec les exercices rituels du *Mage*, vous pouvez projeter votre Moi Astral à travers la porte avec le Signe de l'Entrant tout en vous scellant dans le Plan Cosmique correspondant avec le Signe du Silence. Si vous n'êtes pas familier avec ces gestes, franchissez simplement la porte.

Au moment où vous entrez dans le Plan Cosmique projeté, laissez votre imagination se mettre en pilote automatique. Cette partie est cruciale pour la réussite de la Projection Astrale, car jusqu'à ce point, tout était une visualisation guidée faisant appel à votre volonté et à votre imagination. Vous devez maintenant cesser de contrôler l'expérience afin que votre imagination tire son impression de l'énergie Élémentaire ou Sous-Élémentaire que vous avez amplifiée dans votre Aura avec la technique du Tattva gazing. Si cela est fait correctement, vous devriez obtenir une vision du Plan Cosmique.

Observez le paysage qui vous entoure, en notant chaque petit détail que vous pouvez voir. Utilisez vos sens astraux pour vous imprégner des vues, des sons, des goûts, des odeurs et des sensations tactiles du Plan Cosmique. Si les choses vous semblent ternes et unanimes, vous pouvez vibrer les Noms Divins de l'Élément correspondant trois ou quatre fois chacun selon le Tableau 3. La séquence à suivre est la suivante : Nom de Dieu, Archange, et Ange. Ce faisant, les choses devraient retrouver des couleurs vives et du mouvement. Si ce n'est pas le cas, il vous faudra peut-être vous entraîner davantage à transférer votre conscience dans votre Soi astral et à vous permettre de "lâcher prise" suffisamment longtemps pour avoir une vision dans le Plan Astral. Ne désespérez pas si cela ne fonctionne pas les premières fois ; la plupart des gens ont besoin de s'entraîner davantage avec la partie 1 de la méthode de scrutation Tattva avant de s'engager dans la partie 2.

TABLEAU 3: Correspondances des Tattva

Élément (anglais et sanskrit)	Direction	Élémentaires	Nom de Dieu (hébreu)	Archange	Angel
Terre, Prithivi	Nord	Gnomes	Adonai ha-Aretz	Auriel	Phorlakh
Eau, Apas	Ouest	Undines	Elohim Tzabaoth	Gabriel	Taliahad
Feu, Tejas	Sud	Salamandres	YHVH Tzabaoth	Michael	Aral
Air, Vayu	Est	Sylphes	Shaddai El Chai	Raphael	Chassan
Esprit, Akasha	Haut/Bas, Est (par défaut)	-	Eheieh	Métatron	Chayoth ha-Qadesh

Après avoir vibré les Noms Divins appropriés, il n'est pas rare de voir un guide Spirituel apparaître devant vous. Cette entité est souvent un Élémental dont les caractéristiques représentent les qualités de l'Élément que vous visitez. Vous pouvez également invoquer un guide pour vous aider à explorer le lieu, ce qui est recommandé, surtout si vous êtes novice dans cette pratique.

Observez l'apparence de l'entité et testez-la en lui demandant quel est son but en vous aidant, ce qui vous aidera à déterminer si elle est bienveillante ou malveillante. Parfois, il se peut que vous ne voyiez pas une entité mais que vous ressentiez sa présence, ce qui peut souvent être plus fiable que l'utilisation de la vue Astrale ou d'autres sens.

Si l'entité semble malveillante, vous pouvez utiliser les Noms Divins de l'Élément avec lequel vous travaillez pour la bannir. Vous pouvez également dessiner un Pentagramme de Terre de bannissement (comme indiqué dans *The Magus*) pour écarter l'entité, à moins que vous ne travailliez avec Prithivi Tattva, ce qui entraînera le bannissement des aspects positifs et négatifs de la Terre. Si, pour une raison quelconque, vous ne voulez pas de l'assistance d'un guide, vous pouvez utiliser le Pentagramme de bannissement de l'Élément avec lequel vous travaillez pour le renvoyer, ce qui fonctionne dans la plupart des cas.

En supposant que votre guide est un Esprit positif qui veut vous aider, permettez-lui de vous guider afin que vous puissiez explorer le paysage. Posez à votre guide toutes les questions sur ce que vous voyez au cours de votre voyage ou sur la nature de l'Élément relatif au Plan Cosmique que vous explorez. Après tout, ce travail vise à développer la connaissance et la maîtrise des Éléments qui font partie de votre psyché.

Lors de l'exploration des Plans Cosmiques Sous-Élémentaires, il n'est pas rare que l'on vous confie un second guide qui vous fera visiter un tout autre décor. Dans ce cas, vous devez les tester à nouveau pour déterminer la qualité de leur Être, notamment en vibrant les Noms Divins du Tattva secondaire que vous visitez. En laissant le premier guide derrière vous, accordez-lui la courtoisie d'un au revoir, surtout s'il vous a traité avec respect.

Si vous sentez que l'environnement est devenu chaotique avec votre présence, vous pouvez utiliser les Noms Divins pour apporter l'harmonie et la paix au Plan Cosmique que vous visitez et restaurer sa constitution originale. Rappelez-vous de toujours être respectueux mais ferme avec vos guides et de ne pas les laisser sortir de leurs gonds puisqu'ils sont là pour vous aider. Vous devez toujours garder votre calme et le contrôle de la situation.

La méthode pour quitter le Plan Cosmique et revenir à la conscience ordinaire, éveillée, est l'exact inverse du processus initial. Tout d'abord, vous remerciez le guide et lui faites vos adieux. Ensuite, vous devez revenir sur vos pas jusqu'à la porte d'où vous êtes venu. Une fois que vous aurez franchi la porte, votre voyage sera terminé. Si vous avez utilisé le signe de l'entrant et le signe du silence pour entrer dans le portail, utilisez-les à nouveau pour le quitter.

Ensuite, vous devez transférer votre semence de conscience de votre Soi Astral à votre Soi Physique. Ce faisant, sentez votre Être passer d'une perspective interne à une perspective externe tandis que vous déplacez votre attention de vos sens astraux à vos sens physiques. Prenez maintenant quelques respirations profondes en vous concentrant sur l'écoute des sons de votre environnement. Lorsque vous êtes prêt à terminer votre expérience de scrutation du Tattva, ouvrez lentement les yeux. Si vous avez commencé cet exercice avec le Petit rituel de bannissement du Pentagramme et le Rituel de bannissement de l'Hexagramme, répétez-les pour vous centrer et bannir toute influence indésirable.

Il est crucial de ne jamais mettre fin à l'expérience en ouvrant simplement vos yeux physiques alors que votre Soi Astral se trouve encore dans le Plan Cosmique que vous visitez. Il ne faut jamais fusionner un Plan Élémentaire avec le Plan Physique de la conscience, car cela peut être préjudiciable à la psyché. Les effets secondaires immédiats sont une sensation de confusion, de désorientation et de perte d'espace. Les effets secondaires plus durables comprennent des manifestations chaotiques et destructrices dans votre vie, qui peuvent durer des semaines, des mois, voire des années, jusqu'à leur résolution. Par conséquent, prenez votre temps avec ce processus de "retour à la maison" et suivez toutes les étapes, même si vous les faites de manière accélérée.

***

En tant que débutant, commencez par vous exercer avec les Tattvas primaires de Prithivi, Apas, Tejas, Vayu et Akasha, dans cet ordre. Concentrez-vous sur les Quatre premiers jusqu'à ce que vous ayez acquis une certaine expérience avant de passer à Akasha Tattva. Effectuez chaque séance de scrutation avec une carte Tattva individuelle une fois par jour, pas plus. Vous pouvez effectuer cet exercice à tout moment, mais les matins et les après-midi sont les meilleurs, de préférence à jeun. Si vous effectuez la scrutation des Tattvas juste avant de dormir, prévoyez que l'opération affectera le contenu de vos rêves.

Après quelques semaines d'expérimentation avec les Tattvas primaires, et une fois que vous aurez obtenu des résultats satisfaisants avec la Projection Astrale, vous pourrez passer au Programme d'Alchimie Spirituelle que j'ai conçu pour les aspirants les plus ambitieux de ce travail. Ce fonctionnement avancé du Tattva fournira des résultats optimaux lors de l'exploration des Éléments, des Sous-éÉléments et de leurs Chakras correspondants. Elle suit la séquence d'entrée dans les couches de l'Aura, de l'Astral Inférieur (Terre) à l'Astral Supérieur (Eau), puis au Mental Inférieur (Air), au Mental Supérieur (Feu), et enfin au Plan Spirituel (Esprit).

Je présente la séquence Occidentale des Éléments émanant, qui place l'Élément Feu après l'Élément Air, et non avant, comme le système Oriental. D'après mon expérience, cette séquence de travail progressif avec les Plans Cosmiques, du plus bas au plus haut, est la plus efficace pour la guérison Spirituelle et l'élévation de la vibration de la conscience.

L'ensemble du programme d'Alchimie Spirituelle avec les Tattvas vous prendra un mois à compléter. Ensuite, vous pouvez soit répéter le cycle, soit travailler avec des Éléments et Sous-Éléments individuels pour maîtriser ces parties du Soi. Vous pouvez également revisiter les Plans Cosmiques spécifiques que vous avez trouvés les plus excitants et les plus révélateurs, qui vous ont appelé ou que vous avez estimé devoir être explorés davantage.

Le travail avec les Tattvas est une excellente occasion d'utiliser un Journal Magique, un carnet ou un journal intime pour enregistrer vos expériences. C'est essentiel pour améliorer vos capacités de voyance et votre mémoire et pour vous donner un aperçu des symboles, nombres et événements particuliers que vous avez vécus pendant une séance. En documentant vos expériences au fil du temps, vous commencerez à reconnaître des modèles et à déduire des significations métaphoriques de vos séances qui font partie d'une image plus large de qui vous êtes et de ce sur quoi vous devez travailler pour poursuivre votre évolution Spirituelle.

En conclusion, n'oubliez pas d'être patient, déterminé et persévérant dans ce travail, surtout au début. Il est facile de se décourager de la composante Projection Astrale de cette pratique lorsque vous n'obtenez pas les résultats escomptés. Cependant, gardez à l'esprit que le développement de la clairvoyance intérieure n'est pas une tâche facile. La scrutation Tattva est un travail difficile et ardu qui prend souvent des mois, voire des années, pour devenir compétent. Mais avec de la persévérance, vos visions passeront d'images vagues et légèrement indiscernables à des expériences magiques vivantes, dynamiques et puissantes.

Programme d'Alchimie Spirituelle avec les Tattvas

Plan Astral Inférieur - Terre/Muladhara :

Jour 1 - Terre/Primaire Terre

Jour 2 - Terre/Terre de la Terre

Jour 3 - Terre/Eau de la Terre

Jour 4 - Terre/Air de la Terre

Jour 5 - Terre/Feu de la Terre

Jour 6 - Terre/Esprit de la Terre

Plan Astral Supérieur - Eau/Swadhisthana :

Jour 7 - Eau/Primaire

Jour 8 - Eau/Terre d'Eau

Jour 9 - Eau/Eau de l'Eau

Jour 10 - Eau/Air de l'Eau

Jour 11 - Eau/Feu d'Eau

Jour 12 - Eau/Esprit de l'Eau

Plan Mental Inférieur - Air/Anahata :

Jour 13 - Air/Primary Air

Jour 14 - Air/Terre de l'Air

Jour 15 - Air/Eau de l'Air

Jour 16 - Air/Air de l'Air

Jour 17 - Air/Feu d'Air

Jour 18 - Air/Esprit de l'Air

Plan Mental Supérieur - Feu/Manipura :

Jour 19 - Feu/Primary Fire

Jour 20 - Feu/Terre de Feu

Jour 21 - Feu/Eau de Feu

Jour 22 - Feu/Air de Feu

Jour 23 - Feu/Fire of Fire

Jour 24 - Feu/Esprit du Feu

Plan Spirituel - Esprit/Vishuddhi, Ajna, Sahasrara :

Jour 25 - Esprit/Primaire

Jour 26 - Esprit/Terre de l'Esprit

Jour 27 - Esprit/Eau de l'Esprit

Jour 28 - Esprit/Air de l'Esprit

Jour 29 - Esprit / Feu de l'Esprit

Jour 30 - Esprit/Esprit de l'Esprit

PARTIE VI : LA SCIENCE DU YOGA (AVEC L'AYURVEDA)

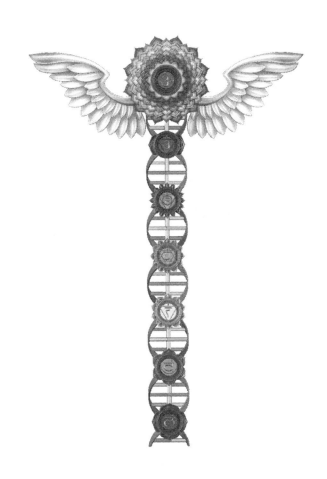

LE BUT DU YOGA

Le yoga est un ensemble de pratiques, disciplines et techniques physiques, mentales et Spirituelles qui ont vu le jour dans l'Inde Ancienne il y a environ 5 000 ans. Le Yoga est mentionné dans les Anciens textes Hindous, *le Rig Veda* et *les Upanishads*, bien que son développement réel ne se soit produit qu'aux cinquième et sixième siècles avant Jésus-Christ. Les *Yoga Sutras de Patanjali*, le texte Hindou le plus influent sur le Yoga, sont datés d'environ le deuxième siècle avant Jésus-Christ. Au XXe siècle, ce texte a été traduit en anglais, ce qui a suscité un vif intérêt pour le Yoga dans le monde Occidental.

Bien que la plupart des Occidentaux pensent que le Yoga est un simple exercice physique consistant en des postures corporelles (Asanas), cela ne pourrait être plus éloigné de la vérité. Les Asanas sont les aspects physiques de ce qui est une science profonde visant à déployer le potentiel Spirituel des êtres humains. La pratique des Asanas dans le cadre du Yoga était très limitée dans les temps anciens. Ses formes originales étaient principalement de nature transcendantale et méditative. Le Yoga avait pour but d'accéder à des états de pure conscience et de félicité (Samadhi) et de surmonter les fardeaux de la réalité matérielle. La pratique des Asanas, qui est au cœur du Hatha Yoga, est issue du Tantra il y a environ 1 000 ans.

Le mot "Yoga" en Sanskrit signifie "union", et il fait référence à l'union de la conscience individuelle avec la Conscience Cosmique. Mais pour qu'il y ait union entre les deux, il faut d'abord qu'il y ait eu séparation. En réalité, il n'y a jamais eu de séparation. La séparation est une illusion qui se produit à travers l'esprit avec la naissance et la croissance de l'Ego. Le Yoga vise donc à transcender l'Ego et à devenir un être humain réalisé par lui-même. En pratiquant un système éprouvé de travail avec son champ énergétique, un individu peut dépasser les limites de son mental et atteindre le plus haut de son potentiel Spirituel.

Selon Patanjali, le Yoga exige la cessation des fluctuations de l'esprit, ce qui entraîne l'union de l'observateur, de l'observant et de l'observé. Le but ultime du Yoga est l'illumination et l'intégration de l'esprit dans le corps. Pour y conduire ses pratiquants, le Yoga vise à équilibrer le système énergétique et à éveiller progressivement la Kundalini à la base de la colonne vertébrale. Une fois que Kundalini Shakti s'élève le long de la colonne vertébrale pour rencontrer Shiva au niveau de la couronne, un Mariage Divin se produit, élargissant la conscience individuelle. Lorsque les deux forces masculines et féminines opposées ne font plus qu'une, l'Âme est libérée du corps et s'élève au-dessus de l'Ego. L'individu devient un Yogi ou une âme libérée, un Homme-Dieu. Il transcende la dualité et les Éléments en lui, représentés par les Plans Cosmiques inférieurs, et harmonise sa conscience avec le plan Spirituel, qui est Non Dual.

Parce que le Yoga est notre méthode la plus ancienne pour équilibrer le système énergétique et éveiller l'énergie Kundalini, j'ai décidé de consacrer un chapitre entier à sa science. Bien que ce chapitre ne soit qu'une simple introduction au Yoga, il y a beaucoup à gagner des pratiques présentées ici, et elles font partie du système Spirituel Oriental.

TYPES DE YOGA

La pratique du Yoga est très diversifiée, car il existe de nombreuses branches différentes. Toutes ont pour but ultime de conduire à l'expérience de l'union avec la Divinité. Vous trouverez ci-dessous les principales branches du Yoga, bien qu'il en existe beaucoup d'autres qui ne sont pas mentionnées ici. Certaines d'entre elles sont considérées comme faisant partie des branches principales, bien qu'elles soient uniques en elles-mêmes.

Hatha Yoga

Le Tantra est apparu entre le sixième et le huitième siècle de notre ère, et c'est son développement historique dans la pratique qui a ensuite donné naissance au Hatha Yoga (14e siècle). Le Hatha Yoga est le type qui est généralement pratiqué dans la société Occidentale. Il existe de légères variations dans les philosophies, les pratiques et la terminologie qui permettent aux différentes écoles de Yoga en Occident de s'adapter aux pratiquants individuels, mais elles comprennent toutes la pratique des Asanas (postures physiques) et du Pranayama (connu sous le nom de techniques de respiration mais plus précisément conçu pour l'expansion du Prana).

Le mot "Hatha" est traduit du Sanskrit pour signifier "Soleil et Lune", "ha" indiquant l'énergie Solaire, tandis que "tha" signifie l'énergie Lunaire. Hatha Yoga signifie l'harmonie ou l'équilibre entre le Soleil et la Lune, Pingala, et Ida Nadis, deux aspects opposés et complémentaires de notre Être. L'objectif supérieur du Hatha Yoga est d'optimiser la santé de chacun en purifiant les canaux énergétiques du corps et en optimisant le fonctionnement des Chakras. Il tente d'harmoniser le corps physique afin qu'il puisse être transcendé. Le Hatha Yoga permet également de contrôler ses états internes afin d'acquérir une meilleure conscience et une meilleure concentration dans le but de développer et d'affiner les pratiques méditatives du Yoga, appelées Dharana et Dhyana. La méditation est une composante essentielle de toutes les pratiques Spirituelles, y compris le Yoga.

Les Mudras et les Bandhas font également partie du Hatha Yoga. Les Mudras sont des gestes physiques ou des positions du corps qui induisent des changements psychologiques et mentaux dans l'Etre. Les Bandhas sont des verrous énergétiques physiques qui remplissent la même fonction que les Mudras. Les Bandhas sont principalement utilisés pour percer les Trois Granthis, ou nœuds psychiques, qui se trouvent le long du Sushumna Nadi. Le but ultime du Hatha Yoga est d'éveiller la Kundalini et d'atteindre le Samadhi. Il existe de nombreuses méthodes et techniques dans le Hatha Yoga pour atteindre ce but. Nombre d'entre elles sont présentées dans cet ouvrage.

Yoga Kundalini

Ce système de Yoga se concentrait sur l'éveil des centres Chakriques pour induire un état de conscience supérieur. Le Kundalini Yoga implique des mouvements répétitifs du corps, synchronisés avec la respiration, associés à des chants et à la méditation. Il vise à occuper l'esprit en combinant plusieurs pratiques Yogiques simultanément. Le but ultime du Kundalini Yoga est d'éveiller l'énergie Kundalini à la base de la colonne vertébrale, qui active les Chakras Majeurs lors de son ascension. Sa discipline implique des Asanas simples, qui permettent au pratiquant de se concentrer sur son énergie et d'avoir une conscience optimale de son corps et de son esprit. Le Kundalini Yoga inclut des techniques spécifiques du Kriya Yoga, du Hatha Yoga, du Bhakti Yoga, du Raja Yoga et du Shakti Yoga.

Karma Yoga

Le "Yoga de l'Action". Le Karma Yoga est un système permettant d'atteindre la conscience de Soi par l'activité. Ses idéaux sont altruistes puisqu'ils impliquent un service désintéressé aux autres dans le cadre d'un plus grand Soi, sans attachement aux résultats - l'individu vise à aligner sa volonté sur la volonté de Dieu. Ainsi, toutes leurs actions sont réalisées à partir d'un sens supérieur de la conscience. Le Karma Yoga implique de s'impliquer dans le moment présent, ce qui permet de transcender l'Ego. Il aide à rendre l'esprit plus calme et paisible en surmontant les émotions personnelles. Le Karma Yoga étant plus un mode de vie qu'autre chose, de nombreuses personnes remarquables ont été des Karma Yogis dans le passé, même sans le savoir. Jésus-Christ, Krishna, Mahatma Gandhi, Mère Teresa, Rumi, ne sont que quelques exemples.

Mantra Yoga

Le "Yoga du Son". "Les vibrations sonores ont un effet incroyable sur l'esprit, le corps et l'Âme, et elles peuvent également produire un changement dans le monde matériel. Le Mantra Yoga utilise le pouvoir du son pour induire différents états de conscience par le biais de la répétition de certains sons universels, qui deviennent un Mantra. Ces sons Universels doivent être vibrés ou "scandés" avec nos cordes vocales pour plus d'effet. Les Mantras sont présents dans toutes les traditions et comprennent souvent les noms et les pouvoirs de Dieux, de Déesses, d'Esprits et d'autres Divinités. L'utilisation de Mantras invoque/évoque de l'énergie dans l'Aura, ce qui affecte la conscience de chacun. De nombreux Mantras visent à produire une tranquillité mentale et émotionnelle, ce qui permet de prendre conscience des processus internes de l'esprit. Le nom lui-même, "Mantra", signifie "transcender l'esprit en action". "Il existe trois façons de chanter les

Mantras : Bhaikari (intonation normale audible - voix), Upanshu (intonation douce audible - chuchotement) et Manasik (non audible - silencieux/mental). Le Mantra Yoga est une méthode puissante d'introspection et d'alignement de la conscience avec les forces Divines. Grâce à lui, le but ultime du Yoga (l'Union avec la Divinité) peut être atteint.

Jnana (Gyana) Yoga

Le Yoga ou la voie de l'enquête sur Soi, également connue comme la voie de la connaissance intuitive. Bien que de nombreuses personnes pensent que le Jnana Yoga est la voie de l'intellect, la perception se fait principalement par le Vijnanamaya Kosha (l'esprit intuitif) et non par le Manomaya Kosha (l'intellect rationnel), qui est l'expérience directe du Divin et développe la Gnose. Le Jnana Yoga vise à développer la conscience de son Soi supérieur pour atteindre une connaissance éclairante des mystères de l'Univers. Il cherche à discerner entre Maya (illusion) et le monde réel de l'Esprit. Les composantes du Jnana Yoga comprennent l'étude des textes sacrés, l'introspection, les discussions philosophiques et les débats. Parmi les Jnana Yogis notables figurent Swami Vivekananda, Sri Yukteswar Giri (le gourou de Yogananda) et Ramana Maharshi, pour n'en citer que quelques-uns. Certains des philosophes Grecs, dont Socrate et Platon, étaient également des Jnana Yogis.

Bhakti Yoga

Le Yoga de la dévotion. Le Bhakti Yoga concentre l'amour du Divin à travers des rituels de dévotion. Les exemples de pratiques impliquées dans le Bhakti Yoga sont la prière, le chant, la danse, le chant, les cérémonies et les célébrations. On donne un exutoire aux émotions au lieu de les supprimer ou de les dissiper dans différentes directions. En s'absorbant totalement dans son objet de dévotion, le Bhakti transcende son Ego. Comme les émotions inférieures sont diminuées, les problèmes mentaux disparaissent. Ainsi, la concentration et la conscience de l'individu augmentent, ce qui conduit à la réalisation du Soi.

Raja Yoga

Le Yoga de l'introspection par la méditation. Le Raja Yoga est la voie royale car "raja" signifie roi. Il englobe l'essence de nombreuses autres voies du Yoga, à savoir le Karma, la Bhakti et le Jnana Yoga. Le Raja Yoga se concentre sur l'analyse interne du fonctionnement de l'esprit dans le but de le calmer et de le dépasser. Il tente de transcender l'Ego et l'environnement extérieur du corps physique pour s'accorder avec le Soi intérieur de l'Âme et de l'Esprit. C'est la voie de l'Illumination.

Yoga de Patanjali

Le Yoga de Patanjali est souvent identifié au Raja Yoga directement parce qu'il est introspectif. Le système de Patanjali se compose de huit membres (terme Sanskrit "Ashtanga") ou étapes du Yoga (Figure 84), que l'individu doit maîtriser sur la voie de la réalisation du Soi. Considérez les huit membres comme les parties d'un grand arbre du

Yoga où chaque membre (branche) est relié au tronc. Chaque branche a des feuilles qui expriment sa vie et sont les techniques de la science du Yoga. Les huit branches ou étapes du Yoga sont décrites dans les *Yoga Sutras*, compilés par le sage Patanjali. Il s'agit des Yamas (restrictions de Soi), des Niyamas (observations de Soi), Asana (postures), Pranayama (respiration), Pratyahara (retrait des sens), Dharana (concentration), Dhyana (méditation) et Samadhi (identification à la Conscience Cosmique).

Figure 84: Les Huit Membres du Yoga

Kriya Yoga

Le mot Sanskrit "kriya" signifie "action" ou "mouvement". Le Kriya Yoga est la science du contrôle du Prana dans le corps. L'un de ses objectifs est de décarboniser le sang humain et de le recharger en oxygène, ce qui a pour but de rajeunir le cerveau et les centres spinaux. L'Ancien système du Kriya Yoga comprend de nombreux niveaux de Pranayama, Mantra et Mudra, basés sur des techniques destinées à accélérer rapidement votre évolution Spirituelle et à vous conduire à la communion avec votre Soi supérieur, Dieu. Le Kriya Yoga a gagné en popularité dans le monde grâce au livre de Paramahamsa Yogananda, *Autobiographie d'un Yogi.*

Dhyana Yoga

Le Yoga de la méditation. Le Dhyana Yoga concerne principalement le septième membre du Yoga mentionné dans les *Yoga Sutras de Patanjali.* Il vise à apaiser l'esprit et à permettre une plus grande concentration et une meilleure prise de conscience, grâce aux pratiques d'Asana, de Pranayama, de Mantra et de Dharana (concentration). Le Dhyana Yoga vous entraîne à ne pas penser aux choses inutiles de la vie et à vous concentrer sur ce qui compte. La méditation coupe l'illusion, conduisant à la vérité de la réalité, permettant la connaissance de Soi.

***

En conclusion, de nombreuses autres formes de Yoga sont d'excellents systèmes en Soi, mais qui relèvent de l'un des principaux groupes mentionnés. Il s'agit du Siddha Yoga, du Shiva Yoga, du Buddhi Yoga, du Sannyasa Yoga, du Maha Yoga et d'autres encore. Étant donné qu'il existe de nombreux styles ou types de Yoga, tous légèrement différents les uns des autres, la personne moyenne peut choisir parmi de nombreuses options qui conviennent le mieux à sa constitution psychologique et physique. Cependant, la plupart des types de Yoga comprennent les mêmes éléments et pratiques, que je vais examiner en détail dans cette section.

LES CINQ KOSHAS

Selon le Yoga et l'Ayurveda, le système énergétique humain est composé de cinq Corps Subtils ou "gaines", appelés Koshas (Figure 85), qui recouvrent et cachent notre nature essentielle, l'Atman, le Soi universel (l'Âme). Les Koshas sont essentiellement les portes de l'Âme. Ils expliquent les différentes dimensions et les différents états vibratoires de conscience des humains. Les Koshas sont liés aux Cinq Éléments (Tattvas) et aux Sept Chakras Majeurs, le Kosha le plus élevé (Anandamaya) englobant les trois Chakras de l'Esprit. (Notez que la Figure 85 est un schéma abstrait des cinq Koshas, et non leur représentation réelle dans l'Aura.)

Les Koshas sont synonymes des Corps sSubtils des Plans Cosmiques intérieurs de la Tradition des Mystères Occidentaux. Cependant, au lieu de sept, il y a cinq couches de l'Aura dans le système Yogique, qui sont interconnectées et interagissent constamment les unes avec les autres. Les Koshas émanent en séquence, en commençant par les plus denses, chaque couche suivante étant plus subtile et plus élevée en vibration que celle qui la précède.

Annamaya Kosha

La première couche ou gaine est appelée Annamaya Kosha, et elle est liée à l'esprit conscient et au corps physique. C'est le Kosha le plus grossier et le plus dense et celui auquel nous nous identifions le plus. Construit par la nourriture que nous mangeons, Annamaya Kosha correspond au premier Chakra, Muladhara, et à l'Élément Terre (Prithivi Tattva). Une pratique régulière des Asanas et une alimentation saine peuvent maintenir notre corps physique dans un état optimal, afin que nous puissions vivre une vie exempte de maladies.

Pranamaya Kosha

La deuxième gaine est Pranamaya Kosha ; le corps d'énergie vitale constitué d'énergie de Vie. Pranamaya Kosha, comme son nom l'indique, s'occupe du Prana dans le corps ; on peut donc l'appeler notre corps Pranique, qui est absorbé par la respiration, la nourriture et la force vitale Universelle qui nous entoure, imprégnant notre Aura. Elle circule à travers le système complexe de Nadis dans le corps, dont on dit qu'il y en a

Soixante-Douze Mille. Le Pranamaya Kosha peut être contrôlé par la respiration, bien qu'il s'agisse d'une force plus subtile que l'air que nous respirons. Il est lié au deuxième Chakra, Swadhisthana, et à l'Élément Eau (Apas Tattva). Le Pranamaya Kosha relie les Annamaya et Manomaya Koshas car il concerne à la fois le corps et l'esprit. La pratique du Pranayama aide à faire circuler librement la force vitale dans Pranamaya Kosha, ce qui maintient le corps et l'esprit en bonne santé.

Figure 85: Les Cinq Koshas

Manomaya Kosha

La troisième gaine est Manomaya Kosha, le corps mental/émotionnel dans le système Yogique, lié à l'esprit subconscient. Manomaya Kosha comprend les schémas de pensée et les sentiments, imprégnant les gaines vitales et alimentaires. Il correspond au troisième Chakra, Manipura, et à l'Élément Feu (Tejas Tattva). Prendre conscience de nos pensées et de nos émotions quotidiennes et les dissoudre par le retrait des sens (Pratyahara) et la concentration en un point (Dharana) peut nous aider à garder notre esprit pur et libéré de la douleur de la dualité.

Vijnanamaya Kosha

La quatrième gaine est Vijnanamaya Kosha, et c'est le corps psychique ou mental supérieur qui permet l'intuition. Dans le Yoga, Vijnanamaya Kosha est le "corps de sagesse" qui révèle les intuitions personnelles. Il fait le lien entre le subconscient et l'inconscient, nous donnant une connaissance intérieure, y compris les réactions instinctives aux événements de la vie. Vijnanamaya Kosha est lié au quatrième Chakra, Anahata, et à l'Élément Air (Vayu Tattva). Grâce à la pratique des Yamas (Autolimitations) et des Niyamas (Auto-observations), et à l'utilisation de pratiques Yogiques, nous pouvons purifier notre esprit et notre cœur pour nous connecter à notre intuition, ce qui nous permet de vivre une vie plus heureuse et plus Spirituelle.

Anandamaya Kosha

Enfin, la cinquième gaine est Anandamaya Kosha, qui est considérée comme le corps transcendantal ou de félicité, le corps de Lumière. Son expérience peut être décrite comme un état d'absorption totale dans un état de béatitude, obtenu par le silence de l'esprit. La douceur et la beauté de la vie dont nous faisons l'expérience lorsque le mental est immobile est connue sous le nom de Sat-Chit-Ananda (Vérité-Conscience-Bliss en Sanskrit), l'expérience subjective de l'ultime réalité immuable - Brahman.

Ananadamaya Kosha peut être expérimenté par la méditation quotidienne (Dhyana) ou par un éveil complet de la Kundalini. Bien qu'Anandamaya Kosha nous permette de faire l'expérience de l'état super-conscient du Samadhi, il existe toujours la dualité entre le sujet et l'objet. Par conséquent, pour ne faire qu'un avec Brahman (le Tout), nous devons atteindre la couche supérieure à Ananadamaya Kosha, la couche Divine sans nom.

Dans les Upanishads, Anandamaya Kosha est connu comme le Corps Causal. Il est lié à l'esprit inconscient, un réservoir de sentiments, de pensées, de souvenirs et de pulsions en dehors de notre conscience et de notre subconscient. L'esprit inconscient contrôle de nombreux processus automatiques du corps qui assurent notre survie physique. Anandamaya Kosha correspond à l'Esprit/Élément (Akasha Tattva) et aux trois plus hauts Chakras de Vishuddhi, Ajna et Sahasrara. C'est l'état de conscience où réside notre Saint-Ange Gardien, notre Soi supérieur.

LES CORPS SUBTILS EN ORIENT ET EN OCCIDENT

Les cinq Koshas du système Spirituel oriental du Yoga correspondent aux Corps Subtils des Plans Cosmiques intérieurs du système Esotérique Occidental : Physique, Astral,

Mental et Spirituel, l'Astral et le Mental contenant les aspects Inférieurs et Supérieurs. Cependant, une différence mineure entre les deux systèmes requiert notre attention.

Dans la science et la philosophie du Yoga, les Corps Subtils émanent par rapport à la séquence des cinq premiers Chakras Majeurs, en commençant par Muladhara et en terminant par Vishuddhi. Comme nous l'avons mentionné, les trois Chakras de l'Esprit se voient attribuer une couche Aurique, pour un total de cinq Koshas. En revanche, la Tradition Mystique Occidentale, dont le fondement est l'Arbre de vie de la Qabalah, suit la séquence d'émanation de la Lumière Divine d'Ain Soph Aur (Lumière illimitée) en ce qui concerne les Cinq Éléments. Dans la Qabalah, la Lumière Divine se manifeste sous la forme de l'Esprit, du Feu, de l'Air, de l'Eau et de la Terre, chacun des Éléments suivants étant de moindre qualité Spirituelle que celui qui le précède.

Comme vous pouvez le constater, les deux systèmes sont presque identiques à ce sujet, à une exception près. Dans le Yoga, les Éléments Feu (Manomaya Kosha) et Air (Vijnanamaya Kosha) sont intervertis puisque le Chakra Manipura se trouve sous Anahata dans le système Chakrique. Dans la philosophie Qabalistique, le Feu est le premier Élément qui s'est manifesté à partir de l'Esprit et sa qualité Spirituelle est supérieure à celle de l'Élément Air, quelle que soit sa position dans le système Chakrique. Les écoles de Mystère Occidentales enseignent que la volonté (le Feu) est supérieure à la pensée (l'Air) dans le processus de manifestation.

Les deux systèmes Spirituels donnent des arguments convaincants à ce sujet. Le système Occidental soutient que notre parole, qui nous relie au Créateur, est animée par la volonté. Son moyen d'expression est l'Esprit (les pensées), mais son impulsion est une force projetée par l'Âme au plus profond d'elle-même. L'Âme est un Feu, et son origine est notre Soleil (Sol).

Les Théosophes, qui appartiennent à la Tradition Occidentale des Mystères, désignent le Plan de l'Âme comme le Plan Bouddhique, qu'ils positionnent entre les Plans Mental et Spirituel. Ils lui attribuent l'Élément Feu. Les Théosophes ont été fortement influencés par l'Hermétisme et sa branche l'Alchimie, cette dernière ayant été influencée par les œuvres de Platon et d'Aristote. Par conséquent, les Théosophes ont adopté le système Chakrique Oriental mais l'ont modifié en fonction de leurs expériences psychiques des Plans Subtils. Selon eux, l'Alchimie Spirituelle définit clairement l'Élément Feu comme étant d'une qualité Spirituelle supérieure à celle de l'Élément Air.

Bien que l'Air soit plus subtil que le Feu, puisqu'il est invisible comme l'Esprit, les Herméticiens croient que l'Élément Air vibre entre les Éléments Feu et Eau, puisque tous deux en prennent part et en ont besoin pour se nourrir. D'après son emplacement dans le système Chakrique, l'Élément Air émane de l'Esprit. Cependant, son positionnement dans l'expression de l'énergie subtile de notre Aura se situe entre le Plan Mental Supérieur (Feu) et le Plan Astral Supérieur (Eau). Pour cette raison, l'Élément Air est davantage utilisé par l'Ego, tandis que l'Âme utilise l'Élément Feu pour s'exprimer.

L'Ego utilise également l'Élément Feu, mais il filtre à travers l'esprit, participant à la dualité. L'Élément Feu, cependant, atteint la Non-Dualité de l'Esprit, car il réconcilie tous les opposés en lui-même de la même manière que la combustion, le Feu dans son état physique, consume toutes choses. Pour cette raison, le Feu est l'Élément de l'action puisqu'il contourne l'esprit et s'occupe strictement de l'application de la volonté.

La volonté requiert toutefois de l'imagination, qui, dans la Qabalah est liée à la séphira Tiphareth, située entre les centres du cœur et du plexus solaire et correspondant à l'élément Air. Vous voyez donc que, selon la philosophie de la Kabbale, les émotions (Eau) et la volonté (Feu) ont toutes deux besoin de l'Air (pensées) pour se manifester. Elles en font toutes deux partie, ce qui explique pourquoi, dans le modèle des plans cosmiques, sa gaine énergétique ou corps subtil se trouve entre les deux et non au-dessus.

Un autre argument en faveur de la philosophie Qabalistique est que, selon leur modèle des Quatre Mondes (YHVH), l'élément Feu est Atziluth, le plus élevé des mondes. Ce monde est lié aux archétypes en tant que plan le plus élevé en dessous de l'Esprit, tandis que l'Élément Air est le troisième monde (Yetzirah), lié aux images visuelles que notre esprit forme. Selon les Qabalistes, l'Atsiluth (Feu) est sans forme, tandis que le Yetzirah (Air) a une forme.

L'Élément Feu est responsable de la pensée abstraite, tandis que l'Élément Air est responsable de la pensée logique ou rationnelle. Les pensées abstraites sont plus intelligentes que les pensées logiques. Par exemple, l'Ego utilise la logique et la raison pour se relier au monde qui l'entoure, où son impulsion principale est la survie et la peur de la mort. En revanche, l'Âme utilise la pensée abstraite ainsi que ce que nous appelons l'intuition, qui est une reconnaissance interne de la vérité dans la réalité. Nous ne savons pas comment ni pourquoi nous savons ce que nous savons, mais nous sommes sûrs de le savoir.

La pensée abstraite et l'intuition sont motivées par l'amour inconditionnel, qui est une expression de l'Élément Feu agissant sur l'Élément Eau. C'est pourquoi, lorsque nous ressentons l'amour dans notre cœur, une chaleur l'accompagne. Et selon la plupart des religions et philosophies du monde, la conception la plus élevée de Dieu-Créateur pour l'humanité est l'amour inconditionnel. Par conséquent, le plus élevé des quatre éléments inférieurs, et le plus proche de Dieu, est l'Élément Feu et non l'Élément Air.

Bien que je sois d'abord un Qabaliste, puis un Yogi, mes pensées s'alignent naturellement sur la Tradition des Mystères Occidentaux, tout comme mes croyances. La Magie Cérémonielle, la pratique Spirituelle des Mystères Occidentaux, m'a fourni une expérience directe des énergies élémentaires pendant de nombreuses années, et j'ai été le témoin direct de la précision du système Qabal. De même, mes expériences avec la Magick Enochienne, en particulier l'opération des Trente Aethyrs qui pénètre systématiquement dans les couches de l'Aura, m'ont donné une vision gnostique qui valide et soutient les affirmations de la Tradition Occidentale sur les Éléments en termes de progression Spirituelle.

Quoi qu'il en soit, je dois rester respectueux envers le yogi qui pratique le système Spirituel Oriental depuis plus de 20 ans et qui peut également éprouver le même sentiment de certitude quant à sa validité. L'émanation des Tattvas Orientaux, par exemple, suit la séquence Terre, Eau, Feu, Air, Esprit. Et dans les explications des Tattvas et de la façon dont chacun d'eux s'est manifesté, il est évident que l'Élément Air est plus éthérique et donc moins dense que l'Élément Feu. Il est invisible pour les sens, tandis que le Feu est visible sous forme de combustion ou de flamme. De même, on ne peut nier la séquence de manifestation des Chakras, leurs correspondances et leurs emplacements dans le corps. Ainsi, je reconnais que des arguments peuvent être avancés pour les systèmes Occidentaux et Orientaux concernant ce sujet.

Le corps subtil lié à l'Élément Feu vient-il avant le corps subtil associé à l'Élément Air ou après ? Nous pouvons débattre de ce sujet ad nauseam et nous n'arriverons à rien, car les systèmes Oriental et Occidental ont tous deux des revendications valables de leur point de vue respectif. Mais puisque *Serpent Rising* est mon invention et que je ne peux parler que de ce que j'ai expérimenté pour être exact, sa philosophie concernant l'émanation et la séquence des Plans Cosmiques restera alignée sur le système Qabalistique jusqu'à ce que je sois convaincu du contraire.

ASANA

Selon les *Yoga Sutras de Patanjali*, Asana est défini comme "la position qui est stable et confortable". En Sanskrit, le mot "Asana" signifie "s'asseoir", une posture assise ou un siège de méditation. Sa signification la plus littérale est "posture", qu'il s'agisse d'une posture assise ou debout. C'est pourquoi les Asanas sont appelés "postures de Yoga" ou "Yoga postures" en anglais.

Asana vise à développer la capacité de s'asseoir ou de se tenir confortablement dans une position pendant une période prolongée. Le but des Asanas est d'influencer, d'intégrer et d'harmoniser tous les niveaux de l'être, y compris le physique, le mental, l'émotionnel et le Spirituel. Bien qu'il puisse sembler à première vue que les Asanas concernent principalement le corps physique, ils ont des effets profonds à tous les niveaux de l'être si l'on pratique la conscience pendant le processus.

Les Asanas sont l'un des huit membres du Yoga. À un niveau subtil, les Asanas sont utilisés pour ouvrir les canaux énergétiques et les centres psychiques. Leur utilisation facilite la libre circulation du Prana à travers les Nadis des Corps Subtils, stimulant ainsi les Chakras et l'énergie Kundalini. En tant que tels, les Asanas contribuent considérablement à l'évolution Spirituelle d'un individu. L'un de leurs résultats les plus immédiats est l'amélioration de la souplesse et de la force de l'individu, ainsi que la réduction du stress et des conditions mentales et émotionnelles qui y sont liées.

En développant le contrôle du corps, on acquiert également le contrôle de l'esprit – Comme en Haut-Comme en Bas. Ainsi, la pratique des Asanas intègre et harmonise le corps physique et l'esprit. Elle libère les tensions ou les nœuds dans les deux. Les tensions mentales sont libérées en les traitant au niveau physique par la tenue des postures physiques. Les tensions physiques, comme les nœuds musculaires, sont également éliminées, ce qui rétablit la santé du corps. Après une seule séance de Yoga Asana, le praticien a plus de vitalité, de vigueur et de force, tandis que l'esprit est plus joyeux, créatif et inspiré.

Le *Hatha Yoga Pradipika* du 15ème siècle, le texte central du Hatha Yoga, identifie 84 Asanas qui procurent des bienfaits à la fois Spirituels et physiques. En raison de son pouvoir en tant qu'outil de développement d'une conscience plus élevée, la pratique des Asanas est introduite en premier dans la pratique du Hatha Yoga, suivie du Pranayama, puis des Mudras, etc. Pendant la pratique d'Asana, l'individu doit toujours respirer par le nez, à moins qu'il ne reçoive des instructions spécifiques pour faire autrement. La respiration doit toujours être coordonnée avec la pratique des Asanas.

Il a été prouvé que la pratique des postures Yogiques (Asanas) augmente les substances chimiques du cerveau, telles que la sérotonine, la dopamine et les endorphines. À mesure que le cortisol, l'hormone du stress, diminue, la relaxation mentale est restaurée et la conscience et la concentration sont accrues. En combinant exercice physique et méditation, le métabolisme du corps s'équilibre. La pratique des asanas renforce et tonifie les muscles, ce qui permet non seulement de se sentir bien à l'intérieur, mais aussi d'avoir une belle apparence extérieure.

LES TROIS ASANAS DE LA MÉDITATION

L'objectif des Asanas de méditation est de permettre à l'individu de s'asseoir pendant une période prolongée sans mouvement du corps ni inconfort. Une fois que le corps physique est contourné par l'application d'un asana de méditation et par la concentration de l'esprit, on peut faire l'expérience d'un état de conscience plus profond.

Lorsque vous êtes dans une Asana de méditation, votre colonne vertébrale doit être droite, ce qui permettra au Prana de circuler dans les Nadis et les Chakras de manière optimale. De plus, comme il est facile de perdre le contrôle des muscles pendant une méditation profonde, il est préférable que les jambes soient immobilisées d'une manière ou d'une autre tandis que le torse est en contact avec le sol.

Sukhasana, Siddhasana et Padmasana (Figure 86) sont les plus pratiquées lorsque l'on souhaite entrer dans une méditation profonde. Ces postures sont les Asanas assis, jambes croisées, dans lesquelles les Anciens Dieux de l'Orient sont généralement représentés. Les mécanismes de chacun de ces Asanas de méditation sont décrits ci-dessous.

S'allonger dans ce que les yogis appellent Shavasana (Figure 94), la pose du cadavre, n'est pas recommandé pour la méditation car on a tendance à s'endormir. Sukhasana, Siddhasana et Padmasana répondent à toutes les exigences de la méditation tout en rendant l'individu alerte et concentré sur la tâche à accomplir. Ces trois Asanas de méditation permettent également à la base de la colonne vertébrale d'entrer en contact avec le sol, ce qui permet d'ancrer correctement les énergies intérieures. Ainsi, le bavardage de l'esprit peut être surmonté.

Lorsque le pratiquant peut rester assis dans une Asana de méditation pendant trois heures sans que son corps ne se secoue ou ne tremble, il en a acquis la maîtrise. Ce n'est qu'alors qu'il pourra pratiquer les étapes supérieures du Pranayama et du Dhyana. Il est impératif d'atteindre un Asana de méditation stable si l'on veut progresser dans la pratique de la méditation. Le bavardage de l'Ego doit être surmonté et l'esprit calmé pour que l'individu puisse trouver sa félicité intérieure.

Atteindre la maîtrise d'un Asana de méditation n'est qu'une partie du processus d'entrée dans la méditation profonde. L'autre partie du processus consiste à fermer les yeux et à se concentrer sur l'espace entre les sourcils, ce qui active l'Oeil de l'Esprit. L'Oeil de l'Esprit est la porte ou le point d'entrée vers Sahasrara, qui représente l'état de conscience supérieur d'une personne. Sahasrara est, en fait, notre point de contact avec la Conscience Cosmique.

Avant de commencer un Asana de méditation, il est utile de faire quelques étirements de base. Cela permettra au praticien d'éviter les crampes musculaires et les douleurs articulaires, qui peuvent l'empêcher de se consacrer à sa tâche. De même, il est préférable d'éviter de méditer l'estomac plein, car les énergies intérieures risquent de trop bouger lors de la synthèse de la nourriture.

Figure 86: Les Trois Asanas de la Méditation

342

Sukhasana

Il s'agit de la pose standard des jambes croisées en position assise. On l'appelle la "Pose Facile" car tout le monde peut la faire sans effort. Le dos doit être droit et les épaules détendues. Les mains sont placées sur les genoux, les index et les pouces se touchant dans le Jnana Mudra ou le Chin Mudra. (Pour savoir comment effectuer Jnana et Chin Mudras, voir le chapitre "Mudra : Hasta (Mudras des mains)"). Lorsque vous méditez, les yeux doivent être fermés et vous devez vous concentrer sur le point situé entre les sourcils, qui est l'emplacement de l'Oeil de l'esprit.

Bien que cette pose soit considérée comme la plus facile des Asanas de méditation, si elle n'est pas effectuée correctement, un mal de dos peut apparaître. Il est impératif que les genoux soient maintenus près du sol ou sur le sol et que la colonne vertébrale soit droite. Il est fréquent de voir les pratiquants placer un coussin sous leurs fesses pour les soutenir.

Notez qu'il est bon de commencer vos méditations par Sukhasana mais de ne pas en faire votre objectif final. Au contraire, il serait préférable que vous progressiez jusqu'à pouvoir accomplir Siddhasana et même Padmasana, car ils offrent plus de soutien à votre corps et sont optimaux pour les méditations à long terme.

Siddhasana

En tant que posture assise jambes croisées plus avancée, Siddhasana est également appelée la "Pose Accomplie". "Dans Siddhasana, vous devez rentrer vos pieds dans vos cuisses (entre les cuisses et les mollets), de sorte que vos organes génitaux se trouvent entre vos deux talons. Vos pieds seront côte à côte, gardant ainsi vos genoux bien écartés. Le dos doit être droit, et les mains doivent être placées sur les genoux, en Jnana ou Chin Mudra. Cette pose est appelée "Accompli" parce qu'elle est plus avancée que Sukhasana, et qu'elle demande au pratiquant d'être plus souple pour avoir les hanches ouvertes.

Siddhasana dirige l'énergie des Chakras inférieurs vers le haut de la colonne vertébrale, stimulant ainsi le cerveau et calmant l'ensemble du système nerveux. Lorsque le pied inférieur est pressé contre le périnée, Muladhara Chakra est activé, ce qui permet Mula Bandha. De même, la pression exercée sur l'os pubien pousse le point de déclenchement de Swadhisthana, ce qui déclenche automatiquement Vajroli Mudra. Ces deux verrous psycho-musculaires redirigent les impulsions nerveuses sexuelles vers la colonne vertébrale et le cerveau. Ils donnent au praticien le contrôle de ses hormones reproductives, ce qui lui permet de pratiquer la continence ou l'abstinence sexuelle. (Pour une description de Mula Bandha et de Vajroli Mudra, voir la section "Mudra : Bandha (Mudras de verrouillage)" et "Mudra : Adhara (Mudras périnéaux)").

Padmasana

La pose de méditation assise jambes croisées la plus avancée, Padmasana, est communément appelée la "Pose du Lotus". "Bien que vous ayez entendu le terme "Pose du Lotus" fréquemment utilisé dans les cercles de méditation, Padmasana est la seule pose du Lotus correcte, tandis que les deux précédentes en sont des variations moins avancées.

Dans Padmasana, vous devez vous asseoir avec vos pieds sur le dessus de vos cuisses, repliés près des hanches. Il s'agit d'une pose à genoux fermés qui ne peut être réalisée avec succès que lorsque les hanches sont plus ouvertes que les deux autres Asanas ou postures de méditation. Il ne faut pas essayer Padmasana avant d'avoir acquis une souplesse suffisante au niveau des genoux.

Padmasana permet de maintenir le corps parfaitement stable pendant de longues périodes. Une fois le corps stabilisé, l'esprit peut devenir calme. Padmasana dirige le flux de Prana des Chakras Muladhara et Sahasrara, ce qui renforce l'expérience de la méditation. La pression exercée sur le bas de la colonne vertébrale par cette posture a également un effet relaxant sur le système nerveux. La pression sanguine est réduite, la tension musculaire diminue et la respiration devient lente et régulière.

HATHA YOGA VS. VINYASA YOGA

Le Hatha Yoga est un terme générique qui désigne les formes les plus courantes de la pratique des Asanas enseignées en Occident. Le Hatha Yoga met l'accent sur le contrôle de la respiration et de la posture, ce qui permet de renforcer le tronc tout en procurant les bienfaits psychologiques associés à la pratique des Asanas. Dans le Hatha Yoga, vous déplacez votre corps lentement et délibérément d'une posture à l'autre tout en vous concentrant sur l'attention et la relaxation.

Le Vinyasa est une approche du Yoga dans laquelle vous passez en douceur d'une pose à la suivante. Il y a un flux dans une séance de Yoga Vinyasa où les transitions sont coordonnées avec votre respiration, ce qui vous donne l'impression que votre souffle se déplace avec votre corps. Les séances de Vinyasa au rythme rapide sont un défi physique. Elles constituent un entraînement cardio qui vous fait transpirer davantage et sont plus exigeantes physiquement que les séances de Hatha Yoga.

Le Hatha et le Vinyasa sont deux styles ou approches différents de la pratique des Asanas qui incorporent les mêmes poses et sont bénéfiques à leur manière. Alors que le Hatha est une approche plus statique, le Vinyasa est dynamique. Comme le Vinyasa se déplace à un rythme plus rapide d'une posture à l'autre, il exige un contrôle plus important de la respiration que le Hatha Yoga. À l'inverse, le Hatha Yoga permet davantage d'étirements et de méditation puisque les postures sont maintenues plus longtemps.

Alors que le Hatha Yoga est plus adapté à la réduction du stress, le Vinyasa permet un meilleur entraînement musculaire et cardiovasculaire. Vous pouvez appliquer l'une ou l'autre approche à votre pratique des Asanas pour obtenir des résultats différents. Toutefois, pour obtenir des résultats optimaux, il est préférable de déterminer votre constitution corps-esprit spécifique, ou Dosha, afin de savoir quel style vous convient le mieux. Vous trouverez dans le chapitre sur l'Ayurveda, à la fin de cette section, des conseils pour les pratiques Yogiques, y compris les Asanas, et pour déterminer lequel des trois Doshas est dominant dans votre vie.

PRÉPARATION DE LA PRATIQUE DES ASANAS

Avant de commencer votre pratique d'Asana, réservez un moment précis de la journée pour son exécution. Par exemple, l'aube et le crépuscule sont traditionnellement les meilleurs moments de la journée pour pratiquer le Yoga en raison de la connexion naturelle de notre corps et de notre esprit avec l'énergie du Soleil. Toutefois, s'il vous est impossible de pratiquer à ce moment-là, trouvez un autre moment de la journée et soyez cohérent avec ce moment tout au long de la semaine lorsque vous planifiez vos séances de Yoga.

Si vous décidez de pratiquer le Yoga le matin afin de préparer votre corps et votre esprit pour la journée, n'oubliez pas que vos muscles et vos os seront plus raides que plus tard dans la journée. Faites donc preuve de prudence lorsque vous entrez dans les postures et ne vous surmenez pas. À l'inverse, une pratique en soirée vous permet de vous détendre après avoir accompli vos obligations quotidiennes. En outre, votre corps est plus souple le soir, ce qui vous permet d'approfondir vos postures avec moins de résistance.

Trouvez un endroit où vous ne serez pas dérangé pendant toute la durée de votre pratique des Asanas. Il doit s'agir d'une surface plane et régulière. Assurez-vous d'avoir suffisamment d'espace pour bouger autour de vous, car de nombreuses poses exigent que vous étendiez librement vos bras et vos jambes. Il est préférable de pratiquer les Asanas dans un environnement ouvert pour éviter d'être distrait par des objets proches.

Si vous pratiquez à l'intérieur, comme la plupart des gens, assurez-vous que la pièce est bien ventilée et que la température y est confortable. Gardez à l'esprit que votre corps se réchauffe généralement. Veillez donc à ce qu'il n'y ait pas de courant d'air ou que la pièce soit trop froide, car l'air froid affecte vos muscles et vos articulations et les rend plus raides. Pour cette raison, il est courant que les cours de Yoga se déroulent dans des environnements chauds, mais jamais dans des environnements froids.

L'air frais ajoute des avantages supplémentaires à la composante respiratoire de l'exécution des Asanas. Après tout, la respiration est l'une des clés d'une pratique réussie du Yoga. Si vous brûlez de l'encens ou diffusez des huiles essentielles pour aider à élever l'esprit et à atteindre un état méditatif, veillez à ne pas en abuser au point de nuire à la qualité de l'air et à votre respiration. Bien que les huiles essentielles et l'encens fassent partie intégrante de nombreux cours de Yoga depuis des années, certains pratiquants les évitent car les odeurs peuvent être une source de distraction.

La même règle s'applique à la diffusion de musique pendant vos séances de Yoga. Une musique relaxante et apaisante en fond sonore peut vous aider à vous mettre dans l'ambiance, mais elle peut aussi vous distraire. Si vous décidez de mettre de la musique, veillez à ce qu'elle ne soit pas trop forte, car vous devez vous concentrer sur votre intérieur pendant votre pratique.

Comme c'est le cas pour toutes les pratiques invoquant ou manipulant l'énergie, y compris les modalités de guérison Spirituelle présentées dans ce livre, évitez de pratiquer le Yoga l'estomac plein. En d'autres termes, donnez-vous au moins une heure après une collation ou deux à trois heures après un repas copieux avant de commencer votre pratique du Yoga. Après votre pratique, il est conseillé de boire un shake protéiné ou de prendre un repas complet et équilibré afin que vos muscles puissent commencer à se réparer. Vous pouvez également boire un smoothie de substitution de repas pour apporter des éléments nutritifs à votre corps.

Veillez à avoir une bouteille d'eau à portée de main pour éviter de vous déshydrater. Il est conseillé d'éviter de boire de l'eau pendant la pratique des asanas pour ne pas perdre la concentration, mais si vous avez soif, vous pouvez le faire. Après tout, être déshydraté peut être plus distrayant que de prendre quelques gorgées d'eau. Cependant, il est préférable de boire de l'eau avant et après la séance de Yoga.

Vous devez porter des vêtements amples, confortables et légers, en fibres naturelles comme le coton. Vos vêtements ne doivent pas entraver vos mouvements. Retirez vos bijoux et ornements et enlevez vos chaussures et chaussettes car le Yoga se pratique pieds nus. Veuillez également éteindre votre téléphone et le placer loin de vous pour éviter les distractions.

Enfin, procurez-vous un tapis de Yoga qui offre un rembourrage et une surface antidérapante pour votre pratique. Votre tapis de Yoga deviendra votre objet rituel unique qui contiendra votre énergie, alors veillez à ne pas le partager avec d'autres. Procurez-vous un coussin et gardez-le à portée de main si vous avez besoin d'un soutien supplémentaire lorsque vous pratiquez les Asanas de méditation. Les Asanas de méditation sont des conditions préalables à la plupart des autres pratiques Yogiques telles que le Pranayama, le Mudra, le Mantra et la méditation.

Bien que les directives de préparation ci-dessus concernent la pratique des Asanas, elles s'appliquent également aux autres pratiques Yogiques. Pour une séance complète qui donne les résultats Spirituels les plus optimaux, vous devez structurer votre pratique du Yoga de manière à inclure une combinaison d'Asanas, de Pranayamas, de Mudras, de Mantras et de méditation.

CONSEILS POUR VOTRE PRATIQUE DES ASANAS

Avant de commencer votre pratique d'Asana, vous devez faire un échauffement de base pour préparer le corps à l'activité physique et prévenir les risques de blessure. Commencez par faire rouler vos articulations de manière circulaire pendant quelques minutes, dans le sens des aiguilles d'une montre et dans le sens inverse, afin de réveiller votre corps et d'apporter une lubrification naturelle pour une meilleure mobilité. Vous pouvez effectuer des rotations de la tête, des poignets, des chevilles et des épaules sur le sol, assis sur votre tapis. Ensuite, levez-vous sur votre tapis et faites la transition avec les rouleaux des bras, des jambes et du bas du dos.

Ensuite, vous devez faire quelques étirements de base pendant quelques minutes supplémentaires pour vous assurer que vous ne vous froissez pas un muscle pendant votre entraînement. Commencez par étirer votre dos en vous tenant debout. Puis, lorsque vous vous rasseyez, passez aux étirements des épaules, des bras, des jambes et de la tête. L'ensemble de votre échauffement doit prendre cinq à sept minutes.

Commencez et terminez chaque pratique d'Asana en vous allongeant en Shavasana, la pose du cadavre. Par exemple, vous pouvez faire un Shavasana plus court pour commencer et un plus long lorsque vous terminez votre séquence d'Asana. Lorsque vous commencez vos Asanas, gardez toujours à l'esprit de passer d'une posture à l'autre calmement et délibérément. Ce faisant, coordonnez votre respiration de manière à inspirer lorsque vous entrez dans une Asana et à expirer lorsque vous en sortez.

Bien que les avis soient partagés sur ce point, il n'y a pas de durée définitive pendant laquelle un Asana doit être appliqué. Vous devez le maintenir aussi longtemps qu'il est confortable et ne cause pas de douleur ou d'inconfort. Faites un bon étirement et travaillez la partie du corps ciblée par l'Asana. En tant que débutant, ne vous surmenez pas mais augmentez progressivement la durée avec le temps. Par exemple, vous pouvez commencer par des intervalles de 20 à 60 secondes tout en pratiquant la respiration profonde. La durée moyenne pour obtenir des résultats optimaux est d'environ une à trois minutes par Asana.

Pour prévenir les blessures au dos, pratiquez un nombre égal d'Asanas qui font plier le dos vers l'avant et ceux qui le font plier vers l'arrière. Si votre dos devient tendu, ou si une douleur se développe dans votre dos, en particulier dans le bas du dos, vous pouvez adopter la Balasana (posture de l'enfant) pour vous soulager. De même, lorsque vous vous sentez fatigué ou faible pendant votre pratique d'Asana, allongez-vous en Shavasana ou Balasana pendant un court moment pour vous reposer. Vous pouvez ensuite reprendre votre pratique.

N'oubliez pas d'effectuer tous les Asanas lentement et avec contrôle. Vous progresserez beaucoup plus rapidement dans votre pratique du Yoga si vous y allez lentement tout en vous concentrant sur la respiration et la pleine conscience. Apprenez également à évacuer toute tension, tout stress ou toute pensée négative. La clé pour libérer le pouvoir du Yoga dans votre vie est d'être cohérent et déterminé dans votre pratique tout en faisant preuve de patience en n'attendant pas de résultats instantanés. Écoutez votre corps et laissez-le vous guider en ne forçant jamais les choses. Enfin, amusez-vous et profitez du processus. Le Yoga apportera plus de bonheur dans votre vie si vous le laissez faire.

MONTAGNE
TADASANA

TORSION VERTÉBRALE ASSISE
ARDHA MATSYENDRASANA

CHAISE
UTKATASANA

GUERRIER II
VIRABHADRASANA II

CHIEN TÊTE EN BAS
ADHO MUKHA SVANASANA

Figure 87: Asanas pour Débutants (Partie I)

POSE D'ENFANT
BALASANA

PAPILLON
BADDHA KONASANA

S'ACCROUPIR/ GUIRLANDE
MALASANA

ARBRE
VRKSASANA

TRIANGLE
TRIKONASANA

Figure 88: Asanas pour Débutants (Partie II)

VACHE
BITILASANA

DRAGON/LÉZARD
UTTHAN PRISTHASANA

CHAT
BIDALASANA

DRAGON INVERSÉ/LÉZARD
PARIVRTTA UTTHAN PRISSTHASANA

FLEXION AVANT ASSIS
PASCHIMOTTANASANA

COBRA
BHUJANGASANA

Figure 89: Asanas pour Débutants (Partie III)

CHIEN TÊTE EN HAUT
URDHVA MUKHA SVANASANA

ÉTIREMENT LATÉRAL INTENSE
PARSVOTTANASANA

CHAMEAU
USTRASANA

DEMI-LUNE
ARDHA CHANDRASANA

GUERRIER I
VIRABHADRASANA I

Figure 90: Asanas Intermédiaires (Partie I)

PLANCHE
PHALAKASANA/KUMBHAKASANA

PONT
SETU BANDHA SARVANGASANA

CHARRUE
HALASANA

GUERRIER III
VIRABHADRASANA III

DAUPHIN
ARDHA PINCHA MAYURASANA

Figure 91: Asanas Intermédiaires (Partie II)

Figure 92: Asanas Avancés (Partie I)

ARC
DHANURASANA

ROUE
URDHVA DHANURASANA

SUPPORT D'ÉPAULE
SALAMBA SARVANGASANA

TRIANGLE TOURNANT
PARIVRTTA TRIKONASANA

SUPPORT À MAIN
ADHO MUKHA VRKSASANA

Figure 93: Asanas Avancés (Partie II)

PRANAYAMA

Le Pranayama est un terme utilisé pour désigner diverses techniques de respiration qui travaillent avec l'énergie pranique dans le corps. Il se compose de deux mots, "prana" et "ayama". Le Prana est l'Energie Vitale ou la Force de Vie qui est en mouvement constant et qui existe dans chaque chose animée et inanimée de l'Univers. Bien qu'il soit étroitement lié à l'air que nous respirons, le Prana est plus subtil que le simple oxygène, bien que nous puissions, en tant qu'êtres humains, le manipuler par des techniques de respiration.

"Ayama" signifie "extension" ou "expansion". On peut donc dire que le mot "Pranayama" implique "l'extension ou l'expansion du Prana". L'essence ou le but du Pranayama est d'utiliser des méthodes de respiration pour influencer le flux de Prana à travers les différents Nadis du Corps de Lumière. Lorsque le mouvement du Prana dans le Corps de Lumière est accru, la fonction des Chakras est optimisée.

Le Yoga et le Tantra affirment tous deux que la base de l'existence dépend des forces de Shiva (conscience) et de Shakti (énergie). En fin de compte, au lieu de deux, il n'y a qu'une seule force, car Shakti est la force ou l'énergie créatrice de Shiva. Shakti est également une référence directe à l'énergie de la Kundalini, qui est le Prana sublimé. Le but ultime du Hatha Yoga est de réaliser Shiva ou la Conscience Cosmique par la manipulation de sa Shakti. L'élévation de l'énergie Kundalini jusqu'au Chakra de la Couronne est le but de tous les êtres humains, ce qui est synonyme de Shakti et Shiva devenant Un dans un Mariage Divin à la Couronne.

Le Pranayama est considéré comme l'un des huit membres du Yoga. Dans le Hatha Yoga, le Pranayama commence une fois que l'individu a régulé son corps par la pratique des Asana et une alimentation modérée. Manger est un moyen direct d'obtenir du Prana dans le corps. Tous les aliments contiennent différentes vibrations Praniques, et la qualité de la nourriture que nous mangeons a un effet immédiat sur notre corps et notre esprit.

La pratique du Pranayama agit principalement sur le corps d'Energie Vitale, également connu sous le nom de Pranamaya Kosha, sur le Plan Astral. Elle affecte directement les cinq Prana Vayus, qui, à leur tour, affectent les Nadis et les Chakras. L'esprit suit la respiration tandis que le corps suit l'esprit. En contrôlant le corps énergétique par le biais de la respiration, nous obtenons le contrôle de notre esprit et de notre corps physique - Comme en Haut, Comme en Bas.

355

Le Pranayama est bénéfique pour réguler les ondes cérébrales et calmer l'esprit et les émotions. Grâce au Pranayama, nous pouvons calmer notre esprit et créer un état de conscience méditatif qui nous donnera une clarté mentale et améliorera la concentration et la focalisation. C'est pour cette raison que les techniques de respiration sont un prérequis dans la plupart des travaux rituels.

L'énergie Pranique fournit la vitalité à tous les systèmes qui soutiennent notre conscience. En augmentant la réserve de Prana dans le corps par des méthodes de respiration, notre esprit s'élève et nous pouvons atteindre des états de conscience vibratoires plus élevés. Ses objectifs plus physiques sont d'aider au rétablissement après une maladie et de maintenir notre santé et notre bien-être.

EXERCICES DE PRANAYAMA

Respiration Naturelle

La Respiration Naturelle est essentiellement la prise de conscience de la respiration. Il s'agit de l'exercice de Pranayama le plus élémentaire qui permet aux pratiquants de se familiariser avec leur mode de respiration et leur système respiratoire. Prendre conscience du processus de la respiration suffit à ralentir la fréquence respiratoire et à initier un rythme plus calme. Il s'agit d'un exercice relaxant pour l'esprit qui permet d'entrer dans un état méditatif. La respiration naturelle peut être pratiquée à tout moment, indépendamment de l'endroit où l'on se trouve et de ce que l'on fait.

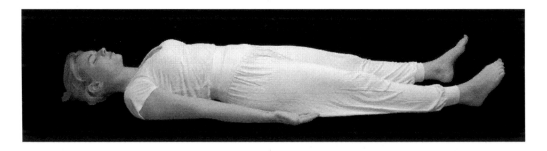

Figure 94: Shavasana

Pour commencer l'exercice, asseyez-vous dans un Asana de méditation confortable ou allongez-vous en Shavasana (Figure 94). Fermez les yeux et laissez votre corps se détendre. Rentrez dans votre esprit et prenez conscience de votre respiration naturelle. Sentez le souffle entrer et sortir par le nez tout en gardant la bouche fermée pendant tout ce temps. Remarquez si la respiration est superficielle ou profonde, et examinez si vous respirez à partir de votre poitrine ou de votre ventre. Remarquez s'il y a un son lorsque vous respirez et prenez conscience de sa température à l'inspiration et à l'expiration. La respiration doit être plus fraîche à l'inspiration et plus chaude à l'expiration.

Soyez conscient que les poumons se dilatent et se contractent lorsque vous respirez. Remarquez l'effet de votre respiration sur votre corps et si elle est source de tensions. Observez son rythme avec un détachement total. La clé de cet exercice est la conscience et l'attention. N'essayez pas de contrôler votre respiration de quelque manière que ce soit, mais développez une conscience totale et absolue de votre respiration en allant vers l'intérieur. Faites cet exercice aussi longtemps que vous le souhaitez. Puis, terminez-le en rÂmenant votre conscience sur l'ensemble de votre corps et en ouvrant les yeux.

Respiration Abdominale/Diaphragmatique

La Respiration Abdominale est la façon la plus naturelle et la plus efficace de respirer. En l'utilisant et en l'intégrant à votre vie quotidienne, vous améliorerez votre bien-être physique et mental. Le but de la Respiration Abdominale ou Diaphragmatique est d'augmenter l'utilisation du Diaphragme et de diminuer l'utilisation de la cage thoracique.

Le Diaphragme est un muscle squelettique fin situé à la base de la poitrine qui sépare l'abdomen de la poitrine. Pendant l'inspiration, le Diaphragme se déplace vers le bas, ce qui pousse l'air dans l'abdomen, le dilatant ainsi. Pendant l'expiration, le Diaphragme se déplace vers le haut pour évacuer l'air de l'abdomen, ce qui le contracte. Les poumons se gonflent et se dégonflent naturellement à l'inspiration et à l'expiration également.

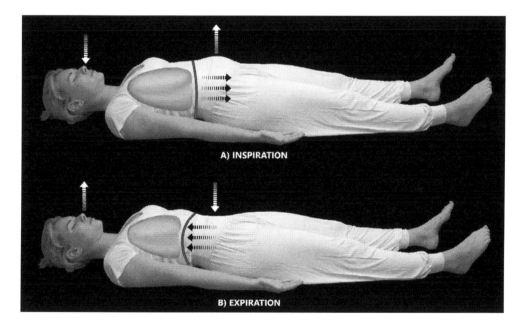

Figure 95: Respiration Abdominale/Diaphragmatique

357

Pour commencer, asseyez-vous dans un Asana de méditation confortable ou allongez-vous en Shavasana pour détendre le corps. Fermez les yeux et mettez-vous dans un état calme et méditatif. Placez la main droite sur l'abdomen, juste au-dessus du nombril, tandis que vous placez la main gauche au centre de votre poitrine. Observez votre respiration naturelle sans essayer de la contrôler d'une quelconque manière. Remarquez si vous respirez par la poitrine ou par le ventre.

Prenez maintenant le contrôle du processus respiratoire en inspirant profondément par le nez et en envoyant le souffle dans votre abdomen, le faisant se dilater vers l'extérieur. Lorsque vous expirez par le nez, votre abdomen se déplace vers le bas jusqu'à ce que l'air s'en échappe (Figure 95). Ayez l'impression que vous essayez de respirer uniquement par le nombril.

Tout le mouvement doit se faire dans votre main droite, qui monte avec l'inspiration et descend avec l'inspiration. Votre main gauche ne doit pas bouger car vous essayez de ne pas impliquer les côtes dans le processus de respiration. Répétez l'inspiration et l'expiration en respirant lentement et profondément. Lorsque vous gonflez l'abdomen, faites-le confortablement, sans causer de tension sur le corps.

Effectuez cet exercice aussi longtemps que vous le souhaitez, avec un minimum de quelques minutes. Lorsque vous êtes prêt à le terminer, rÂmenez votre conscience dans votre corps physique et ouvrez les yeux.

Notez que la respiration diaphragmatique augmente l'utilisation des lobes inférieurs des poumons, ce qui améliore leur efficacité et a un effet positif sur le cœur, l'estomac, le foie et les intestins. Les personnes qui respirent par le diaphragme sont moins sujettes au stress et à l'anxiété et ont une meilleure santé mentale générale. Par conséquent, faites tout votre possible pour que ce type de respiration fasse partie intégrante de votre vie.

Respiration Thoracique

La Respiration Thoracique sollicite les lobes médians des poumons en déployant et en contractant la cage thoracique. Ce type de respiration dépense plus d'énergie que la respiration abdominale, mais fait entrer l'oxygène plus rapidement dans le corps. Il s'agit donc de la méthode de respiration préférée lors d'exercices physiques ou de situations stressantes.

De nombreuses personnes sujettes à l'anxiété ont fait de la Respiration Thoracique un élément régulier de leur vie. Cependant, respirer de cette façon dans des situations tendues perpétue le stress, car l'énergie négative ne se neutralise pas ou ne s'immobilise pas dans l'abdomen. Comme nous l'avons mentionné, la Respiration Abdominale ou Diaphragmatique est la méthode la plus optimale pour respirer naturellement. Si une personne commence à respirer par le Thorax, elle doit faire un effort conscient pour revenir à la respiration abdominale peu après afin de préserver et de conserver son énergie vitale et de garder son esprit équilibré.

Pour commencer l'exercice, asseyez-vous dans un Asana de méditation confortable ou allongez-vous en Shavasana. Fermez les yeux et mettez-vous dans un état de calme et de détente. Placez votre main droite sur l'abdomen, juste au-dessus du nombril, et votre main gauche sur le centre de votre poitrine. Prenez conscience du rythme naturel de votre respiration sans essayer de le contrôler au début. Remarquez quelle main monte et descend au fur et à mesure que vous respirez.

Cessez maintenant d'utiliser le diaphragme et commencez à inspirer en élargissant lentement la cage thoracique. Aspirez l'air dans les poumons et sentez-les se gonfler et s'élargir. Gonflez votre poitrine autant que possible, confortablement. Expirez maintenant lentement et expulsez l'air de vos poumons sans provoquer de tension dans votre corps. Votre main gauche doit bouger de haut en bas dans ce mouvement, tandis que votre main droite reste immobile.

Répétez l'inspiration en élargissant votre cage thoracique, en veillant à ne pas utiliser le diaphragme. Contrôlez le processus de respiration en vous assurant que seule votre main gauche bouge. Continuez la respiration thoracique aussi longtemps que vous le souhaitez, avec un minimum de quelques minutes. Remarquez ce que vous ressentez en respirant de cette manière et les pensées qui vous viennent à l'esprit. Lorsque vous êtes prêt à terminer l'exercice, rÂmenez votre attention sur votre corps physique et ouvrez les yeux.

Respiration Claviculaire

La Respiration Claviculaire suit la Respiration Thoracique et peut être pratiquée en combinaison avec elle dans les périodes de stress important ou d'effort physique intense. Les personnes dont les voies respiratoires sont obstruées, comme dans le cas d'une crise d'asthme, ont tendance à respirer de cette façon. La Respiration Claviculaire permet une expansion maximale de la cage thoracique lors de l'inspiration, Âmenant ainsi le plus d'air possible dans les poumons.

La Respiration Claviculaire utilise le sternum et les muscles du cou et de la gorge pour tirer les côtes supérieures et la clavicule vers le haut, sollicitant ainsi les lobes supérieurs des poumons. Nous pouvons combiner cette technique de respiration avec la respiration thoracique et abdominale pour former la respiration Yogique.

Allongez-vous en Shavasana ou asseyez-vous dans une Asana de méditation confortable pour commencer l'exercice. Le corps doit être détendu, comme pour tous les exercices de Pranayama. Fermez les yeux et entrez dans un état méditatif, en prenant conscience de votre rythme respiratoire naturel. Ensuite, effectuez la Respiration Thoracique pendant quelques minutes. Inspirez à nouveau dans la poitrine, mais cette fois un peu plus jusqu'à ce que vous sentiez une expansion dans la partie supérieure des poumons. Remarquez que les épaules et la clavicule remontent légèrement. Expirez lentement en détendant d'abord le cou et la partie supérieure de la poitrine, puis en rÂmenant la cage thoracique à son état d'origine lorsque l'air est complètement expulsé de vos poumons.

Répétez cet exercice autant de fois que vous le souhaitez, avec un minimum de quelques minutes. Observez les effets sur le corps de ce type de technique de respiration. Lorsque vous êtes prêt à terminer l'exercice, rÂmenez votre conscience sur votre corps physique et ouvrez les yeux.

Respiration Yogique

La Respiration Yogique combine les trois techniques de respiration précédentes afin de maximiser l'apport d'oxygène et d'équilibrer les éléments intérieurs. Elle est communément appelée la "respiration en trois parties" car elle implique l'abdomen, la poitrine et la région claviculaire pour une inspiration et une expiration maximales (Figure 96). La respiration Yogique est très bénéfique pour les organes vitaux et les Chakras, qui peuvent se resserrer ou stagner à cause des tensions physiques et émotionnelles dues au stress et à l'anxiété. En outre, cet exercice revitalise le corps, l'esprit et le système énergétique grâce à l'énergie pranique que nous recevons de l'air qui nous entoure.

La Respiration Yogique soulage l'anxiété, rafraîchit le psychisme et active le Système Nerveux Parasympathique afin d'obtenir un état de conscience plus calme et plus équilibré. En tant que tel, cet exercice doit être pratiqué souvent, pendant au moins dix minutes à la fois, de préférence à jeun. La respiration yogique est recommandée avant et pendant les techniques de Pranayama plus avancées et pour corriger les mauvaises habitudes respiratoires.

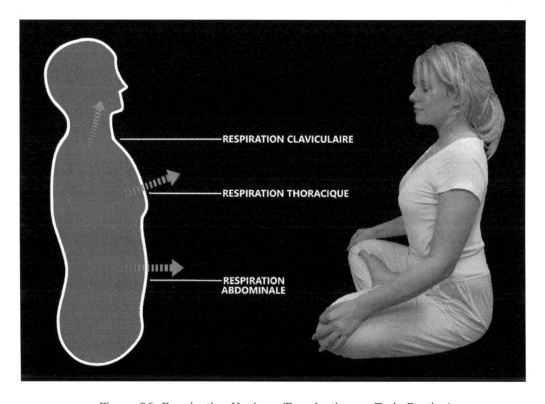

Figure 96: Respiration Yogique (Respiration en Trois Parties)

Pour commencer l'exercice, asseyez-vous dans un Asana de méditation confortable ou allongez-vous en Shavasana. Inspirez lentement et profondément, en laissant l'abdomen se gonfler complètement. Lorsque le ventre ne peut plus recevoir d'air, étendez ensuite la

360

poitrine vers l'extérieur et vers le haut. Une fois que les parties inférieure et médiane des poumons ont maximisé leur entrée d'air, inspirez un peu plus afin que les clavicules et les épaules se soulèvent légèrement, remplissant ainsi les lobes supérieurs des poumons. Il y aura une certaine tension dans les muscles du cou alors que le reste du corps doit rester détendu.

La séquence doit être inversée sur l'expiration ; les clavicules et les épaules se déplacent vers le bas en premier, libérant l'air de la partie supérieure de la poitrine, suivies par les côtes qui se contractent au milieu du torse. Enfin, le souffle est libéré de la partie inférieure de l'abdomen lorsque le ventre se contracte et se rapproche de la colonne vertébrale. Un cycle de Respiration Yogique comprend une inspiration et une expiration complètes.

L'inspiration et l'expiration doivent être un mouvement fluide et continu sans aucun point de transition, à moins que vous ne pratiquiez une respiration rythmique, comme la respiration quadruple, où vous faites une pause à l'inspiration et à l'expiration. À aucun moment, l'exercice de la Respiration Yogique ne doit causer de tension sur le corps.

Après des cycles répétés de Respiration Yogique, vous remarquerez que la Respiration Abdominale absorbe environ 70 % de la respiration. Plus vous pratiquerez la Respiration Yogique, plus vous adapterez votre respiration naturelle afin d'utiliser votre abdomen de la manière la plus constructive et de réduire le stress. Pratiquez la technique de la Respiration Yogique aussi longtemps que vous le souhaitez ; lorsque vous êtes prêt à terminer l'exercice, rÂmenez votre attention sur votre corps physique et ouvrez les yeux.

Notez que la condition première de tous les exercices de Pranayama est que la respiration soit confortable et détendue. Toute tension du corps entraîne une agitation de l'esprit. Une fois la conscience et le contrôle du processus respiratoire établis dans la méthode de la Respiration Yogique, la technique Claviculaire est abandonnée et l'accent est mis sur la Respiration Abdominale et Thoracique. Cette modification rend la méthode de la Respiration Yogique plus naturelle en remplissant d'air l'abdomen et les poumons sans provoquer de tension dans le corps.

Sama Vritti (Souffle Quadruple)

Sama Vritti (Sanskrit pour "respiration égale") est un exercice de relaxation puissant qui permet aux individus de faire le vide dans leur esprit, de détendre le corps et d'améliorer leur concentration. Il utilise une respiration à proportion égale, où l'inspiration (Puraka), la rétention interne (Antara Khumbaka), l'expiration (Rechaka) et la rétention externe (Bahya Khumbaka) sont toutes de même durée. Sama Vritti favorise l'équilibre mental en activant le Système Nerveux Parasympathique, en atténuant le stress et en élevant la conscience.

Autrement connu sous le nom de respiration quadruple, Sama Vritti est la technique de respiration de base du *Mage*, une condition préalable à la méditation et au travail rituel de la Magie Cérémonielle. Elle calme l'individu en quelques minutes et fait passer sa conscience à l'état Alpha, en activant les centres supérieurs du cerveau. C'est ma principale technique de respiration depuis plus de seize ans et je l'enseigne à toutes les personnes éveillées à la Kundalini.

La respiration quadruple doit être effectuée avec la Respiration Yogique sur l'inspiration et l'expiration pour une prise d'air maximale. Si vous sentez que la région claviculaire est trop sollicitée pendant la Respiration Yogique, concentrez-vous simplement sur la Respiration Diaphragmatique et Thoracique. Cet exercice peut être effectué à tout moment et n'importe où. Il n'est pas nécessaire de fermer les yeux pendant l'exercice, bien que cela soit utile si vous méditez ou si vous êtes au milieu d'une séance de guérison.

Pour commencer l'exercice, asseyez-vous dans un Asana de méditation confortable ou allongez-vous en Shavasana. Inspirez par le nez en comptant lentement jusqu'à quatre. Remplissez d'abord votre abdomen d'air, puis vos poumons. Les deux doivent atteindre leur volume d'air maximal lorsque vous arrivez au compte de quatre. Retenez votre souffle maintenant et comptez lentement jusqu'à quatre à nouveau. Ensuite, commencez à expirer en comptant jusqu'à quatre, en laissant votre poitrine et votre abdomen se détendre pour retrouver leur état naturel. L'expiration ne doit pas être forcée et doit être régulière. Retenez votre souffle à nouveau jusqu'à quatre, achevant ainsi le premier cycle de respiration.

Continuez l'exercice aussi longtemps que vous le souhaitez, avec un minimum de quelques minutes. Les cycles respiratoires doivent être continus et réguliers, sans pauses ni interruptions. Répétez l'exercice autant de fois que vous le souhaitez au cours de la journée. Il est utile d'effectuer la respiration quadruple avant de rencontrer une situation potentiellement difficile, car elle optimise votre état mental et émotionnel afin que vous puissiez donner le meilleur de vous-même.

Anulom Vilom (Respiration en Narine Alternée)
Anulom Vilom, communément appelée la Respiration par Narine Alternée, consiste à inspirer par une narine et à expirer par l'autre narine. La narine gauche correspond au Nadi Ida Lunaire, tandis que la narine droite est liée au Nadi Pingala Solaire. Anulom Vilom purifie les Nadis Ida et Pingala tout en créant un sentiment de bien-être et d'harmonie dans l'esprit, le corps et l'Âme.

La Respiration par la Narine Alternée stimule les Chakras et les principaux centres du cerveau pour qu'ils fonctionnent de manière optimale en équilibrant les énergies masculine et féminine. Cette technique de Pranayama donne de la vitalité au corps tout en éliminant les blocages praniques et en équilibrant les deux hémisphères du cerveau. Son utilisation régulière stimule le Sushumna Nadi et peut même provoquer un éveil de la Kundalini.

Anulom Vilom est souvent recommandé pour les problèmes liés au stress, comme les maux de tête ou les migraines. Il nourrit le corps grâce à un apport supplémentaire d'oxygène, ce qui est bénéfique pour le cerveau et le système respiratoire. Il purifie également le sang de toutes les toxines, ce qui favorise les systèmes cardiovasculaire et circulatoire.

Pour commencer l'exercice, choisissez l'un des trois Asanas de méditation. Gardez votre colonne vertébrale et votre cou droits tout en fermant les yeux. Ensuite, avec votre main gauche ou droite, faites le Pranava Mudra appelé Vishnu Mudra, qui consiste à plier l'index et le majeur vers la paume (Figure 97). Tout en faisant cela, placez votre autre main sur votre genou en Jnana ou Chin Mudra.

Figure 97: La Respiration par Narine Alternée

Pranava Mudra vous permet de bloquer une narine avec le pouce ou l'annulaire tout en inspirant par l'autre narine, puis d'alterner en expirant. (Lorsque vous bloquez avec l'annulaire, l'auriculaire sert de support). Avec cette méthode, vous pouvez faire des allers-retours en ciblant une narine pour l'inspiration et l'autre pour l'expiration.

Anulom Vilom doit être utilisé en combinaison avec la Respiration Yogique sur les inspirations et les expirations. Commencez par inspirer lentement en comptant jusqu'à quatre par la narine gauche tout en gardant la narine droite fermée. Changez maintenant et fermez la narine gauche tout en expirant en comptant jusqu'à quatre par la narine gauche.

Inversez maintenant le processus et inspirez en comptant jusqu'à quatre par la narine droite tout en gardant la narine gauche fermée. Ensuite, inversez et fermez la narine droite tout en expirant par la narine gauche en comptant jusqu'à quatre. Le premier tour ou cycle est maintenant terminé.

N'oubliez pas de toujours commencer Anulom Vilom en inspirant avec la narine gauche, ce qui calme le Moi intérieur et vous met dans un état méditatif. Gardez vos inspirations et expirations égales et en rythme. Vous ne devez ressentir aucune tension corporelle ni être essoufflé à aucun moment.

Commencez par le compte de quatre sur l'inspiration et l'expiration, puis passez à cinq et six, jusqu'à dix. Plus vous pouvez aller haut dans le compte tout en gardant l'inspiration et l'expiration égales, plus vous contrôlerez votre respiration. Si vous avez du mal à compter jusqu'à quatre, comptez plutôt jusqu'à trois ou même deux. J'ai constaté que les résultats les plus optimaux sont obtenus avec le compte de quatre, c'est pourquoi je l'utilise toujours comme base de référence.

Lorsque vous inspirez et expirez, prêtez attention à la narine correspondante et remarquez les changements émotionnels intérieurs qui se produisent. Le fait d'être attentif pendant cette technique de Pranayama vous permettra d'en tirer le maximum de puissance.

Une variation puissante et efficace d'Anulom Vilom est Nadi Shodhana, qui comprend la rétention interne du souffle (Khumbaka). Vous pouvez incorporer le Khumbaka interne pour retenir votre souffle pendant le même compte que l'inspiration et l'expiration. Vous pouvez également inclure les Khumbakas interne et externe, où vous retenez votre souffle après l'inspiration et l'expiration. Considérez cette deuxième méthode comme Samma Vritti avec l'ajout de la technique de la Respiration par Narine Alternée. Encore une fois, je vous suggère de commencer en comptant jusqu'à quatre, puis de progresser jusqu'à dix.

Une autre variante d'Anulom Vilom consiste à respirer par une seule narine à la fois, ce que l'on appelle la Respiration Lunaire et la Respiration Solaire. La Respiration Lunaire consiste à garder la narine droite fermée et à expirer par la narine gauche. Comme elle est associée à Ida Nadi et à l'élément passif eau, elle peut être utilisée pour refroidir le corps, réduire le métabolisme et calmer l'esprit. La Respiration Lunaire invoque un état d'esprit introverti, ce qui rend sa pratique bénéfique avant la contemplation intérieure, la méditation profonde et le sommeil.

La Respiration Solaire consiste à garder la narine gauche fermée tout en expirant par la narine droite. Associée au Pingala Nadi et à l'Élément Feu actif, la Respiration Solaire réchauffe le corps, augmente le métabolisme et accélère les activités corporelles. Comme elle renforce la volonté, la Respiration Solaire est utile lorsque vous devez invoquer la concentration, la détermination et le courage. Son utilisation rend l'individu extraverti, ce qui facilite le travail et les activités physiques.

Bhastrika Pranayama (Respiration en Soufflet)

Bhastrika signifie "soufflet" en Sanskrit, ce qui fait référence à un dispositif en forme de sac muni de poignées que les forgerons utilisent pour souffler de l'air sur un feu afin de maintenir la flamme allumée. De même, le Bhastrika Pranayama augmente le flux d'air dans le corps, alimentant le feu intérieur et produisant de la chaleur aux niveaux physique et subtil. Cette technique de Pranayama est connue pour équilibrer les trois Doshas de l'Ayurveda.

Le Bhastrika Pranayama pompe une plus grande quantité d'oxygène dans le corps, ce qui augmente le rythme cardiaque et accroît le niveau d'énergie. Pratiqué régulièrement, il élimine les blocages du nez et de la poitrine, notamment les toxines et les impuretés. Bhastrika aide à soigner les sinus, les bronchites et autres problèmes respiratoires. Comme il attise le feu gastrique, il améliore également l'appétit et la digestion. Vous pouvez pratiquer le Bhastrika Pranayama avec la rétention interne du souffle (Khumbaka) pour garder le corps au chaud par temps froid et pluvieux.

Pour commencer l'exercice de Bhastrika Pranayama, asseyez-vous dans l'un des trois Asanas de méditation. Fermez les yeux et détendez le corps en gardant la tête et la colonne vertébrale droites. Ensuite, placez vos mains sur vos genoux dans le Jnana ou le Chin Mudra.

Inspirez profondément et expirez avec force par les narines sans forcer. Puis, inspirez à nouveau avec la même force. À l'inspiration, vous devez gonfler complètement l'abdomen vers l'extérieur, ce qui permet à votre diaphragme de descendre. À l'expiration, l'abdomen est poussé vers l'intérieur, tandis que le diaphragme se déplace vers le haut. Vous devez effectuer ces mouvements avec exagération et vigueur, ce qui produira un son nasal puissant.

Un cycle de Bhastrika Pranayama équivaut à dix cycles. Pratiquez jusqu'à cinq cycles pour commencer, en prenant une inspiration profonde et en expirant lentement. Faites-le à votre propre rythme en gardant toujours la même force d'inspiration et d'expiration. Si vous avez le vertige, ralentissez jusqu'à un rythme plus confortable. Lorsque vous maîtrisez un peu l'exercice, augmentez progressivement la vitesse tout en gardant le rythme de la respiration.

Le Bhastrika Pranayama réduit le niveau de dioxyde de carbone dans le sang, ce qui équilibre et renforce le système nerveux, induisant la paix de l'esprit et la tranquillité énergétique. C'est un excellent exercice pour se préparer à la méditation.

Une variante de cet exercice est le Kapalbhati Pranayama, une technique de Respiration Yogique considérée comme un Kriya, ou pratique de purification interne (Shatkarma). Kapalbhati vient des mots racines Sanskrits "kapal", qui signifie "crâne", et "bhati", qui signifie "brillant". "C'est pourquoi on l'appelle "Skull Shining Breath" en anglais. Cette technique de Pranayama est destinée à nettoyer toutes les parties du crâne et de la tête grâce à de fortes expirations d'air, améliorant ainsi la clarté d'esprit et la concentration tout en aiguisant l'intellect.

Contrairement au Bhastrika, le Kapalbhati n'implique la force que sur l'expiration tout en gardant l'inspiration comme un processus naturel et passif. Alors que le Bhastrika sollicite la poitrine et les poumons, le Kapalbhati ne sollicite que les muscles abdominaux. Le Pranayama Kapalbhati inverse le processus normal de respiration, qui implique une inspiration active et une expiration passive. Cette technique de Pranayama est connue pour avoir des effets profonds sur le système nerveux. De nombreux Yogis la pratiquent également pour purifier les Nadis.

Le Bhastrika étant la plus avancée des deux techniques de Pranayama, il est sage de commencer par le Kapalbhati et de passer au Bhastrika. Les deux ont des effets similaires sur le corps et l'esprit. Vous pouvez également pratiquer la rétention interne et externe (Khumbaka) avec les deux exercices pour des bénéfices supplémentaires.

Ujjayi Pranayama (Souffle de l'Océan)

Ujjayi Pranayama est un souffle doux et chuchotant, souvent appelé le Souffle de l'Océan, car il ressemble au bruit des vagues qui arrivent sur le rivage. Son autre nom est le Souffle Victorieux puisque Ujjayi en Sanskrit signifie "celui qui est victorieux". "La technique Ujjayi nous permet de devenir victorieux dans le Pranayama en resserrant le souffle pour faciliter sa distribution dans les zones ciblées. Elle crée une chaleur interne apaisante tout en calmant l'esprit et le système nerveux. Cette technique de Pranayama a un effet profondément relaxant sur le plan psychique car elle imite la respiration du sommeil profond.

Avec Ujjayi Pranayama, vous devez inspirer et expirer par le nez avec les lèvres fermées tout en contractant la glotte à l'intérieur de la gorge pour produire un son doux et ronflant. La glotte est la partie médiane du larynx où se trouvent les cordes vocales. Elle se dilate lors de la respiration forcée et se ferme lorsque vous parlez. La glotte doit se contracter mais ne pas se fermer complètement, de sorte que vous ayez l'impression de respirer avec une paille dans la gorge (Figure 98). Vous sentirez le souffle caresser l'arrière de votre gorge à l'inspiration et à l'expiration.

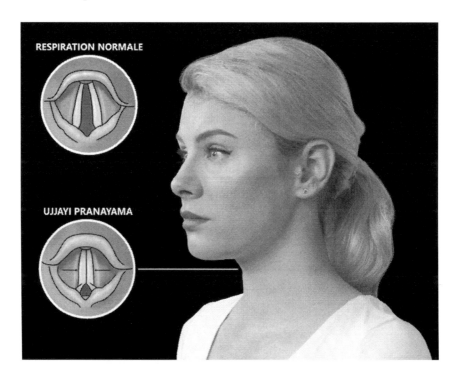

Figure 98: Ujjayi Pranayama (Position de la Glotte)

La Respiration de Ujjayi Pranayama doit être lente, calme et profonde. Vous devez mettre en œuvre la Respiration Yogique sur l'inspiration et l'expiration pour une prise d'air maximale. (Le diaphragme doit contrôler la longueur et la vitesse de la respiration.) Les inspirations et les expirations doivent être de durée égale sans causer de tension sur le corps. En pratiquant Ujjayi, concentrez-vous sur le son produit par le souffle dans la gorge, qui ne doit être audible que pour vous.

Commencez l'exercice par dix à quinze respirations et augmentez lentement jusqu'à cinq minutes pour des effets optimaux. Au fur et à mesure que vous acquerrez de l'expérience avec Ujjayi Pranayama, vous pouvez intégrer Khechari Mudra pour en tirer des bénéfices supplémentaires. (Pour la technique du Khechari Mudra, reportez-vous au chapitre "Lalana Chakra et le nectar d'Amrita" de cette section). Khechari Mudra peut être pratiqué indépendamment ou dans le cadre des Asanas et des techniques avancées de Pranayama.

Bhramari Pranayama (Respiration de l'Abeille)

Bhramari Pranayama tire son nom de l'abeille noire indienne appelée Bhramari, car l'expiration de ce Pranayama ressemble au son typique du bourdonnement. Les vibrations du bourdonnement ont un effet calmant naturel sur les nerfs et le psychisme, ce qui rend cette technique de Pranayama excellente pour atténuer la tension mentale, le stress, l'anxiété et la colère. Son exécution renforce la gorge et le larynx et est bénéfique pour la glande thyroïde et pour surmonter les problèmes physiques qui y sont liés.

Le Bhramari Pranayama stimule le Système Nerveux Parasympathique, induisant une relaxation musculaire et une baisse de la pression sanguine. Ses bienfaits pour la santé font qu'il est avantageux de l'effectuer avant de dormir, car il aide à lutter contre l'insomnie.

Commencez l'exercice en vous asseyant sur l'un des trois Asanas de méditation. Gardez la colonne vertébrale droite et fermez les yeux. Placez les deux mains sur les genoux en Jnana ou Chin Mudra, tout en permettant au corps et à l'esprit de se détendre. Âmenez la conscience au centre du front, où se trouve le Chakra Ajna. Tout en effectuant l'exercice, veillez à maintenir votre attention dans cette zone. Vous constaterez qu'avec un usage répété, le Bhramari Pranayama augmente la sensibilité psychique et la conscience des vibrations subtiles, ce qui est utile pour la méditation profonde.

Ensuite, levez vos bras en pliant les coudes et en Âmenant vos mains vers les oreilles. Utilisez l'index de chaque main pour boucher les trous de vos oreilles ou appuyez sur les rabats des oreilles sans insérer les doigts (Figure 99). Vous devriez bloquer tous les sons extérieurs, ce qui vous permet de vous concentrer entièrement sur votre intérieur.

Prenez maintenant un moment pour écouter le son du silence en vous tout en gardant votre respiration régulière. Avant de commencer la méthode de respiration contrôlée, fermez vos lèvres en gardant vos dents légèrement séparées, ce qui permettra à la vibration sonore d'être entendue et ressentie davantage à l'intérieur de vous.

Inspirez lentement et profondément par le nez. Sur l'expiration, faites un son profond "mmmm", ressemblant au bourdonnement d'une abeille. Votre expiration doit être plus longue que l'inspiration, avec une vibration sonore continue, douce et régulière. Vous devez ressentir fortement la vibration à l'intérieur de votre bouche et de votre larynx, ce qui a un effet apaisant sur le cerveau. Le premier tour est maintenant terminé.

Continuez l'exercice aussi longtemps que vous le souhaitez, avec un minimum de quelques minutes, tout en pratiquant la respiration yogique tout au long de l'exercice pour une prise d'air maximale. Observez les effets de l'exercice sur le corps et l'esprit. Lorsque vous êtes prêt à terminer le Bhramari Pranayama, rÂmenez votre attention sur votre corps physique et ouvrez les yeux.

Figure 99: Souffle de l'Abeille

Sheetali Pranayama (Respiration Rafraîchissante)

En Sanskrit, le mot "Sheetali" se traduit grossièrement par "ce qui a un effet apaisant ou rafraîchissant". "Sheetali Pranayama ou Cooling Breath est une technique de Pranayama qui calme l'esprit et le corps grâce à un puissant mécanisme de refroidissement lors de l'inspiration.

Sheetali Pranayama est particulièrement bénéfique en été, lorsque nous ressentons un excès des principales qualités du Pitta. Le temps chaud produit des bouffées de chaleur, des fièvres, des affections cutanées, des inflammations, des indigestions acides, de l'hypertension artérielle, une agitation générale due à la chaleur et un effort physique général, qui déséquilibre le corps et l'esprit. Sheetali Pranayama aide à lutter contre les

368

effets néfastes de la chaleur en libérant la chaleur corporelle, en harmonisant les qualités de Pitta et en laissant le corps et l'esprit calmes, frais et détendus.

Pour commencer l'exercice de Pranayama, asseyez-vous dans l'un des trois Asanas de méditation. Fermez les yeux et détendez tout le corps en gardant la colonne vertébrale droite. Placez vos mains sur vos genoux dans le Jnana ou le Chin Mudra.

Ouvrez la bouche et étirez la langue aussi loin que possible, en recourbant ses côtés vers le centre pour former un tube. Pincez vos lèvres pour maintenir la langue dans cette position (Figure 100). Pratiquez une inspiration longue, douce et contrôlée à travers la langue enroulée. Après l'inspiration, tirez la langue en fermant la bouche et expirez par le nez. Le premier tour est maintenant terminé.

Figure 100: Sheetali Pranayama

Continuez l'exercice aussi longtemps que vous le souhaitez, avec un minimum de quelques minutes. Observez ses effets sur le corps et l'esprit en portant une attention particulière à la langue, au son et à la sensation de fraîcheur de la respiration inspirée. N'oubliez pas de pratiquer la Respiration Yogique tout au long de l'exercice. Lorsque vous êtes prêt à terminer le Sheetali Pranayama, rÂmenez votre attention sur votre corps physique et ouvrez les yeux.

369

L'inspiration doit produire un son de succion avec une sensation de refroidissement sur la langue et le palais. Bien que vous deviez commencer par un rapport égal entre l'inspiration et l'expiration, au fur et à mesure que vous avancez dans le Sheetali Pranayama, la durée de l'inspiration doit progressivement s'allonger pour augmenter l'effet de refroidissement.

Le Souffle Rafraîchissant rétablit efficacement l'équilibre de la température après la pratique des Asanas ou d'autres pratiques Yogiques qui réchauffent le corps. Vous devriez donc l'intégrer à votre pratique quotidienne, en particulier pendant les mois d'été.

Sheetkari Pranayama (Respiration Sifflante)

En Sanskrit, le mot "Sheetkari" désigne une forme de respiration qui produit le son "shee" (sifflement) ; c'est pourquoi on l'appelle souvent la Respiration Sifflante. Tout comme le Sheetali Pranayama, cet exercice est conçu pour rafraîchir le corps et l'esprit. La seule différence entre les deux est que dans le Sheetali, vous inspirez en pliant la langue, tandis que dans le Sheetkari, vous inspirez en fermant les dents. Comme le Sheetali Pranayama, le Sheetkari est très bénéfique par temps chaud et pour rétablir l'équilibre de la température après avoir réchauffé le corps par un exercice physique.

Figure 101: Sheetkari Pranayama

Pour commencer le Sheetkari Pranayama, asseyez-vous dans l'un des trois Asanas de méditation et fermez les yeux. Gardez la colonne vertébrale droite et le corps détendu tout en plaçant les mains sur les genoux dans le Jnana ou le Chin Mudra. Maintenez les dents légèrement rapprochées sans forcer sur la mâchoire. Les lèvres doivent être séparées, ce qui permet d'exposer les dents (Figure 101). Gardez votre langue à plat contre le palais mou dans votre bouche, ou même effectuez Khechari Mudra.

Inspirez lentement et profondément par les dents. À la fin de l'inspiration, fermez la bouche et expirez par le nez de manière contrôlée. Le premier tour est maintenant terminé. N'oubliez pas de pratiquer la respiration Yogique tout au long de l'exercice. L'inspiration et l'expiration doivent être lentes et détendues. Soyez attentif à la sensation de refroidissement sur vos dents et à l'intérieur de votre bouche et au sifflement produit. Effectuez l'exercice aussi longtemps que vous le souhaitez, avec un minimum de quelques minutes. Lorsque vous êtes prêt à terminer le Sheetkari Pranayama, rÂmenez votre attention sur votre corps physique et ouvrez les yeux.

Cette technique de Pranayama et la précédente peuvent être utilisées pour contrôler la faim ou la soif puisque l'apport d'air frais rassasie le corps. Les deux exercices permettent au Prana de circuler plus librement dans le corps, ce qui détend les muscles et, par conséquent, les émotions. Les deux pratiques de refroidissement équilibrent le système endocrinien et purifient le sang de toute toxicité. Enfin, les deux exercices sont utiles avant de s'endormir ou en cas d'insomnie.

Évitez les Pranayamas Sheetali et Sheetkari si vous souffrez d'hypotension, d'asthme, d'affections respiratoires ou d'un excès de mucus, comme en cas de rhume ou de grippe. En raison de l'effet de refroidissement sur le corps, évitez les deux exercices dans les climats froids ou si vous souffrez d'une sensibilité générale au froid. Avec Sheetkari Pranayama, évitez si vous avez des problèmes avec vos dents ou vos gencives.

Moorcha Pranayama (Souffle de l'Evanouissement)

Le mot Moorcha en Sanskrit signifie "évanouissement" ou "perte de sensation". "L'autre nom de Moorcha Pranayama est le Swooning Breath, en référence au vertige que l'on ressent en effectuant cet exercice. Le Moorcha Pranayama est une technique avancée qui ne doit être pratiquée que par les personnes ayant acquis la maîtrise des exercices de Pranayama précédents. Lorsqu'il est exécuté correctement, l'individu peut connaître des périodes intenses et prolongées de félicité intérieure qui accompagnent la semi-conscience.

Il existe deux méthodes pour pratiquer le Moorcha Pranayama ; dans la première, vous devez pencher votre tête légèrement en arrière, tandis que dans la seconde, vous devez poser votre menton sur la base de votre gorge (Jalandhara Bandha). Dans les deux méthodes, vous devez pratiquer la rétention interne du souffle (Khumbaka) tout en fixant le centre entre les sourcils, là où se trouve le tunnel de l'Oeil de l'Esprit (Shambhavi Mudra). Cette méthode induit l'état de vide mental, tandis que la connexion avec le Chakra Ajna vous permet de ressentir des pensées profondes et contemplatives.

L'une des raisons pour lesquelles l'individu se sent étourdi lorsqu'il pratique le Moorcha Pranayama est la réduction de l'apport d'oxygène au cerveau pendant une rétention prolongée du souffle. Une autre raison est la pression qu'ils exercent sur les vaisseaux sanguins du cou, ce qui entraîne des fluctuations de la pression à l'intérieur du crâne. Enfin, l'artère carotide est continuellement comprimée, ce qui provoque une sensation d'évanouissement.

Moorcha Pranayama peut être pratiqué à tout moment de la journée, comme c'est le cas pour tous les exercices de Pranayama. Cependant, il est plus efficace tôt le matin et le soir, lorsque l'Ego est le moins actif. Il est essentiel de surmonter l'emprise de l'Ego sur la conscience pour obtenir l'effet désiré de cet exercice. La sensation de quasi-évanouissement peut être si puissante qu'elle vous donne l'impression de sortir complètement de votre corps, comme si vous flottiez dans l'espace.

Dépasser les limites du corps physique nous permet de nous séparer de l'Ego en conscience et de ressentir le ravissement de la conscience Spirituelle. Le Moorcha Pranayama aide à atténuer le stress, l'anxiété, la colère et les névroses tout en élevant le niveau de Prana dans le corps. Cet exercice est fortement recommandé aux personnes qui souhaitent éveiller leur énergie Kundalini. Il leur permet de comprendre l'Unité que les expériences extracorporelles peuvent apporter, en les reliant au Sahasrara Chakra.

Pour commencer l'exercice, asseyez-vous dans l'un des trois Asanas de méditation en gardant la tête et la colonne vertébrale droites. Placez vos mains sur vos genoux dans le Jnana ou le Chin Mudra tout en détendant le corps. Certaines personnes aiment tenir leurs genoux au lieu d'adopter le Jnana ou le Chin Mudra. Cela leur permet d'appuyer sur leurs genoux tout en bloquant leurs coudes lorsqu'elles penchent la tête en arrière ou en avant, ce qui leur donne un meilleur soutien pendant cette partie cruciale de l'exercice. Vous pouvez essayer les deux options et voir ce qui fonctionne le mieux pour vous.

Méthode#1

Les yeux ouverts, concentrez-vous sur l'espace entre vos sourcils. Prenez quelques respirations profondes et lentes pour calmer l'esprit. Effectuez Khechari Mudra, puis inspirez lentement par les deux narines avec Ujjayi Pranayama en penchant doucement la tête en arrière (Figure 102). Retenez maintenant votre respiration aussi longtemps que possible sans vous fatiguer, tout en maintenant le regard au centre des sourcils pendant tout ce temps. Vous devriez ressentir un léger étourdissement lorsque vous retenez votre respiration. Expirez lentement en rÂmenant la tête en position verticale. Fermez les yeux et détendez-vous pendant quelques secondes. Laissez-vous aller à la légèreté et à la tranquillité de l'esprit et du corps. Le premier tour est maintenant terminé.

Figure 102: Moorcha Pranayama (Méthode# 1)

Méthode# 2

Concentrez vos yeux sur l'espace entre les sourcils tout en prenant quelques respirations profondes pour calmer votre intérieur. Mettez en œuvre Khechari Mudra, puis inspirez lentement par les deux narines avec Ujjayi Pranayama en penchant progressivement la tête en avant jusqu'à ce que le menton touche la cavité de la gorge (Figure 103). Faites une pause dans votre respiration aussi longtemps que possible, sans tension, tout en vous permettant de vous unir à l'Oeil de l'Esprit. Maintenez cette position jusqu'à ce que vous commenciez à ressentir une perte de conscience. Expirez maintenant lentement en remettant votre tête en position verticale. Fermez les yeux et détendez-vous pendant quelques secondes en vous permettant de ressentir l'intense sensation de non-existence provoquée par le quasi-évanouissement. Ceci termine le premier tour.

Répétez le schéma de respiration dans l'une ou l'autre méthode autant de fois que vous le souhaitez. Il est utile de commencer par 5 à 10 respirations et de passer à 15 à 20 au fur et à mesure que vous vous familiarisez avec l'exercice. Rappelez-vous de toujours interrompre la pratique dès que la sensation d'évanouissement est ressentie. L'objectif est de provoquer une sensation d'évanouissement, et non de perdre complètement connaissance.

373

Figure 103: Moorcha Pranayama (Méthode#2)

Pour terminer, vous pouvez combiner les méthodes 1 et 2 dans le même exercice, c'est-à-dire qu'au premier souffle, vous exécutez une méthode et au second souffle, vous exécutez l'autre. Avant de le faire, toutefois, prenez le temps de vous familiariser et de vous sentir à l'aise avec les deux techniques séparément.

LES TROIS GRANTHIS

Granthi est un terme Sanskrit qui signifie "doute" ou "nœud", plus explicitement "un nœud difficile à défaire". "Ce terme est souvent utilisé dans la littérature Yogique pour désigner les nœuds psychiques qui bloquent le flux d'énergie Pranique dans le Sushumna Nadi. Dans le Kundalini Yoga, il y a trois Granthis qui sont des obstacles sur le chemin de la Kundalini éveillée. Ces Granthis sont appelés Brahma, Vishnu et Rudra (Figure 104).

Les Trois Granthis représentent des niveaux de conscience où le pouvoir de Maya ou de l'illusion (concernant notre ignorance de la réalité Spirituelle et notre attachement au monde matériel) est particulièrement fort. Pour que vous puissiez éveiller tous les Chakras et élever la Kundalini jusqu'à la Couronne, vous devez transcender ces barrières. Nos croyances limitatives, nos traits de personnalité, nos désirs et nos peurs résultent du fait que nous sommes empêtrés dans les Granthis.

Les Trois Granthis sont des obstacles sur notre chemin vers la connaissance supérieure et l'évolution Spirituelle. Ils obscurcissent la vérité de notre nature essentielle. Cependant, en appliquant la connaissance et les pratiques Spirituelles, nous pouvons défaire les nœuds et transcender leurs restrictions.

Dans le Yoga, il existe plusieurs façons de dénouer les Granthis. Les Bandhas (verrous énergétiques) du Hatha Yoga facilitent le flux de Prana et peuvent également être utilisés pour surmonter les Trois Granthis. (Les Bandhas bloquent le flux d'énergie dans une zone spécifique du corps, ce qui permet à l'énergie de circuler plus fortement lorsque le Bandha est libéré. Les Bandhas sont des outils puissants que nous pouvons utiliser pour élever l'énergie de la Kundalini jusqu'au Sahasrara Chakra en surmontant les Trois Granthis en cours de route.

Brahma Granthi

Communément appelé le nœud périnéal, le Brahma Granthi opère dans la région située entre les Chakras Muladhara et Swadhisthana, le long du Sushumna Nadi. Ce premier nœud est causé par l'anxiété liée à la survie, l'envie de procréer, les tendances instinctives, le manque d'ancrage ou de stabilité, et la peur de la mort. Le Brahma Granthi crée un attachement aux plaisirs physiques, aux objets matériels ainsi qu'à l'égoïsme de l'Ego. Il nous lie au pouvoir d'enfermement de Tamas - inertie, inactivité, léthargie et ignorance.

Tamas, qui signifie "ténèbres", est l'un des trois gunas qui se trouvent au cœur de la philosophie et de la psychologie hindoues. Les textes yogiques considèrent les Trois Gunas

- Tamas, Rajas et Sattva - comme les qualités essentielles de la nature. Elles sont présentes dans chaque individu, mais à des degrés divers. Le Brahma Granthi peut être transcendé par le Mula Bandha, le "Verrouillage de la Racine". Lorsque le Brahma Granthi est percé par la Kundalini lors de son ascension, les schémas instinctifs de la personnalité sont dépassés, ce qui permet à l'âme de se libérer des attachements décrits.

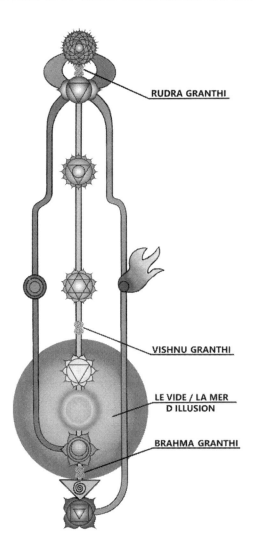

Figure 104: Les Trois Granthis

Vishnu Granthi et le Vide

Bien que son emplacement soit plus élevé que la région du nombril, le Vishnu Granthi est appelé le nœud du nombril. Il fonctionne dans la zone située entre les Chakras de

Manipura et d'Anahata, le long du Sushumna Nadi. Ce Granthi est causé par le fait de s'accrocher à l'Ego et de rechercher le pouvoir personnel. L'orgueil, ainsi qu'un attachement émotionnel aux personnes et aux résultats, provoquent également ce nœud. Vishnu Granthi est lié à Rajas, la tendance à la passion, à l'affirmation de Soi et à l'ambition. Ce sont toutes des expressions négatives du Manipura Chakra liées à l'utilisation inappropriée de la volonté. La volonté doit servir le Soi supérieur au lieu de l'Ego pour que Vishnu Granthi soit dénoué.

Un vide entoure les deuxième et troisième Chakras, appelé "Mer de l'Illusion". "C'est dans ce vide que se trouvent nos schémas comportementaux négatifs résultant d'influences extérieures, y compris les effets Karmiques des forces Planétaires et Zodiacales. Hara, le Chakra du nombril, crée le vide et la boule d'énergie vitale qu'il génère, qui est notre porte d'entrée dans le Plan Astral. Les forces Karmiques nous affectent à travers le Plan Astral, qui lie notre Ego aux Chakras inférieurs entourant le centre Hara. Ainsi, notre Ego s'emmêle dans la Mer de l'Illusion, bloquant la vision de notre véritable nature Spirituelle.

Surmonter le Vishnu Granthi fait sortir notre conscience du Vide et l'amène dans notre cœur, où se trouve le véritable Soi, l'Esprit éternel. Il nous permet de faire l'expérience de l'amour inconditionnel dans le Chakra d'Anahata et dans les Chakras supérieurs de l'Esprit, Vishuddhi et Ajna. En dénouant le Vishnu Granthi, l'individu devient un maître du Soi, et toutes les lois innées de la nature sont éveillées en lui. Une telle personne devient honnête et véridique dans toutes ses expressions. Son charisme s'accroît naturellement, ce qui en fait un grand leader de l'humanité.

Pour transcender le Vishnu Granthi, il faut s'abandonner à l'énergie de l'amour inconditionnel. La véritable discrimination, la connaissance et la foi en l'unité de toutes les choses du cosmos permettent d'élever sa conscience vers les sphères supérieures et de transcender les limites de l'Ego ainsi que son désir de pouvoir. L'exécution d'Uddiyana Bandha, le "verrouillage abdominal", aide à détacher le Vishnu Granthi.

Rudra Granthi

Appelé Shiva Granthi ("nœud de Shiva") ou "nœud frontal", Rudra Granthi fonctionne dans la région située entre les Chakras Ajna et Sahasrara. Ce nœud est causé par l'attachement aux Siddhis (pouvoirs psychiques), la séparation du Soi du reste du monde et la pensée dualiste. Rudra Granthi est lié à Sattva, l'inclinaison vers la pureté, la plénitude et la vertu. Pour dénouer ce nœud, il faut renoncer à son Ego et transcender la dualité. Pour ce faire, il doit devenir vertueux et pur dans son esprit, son corps et son Âme, en se consacrant entièrement à Dieu, le Créateur.

Nous devons voir que les Siddhis ne sont que l'expression de notre connexion avec le Mental Universel et non quelque chose à acquérir pour un usage personnel. Lorsque nous nous attachons aux Siddhis, nous les rÂmenons au niveau du monde matériel. Au contraire, nous devrions être détachés, permettant aux Siddhis de simplement s'exprimer à travers nous sans essayer de contrôler le processus. Lorsque nous perçons le Rudra Granthi, la conscience de l'Ego est abandonnée et la vérité de l'Unité est révélée.

377

Jalandhara Bandha, le "verrou de la gorge", peut être appliqué pour dénouer ce nœud afin que nous puissions passer à un niveau de conscience supérieur.

***

Une fois que la Kundalini a été éveillée dans le Muladhara Chakra, et pour qu'elle puisse achever son voyage et percer le Sahasrara, les Trois Granthis doivent être déverrouillés. S'il y a un blocage le long du Sushumna Nadi, il se situe généralement dans la zone de l'un des Trois Granthis. En les déliant par l'application de la volonté et de pensées pures, ou par l'utilisation de verrous énergétiques (Bandhas), la Kundalini peut s'élever jusqu'au Sahasrara. Ainsi, la conscience individuelle s'unit à la conscience cosmique et les deux deviennent Un. Cette transformation est permanente, et l'individu ne sera plus lié par les Granthis pour la durée de sa vie ici sur Terre.

MUDRA

Nous voyons souvent des représentations visuelles d'Anciens Dieux et Déesses de la partie Orientale du monde assis en méditation et tenant leurs mains dans certaines positions. Ces gestes de la main sont appelés Mudras. Il s'agit de gestes ésotériques qui activent un pouvoir spécifique en nous par la manipulation de l'énergie. En effectuant un Mudra, nous communiquons aussi directement avec les Déités et nous nous alignons sur leurs énergies ou leurs pouvoirs.

Il existe plus de 500 Mudras différents. Les Mudras sont utilisés dans de nombreux systèmes Spirituels, mais surtout dans l'Hindouisme, le Jaïnisme et le Bouddhisme. En Sanskrit, Mudra signifie "sceau", "marque" ou "geste". Les Mudras sont essentiellement des gestes psychiques, émotionnels, dévotionnels et esthétiques qui relient la force pranique individuelle à la Force Cosmique Universelle. L'exécution d'un Mudra modifie l'humeur, l'attitude et la perception d'une personne tout en approfondissant sa conscience et sa concentration.

Bien que la plupart des Mudras soient de simples positions ou gestes des mains, un Mudra particulier peut impliquer l'ensemble du corps. Les Mudras du Hatha Yoga, par exemple, utilisent une combinaison de techniques Yogiques telles que Asana (positions du corps), Pranayama (techniques de respiration), Bandha, et des méditations de visualisation. Ils impliquent l'exécution d'actions internes qui sollicitent le plancher pelvien, la gorge, les yeux, la langue, le diaphragme, l'anus, les organes génitaux, l'abdomen ou d'autres parties du corps.

Les Mudras du Hatha Yoga sont orientés vers des objectifs Yogiques particuliers, notamment affecter le flux du Prana pour éveiller la Kundalini, faciliter le percement des trois Granthis par la Kundalini, activer directement le Bindu, utiliser le nectar Amrita ou Ambrosia qui coule du Bindu, ou atteindre la Transcendance ou l'Illumination. Des exemples de Mudras du Hatha Yoga sont Khechari Mudra, Shambhavi Mudra, Nasikagra Drishti, Vajroli Mudra, Maha Mudra et Viparita Karani.

Le Hatha Yoga Pradipika et d'autres textes Yogiques considèrent les Mudras comme une branche indépendante du Yoga qui n'est introduite qu'après avoir atteint un certain niveau de compétence en Asana, Pranayama et Bandha. Ce sont des pratiques supérieures qui peuvent conduire à l'optimisation des Chakras, des Nadis, et même à l'éveil de la Kundalini Shakti. Lorsqu'ils sont pratiqués avec dévouement, les mudras peuvent conférer des pouvoirs psychiques (Siddhis) au pratiquant.

La pratique du Mudra vise à créer un lien direct entre Annamaya Kosha (Corps Physique), Pranamaya Kosha (Corps Astral) et Manomaya Kosha (Corps Mental). Elle vise à assimiler et à équilibrer les trois premiers Chakras, Muladhara, Swadhisthana et Manipura, et à permettre l'ouverture du quatrième Chakra, Anahata, et au-delà.

J'ai regroupé les différents types de Mudras en Mudras des mains, de la tête, posturaux, Bandhas (verrous énergétiques) et périnéaux. Les Hasta (Mudras des mains) sont des Mudras méditatifs qui redirigent le Prana émis par les mains vers le corps, générant une boucle énergétique qui va du cerveau aux mains et inversement. Leur exécution nous permet de nous connecter aux pouvoirs archétypaux présents dans notre subconscient.

Les Mana (Mudras de la tête) sont des gestes puissants qui utilisent les yeux, les oreilles, le nez, la langue et les lèvres. Ils sont importants dans la méditation en raison de leur pouvoir d'éveiller les principaux centres du cerveau et leurs Chakras correspondants, et d'accéder à des états de conscience supérieurs.

Les Kaya (Mudras posturaux) sont des postures physiques spécifiques qui doivent être exécutées avec une respiration contrôlée et de la concentration. Leur utilisation permet de canaliser le Prana vers des zones particulières du corps et de stimuler les Chakras.

Les Bandha (Mudras de verrouillage) combinent Mudra et Bandha pour charger le système en Prana et le préparer à l'éveil de la Kundalini. Ils permettent également de s'assurer que la Kundalini perce les Trois Granthis lorsqu'elle est éveillée. Les Bandhas sont étroitement liés aux plexus nerveux et aux glandes endocrines qui sont en relation avec les Chakras. Enfin, les Adhara (Mudras périnéaux) redirigent le Prana des centres du bas du corps vers le cerveau. Ils nous permettent également de sublimer notre énergie sexuelle située dans la région de l'aine et du bas-ventre et de l'utiliser à des fins d'éveil Spirituel.

HASTA (MUDRAS DES MAINS)

Les Hasta (Mudras des mains) nous permettent de diriger et de sceller l'énergie Pranique dans des canaux spécifiques de l'Aura. Puisque la plupart des principaux Nadis commencent ou se terminent dans les mains ou les pieds, les Hasta (Mudras des mains) sont particulièrement efficaces pour nettoyer ces canaux subtils des impuretés et éliminer les obstructions, facilitant ainsi la libre circulation de l'énergie. Leur utilisation régulière favorise la guérison physique, mentale et émotionnelle, contribuant ainsi à notre évolution Spirituelle.

Comme chaque doigt est lié à un Chakra, vous influencez les Chakras correspondants en positionnant les doigts de manière spécifique. Le Chakra de la paume sert également d'interface entre le Chakra du Cœur et les Chakras situés au-dessus et au-dessous de lui. Ainsi, les Mudras des mains n'affectent pas seulement le flux de Prana dans l'Aura, mais ils nous permettent de puiser dans l'énergie de guérison d'Anahata et de la distribuer aux chakras qui ont besoin d'être nettoyés.

Puisqu'il y a cinq doigts et Cinq Éléments, il y a une correspondance entre eux (Figure 105). Par exemple, le pouce est lié au Feu (Agni), l'index à l'Air (Vayu), le majeur à l'Esprit ou à l'Espace (Akasha), l'annulaire à la Terre (Prithivi) et l'auriculaire à l'Eau (Jal). Les deux Éléments passifs de l'Eau et de la Terre et les deux Éléments actifs du Feu et de l'Air sont réconciliés par l'Élément central de l'Esprit.

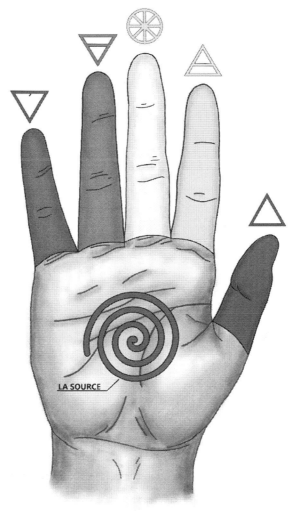

Figure 105: Les Doigts et les Cinq Éléments

Vous remarquerez que le pouce est le plus souvent utilisé dans les Mudras de la main, car il est traversé par davantage de courants Praniques que les autres doigts. En relation avec le Chakra Manipura et l'Élément Feu, le pouce enflamme et active tous les autres Éléments et Chakras. En Ayurveda, d'où proviennent ces correspondances, on dit que le pouce stimule Pitta Dosha, l'énergie responsable de la transformation. Manipura est également le siège de l'Âme. Ainsi, lorsque le pouce est impliqué dans un Mudra de la main, l'Âme est la force qui guide le changement.

Il existe cinq positions principales des doigts et de la main dont il faut être conscient lors de la mise en œuvre d'un Mudra de la main. La première position consiste à joindre le pouce au bout d'un doigt, ce qui stimule la stabilité de l'élément associé. La deuxième position consiste à toucher le dos d'un doigt sur l'ongle ou la jointure, ce qui diminue l'influence de l'élément associé. Dans la troisième position, vous devez Âmener le pouce à la base du doigt, ce qui stimule également l'élément correspondant. Ensuite, selon le Mudra que vous activez, lorsque votre paume est tournée vers l'extérieur, vous vous ouvrez à la réception d'énergie. En revanche, lorsque votre paume est tournée vers le bas, vous vous mettez à la terre.

Comme ils sont simples à exécuter, les mudras des mains peuvent être pratiqués à tout moment, que ce soit à la maison ou en déplacement. Les Yogis pratiquent souvent les Mudras des mains dans le cadre de la méditation, avant ou après d'autres techniques telles que les Asanas, les Pranayamas ou les Bandhas.

Étapes de l'Exécution des Mudras de la Main

Lorsque vous faites des Mudras de la main, assurez-vous que vos mains sont propres. Comme il s'agit de gestes Divins destinés à vous connecter à des puissances supérieures, la propreté est cruciale. Vous pouvez pratiquer les mudras des mains en étant debout, à genoux, allongé ou assis sur une chaise. Cependant, vous devez vous asseoir dans une Asana de méditation confortable et garder le dos et la tête droits pour des résultats optimaux. En outre, les mains et les bras doivent rester détendus pendant toute la pratique. Les Mudras des mains sont généralement exécutés au niveau du nombril, du cœur, ou placés sur les genoux lorsque vous êtes dans un Asana de méditation.

Commencez par frotter doucement vos mains l'une contre l'autre pendant sept à dix secondes pour les charger en énergie Pranique. Ensuite, placez votre main droite sur votre Chakra Hara et votre main gauche sur la droite. Vous commencerez à sentir un flux d'énergie chaude généré dans le Hara, le centre pranique de votre corps. Restez dans cette position pendant une minute environ pour obtenir la connexion nécessaire.

Effectuez toujours chaque Mudra un par un, en allouant le temps nécessaire pour chacun d'eux. N'oubliez pas que le résultat est cumulatif, donc plus vous faites un Mudra longtemps, plus l'effet sur votre énergie est important. Pour gérer les problèmes chroniques, faites un Mudra par jour pendant quarante-cinq minutes ou trois périodes de quinze minutes.

Lorsque vous effectuez un Mudra, n'exercez aucune pression, mais connectez simplement les mains et les doigts de la manière requise pour manipuler le flux d'énergie souhaité. De même, effectuez chaque mudra avec les deux mains, car cela favorise l'harmonie et l'équilibre tout en maximisant l'effet désiré. Enfin, il est idéal de pratiquer les mudras des mains à jeun, comme c'est le cas pour toutes les techniques d'invocation/manipulation de l'énergie.

Jnana Mudra

Le Jnana Mudra est l'un des Mudras de la main les plus utilisés, notamment lors de la pratique de la méditation. Son nom est dérivé du Sanskrit "jnana", qui signifie "sagesse" ou "connaissance". "La connaissance à laquelle il est fait référence est la sagesse éclairée que le Yogi cherche à atteindre dans la voie Yogique.

Pour effectuer ce Mudra, touchez le bout de l'index et du pouce ensemble, formant ainsi un cercle, tandis que les trois autres doigts sont étendus et maintenus droits (Figure 106). Une variante du Jnana Mudra consiste à replier l'index sous le bout du pouce. L'avant de la main doit reposer sur les cuisses ou les genoux, la paume tournée vers le bas.

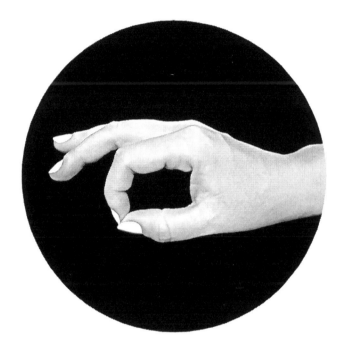

Figure 106: Jnana Mudra

Selon l'Ayurveda, Jnana Mudra équilibre les Éléments du Feu (Agni-thumb) et de l'Air (Vayu-index) dans le corps. En tant que tel, la pratique de ce Mudra pendant la méditation stabilise l'esprit tout en favorisant la concentration et en facilitant les états de conscience supérieurs.

Il existe d'autres symboles dans la pratique de Jnana Mudra dans diverses Traditions Spirituelles telles que l'Hindouisme, le Bouddhisme et le Yoga. Le pouce est censé symboliser l'Âme suprême, ou conscience Universelle (Brahman), tandis que l'index représente l'Âme individuelle, le Jivatma. En reliant le pouce et l'index, nous unissons ces deux réalités. Les trois autres doigts, quant à eux, représentent les trois qualités (Gunas) de la nature : Rajas (majeur), Sattva (annulaire) et Tamas (auriculaire). Pour que la conscience passe de l'ignorance à la connaissance, nous devons transcender ces états.

En reliant l'index au pouce, on produit un circuit qui redirige l'énergie Pranique à travers le corps, l'envoyant vers le cerveau au lieu de la libérer dans l'environnement. Comme le Jnana Mudra pointe vers la Terre, il a pour effet d'ancrer l'énergie, de calmer l'esprit et d'apaiser les émotions. Ce Mudra est également connu pour améliorer la mémoire.

Chin Mudra

Chin signifie "conscience" en Sanskrit, et ce Mudra est souvent appelé le "Mudra psychique de la conscience". "Chin Mudra est également connu sous le nom de Gyan Mudra. (Le Chin Mudra doit être exécuté de la même manière que le Jnana Mudra, à la seule différence que la paume de la main est tournée vers le haut et non vers le bas (Figure 107), de sorte que le dos de la main puisse reposer sur les cuisses ou les genoux.

Figure 107: Chin Mudra

Comme ils sont presque identiques, les Éléments symboliques du Chin Mudra sont les mêmes que ceux du Jnana Mudra. Comme Chin Mudra pointe vers les cieux, la position de la main tournée vers le haut ouvre la poitrine, rendant le praticien réceptif aux énergies des Plans Supérieurs. En tant que tel, Chin Mudra stimule l'intuition et la créativité tout en soulageant le stress et la tension et en améliorant la concentration. Il aide également à surmonter l'insomnie.

Les Jnana et Chin Mudras facilitent l'intériorisation, une condition préalable à la méditation profonde et à l'atteinte d'états de conscience supérieurs. Outre leur utilisation dans la méditation, les Jnana et Chin Mudras peuvent être utilisés pour renforcer les effets du chant des Mantras et d'autres pratiques Yogiques telles que les Asanas, les Pranayamas et les Bandhas.

Enfin, il n'est pas rare que les pratiquants de Yoga effectuent Jnana Mudra d'une main et Chin Mudra de l'autre. Cela permet de recevoir de l'énergie d'une source supérieure tout en ancrant l'expérience.

Hridaya Mudra

Hridaya signifie "cœur" en Sanskrit, car ce Mudra améliore la vitalité du cœur en augmentant le flux de Prana. Hridaya Mudra est connu pour avoir la capacité de sauver une personne d'une crise cardiaque en réduisant instantanément les douleurs thoraciques et en éliminant les blocages dans les artères. Il est également connu sous le nom de "Mrit Sanjeevani", un terme Sanskrit qui implique que ce Mudra a le pouvoir de nous arracher des mâchoires de la mort.

Hridaya Mudra est également appelé Apana Vayu Mudra car il combine deux Mudras - Apana et Vayu. Pour assumer le Mudra, pliez l'index et appuyez sur la jointure avec le pouce (Vayu Mudra), ce qui réduit l'influence de l'Élément Air, relaxant le corps et l'esprit. Ensuite, vous devez joindre l'extrémité du pouce au majeur et à l'annulaire (Apana Mudra), activant ainsi les Éléments Esprit, Terre et Feu (Figure 108).

Figure 108: Hridaya Mudra

Alors que Vayu Mudra soigne les irrégularités cardiaques, notamment les battements de cœur rapides et la transpiration, Apana Mudra réduit l'excès de gaz de l'estomac tout en favorisant la circulation sanguine vers le cœur. L'acidité et les brûlures d'estomac sont également soulagées par l'exécution de Hridaya Mudra.

Le cœur étant le centre des émotions, Hridaya Mudra aide également à libérer les sentiments refoulés qui provoquent le stress et l'anxiété. En tant que tel, il est bénéfique de pratiquer ce Mudra lors de conflits et de crises émotionnelles. Un autre avantage courant de Hridaya Mudra est de surmonter les problèmes de sommeil, tels que l'insomnie. L'Hridaya Mudra peut être pratiqué pendant dix à quinze minutes à la fois ou plus longtemps et répété aussi souvent que nécessaire.

Shunya Mudra

Shunya signifie "vide", "espace" ou "ouverture" en Sanskrit, d'où son autre nom, le "Mudra du Ciel". "Ce mudra est conçu pour diminuer l'Élément Esprit (espace) dans le corps (majeur) tout en augmentant l'energie de l'Élément Feu (pouce).

Pour assumer Shunya Mudra, pliez le majeur et appuyez sur la jointure avec le pouce. Les trois autres doigts doivent rester étendus (Figure 109). L'utilisation régulière de Shunya Mudra pendant la méditation éveille l'intuition tout en augmentant la volonté et en calmant l'esprit. En outre, ses pratiquants de longue date rapportent avoir acquis la capacité d'entendre le son du silence non frappé d'Anahata, qui donne l'impression d'être sur une autre Planète, dans une autre dimension de l'espace-temps. Ainsi, la pratique régulière de ce Mudra ouvre la voie à l'obtention de la félicité éternelle et de la transcendance.

Figure 109: Shunya Mudra

Sur le plan physique, le Shunya Mudra est connu pour soulager une série de problèmes d'audition et d'équilibre interne, notamment le mal des transports, le vertige, l'engourdissement du corps et les troubles de l'oreille. Il est également connu pour guérir les maladies du cœur et de la gorge. Pratiquez ce Mudra pendant dix à quinze minutes à la fois, ou plus longtemps si nécessaire. Répétez-le aussi souvent que vous le souhaitez.

En médecine Ayurvédique, le Shunya Mudra est bénéfique pour les personnes à dominante Vata Dosha, qui est l'énergie associée au mouvement, notamment la circulation sanguine, la respiration et le système nerveux.

Anjali Mudra

Anjali signifie "salutation" ou "offrir" en Sanskrit. Anjali Mudra est généralement accompagné du mot "Namaste", qui constitue un type de salutation fréquemment utilisé par les personnes Spirituelles dans le monde Occidental. Ce geste, cependant, est originaire de l'Inde et fait partie de sa culture depuis des milliers d'années. Il consiste à tenir ensemble les deux paumes de main dressées devant la poitrine (Figure 110), souvent accompagné d'une légère inclinaison.

Figure 110: Anjali Mudra

En Sanskrit, "Nama" signifie "saluer", "as" signifie "je" et "te" signifie "tu". Par conséquent, Namaste signifie "Je m'incline devant toi". "Namaste représente la croyance en une étincelle de conscience Divine en chacun de nous, située dans le Chakra du Cœur,

Anahata. En l'exécutant, nous nous reconnaissons mutuellement comme des Âmes Divines issues de la même source - Dieu, le Créateur.

Anjali Mudra peut également être offert comme une salutation sacrée lorsqu'on essaie d'établir un contact avec une puissance supérieure. Ce puissant geste de la main a été adopté comme position de prière dans le monde Occidental depuis plus de deux mille ans. Son exécution nous permet de nous connecter à notre Saint Ange Gardien. En rapprochant les mains au centre du Chakra du Cœur, vous unifiez symboliquement et énergétiquement tous les opposés en vous, permettant à votre conscience de s'élever vers un Plan Supérieur.

Anjali Mudra réconcilie nos énergies masculines et féminines tout en unissant les hémisphères gauche et droit du cerveau. Il en résulte une cohérence de l'esprit et du corps à tous les niveaux. Ses autres bienfaits pour la santé sont les suivants : amélioration de la concentration, apaisement de l'esprit, promotion de la pleine conscience et soulagement du stress.

Yoni Mudra

Yoni signifie "utérus", "source" ou "réceptacle" en Sanskrit, et c'est une représentation abstraite de Shakti, la puissance féminine dynamique de la nature. Yoni fait également référence à l'appareil reproducteur féminin en général. L'exécution du Yoni Mudra équilibre les énergies opposées mais complémentaires de votre corps, en particulier les deux hémisphères cérébraux.

Pour faire Yoni Mudra, placez les paumes des mains ensemble au niveau du nombril. Les doigts et les pouces doivent être droits et dirigés vers l'extérieur du corps. Tout d'abord, tournez le majeur, l'annulaire et l'auriculaire vers l'intérieur de manière à ce que le dos des doigts se touche. Ensuite, entrecroisez le majeur, l'annulaire et l'auriculaire tout en gardant le bout des index et des pouces ensemble. Enfin, rÂmenez les pouces vers le corps tandis que vous pointez les index vers le sol, formant ainsi la forme de l'utérus avec les pouces et les index (Figure 111).

Dans sa position finale, les coudes ont naturellement tendance à pointer sur le côté, ouvrant ainsi la poitrine. Vous pouvez faire le Yoni Mudra pendant dix à quinze minutes à la fois pour obtenir l'effet désiré. Répétez l'exercice aussi souvent que vous le souhaitez tout au long de la journée.

Les index pointant vers le bas stimulent le flux d'Apana, l'énergie subtile qui nettoie le corps, l'esprit et les émotions. Le Yoni Mudra a un effet calmant sur le système nerveux, car il réduit le stress et apporte paix et harmonie à l'intérieur. En outre, le Yoni Mudra nous met en phase avec l'aspect féminin et intuitif de notre être. Comme un fœtus dans le ventre de sa mère, son praticien fait l'expérience de la félicité en devenant passif mentalement et émotionnellement.

Figure 111: Yoni Mudra

Bhairava Mudra

Bhairava signifie "redoutable" en Sanskrit et fait référence à la manifestation féroce de Shiva le destructeur. Bhairava Mudra est un geste symbolique et rituel des mains qui harmonise le flux énergétique du corps pendant la méditation ou d'autres pratiques Yogiques. Cette pratique Yogique courante donne un sentiment instantané de paix, permettant aux qualités supérieures d'émerger.

Pour effectuer Bhairava Mudra, placez la main droite sur la gauche, les paumes tournées vers le haut (Figure 112). Si cette pratique est effectuée dans le cadre d'une Asana de méditation, les mains doivent être posées sur les genoux du pratiquant, tandis que la colonne vertébrale et la tête sont maintenues droites. Lorsque la main gauche est placée sur la droite, la pratique est appelée Bhairavi Mudra, la contrepartie féminine (Shakti) de Bhairava.

Les deux mains représentent les Nadis Ida (main gauche) et Pingala (main droite), les canaux énergétiques féminins et masculins qui s'unifient lorsqu'une main est placée au-dessus de l'autre. Toutefois, selon la main qui se trouve au-dessus, ce principe de genre devient la qualité expressive. Par exemple, lorsque la main gauche est sur le dessus, l'Élément Eau est dominant, activant le principe de conscience et de manifestation. À l'inverse, lorsque la main droite est sur le dessus, l'Élément Feu domine, invoquant la force et le pouvoir et détruisant l'égoïsme de chacun au fur et à mesure que la Lumière Divine est absorbée par l'Aura. Ainsi, on dit également que ce Mudra guérit toutes les maladies corporelles.

389

Faites Bhairava Mudra pendant dix à quinze minutes à la fois ou plus longtemps et répétez-le aussi souvent que vous le souhaitez. Dans les textes Tantriques et Yogiques, le Bhairava Mudra est considéré comme l'ultime Mudra de la main parce que son exécution unifie l'Âme individuelle avec la conscience universelle - le moi intérieur et le moi extérieur deviennent Un.

Figure 112: Bhairava Mudra

Mudra du Lotus

Lotus Mudra est conçu pour ouvrir le Chakra du Cœur, Anahata. C'est un symbole de pureté et de positivité, qui représente la Lumière émergeant de l'obscurité. En tant que tel, le Mudra du Lotus a de puissants effets curatifs sur les plans mental, émotionnel et physique. Son exécution détend et stabilise l'esprit tout en créant une attitude plus aimante envers les autres. Sur le plan physique, le Lotus Mudra est connu pour traiter les ulcères et les fièvres.

Pour réaliser Lotus Mudra, commencez par rassembler les mains devant le centre du cœur en Anjali Mudra. Ensuite, écartez l'index, le majeur et l'annulaire comme une fleur de lotus qui s'ouvre, tout en gardant les pouces et les auriculaires ensemble (Figure 113). Restez dans cette position maintenant et ressentez les effets de ce Mudra sur votre Chakra du Cœur. Le Lotus Mudra peut être pratiqué aussi souvent que vous le souhaitez, pendant un minimum de dix minutes à la fois pour en ressentir les effets.

Alors que les racines d'une fleur de lotus restent fermement ancrées dans le fond boueux d'un étang, sa tête fait face au soleil, recevant ses rayons curatifs. De la même manière, Lotus Mudra nous apprend à rester connectés à nos racines alors que nous ouvrons nos cœurs à la Lumière Divine. Il nous apprend à garder nos pensées pures et à accepter les autres, même si nos sentiments sont négatifs à leur égard. Ce faisant, nous nous connectons à la grâce et à la beauté présentes en nous lorsque notre Chakra du Cœur est ouvert.

Figure 113: Lotus Mudra

Shiva Linga Mudra

Shiva Linga Mudra est un puissant geste de la main représentant le Dieu Shiva et la Déesse Parvati, sa compagne. Le Lingam est l'emblème de l'énergie créatrice masculine, le phallus, vénéré dans les temples Hindous. Il est représenté symboliquement par le pouce dressé de la main droite dans le Shiva Linga Mudra, tandis que la paume sur laquelle il repose représente l'énergie féminine, le réceptacle. En tant que tel, ce Mudra dénote l'intégration de Shiva et de Shakti (l'énergie féminine de Shiva). Son nom anglais est le "Upright Mudra". "

Pour faire Shiva Linga Mudra, placez votre main gauche au niveau de l'abdomen en forme de bol, en gardant les doigts ensemble. Ensuite, placez votre poing droit sur le dessus de votre paume gauche. Enfin, tendez le pouce de la main droite vers le haut (Figure 114). Ressentez les effets de mise à la terre de ce Mudra dans votre Aura.

Shiva Linga Mudra se concentre sur Muladhara Chakra, la demeure du Lingam. Ce Mudra soulage l'anxiété et le stress en calmant l'esprit et en chargeant le corps avec l'énergie dense de la Terre. Non seulement il traite la fatigue physique et mentale en dynamisant le corps, mais il augmente la confiance en soi et améliore l'intuition. En raison de ses effets puissants sur l'ancrage de l'énergie, le Shiva Linga Mudra ne devrait pas être pratiqué plus de deux ou trois fois par jour, pendant dix minutes à la fois.

Figure 114: Shiva Linga Mudra

Kundalini Mudra

Kundalini Mudra éveille la force sexuelle, stimulant la créativité et la régénération. Ce Mudra est connu pour activer les désirs sexuels dormants et guérir les problèmes des organes reproducteurs. À un niveau subtil, l'exécution du Kundalini Mudra unifie les principes masculins et féminins au sein du Soi, ce qui facilite l'éveil de la Kundalini à la base de la colonne vertébrale.

Pour effectuer le Kundalini Mudra, formez un poing lâche au niveau du nombril avec les deux mains. Ensuite, tendez l'index de la main gauche et entourez-le avec les quatre doigts de la main droite. Le bout de l'index de la main gauche doit rejoindre le pouce de la main droite (Figure 115).

L'index gauche représente l'Âme et l'esprit individuels, tandis que les quatre doigts de la main droite symbolisent le monde extérieur. Enfin, le pouce droit représente le pouvoir sacré de la Kundalini. Le Kundalini Mudra, dans son ensemble, représente l'union du Soi individuel avec l'Univers. En raison de son effet puissant sur l'énergie sexuelle, le Kundalini Mudra ne doit pas être pratiqué plus de deux ou trois fois par jour pendant dix minutes.

Figure 115: Kundalini Mudra

MANA (MUDRAS DE TÊTE)

Shambhavi Mudra (Regarder le Centre des Sourcils)

Shambhavi Mudra est une pratique très appréciée dans le Yoga et le Tantra en raison de sa capacité à apaiser l'esprit et à expérimenter des états de conscience supérieurs. Il s'agit d'une technique puissante pour éveiller l'Ajna Chakra, car elle consiste à regarder le centre des sourcils, où se trouve le tunnel de l'Oeil de l'Esprit. Lorsqu'il est appliqué correctement, le Shambhavi Mudra annule toutes les pensées positives et négatives et amène à un état de vide (Shoonya) ou d'absence de pensées/de vide. Son autre nom est Bhrumadya Drishti, où "bhru" signifie "centre des sourcils" et "drishti" signifie "regard" en Sanskrit.

Le mot "Shambhavi" vient du Sanskrit "Shambhu", qui fait référence au Seigneur Shiva comme étant celui qui est "né du bonheur ou de la félicité". "Shambhavi est l'aspect féminin du Seigneur Shiva, la Kundalini Shakti. Shambhavi Mudra n'active pas seulement Ajna Chakra, mais le fait de se concentrer sur le centre des sourcils stimule Ida et Pingala Nadis à converger en ce point, ce qui affecte directement la Kundalini à la base de la colonne vertébrale et peut faciliter une ascension.

Shambhavi Mudra est bénéfique pour surmonter les pensées craintives et négatives, qui proviennent de l'esprit subconscient. Se concentrer sur le centre des sourcils permet d'attirer l'attention sur l'avant de la tête, d'où opère l'esprit conscient. Dans l'Hermétisme, l'avant de la tête représente l'aspect Solaire, masculin, tandis que l'arrière de la tête représente l'aspect Lunaire, féminin. Sur l'Arbre de Vie Qabalistique, le chemin de Qoph (la carte de Tarot de la Lune), qui signifie littéralement "l'arrière de la tête", représente l'esprit subconscient. À l'inverse, le chemin de Resh (carte du Tarot du Soleil) signifie "tête", faisant référence à l'avant de la tête et à l'esprit conscient.

Pour commencer l'exercice Shambhavi Mudra, asseyez-vous dans l'un des trois Asanas de méditation en relaxant le corps et en gardant la colonne vertébrale droite. Placez vos mains sur vos genoux dans le Jnana Mudra ou le Chin Mudra. Fermez les yeux et détendez tous les muscles du visage, du front, des yeux et de l'arrière des yeux en prenant quelques respirations lentes et profondes. Ouvrez ensuite progressivement les yeux et regardez devant vous, vers un point fixe. Pour de meilleurs résultats, intégrez le Khechari Mudra à la pratique, bien qu'il soit recommandé de commencer sans lui jusqu'à ce que vous soyez plus familier avec l'exercice.

Figure 116: Shambhavi Mudra

Regardez maintenant vers le haut et vers l'intérieur en concentrant vos yeux sur le centre des sourcils tout en gardant la tête et tout le corps immobiles (Figure 116). Si cette opération est effectuée correctement, la courbe des sourcils formera une image en forme de V dont le sommet se trouve au centre du sourcil. Si vous ne voyez pas la formation du V, c'est que votre regard n'est pas correctement dirigé vers le haut et vers l'intérieur.

Concentrez-vous sur le point situé entre les sourcils sans cligner des yeux pendant quelques secondes. Ensuite, détendez vos yeux en les rÂmenant à leur position initiale avant de répéter la pratique. Il est essentiel de ne maintenir le regard que pendant quelques secondes au début et d'augmenter progressivement la durée au fur et à mesure que vous êtes plus à l'aise avec cet exercice. Les yeux ne doivent jamais être trop sollicités. Si vous ressentez une gêne au niveau des yeux, vous pouvez réchauffer vos mains en les frottant l'une contre l'autre et en couvrant les yeux afin d'insuffler une énergie curative et d'éliminer les tensions.

Au fur et à mesure que vous prenez de l'expérience avec cet exercice, fixer votre regard sur le centre des sourcils deviendra naturel, car les muscles qui contrôlent les yeux se renforcent. Lorsque vous effectuez l'exercice Shambhavi Mudra, pratiquez l'attention tout en appliquant la Respiration Yogique sur l'inspiration et l'expiration pour des effets optimaux.

Shambhavi Mudra peut être intégré à la pratique d'Asana et aux exercices de Pranayama tels que Sama Vritti et Moorcha Pranayama. Lorsque vous le pratiquez seul, commencez par cinq tours et augmentez progressivement jusqu'à dix tours sur une période de cinq mois. Notez que si vous avez des problèmes de santé avec vos yeux, vous ne devriez pas faire cet exercice.

Vous pouvez également pratiquer le Shambhavi Mudra les yeux fermés une fois que vous aurez acquis une certaine expérience. La variante de cet exercice avec les yeux fermés est la très importante méditation de l'Oeil de l'Esprit de *The Magus*. Je discute des mécanismes de ce Shambhavi Mudra interne dans le cadre des méditations Kundalini du chapitre "Dépannage du système" de ce livre.

Nasikagra Drishti (Regarder la Pointe du Nez)

Nasikagra Drishti est similaire à Shambhavi Mudra, sauf que les yeux se concentrent sur le bout du nez au lieu du centre des sourcils. Le terme vient des mots Sanskrits "nasagra", qui signifie "pointe du nez" et "drishti", qui se traduit par "regard". "Nasikagra Drishti est excellent pour renforcer les muscles oculaires, développer la concentration et Âmener le pratiquant à des états de conscience supérieurs pendant la méditation. Cet exercice est connu pour activer le Chakra Muladhara, qui est relié au lobe frontal du cerveau.

Pour vous entraîner à regarder le bout du nez, tenez votre index droit à bout de bras, à la hauteur de votre nez. Fixez votre regard dessus et commencez à le déplacer lentement vers le bout de votre nez tout en gardant la tête stable. Lorsque votre doigt atteint le bout de votre nez (les yeux doivent encore être fixés dessus), laissez tomber le doigt et transférez le focus de vos yeux sur le bout de votre nez. Après avoir maintenu votre regard à cet endroit pendant quelques secondes, fermez les yeux et détendez-les avant de répéter la pratique. Ne consacrez pas plus de trois à cinq minutes par jour à cet exercice pendant les deux premières semaines. Lorsqu'il vous sera devenu facile de fixer votre regard sur le bout de votre nez à volonté, vous serez prêt pour Nasikagra Drishti.

Pour commencer Nasikagra Drishti, asseyez-vous dans l'un des trois Asanas de méditation en relaxant le corps et en gardant la colonne vertébrale et la tête droites. Placez vos mains sur vos genoux dans le Jnana ou le Chin Mudra. Fermez les yeux et détendez tous les muscles du visage en prenant quelques respirations lentes et profondes. Ouvrez progressivement les yeux maintenant et concentrez-les sur la pointe du nez (Figure 117). La réfraction de la lumière qui forme un V devrait être visible juste au-dessus de la pointe du nez si elle est effectuée correctement. Maintenez votre regard à cet endroit pendant quelques secondes avant de fermer les yeux et de recommencer. Ne consacrez pas plus de cinq à dix minutes par jour à cet exercice et augmentez la durée après quelques mois.

Vous pouvez mettre en œuvre Khechari Mudra dans le cadre de Nasikagra Drishti, bien qu'il soit recommandé de commencer sans lui pendant les premiers temps. Veillez toujours à ne pas trop solliciter vos yeux ; si vous ressentez une gêne au niveau des yeux, vous pouvez réchauffer vos mains en les frottant l'une contre l'autre et en couvrant les yeux afin d'infuser une énergie curative. Pratiquez Nasikagra Drishti avec la Respiration Yogique sur l'inspiration et l'expiration pour des effets optimaux. Les personnes qui ont des problèmes de santé avec leurs yeux ou qui souffrent de dépression ne devraient pas effectuer cet exercice.

Figure 117: Nasikagra Drishti

Vous pouvez également pratiquer Nasikagra Drishti les yeux fermés. J'ai découvert la méditation du bout du nez les yeux fermés lors de mon voyage Spirituel et son pouvoir d'optimiser le circuit de la Kundalini une fois qu'elle s'effondre. Plus tard, lorsque je me suis mis au Yoga, j'ai découvert Nasikagra Drishti et sa mécanique similaire. J'ai découvert qu'en se concentrant sur le bout de son nez, on se connecte au centre psychique de l'Œil subconscient qui se trouve entre les deux yeux physiques, un centimètre à l'extérieur de la tête.

Un canal énergétique court le long de l'avant du nez, de l'Oeil subconscient à la pointe du nez. La pointe du nez sert de point de libération pour l'Oeil subconscient. Si ce centre psychique est bloqué, il y a une augmentation de l'énergie négative et de la peur à l'intérieur de l'esprit, résultant généralement d'un canal Ida effondré. Se concentrer sur le bout du nez permet d'ouvrir ou de rouvrir ce canal s'il est bloqué, ce qui atténue les pensées et les émotions perturbatrices et basées sur la peur. Reportez-vous aux méditations Kundalini pour plus d'informations sur cet exercice (méditation du milieu des yeux/pont du nez).

Shanmukhi Mudra (Fermer les Sept Portes)

Shanmukhi Mudra est composé de deux racines Sanskrites, "Shan" signifiant "six" et "mukhi" signifiant "visage" ou "porte". En tant que tel, Shanmukhi Mudra fait référence aux six portes de la perception par lesquelles nous percevons le monde extérieur - les deux yeux, les deux oreilles, le nez et la bouche. Cet exercice consiste à fermer les six ouvertures de la perception pour bloquer les cinq sens du corps - la vue, le son, l'odorat et le toucher.

Selon les *Yoga Sutras de Patanjali*, Shanmukhi Mudra est considéré comme une pratique de Pratyahara (retrait des sens) - l'étape préliminaire de Dharana (concentration) et Dhyana (méditation). Shanmukhi Mudra est excellent pour la concentration et l'introspection, car en nous coupant du monde extérieur, nous acquérons une vision plus profonde de notre moi intérieur. Il calme également l'esprit et le système nerveux et détend et rajeunit les yeux et les muscles du visage grâce à l'énergie et à la chaleur des mains et des doigts.

Pour commencer l'exercice Shanmukhi Mudra, asseyez-vous dans l'un des trois Asanas de méditation en gardant la colonne vertébrale droite. Placez vos mains sur vos genoux dans le Jnana Mudra ou le Chin Mudra. Fermez les yeux et prenez quelques respirations profondes pour détendre votre corps. Permettez-vous de ressentir votre environnement avant de vous en détacher.

Pour un bénéfice maximal et pour éveiller potentiellement la Kundalini à la base de la colonne vertébrale, cet exercice doit être accompagné de l'application de Mula Bandha. Ainsi, placez un petit coussin sous votre périnée afin d'exercer une pression sur cette zone, activant ainsi le Chakra Muladhara.

Levez les bras et les coudes au niveau des épaules, les paumes des mains tournées vers vous. Un par un, commencez à fermer vos organes des sens avec vos doigts. Fermez les oreilles avec les pouces, les yeux avec les index, les narines avec les majeurs, et la bouche avec l'annulaire et l'auriculaire (Figure 118). Relâchez la pression des majeurs (partiellement) pour pouvoir respirer par les narines. Les autres organes sensoriels exercent une légère pression pour s'assurer qu'ils restent fermés pendant l'exercice.

Figure 118: Shanmukhi Mudra

Inspirez lentement et profondément par les narines partiellement bouchées en utilisant la technique de la Respiration Yogique. À la fin de l'inspiration, fermez vos narines avec le majeur et retenez votre souffle. Plus longtemps vous pourrez retenir votre respiration, plus les effets de cet exercice seront importants. Relâchez maintenant la pression des doigts du milieu et expirez lentement par les narines. Ceci termine le premier tour.

Commencez par cinq minutes de pratique et augmentez-les jusqu'à trente minutes sur trois mois. Lorsque vous êtes prêt à terminer l'exercice, abaissez vos mains sur vos genoux tout en gardant les yeux fermés. Passez quelques instants à prendre conscience de votre environnement avant d'ouvrir les yeux et de conclure la pratique.

Pour des effets optimaux avec Shanmukhi Mudra, concentrez-vous sur l'espace entre vos sourcils avec les yeux fermés pour vous connecter avec Ajna chakra. Faites attention à votre respiration lorsque vous vous détachez du monde extérieur. À chaque respiration, vous devriez pénétrer plus profondément dans votre être intérieur. À mesure que vous le faites, remarquez ce que vous ressentez et les changements dans votre Chakra du Cœur.

Il n'est pas rare d'entendre différents sons provenant de votre intérieur, comme des vibrations subtiles émanant de Bindu Chakra.

Vous pouvez pratiquer le Shanmukhi Mudra à n'importe quel moment de la journée, bien que l'idéal soit de le faire le matin ou avant de s'endormir. Comme pour tous les exercices Yogiques qui favorisent un état d'esprit introverti, les personnes souffrant de dépression ne devraient pas pratiquer le Shanmukhi Mudra.

KAYA (MUDRAS POSTURAUX)

Viparita Karani-Attitude Psychique Inversée

Viparita Karani vient des mots Sanskrits "viparita", qui signifie "inversé", ou "renversé", et "karani", qui signifie "un type particulier de pratique". Le but de ce Mudra postural est d'inverser le flux descendant et la perte de l'Amrita (le nectar d'Ambrosia qui donne la vie et qui est sécrété par le Bindu) par le biais de la gravité. (Vous pouvez en apprendre davantage sur l'utilisation et le but de l'Amrita dans le chapitre "Lalana Chakra et le nectar d'Amrita" de cette section). Son autre but est de créer une sublimation de l'énergie de bas en haut du corps et d'équilibrer son flux d'énergie Pranique. Comme l'attention doit être placée sur Manipura et Vishuddhi à l'inspiration et à l'expiration, Viparita Karani sert à optimiser ces deux Chakras également.

Pour prendre la pose Viparita Karani, Âmenez vos jambes au-dessus de votre tête tout en soutenant vos hanches avec vos mains. Vous devez maintenir votre torse aussi près que possible d'un angle de 45 degrés tandis que les jambes sont droites (Figure 119). Vos yeux doivent regarder vos pieds vers le haut tandis que vos orteils pointent vers le ciel. Gardez vos coudes rapprochés tout en veillant à ce que votre menton ne se presse pas contre votre poitrine. Dans la position finale, le poids du corps repose sur les épaules, le cou et les coudes. Si vous avez du mal à prendre cette position, vous pouvez utiliser un mur et des oreillers pour soutenir vos jambes et votre torse. Fermez les yeux maintenant et détendez tout votre corps.

Appliquez Jiva Bandha (langue sur le palais) ou Khechari Mudra pendant toute la pratique. Ensuite, inspirez lentement et profondément avec Ujjayi Pranayama en plaçant votre attention sur Manipura Chakra. Sur l'expiration, déplacez votre attention sur Vishuddhi Chakra. Ceci termine le premier tour.

Pratiquez d'abord jusqu'à sept tours, en faisant passer votre attention de Manipura sur l'inspiration à Vishuddhi sur l'expiration et vice versa. Si vous sentez la pression s'accumuler dans la tête ou si un autre malaise apparaît, mettez immédiatement fin à la pratique.

Augmentez progressivement le nombre de tours de sept à vingt et un sur une période de trois mois. Votre inspiration et votre expiration doivent être de la même durée pendant cette pratique. Au fur et à mesure que vous vous sentez plus à l'aise, augmentez la durée tout en gardant le même ratio.

Figure 119: Viparita Karani

Pour terminer la pratique, abaissez lentement la colonne vertébrale, vertèbre par vertèbre, tout en gardant la tête au sol. Une fois les fesses abaissées, descendez les jambes en les gardant droites. Passez maintenant quelques instants en Shavasana pour permettre à votre conscience de s'ancrer. Il est également conseillé d'effectuer ensuite une contre-attaque d'Asana pour équilibrer vos énergies.

Viparita Karani se pratique de préférence le matin. Incorporez cet exercice à la fin de votre programme de pratique quotidienne des Asanas et/ou avant la méditation. Notez que les personnes souffrant d'hypertension artérielle, de maladies cardiaques, de douleurs au cou ou au dos, ou d'un excès de toxines dans le corps ne devraient pas effectuer Viparita Karani. De plus, étant donné que l'exécution de cet exercice pendant une période prolongée augmente le taux métabolique, évitez de le faire pendant au moins trois heures après un repas.

Pashinee Mudra-Attitude Psychique Pliée

Pashinee Mudra est dérivé du terme Sanskrit "pash", qui signifie "nœud coulant". "Le mot "Pashinee" fait référence au fait d'être "attaché dans un nœud coulant", ce à quoi ressemble cette position. La pratique de ce Mudra apporte tranquillité et équilibre au système nerveux et induit Pratyahara. Il étire le cou ainsi que les muscles de la colonne vertébrale et du dos.

Pour commencer l'exercice Pashinee Mudra, mettez-vous en position Halasana (Plough Pose) mais séparez les jambes d'un pied et demi. Pliez les genoux et rÂmenez vos cuisses vers votre poitrine jusqu'à ce que vos genoux touchent le sol. Dans la position finale, les genoux doivent être aussi proches que possible des épaules et des oreilles (Figure 120).

Détendez le corps et fermez les yeux. Respirez lentement et profondément. Maintenez cette position aussi longtemps que possible. Maintenant, relâchez doucement les bras et revenez à Halasana. Abaissez les jambes et détendez-vous en Shavasana pendant quelques instants pour permettre à votre conscience de s'ancrer.

Comme pour Viparita Karani, il est conseillé d'effectuer une contre-pose pour équilibrer vos énergies, qui serait un Asana se penchant vers l'arrière. Notez que les personnes souffrant d'un problème de colonne vertébrale ou d'une blessure au cou doivent éviter ce Mudra. De même, les femmes enceintes ou en période de menstruation devraient éviter cette pratique.

Figure 120: Pashinee Mudra

Tadagi Mudra

Tadagi est dérivé du terme Sanskrit "tadaga", qui signifie "corps d'eau" ou "structure ressemblant à un pot d'eau, semblable à un lac ou à un étang". Cette technique de Mudra consiste à modeler l'abdomen en forme de tonneau par une Respiration Abdominale profonde, d'où son nom. Tadagi Mudra stimule les Chakras Manipura et Hara, élevant le niveau de Prana dans le corps. En outre, il favorise la circulation sanguine vers les organes abdominaux tout en soulageant toute tension retenue du plancher pelvien.

Asseyez-vous sur le sol ou sur un tapis de Yoga, les jambes tendues et les pieds légèrement écartés. (Les jambes doivent rester droites tout au long de l'exercice.) Pour faire le Tadagi Mudra, commencez par placer les mains sur les genoux tout en gardant la tête et la colonne vertébrale droites. Ensuite, fermez les yeux et détendez tout le corps en respirant normalement. Penchez-vous maintenant en avant et enroulez les pouces, l'index et le majeur sur vos gros orteils (Figure 121).

Inspirez lentement et remplissez votre abdomen d'oxygène, en lui permettant de se dilater complètement. Retenez votre respiration pendant une période prolongée et confortable. Votre corps ne doit subir aucune tension à aucun moment pendant cet exercice. Vous pouvez relâcher les orteils entre les respirations pour vous ajuster et vous mettre plus à l'aise.

Expirez lentement et profondément, en laissant le ventre se détendre tout en maintenant une prise sur vos orteils. Un tour est maintenant terminé. Répétez les séries de cinq à dix fois. Lorsque vous êtes prêt à terminer la pratique, relâchez les orteils et revenez à la position de départ. Notez que les femmes enceintes et les personnes souffrant d'une hernie ou d'un prolapsus doivent éviter cet exercice.

Figure 121: Tadagi Mudra

Manduki Mudra-Geste de la Grenouille

Manduki signifie "grenouille" en Sanskrit, et il imite la posture d'une grenouille au repos. Son autre nom est la "Geste de la grenouille" ou "Attitude de la Grenouille". "Ce Mudra stimule le Chakra Muladhara et équilibre le flux d'énergie Pranique dans le corps. Il calme l'esprit, équilibre Ida et Pingala Nadis, et améliore les niveaux d'intuition. Comme il s'agit d'un Asana puissant, il renforce les hanches, les genoux et les chevilles et les rend plus souples.

Commencez par une simple position à genoux où les deux genoux touchent le sol. Ensuite, pour effectuer Manduki Mudra, ajustez vos jambes de façon à ce que vos orteils soient dirigés vers l'extérieur et que vos fesses reposent sur le sol (Figure 122). Si cette position est inconfortable pour vous, asseyez-vous plutôt sur un coussin, en plaçant vos jambes et vos pieds dans la même position.

Figure 122: Manduki Mudra

Vous devriez sentir une pression appliquée sur le périnée, ce qui déclenche le Muladhara Chakra. Ensuite, placez vos mains sur vos genoux dans le Jnana ou le Chin Mudra. Vous devez maintenir votre colonne vertébrale et votre tête droites pendant cet exercice. Si vous vous trouvez naturellement penché vers l'avant dans cette position, tenez vos genoux et tendez vos bras pour vous soutenir. Fermez les yeux et détendez tout votre corps.

Ouvrez les yeux et effectuez Nasikagra Drishti. Commencez par placer votre langue sur votre palais (Jiva Bandha) pendant une minute ou deux, puis passez à Khechari Mudra. Votre respiration doit être lente et rythmée. Si vous ressentez une gêne au niveau des yeux, fermez-les pendant quelques secondes, puis reprenez la pratique. Pour un effet optimal, pratiquez Manduki Mudra avec la Respiration Yogique sur l'inspiration et l'expiration.

Commencez par faire cet exercice pendant deux minutes une fois par jour, de préférence le matin. Au fur et à mesure que vous vous familiarisez avec lui, augmentez progressivement jusqu'à cinq minutes pour des effets optimaux. Les sens doivent être attirés vers l'intérieur lorsqu'il est effectué correctement.

Manduki Mudra est une version avancée de Nasikagra Drishti. En tant que tel, il doit être pratiqué dans une lumière douce afin que le bout du nez puisse être vu clairement. Suivez les précautions pour la pratique de Nasikagra Drishti. Les personnes ayant des problèmes de chevilles, de genoux ou de hanches doivent faire preuve de prudence lorsqu'elles pratiquent le Manduki Mudra, car il requiert une certaine souplesse de ces parties du corps.

BANDHA (MUDRAS DE VERROUILLAGE)

Mula Bandha (Contraction du Périnée)

Mula Bandha est le premier des trois principaux verrous énergétiques utilisés dans les pratiques Yogiques pour contrôler le flux de Prana dans le corps, avec Uddiyana et Jalandhara Bandhas. Chacun des trois Bandhas (verrous) scelle une partie spécifique du corps, envoyant le Prana vers l'intérieur et vers le haut par le Sushumna Nadi. Lorsque les trois Bandhas sont utilisés ensemble, la pratique est appelée Maha Bandha, ce qui signifie le "grand verrou" (Figure 132). Chaque Bandha peut également être utilisé pour dénouer l'un des Trois Granthis (nœuds psychiques), qui entravent l'énergie de la Kundalini dans son ascension.

Mula Bandha signifie "Verrouillage de la racine" en Sanskrit, en référence au processus qui consiste à capter l'énergie dans Muladhara, le Chakra Racine, et à l'envoyer vers le haut à travers Sushumna. Mula Bandha est le verrou énergétique initial utilisé pour mettre la Kundalini en activité à la base de la colonne vertébrale.

L'exécution de Mula Bandha implique la contraction de muscles spécifiques entre l'anus et les organes génitaux dans la région du périnée où se trouve le capitule de Muladhara. Le point de contraction exact pour les hommes se situe entre l'anus et les testicules, tandis que chez les femmes, il se trouve derrière le col de l'utérus, là où l'utérus fait saillie dans le vagin (Figure 123).

Étant donné qu'elle est le point de jonction des nerfs, la zone du périnée est le point de départ de notre système nerveux. Contracter le périnée avec Mula Bandha a un effet calmant sur le système nerveux, favorisant la paix de l'esprit tout en augmentant la concentration.

Au niveau Pranique, Mula Bandha redirige l'énergie d'Apana, l'aspect du Prana dans le corps qui s'écoule vers le bas à partir du nombril. L'inversion de la direction du flux d'Apana, associée à la stimulation des trois Nadis qui commencent dans la région de Muladhara, peut avoir un effet puissant pour éveiller la Kundalini de son sommeil dans la région du coccyx.

Lors d'un éveil de la Kundalini, le Mula Bandha peut être utilisé pour transcender le Brahma Granthi qui existe entre les Chakras Muladhara et Swadhisthana. Ce faisant, l'Âme est libérée des attachements particuliers qui la lient au monde de la matière. Il est essentiel de surmonter le Brahma Granthi pour élever la Kundalini dans les Chakras situés au-dessus de Muladhara.

Sur le plan physique, Mula Bandha renforce les muscles du plancher pelvien. Il prévient l'éjaculation précoce chez les hommes, tandis que chez les femmes, il apaise les douleurs des menstruations. Sur le plan psychologique, Mula Bandha aide à réguler les hormones et à promouvoir une croissance et un développement mental et émotionnel sains. Cette technique intemporelle équilibre les hormones sexuelles masculines et féminines - la testostérone et les œstrogènes. Elle régule la thyroxine, qui contribue aux activités métaboliques, ainsi que la sérotonine, l'hormone de l'humeur. Mula Bandha est très efficace pour traiter les problèmes mentaux tels que la manie, l'hystérie, les phobies, les névroses et la dépression générale.

Pour commencer l'exercice Mula Bandha, choisissez l'un des trois Asanas de méditation, de préférence Siddhasana, qui vous permet d'appuyer sur votre périnée avec votre talon. Gardez la colonne vertébrale et la nuque droites tout en fermant les yeux et en relaxant l'ensemble du corps. Pour plus d'effet, vous pouvez placer vos mains sur vos genoux dans le Jnana ou le Chin Mudra.

Prenez conscience de la respiration naturelle en concentrant votre attention sur la région périnéale. À l'inspiration suivante, contractez cette région en tirant vers le haut les muscles du plancher pelvien, en les soulevant vers la colonne vertébrale. Sur l'expiration, relâchez et détendez les muscles pelviens. Respirez lentement et profondément. Continuez à contracter et à détendre la région périnéale/vaginale de manière contrôlée et rythmée, en synchronisant vos mouvements avec l'inspiration et l'expiration. Faites cet exercice pendant quelques minutes pour vous préparer à l'étape suivante.

Au lieu de lâcher la prochaine contraction, maintenez-la fermement pendant quelques instants tout en maintenant la relaxation dans le reste du corps. Concentrez-vous sur le plancher pelvien et assurez-vous que vous avez contracté uniquement les muscles périnéaux liés à la région Muladhara et non l'anus ou les sphincters urinaires. Maintenez cette contraction pendant quelques secondes. Relâchez la contraction maintenant, en permettant aux muscles pelviens de se détendre. Répétez l'exercice aussi longtemps que vous le souhaitez avec une contraction maximale suivie d'une relaxation totale des muscles pelviens.

La dernière étape de Mula Bandha consiste à retenir son souffle (Khumbaka). Inspirez profondément en contractant les muscles du périnée. Retenez votre souffle aussi longtemps que vous le pouvez confortablement tout en maintenant la contraction. En expirant, relâchez la contraction tout en détendant l'ensemble de la région pelvienne. Prenez quelques respirations normales avant de commencer la contraction suivante couplée à la rétention de la respiration. Répétez l'exercice aussi longtemps que vous le souhaitez. Lorsque vous êtes prêt à terminer la pratique, ouvrez les yeux.

Mula Bandha peut être pratiqué avec différents Asanas, Pranayamas, Mudras et Bandhas, pour des effets optimaux. Lorsqu'il est pratiqué seul, il doit être exécuté comme un précurseur de la méditation.

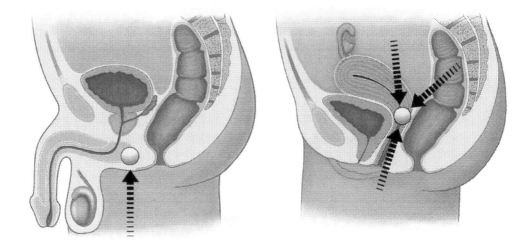

Figure 123: Point de Contraction du Mula Bandha

Uddiyana Bandha (Contraction Abdominale)

En Sanskrit, Uddiyana signifie "Voler vers le Haut", ce qui fait référence à la technique consistant à verrouiller l'énergie Pranique dans la région abdominale et à la diriger vers le haut par le biais du Sushumna Nadi. Ce "Verrouillage Abdominal" implique de contracter et de soulever simultanément la paroi abdominale vers l'intérieur (vers la colonne vertébrale) et vers le haut (vers la cage thoracique). Lorsqu'il est appliqué correctement, le diaphragme s'élève vers la poitrine. Gardez à l'esprit que cet exercice est réalisé en retenant uniquement la respiration externe.

Le meilleur moment pour pratiquer Uddiyana Bandha est le matin, à jeun et avec les intestins vides. Cet exercice prépare votre estomac à une meilleure digestion tout au long de la journée, car il allume les feux digestifs tout en purifiant les toxines du corps. Il masse et nettoie les organes abdominaux tout en tonifiant les muscles intérieurs profonds de cette zone. Uddiyana Bandha permet une circulation sanguine plus optimale vers les organes abdominaux en créant un vide dans votre poitrine. Il équilibre également les glandes surrénales, éliminant les tensions et atténuant l'anxiété. De nombreux yogis ont remarqué que la pratique d'Uddiyana Bandha stoppe le processus de vieillissement et permet aux personnes âgées de se sentir à nouveau jeunes.

Sur le plan énergétique, l'exécution de Uddiyana Bandha charge Hara Chakra d'énergie pranique tout en stimulant Manipura Chakra, qui influence fortement la distribution de l'énergie dans tout le corps. La pression d'aspiration créée par Uddiyana Bandha inverse le flux énergétique d'Apana et de Prana, les unissant à Samana. Lorsqu'il est combiné avec Mula Bandha et Jalandhara Bandha dans le cadre de Maha Bandha (grand verrouillage), cet exercice peut non seulement déclencher un éveil de la Kundalini, mais aussi aider à élever la Kundalini jusqu'à la couronne. (Plus d'informations à ce sujet dans un chapitre ultérieur).

Pendant un éveil de la Kundalini, Uddiyana Bandha peut être utilisé pour transcender le Vishnu Granthi qui existe entre les Chakras Manipura et Anahata. Surmonter le Vishnu Granthi nous permet de faire l'expérience de l'amour inconditionnel dans le Chakra Anahata que les Chakras supérieurs de l'Esprit alimentent. Atteindre le Chakra du Cœur est crucial dans le processus d'éveil de la Kundalini puisque nous éveillons le gourou qui se trouve à l'intérieur de nous - notre Soi supérieur.

Vous pouvez pratiquer Uddiyana Bandha en position debout ou assise. Si vous êtes débutant, la position debout vous permet de vous concentrer et de contrôler plus facilement les muscles abdominaux. Vous pourrez ensuite passer à la position assise lorsque vous serez à l'aise avec la mécanique de cet exercice.

Pour commencer Uddiyana Bandha en position debout, gardez votre colonne vertébrale droite et pliez légèrement les genoux, en gardant une distance d'un pied et demi entre eux. Penchez-vous maintenant vers l'avant en posant vos mains sur vos cuisses, légèrement au-dessus des rotules. La colonne vertébrale doit être horizontale, les bras sont droits et les doigts pointent vers l'intérieur ou vers le bas, selon ce qui est le plus confortable. Vous devez légèrement plier les genoux car ils supportent le poids du haut du corps (Figure 124).

Détendez-vous maintenant en prenant quelques respirations lentes et profondes, en inspirant par les narines et en expirant par la bouche. Dans cette position, il doit y avoir une contraction automatique de la région abdominale. Penchez la tête vers l'avant mais n'appuyez pas le menton contre la poitrine, car cela déclencherait Jalandhara Bandha.

Prenez maintenant une profonde inspiration et, en expirant, redressez les genoux, ce qui contractera automatiquement l'abdomen vers le haut et l'intérieur de la colonne vertébrale, activant ainsi Uddiyana Bandha. Lorsque vous êtes prêt, inspirez profondément et relâchez le verrou abdominal en détendant votre ventre et votre poitrine. Relevez la tête et le torse jusqu'à la position debout. Restez en position debout jusqu'à ce que votre respiration revienne à la normale. Le premier tour est maintenant terminé.

Pour commencer Uddiyana Bandha en position assise, mettez-vous en Padmasana ou Siddhasana, où les genoux sont en contact avec le sol. Détendez le corps tout en gardant la colonne vertébrale droite. Placez les paumes des mains à plat sur les genoux. Prenez quelques respirations profondes tout en maintenant la relaxation du corps.

Inspirez maintenant profondément par les narines. En expirant, penchez-vous légèrement vers l'avant et appuyez sur vos genoux avec vos mains tout en redressant vos coudes et en relevant vos épaules, ce qui permet une extension supplémentaire de la moelle épinière. Ensuite, penchez la tête en avant et pressez le menton contre la poitrine, ce qui déclenche Jalandhara Bandha. Dans le même mouvement, contractez les muscles abdominaux vers l'intérieur et vers le haut en direction de la colonne vertébrale, activant ainsi Uddiyana Bandha. Restez sans respirer aussi longtemps que vous le pouvez, confortablement et sans effort.

Figure 124: Uddiyana Bandha Debout

Lorsque vous êtes prêt, inspirez profondément et relâchez le verrou abdominal en pliant les coudes et en abaissant les épaules. Relevez la tête sur l'expiration, en relâchant

Jalandhara Bandha, et restez dans cette position jusqu'à ce que votre respiration redevienne normale. Ceci termine le premier tour.

Notez que vous devez expirer complètement pour entrer dans Uddiyana Bandha car la contraction abdominale dépend de la présence d'un estomac vide. Lorsque vous retenez votre souffle, veillez à ne pas inspirer du tout, car cela pourrait minimiser les effets de Uddiyana Bandha.

Commencez la pratique avec trois à cinq séries au début et augmentez progressivement jusqu'à dix séries sur quelques mois. Uddiyana Bandha est idéalement pratiqué en combinaison avec différents Asanas, Pranayamas, Mudras et Bandhas. Lorsqu'il est pratiqué seul, il doit être exécuté comme un précurseur de la méditation. Notez que vous pouvez pratiquer Uddiyana Bandha en même temps que Jalandhara Bandha (Figure 125), mais aussi sans. Travaillez avec les deux méthodes pour vous familiariser avec les effets de chacune.

Les personnes souffrant d'hypertension, d'hernie, d'ulcère de l'estomac ou de l'intestin, de maladie cardiaque ou d'autres problèmes abdominaux ne doivent pas pratiquer Uddiyana Bandha. De même, les femmes ne doivent pas pratiquer le Maha Mudra pendant leurs menstruations ou leur grossesse.

Figure 125: Uddiyana Bandha Assis (avec Jalandhara Bandha)

Jalandhara Bandha (Verrouillage de la Gorge)

En Sanskrit, "Jal" signifie "gorge", tandis que "Jalan" signifie "toile" ou "filet" et "dharan" signifie "courant" ou "flux". "Jalandhara Bandha contrôle et capte l'énergie dans la gorge par le biais des nerfs et des vaisseaux de la région du cou. Il est assez simple à réaliser car il suffit au praticien de baisser le menton et de le poser sur la poitrine, ce qui limite la descente du souffle. Cet exercice puissant étire la moelle épinière dans la région du cou tout en ayant des effets puissants et subtils à un niveau intérieur.

Jalandhara Bandha cible le Chakra de la Gorge, Visshudhi, qui est le plus bas des trois Chakras de l'Esprit. L'obstruction du flux de Prana vers la tête en bloquant la gorge surcharge les quatre Chakras Élémentaires inférieurs. Il stimule les organes du haut du corps tandis que les deux autres Bandhas, Uddiyana et Mula, ciblent le bas du corps.

Pour commencer Jalandhara Bandha, asseyez-vous dans une pose méditative qui permet aux genoux de toucher le sol. Vous pouvez également pratiquer cet exercice debout, par exemple dans la posture de la montagne. En position assise, vous pouvez placer vos mains sur vos genoux dans le Jnana ou le Chin Mudra, en fermant les yeux et en détendant tout le corps. Inspirez profondément et retenez votre souffle. Penchez la tête vers l'avant et serrez le menton contre la poitrine. Redressez les bras et verrouillez-les en position, ce qui soulève légèrement les épaules vers le haut et l'avant. Âmenez votre attention sur votre gorge et maintenez-la.

Restez dans cette pose en retenant la respiration (Khumbaka interne) aussi longtemps que possible, en ressentant les effets de cet exercice. Lorsque vous êtes prêt à relâcher le verrou énergétique, pliez les bras en laissant les épaules se détendre, puis relevez lentement la tête et expirez, le tout en un seul mouvement. Ceci termine un tour. Prenez quelques respirations maintenant, pour permettre à votre respiration de revenir à la normale avant de commencer le tour suivant.

N'oubliez pas que vous pouvez également effectuer cet exercice en retenant votre souffle après une expiration (Khumbaka externe). La procédure est la même, sauf que vous penchez la tête vers le bas et retenez le souffle après l'expiration, au lieu de l'inspiration. Veillez à ne jamais inspirer ou expirer avant d'avoir relâché la fermeture du menton et d'avoir redressé la tête. Commencez la pratique par trois à cinq séries et augmentez progressivement jusqu'à dix séries sur quelques mois.

Notez que Jalanadhara Bandha se pratique de préférence le matin et peut être ajouté à divers exercices de Pranayama et Bandhas. N'oubliez pas de garder votre colonne vertébrale droite, sinon vous perturbez la circulation des énergies dans le canal central de la colonne vertébrale. Les personnes souffrant d'hypertension, de problèmes cardiaques ou de problèmes de gorge et de cou ne devraient pas pratiquer le Jalandhara Bandha.

Jiva Bandha

Jiva (ou Jivha) Bandha est le quatrième Bandha, et l'un des outils les plus utiles du Yoga, en particulier pour les personnes éveillées à la Kundalini. Il peut être utilisé seul ou comme alternative à Khechari Mudra pendant certains Asanas, Mudras, ou Pranayamas. Jiva signifie "être doté d'une Force Vitale ou d'une Âme" en Sanskrit, et ce Bandha permet donc à l'individu de contrôler son énergie Pranique. Le Prana est indestructible, et son origine est le Soleil, tout comme l'origine de l'Âme. Le Prana est mieux décrit comme une extension de l'Energie Vitale de l'Âme. Le Jiva Bandha est essentiel pour fermer le circuit énergétique de la Kundalini dans le Corps de Lumière afin que le Prana sublimé puisse circuler et nourrir les Sept Chakras.

Jiva Bandha consiste à placer la langue sur le palais supérieur de la bouche et à relier son extrémité à la face inférieure des dents de devant (Figure 126). Vous ne devez pas exercer de pression, mais simplement maintenir la langue dans cette position.

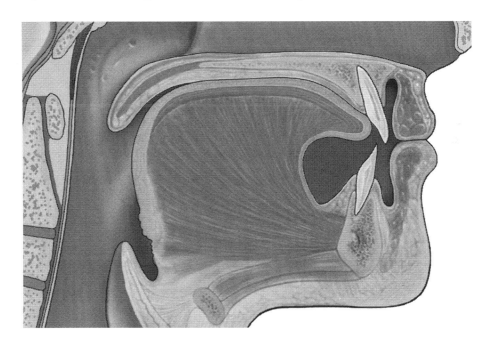

Figure 126: Jiva Bandha

Tous les individus pleinement éveillés à la Kundalini devraient mettre en œuvre Jiva Bandha comme position neutre de leur langue, car cela permet à l'énergie de la Kundalini de se canaliser vers le haut, vers l'Oeil de l'Esprit où Ida et Pingala s'unissent, ouvrant la porte du Septième Oeil. Comme décrit précédemment, le Bindu est le point d'entrée du circuit de la Kundalini, tandis que le Septième Œil en est le point de sortie. Les deux doivent être ouverts pour que l'individu éveillé par la Kundalini puisse faire l'expérience du royaume merveilleux de la Non-Dualité, le royaume Spirituel. Le Jiva Bandha facilite cette expérience et peut également être utilisé pour reconstruire le circuit de la Kundalini chez les individus éveillés.

Le Jiva Bandha peut être effectué avec la bouche fermée, comme je viens de le décrire, ou avec la bouche ouverte. Les Yogis croient que le Prana ne peut être assimilé que par les sinus ; par conséquent, avoir la bouche ouverte n'est pas vital pour respirer et bénéficier de la conscience. Cependant, comme le fait d'avoir la bouche ouverte pendant la pratique du Jiva Bandha détend la mâchoire, cette pratique est également recommandée.

Pour les personnes éveillées à la Kundalini, il ne serait pas pratique d'effectuer le Jiva Bandha avec la bouche ouverte de façon régulière dans la journée. Ainsi, le Jiva Bandha doit être pratiqué avec la bouche ouverte lorsque la personne est seule et dans un espace sûr. Dans les deux cas, vous devez pratiquer la respiration yogique en mettant l'accent sur la Respiration Diaphragmatique et Thoracique. Pour plus de bénéfices, pratiquez Ujjayi Pranayama.

Maha Mudra - Le Grand Geste

Maha signifie "grand" en Sanskrit, c'est pourquoi le nom anglais de ce mudra est "Great Seal", "Great Gesture" ou "Great Psychic Attitude". "Le Maha Mudra est appelé ainsi parce qu'il fait appel à diverses techniques de Yoga individuelles, qui élèvent le potentiel d'énergie sexuelle d'une personne et facilitent une transformation alchimique.

Maha Mudra est le premier des dix Mudras mentionnés dans le *Hatha Yoga Pradipika*, censé avoir le pouvoir de détruire la vieillesse et la mort. Outre ses avantages en tant que Mudra, il est considéré comme un Asana de maître car il combine les cinq mouvements directionnels de la colonne vertébrale : flexion avant, flexion arrière, torsion, flexion latérale et extension axiale.

Contrairement aux autres Mudras de Yoga, le Maha Mudra est un type de Bandha Mudra (geste de verrouillage) puisqu'il implique un ou plusieurs des trois Bandhas. Lorsque les trois Bandhas sont appliqués, le haut et le bas du tronc sont scellés de sorte qu'aucun Prana ne peut sortir du corps, ce qui augmente le potentiel d'éveil de l'énergie Kundalini à la base de la colonne vertébrale.

Le Maha Mudra se pratique de préférence le matin, à jeun. Il existe deux variations notables du Maha Mudra. Dans la première variante, vous exercez une pression sur le périnée avec le talon (Mula Bandha) tout en effectuant Shambhavi Mudra et en pratiquant la rétention de la respiration interne (Khumbaka). Ce faisant, vous exploitez les énergies des Chakras Muladhara, Vishuddhi et Ajna. L'ensemble du système énergétique est chargé de Prana, qui intensifie la conscience et facilite la méditation.

Une deuxième variation est une forme avancée appelée Maha Bheda Mudra. ("Bheda" en Sanskrit signifie "perçant"). La deuxième variation contient les mêmes éléments que la première avec l'ajout des Bandhas Uddiyana et Janadhara, qui activent la Kundalini pour qu'elle s'élève à travers la Sushumna, perçant les Sept Chakras en chemin.

Pour commencer le Maha Mudra, asseyez-vous sur le sol ou sur votre tapis de Yoga, les jambes tendues et la colonne vertébrale droite. Respirez lentement et profondément. Vos mains doivent être placées sur le sol, le long de votre corps. Pliez la jambe gauche et exercez une pression sur le périnée avec le talon gauche. Votre genou gauche doit toucher le sol. La jambe droite doit rester tendue tout au long de la pratique. Placez vos deux mains sur le genou droit tout en détendant votre corps et en effectuant Khechari Mudra.

Penchez-vous maintenant en avant et tenez le gros orteil du pied droit avec les deux mains. Votre tête doit être tournée vers l'avant, et votre colonne vertébrale doit rester aussi droite que possible (Figure 127). Inspirez lentement tout en activant Mula Bandha. Inclinez et maintenez la tête légèrement en arrière. Effectuez maintenant Shambhavi Mudra en retenant votre respiration pendant huit à dix secondes.

Figure 127: Maha Mudra

Tout en retenant votre souffle, faites un cycle de conscience du centre des sourcils à la gorge, puis au périnée, et enfin de nouveau. Répétez mentalement "Ajna, Vishuddhi, Muladhara" tout en maintenant la concentration sur chaque Chakra pendant une à deux secondes. En expirant, relâchez Shambhavi Mudra et Mula Bandha tout en remettant la tête en position verticale. Répétez l'ensemble du processus, mais en repliant la jambe droite. Vous effectuez ainsi un tour, ce qui équivaut à deux respirations complètes.

La deuxième variante consiste à contracter la région abdominale après avoir activé Mula Bandha, ce qui déclenche Uddiyana Bandha. Ensuite, au lieu de pencher la tête en arrière, vous la déplacez vers l'avant, ce qui déclenche Jalandhara Bandha. Enfin, vous effectuez Shambhavi Mudra en retenant votre respiration pendant huit à dix secondes. Répétez mentalement "Vishuddhi, Manipura, Muladhara" en vous concentrant sur la gorge, l'abdomen et le périnée, successivement, pendant une à deux secondes chacun.

Lorsque vous expirez, relâchez Shambhavi Mudra, puis déverrouillez les Bandhas dans l'ordre inverse. Répétez le même processus avec le pied droit replié, effectuant ainsi un tour complet. Dans le Maha Bheda Mudra, une combinaison d'Asana, de Pranayama, de Bandha et de Mudra est impliquée pour des résultats Spirituels optimaux.

Commencez par pratiquer trois séries de la première variante pendant quelques semaines, jusqu'à ce que vous ayez acquis une certaine expérience de cet exercice. Ensuite, vous pouvez pratiquer la deuxième variante, plus avancée, en appliquant les Trois Bandhas. Après quelques mois, augmentez le nombre de tours à cinq. Maha Bheda Mudra complète Maha Mudra pour surcharger l'ensemble du système corps-esprit.

Vous ne devez pratiquer le Maha Mudra qu'après une séance d'Asana et de Pranayama et avant une séance de méditation. Complétez toujours le processus du Maha Mudra en le pratiquant à la fois sur le côté gauche et le côté droit.

Les précautions pour Shambhavi Mudra sont appliquées pendant cet exercice. Les personnes souffrant d'hypertension artérielle, de problèmes cardiaques ou de glaucome ne doivent pas effectuer le Maha Mudra. Comme il génère beaucoup de chaleur dans le corps, il est préférable d'éviter cette pratique pendant les chaudes journées d'été. De même, les femmes ne doivent pas pratiquer le Maha Mudra pendant leurs menstruations ou leur grossesse. Pour le Maha Bheda Mudra, les précautions pour les Bandhas Uddiyana et Jalandhara sont également incluses.

ADHARA (MUDRAS PÉRINÉAUX)

Vajroli Mudra (Homme) et Sahajoli Mudra (Femme)

Vajroli Mudra est une pratique avancée du Hatha Yoga qui vise à préserver le sperme chez les hommes, permettant à l'énergie sexuelle de se sublimer et d'être utilisée à des fins Spirituelles. Sahajoli Mudra est l'équivalent féminin de la même pratique qui apporte des bénéfices similaires.

Vajroli est dérivé de la racine Sanskrite du mot "vajra", qui est une arme indestructible du Dieu Hindou Indra ayant les propriétés de la foudre, à savoir le coup de tonnerre. Ainsi, lorsque le praticien a atteint le contrôle de sa force sexuelle dans la zone génitale, il la fait monter dans les Chakras avec la puissance de la foudre. C'est pour cette raison que Vajroli Mudra est souvent appelé la " Geste de l'éclair ". "

Vajra est aussi un Nadi qui commence au niveau des organes génitaux, qui engage l'énergie sexuelle. L'activation du Vajra Nadi avec ce Mudra permet à l'énergie sexuelle de s'élever jusqu'au cerveau, augmentant non seulement la vigueur de la personne mais facilitant les états méditatifs. À l'inverse, Sahajoli vient de la racine du mot "sahaj", qui signifie "spontané", et se rapporte à l'excitation et au contrôle de la force sexuelle chez les femmes.

Vajroli Mudra consiste à contracter les muscles autour de la base du pénis, en les renforçant au fil du temps. Cette pratique permet de contrôler le système urogénital, notamment en retenant l'orgasme par la rétention du sperme. Par conséquent, le Vajroli Mudra est un exercice puissant qui conduit à la puissance sexuelle même à un âge avancé.

En outre, sa pratique quotidienne prévient l'éjaculation précoce, un problème courant chez les hommes.

Sahajoli est une pratique qui implique la contraction du passage urinaire pour rediriger l'énergie sexuelle chez les femmes et lui permettre de remonter vers les Chakras et le cerveau. Cette pratique permet de contrôler le flux menstruel et aide à contrôler l'ovulation.

À un niveau subtil, les Mudras Vajroli et Sahajoli stimulent tous deux Swadhisthana Chakra, qui est impliqué dans le processus d'éveil de la Kundalini. Les deux exercices tonifient la région urogénitale tout en prenant en charge les troubles urinaires. En outre, les deux pratiques sont thérapeutiques pour les dysfonctionnements sexuels.

Pour commencer les Vajroli ou Sahajoli Mudras, asseyez-vous dans n'importe quelle Asana de méditation confortable et gardez la tête et la colonne vertébrale droites. Ensuite, placez les mains sur les genoux en Jnana ou China Mudras, fermez les yeux et détendez tout le corps. Votre respiration doit être normale. Placez maintenant votre attention sur l'urètre (Figure 128). Les hommes doivent porter leur attention sur la racine de leur pénis, et non sur son extrémité.

Inspirez profondément et retenez votre respiration tout en tirant l'urètre vers le haut. Cette action s'apparente à un besoin intense d'uriner mais que l'on retient. Lorsque vous effectuez cette contraction, les testicules chez l'homme et les lèvres chez la femme doivent remonter légèrement vers le nombril. Veillez à ce que votre contraction se limite à l'urètre. Maintenez la contraction aussi longtemps que vous le souhaitez, puis relâchez-la en expirant. Vous terminez ainsi un tour. Effectuez cinq à dix séries de Vajroli ou Sahajoli Mudras pendant les premières semaines. Au fur et à mesure que votre capacité de rétention s'améliore, passez progressivement à vingt séries au bout de quelques mois.

Pour une version plus avancée de ces deux exercices, optez pour Navasana, Boat Pose, au lieu d'un Asana de méditation. Gardez à l'esprit que vous aurez besoin d'un tronc solide pour effectuer cette variation. Pour commencer, mettez-vous en Shavasana en respirant normalement et en vous détendant. Ensuite, Âmenez vos jambes à un angle spécifique par rapport au sol et gardez-les droites. Maintenant, levez votre poitrine pour former un V avec votre corps, en faisant reposer tout votre poids sur vos fesses. Vous devriez ressentir une immense pression sur les muscles abdominaux pendant la Boat Pose. Levez les mains devant vous pour vous équilibrer.

Depuis Navasana, suivez les mêmes instructions : contractez l'urètre et retenez votre souffle après l'inspiration, puis relâchez la contraction en expirant. Si vous avez des difficultés à retenir votre souffle interne, vous pouvez respirer normalement à la place pendant cette variante de l'exercice. Lorsque vous avez terminé l'exercice, retournez en Shavasana pendant quelques minutes pour vous détendre avant de terminer la pratique. Notez que les personnes souffrant de problèmes médicaux liés aux voies urinaires doivent consulter un médecin avant de commencer les Vajroli ou Sahajoli Mudras.

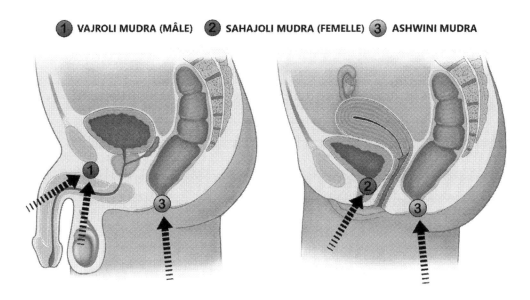

Figure 128: Points de Contraction des Mudras Vajroli, Sahajoli et Ashwini

Ashwini Mudra (Geste du Cheval)

Ashwini Mudra est une pratique Tantrique utilisée pour générer et transporter l'énergie Pranique vers le haut par le canal Sushumna. Cette pratique consiste à contracter rythmiquement le sphincter anal, ce qui génère de l'énergie Pranique dans le plancher pelvien avant de la pomper vers le haut. Il s'agit d'une pratique facile qui stimule l'énergie Kundalini, qui se trouve entre le périnée et le coccyx au niveau du Chakra Muladhara.

La racine du mot Ashwini, "Ashwa", est la translittération Sanskrite de "cheval". Cet exercice est appelé "Geste du cheval" car il imite la façon particulière dont les chevaux contractent leurs muscles anaux après avoir déféqué, tirant ainsi l'énergie vers le haut au lieu de la laisser descendre.

En contractant les muscles anaux avec Ashwini Mudra, l'énergie qui s'écoule habituellement vers le bas et hors du corps (Apana Vayu) s'inverse et remonte vers les organes internes, les renforçant par la même occasion. Lorsque Apana Vayu remplit les organes inférieurs à pleine capacité, une pression se produit au bas de la colonne vertébrale, faisant circuler l'énergie Pranic à travers Sushumna Nadi.

Bien que l'Ashwini Mudra soit similaire au Mula Bandha, les muscles impliqués dans le processus sont différents. Dans l'Ashwini Mudra, nous sollicitons une plus grande partie des muscles pelviens, ce qui en fait un exercice préparatoire approprié pour Mula Bandha. Alors que l'Ashwini Mudra se concentre sur la contraction et le relâchement des muscles anaux, redirigeant le flux naturel de l'énergie et facilitant sa circulation vers le haut, le Mula Bandha se concentre sur le maintien des muscles pour verrouiller l'énergie dans la zone pelvienne.

Pour commencer l'exercice Ashwini Mudra, asseyez-vous dans n'importe quelle Asana de méditation confortable. Fermez les yeux et détendez tout le corps en prenant conscience de votre respiration naturelle. Placez votre conscience sur votre anus maintenant (Figure 128) et contractez les muscles du sphincter anal pendant quelques secondes, puis relâchez-les. Respirez normalement pendant que vous faites cela.

Pour une contraction maximale, appliquez un peu plus de pression à l'intérieur de l'anus pour soulever les muscles du sphincter vers le haut. Vous devez avoir l'impression de retenir vos selles, puis de les relâcher. Effectuez cette contraction dix à vingt fois de manière régulière et rythmée. Une fois l'exercice terminé, relâchez la position assise et sortez lentement de la pose.

Pour une variation plus avancée de l'Ashwini Mudra, vous pouvez pratiquer la rétention interne du souffle (Khumbaka) pendant la phase de contraction. Inspirez lentement et profondément, puis contractez les muscles du sphincter anal pendant cinq secondes en retenant votre souffle. Sur l'expiration, relâchez la contraction. Effectuez cinq à dix séries de cette variation de l'Ashwini Mudra pendant les premières semaines, puis jusqu'à vingt séries au bout de quelques mois.

Notez que les praticiens peuvent également incorporer le Pranayama, les Bandhas et d'autres Mudras avec l'Ashwini Mudra. Par exemple, vous pouvez inclure le Jalandhara Bandha et le Khechari Mudra avec la Respiration Diaphragmatique et Thoracique pour un effet maximal. Cela aura un impact plus important sur la Kundalini à la base de la colonne vertébrale et pourra faciliter son ascension.

L'utilisation régulière de l'Ashwini Mudra purifie les canaux énergétiques du corps (Nadis), ce qui entraîne un état mental et émotionnel plus équilibré. Sur le plan physique, son utilisation quotidienne permet de surmonter de nombreuses affections liées au bas-ventre et au côlon. En outre, il permet au praticien de contrôler consciemment l'activité inconsciente de son corps, ce qui se traduit par une meilleure maîtrise du système nerveux autonome. Pour les hommes, l'Ashwini Mudra aide à résoudre les problèmes d'érection tout en régulant la prostate et en éliminant les problèmes qui y sont liés.

Les femmes enceintes et les personnes souffrant d'hypertension ou de maladies cardiaques ne doivent pas effectuer l'Ashwini Mudra avec une rétention interne du souffle. Enfin, veillez à ne pas contracter les muscles anaux lorsque vos intestins sont pleins de selles ou de gaz.

LES CINQ VAYUS DU PRANA

Le Prana est une énergie Lumière, une Force Vitale qui interpénètre chaque atome de notre corps et le système solaire dans lequel nous nous trouvons. L'énergie Pranique provient du Soleil et est directement responsable de notre vitalité et de notre bien-être. Comme nous l'avons mentionné, nous recevons le Prana de la nourriture que nous mangeons, de l'eau que nous buvons et de l'air que nous respirons - c'est l'énergie vitale qui soutient notre esprit, notre corps et notre Âme.

L'acte même de respirer est un acte d'apport de Prana dans le corps. Chaque respiration réapprovisionne la circulation sanguine en oxygène et alimente les feux du métabolisme cellulaire tout en débarrassant le corps des déchets. L'approvisionnement de notre corps en nourriture et en oxygène constitue la base de toutes nos activités.

Dans le corps humain, l'énergie Pranique affecte directement le Plan Astral, en particulier le Pranamaya Kosha ou le Corps Astral supérieur de l'Élément Eau. Le Prana se divise en cinq sous-énergies appelées les cinq Vayus. En Sanskrit, Vayu se traduit par "vent" ou "air", concernant l'acte de respirer. Vayu est également le Tattva de l'Élément Air et l'un des Éléments Classiques de l'Hindouisme. Le contrôle de la respiration et les exercices respiratoires sont essentiels dans toutes les pratiques Yogiques et de méditation. La manipulation du Prana dans le corps peut avoir de nombreux effets, dont celui d'éveiller l'énergie Kundalini à la base de la colonne vertébrale.

Les cinq Prana Vayus affectent directement l'élément eau dans le corps par l'intermédiaire de l'Élément Air, car l'eau a besoin de l'air pour être animée et donner la vie. Cette correspondance se retrouve également dans la nature puisque la molécule H_2O (eau) contient de l'oxygène (air) en son sein. De la même manière, l'acte de respirer régule la conscience d'un moment à l'autre.

Les cinq Vayus sont Prana, Apana, Samana, Udana et Vyana (Figure 129). Chaque Prana Vayu est régulé par un ou plusieurs Chakras, et chaque Vayu est responsable de fonctions différentes mais cruciales dans le corps. Lorsque nous comprenons le rôle de chaque Prana Vayu, nous pouvons comprendre comment le Prana sert notre corps. Les cinq Vayus sont les différentes manifestations et processus du Prana, de la même manière que les différents membres composent le corps humain.

Pour être clair, le Prana fonctionne à travers le corps physique ainsi que le corps de lumière. La nourriture et l'oxygène sont apportés par le corps physique, puis décomposés pour alimenter les Chakras et nourrir le corps de Lumière et ses Corps Subtils correspondants (liés aux Plans Cosmiques intérieurs). Le Corps de Lumière a besoin de ces différents mécanismes qui traitent et utilisent l'énergie Pranique. Les cinq Vayus peuvent être comparés à de grands océans, où chaque océan contient des milliers de courants plus petits.

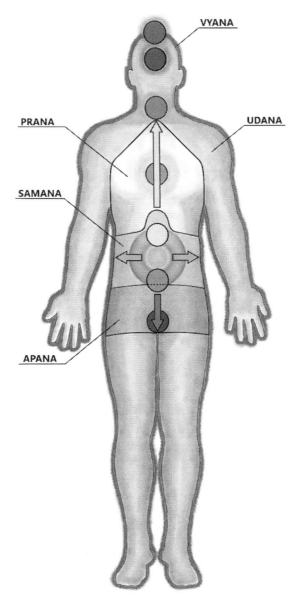

Figure 129: Les Cinq Prana Vayus

Prana Vayu

Opérant à partir de la tête et de la poitrine en tant qu'énergie circulant vers le haut, Prana Vayu se traduit par "air en mouvement". "Il est responsable de tout ce qui entre dans notre corps, comme l'oxygène, la nourriture et les informations sensorielles. En tant que tel, Prana Vayu fait référence à toutes les façons dont nous absorbons l'énergie, la plus importante étant l'inspiration, car nous ne pouvons pas vivre sans oxygène pendant plus de quelques minutes.

Prana Vayu est associé à Anahata Chakra et à l'élément air. Il régit nos pensées. Il s'agit du plus important des cinq Vayus, c'est pourquoi le terme général "Prana" est utilisé pour englober l'ensemble des cinq Vayus. Prana Vayu est l'énergie fondÂmentale du corps qui dirige les quatre autres Vayus.

Prana Vayu régule la respiration, l'immunité, la vitalité et le cœur. Il est lié à l'intelligence et à la puissance des fonctions sensorielles et motrices. Les organes qu'il régit sont le cœur et les poumons. Bien que certaines écoles de pensée affirment que la demeure principale du Prana se trouve dans la région de la poitrine et du cœur, d'autres disent qu'elle s'étend également à la tête. Chaque fois que nous concentrons notre attention sur quelque chose, nous manipulons le Prana dans le corps et impliquons le Chakra Ajna dans ce processus.

Apana Vayu

Opérant à la base du torse, Apana Vayu se traduit par "l'air qui s'éloigne". "Il est associé au Chakra Muladhara et à l'Élément Terre. La Terre est l'Élément final du processus de manifestation, et Apana est le Prana Vayu qui représente l'élimination de tout ce dont notre corps n'a plus besoin, comme l'énergie négative et les déchets corporels, comme les fèces et l'urine, le sperme et le liquide menstruel. Apana représente donc l'énergie qui s'écoule vers le bas et vers l'extérieur et l'expiration du souffle.

Comme la tête contient des ouvertures adaptées au flux interne de Prana, la base du torse possède des ouvertures nécessaires au travail d'Apana. Apana gouverne les reins, la vessie, les intestins et les systèmes excréteur et reproducteur. Apana implique également Swadhisthana Chakra et l'Élément Eau concernant l'élimination des liquides sexuels du corps (le sperme chez les hommes et les fluides vaginaux chez les femmes) et la libération de l'énergie négative stockée dans le subconscient sous forme d'émotions nuisibles.

Samana Vayu

Opérant dans la région du nombril, entre Prana et Apana Vayus, Samana Vayu se traduit par "l'air d'équilibre". "Comme Prana Vayu est l'inhalation et Apana l'expiration, Samana est le temps entre l'inhalation et l'expiration. Samana Vayu traite de la digestion, de l'absorption, de l'assimilation et de la manifestation. Il est associé à Hara, le Chakra du nombril, qui est alimenté par les Chakras Manipura et Swadhisthana (les Éléments Feu et Eau). Samana est cependant principalement lié à l'Élément Feu, car il opère en conjonction avec Agni (le feu digestif) et est centré sur l'estomac et l'intestin grêle.

Samana permet la discrimination mentale entre les pensées utiles et non utiles. Il gouverne le foie, l'estomac, le duodénum, la rate, ainsi que l'intestin grêle et le gros intestin. Samana (avec Agni) fournit la chaleur interne nécessaire pour transformer la nourriture que nous mangeons en énergie Pranic. Cette énergie est ensuite distribuée par les autres Prana Vayus.

Comme Prana et Apana sont les énergies qui s'écoulent vers le haut et vers le bas, Samana est l'énergie qui s'écoule horizontalement. Toutes trois, cependant, sont censées provenir de Hara Chakra, qui est essentiellement l'entrepôt de Prana dans le corps.

Udana Vayu

Opérant à partir de la gorge, de la tête, des bras et des jambes, Udana Vayu est une énergie ascendante qui se traduit par "ce qui porte vers le haut". "Elle est associée aux Chakras Vishuddhi et Ajna et à l'Élément Esprit. Alors que Udana s'élève sur l'inspiration, elle circule sur l'expiration, nourrissant le cou, la tête, les systèmes nerveux et endocrinien.

Un flux sain d'Udana implique qu'une personne agit à partir d'une source supérieure. Cette énergie nous amène à revitaliser et à transformer notre volonté et à nous réaliser à travers l'Élément Esprit. Udana régit la croissance, l'intuition, la mémoire et la parole. Il gouverne tous les organes sensoriels et d'action, y compris les mains et les pieds.

Dans les *Upanishads*, Prana Vayu est appelé le "souffle d'entrée", Apana le "souffle de sortie", Samana le "souffle intermédiaire" et Udana le "souffle de sortie". "Udana est essentiellement une extension de Samana. Udana conduit l'inhalation, ce qui signifie qu'il fonctionne en conjonction avec Prana Vayus. Les deux sont des énergies qui s'écoulent vers le haut, et les deux ont des qualités similaires puisque l'Élément Air (Prana) est l'Esprit (Udana) à un niveau inférieur, plus manifeste. Au moment de la mort, Udana est l'énergie qui attire la conscience individuelle hors du corps physique.

Vyana Vayu

Opérant dans tout le corps en tant qu'énergie de coordination de tous les Prana Vayus, Vyana Vayu se traduit par "air se déplaçant vers l'extérieur". "Vyana est la force qui distribue le Prana et le fait circuler. Elle régit le système circulatoire et le mouvement des articulations et des muscles. Contrairement à Samana, qui attire l'énergie vers le nombril, Vyana déplace l'énergie vers l'extérieur, vers les limites du corps, en se dilatant sur l'expiration.

La plupart des écoles de pensée Yogiques disent que Vyana Vayu est associé à Sahasrara Chakra et à l'Élément Esprit parce qu'il englobe et régule tous les Prana Vayus de la même manière que Sahasrara est la source de Lumière pour tous les Chakras inférieurs. Cependant, d'autres écoles de pensée affirment que Vyana Vayu correspond à Swadhisthana Chakra et à l'Élément Eau car il régit la circulation dans le corps. Néanmoins, quels que soient son origine et son centre, Vyana Vayu englobe tous les Prana Vayus et procure un sentiment de cohésion, d'intégration et d'expansion à la conscience individuelle.

L'un des moyens les plus simples et les plus efficaces pour équilibrer les cinq Vayus du Prana est de pratiquer des Mudras des mains spécifiques à chaque Vayu (Figure 130). En plus d'augmenter ou de diminuer les Éléments qui correspondent à chaque Vayu, chaque Mudra des mains présente des avantages supplémentaires pour le complexe corps-esprit. Voir la sous-section "Étapes de l'Exécution des Mudras de la Main" pour les instructions relatives à leur utilisation.

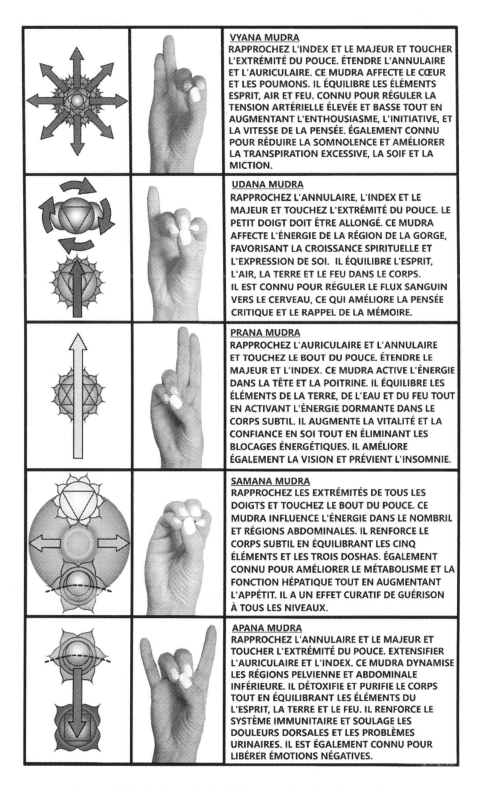

		VYANA MUDRA RAPPROCHEZ L'INDEX ET LE MAJEUR ET TOUCHER L'EXTRÉMITÉ DU POUCE. ÉTENDRE L'ANNULAIRE ET L'AURICULAIRE. CE MUDRA AFFECTE LE CŒUR ET LES POUMONS. IL ÉQUILIBRE LES ÉLÉMENTS ESPRIT, AIR ET FEU. CONNU POUR RÉGULER LA TENSION ARTÉRIELLE ÉLEVÉE ET BASSE TOUT EN AUGMENTANT L'ENTHOUSIASME, L'INITIATIVE, ET LA VITESSE DE LA PENSÉE. ÉGALEMENT CONNU POUR RÉDUIRE LA SOMNOLENCE ET AMÉLIORER LA TRANSPIRATION EXCESSIVE, LA SOIF ET LA MICTION.
		UDANA MUDRA RAPPROCHEZ L'ANNULAIRE, L'INDEX ET LE MAJEUR ET TOUCHEZ L'EXTRÉMITÉ DU POUCE. LE PETIT DOIGT DOIT ÊTRE ALLONGÉ. CE MUDRA AFFECTE L'ÉNERGIE DE LA RÉGION DE LA GORGE, FAVORISANT LA CROISSANCE SPIRITUELLE ET L'EXPRESSION DE SOI. IL ÉQUILIBRE L'ESPRIT, L'AIR, LA TERRE ET LE FEU DANS LE CORPS. IL EST CONNU POUR RÉGULER LE FLUX SANGUIN VERS LE CERVEAU, CE QUI AMÉLIORE LA PENSÉE CRITIQUE ET LE RAPPEL DE LA MÉMOIRE.
		PRANA MUDRA RAPPROCHEZ L'AURICULAIRE ET L'ANNULAIRE ET TOUCHEZ LE BOUT DU POUCE. ÉTENDRE LE MAJEUR ET L'INDEX. CE MUDRA ACTIVE L'ÉNERGIE DANS LA TÊTE ET LA POITRINE. IL ÉQUILIBRE LES ÉLÉMENTS DE LA TERRE, DE L'EAU ET DU FEU TOUT EN ACTIVANT L'ÉNERGIE DORMANTE DANS LE CORPS SUBTIL. IL AUGMENTE LA VITALITÉ ET LA CONFIANCE EN SOI TOUT EN ÉLIMINANT LES BLOCAGES ÉNERGÉTIQUES. IL AMÉLIORE ÉGALEMENT LA VISION ET PRÉVIENT L'INSOMNIE.
		SAMANA MUDRA RAPPROCHEZ LES EXTRÉMITÉS DE TOUS LES DOIGTS ET TOUCHEZ LE BOUT DU POUCE. CE MUDRA INFLUENCE L'ÉNERGIE DANS LE NOMBRIL ET RÉGIONS ABDOMINALES. IL RENFORCE LE CORPS SUBTIL EN ÉQUILIBRANT LES CINQ ÉLÉMENTS ET LES TROIS DOSHAS. ÉGALEMENT CONNU POUR AMÉLIORER LE MÉTABOLISME ET LA FONCTION HÉPATIQUE TOUT EN AUGMENTANT L'APPÉTIT. IL A UN EFFET CURATIF DE GUÉRISON À TOUS LES NIVEAUX.
		APANA MUDRA RAPPROCHEZ L'ANNULAIRE ET LE MAJEUR ET TOUCHER L'EXTRÉMITÉ DU POUCE. EXTENSIFIER L'AURICULAIRE ET L'INDEX. CE MUDRA DYNAMISE LES RÉGIONS PELVIENNE ET ABDOMINALE INFÉRIEURE. IL DÉTOXIFIE ET PURIFIE LE CORPS TOUT EN ÉQUILIBRANT LES ÉLÉMENTS DU L'ESPRIT, LA TERRE ET LE FEU. IL RENFORCE LE SYSTÈME IMMUNITAIRE ET SOULAGE LES DOULEURS DORSALES ET LES PROBLÈMES URINAIRES. IL EST ÉGALEMENT CONNU POUR LIBÉRER ÉMOTIONS NÉGATIVES.

Figure 130: Mudras de la Main pour les Cinq Prana Vayus

423

PRANA ET APANA

Les deux énergies impliquées dans le mécanisme d'éveil de la Kundalini sont Prana et Apana. Ces deux énergies se déplacent dans notre corps par l'intermédiaire des Nadis. Comme nous l'avons mentionné, Prana est représenté par l'inspiration, tandis qu'Apana est représenté par l'expiration. Prana et Apana ne se rencontrent jamais car chacun suit son chemin à travers les différents canaux énergétiques.

En pratiquant des techniques spécifiques de Kundalini Yoga, nous créons le potentiel pour que Prana et Apana se rencontrent. Le point où se produit cette rencontre magique entre Prana et Apana est le Chakra du Hara (nombril), dans la région du nombril. Hara est un point de rencontre important de nombreux canaux d'énergie dans le corps, car il s'agit de notre fondation énergétique, de notre noyau.

En ce qui concerne l'élévation de la Kundalini, Prana est l'"Air Vital" au-dessus du Hara, tandis qu'Apana est l'"Air Vital" en dessous. Les soixante-douze mille Nadis émanent des Chakras Majeurs et se terminent dans les mains et les pieds. La plupart de ces Nadis sont centrés autour des régions du Chakra du Cœur et du Chakra du Hara. Le Prana est transporté vers toutes les parties du corps via les Nadis. Ida, Pingala et Sushumna sont les plus importants de ces canaux énergétiques car ils transmettent le plus de Prana.

Le canal Ida commence à la base de la colonne vertébrale et se termine dans la narine gauche. Inversement, Pingala commence à la base de la colonne vertébrale et se termine dans la narine droite. Cependant, comme nous l'avons mentionné, pendant le processus d'éveil de la Kundalini, Ida et Pingala se terminent dans les Glandes Pinéale et Pituitaire. Ida représente le Prana Vayu, tandis qu'Apana représente le Pingala. L'ascension de la Kundalini correspond à Udana. Samana représente Sushumna. La force directionnelle de Samana doit se transformer pour que la Kundalini à la base de la colonne vertébrale s'éveille. Son développement ou sa transformation se produit lorsque Prana et Apana se rencontrent au Hara Chakra.

Par l'inspiration et la rétention, Prana peut être dirigé vers le bas, vers le Chakra du Hara, tandis que par l'expiration et la rétention, Apana est attiré vers le haut, du Chakra de la racine au Hara. Lorsque ces deux énergies se rencontrent au niveau du Hara, Samana commence à changer de mouvement. Il ne s'éloigne plus du Hara horizontalement mais se déplace vers l'intérieur, ce qui crée un mouvement de barattage illustré par la Figure 131.

Pendant la transformation de Samana, une chaleur commence à se produire dans le nombril, appelée Tapas. Cette chaleur provoque un sentiment extatique, comparable à une excitation sexuelle ou sensuelle euphorique ; les "papillons dans l'estomac" que l'on ressent lorsqu'on tombe amoureux, qui dans ce cas sont plutôt des aigles. Un autre exemple comparable est le sentiment que l'on éprouve lorsqu'on reconnaît l'Esprit en soi et l'immense félicité qui l'accompagne. Pour cette raison, le type de chaleur généré dans le Samana est décrit comme une chaleur blanche, et non une chaleur chaude, ce qui signifie qu'il s'agit d'un type de ravissement Spirituel.

Cette chaleur intense crée une pression qui agit sur le Sushumna Nadi, l'activant ainsi. Le processus d'activation dynamise le canal Sushumna dans la colonne vertébrale, le faisant s'illuminer comme une ampoule électrique dès qu'il reçoit la puissance électrique nécessaire. Ces énergies intégrées quittent ensuite le Chakra du nombril et descendent vers le Chakra Racine, stimulant ainsi la Kundalini en activité à la base de la colonne vertébrale. La Kundalini commence alors son voyage vers le haut à travers le tube creux de la moelle épinière, perçant chacun des Chakras au fur et à mesure de son ascension jusqu'à ce qu'elle atteigne la couronne.

Simultanément, les canaux Ida et Pingala s'élèvent sur les côtés opposés de la Sushumna. Ils se croisent à chacun des points Chakriques jusqu'à ce qu'ils fusionnent dans le Thalamus, où se termine également la Sushumna. Les Glandes Pinéale et Pituitaire sont également activées au cours de ce processus. La prochaine destination des trois canaux est de s'élever en un seul courant d'énergie jusqu'au sommet de la tête, au niveau du Chakra de la Couronne, pour ouvrir le Lotus aux Mille Pétales.

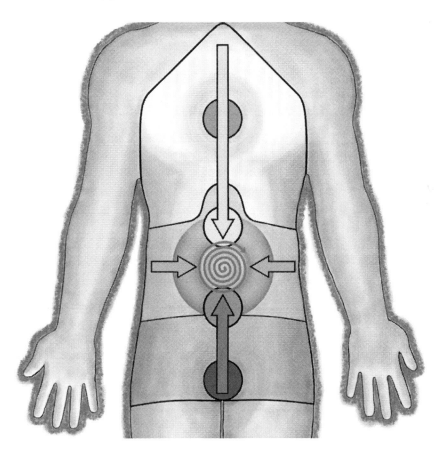

Figure 131: Rediriger le Flux de Prana, Apana et Samana

425

EVEIL DE LA KUNDALINI

Il est nécessaire de pratiquer un contrôle adéquat de la respiration et de la direction mentale pour mettre la Kundalini en activité, la faire monter et activer les centres supérieurs de la conscience. L'application de la volonté est la clé de ce processus, mais la connaissance l'est aussi, car il faut une technique éprouvée qui fonctionne.

Avant de tenter d'éveiller la Kundalini, il est crucial de nettoyer les canaux énergétiques et d'éliminer toute énergie négative et impureté dans les nerfs. Sinon, si les canaux sont bloqués, le Prana ne pourra pas s'y déplacer et la Kundalini restera en sommeil. Les techniques employées dans le Yoga et le Tantra permettent d'accomplir cette tâche et d'éveiller la Kundalini.

Les enseignements Yogiques et Tantriques disent que la combinaison d'exercices physiques (Kriya/Asana), de techniques de respiration (Pranayama), de verrous énergétiques (Bandha) et de chants de Mantras peut être utilisée pour que Prana et Apana se rencontrent au Hara Chakra et mettent la Kundalini en activité. Pour faire monter l'énergie de la Kundalini par la Sushumna, et le Prana (Pingala) et l'Apana (Ida) le long de la colonne vertébrale, on peut appliquer des verrous hydrauliques (Bandhas), qui nécessitent l'application consciente d'une pression dans différentes parties du corps.

L'application d'une pression dans le Muladhara Chakra (Mula Bandha) envoie les énergies Kundalini, Prana et Apana vers le Swadhisthana Chakra. Ensuite, il faut appliquer un Bandha dans le diaphragme (Uddiyana Bandha), qui enverra les trois énergies vers le haut, jusqu'au Chakra de la Gorge. De là, le verrou du cou (Jalandhara Bandha) amène les énergies dans le cerveau. L'application simultanée des trois verrous est appelée Maha Bandha (Figure 132).

La Glande Pinéale est reliée à l'Ida Nadi, tandis que la Glande Pituitaire est reliée à Pingala. Lorsque la Kundalini s'élève, la Glande Pinéale commence à transmettre un faisceau de radiations et à le projeter vers la Glande Pituitaire. L'Hypophyse s'éveille alors et projette des impulsions ou des flashs de lumière vers la Glande Pinéale. Une fois que la Kundalini a pénétré dans le cerveau par Sushumna, Ida et Pingala se croisent une dernière fois au niveau du Thalamus, où ils fusionnent en tant qu'opposés. Ce processus éveille le Chakra Ajna, l'activant entièrement, ce qui aboutit à un mariage mystique entre les Glandes Pinéale et Pituitaire.

Lorsque Ida, Pingala et Sushumna s'unifient en un seul courant d'énergie dans le centre du Thalamus, la porte du Sahasrara s'ouvre. La Kundalini peut alors s'élever jusqu'au sommet de la tête et achever son voyage. L'Âme, qui avait son siège dans la Glande Pinéale, quitte le corps physique, et une expansion permanente de la conscience se produit.

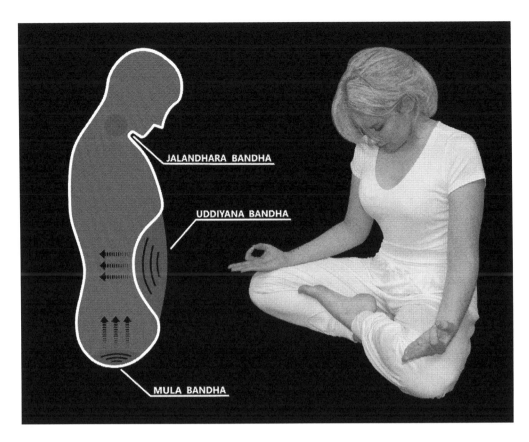

JALANDHARA BANDHA

UDDIYANA BANDHA

MULA BANDHA

Figure 132: Maha Bandha : Application des Trois Bandhas

SUSHUMNA ET BRAHMARANDHRA

Sushumna est le Nadi central qui traverse le tube creux de la colonne vertébrale. Son flux commence à la base, au Muladhara Chakra, pour se terminer au Sahasrara Chakra à la Couronne. Lorsqu'il pénètre dans la tête, le Sushumna Nadi se divise en deux courants (au niveau du Thalamus). L'un des courants se déplace vers l'avant de la tête, au-delà de l'Ajna Chakra en l'activant. Il continue à se déplacer le long de l'avant de la tête, juste à l'intérieur du crâne, avant d'atteindre Brahmanrandhra, le siège de la conscience suprême, situé au centre supérieur de la tête.

Le second courant se déplace vers l'arrière de la tête, le long mais juste à l'intérieur du crâne, avant d'atteindre Brahmarandhra. Ces deux flux d'énergie se rejoignent au niveau de Brahmarandhra, le transperçant ainsi, ce qui entraîne l'ouverture de l'Œuf Cosmique, qui est le sommet directement au-dessus de lui.

En Sanskrit, Brahmarandhra signifie "le trou ou l'ouverture de Brahman". Selon les textes Yogiques, Brahmarandhra est l'ouverture du Sushumna Nadi au sommet de la tête. Brahman désigne l'Esprit Cosmique en Sanskrit. Il désigne le principe Universel le plus élevé, la réalité ultime de l'Univers.

Lorsqu'une personne élève l'énergie de la Kundalini jusqu'à Brahmanrandhra, elle fait l'expérience d'un éveil Spirituel du plus haut degré. Brahmanrandhra et l'Œuf Cosmique sont tous deux liés à l'Energie Cosmique, et le fait de percer ce centre est l'éveil du Soi Spirituel et Divin.

Bien que les deux servent à libérer l'Âme du corps selon les textes sacrés, il n'est pas clair si le Brahmarandhra et l'Œuf Cosmique sont une seule et même chose. Cependant, à partir de mes recherches approfondies sur ce sujet, couplées à mon expérience d'éveil de la Kundalini, j'ai conclu que percer le Brahmarandhra avec suffisamment de force commence le processus de rupture de l'Œuf Cosmique. En d'autres termes, il s'agit d'un processus en deux étapes.

D'autres indices nous sont donnés par le Shiva Linga qui contient un cylindre en forme d'œuf qui représenterait le Brahmanda, dont la signification en Sanskrit est "l'Oeuf Cosmique". Brahma fait référence au Cosmos, tandis que "anda" signifie "œuf". Le Brahmanda est un symbole Universel de la source du Cosmos tout entier. L'Oeuf

Cosmique est l'une des icônes les plus importantes de la mythologie mondiale que l'on retrouve dans de nombreuses traditions Anciennes. Dans presque tous les cas, un Etre Divin réside dans l'Oeuf Cosmique et se crée à partir de rien, puis crée l'Univers matériel.

Lors de son ascension, lorsque la Kundalini atteint le sommet de la tête et perce le Brahmarandhra, l'Œuf Cosmique se brise, et le "jaune", qui est l'énergie Pranique sublimée, se déverse sur le corps, entraînant la pleine activation du Corps de Lumière et des Soixante-Douze Mille Nadis. Cette expérience s'apparente à l'héritage d'"ailes" Spirituelles, qui vous permettent de voyager dans les Plans Cosmiques intérieurs via le Merkaba optimisé. Par conséquent, en brisant l'Oeuf Cosmique, on devient soi-même un Etre Angélique.

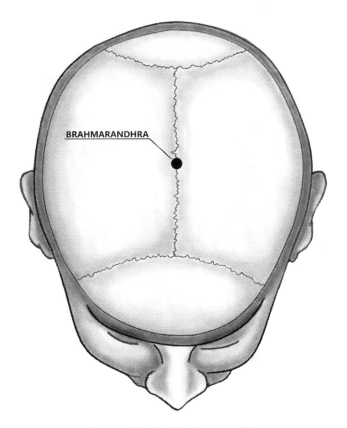

Figure 133: Le Brahmarandhra

L'emplacement de Brahmarandhra se situe entre les deux os pariétaux et occipitaux, plus précisément dans la zone de la fontanelle antérieure (Figure 133). Chez un bébé, cette partie de la tête est très molle. Lorsque l'enfant grandit, le Brahmarandhra se referme avec la croissance des os du crâne. Tous les humains adultes ont pour tâche d'élever l'énergie Kundalini dans la tête et de percer le Brahmarandhra s'ils désirent atteindre la libération de la mort. En pénétrant le Brahmarandhra par une activation de la Kundalini, nous devenons un avec l'Esprit en tant qu'Etres de Lumière Eternels.

Selon les *Upanishads*, lorsque Sushumna perce la tête et traverse le Brahmarandhra, le Yogi atteint l'immortalité. Le Microcosme et le Macrocosme deviennent Un, et le Yogi atteint l'Illumination. Mais avant cela, le Corps de Lumière est entièrement activé, car les Soixante-Douze Mille Nadis sont imprégnés d'énergie Pranique. Ce processus est très intense, car le corps de Lumière est chargé par ce qui ressemble à une source d'énergie externe. Je décris ce processus comme la sensation d'être électrocuté par une ligne électrique à haute tension, sans la douleur physique, bien sûr.

Dans mon expérience personnelle, une fois que j'ai ouvert mes yeux physiques pendant le processus d'activation de la Kundalini, j'ai vu mes mains et d'autres parties de mon corps en pure Lumière dorée comme si j'avais subi une transformation biologique. De plus, la pièce dans laquelle je me trouvais semblait holographique puisque les objets qui m'entouraient étaient devenus semi-transparents et semblaient suspendus dans l'air. Et ce n'était pas une vision momentanée, mais une vision que j'ai gardée pendant plus de cinq secondes, avec mes fonctions cognitives pleinement opérationnelles, avant que l'énergie infuse qui prenait maintenant possession de mon corps ne me rejette sur le lit.

Une fois que Shakti s'unit à Shiva, la conscience suprême, le voile de Maya est percé, et vous pouvez percevoir l'Esprit infini et vivant de Dieu. En vérité, c'est vrai, la nature de notre réalité est le sous-produit de l'union de l'énergie et de la conscience.

Alors que l'énergie continuait à s'élever, dépassant même Brahmarandhra et l'Œuf Cosmique, ma conscience a commencé à quitter entièrement mon corps physique. J'ai eu l'impression d'être aspiré hors de mon corps et de cesser d'exister. À l'apogée de cette expérience, j'étais au début de mon union avec la Lumière Blanche. Étant donné que le Brahmarandhra est le centre de l'énergie et de la conscience, certaines personnes pensent que si vous le dépassez, vous ne pourrez peut-être pas revenir dans le corps physique. Cette idée est purement théorique, mais cette possibilité existe néanmoins. En d'autres termes, si je m'étais permis de m'unir à la Lumière blanche pendant mon expérience très intense de montée de la Kundalini, je n'aurais peut-être pas pu revenir dans le corps physique. L'expérience était tout simplement trop intense à tous les niveaux, et il y avait de nombreuses variables inconnues, d'autant plus que je n'avais aucune connaissance préalable de la Kundalini à ce moment-là de ma vie.

Sushumna Nadi est composé de trois couches ou Nadis inférieurs. Une fois l'Oeuf Cosmique brisé, l'énergie de la Kundalini provenant de Sushumna Nadi continue de s'élever vers le haut jusqu'à ce que les Mille Pétales du Sahasrara Chakra soient complètement ouverts. Vous devez vous permettre de lâcher prise et ne pas essayer de contrôler l'énergie qui continue à s'élever. Chacun des trois Nadis ou couches de Sushumna doit faire sa part pour que cela se produise. Une fois le processus terminé, la tête s'ouvre comme une fleur. Cette fleur symbolique est composée de trois couches, comme le montre la Figure 134. Ces trois couches représentent le Sahasrara Chakra pleinement éveillé. En tant que tel, l'homme devient une antenne aux vibrations de l'extérieur.

Le Sushumna Nadi possède une couche extérieure traditionnellement considérée comme une couleur rouge brillante, symbole du feu de la Kundalini qui le traverse. Comme le Sushumna Nadi se divise en deux courants à l'intérieur de la tête, à l'avant et à l'arrière, il régit toute la partie médiane de la tête.

La première couche de Sushumna est appelée Vajrini ou Vajra Nadi. Ce Nadi commence à l'Ajna Chakra et se termine dans les gonades (testicules chez les hommes et ovaires chez les femmes). Sa couleur est l'or, car il présente la nature de Rajas ou l'activité. Cette couche est le Nadi du Soleil (Surya) qui contient l'énergie masculine qui travaille à l'extérieur de la Sushumna comme le Pingala Nadi et à l'intérieur comme le Vajrini. On pense que le Vajrini peut être empoisonné ou toxique.

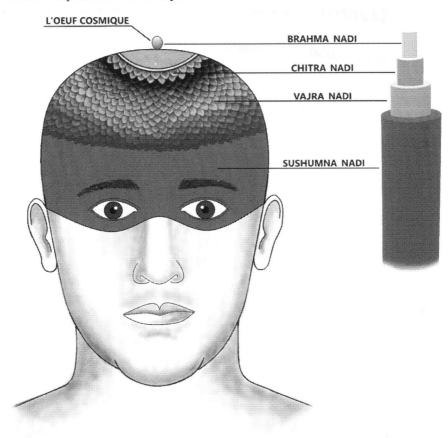

Figure 134: Les Couches de Sushumna Nadi et l'Oeuf Cosmique

La deuxième couche est appelée Chitrini ou Chitra Nadi. De couleur blanc argenté, ce Nadi reflète la nature de la Lune (Chandra). Il nous relie aux rêves et aux visions et est de première importance pour les peintres ou les poètes éveillés. Chitrini présente le caractère de Sattva, qui se rapporte à la transcendance. Il commence dans le Bindu Chakra et se termine dans le Svayambhu lingam dans le Muladhara. Le Chitra Nadi se connecte aux tiges Chakriques à l'intérieur de la moelle épinière. Ce Nadi féminin fonctionne à l'extérieur de la Sushumna comme Ida Nadi et à l'intérieur de celle-ci comme Chitrini. On dit que le Chitrini se termine par Brahmnadvara, la porte ou l'entrée dans Brahma, le Créateur. Par le Chitra Nadi, la Kundalini voyage jusqu'à son lieu de repos final dans le Septième Oeil, également appelé Soma Chakra.

La couche la plus interne est le Brahma Nadi, qui est directement lié au Brahmarandhra. Brahma Nadi est le courant de pureté et l'essence profonde de l'énergie Kundalini. Lorsqu'il est éveillé, il dynamise les Chakras, leur insufflant la Lumière de la Kundalini. Cependant, pour que l'éveil soit complet, vous devez élever la Kundalini à travers le Brahma Nadi et percer le Brahmarandhra. Tout ce qui est moins que cela n'est pas un éveil complet mais partiel.

LALANA CHAKRA ET LE NECTAR D'AMRITA

Dans la tradition du Tantra Yoga, il est dit que le Bindu Chakra est le point qui manfeste tout votre corps physique ainsi que son point de dissipation. Il est dit que Bindu renferme notre Force Vitale et produit le Nectar Amrita. L'Amrita Nectar est produit par une synthèse de l'énergie luminière que l'on reçoit de la nourriture. Chez les personnes non éveillées par la Kundalini, l'Amrita s'écoule du Bindu vers le troisième Chakra, Manipura, où il est utilisé pour diverses activités du corps. Elle donne au corps sa vitalité. Avec le temps, la force vitale du Bindu commence à se dissiper, ce qui fait vieillir le corps physique. La peau devient plus rugueuse et plus sèche, les cheveux commencent à tomber, le tissu osseux et le cartilage s'usent, et la vitalité générale diminue.

Les Yogis disent que si l'on peut empêcher l'Amrita d'être brûlée par le Chakra du Plexus Solaire, on peut profiter de son nectar vitalisant et nourrissant et arrêter, voire inverser, le processus de vieillissement et de dégénérescence du corps physique. Pour y parvenir, les Yogis doivent stimuler un Chakra mineur secret appelé Lalana. Dans *les Upanishads*, on dit que Lalana a 12 pétales rouge vif. D'autres textes sacrés, cependant, disent qu'il a 64 pétales blancs argentés.

Lalana est un Chakra mystérieux, mais essentiel, surtout chez les personnes éveillées à la Kundalini. L'utilisation du pouvoir de Lalana et de Vishuddhi permet de transformer l'Amrita en une substance Spirituelle plus fine, qui est utilisée pour dynamiser et nourrir le circuit de la Kundalini. L'énergie Lumière synthétisée que l'on obtient de la nourriture qui, comme je l'ai dit, "nourrit" le circuit de la Kundalini, procurant l'expérience de la transcendance, est le Nectar de l'Amrita dont parlent les traditions Yogiques. L'Amrita devient optimale lorsqu'elle est maîtrisée et transformée en ce que je décris comme une énergie liquide de l'Esprit. Cette substance rafraîchissante apaise l'esprit et le cœur, éliminant et lavant toutes les pensées et émotions déséquilibrées.

Lalana est une région circulaire rouge de la Lune, qui agit comme un réservoir pour le Nectar de l'Amrita. Lorsque l'Amrita tombe du Bindu, elle est stockée à Lalana Chakra, prête à être purifiée par Vishuddhi. Si Vishuddhi est inactif, comme c'est le cas chez la plupart des individus non éveillés par la Kundalini, l'Amrita tombe dans Manipura. Mais si Lalana est en quelque sorte stimulée, Vishuddhi devient également active. Le nectar est ainsi purifié et transformé, devenant le "Nectar de l'Immortalité". Comme nous l'avons déjà mentionné, les traditions anciennes ont appelé ce nectar "l'Elixir de Vie" et "la Nourriture des Dieux". Dans le Christianisme, c'est le "Sang du Christ" qui confère la vie éternelle. Une fois que les centres énergétiques nécessaires sont ouverts, le Nectar Amrita transformé est ensuite redistribué dans tout le Corps de Lumière, permettant à l'individu de faire l'expérience d'une véritable transcendance.

Lalana Chakra est situé à l'arrière du palais, plus précisément dans la zone où le sommet de la moelle épinière rencontre le tronc cérébral. Dans la coupe transversale du cerveau et du crâne humains (Figure 135), il se situe entre le bulbe rachidien et la base du crâne, le long du canal central de la moelle épinière. C'est dans cette zone que le nerf vague et les autres nerfs crâniens rejoignent la première vertèbre cervicale (Atlas).

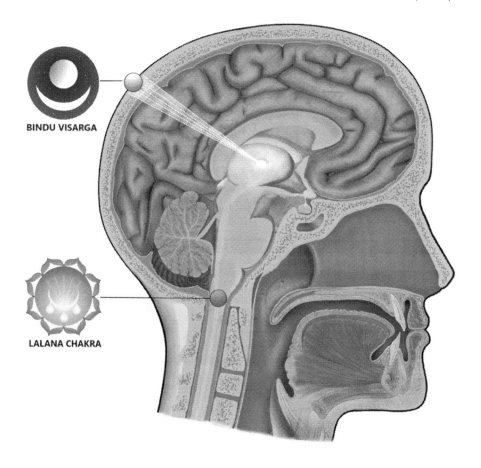

Figure 135: Lalana (Talu) Chakra et le Bindu Visarga

Lalana Chakra se trouve environ deux pouces au-dessus de Vishuddhi et est intimement lié à lui. Lalana, qui signifie à la fois "énergie féminine" et "langue", est également appelé Talu Chakra, et il est situé directement derrière le pharynx, à l'arrière de la bouche. L'énergie Kundalini active Lalana Chakra lorsqu'elle pénètre dans le tronc cérébral. Une fois qu'il est activé, la Kundalini se dirige ensuite vers le Thalamus, où elle travaille à l'ouverture d'Ajna, puis de Sahasrara.

Lalana est également relié au Bindu situé au sommet de l'arrière de la tête. Avec Vishuddhi, ces trois Chakras sont responsables de ce qu'il advient de l'Amrita, qu'elle tombe dans le Manipura, entraînant une dégradation physique, ou qu'elle soit maîtrisée et utilisée à des fins Spirituelles. Les pouvoirs de Lalana Chakra sont utilisés au mieux une fois que la Kundalini a ouvert ce centre Chakrique, mais il existe une autre méthode que les Yogis ont développée, appelée Khechari Mudra.

KHECHARI MUDRA ET SES VARIATIONS

Les Yogis ont découvert qu'ils pouvaient influencer le flux d'Amrita de leur Bindu à l'aide de la langue. Dans la rubrique "Mana : Mudras de la tête", Khechari Mudra est une technique puissante qui utilise la langue pour canaliser l'énergie dans le cerveau. Elle consiste à tourner la pointe de la langue vers l'arrière et à essayer de toucher la luette ou "petite langue", qui dirige le flux d'énergie vers Lalana Chakra.

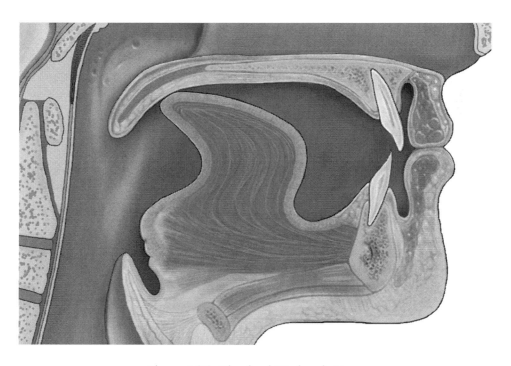

Figure 136: Khechari Mudra de Base

La langue est très puissante pour diriger l'énergie vers le cerveau. Dans le Qi Gong, il est essentiel de poser le bout de votre langue sur la zone sensible du palais pour connecter deux méridiens énergétiques très importants. Le bout de la langue est un conducteur d'énergie qui stimule tout ce qu'il touche. Dans le cas de Khechari Mudra, vous essayez de diriger le flux d'énergie vers l'arrière, dans le Chakra de Lalana, pour l'activer.

Pour effectuer la méthode de base de Khechari Mudra, vous pouvez vous asseoir dans n'importe quelle position méditative confortable. Les yeux fermés, tournez vos yeux vers le centre de l'Oeil de l'Esprit, entre les sourcils. Puis, la bouche fermée, faites rouler la langue vers le haut et vers l'arrière de façon à ce que sa surface inférieure touche le palais supérieur (Figure 136). Tendez la pointe de la langue aussi loin que possible en essayant de toucher la luette. La langue ne doit pas être trop sollicitée pendant cette opération. Maintenez-la dans cette position aussi longtemps qu'elle est confortable. Si vous ressentez une gêne, détendez la langue en la râmenant à sa position neutre pendant quelques secondes, puis répétez la pratique.

Khechari Mudra est exécuté dans le cadre de différents Asanas, Pranayamas, Mudras, et Bandhas pour des effets optimaux de ces exercices. Lorsqu'il est utilisé avec la pose inversée, Viparita Karani, il permet au praticien de retenir l'Amrita plus facilement.

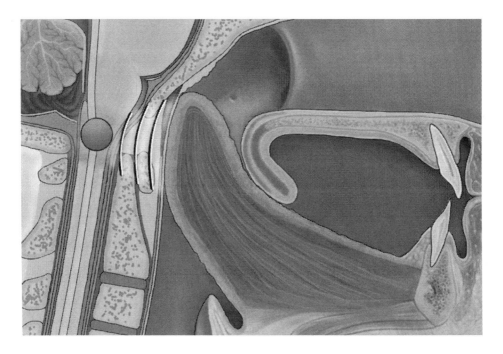

Figure 137: Khechari Mudra Avancé

Le Khechari Mudra avancé consiste à couper le bas du tissu qui relie le dessous de la langue au fond de la bouche. Une fois cette opération terminée, la langue peut être complètement allongée et placée à l'intérieur de la cavité nasale, derrière la luette (Figure

436

137). Ce faisant, on exerce une pression sur le pharynx, ce qui stimule Lalana et empêche l'Amrita de tomber dans le Plexus Solaire. Une fois l'Amrita capturée par le Khechari Mudra, ses effets curatifs commencent à se déployer. La méthode avancée du Khechari Mudra est mieux pratiquée avec l'aide d'un gourou qualifié.

Lorsqu'une personne subit un éveil complet et permanent de la Kundalini, l'énergie de la Kundalini s'écoule librement dans le Thalamus. De là, la Kundalini s'écoule vers l'Ajna, le Sahasrara et le Bindu. Lorsque le Chakra Bindu est impliqué dans le processus de transformation Spirituelle, il sécrète l'Amrita jusqu'au Chakra Lalana, qui est ensuite purifié par le Vishuddhi et transformé en sa forme la plus raffinée. Ce nectar est ensuite distribué dans tout le Corps de Lumière, nourrissant les Soixante-Douze Mille Nadis et élargissant la conscience. En conséquence, la personne éveillée commence à avoir une vitalité supérieure à la moyenne, et son processus de vieillissement ralentit drastiquement. Elle peut rester longtemps sans manger ni boire, car elle se sent nourrie de l'intérieur par le mouvement de ces nouvelles énergies.

Le Nectar Amrita est directement impliqué dans le processus d'Illumination. Bien que nous puissions l'utiliser à travers les pratiques Yogiques mentionnées ci-dessus, son véritable objectif est de jouer un rôle dans le maintien du circuit de la Kundalini. Le Nectar d'Amrita transformé nourrit le circuit de la Kundalini, et celui-ci dépend de l'énergie Lumière qu'il reçoit de la nourriture. Il procure la tranquillité émotionnelle nécessaire pour suspendre le processus de vieillissement et prolonger la santé du corps physique. Cette tranquillité émotionnelle est décrite comme un état de *Nirvana*, qui est l'un des objectifs recherchés par le Yogi. Le stress est l'un des facteurs clés du vieillissement. En mettant le mental au neutre et en utilisant le Nectar d'Amrita pour nourrir le Corps de Lumière, la longévité peut être atteinte.

Au fil des années, j'ai découvert une autre variation du Khechari Mudra qui est devenue l'une des pratiques dominantes de ma vie. J'ai découvert que le fait de courber la langue vers le bas et de la repousser vers l'arrière exerce également une pression sur Lalana Chakra, ce qui contribue à nourrir mon circuit Kundalini avec l'Amrita transformée. Pour le faire correctement, vous devez toucher la pointe de la langue au Frenulum, qui est un repli de la muqueuse situé sous la partie centrale de la langue qui aide à l'ancrer dans votre bouche et à stabiliser ses mouvements.

Je suis tombé sur cette technique par hasard, ou pour être plus précis, c'est mon Soi Supérieur qui m'a conduit à trouver cette technique et à l'utiliser. Je n'ai jamais rencontré cette pratique au cours de mes recherches dans diverses traditions Spirituelles pour en vérifier l'utilisation, aussi ce que je partage avec vous est une information unique que vous ne trouverez pas ailleurs.

J'ai commencé à pratiquer cette technique il y a des années, apparemment sans raison, et je me surprends souvent à le faire devant d'autres personnes, ce qui suscite parfois une réaction étrange de leur part car je pince naturellement les lèvres lorsque je le fais. La couverture de *The Magus* montre un jeune moi dans le rôle d'Hermès, les lèvres pincées, alors que j'exécute cette technique. Ma femme a pensé qu'il était approprié de me représenter ainsi, car elle me voit souvent le faire.

La technique que j'ai découverte me permet d'exploiter l'énergie Lumière que je tire de la nourriture, qui se transforme en une substance Spirituelle liquide (Amrita) dans mon cerveau et est ensuite redistribuée le long des nombreux Nadis de mon corps de Lumière. Elle est toujours accompagnée d'une sensation de chaleur, comme si j'allumais un feu constant dans ma poitrine, comme c'est le cas lorsque le Chakra Lalana est stimulé. Maintenant, gardez à l'esprit que la langue est tournée vers le bas avec cette variation, ce qui me fait souvent douter de son utilisation et de la mesure dans laquelle elle m'est bénéfique Spirituellement. J'aime donc l'équilibrer en effectuant le Khechari Mudra de base en tournant la pointe de la langue vers l'arrière et en touchant le palais supérieur. De cette façon, j'obtiens les énergies nécessaires en les envoyant vers le haut, dans le cerveau, tout en gardant Lalana Chakra stimulé.

MANTRA

Mantra est un mot Sanskrit qui signifie "un outil de l'esprit" ou "un instrument de pensée". Il s'agit d'une prononciation sacrée, d'un son, d'une syllabe, d'un mot ou d'un groupe de mots Divins dans une langue sacrée ayant un pouvoir Magique dans le monde invisible. Les Mantras sont des "mots de pouvoir" que l'on retrouve dans de nombreuses traditions Spirituelles différentes, anciennes et modernes, et qui servent d'outils pour invoquer ou évoquer l'énergie dans l'Aura. Comme "manas" signifie "esprit" en Sanskrit, le but d'un Mantra est de transcender l'esprit. Ils comprennent, sans s'y limiter, les noms de Dieu, des Anges, des Esprits et des différentes déités du panthéon auquel appartient le Mantra choisi.

Je vous ai déjà présenté la science des Mantras dans mon précédent livre, dont la plupart sont en langue Hébraïque et sont utilisés dans le cadre d'exercices rituels de Magie Cérémonielle. Les Mantras en langue Enochienne sont des Mantras autonomes qui sont la récitation phonétique de passages en Enochien. En raison du caractère sacré et du pouvoir des langues Hébraïque et Enochienne, ces Mantras sont puissants pour modifier la conscience d'une personne par l'invocation/évocation d'énergie.

Il existe 84 points méridiens sur le palais, que la langue stimule en chantant un Mantra. Ces points méridiens stimulent à leur tour l'Hypothalamus, qui agit sur la Glande Pinéale, la faisant pulser et rayonner. La Glande Pinéale donne alors des impulsions à l'ensemble du système endocrinien, permettant la libération d'hormones qui renforcent nos systèmes immunitaire et neurologique, mettant le corps dans un état de cohérence. Deux des hormones libérées sont la sérotonine et la dopamine, qui créent une félicité émotionnelle qui élève la conscience à un niveau supérieur.

Les Mantras que je vais présenter dans ce livre sont en langue Sanskrite, l'une des plus anciennes langues du monde (5000 ans). Le sanskrit est l'ancienne langue de l'hindouisme qui, selon la légende, était un moyen de communication et de dialogue pour les dieux célestes hindous. Les anciens hindous appelaient le sanskrit "Dev Bhasha" ou "Devavani", c'est-à-dire la "langue des dieux". "

La grandeur de la langue Sanskrite réside dans la formation et l'unicité de son vocabulaire, de sa phonologie, de sa grammaire et de sa syntaxe, dont la pureté demeure intacte à ce jour. Ses cinquante lettres se composent de seize voyelles et de trente-quatre consonnes. Les lettres Sanskrites n'ont jamais été altérées ou modifiées à travers le temps, ce qui en fait une langue parfaite pour la formation et la prononciation des mots.

Les Mantras Sanskrits utilisent des sons de graines qui créent l'énergie vibratoire des mots qu'ils traduisent. En prononçant un Santra sanskrit, sa vibration a un impact sur votre conscience, ce qui a des effets durables sur votre corps et votre esprit. Par conséquent, il est essentiel de comprendre la signification d'un Mantra Sanskrit pour connaître le type de changement énergétique qu'il produira.

Les Mantras présentés dans cette section doivent être vibrés à l'aide de vos cordes vocales sur un ton projectif et énergisant. Ils doivent être exécutés en monotone, en do naturel, en allongeant la prononciation. Si vous avez déjà entendu des moines tibétains chanter, le son doit être similaire. Vibrer et "chanter" sont des mots interchangeables lorsqu'il s'agit de l'exécution d'un Mantra.

LE NOMBRE SACRÉ 108

La répétition standard d'un Mantra dans de nombreuses traditions Spirituelles orientales est de 108 fois. Ce nombre est la base de toute création, représentant l'Univers et notre existence. Les Hindous, les Yogis et les Bouddhistes pensent qu'en vibrant/chantant un Mantra 108 fois, nous nous alignons sur la volonté du Créateur et son énergie créatrice. Ils pensent qu'en harmonisant notre vibration personnelle avec la vibration universelle, nous assumons notre droit de naissance en tant que Co-Créateurs, ce qui nous permet de manifester la réalité que nous désirons.

Il existe de nombreuses raisons pour lesquelles le nombre 108 est considéré comme sacré, certaines se trouvant dans les sciences et les mathématiques. Par exemple, le diamètre du Soleil est 108 fois supérieur à celui de la Terre, et la distance entre la Terre et le Soleil est 108 fois supérieure au diamètre du Soleil. De même, la distance entre la Terre et la Lune est égale à 108 fois le diamètre de la Lune.

En Astrologie, il existe douze Constellations Zodiacales et neuf Planètes (Sept Planètes Anciennes plus Uranus et Neptune) dans notre Système Solaire. Par conséquent, douze multiplié par neuf est égal à 108. De plus, il y a vingt-sept mansions Lunaires qui sont divisées en quatre quartiers. Lorsque vous multipliez vingt-sept par quatre, le résultat est à nouveau 108.

Dans la religion Hindoue, il existe 108 Upanishads, qui sont les textes sacrés de sagesse transmis par les Anciens rishis. Chaque Divinité de l'Hindouisme a également 108 noms, dont les qualités ou les pouvoirs peuvent être invoqués par le biais de leurs Mantras respectifs.

Dans l'alphabet Sanskrit, comme il y a 54 lettres et que chaque lettre a une qualité masculine (Shiva) et féminine (Shakti), le nombre total de variations est égal à 108. De même, dans le système Yogique des Chakras, il y aurait 108 lignes d'énergie (Nadis) qui convergent vers le Chakra du Cœur, le centre d'amour et de transformation de notre corps de Lumière.

En médecine Ayurvédique, il existerait 108 points d'énergie vitale dans le corps, appelés Marmas. Le travail avec les Marmas est bénéfique pour améliorer nos états psychologiques et physiologiques. En chantant un Mantra 108 fois, nous envoyons de l'énergie Divine à chaque point Marma, activant ainsi ses propriétés curatives.

Les écrits sacrés des Bouddhistes Tibétains ont également été divisés en 108 livres sacrés. En outre, les Bouddhistes croient que la route vers le Nirvana est pavée d'exactement 108 tentations. Ils pensent que 108 souillures, ou péchés, nous empêchent de vivre dans un état parfait et paisible.

Ce ne sont là que quelques-unes des raisons pour lesquelles le nombre 108 est sacré. Il en existe bien d'autres, non seulement dans les religions et traditions Spirituelles Orientales, mais aussi Occidentales. Par exemple, le nombre 108 est utilisé dans l'Islam pour faire référence à Dieu. Et ainsi de suite.

MÉDITATION JAPA

Traditionnellement, un collier de perles Mala est utilisé dans les traditions du Yoga, du Bouddhisme, de l'Hindouisme, du Jaïnisme et du Sikhisme dans le cadre de la pratique du Mantra, qu'ils appellent méditation Japa. Un Mala est composé de 108 perles et d'une perle "Guru", qui sert de repère pour le début et la fin d'un cycle. Que vous chantiez à voix haute ou que vous récitiez en silence, le fait de tracer les perles du Mala avec vos doigts vous aidera à garder la trace de votre Mantra. Des instruments similaires sont utilisés depuis des générations dans de nombreuses religions et traditions Spirituelles, y compris le chapelet utilisé par les Chrétiens pour prier.

Pour effectuer une méditation Japa, vous devez vous procurer un collier de perles Mala à utiliser avec les Mantras présentés ci-dessous. Non seulement un Mala vous permettra d'effectuer 108 répétitions avec facilité, mais il deviendra un objet Spirituel puissant dans votre vie qui vous mettra dans le bon état d'esprit dès que vous le tiendrez dans votre main.

Cependant, on peut travailler avec des Mantras de méditation sans Mala, donc si vous ne pouvez pas en obtenir un pour une raison quelconque, ne soyez pas dissuadé de pratiquer des Mantras sans Mala. Comme mentionné précédemment, vibrer/chanter des Mantras a un effet cumulatif en termes d'énergie invoquée/évoquée, donc que vous fassiez 108 prononciations ou 100, par exemple, le résultat sera relativement négligeable. Techniquement, vous pouvez même vous concentrer sur l'exécution d'un Mantra pendant un certain temps, par exemple cinq à quinze minutes, et vous chronométrer en conséquence pour faire environ 100 prononciations. Cela dit, je crois au pouvoir des pratiques Traditionnelles, en particulier celles qui ont des milliers d'années d'existence.

Avant de commencer à en modifier les mécanismes, il est préférable de maîtriser sa forme originale et de partir de là.

Idéalement, faites votre Mantra de méditation tôt le matin, avant de manger. Si vous souhaitez répéter votre Mantra, faites-le le soir, en prévoyant un certain temps entre les séances pour que l'énergie invoquée/évoquée puisse agir sur vous.

Pour commencer votre pratique du Japa, choisissez votre Mantra de méditation parmi les options proposées ci-dessous. Chaque Mantra de méditation affecte notre énergie différemment, lisez donc attentivement sa description afin de pouvoir l'appliquer en cas de besoin. Ensuite, trouvez un endroit où vous asseoir confortablement, la colonne vertébrale bien droite et les yeux fermés. L'un des Asanas de méditation présentés jusqu'à présent est idéal. Prenez maintenant quelques respirations profondes pour vous aligner sur votre intention.

Tenez votre Mala dans votre main droite (en Inde, la main gauche est considérée comme impure), drapé sur votre majeur, votre index étant confortablement allongé (Figure 138). En commençant par la perle du gourou, utilisez votre pouce pour compter chaque perle plus petite tandis que vous tirez le Mala vers vous à chaque prononciation de Mantra. Inspirez avant chaque prononciation de manière calme et rythmée.

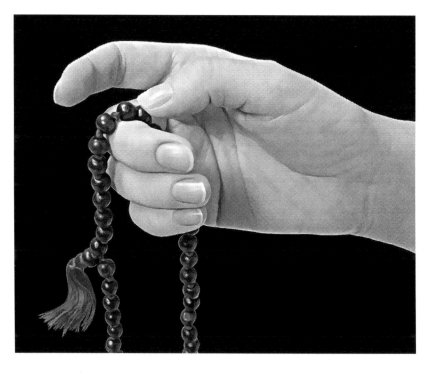

Figure 138: Compter les Perles de Mala

Vous devez répéter votre Mantra 108 fois en passant par les perles du Mala, en terminant par la perle du Gourou où vous avez commencé. Si vous souhaitez poursuivre votre méditation du Mantra, inversez le sens et recommencez le processus au lieu de passer sur la perle du Gourou. N'oubliez pas de faire 108 cycles complets.

La répétition des Mantras Sanskrits affecte positivement votre système nerveux, vous laissant calme et détendu, ce qui est l'un des premiers effets secondaires. En outre, ces mantras équilibrent vos énergies intérieures, ce qui améliore la concentration et la conscience de soi. Cependant, la répétition régulière des Mantras Sanskrits agit à un niveau profond et subconscient, créant des effets curatifs durables sur l'esprit, le corps et l'Âme. Par conséquent, lorsque vous commencez cette pratique, faites preuve de patience et de constance au quotidien pour obtenir les résultats souhaités au fil du temps.

MANTRAS DE MÉDITATION

Om
Prononciation : *Aaa-Uuu-Mmm*

"Om" est le Mantra le plus Universel en Sanskrit. On pense qu'il s'agit du premier son entendu lors de la création du Cosmos d'où émergent toutes les choses. "Om" signifie l'essence de la réalité ultime, qui est la Conscience Cosmique. Ainsi, la plupart des Mantras Sanskrits commencent ou se terminent par "Om".

"Om" (prononcé AUM) représente le cycle de la vie, de la mort et de la renaissance. Il est également lié à la trinité Hindoue (Trimurti) de Brahma, Vishnu et Shiva. "Aaa" représente la création, "Ooo" l'entretien ou la préservation, et "Mmm" la destruction, en relation avec le dépassement de l'Ego pour atteindre la réalisation du soi. Enfin, AUM représente les trois Gunas de la nature et les quatre étapes de la conscience ; la quatrième étape représente le silence de l'esprit atteint lorsque le pratiquant atteint le Samadhi.

Chanter Aaa-Uuu-Mmm (AUM) vous aidera à vous déconnecter de votre Ego et à vous reconnecter à l'Esprit intérieur, qui est tout-créatif et englobant. Lorsque vous prononcez complètement chaque syllabe, vous sentez l'énergie s'élever de votre plancher pelvien jusqu'au cœur, et enfin jusqu'au sommet de la tête. C'est le chemin de la Kundalini, dont le but est de libérer l'Âme du corps dans cette vie.

Le son "Om" vibre à la fréquence de vibration de 432 Hz, que l'on retrouve dans tout ce qui existe dans la nature. En tant que tel, ce son guérit l'esprit et le corps à un niveau cellulaire, en nous mettant en phase avec notre environnement. Il élimine toute tension et toute anxiété en calmant l'esprit et en harmonisant nos énergies intérieures. Il aide également à améliorer la concentration tout en renforçant la créativité et l'énergie positive globale.

Sur le plan physique, "Om" améliore la fonction pulmonaire et le système digestif tout en détoxifiant le corps. Lorsque vous prononcez Aaa-Ooo-Mmm, les trois fréquences uniques doivent s'écouler naturellement comme un seul son.

ॐ नमः शिवाय

Om Namah Shivaya
Prononciation : *Aummm Nah-Mahhh Shee-Vah-Yahhh*

Om Namah Shivaya" se traduit par "O salutations à celui qui est de bon augure" ou simplement "Je m'incline devant le Seigneur Shiva". "Ce Mantra très répandu attire l'esprit sur la présence infinie et omniprésente du Seigneur Shiva, le principe de la Conscience Cosmique de l'Univers. Il est également appelé "Shiva Panchakshara", c'est-à-dire le "Mantra à cinq syllabes", le Mantra essentiel du Shivaïsme qui apporte le silence à l'esprit.

Les cinq syllabes "Namah Shivaya" représentent les Cinq Éléments qui composent toute la Création : Le son "Na" représente la Terre, "Ma" l'Eau, "Shi" le Feu, "Va" l'Air et "Ya" l'Esprit. Le "Om" est exclu car c'est le premier son de l'Univers qui représente la paix et l'amour, le fondement énergétique de la Conscience Cosmique.

Comme Shiva est le Dieu suprême de la transformation qui représente notre Soi supérieur, ce Mantra élève notre conscience en harmonisant les Cinq Éléments au sein du Soi. Ainsi, non seulement il apporte la joie et la félicité dans nos vies, mais il nous relie également à toute la nature, à savoir la représentation physique des Cinq Éléments que Shiva symbolise - la terre, la mer, l'air et le soleil.

Parce qu'il nous relie à notre Saint Ange Gardien, notre Soi-Dieu, le Mantra Om Namah Shivaya est réputé surmonter les effets du Macrocosme - les étoiles fixes et les Planètes en orbite qui nous affectent subtilement à un niveau énergétique. Il crée une énergie transcendantale dans notre système qui élève la conscience et nous permet de faire l'expérience des Plans Cosmiques supérieurs. En tant que tel, ce Mantra nous relie au Chakra le plus élevé, Sahasrara, la source de toute la Création.

ॐ मणि पद्मे हूँ

Om Mani Padme Hum
Prononciation : *Aummm Mah-neee Pahd-mayyy Hummm*

Ce Mantra Sanskrit est associé à Avalokiteshvara (Sanskrit), le Bodhisattva de la compassion. Les Bodhisattvas sont des êtres éclairés et compatissants qui aident les autres à atteindre leurs objectifs Spirituels. Les Bouddhistes Tibétains désignent ce même Être sous le nom de Chenrezig, tandis que les Chinois l'appellent Quan Yin. La pratique régulière de ce Mantra inculque un sentiment d'amour et de bonté envers nous-mêmes et envers les autres, ce qui nous libère de la souffrance émotionnelle de notre existence mondaine.

La traduction de ce Mantra serait "Louange au joyau dans le lotus". "Le joyau lui-même fait référence à la compassion qui purifie l'Âme et lui confère la félicité de la Lumière Divine. Tout comme le lotus n'est pas souillé par la boue dans laquelle il pousse, les êtres humains peuvent utiliser la compassion pour s'élever au-dessus de l'oppression du Soi Inférieur, l'Ego, et atteindre l'Illumination.

"Om Mani Padme Hum" peut être décomposé en six syllabes, qui représentent un chemin graduel et progressif du terrestre vers le Spirituel : "Om" est le son primitif de l'Univers qui nous met en harmonie avec le Cosmos, "Ma" est notre intention altruiste de développer une éthique et une morale qui purifie les tendances jalouses, "Ni" développe la tolérance et la patience, nous libérant de nos désirs inférieurs et nous laissant paisibles et satisfaits, "Pad" nous libère des préjugés et de l'ignorance qui barrent la route à l'amour et à l'acceptation, et "Me" nous libère de l'attachement et de la possessivité, nous permettant de cultiver nos pouvoirs de concentration. Enfin, "Heh" nous libère de l'agressivité et de la haine, car il représente l'unité de toutes choses qui ouvre la porte à la sagesse et à la compréhension.

Le Dalaï Lama, que les Bouddhistes considèrent comme l'incarnation actuelle de Chenrezig, affirme que chacun des enseignements du Bouddha réside dans ce puissant Mantra. Pour le débloquer, cependant, il faut non seulement le chanter, mais aussi concentrer son intention sur la signification de chacune des six syllabes.

हरे कृष्ण हरे कृष्ण | कृष्ण कृष्ण हरे | हरे राम हरे राम | राम राम हरे हरे

Hare Krishna, Hare Krishna, Krishna Krishna, Hare Hare Hare
Hare Rama, Hare Rama, Rama Rama, Hare Hare
Prononciation : *Huh-ray Krish-Naaa, Huh-ray Krish-Naaa, Krish-Naaa Krish-Naaa, Huh-ray Huh-rayyy, Huh-ray Ramaaa, Huh-ray Ramaaa, Rama Ramaaa, Huh-ray Huh-rayyy*

Le Mantra Hare Krishna, également connu sous le nom de "Maha" ou "Grand" Mantra, est un verset Sanskrit sacré dont le but est de raviver la réalisation de Dieu en soi, connue sous le nom de conscience de Krishna. Il est ancré dans la tradition Vaishnava de l'Hindouisme et est au cœur de la voie du Bhakti Yoga. Il ne comporte que quatre lignes, composées des noms des Divinités Hindoues : Hare, Krishna et Rama. Hare combine l'énergie de Hari (le Seigneur Vishnu) et de Hara (la compagne de Krishna, Shakti), tandis que Krishna et Rama sont les noms des deux avatars, ou incarnations Divines, du Seigneur Vishnu.

Le Seigneur Krishna présente de nombreux parallèles avec Jésus-Christ, car tous deux sont considérés comme des fils de Dieu, pleinement humains et pleinement Divins. *Les* deux enseignements mettent l'accent sur l'amour et la paix, leur mission étant de restaurer la bonté dans un monde en déclin moral. En essayant d'atteindre la Conscience de Krishna en nous-mêmes, nous faisons référence à la Conscience du Christ - un état de conscience dans lequel les individus agissent en complète harmonie avec le Divin. Cet état de conscience est un précurseur, ou une préparation (en un sens), pour atteindre la Conscience Cosmique.

La pratique du Maha Mantra active en vous l'énergie Spirituelle dans le Chakra du Cœur, dont le but est de transformer votre conscience afin que vous puissiez transcender votre Ego. L'état de conscience subtil qui est atteint libère le Soi de l'illusion de la séparation, permettant à l'énergie d'amour de prendre le dessus et d'harmoniser l'esprit, le corps et l'Âme. Ainsi, la conscience de Krishna est atteinte, préparant la voie pour que la joie et la félicité entrent de façon permanente dans votre vie.

Om Shanti Shanti Shanti Shanti

Prononciation : *Aummm Shanteee Shanteee Shanteee*

Le Mantra "Om Shanti" est couramment utilisé dans les prières, les cérémonies et la littérature Hindoues et Bouddhistes ; sa signification se traduit par "Om Paix". "Le mot "Shanti" vient de la racine Sanskrite "sham", qui signifie calme, tranquillité, prospérité et bonheur. C'est la racine du mot "Shalom" en Hébreu et "Salam" en Arabe, qui signifient également "Paix". "En chantant ce Mantra, non seulement vous trouvez un profond niveau de paix en vous, mais vous envoyez des offrandes de paix au monde entier.

Traditionnellement, le mot "Shanti" est chanté trois fois car il invoque la paix et la protection sur trois niveaux du Soi : conscient, subconscient et superconscient (Soi-Dieu). Le Soi conscient appartient à la Terre, tandis que le subconscient descend dans les Enfers et que le superconscient se réfère aux Cieux (étoiles). Ces trois éléments peuvent à nouveau être décomposés en corps, mental et esprit ou en plans Physique, Astral et Spirituel.

"Om Shanti" peut également être utilisé comme une forme de salutation dans le Yoga. Lorsqu'il est prononcé à haute voix à l'intention d'un autre pratiquant, il exprime le souhait que l'autre personne fasse l'expérience de la paix Universelle. La traduction anglaise serait "Peace be with you" ou "Namaste" - bien que les mots aient un son différent, le sens est le même. Lorsque vous prononcez "Shanti", veillez à appuyer la langue contre les dents plutôt que sur le palais supérieur - le son "t" produit doit être différent de la version anglaise du "t".

ॐ नमो गुरु देव् नमो

Ong Namo Guru Dev Namo

Prononciation : *Onggg Nah-Moh Guh-Ruh Devvv Nah-Moh*

Ce Mantra Sanskrit se traduit par "Je m'incline devant la sagesse créatrice, je m'incline devant l'enseignant Divin qui est en moi". Une autre traduction est "Je m'incline devant le Tout-ce-qui-est", comme un Mantra d'Unité. Son autre nom est "Adi Mantra", qui est souvent utilisé dans le Kundalini Yoga au début de sa pratique, surtout en classe. Il était essentiel pour Yogi Bhajan, le maître Spirituel Hindou qui a introduit le Kundalini Yoga en Occident. De nombreux praticiens pensent que l'Adi Mantra permet de s'accorder avec la fréquence vibratoire particulière du Kundalini Yoga, ce qui débloque sa compréhension et son objectif les plus profonds.

Chanter ce Mantra nous permet de nous humilier et de nous connecter à notre Soi supérieur - le professeur intérieur qui canalise la sagesse et la connaissance Universelles vers nous lorsque notre esprit est dans un état réceptif. Il élève la vibration de notre conscience, ce qui nous permet de faire confiance à notre guidance intérieure et de l'écouter. Il nous fait également comprendre que nous sommes nos propres maîtres dans la vie et que nous n'avons pas besoin d'autres enseignants.

Le Mantra "Ong Namo Guru Dev Namo" nous permet d'exploiter notre potentiel le plus élevé en tant qu'êtres humains Spirituels. La traduction de chaque mot révèle son pouvoir de transformer notre conscience. Pour commencer, "Ong" signifie énergie créatrice infinie ou sagesse Divine subtile. Sa prononciation est similaire à celle de "Om", avec l'avantage supplémentaire de déplacer le son dans la bouche de l'avant vers l'arrière de la gorge, ce qui stimule différentes parties du cerveau, notamment les Glandes Pituitaire et Pinéale.

"Namo" est équivalent à "Namaha", qui signifie "mes salutations respectueuses", tandis qu'un Gourou est un enseignant Spirituel qui guide ses disciples sur la voie de l'illumination. "Dev" est une version abrégée du terme "Deva", un mot Sanskrit désignant Dieu ou une Divinité. Comme Deva suit Guru dans le Mantra, cela implique que l'enseignant Spirituel est Divin et Saint. Et enfin, "Namo" à la fin réaffirme l'humilité et la révérence.

Ce Mantra raffine l'énergie autour de nous et en nous, faisant de nous un vaisseau pour une conscience supérieure. En le chantant, on bénéficie de la sagesse et du soutien de générations de Kundalini Yogis tout en renforçant sa connexion avec son Soi supérieur, Dieu.

ॐ गं गणपतये नमः

Om Gam Ganapataye Namaha

Prononciation : *Aummm Gummm Guh-Nuh-Puh-Tuh-Yahhh Nah-Mah-Haaa*

"Om Gam Ganapataye Namaha" est une puissante prière et un Mantra qui fait l'éloge du Dieu Hindou bien-aimé, l'éléphant, le Seigneur Ganesha. Sa traduction anglaise est "Mes salutations au Seigneur Ganesha". "Dans l'Hindouisme, le Seigneur Ganesha est reconnu comme le destructeur d'obstacles et le maître de la connaissance. Il est connu pour donner de la chance, de la prospérité et du succès, en particulier lorsqu'on entreprend une nouvelle aventure.

Le Seigneur Ganesha est associé au Chakra Muladhara et à l'Élément Terre. Il est souvent invoqué pour éclaircir le chemin d'une personne qui se sent mentalement bloquée et qui a besoin d'un changement de perspective. Son énergie nous met à la terre, nous aidant à surmonter les défis et les blocages créatifs. Le Seigneur Ganesha nous donne du pouvoir en améliorant notre concentration et nos connaissances, facilitant ainsi la paix intérieure.

Le son "Gam" est un Bija Mantra pour Ganesha, tandis que "Ganapataye" est une référence à son autre nom, Ganapati. On dit que si une personne chante le Mantra du Seigneur Ganesha 108 fois par jour, toute peur et toute négativité seront éliminées de son cœur. Cela s'explique par le fait que la peur est un sous-produit des éléments Eau et Air corrompus, que l'élément Terre détruit lorsqu'il est introduit.

ॐ श्री सरस्वत्यै नमः

Om Shri Saraswataya Namaha

Prononciation : *Aummm Shree Sah-Rah-Swah-Tah-Yahhh Nah-Mah-Haaa*

Le Mantra "Om Shri Saraswataya Namaha" invoque le pouvoir de la Déesse Hindoue Saraswati (Figure 139), qui est associée à la sagesse, à l'apprentissage et aux arts créatifs. La traduction anglaise est la suivante : " Salutations à la déesse Saraswati ". "Chanter ce Mantra stimule la créativité de chacun tout en stimulant l'intellect. En outre, il nous incite à nous exprimer à travers l'art, la musique et la littérature. Si l'on chante ce Mantra avant de commencer un nouvel effort créatif, on aura de la chance.

Saraswati est considérée comme la mère *des Védas*, les Anciennes écritures Hindoues et Yogiques. De nombreuses personnes instruites pensent que le fait de chanter régulièrement le Mantra de Saraswati peut leur apporter une connaissance et une sagesse profondes concernant les mystères de la création, qui les libéreront du cycle de la mort et des renaissances (Samsara). Ils appellent ce processus d'émancipation "Moksha". "

Dans le mantra "Om Shri Saraswataya Namaha", Shri est un titre de révérence souvent utilisé devant le nom d'une personne honorée ou d'une Divinité. Saraswati est l'épouse du

Dieu Hindou Brahma, qui est à la tête de la Trimurti. Comme Brahma représente le processus de création, il est lié à l'Élément Air et aux pensées, qui alimentent et façonnent l'intellect. Saraswati est la Shakti de Brahma ou l'énergie féminine créatrice. Elle représente l'aspect passif de cette même énergie, canalisée dans le Plan Physique. En tant que telle, Saraswati symbolise l'inspiration qui anime nos expressions créatives.

Figure 139: La Déesse Saraswati

BIJA MANTRAS ET MUDRAS DES SEPT CHAKRAS

Chacun des Sept Chakras est associé à un mot ou un son sacré, appelé Bija, ou Mantra "Semence". Nous pouvons utiliser ces Mantras dans la guérison par le son pour accorder et équilibrer les énergies des Chakras et les rÂmener à leur vibration optimale. En corrigeant la fréquence énergétique des Chakras, leur potentiel dormant est libéré.

En faisant résonner les Bija Mantras des Sept Chakras, nous nous connectons aux Cinq Éléments correspondants. Cette connexion est créée par la position de la langue dans la bouche lorsque l'on fait vibrer les Bija Mantras. Les Cinq Éléments sont attribués aux cinq premiers Chakras. En même temps, Ajna représente la dualité des forces masculines (Pingala) et féminines (Ida) dans la nature, le Yin et le Yang, et Sahasrara représente la totalité et l'Unité de tous les Chakras. Les Mantras Bija des Eept Chakras sont présentés ci-dessous.

LAM - Muladhara, le Chakra Racine - Élément Terre - Premier Bija Mantra

VAM - Swadhisthana, le Chakra Sacré - l'Élément Eau - Deuxième Bija Mantra

RAM - Manipura, le Chakra du Plexus Solaire - Élément du Feu - Troisième Bija Mantra

YAM - Anahata, le Chakra du Cœur - Élément Air - Quatrième mantra bija

HAM - Vishuddhi, le Chakra de la Gorge - Élément de l'Esprit - Cinquième Bija Mantra

SHAM - Ajna, le Chakra de l'Oeil de l'Esprit - Dualité - Sixième mantra Bija

OM - Sahasrara, le Chakra de la Couronne - Unité - Septième Bija Mantra

Cependant, ces sept ne sont pas les seuls Bija Mantras existants. Chacune des 50 lettres de l'alphabet Sanskrit possède son propre Bija Mantra. Par conséquent, les 50 lettres Sanskrites sont liées aux six premiers Chakras, dont le total des pétales est de 50, que l'on retrouve également dans le Lotus aux Mille Pétales de Sahasrara. Selon les écritures Yogiques, lorsqu'une lettre Sanskrite est prononcée dans un Mantra, elle ouvre le pétale correspondant du Chakra auquel elle est associée. Les Mantras à pétales des Chakras sont présentés dans la Figure 140.

Figure 140: Bija Mantras des Pétales Chakriques

Les Mantras Bija sont utilisés dans les pratiques Yogiques et la méditation depuis des milliers d'années en raison de leurs effets Spirituels sur nos états d'être émotionnels et mentaux. Ils peuvent être sonnés (vibrés en silence ou chantés à haute voix) ou médités seuls ou attachés au début de Mantras plus longs pour renforcer leur puissance énergétique. Ces Mantras primordiaux n'ont pas de traduction directe comme les autres parties d'un Mantra. Cependant, leurs qualités vibratoires intenses en font un instrument puissant pour accéder à des niveaux de conscience plus élevés.

Lorsqu'ils sont chantés dans le cadre d'un Mantra plus long, les Mantras Bija expriment généralement l'énergie ou l'essence fondÂmentale de ce Mantra. Par exemple, OM est la source, ou la graine, à partir de laquelle tous les autres sons d'un Mantra précèdent. C'est donc le Bija Mantra le plus supérieur en tant que son du Para-Brahman (le Brahman suprême) ; les lettres de l'alphabet Sanskrit ne sont que des émanations du OM, qui est leur son racine.

OM représente le Sahasrara Chakra, l'énergie source des six autres Chakras situés en dessous. Sahasrara est la Lumière Blanche dont émanent successivement les sept couleurs de l'arc-en-ciel, correspondant aux couleurs des Sept Chakras. Notez que Sahasrara est traditionnellement blanc ou violet puisque le violet est la couleur vibratoire la plus élevée au sommet de l'arc-en-ciel.

Les sept Mudras des Mains de la Figure 141 sont traditionnellement utilisés pour ouvrir les Sept Chakras Majeurs. En combinant ces Mudras des Mains avec les Mantras Bija des Sept Chakras, nous disposons d'une technique puissante pour optimiser le flux d'énergie des Chakras et aider à éveiller la Kundalini à la base de la colonne vertébrale.

Pratique de Guérison des Sept Chakras Mudra/Mantra

Commencez la pratique du Chakra Mudra/Mantra en vous lavant les mains. Ensuite, trouvez une position assise confortable, soit dans un Asana de méditation, soit sur une chaise. Ensuite, permettez-vous de calmer votre intérieur en pratiquant la respiration quadruple et en faisant taire le mental. Comme cet exercice comporte un élément de visualisation, il est utile de fermer les yeux pendant qu'on le fait.

Il existe deux méthodes pour effectuer cette pratique, qui doivent toutes deux être utilisées et échangées souvent. La première méthode consiste à commencer par le Muladhara Mudra et à remonter le long des Chakras. Cette séquence particulière reflète la montée de la Kundalini ainsi que l'ascension de l'Arbre de Vie, où vous commencez votre voyage dans la Sphère ou le Chakra le plus bas et vous vous élevez en conscience jusqu'à atteindre le plus haut.

Tout en effectuant le Mudra de la main de chaque Chakra, vibrez/chanter son Bija Mantra sur un ton vocal énergisant et projectif. Vous pouvez passer entre une et cinq minutes sur chaque Mudra avant de continuer. Soyez cohérent dans le temps que vous consacrez à chaque Mudra. Par exemple, si vous décidez de consacrer deux minutes au Muladhara Mudra, répétez cette durée pour les Mudras de la main suivants. La clé de toute pratique Spirituelle réussie est la cohérence et l'équilibre.

Lorsque vous effectuez un Mudra de la main et que vous vibrez le Bija Mantra correspondant, concentrez-vous sur la zone Chakrique. Connectez-vous au Chakra et imaginez que sa couleur complémentaire devient de plus en plus brillante, car l'énergie Lumière l'imprègne à chaque vibration. La composante visuelle de cet exercice est bénéfique pour la concentration des énergies invoquées par les Mantras.

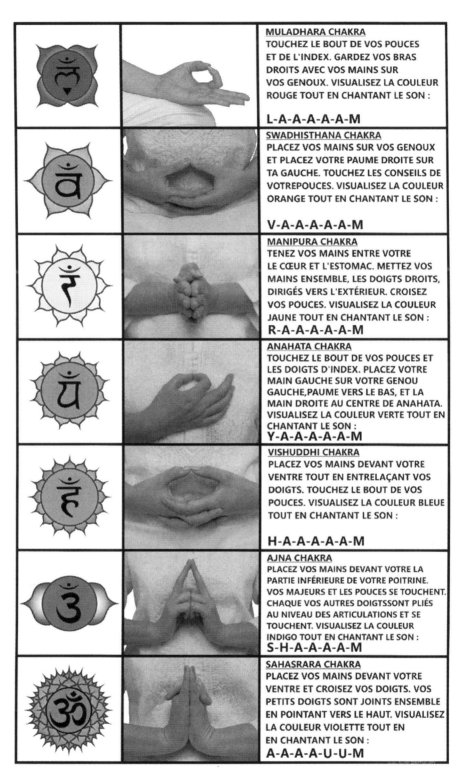

		MULADHARA CHAKRA TOUCHEZ LE BOUT DE VOS POUCES ET DE L'INDEX. GARDEZ VOS BRAS DROITS AVEC VOS MAINS SUR VOS GENOUX. VISUALISEZ LA COULEUR ROUGE TOUT EN CHANTANT LE SON : **L-A-A-A-A-A-M**
		SWADHISTHANA CHAKRA PLACEZ VOS MAINS SUR VOS GENOUX ET PLACEZ VOTRE PAUME DROITE SUR TA GAUCHE. TOUCHEZ LES CONSEILS DE VOTREPOUCES. VISUALISEZ LA COULEUR ORANGE TOUT EN CHANTANT LE SON : **V-A-A-A-A-A-M**
		MANIPURA CHAKRA TENEZ VOS MAINS ENTRE VOTRE LE CŒUR ET L'ESTOMAC. METTEZ VOS MAINS ENSEMBLE, LES DOIGTS DROITS, DIRIGÉS VERS L'EXTÉRIEUR. CROISEZ VOS POUCES. VISUALISEZ LA COULEUR JAUNE TOUT EN CHANTANT LE SON : **R-A-A-A-A-A-M**
		ANAHATA CHAKRA TOUCHEZ LE BOUT DE VOS POUCES ET LES DOIGTS D'INDEX. PLACEZ VOTRE MAIN GAUCHE SUR VOTRE GENOU GAUCHE,PAUME VERS LE BAS, ET LA MAIN DROITE AU CENTRE DE ANAHATA. VISUALISEZ LA COULEUR VERTE TOUT EN CHANTANT LE SON : **Y-A-A-A-A-A-M**
		VISHUDDHI CHAKRA PLACEZ VOS MAINS DEVANT VOTRE VENTRE TOUT EN ENTRELAÇANT VOS DOIGTS. TOUCHEZ LE BOUT DE VOS POUCES. VISUALISEZ LA COULEUR BLEUE TOUT EN CHANTANT LE SON : **H-A-A-A-A-A-M**
		AJNA CHAKRA PLACEZ VOS MAINS DEVANT VOTRE LA PARTIE INFÉRIEURE DE VOTRE POITRINE. VOS MAJEURS ET LES POUCES SE TOUCHENT. CHAQUE VOS AUTRES DOIGTSSONT PLIÉS AU NIVEAU DES ARTICULATIONS ET SE TOUCHENT. VISUALISEZ LA COULEUR INDIGO TOUT EN CHANTANT LE SON : **S-H-A-A-A-A-M**
		SAHASRARA CHAKRA PLACEZ VOS MAINS DEVANT VOTRE VENTRE ET CROISEZ VOS DOIGTS. VOS PETITS DOIGTS SONT JOINTS ENSEMBLE EN POINTANT VERS LE HAUT. VISUALISEZ LA COULEUR VIOLETTE TOUT EN EN CHANTANT LE SON : **A-A-A-A-U-U-M**

Figure 141: Les Sept Chakras Mudras/Mantras

453

Dans la deuxième méthode de pratique du Mudra/Mantra des Chakras, vous commencez par le plus élevé, Sahasrara, et vous descendez en séquence à travers les Chakras. Dans cette méthode, imaginez Sahasrara comme une pure Lumière Blanche au lieu de la couleur violette. Après avoir terminé la combinaison Mudra/Mantra de Sahasrara, imaginez qu'un faisceau de Lumière en sort et se connecte à Ajna Chakra en dessous.

Une fois que vous avez terminé avec l'Ajna, projetez ce même faisceau de Lumière vers le Visshudhi, et ainsi de suite. Vous devez visualiser un faisceau de Lumière se projetant d'un Chakra à l'autre jusqu'à ce que vous atteigniez Muladhara. À la fin de cet exercice, les Sept Chakras Majeurs seront éclairés, reliés par un puits ou un faisceau de Lumière.

Que vous ayez effectué la première ou la deuxième méthode de pratique du Mudra/Mantra des Chakras, terminez l'exercice en passant quelques minutes à visualiser vos Chakras éclairés de l'intérieur de votre Aura dans leurs couleurs respectives. Voyez-les plus brillants que jamais. Si vous effectuez la deuxième méthode de pratique, chacun des Chakras sera relié par un faisceau de Lumière. La pratique du Chakra Mudra/Mantra est maintenant terminée. Vous pouvez ouvrir les yeux et retrouver votre pleine conscience éveillée.

LA MÉDITATION (DHYANA)

Le mode de vie trépidant et multitâche des Occidentaux est à l'origine de problèmes de santé mentale tels que l'anxiété, la dépression et le stress chronique. C'est pourquoi les pratiques holistiques corps-esprit telles que le Yoga et la méditation de pleine conscience sont devenues populaires en Occident en tant que techniques de réduction du stress qui calment le système nerveux et augmentent les niveaux de dopamine et de sérotonine dans le cerveau. Il en résulte un bonheur accru et un esprit et un corps sains.

Selon la définition du dictionnaire, la "méditation" consiste à se livrer à la contemplation ou à la réflexion. Elle implique d'être attentif et présent ici et maintenant, ce qui accroît la conscience en puisant dans le domaine de la conscience pure. C'est un processus qui exige que nous tournions notre esprit vers l'intérieur et que nous nous unissions à une réalité supérieure, substantielle et saine.

La méditation est un voyage vers l'union du Soi avec l'Esprit intérieur. C'est une quête d'une vérité supérieure que seule l'intuition peut saisir, qui nous oblige à dépasser notre intelligence limitée et nos émotions personnelles pour établir une connexion permanente avec notre véritable essence.

Le fait d'aller à l'intérieur de soi par la pratique méditative atténue les conditionnements subconscients qui nous empêchent d'être la meilleure version de nous-mêmes. La méditation réinitialise l'esprit, ce qui aide les personnes à surmonter les mauvaises habitudes et les dépendances nuisibles. Nous nous reconnectons également avec l'Âme en allant vers l'intérieur, ce qui réoriente notre boussole morale si nous nous sommes égarés.

La méditation apporte la clarté mentale et apaise nos émotions, ce qui a un effet curatif sur tous les aspects de notre vie, y compris les relations personnelles. Elle libère les tensions intérieures et l'anxiété et nous recharge d'une nouvelle foi en l'Univers et d'un amour pour nous-mêmes et les autres. Sur le Plan Physique, la méditation abaisse le rythme cardiaque, améliore le système immunitaire et équilibre les Systèmes Nerveux Sympathique et Parasympathique, apportant ainsi de la cohérence au corps.

La méditation aide les gens à atteindre la paix et l'équilibre mentaux, qui sont nécessaires pour fonctionner au mieux dans la société. Cette pratique n'a rien à voir avec le fait de s'évader dans un monde intérieur et d'abandonner ses responsabilités dans le domaine matériel, mais de trouver notre cœur et d'atteindre un bonheur authentique et durable. Ce faisant, nous développons une bonne base dans la vie qui rendra plus facile tout ce que nous ferons à partir de ce moment-là.

La méditation est souvent le résultat de personnes qui se retrouvent dans une impasse dans leur recherche du bonheur en satisfaisant les désirs de leur Ego. Comme nous sommes conditionnés à nous associer à l'Ego à l'adolescence, cette croyance reste prédominante au début de l'âge adulte jusqu'à ce que nous arrivions à la conclusion que pour atteindre le bonheur ultime, il faut aller au-delà de l'Ego pour trouver l'Esprit qui est en nous. C'est ce que signifie devenir Spirituel et discerner entre illusion et réalité, et la méditation est la méthode la plus optimale pour atteindre cet objectif.

PRATIQUE YOGIQUE ET MÉDITATION

La méditation est le septième membre ou étape du Yoga, Dhyana, tel que décrit dans les *Yoga Sutras* de Patanjali. Tenter de retirer les sens (Pratyahara) et de concentrer l'esprit (Dharana) sont les cinquième et sixième étapes du Yoga, qui mènent à la méditation. Les troisième et quatrième étapes (Asanas et Pranayama) aident à équilibrer les énergies masculine et féminine et à calmer l'esprit, ce qui permet de s'intérioriser, condition préalable à la méditation.

Une fois que nous avons appris à méditer, nous disposons d'une technique pour contacter notre Soi intérieur, l'Esprit, ce qui nous permet d'atteindre la huitième et dernière étape du Yoga - Samadhi - l'auto-identification avec la Conscience Cosmique. Samadhi implique la libération, ou l'Illumination, où le sujet et l'objet sont devenus Un.

La méditation exigeant une concentration mentale, le contrôle de notre énergie Pranique est crucial. Nous pouvons y parvenir grâce à des postures de méditation stabilisées (Asanas) et à la régulation de la respiration (Pranayama). Les personnes souffrant de troubles mentaux ou émotionnels tels que la schizophrénie, la psychose, la bipolarité, le syndrome de stress post-traumatique, etc., devraient d'abord se concentrer sur les Asanas et le Pranayama pour équilibrer leurs énergies, car il est utile de surmonter les tendances négatives de l'esprit avant de tenter une méditation profonde.

Ouvrir de nouvelles portes de la psyché lorsque l'esprit n'est pas sain et fort peut être effrayant pour de nombreuses personnes. Après tout, une grande partie de la méditation consiste à se détacher des activités de l'esprit et à se séparer de nos pensées. Il est essentiel de développer le courage et la foi pour affronter l'inconnu, ce qui transmute la peur en une énergie positive qui fait progresser notre évolution Spirituelle. C'est pourquoi les pratiques Yogiques telles que les Asanas, le Pranayama, les Mudras et les Mantras sont souvent utilisées parallèlement à la méditation, car elles préparent l'esprit et le corps à atteindre des états de conscience plus élevés.

Par exemple, les Mudras aident à manipuler nos énergies intérieures, favorisant le bien-être physique, mental et émotionnel, tandis que les Mantras invoquent/évoquent l'énergie transcendantale dans l'Aura, élevant la conscience au-dessus du niveau du corps et de l'Ego. Les Mantras sont donc primordiaux dans la pratique de la méditation, en particulier lorsqu'une personne a besoin d'aide pour calmer son esprit et se connecter à une puissance supérieure.

En raison de leur efficacité, j'ai consacré la majeure partie de cette section aux techniques yogiques d'Asana, Pranayama, Mudra et Mantra. Leur maîtrise a pour but de préparer le corps, l'esprit et l'Âme à la méditation, qui mène à l'unité avec l'Esprit - l'énergie source du Créateur.

La régulation de son mode de vie, y compris la mise en place d'un régime alimentaire sain, fait partie intégrante de la préparation de l'esprit à la méditation. Les première et deuxième étapes du Yoga, les Yamas (autolimitations) et les Niyamas (auto-observations), exigent que nous soyons conscients de nos pensées, de nos émotions et de nos actions et que nous les contrôlions. Comme le dit l'aphorisme de la Grèce Antique, "Connais-toi toi-même". Ce n'est que lorsque nous avons appris les tendances de notre Moi, notre nature intérieure automatique, que nous pouvons commencer à essayer de le changer et de le gérer pour nous ouvrir à l'énergie Spirituelle.

En définitive, la méditation conduit à devenir l'incarnation de l'Amour Divin. L'amour Divin est l'essence de l'Esprit, que nous ressentons de manière tangible dans notre cœur comme une émotion. C'est pourquoi l'ouverture du centre du cœur, ou Chakra du Cœur, est l'un des objectifs de la méditation. Lorsque Anahata Chakra est préparé par des pratiques Yogiques associées au développement de la morale et de l'éthique, un influx d'énergie Spirituelle se déverse du Sahasrara Chakra situé au-dessus, entraînant une transformation permanente de la conscience. Lorsque cela se produit, l'aspirant a atteint le but ultime du Yoga - l'union avec la Divinité.

TROIS MÉTHODES DE MÉDITATION

Tout comme il existe plusieurs disciplines Spirituelles pour atteindre l'Illumination, il existe de nombreuses façons de méditer. Dans ce chapitre, je vais mentionner trois méthodes de méditation primaires que j'ai trouvées les plus utiles, bien qu'il en existe beaucoup d'autres, dont certaines sont abordées dans d'autres sections de ce livre. De plus, la méditation n'a pas besoin d'être stationnaire puisque la marche peut aussi être un exercice méditatif si vous pratiquez la pleine conscience. Toute activité qui vous rend présent ici et maintenant et vous accorde à l'énergie Spirituelle constitue une forme de méditation.

Le premier type de méditation que j'ai trouvé très puissant consiste à se concentrer sur un objet spécifique extérieur à soi et à le regarder les yeux ouverts. Le choix de l'objet sur lequel méditer est illimité. Il est utile de commencer par un objet simple comme la flamme d'une bougie (comme indiqué dans ce chapitre) et de progresser vers un objet plus élaboré, comme la statue d'une divinité.

Ce type de méditation vise à concentrer votre esprit sans interruption et à ne faire qu'un avec l'objet, ce qui a des effets Spirituels très positifs. Au fur et à mesure que vous

vous concentrez sur l'objet, votre attention est détournée de votre subconscient et projetée à l'extérieur de vous, ce qui vous permet de prendre conscience de votre environnement.

Cette médiation a pour but non seulement de stimuler votre Oeil de l'Esprit, mais aussi de l'éveiller pleinement et en permanence. C'est pourquoi, lorsque vous vous concentrez sur un objet plus complexe, tel que la statue d'une Divinité, vous constaterez que plus vous prolongez cette pratique, plus votre sens Astral s'éveille, de sorte que vous pouvez sentir, toucher, humer et même goûter la statue avec votre esprit.

Le deuxième type de méditation fait appel à l'utilisation de sons (Mantras) pour concentrer l'esprit. Les Mantras sont des mots, des phrases ou des affirmations particulières, dont la répétition pendant la méditation élève la conscience vers des états supérieurs. Dans le Yoga, l'acte de répéter un Mantra à l'aide de perles de Mala est appelé Japa, dérivé du mot Sanskrit "jap", qui signifie "prononcer à voix basse, répéter intérieurement". "

La récitation auditive d'une prière pendant la méditation constitue également un Mantra, que vous devez prononcer avec détermination et avec un sentiment profond pour obtenir des effets optimaux. L'intention et la concentration de l'esprit sont cruciales lors de la répétition d'un Mantra, tout comme la tonalité de la voix. Par exemple, le chant implique un rythme et une hauteur de son qui, lorsqu'il est exécuté correctement, plonge l'esprit et le corps dans un état de transe. Les chants et hymnes religieux sont des Mantras qui nous inspirent et nous transportent vers un état de conscience élargi, facilitant ainsi l'éveil Spirituel. Je discuterai des mantras plus en détail dans le prochain chapitre de cette section.

Le troisième type de méthode de méditation fait appel à la visualisation. Les méditations par visualisation sont très populaires et efficaces tout en étant faciles à pratiquer. Pour employer ce type de méditation, il suffit de choisir un objet sur lequel méditer et de le visualiser les yeux fermés. La méditation par la visualisation stimule l'Oeil de l'Esprit car elle fait intervenir la Lumière Astrale, qui est à la base de toutes les images visuelles.

Une adaptation puissante de cet exercice consiste à visualiser une Déité, comme un Dieu ou une Déesse, du panthéon de votre choix (Figure 142). Non seulement vous recevrez les effets attendus d'une méditation de visualisation, mais vous pourrez imprégner votre Aura des caractéristiques énergétiques de la Déité que vous avez imaginée.

Pour un effet optimal, il est préférable d'avoir l'objet en question à portée de main, comme la statue de la Divinité choisie. Vous pouvez tenir l'objet pour ressentir son énergie ou le placer à hauteur des yeux devant vous pour examiner tous ses détails complexes et les noter mentalement. Ensuite, vous devez fermer les yeux et imaginer ce que vous venez de voir, tout en vous concentrant pour maintenir cette image dans votre Oeil de l'Esprit sans interruption.

Lorsque vous commencez la pratique de la méditation de visualisation, vous pouvez vous concentrer sur un point, une ligne, un carré ou un cercle, puis reproduire l'image dans votre Oeil de l'Esprit par l'imagination. Cependant, focaliser votre attention sur un objet tridimensionnel a des effets spécifiques que vous ne pouvez pas obtenir avec un plan bidimensionnel, comme l'éveil complet de vos sens Astraux.

Pour commencer à méditer sur un objet Tridimensionnel, commencez par quelque chose de simple, comme un fruit, puis passez à une forme plus complexe, comme une statue de Divinité. Sachez également que toutes les couleurs ont des vibrations différentes et qu'en visualisant une couleur, vous invoquez l'énergie correspondante dans votre Aura à un niveau subtil. Par conséquent, prêtez attention à ce que vous ressentez lors d'une méditation de visualisation lorsque des couleurs sont impliquées.

Figure 142: Méditation de Visualisation

ÉTAPES DE LA MÉDITATION

Lorsque vous planifiez une méditation, veillez à la faire dans un endroit calme et agréable où vous savez que vous ne serez pas dérangé. De nombreuses personnes aiment utiliser de l'encens pour débarrasser leur espace de toute énergie négative et le rendre ainsi sacré. L'encens contient également des propriétés spécifiques qui élèvent l'esprit et le préparent à la méditation. Veillez à brûler l'encens avant de préparer l'espace, plutôt que pendant la méditation, car il peut interférer avec la respiration et constituer une distraction.

La sauge, l'encens et le Bois de Santal sont les encens les plus populaires en raison de leurs propriétés curatives et de leurs effets calmants. Ils sont également connus pour activer le Chakra Ajna, qui est une condition préalable à la méditation. Cependant, mon préféré est l'encens indien Nag Champa, qui a un arôme agréable et une qualité vibratoire élevée.

Le matin est généralement le meilleur moment pour méditer, surtout à jeun. Une fois que vous avez apporté de la nourriture dans le corps, attendez au moins quatre à six heures avant de méditer, car le corps va travailler dur pour digérer la nourriture qui se transforme en énergie Pranique qui alimente le système. Il est également conseillé de méditer le soir car nous sommes naturellement plus détendus - méditer avant de dormir facilite un état mental calme et équilibré, favorisant un sommeil sain.

Si vous intégrez la méditation à votre pratique Yogique, vous trouverez peut-être suffisant d'y consacrer cinq à dix minutes, qui devraient être effectuées à la toute fin. Cependant, si vous méditez indépendamment de votre pratique Yogique, une période de quinze à vingt minutes est optimale et donnera les meilleurs résultats. Sachez que plus vous y consacrez de temps, meilleurs seront vos résultats.

Les méditations se font généralement en position assise, mais vous pouvez également méditer en position debout, en marchant ou en vous allongeant. Les débutants doivent cependant éviter de s'allonger pour méditer, car les personnes inexpérimentées s'endorment souvent.

Sukhasana, Siddhasana et Padmasana sont les postures méditatives recommandées qui varient en fonction de votre souplesse. Lorsque vous pratiquez ces Asanas méditatifs, vous devez placer vos mains sur les genoux dans le Jnana ou le Chin Mudras.

S'asseoir sur une chaise fonctionne également et n'est pas moins efficace pour tenter de méditer. Les débutants peuvent trouver que c'est la meilleure option, car les chaises offrent le soutien nécessaire au dos et à la colonne vertébrale pour se concentrer davantage sur le processus de méditation lui-même. Vous pouvez également vous agenouiller sur le sol, avec ou sans coussin pour vos genoux, selon ce qui vous semble le plus confortable.

Quelle que soit la posture choisie, l'essentiel est que le dos et la colonne vertébrale soient maintenus droits pendant la méditation, tout en gardant les mains sur les côtés, ce qui permet de canaliser de manière optimale les énergies Praniques et Chakriques. En outre, lorsque vous êtes debout, le corps est plus détendu et stable, ce qui accroît votre capacité à vous concentrer et à vous intérioriser.

Après avoir choisi la posture de méditation et votre point de concentration, l'étape suivante sur laquelle il faut se concentrer est la respiration. La technique de respiration Yogique Pranayama est optimale. L'attention est portée sur la respiration Diaphragmatique et Thoracique, car l'expansion de l'abdomen maximise l'apport d'oxygène tout en ancrant vos énergies intérieures. Ce type de respiration active l'ensemble du système Chakrique, y compris les deux Chakras les plus bas, Muladhara et Swadhisthana. Les personnes qui ne respirent naturellement que par la poitrine font intervenir les Chakras supérieurs et moyens tout en laissant les Chakras cruciaux de la terre et de l'eau pratiquement inutilisés, d'où un état mental déséquilibré qui donne lieu au stress et à l'anxiété.

La respiration vous permet de contrôler le processus de méditation ; soyez donc attentif à votre inspiration et à votre expiration tout au long du processus. Votre respiration doit être lente, profonde et rythmée. Veillez à garder une attitude détendue et calme. Si vous perdez le contrôle de votre respiration, ne paniquez pas ; au contraire, reprenez le contrôle de votre respiration et reprenez votre rythme.

Pendant la méditation, vous constaterez que vos pensées vagabondent fréquemment. Ne vous en inquiétez pas ; c'est une partie naturelle du processus. En fait, plus vous vous concentrez sur l'objet choisi, surtout les yeux fermés, plus votre Ego fera tout ce qui est en son pouvoir pour saboter vos tentatives. Méditer ne consiste pas à faire taire les pensées de l'Ego, mais à apprendre à ne pas les écouter en restant concentré sur la tâche à accomplir.

Les méditations par Mantra sont utiles aux débutants car elles vous permettent de rediriger vos pensées au lieu de vider votre esprit en les faisant taire. Lorsque vous vous trouvez distrait par vos pensées, revenez au point de concentration choisi ou détournez votre esprit en replaçant votre attention sur votre Mantra. Vous pouvez également utiliser votre respiration pour reprendre le contrôle de votre esprit en redirigeant votre attention sur elle lorsque votre esprit vagabonde.

Au début, vous pouvez vous sentir mal à l'aise pendant la méditation. Votre corps se contractera, vous aurez des crampes, vos jambes s'endormiront, ou vous développerez de l'impatience et même de l'agitation. Ne vous alarmez pas lorsque cela se produit, car c'est un signe que votre méditation fonctionne. J'ai découvert qu'en apprenant à méditer, la première difficulté à surmonter est d'apprendre à détendre votre corps, car c'est l'Ego qui utilise le corps pour vous distraire et vous détourner de votre objectif. Vous constaterez que plus vous répétez le processus de méditation, plus il devient facile.

Lorsque votre méditation commence à fonctionner, l'Ego perd son emprise sur l'esprit, pour le moment, ce qui entraîne un état de conscience élevé. L'effet sera un esprit silencieux et calme avec des pensées pures en arrière-plan, dépourvues de signification personnelle. Lorsque vous avez atteint ce point critique, maintenez-le aussi longtemps que vous le pouvez. Plus vous parviendrez à atteindre ce point pendant la méditation, plus il vous sera facile de vous détacher de votre Ego et d'élever la vibration de votre conscience. Au bout d'un certain temps, vous développerez peut-être la capacité naturelle de le faire même sans méditation, ce qui vous permettra de contacter instantanément votre Soi supérieur pour recevoir ses conseils et sa sagesse.

Enfin, travaillez à purifier votre esprit dans la vie quotidienne. Plus vous développez un caractère fort et une nature morale et éthique, plus le processus de méditation devient accessible. Soyez persévérant et déterminé à aller jusqu'au bout de vos méditations, même s'il vous semble que vous n'arrivez à rien. Si vous abandonnez trop tôt, vous renoncez aux incroyables bienfaits de la méditation, qui sont infinis. Comme le jour succède à la nuit, sachez que vous atteindrez le but de vos méditations si vous vous y adonnez régulièrement et si vous suivez les étapes prescrites.

MÉDITATION À LA FLAMME DE BOUGIE (TRATAKA)

En Sanskrit, Trataka signifie "regard" ou "regard fixe", car cette pratique consiste à regarder fixement un petit objet tel qu'un point noir, la flamme d'une bougie, la statue d'une Déité ou un dessin géométrique tel qu'un mandala ou un yantra. La flamme stable d'une bougie (Figure 143) est un aimant naturel pour les yeux et l'esprit et est considérée comme la plus pratique et la plus sûre. En tant que telle, elle est la plus utilisée par les Yogis.

Trataka est une technique du Hatha Yoga qui entre dans la catégorie des Shatkarma (Sanskrit pour "six actions"), qui sont six groupes de pratiques de purification du corps par des moyens Yogiques. Le but des Shatkarmas est de créer une harmonie entre les Nadis Ida et Pingala, créant ainsi un équilibre entre vos états mental, émotionnel et physique. Trataka est la science de la vision du Shatkarma.

Figure 143: Méditation à la Flamme de Bougie (Trataka)

Les yeux sont les "fenêtres de l'Âme", le moyen par lequel notre esprit communique avec l'environnement extérieur. Ils laissent entrer la Lumière, éclairant ainsi le Moi intérieur. Trataka est une technique qui nous permet de regarder à l'intérieur de notre esprit et de notre Âme à travers les yeux. Puisque notre esprit est constamment en contact avec ce que nos yeux regardent, la conscience à un seul point de Trataka nous permet de calmer le subconscient, alimenté par l'Ego. Lorsque l'Ego passe au neutre, ses schémas de pensée continus ralentissent, ce qui permet à la conscience de s'élever et d'accéder à des états d'esprit supérieurs.

Le calme de l'esprit et de ses schémas de pensée est une condition préalable à la méditation (Dhyana). En concentrant votre regard sur la flamme d'une bougie, vous activez le Chakra Ajna, qui a non seulement un effet apaisant sur l'esprit, mais constitue également la porte d'entrée vers des états de conscience supérieurs. Ainsi, avec une pratique régulière de Trataka, les capacités psychiques et l'intuition augmentent, ce qui permet de mieux comprendre les mystères de la création.

Avec Trataka, l'esprit est purifié et revigoré, ce qui améliore la concentration (Dharana) et élimine tous les problèmes liés aux yeux et à la vision. En outre, le rythme cardiaque et respiratoire et l'activité des autres organes ralentissent, ce qui favorise le rajeunissement par l'intermédiaire de l'énergie Pranique.

Trataka équilibre les Systèmes Nerveux Sympathique et Parasympathique, soulageant ainsi la tension nerveuse. En outre, les zones dormantes du cerveau sont stimulées par une pratique régulière de Trataka, tandis que les zones à forte activité ont la possibilité de se recharger, ce qui favorise la santé du cerveau. Enfin, la pratique régulière de Trataka améliore la qualité du sommeil en calmant l'esprit tout en traitant la dépression et d'autres problèmes mentaux et émotionnels.

Trataka doit être pratiqué à la fin de votre séquence de Yoga, après les Asanas, les Pranayamas, les Mudras et les Bandhas. Lorsqu'il est pratiqué seul, il est préférable de le faire le matin, lorsque l'esprit est calme et que les yeux sont plus actifs. Il peut également être pratiqué le soir, avant de dormir. Évitez de faire Trataka l'estomac plein, comme c'est le cas pour toutes les pratiques Yogiques.

Pour commencer la méditation Trataka, asseyez-vous dans une pièce sombre où vous ne serez pas dérangé pendant la durée de l'exercice. Allumez ensuite une bougie et placez-la sur une petite table à environ deux ou trois pieds devant vous, à hauteur des yeux (Figure 144). Assurez-vous qu'il n'y a pas de courant d'air à proximité qui pourrait affecter le mouvement de la flamme de la bougie.

Asseyez-vous dans n'importe quelle Asana de méditation confortable, les mains sur les genoux, en Jnana ou Chin Mudras. Votre colonne vertébrale et votre tête doivent être maintenues droites. Fermez maintenant les yeux tout en détendant votre corps, en particulier les yeux. Veillez à ce que le corps reste stable tout au long de l'exercice.

Ouvrez les yeux maintenant et commencez à regarder la flamme de la bougie. Le point de fixation idéal est la pointe rouge de la mèche. Maintenez le regard aussi longtemps que possible en évitant de cligner des yeux ou de bouger les globes oculaires de quelque manière que ce soit. Ne tendez pas les yeux, car la tension pourrait les faire scintiller. Arrêtez si les yeux commencent à larmoyer.

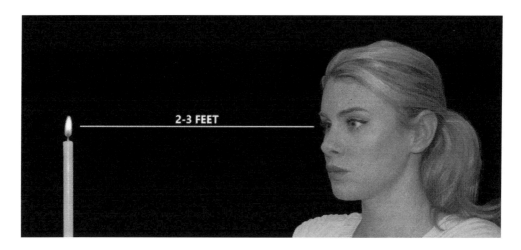

Figure 144: Placement de la Flamme de la Bougie

En devenant un avec la flamme, vous devriez perdre la conscience de toutes les sensations corporelles. Votre Être s'extériorisera, vous éloignant de tout bavardage mental distrayant. Si l'esprit commence à vagabonder et que votre concentration diminue, rÂmenez votre attention sur la flamme de la bougie.

Après une à deux minutes, fermez les yeux et fixez l'image rémanente de la flamme dans l'espace devant vous. Si l'image rémanente commence à bouger d'un côté à l'autre ou de haut en bas, vous pouvez la stabiliser en vous concentrant davantage sur elle. Lorsque l'image commence à s'estomper, faites-la revenir par la mémoire. Lorsqu'elle a complètement disparu, ouvrez les yeux et recommencez à regarder la flamme de la bougie.

Répétez ce processus trois à quatre fois si vous êtes débutant, en ne prenant pas plus de deux minutes au total. Lorsque vous êtes prêt à terminer l'exercice, frottez vos mains l'une contre l'autre pendant cinq secondes pour générer de l'énergie Pranique, puis placez-les sur vos yeux pendant dix secondes pour l'absorber. Terminez toujours la méditation Trataka de cette manière, qui procure une énergie curative à vos yeux.

Au fur et à mesure que vous vous familiarisez avec la méditation Trataka, augmentez sa durée jusqu'à dix minutes. Les personnes souffrant d'insomnie, de dépression ou d'autres problèmes mentaux et émotionnels devraient consacrer jusqu'à vingt minutes à cet exercice.

Notez que les personnes souffrant de glaucome, d'épilepsie ou d'affections oculaires graves ne doivent pas pratiquer Trataka. Elles peuvent remplacer leur point de concentration par un point noir, dans une pièce bien éclairée. Bien que la méditation sur un point noir produise des bénéfices similaires à ceux de Trataka, elle est moins puissante car elle omet de se concentrer sur l'image secondaire, qui ouvre efficacement l'Oeil de l'Esprit en cas d'utilisation régulière.

LE YOGA ET LES CINQ ÉLÉMENTS

Le Yoga nous aide à purifier et à équilibrer les Cinq Éléments que sont la Terre, l'Eau, l'Air, le Feu et l'Esprit (Espace). Cela permet de rétablir la santé optimale de ces éléments dans le corps et de déployer les pouvoirs et les capacités intérieurs qui correspondent à chaque élément. Cependant, comme chacun des Cinq Éléments est responsable de différentes structures dans le corps, la maladie et la souffrance psychologique peuvent survenir si un Élément devient impur ou se déséquilibre avec un autre Élément.

L'Élément Terre ("Bhumi" en Sanskrit) étant lié à tous les solides, il correspond au corps physique, à savoir les systèmes squelettique et musculaire. L'Élément Terre comprend tous les tissus du corps, y compris la peau, les dents, les ongles et les cheveux. Le corps physique est le véhicule de notre conscience et le fondement qui nous rattache à la planète Terre.

L'Élément Eau ("Jala" en Sanskrit) est lié à tous les fluides ; notre corps physique est composé à 60 % d'eau, qui se déplace à travers nous via notre système circulatoire. Nous trouvons également de l'eau dans notre cerveau, notre cœur, nos poumons, nos muscles, nos reins et même nos os. En outre, notre sang, notre sueur, notre salive, notre urine, notre sperme et nos fluides vaginaux et utérins contiennent également de l'eau. Notre santé physique et mentale dépend de la circulation de l'eau dans notre corps, car l'Élément Eau régule la conscience.

L'Élément Feu est lié à la digestion et au métabolisme et concerne la faim, la soif et notre besoin de sommeil. Le feu est appelé "Agni" en Sanskrit, le Dieu du Feu dans l'Hindouisme. Dans la pratique des Asanas, Agni fait référence à la chaleur interne et à la chaleur qui est générée dans des postures spécifiques. L'Élément Feu est lié à notre Âme, notre source de Lumière qui a le pouvoir de créer et de détruire.

L'Élément Air ("Pavan" en Sanskrit) est lié à notre système respiratoire et s'occupe de l'expansion et de la contraction de l'énergie Pranique dans le corps. Le Prana est une énergie Lumière, la Force Vitale dont tous les organismes vivants ont besoin pour survivre. L'air qui nous entoure est porteur d'énergie Pranique ; le simple fait de respirer apporte du Prana dans le corps. L'énergie Pranique est également nécessaire pour alimenter l'esprit. C'est pourquoi le contrôle de la respiration (Pranayama) est essentiel dans toutes les pratiques Yogiques, car l'un des objectifs du Yoga est de concentrer l'esprit et de devenir conscient de Soi.

L'Élément Esprit/Espace ("Akasha" en Sanskrit) alimente nos fonctions cognitives internes. Il est notre source d'amour, de vérité, de sagesse, d'inspiration et de foi. Cependant, l'énergie de l'Esprit peut être corrompue par l'absence de raison et la pensée illogique, ce qui crée la peur. Notre plus grande peur est liée à la survie sur le plan physique, comme notre peur primitive de la mort. Nous craignons la mort parce que nous ne pouvons pas savoir avec certitude ce qui se passe lorsque nous mourons, puisque nous n'avons pas de souvenirs au-delà de cette vie. Comme il est éternel et intemporel, l'Esprit nous donne foi en la vie après la mort - la continuation de notre existence au-delà de la mort. La meilleure façon d'expérimenter l'énergie de l'Esprit est de faire taire le mental et d'aller au plus profond de soi. La méditation est la meilleure façon de se mettre en phase avec l'Esprit qui est en nous, afin d'induire la paix de l'esprit et la félicité, tout en apportant de l'inspiration dans notre vie quotidienne.

ACTIVER ET ÉQUILIBRER LES ÉLÉMENTS

Il existe un ordre naturel des Éléments dans le corps. En pratiquant l'Asana, le Pranayama, le Mudra, le Mantra et la méditation, la prise de conscience des Éléments du corps nous permet de canaliser l'énergie pranique dans les centres Chakriques correspondants. En activant nos pouvoirs élémentaires, nous pouvons atteindre l'équilibre dans l'esprit, le corps et l'Âme.

Les Éléments Terre et Eau se trouvent sous le nombril. Chaque fois que nous concentrons notre attention sur la région pelvienne, que ce soit par le mouvement, la méditation ou les techniques de respiration, nous stimulons ces deux Éléments en action.

Les Asanas stationnaires facilitent la stabilité en approfondissant notre connexion avec la Terre. Lorsque notre corps physique est mis à la terre, nous établissons nos fondations physiques et nous nous connectons ainsi à l'Élément Terre. Nos muscles s'assouplissent et nos articulations se stabilisent. Le corps lui-même devient fort et ferme. Les Asanas nous relient à nos pieds et nous permettent de prendre conscience de notre langage corporel et de nos mouvements. L'esprit devient ancré et concentré. Comme les Asanas stationnaires ralentissent le feu métabolique, ils rafraîchissent le corps et stabilisent l'esprit.

La transition d'un Asana à l'autre prend un aspect fluide, car nous essayons de nous déplacer avec fluidité dans nos mouvements. Notre capacité à tenir un Asana puis à le relâcher permet à notre esprit de s'adapter d'un moment à l'autre. La grâce et la résilience qui accompagnent la pratique des Asana nous permettent de nous connecter à l'Élément Eau. Notre conscience devient plus ouverte et plus consciente de notre environnement, ce qui nous fait sortir de notre esprit et nous met en phase avec le moment présent.

L'Élément Feu est situé au milieu du torse, dans la zone du Plexus Solaire. En général, l'Élément Feu est activé par des Asanas dynamiques qui impliquent le mouvement et la fluidité. Cependant, il y a un point de rupture dans les Asanas stationnaires lorsque le corps commence à générer de la chaleur, à trembler et à transpirer. Ce point de rupture est le moment où l'Ego et le mental veulent cesser de tenir l'Asana. Invoquer l'énergie et la volonté nécessaires pour continuer facilitera une augmentation encore plus significative de l'énergie de l'Élément Feu du corps, ce qui aura pour effet de brûler les toxines des autres éléments. Selon les Yogis, certains Asanas augmentent le feu digestif à un tel degré qu'ils peuvent éliminer entièrement les maladies du corps.

L'Élément Air se trouve au milieu de la poitrine et constitue notre principal centre d'énergie Pranique. Nos muscles, articulations et autres tissus de soutien se dilatent lorsque nous respirons. Par conséquent, notre esprit s'ouvre grâce à différentes techniques de Pranayama tandis que le corps devient léger comme une plume.

Le simple fait de respirer stimule l'Élément Air en action, bien qu'avec une respiration contrôlée, nous pouvons concentrer l'énergie Pranique dans n'importe quelle zone de notre corps pour faciliter la guérison. Le contrôle de la respiration permet à l'individu de concentrer son énergie Pranique pendant la pratique des Asanas. Le Prana est puissant pour nettoyer le corps des toxines, car il active l'Élément Feu purificateur. L'Élément Eau est stimulé si nous concentrons l'énergie Pranique dans la région de l'abdomen, par exemple par la respiration Diaphragmatique.

L'Élément de l'Esprit, ou espace, se trouve dans la tête et est plus accessible par les techniques de méditation, en particulier celles qui utilisent l'Oeil de l'Esprit. Lorsque nous exécutons les techniques d'Asanas et de Pranayama avec grâce, concentration et conscience de nos mouvements, de nos pensées et de nos émotions, nous insufflons amour, attention et dévouement à notre pratique, ce qui active l'Élément Esprit.

L'utilisation d'une séquence équilibrée d'Asanas comprenant le mouvement et l'immobilité présente des avantages considérables pour l'équilibre des Éléments. Elle nous permet de réguler l'Élément Feu et d'harmoniser les Éléments Terre et Air, qui sont des ennemis naturels - le corps s'occupant de la mise à la terre, l'esprit s'occupant des pensées. Alors que l'un est solide (Terre), l'autre est éthéré (Air). Équilibrer le corps et l'esprit permet de se connecter à l'Âme, qui recherche l'unité avec l'Esprit.

Les Asanas rendent le corps et l'esprit fermes et ancrés tout en rendant les membres flexibles. Des membres flexibles permettent un mouvement plus important de l'énergie Pranique à travers les Nadis qui les traversent. Lorsque l'Élément Air est optimisé dans le corps, nous pouvons ajouter le carburant nécessaire aux Éléments Eau et Feu. Un corps flexible a de grands avantages pour le système Chakrique, ce qui est une des raisons pour lesquelles les Asanas sont si attrayants pour la population générale.

***

Les Mudras des mains constituent un moyen simple et efficace d'équilibrer les Cinq Éléments (Figure 145). En plus d'augmenter ou de diminuer les Éléments, chaque Mudra présente des avantages supplémentaires pour le corps et l'esprit, comme indiqué dans sa description. Pour réaliser des mudras des mains pour les Cinq Éléments, suivez les instructions de la sous-section "Étapes de l'Exécution des Mudras de la Main".

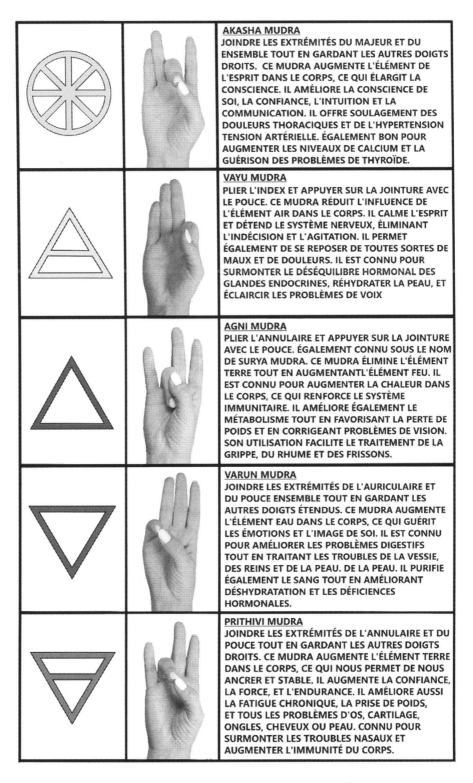

		AKASHA MUDRA JOINDRE LES EXTRÉMITÉS DU MAJEUR ET DU ENSEMBLE TOUT EN GARDANT LES AUTRES DOIGTS DROITS. CE MUDRA AUGMENTE L'ÉLÉMENT DE L'ESPRIT DANS LE CORPS, CE QUI ÉLARGIT LA CONSCIENCE. IL AMÉLIORE LA CONSCIENCE DE SOI, LA CONFIANCE, L'INTUITION ET LA COMMUNICATION. IL OFFRE SOULAGEMENT DES DOULEURS THORACIQUES ET DE L'HYPERTENSION TENSION ARTÉRIELLE. ÉGALEMENT BON POUR AUGMENTER LES NIVEAUX DE CALCIUM ET LA GUÉRISON DES PROBLÈMES DE THYROÏDE.
		VAYU MUDRA PLIER L'INDEX ET APPUYER SUR LA JOINTURE AVEC LE POUCE. CE MUDRA RÉDUIT L'INFLUENCE DE L'ÉLÉMENT AIR DANS LE CORPS. IL CALME L'ESPRIT ET DÉTEND LE SYSTÈME NERVEUX, ÉLIMINANT L'INDÉCISION ET L'AGITATION. IL PERMET ÉGALEMENT DE SE REPOSER DE TOUTES SORTES DE MAUX ET DE DOULEURS. IL EST CONNU POUR SURMONTER LE DÉSÉQUILIBRE HORMONAL DES GLANDES ENDOCRINES, RÉHYDRATER LA PEAU, ET ÉCLAIRCIR LES PROBLÈMES DE VOIX
		AGNI MUDRA PLIER L'ANNULAIRE ET APPUYER SUR LA JOINTURE AVEC LE POUCE. ÉGALEMENT CONNU SOUS LE NOM DE SURYA MUDRA. CE MUDRA ÉLIMINE L'ÉLÉMENT TERRE TOUT EN AUGMENTANTL'ÉLÉMENT FEU. IL EST CONNU POUR AUGMENTER LA CHALEUR DANS LE CORPS, CE QUI RENFORCE LE SYSTÈME IMMUNITAIRE. IL AMÉLIORE ÉGALEMENT LE MÉTABOLISME TOUT EN FAVORISANT LA PERTE DE POIDS ET EN CORRIGEANT PROBLÈMES DE VISION. SON UTILISATION FACILITE LE TRAITEMENT DE LA GRIPPE, DU RHUME ET DES FRISSONS.
		VARUN MUDRA JOINDRE LES EXTRÉMITÉS DE L'AURICULAIRE ET DU POUCE ENSEMBLE TOUT EN GARDANT LES AUTRES DOIGTS ÉTENDUS. CE MUDRA AUGMENTE L'ÉLÉMENT EAU DANS LE CORPS, CE QUI GUÉRIT LES ÉMOTIONS ET L'IMAGE DE SOI. IL EST CONNU POUR AMÉLIORER LES PROBLÈMES DIGESTIFS TOUT EN TRAITANT LES TROUBLES DE LA VESSIE, DES REINS ET DE LA PEAU. DE LA PEAU. IL PURIFIE ÉGALEMENT LE SANG TOUT EN AMÉLIORANT DÉSHYDRATATION ET LES DÉFICIENCES HORMONALES.
		PRITHIVI MUDRA JOINDRE LES EXTRÉMITÉS DE L'ANNULAIRE ET DU POUCE TOUT EN GARDANT LES AUTRES DOIGTS DROITS. CE MUDRA AUGMENTE L'ÉLÉMENT TERRE DANS LE CORPS, CE QUI NOUS PERMET DE NOUS ANCRER ET STABLE. IL AUGMENTE LA CONFIANCE, LA FORCE, ET L'ENDURANCE. IL AMÉLIORE AUSSI LA FATIGUE CHRONIQUE, LA PRISE DE POIDS, ET TOUS LES PROBLÈMES D'OS, CARTILAGE, ONGLES, CHEVEUX OU PEAU. CONNU POUR SURMONTER LES TROUBLES NASAUX ET AUGMENTER L'IMMUNITÉ DU CORPS.

Figure 145: Mudras de la Main pour les Cinq Éléments

AYURVEDA

La médecine holistique de l'Ayurveda remonte à l'ère Védique, à peu près à la même époque que le développement du Yoga. Bien qu'apparemment sans rapport, le Yoga et l'Ayurveda partagent la même culture, la même philosophie, la même langue et la même méthodologie et sont considérés comme des sciences sœurs par les Hindous. Alors que les pratiques Yogiques visent à harmoniser l'esprit, le corps et l'Âme, l'Ayurveda permet de comprendre nos constitutions physiques et mentales et la manière dont l'alimentation et le mode de vie affectent notre corps et notre esprit.

La base de l'Ayurveda est la théorie du "Tridosha" (Sanskrit pour les "Trois Doshas"), les trois forces ou "humeurs" du corps - Vata (vent), Pitta (bile), et Kapha (flegme). Vata régit le mouvement dans le corps, Pitta régit la digestion et la nutrition, et Kapha est l'énergie qui forme la structure, la masse et les fluides du corps. Si les trois Doshas influencent principalement notre corps physique, ils ont également des contreparties subtiles qui affectent l'esprit et les cinq Koshas : Prana, Tejas et Ojas. Les activités de notre corps et de notre esprit dépendent du bon fonctionnement des trois Doshas. Lorsqu'ils sont déséquilibrés, ils contribuent aux processus pathologiques.

Les Tridosha sont également responsables des préférences individuelles en matière d'alimentation, notamment les saveurs et les températures. Ils régissent la création, l'entretien et la destruction des tissus corporels et l'élimination des déchets de l'organisme. Ils sont également responsables des processus psychologiques, des émotions négatives basées sur la peur aux émotions amoureuses.

L'Ayurveda comprend également la science des 108 Marmas ou points énergétiques du corps. Les points Marma sont des points vitaux du corps qui sont infusés par l'énergie Pranic et influencés par la conscience. Le travail avec les points Marma présente de nombreux avantages, notamment : le déblocage des blocages psychologiques et émotionnels, l'amélioration de la circulation et du flux énergétique, le soulagement des douleurs musculaires et des raideurs articulaires, ainsi que la réduction des tensions et de l'anxiété.

Les essences des trois Doshas proviennent des Cinq grands Éléments, appelés "Panchamahabhuta" en Ayurveda (Sanskrit). Chacun des trois Doshas est une combinaison de deux des Cinq Éléments : Vata est l'Air (Vayu) et l'Esprit (Akasha), Pitta est le Feu (Agni) et l'Eau (Jela), et Kapha est la Terre (Prithivi) et l'Eau (Jela), comme le montre la Figure 146. Les trois Doshas dépendent les uns des autres pour l'équilibre et la santé du corps et de l'esprit. Par exemple, le principe de l'Air allume le feu corporel tandis que l'eau le contrôle, empêchant les tissus corporels de brûler. L'air déplace également l'eau ; sans Vata Dosha, Pitta et Kapha sont immobiles.

Une personne peut également être Biodosique ou même Tridosique, ce qui signifie qu'elle partage des qualités avec deux ou trois types doshiques. Ainsi, il existe au total sept types de constitutions en Ayurveda : Vata, Pitta, Kapha, Vata-Pitta, Pitta-Kapha, Vata-Kapha et Vata-Pitta-Kapha. La compréhension des Doshas nous permet d'équilibrer nos énergies intérieures et d'aligner nos Koshas, améliorant ainsi notre santé psychologique, mentale et émotionnelle.

Cependant, même si nous sommes destinés à vivre sous la gouvernance spécifique d'Éléments particuliers dans cette vie, nous pouvons encore fluctuer dans les Doshas lorsque des changements importants se produisent dans notre psyché, notre environnement, notre alimentation, notre climat, etc. Ainsi, dans certaines circonstances et conditions, un Dosha prédominera, tandis que dans d'autres situations, un autre prédominera.

Le principe le plus important à garder à l'esprit lorsqu'on travaille avec les Doshas est que le semblable augmente le semblable, tandis que les opposés s'équilibrent. Par conséquent, les aliments, le temps et les situations qui ont des caractéristiques similaires à celles des Doshas augmenteront leurs énergies, tandis que ceux qui ont des caractéristiques opposées les diminueront. Le même concept s'applique aux pratiques Yogiques telles que les Asanas, les Pranayamas et les Mudras des mains, qui peuvent soit équilibrer un Dosha, soit l'aggraver, selon la nature et la mécanique de l'exercice effectué.

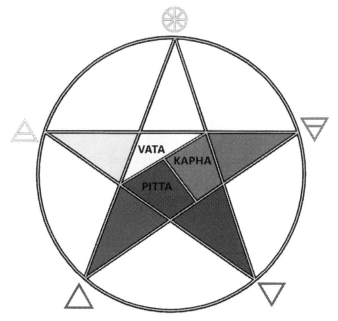

Figure 146: Les Cinq Éléments et les Trois Doshas

LES TROIS DOSHAS

Vata Dosha

En tant qu'énergie du mouvement dans l'esprit et le corps, Vata Dosha est associé à l'Élément Air. Vata est sec, froid, léger, mobile, actif, dur, fin, rugueux, erratique, changeant et clair. À un niveau subtil, Vata est lié à l'énergie Pranique responsable de toutes les fonctions psychophysiques du corps. Le Prana est transporté dans le corps par les cinq Prana Vayus, chacun jouant un rôle spécifique dans l'harmonisation du corps et de l'esprit. Vata est considéré comme le plus puissant des trois Doshas car il porte à la fois Pitta et Kapha.

Vata régit tous les processus de mouvement dans le corps à un niveau microcellulaire et macroscopique. La respiration, le clignement des paupières, les mouvements des muscles et des tissus et les pulsations cardiaques sont tous régis par Vata Dosha. En outre, Vata régit le catabolisme, le processus de décomposition des grosses molécules en molécules plus petites pour les utiliser comme énergie. Les processus intérieurs liés à l'Élément Air, comme l'imagination et la créativité, sont influencés par Vata, y compris les émotions telles que l'inspiration et l'anxiété.

Les types Vata sont régis par la deuxième gaine du soi matériel, le corps vital-Pranamaya Kosha. La zone d'action de Vata est la partie inférieure du tronc qui comprend le gros intestin et la cavité pelvienne (Figure 147). Il agit également sur les os, la peau, les oreilles et les cuisses. Si le corps développe un excès d'énergie Vata, celle-ci s'accumule dans ces zones.

L'automne est connu comme la saison Vata pour son temps frais et vivifiant. Les personnes atteintes du Dosha Vata sont généralement peu développées physiquement. Elles sont minces et maigres, avec des articulations proéminentes, des veines et des tendons musculaires visibles. Les types Vata ont tendance à avoir une innocence innée et à rechercher une vie Spirituelle. Ils aiment rencontrer de nouvelles personnes, faire des activités créatives et découvrir de nouveaux environnements.

Les Vatas sont très actifs mentalement, vifs d'esprit, pleins d'humour, intelligents et innovants. Ils sont fortement influencés par les cycles Planétaires et Lunaires, le temps, les personnes dont ils s'entourent et les aliments qu'ils mangent. Comme ils ont tendance à avoir une température corporelle plus froide que la moyenne, les Vatas aiment les temps chauds et humides.

Les Vatas sont capables d'effectuer plusieurs tâches à la fois, mais ils ont du mal à respecter leurs engagements et à mener à bien leurs projets. Ils ne sont généralement pas ancrés dans le sol, ce qui les rend oublieux, lunatiques, stressés et ont des problèmes de sommeil. Elles mangent souvent des aliments lourds pour ancrer et calmer leur esprit actif et ingèrent des stimulants comme le café et le sucre pour ne pas s'épuiser, car elles ont une faible endurance physique. Les Vatas sont sujets à des problèmes digestifs et à une mauvaise circulation sanguine, et leur immunité est naturellement inférieure à la moyenne.

Selon l'Ayurveda, une personne à dominante Vata doit intégrer la méditation, les pratiques Yoguiques et d'autres activités apaisantes et équilibrantes dans son programme quotidien. Elle doit garder son corps au chaud en évitant le froid et en faisant de l'exercice, notamment des activités cardiovasculaires. Les Vatas devraient passer régulièrement du temps dans la nature pour se ressourcer et se coucher avant 22 heures pour s'assurer une bonne nuit de sommeil. Comme tous les types Doshic, une personne à dominance Vata doit adopter un régime alimentaire sain et éviter les aliments qui aggravent son état. (Consultez le Tableau 5.) Enfin, les types Vata auraient intérêt à boire souvent des boissons chaudes tout en évitant les stimulants, tels que le café, l'alcool, le chocolat et les autres sucres.

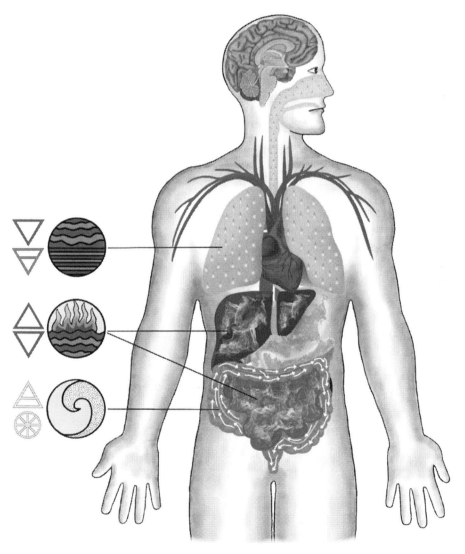

Figure 147: Les Trois Doshas et les Zones du Corps

Pitta Dosha

Pitta est l'énergie de la transformation et est donc aligné avec l'Élément Feu. Pitta est chaud, huileux, léger, mobile, fluide, vif et aigre. Il régit la digestion, l'absorption et l'assimilation des aliments tout en régulant la chaleur corporelle, la coloration de la peau et la perception visuelle. La forme subtile de Pitta est Tejas ou Agni, le feu de l'esprit qui est responsable de la volonté, de la confiance, de l'intelligence, de la compréhension, du raisonnement, de la concentration et de l'autodiscipline.

Pitta est lié au principe du métabolisme, qui consiste à transformer les aliments en énergie utilisable pour les fonctions cellulaires. Le métabolisme se décompose en deux processus, le catabolisme et l'anabolisme, qui sont régis par les Doshas Vata et Kapha.

Les types Pitta sont régis par le corps-esprit, la troisième gaine de la Kosha matérielle du Soi-Manomaya. La zone d'action de Pitta est la zone centrale du tronc qui contient l'estomac, le foie, la rate, la vésicule biliaire, le duodénum et le pancréas (Figure 147). La plupart des écoles Ayurvédiques attribuent également l'intestin grêle à Pitta plutôt qu'à Vata, car il fonctionne en conjonction avec le feu digestif. En outre, Pitta agit sur les glandes sudoripares, le sang, les graisses, les yeux et la peau. S'il y a une douleur près du Plexus Solaire dans l'un des organes décrits ci-dessus, l'énergie Pitta peut être déséquilibrée.

L'été est connu comme la saison de Pitta en raison de son temps chaud et de ses journées ensoleillées. Les types Pitta sont généralement de taille et de poids moyens, avec un corps tonique et une charpente modérée. Ils ont une bonne circulation sanguine et une peau et des cheveux sains. Comme les Pittas sont dominés par l'Élément Feu, ils sont intrinsèquement autodéterminés, motivés, compétitifs, orientés vers un but, tenaces, intenses et irritables. Les Pittas sont athlétiques et prennent facilement du muscle. En tant que leaders naturels enclins à l'agression et au conflit, ils sont souvent confrontés à des émotions négatives telles que le doute, la colère, la haine et la jalousie.

Les pittas ont généralement toujours faim et ont un métabolisme rapide. Ils sont prédisposés à des sautes d'humeur s'ils ne mangent pas. Ils ingèrent souvent de grandes quantités de nourriture et de liquide et apprécient les boissons froides. Les pittas sont sensibles aux températures chaudes et sont susceptibles de souffrir d'inflammations de la peau, d'acné, de dermatite et d'eczéma. La température de leur corps est supérieure à la moyenne, et leurs mains et leur alimentation sont généralement chaudes. Les Pittas ont tendance à travailler trop car ils sont intelligents et ont un fort désir de réussite.

La médecine Ayurvédique suggère que les personnes à dominante Pitta doivent cultiver la modération en toutes choses et ne pas prendre la vie trop au sérieux. Elles doivent s'accorder du temps pour des activités amusantes afin d'équilibrer leur vie professionnelle, qui domine souvent. Les Pittas doivent éviter les chaleurs extrêmes tout en adoptant un régime alimentaire sain. (Tableau 5). La méditation quotidienne, les pratiques Yogiques et d'autres activités Spirituelles apaisantes et équilibrantes sont recommandées aux Pittas pour calmer leur tempérÂment irritable.

Kapha Dosha

En tant qu'archétype de l'énergie de la Terre-Mère, Kapha Dosha fournit la matière de l'existence physique, apportant la solidité aux Éléments subtils du corps. Kapha est froid, humide, huileux, lourd, lent, terne, statique, mou, dense et nuageux. Il est lié à l'eau corporelle qui donne à notre corps une résistance aux Éléments extérieurs pour maintenir la longévité au niveau cellulaire. Kapha assure l'hydratation de la peau, la lubrification des articulations, la protection du cerveau et du système nerveux, l'immunité aux maladies et la cicatrisation des plaies.

La forme subtile de Kapha est appelée Ojas, qui signifie "vigueur" en Sanskrit. Ojas relie la conscience et la matière ; c'est l'énergie vitale de l'Élément Eau, semblable à un fluide, qui soutient les fonctions de l'esprit. Ojas est responsable de la conservation de la mémoire. Il nous fournit la force mentale, l'endurance et le pouvoir de concentration.

Les types Kapha sont régis par le corps alimentaire, la première couche du Self-Annamaya Kosha matériel. Sa zone d'action est principalement les poumons, bien que Kapha soit également présent dans les narines, la gorge, les sinus et les bronches (Figure 147). Les émotions liées à l'Élément Eau, comme l'amour, le calme et le pardon, sont associées à Kapha Dosha et à des sentiments négatifs comme l'avidité et l'envie. Kapha a une influence directe sur les attachements de l'Ego.

La saison de Kapha est le printemps, lorsque les choses sont les plus fertiles, et que la vie végétale recommence à croître. Les Kaphas ont généralement un corps bien développé, avec des os épais et une charpente solide. Ils ont un appétit faible mais régulier et un métabolisme et un système digestif à action lente. Ils ont tendance à prendre du poids et doivent donc faire de l'exercice régulièrement. L'influence des Éléments passifs de l'Eau et de la terre les rend émotionnellement et mentalement stables, loyaux et compatissants. Elles s'énervent rarement et réfléchissent avant d'agir. En tant que telles, elles traversent la vie de manière lente et délibérée.

Les types Kapha ont une approche systématique de la vie ; ils aiment généralement planifier les choses au lieu d'être capricieux comme les Vatas. Ils ont de puissantes capacités d'empathie et une forte énergie sexuelle. Les Kaphas sont patients, confiants, calmes, sages, romantiques et ont un système immunitaire sain. Cependant, ils sont sujets à des problèmes respiratoires comme les allergies et l'asthme et présentent un risque plus élevé de maladies cardiaques et d'accumulation de mucus que les autres types Doshic. En outre, comme l'Élément Eau prédomine, les Kaphas retiennent bien les informations et sont réfléchis en paroles et en actes. Ils ont une relation émotionnelle avec le monde, ce qui les rend sensibles à la dépression et au manque de motivation.

Dans l'Ayurveda, il est conseillé à une personne à dominance Kapha de se concentrer sur un exercice régulier et quotidien, une alimentation saine (Tableau 5) et le maintien d'une température corporelle élevée. En outre, elle doit consacrer son temps à des activités qui l'inspirent et la motivent, tout en établissant une routine de sommeil régulière, car les types Kapha sont connus pour dormir trop longtemps.

TABLEAU 4: Tableau de Constitution Ayurvédique (Trois Doshas)

Aspect de la Constitution	Type Vata (Air et Esprit)	Type Pitta (Feu et Eau)	Type Kapha (Eau et Terre)
Taille et Poids	Grand ou Très Petit, Faible Poids	Poids Constant, Taille Moyenne	Petit Mais Parfois Grand, Lourd, Prend du Poids Facilement
Cadre	Mince, Maigre, Mince	Moyen, Tonique	Grand, Trapu, Bien Bâti
Peau	Rugueux, Terne, Sombre, se Fissure Facilement, Sec, Froid.	Doux, Clair, Rosé, Gras, Chaud, Taches de Rousseur et Grains de Beauté	Lisse, Pâle, Légère, Humide, Grasse, Fraîche, Epaisse
Yeux	Creusé, Petit, Sec, Brun, Soulève les Sourcils	Pointu, Perçant, Vert, Gris, Brun Clair	Grand, Attrayant, Bleu, Cils Epais, Regard Doux
Lèvres	Lèvres Petites et Minces, Craquelures	Épais, Moyen, Doux, Rouge	Grandes, Lisses, Rosées
Cheveux	Sec, Mince, Foncé, Frisé	Fin, Droit, Gras, Lisse, Blond ou Roux.	Épaisse, Bouclée, Ondulée, Foncée ou Claire
Dents	Très Petite ou Grande, Irrégulière, Saillante, Lacunes	Gencives de Taille Moyenne, Molles, Saignantes	Plein, Fort, Blanc, Bien Formé
Clous	Sec, Rugueux, Cassant	Mince, Lisse, Rougeâtre	Grand, Doux, Blanc, Brillant
Température du Corps	Inférieur à la Normale ; Paumes et Pieds Froids	Plus que la Normale ; Paumes, Pieds et Visage Chauds	Normal ; Paumes et Pieds Légèrement Froids
Articulations	Visible, Rigide, Instable, se Fissure Facilement	Détaché, Modérément Caché	Ferme, Fort, Large, Bien Caché
Sweat	Normal	Très Facilement, Odeur Forte	Lent à Démarrer Mais Abondant
Tabouret	Dur, Sec, Deux Fois par Jour	Doux, Lâche, 1 à 2 Fois par Jour	Bien formé, une fois par Jour
Miction	Sparse	Profuse, jaune	Modéré, Clair
Système Immunitaire	Faible, Variable	Modéré, Sensible à la Chaleur	Bon, Elevé
Endurance	Pauvre, Facilement Epuisé	Modéré Mais Ciblé	Régulier, Elevé
Appétit et Soif	Variable, Prise Rapide d'Aliments et de Boissons	Élevé, Excessif, Doit Manger Toutes les 3-4 Heures	Modéré, Constant, Peut Tolérer la Faim et la Soif
Préférence en Matière de Goût	Sucré, Acide, Salé	Doux, Âmer, Astringent	Piquant, Âmer, Astringent
Activité Physique	Très actif, se Fatigue Facilement	Modéré, se Fatigue Facilement	Léthargique, se Déplace Lentement, ne se Fatigue pas Facilement
Tempérâment/Émotions	Craintif, Changeant, Adaptable, Incertain	Courageux, Motivé, Confiant, Irritable	Calme, Aimant, Cupide, Attaché, Egocentrique
Sensibilités	Froid, Sécheresse, Vent	Chaleur, Soleil, Feu	Froid, Humidité
Discours	Rapide, Fréquent, pas Concentré, Rate Facilement le Point.	Concentré, Direct, Bon Pour les Arguments, Orienté Vers le But	Lenteur, Régularité, Douceur, Fermeté dans l'Elocution, Pas de Grands Discours.
État d'Esprit	Hyperactif, Agité	Agressif, Intelligent	Tranquille, Lent, Régulier
Personnalité	Créatif, Imaginatif	Intelligent, Volontaire, Efficace	Attentionné, Patient, Réfléchi
Social	Faites et Changez Souvent	Les Amis Sont Liés au Travail	Amitiés Durables
Mémoire	Faible, Oublie Facilement des Choses	Mémoire Modérée, Moyenne	Haut, se Souvient Bien
Programme	Horaire Irrégulier	Longue Journée de Travail	Bon Pour Garder la Routine
Rêves	Ciel, Vent, Voler, Sauter, Courir	Feu, Foudre, Violence, Guerre, Vues Colorées	Eau, Rivière, Océan, Lac, Baignade, Vues Colorées
Dormir	Sparse, Interrompu, Perturbé, Moins de 6 Heures	Variable, Sonore, 6-8h	Excessif, Lourd, Prolongé, 8 Heures ou Plus
Finances	Dépensier Extravagant, Dépense l'Argent de Façon Frivole.	Dépenser Moyen, Privilégier le Luxe	Frugal, Épargne, Dépense Seulement Quand C'est Nécessaire
Total	=	=	=

COMMENT DÉTERMINER VOTRE RATIO DOSHIQUE ?

Chaque être humain possède une proportion unique des trois Doshas, en fonction de l'Élément dominant parmi les trois Éléments que sont l'Air, l'Eau et le Feu. En Sanskrit, le schéma personnel des énergies qui nous gouvernent dans la vie est appelé "Prakriti", ce qui signifie "la forme ou la condition originale ou naturelle de quelque chose - sa substance primaire". L'état actuel des trois Doshas, après le moment de la conception, est le "Vikruti", qui signifie "après la création". Il s'agit de notre constitution après avoir été exposé à l'environnement et modifié par celui-ci. Le Vikruti définit notre déséquilibre Doshique.

Il y a trois façons de déterminer votre rapport Doshic, dont deux que vous pouvez faire vous-même en utilisant ce livre et un accès à Internet. L'autre méthode consiste à consulter un praticien Ayurvédique qui utilisera la lecture du pouls et de la langue comme outils de diagnostic. Si vous voulez le diagnostic le plus précis, je vous recommande les trois méthodes.

La première méthode consiste à utiliser le tableau du Tableau 4 et à établir votre propre diagnostic. En commençant en haut du tableau par "Taille et poids", choisissez la description des trois Doshas qui vous décrit le mieux. Une fois que vous l'avez choisie, cochez le bas de l'une des colonnes Vata, Pitta ou Kapha dans la dernière ligne où il est indiqué "Total". Ensuite, passez au deuxième aspect, "Cadre", et faites de même. Et ainsi de suite, jusqu'à ce que vous ayez fini de parcourir tout le tableau. Enfin, additionnez les totaux pour chacun des trois Doshas et mettez un nombre après le signe égal dans la dernière ligne.

Le Dosha ayant le chiffre le plus élevé indique généralement votre constitution primaire, tandis que le Dosha ayant le deuxième chiffre le plus élevé indique votre deuxième Dosha dominant. Si vous avez deux Doshas relativement égaux, vous êtes Bi-doshique ou même Tri-doshique si vous avez un rapport similaire entre les trois Doshas. Si l'un des Doshas a un nombre significativement plus élevé que les deux autres, comme c'est souvent le cas, alors c'est votre Dosha dominant.

La deuxième méthode "faites-le vous-même" utilise l'Astrologie Védique pour déterminer votre ratio Doshic, que vous pouvez comparer avec vos résultats du Tableau 4. Comme la science de l'Ayurveda s'aligne sur l'Astrologie Védique, vous devez vous procurer un thème de naissance en Astrologie Védique, que vous pouvez trouver en ligne. Gardez à l'esprit que vous obtiendrez une lecture entièrement différente à partir d'un thème de naissance en Astrologie Védique qu'à partir d'un thème en Astrologie Occidentale. Cependant, ne laissez pas cela vous troubler ou vous alarmer, car vous vous concentrerez principalement sur l'Ascendant et les Maisons.

L'Astrologie Védique est plus précise pour évaluer les influences énergétiques Macrocosmiques associées à votre heure de naissance, car elle est alignée sur les positions réelles des Constellations d'Etoiles. Donc, pour bien faire les choses, vous avez besoin de votre heure de naissance exacte. En Astrologie Occidentale, l'heure de naissance n'a qu'une importance secondaire par rapport au jour de naissance, car l'Astrologie

Occidentale donne la priorité au Signe Solaire. Utiliser l'Astrologie Védique pour déterminer votre rapport Doshique est une méthode Ancienne et éprouvée, utilisée par les Hindous et d'autres praticiens de l'Ayurveda depuis ses débuts.

Avant d'expliquer comment jauger votre thème de naissance en Astrologie Védique, vous devez connaître la nature Doshic des Planètes et des Signes du Zodiaque. Vata Dosha est représenté par les Gémeaux, le Capricorne, le Verseau et la Vierge car ces quatre signes sont gouvernés par Mercure (Gémeaux et Vierge) et Saturne (Capricorne et Verseau). Mercure et Saturne sont des Planètes Vata car elles correspondent à l'Élément Air.

Pitta est représenté par le Bélier, le Lion et le Scorpion car ces trois signes sont régis par Mars (Bélier et Scorpion) et le Soleil (Lion). Mars et le Soleil sont des planètes Pitta car elles correspondent à l'Élément Feu. Enfin, Kapha est représenté par le Taureau, le Cancer, la Balance, le Sagittaire et les Poissons, car ces cinq signes sont gouvernés par Vénus (Taureau et Balance), Jupiter (Sagittaire et Poissons) et la Lune (Cancer). Ces trois planètes sont des planètes Kapha car elles correspondent à l'Élément Eau.

Quant aux deux derniers Navagrahas, l'influence énergétique de Rahu est semblable à celle de Saturne, mais plus subtile. Par conséquent, il est lié au Vata Dosha. D'autre part, l'influence énergétique de Ketu ressemble à celle de Mars, bien que plus subtile, ce qui la fait correspondre au Pitta Dosha.

Je vais utiliser mon thème de naissance en Astrologie Védique (Figure 148) comme exemple pour vous montrer comment vous pouvez déterminer votre Dosha. J'utilise un thème de naissance de l'Inde du Sud dont la présentation est légèrement différente de celle de l'Inde du Nord, bien que les résultats soient les mêmes. Gardez à l'esprit que je vous montre une méthode de base pour ce faire en utilisant un thème de naissance en Astrologie Védique (thème de Rishi), qui fournit des informations générales sur l'emplacement des Planètes. Cependant, j'omets le thème Navamsa, qui montre la qualité active et la force des Planètes.

Un thème de naissance complet en Astrologie Védique comprend généralement les deux cartes et les Nakshatra (Maisons Lunaires). Il s'agit d'une science assez complexe mais approfondie qui nécessite une étude sérieuse pour pouvoir interpréter un thème de naissance complet. C'est pourquoi je vous recommande de consulter un Astrologue Védique qualifié et compétent pour vous aider à lire votre thème de naissance complet afin d'obtenir les meilleurs résultats possibles.

Une fois que vous avez obtenu votre thème de naissance, jetez d'abord un coup d'œil à votre ascendant et déterminez son seigneur ou sa Planète dominante. Selon l'Astrologie Védique, votre ascendant a l'influence la plus importante sur vous, car il représente votre corps. En Sanskrit, l'Ascendant est appelé "Tanur Bhava", ce qui signifie "la maison du corps". "Le Signe du Zodiaque dans lequel se trouve votre ascendant représente généralement votre Dosha dominant.

Ensuite, regardez la Planète maîtresse de votre ascendant et dans quel Signe du Zodiaque elle se trouve. Par exemple, mon Ascendant est Gémeaux, un Signe Vata dont le Seigneur est Mercure. Cependant, mon Mercure est en Sagittaire, un signe Kapha gouverné par Jupiter. Jusqu'à présent, l'analyse de mon tableau indique une constitution Vata avec une influence de Kapha.

Ensuite, regardez votre Première Maison, voyez quelle(s) Planète(s) s'y trouve(nt), et déterminez leur(s) Dosha(s). Par exemple, j'ai Rahu dans la première maison, une Planète Vata. Nous avons donc maintenant un autre indicateur fort que je suis une personnalité Vata, avec une certaine influence de Kapha. Cependant, notre analyse ne s'arrête pas là.

Jetez maintenant un coup d'œil à votre Signe Lunaire, qui représente votre nature psychologique, y compris vos pensées et vos émotions. Gardez à l'esprit que la Lune a un impact plus important sur les femmes que sur les hommes en raison du lien entre la nature féminine et la Lune. Comme vous pouvez le voir, ma Lune est en Vierge, qui est un signe Vata dont la planète dominante est Mercure.

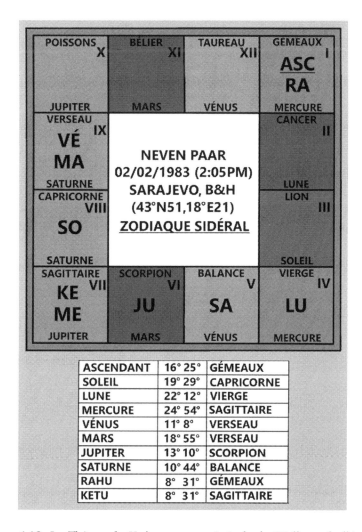

Figure 148: Le Thème de Naissance en Astrologie Védique de l'Auteur

Ensuite, jetez un coup d'œil à votre Signe Solaire, qui indique votre vitalité essentielle et l'expression de votre caractère. Les hommes ont tendance à exprimer leur Signe Solaire plus que les femmes en raison de la connexion entre la nature masculine et le Soleil. Mon Signe Solaire est en Capricorne, gouverné par Saturne, une autre Planète Vata.

Vous devez maintenant regarder votre thème de naissance dans son ensemble pour déterminer quelles Planètes sont dominantes. Alors que l'Ascendant, la Lune et le Soleil ont le plus de poids pour déterminer votre rapport Doshic, Rahu et Ketu sont considérés comme les moins importants. Les autres Planètes ont toutes la même importance. Si une Planète particulière est proéminente, elle affectera tous les aspects de la vie d'une personne, y compris sa constitution. De plus, vous devez prêter une attention particulière aux Planètes placées dans leur propre signe.

Dans mon thème de naissance, parmi les neuf attributions Planétaires et l'ascendant, j'ai une balance égale de Mercure et de Saturne (trois chacun), avec deux Jupiter, une Vénus et un Mars. Par conséquent, comme prévu, mon thème de naissance présente une abondance de Planètes Vata (six), dont trois Kapha et une Pitta. De plus, et c'est le plus important, mon ascendant, ma Lune et mon Soleil sont tous des signes Vata. Cela indique que je suis une personnalité Vata avec une influence de Kapha et une touche de Pitta.

Enfin, jetez un coup d'œil à la ou aux Planètes de votre Sixième Maison (santé et bien-être) et de votre Huitième Maison (mort et longévité) pour avoir un aperçu des déséquilibres Doshiques et du potentiel de maladie. La Sixième Maison régit tous les aspects du mode de vie sain d'une personne, tels que le régime alimentaire, la nutrition, l'exercice et la recherche de l'autonomie. Par exemple, dans mon thème de naissance, j'ai Jupiter (Kapha) dans ma Sixième Maison, ce qui indique une prédisposition aux excès, aux problèmes de foie et de circulation sanguine. Et mon Soleil (Pitta) dans la Huitième Maison suggère une prise de poids et des problèmes de pression sanguine. Cela indique que mon déséquilibre Doshic provient des influences Kapha et Pitta.

Alors maintenant, comment ces informations se comparent-elles à mon thème de naissance en Astrologie Occidentale ? Eh bien, puisque mon Signe Solaire est un Verseau, mon Signe Lunaire est une Balance, et mon Ascendant est un Cancer, et que l'Astrologie Occidentale donne la priorité au Signe Solaire, je suis de la constitution de l'Élément Air, avec une influence de l'Eau. Gardez à l'esprit que j'utilise les correspondances traditionnelles du Zodiaque avec les quatre Éléments. Ainsi, mes résultats correspondent à ceux de l'Astrologie Védique. Cependant, cela ne veut pas dire qu'ils coïncident pour tout le monde. N'oubliez pas que la principale raison pour laquelle je privilégie l'Astrologie Védique dans ce cas, même si j'ai étudié l'Astrologie Occidentale toute ma vie, est qu'il s'agit de la science sœur de l'Ayurveda. Ainsi, nous suivons la méthode traditionnelle pour déterminer votre Dosha.

En ce qui concerne le tableau de constitution ayurvédique du Tableau 4, la moitié de mes coches vont à Vata Dosha tandis que l'autre moitié va à Pitta. Même si mon thème de naissance ne reflète pas une constitution Pitta, comme j'ai une activité constante de la Kundalini dans mon corps de Lumière, mon corps physique a souvent l'impression d'être en feu, ce qui m'affecte au niveau cellulaire. Vous voyez donc maintenant pourquoi il est crucial d'analyser votre thème de naissance et le tableau de constitution Ayurvédique - vous pourriez ne pas obtenir les mêmes résultats.

Rappelez-vous ce que j'ai dit précédemment : les Doshas ne sont pas fixes. Même si vous êtes prédisposé à un ou plusieurs Doshas, vous pouvez toujours fluctuer en fonction des changements dans votre psychologie, votre environnement, le climat, etc. La science Ayurvédique n'est pas permanente et immuable, mais elle évolue en même temps que vous. La science Ayurvédique n'est pas permanente et immuable, mais elle continue à évoluer avec vous. Par conséquent, je vous conseille de vous connecter à votre Soi supérieur et de le laisser être votre professeur et votre guide pour être conscient des changements intérieurs et vous adapter en conséquence.

RÉGIME ALIMENTAIRE AYURVÉDIQUE

Les trois principales sources d'énergie Pranique sont le Soleil (Élément Feu), le vent (Élément Air) et la terre sous nos pieds (Éléments Eau et Terre). Le Soleil est notre principale source de Prana, qui nous donne de l'énergie grâce à ses rayons lumineux. L'air qui nous entoure contient également du Prana, que nous absorbons par les poumons et les Chakras. Nous absorbons également l'énergie pranique de la terre par la semelle de nos pieds. La Terre nous nourrit également par les aliments qu'elle produit, qui contiennent de l'énergie Pranique à différents degrés de vibration. Ainsi, ce que nous mangeons nous affecte directement à tous les niveaux de conscience.

La qualité de notre esprit, de notre corps et de notre Âme dépend fortement de l'essence de la nourriture que nous introduisons dans notre corps. Une fois que la nourriture est convertie en énergie Pranique utilisable par le système digestif, les milliers de Nadis du Corps de Lumière la transportent dans chaque cellule du corps. C'est là que réside l'essence du dicton populaire "Vous êtes ce que vous mangez". En tant que tel, trouver le bon régime alimentaire peut faire la différence entre un esprit, un corps et une Âme en bonne santé et un corps malade. Bien que la maladie puisse se manifester physiquement, elle peut également être de nature mentale, émotionnelle et Spirituelle.

Selon l'Ayurveda, nos processus physiques et psychologiques dépendent du bon fonctionnement des trois Doshas. S'ils sont déséquilibrés, des processus pathologiques peuvent se manifester aux niveaux physique et subtil. En tant que tel, l'Ayurveda s'intéresse principalement aux énergies des différents aliments pour équilibrer les Doshas. Elle ne se préoccupe pas des besoins nutritionnels, mais du fait que les aliments sont en harmonie avec notre nature. Par exemple, la nourriture peut soit améliorer les processus mentaux et la paix de l'esprit, soit les perturber.

La consommation de liquide est également cruciale en Ayurveda, car ce que nous buvons nourrit notre Force Vitale. Par exemple, de l'eau éventée ou contaminée peut perturber notre Prana et déstabiliser nos émotions et nos pensées. Il en va de même pour l'alcool, le café et les autres stimulants. En fait, tout ce que nous absorbons dans notre corps nous affecte à tous les niveaux de conscience.

La première étape pour ajuster votre régime alimentaire afin d'optimiser votre système énergétique et votre corps physique est de trouver votre ratio Doshic en utilisant votre thème de naissance en Astrologie Védique et le Tableau 4. En plus de manger des aliments qui s'alignent sur la nature de votre rapport Doshic ou sur votre ou vos Dosha dominants, il y a d'autres facteurs à prendre en compte. Il s'agit notamment de la préparation correcte des aliments et de leur combinaison, de la quantité et de la fréquence adéquates des repas et du bon moment de la journée pour prendre vos repas. Un autre facteur est la bonne attitude de la personne qui prépare le repas. Par exemple, si le repas est préparé avec amour, il résonnera avec cette fréquence, ce qui aura un effet curatif lorsqu'il sera ingéré. À l'inverse, les aliments préparés avec une attitude négative contiendront une énergie toxique qui peut nuire au système. Et vous vous êtes toujours demandé pourquoi la cuisine de votre mère ou de votre grand-mère vous faisait toujours autant de bien.

Un autre point essentiel est d'être dans un état mental calme pendant que vous mangez, car les aliments pris dans une humeur négative peuvent avoir des effets néfastes. Considérez les aliments comme du carburant, tandis que vos systèmes digestif et énergétique sont le moteur et que votre corps physique est la principale structure de soutien, la carrosserie du véhicule. Par conséquent, le fait d'héberger de l'énergie négative tout en apportant du carburant dans le système peut empoisonner le carburant, exacerber et accroître votre négativité, et même l'imprégner dans les cellules et les tissus du corps. Ainsi, la dégénérescence et la détérioration cellulaires peuvent se produire au fil du temps, contribuant aux processus pathologiques, y compris le cancer.

Il serait utile que vous soyez également attentif aux saisons et au climat afin d'adapter votre régime en conséquence. Par exemple, un régime anti-Kapha devrait être suivi en hiver et au début du printemps, tandis qu'un régime anti-Pitta est plus approprié pour l'été et la fin du printemps. Enfin, vous devez privilégier un régime anti-Vata à l'automne.

Les types Bi-Doshiques qui ont un rapport égal de deux Doshas doivent modifier leur régime selon la saison. Par exemple, les types Pitta-Kapha devraient suivre un régime anti-Pitta en été et en automne et un régime anti-Kapha en hiver et au printemps. À l'inverse, les Vata-Kapha devraient mettre en place un régime anti-Vata en été et en automne et un régime anti-Kapha en hiver et au printemps. De plus, les types Vata-Pitta devraient suivre un régime anti-Vata en automne et en hiver et un régime anti-Pitta au printemps et en été. Enfin, les types Tridoshiques qui partagent des qualités relativement égales dans les trois Doshas devraient suivre un régime anti-Kapha en hiver et au début du printemps, un régime anti-Pitta en été et à la fin du printemps, et un régime anti-Vata en automne.

Selon le climat de l'endroit où vous vivez, certains régimes seront plus appropriés pour vous, tandis que vous devrez en éviter d'autres. Par exemple, les régions humides et froides devraient privilégier un régime anti-Kapha, tandis que les climats chauds devraient mettre en place un régime anti-Pitta. À l'inverse, un régime anti-Vata est plus approprié pour les climats froids, secs et venteux.

Le Tableau 5 représente les aliments que vous devez privilégier dans votre régime alimentaire et ceux dont vous devez vous éloigner. Les aliments qui ne figurent pas dans la liste peuvent être jugés en les comparant aux aliments apparentés dans chaque catégorie. La règle empirique à suivre est que les aliments favorisés réduisent l'influence d'un Dosha, tandis que les aliments à éviter l'augmentent. En suivant le régime alimentaire qui vous est prescrit, vous essayez d'équilibrer votre ou vos Dosha, ce qui a un impact positif sur l'esprit, le corps et l'Âme et prévient l'apparition de processus pathologiques. Par conséquent, appliquez ces régimes en même temps que les autres considérations que nous venons de mentionner.

TABLEAU 5: Directives Alimentaires pour les Trois Doshas

Type d'aliments	Vata Dosha		Pitta Dosha		Kapha Dosha	
	Favoriser	Évitez	Favoriser	Évitez	Favoriser	Évitez
Fruits	*Fruit le plus sucré *Fruit sucré le plus humide Abricots Avocat Bananes Baies Cerises Dattes (fraîches) Figues (fraîches) Pamplemousse Raisins Kiwi Citrons Limes Mangue Melons (sucrés) Oranges Papaye Pêches Ananas Prunes Raisins secs (trempés) Pruneaux (trempés)	*Fruit le plus séché Pommes Canneberges Poires Dattes (sèches) Figues (sèches) Persimmon Grenades Raisins secs Pruneaux (secs) Pastèque	*Fruit le plus sucré Pommes Avocat Baies (sucrées) Dates Figues Raisins (rouges et violets) Limes Mangue Melons Oranges (sucrées) Poires Ananas (sucré) Prunes (sucrées) Grenades Prunes Raisins secs Framboises	*Fruit le plus acide Abricots Bananes Baies (aigres) Cerises (aigres) Canneberges Pamplemousse Raisins (verts) Kiwi Citrons Oranges (aigres) Pêches Papaye Persimmon Ananas (acide) Prunes (aigres) Fraises	*Fruit le plus astringent Pommes Abricots Baies Cerises Canneberges Figues (sèches) Mangue Pêches Poires Persimmons Grenades Prunes Raisins secs	*Fruit le plus aigre-doux Avocat Bananes Dates Figues (fraîches) Pamplemousse Raisins Citrons Kiwi Mangues Melons Oranges Papaye Ananas Prunes Pastèque
Légumes	*Les légumes Doivent Etre Cuits Asperges Betteraves Chou (cuit) Carottes Chou-fleur Piments Coriandre Maïs (frais) Ail Haricots Verts Feuilles de moutarde Gombo Olives Noires Oignons (cuits) Pois (cuits) Pommes de Terre (douces) Citrouille Radis (cuit) Algues Marines Courge Epinards (cuits) Sprouts Courge Navets Cresson Yams Courgettes	*Légumes Congelés, Crus ou Séchés Germes de Luzerne Verts de betterave Brocoli Choux de Bruxelles Chou Chou-fleur Céleri Aubergine Feuilles vertes Laitue Chou frisé Champignons Olives (vertes) Oignons (crus) Persil Pois (crus) Piments (doux et forts) Pommes de Terre (blanches) Radis (cru) Epinards (crus) Tomates	*Légumes Doux et Âmers Artichauts Asperges Betteraves (cuites) Brocoli Choux de Bruxelles Chou Chou-fleur Céleri Coriandre Maïs (frais) Concombre Haricots Verts Jérusalem Chou Frisé Feuilles Vertes Laitue Champignons Gombo Olives (noires) Oignons (cuits) Persil Pois (frais) Poivrons (verts) Citrouille Pommes de terre (blanches) Sprouts Courge Courgettes	*Légumes Piquants Betteraves (crues) Carottes Aubergine Piments Ail Raifort Feuilles de moutarde Olives (vertes) Oignons (crus) Pommes de Terre (douces) Radis Algues Marines Epinards Tomates Navets Cresson Yams	*Légumes les Plus Piquants et Âmers Artichauts Asperges Betteraves Melon Âmer Brocoli Choux de Bruxelles Chou Carottes Chou-Fleur Céleri Coriandre Piments Aubergine Ail Haricots Verts Chou Frisé Feuilles Vertes Laitue Champignons Feuilles de Moutarde Oignons Persil Pois Poivrons Radis Epinards Sprouts Navets Cresson	*Légumes Doux et Juteux Maïs (frais) Concombre Olives Gombo Panais Pommes de Terre (douces) Citrouille Algues Marines Courge Tomates Yams Courgettes

*suite à la page suivante

Type d'aliments	Vata Dosha		Pitta Dosha		Kapha Dosha	
	Favoriser	Évitez	Favoriser	Évitez	Favoriser	Évitez
Céréales	Riz Basmati Riz brun Couscous Farine de Durham Avoine (cuite) Quinoa Blé	Orge Sarrasin Maïs Crackers Granola Millet Muesli Avoine (sèche) Pâtes Polenta Seigle Épeautre Son de Blé	Orge Riz Basmati Maïs Bleu Riz brun (long grain) Couscous Crackers Granola Avoine (cuite) Crêpes Pâtes Quinoa Épeautre Blé Son de Blé	Pain (avec levure) Riz brun (à grains courts) Sarrasin Maïs Millet Muesli Avoine (sèche) Polenta Seigle	Orge Sarrasin Maïs Crackers Granola Millet Muesli Avoine (sèche) Polenta Quinoa Seigle Epeautre Son de Blé	Riz Basmati Riz brun Pain (avec levure) Couscous Avoine (cuite) Pâtes Blé Riz Blanc
Aliments pour animaux	Bœuf Poulet (blanc) Canard Œufs (frits ou brouillés) Fruits de mer Dinde (blanche)	Agneau Porc Lapin Chevreuil	Poulet (blanc) Œufs (blancs) Lapin Dinde (blanche) Crevettes (petite quantité) Chevreuil	Bœuf Canard Œufs (jaune d'œuf) Agneau Porc Fruits de Mer	Poulet (blanc) Œufs (brouillés) Lapin Crevettes Dinde (blanche) Chevreuil	Bœuf Poulet (foncé) Canard Agneau Porc Fruits de Mer Dinde (brune)
Produits laitiers	Beurre Babeurre Fromage Fromage Blanc Crème Lait de Vache Ghee Fromage de Chèvre Lait de Chèvre Kefir Lait Crème Aigre Lait de Riz Yoghourt	Lait (en poudre) Lait de Chèvre (en poudre) Crème Glacée	Beurre (non salé) Fromage (non salé) Fromage Blanc Crème Lait Ghee Lait de Chèvre Fromage de Chèvre (non salé) Lait de Riz	Beurre (salé) Fromage Buttermilk (salé) Crème Glacée Kefir Crème Aigre Yoghourt	Babeurre Fromage Blanc Ghee Fromage de Chèvre (non salé) Lait de Chèvre Lait de Soja	Beurre Fromage Lait Crème Crème Glacée Kefir Lait de Riz Crème Aigre Yoghourt
Légumineuses	Haricots Mungo Tofu Lentilles Urad Dal	Haricots Aduki Pois aux Yeux Noirs Pois Chiches Fèves de Fava Haricots Rouges Haricots de Lima Cacahuètes Haricots Pinto Fèves de soja Pois Cassés Tempeh	Haricots Aduki Pois chiches Haricots rouges Haricots de Lima Haricots mungo Haricots Pinto Fèves de Soja Pois Cassés Tempeh Tofu	Lentilles Cacahuètes Tur Dal Urad Dal	Haricots Aduki Pois aux yeux noirs Haricots Rouges Haricots de Lima Cacahuètes Haricots mungo Haricots Pinto Pois cassés Fèves de Soja Tempeh Tofu Tur Dal	Pois chiches Urad Dal
Noix	Amandes Noix du Brésil Noix de Cajou Noix de Coco Filberts Noisettes Macadamia Pacanes Pignons de Pin Pistaches Noix de Grenoble	Aucun	Noix de Coco	Amandes Noix du Brésil Noix de Cajou Filberts Noisettes Macadamia Pacanes Pignons de Pin Pistaches Noix de Grenoble	Aucun	Amandes Noix du Brésil Noix de Cajou Noix de Coco Filberts Noisettes Macadamia Pacanes Pignon de Pin Pistaches Noix de Grenoble

*suite à la page suivante

Type d'aliments	Vata Dosha		Pitta Dosha		Kapha Dosha	
	Favoriser	Évitez	Favoriser	Évitez	Favoriser	Évitez
Graines	Chia Lin Halva Citrouille SésÂme Tournesol Tahini	Popcorn	Chia Tournesol Tahini	Lin Halva Popcorn Citrouille SésÂme	Chia Lin Popcorn Citrouille Tournesol	Halva SésÂme Tahini
Épices/ Condiments	Basilic Feuilles de Laurier Poivre Noir Cardamome Cayenne Clous de Girofle Chutney Piments Coriandre Cumin Cannelle Aneth Dulse Fenouil Ail Gingembre Ketchup Origan Mayonnaise Menthe Moutarde Noix de muscade Paprika Rosemary Safran Sage Sel de Mer Sauce de Soja Tamarin Curcuma Vinaigre	Raifort	Cardamome Coriandre Chutney (sucré) Clous de Girofle Coriandre Cumin Aneth Dulse Fenouil Kombu Menthe Rosemary Safran Tamarin Curcuma	Basilic Feuilles de laurier Poivre Noir Cayenne Piment Cannelle Chutney (épicé) Ail Gingembre Raifort Kelp Ketchup Moutarde Mayonnaise Noix de Muscade Origan Paprika Cornichons Sage Sel de Mer (en excès) Sauce de Soja Tamarin Vinaigre	Basilic Feuilles de Laurier Poivre Noir Cardamome Cayenne Coriandre Cannelle Clous de Girofle Piments Forts Chutney (épicé) Coriandre Cumin Aneth Fenouil Ail Gingembre Raifort Menthe Moutarde Noix de Muscade Origan Paprika Persil Rosemary Safran Sage Sauce de Soja Curcuma	Chutney (sucré) Kelp Ketchup Mayonnaise Sel de Mer Tamarin Vinaigre
Édulcorants	Sucre de Fruit Miel Sucre de Canne Sirop d'Erable Mélasse Sucre Brut	Sucre Blanc	Sucre de Fruit Sucre de Canne Sucre d'Erable Sucre Brut Sucre Blanc	Miel Mélasse	Miel (cru)	Sucre Brun Sucre de Fruit Sucre de Canne Mélasse Sirop d'Erable Sucre Blanc
Huiles	Amande Avocat Canola Noix de Coco Maïs Graines de Lin Olive CarthÂme SésÂme	Aucun	Noix de Coco Olive Tournesol Amande Canola	Maïs Graines de Lin CarthÂme SésÂme	Amande Maïs Tournesol	Avocat Canola Graines de Lin Olive CarthÂme SésÂme

PRATIQUES YOGIQUES POUR ÉQUILIBRER LES DOSHAS

Une fois que vous avez déterminé votre constitution (Prakriti) à l'aide de votre thème de naissance en Astrologie Védique et du Tableau 4, vous pouvez utiliser ces connaissances pour modifier votre pratique Yogique afin de l'adapter au mieux à vos besoins. Comme nous l'avons mentionné, la plupart des gens s'alignent sur un type Doshic, bien qu'il ne soit pas rare d'avoir des traits de plusieurs. Quoi qu'il en soit, une fois que vous avez déterminé votre ratio Vata-Pitta-Kapha ou simplement votre Dosha dominant, vous pouvez utiliser cette information pour déterminer les pratiques Yogiques qui vous conviennent le mieux pour équilibrer votre corps et votre esprit.

Les Asanas peuvent soit augmenter soit diminuer votre Dosha. Certains ont un effet d'ancrage et d'apaisement, tandis que d'autres sont énergisants. Certains Asanas stimulent le système digestif et réchauffent le corps tandis que d'autres le refroidissent. Il en va de même pour les Pranayamas et les Mudras des mains. Cependant, certains des exercices de base du Pranayama, dont la respiration en quatre temps (Sama Vritti), peuvent être utilisés par tous les types de Doshic.

Utilisez les informations suivantes comme directives générales pour travailler avec les Asanas, Pranayamas et Mudras de ce livre afin d'obtenir des résultats optimaux. (Pour les différents Asanas pour débutants, intermédiaires et avancés, reportez-vous aux pages 312-318). Gardez également à l'esprit que les directives ci-dessous ne sont pas fixes et qu'elles doivent être adaptées en fonction des changements de temps, de climat, de régime alimentaire et de la psychologie de chacun.

En outre, tous les exercices Yogiques ne sont pas inclus dans les directives, ce qui signifie généralement que tous les types de Doshic peuvent les utiliser. Cependant, avant de commencer une pratique Yogique, assurez-vous de lire attentivement sa description et ses précautions. Permettez à votre Soi supérieur de vous guider dans ce processus tout en suivant les instructions telles qu'elles vous sont données.

Les Mudras de tête, les Mudras posturaux, les Mudras de verrouillage et les Mudras périnéaux visent généralement des objectifs Spirituels spécifiques. Ceux-ci incluent l'éveil des Chakras, l'activation du Bindu, l'utilisation du nectar d'Ambrosia (Amrita) qui coule du Bindu, la stimulation de la Kundalini en activité, et l'assurance que la Kundalini perce les Trois Granthis lors de son ascension (comme dans le cas des Bandhas). Par conséquent, tous les types de Doshic devraient mettre en œuvre leur utilisation pour obtenir leurs objectifs particuliers. En outre, les Mantras et les techniques de méditation ont également des objectifs spécifiques qui vous sont bénéfiques, quel que soit votre Dosha.

Pratiques Yogiques pour Vata Dosha

Les personnes de type Vata bénéficieront grandement d'une pratique d'Asana ancrée dans le sol, calme et contemplative, qui contrera leur tendance à se sentir distantes et agitées. Par exemple, Vrksasana (Tree Pose) et Tadasana (Mountain Pose) plantent vos pieds dans le sol, ce qui réduit l'anxiété et la nervosité auxquelles les Vata sont enclins. Virabhadrasana I et Virabhadrasana II (guerrier I et II) accomplissent la même chose tout en renforçant la force. Utkatasana (posture de la chaise) permet d'ancrer le Vata dans le sol tout en développant la chaleur du corps.

Les séquences de flux rapides (Vinyasas) créent de la chaleur dans le corps et aggravent les types Vata, qui sont naturellement enclins à la fatigue et à l'épuisement. Au lieu de cela, les Vatas doivent se déplacer lentement et délibérément en utilisant l'approche du Hatha Yoga qui prolonge la durée des poses. En outre, les Vatas doivent aborder les transitions entre les postures avec une conscience consciente plutôt que de se précipiter, afin de s'assurer que l'esprit reste équilibré et calme. Par exemple, Virabhadrasana III (Guerrier III) est une pose d'équilibre puissante qui oblige le Vata à se concentrer sur un point précis au lieu de se perdre dans ses pensées.

Les postures qui travaillent sur le côlon, les intestins, le bas du dos et le bassin équilibrent les types Vata car elles ramènent l'énergie dans la base du torse, la zone d'action de Vata. Les Vata étant sujets à la constipation, les torsions et les flexions avant ont un effet curatif puisqu'elles compriment le bassin. De même, les ouvertures des hanches et les flexions arrière face contre terre sont bénéfiques pour eux. Il s'agit de Balasana (posture de l'enfant), Bhujangasana (posture du cobra), Paschimottanasana (flexion avant assise), Baddha Konasana (posture du cordonnier) et Malasana (posture de l'accroupi). Dhanurasana (Bow Pose) étend également le bas du dos et exerce une pression sur le bassin.

Étant donné que les Vatas ont naturellement des os plus faibles, des ligÂments plus lâches, moins de rembourrage graisseux et sont sensibles à la douleur, ils devraient éviter certains des asanas les plus avancés comme Salamba Sarvangasana (posture de l'épaule), Halasana (posture de la charrue), Sirsasana (posture de la tête), Vasistha-sana (planche latérale), Pincha Mayurasana (posture de l'avant-bras) et Urdhva Danurasana (posture de la roue).

En raison de leur nature imprévisible, les Vatas doivent faire de la pratique des Asanas une routine et les effectuer à certaines heures et certains jours de la semaine. En outre, ils devraient faire une Shavasana (pose du cadavre) plus longue que d'habitude au début et à la fin de la pratique, en raison de son effet d'ancrage.

Les Pranayamas qui refroidissent le corps comme Sheetali (souffle refroidissant), Sheetkari (souffle sifflant), et le souffle Lunaire doivent être évités. Au lieu de cela, les Vatas peuvent mettre en œuvre des Pranayamas qui augmentent la chaleur dans le corps, comme le Pranayama du souffle Solaire, Kapalbhati (souffle du crâne brillant) et Bhastrika (souffle du soufflet). Cependant, ils doivent faire attention avec les deux derniers car ils augmentent l'énergie dans le corps, ce qui peut surstimuler l'esprit. En outre, les Vatas souffrent généralement de pensées excessives, d'anxiété et de stress, c'est pourquoi ils doivent utiliser des Pranayamas spécifiques pour apaiser et pacifier l'esprit. Il s'agit notamment des techniques de Pranayama Anulom Vilom (méthode de respiration par narine alternée n° 1), Nadi Shodhana (méthode de respiration par narine alternée n° 2), Bhramari (respiration de l'abeille) et Ujjayi (respiration de l'océan).

Enfin, les Mudras des mains qui augmentent Vata Dosha sont Jnana Mudra, Chin Mudra et Akasha Mudra. Ils doivent être pratiqués si l'on a une déficience en Vata Dosha. En revanche, les Mudras qui diminuent Vata sont Vayu Mudra et Shunya Mudra.

Pratiques Yogiques pour Pitta Dosha

Les Pitta ayant tendance à la surchauffe, ils doivent éviter les postures de Yoga qui provoquent une transpiration excessive. En outre, ils doivent cultiver une attitude calme et détendue vis-à-vis de leur pratique du Yoga au lieu de la considérer comme une compétition, car les Pittas sont attirés par les postures exigeantes sur le plan physique.

Les types Pitta bénéficieront d'une pratique de Yoga rafraîchissante, qui ouvre le cœur, pratiquée de manière non compétitive. L'approche du Hatha Yoga est plus appropriée pour les Pittas que le Vinyasa, se concentrant sur une durée plus longue des poses et des transitions lentes et délibérées. Les postures pour débutants comme Bitisasana (pose de la vache) et Bidalasana (pose du chat) sont bonnes pour équilibrer Pitta et devraient être pratiquées à l'unisson. Les flexions avant debout et les postures qui ouvrent le cœur comme Ustrasana (CÂmel Pose), Sarvangasana (Bridge Pose) et Urdhva Mukha Svanasana (Upward-Facing Dog) aident à réduire Pitta. De même, Trikonasana (Triangle Pose) et Bhujangasana (Cobra Pose).

Le siège de Pitta est l'estomac et l'intestin grêle, c'est pourquoi ils sont sensibles à l'augmentation de la chaleur dans le tube digestif. Les flexions avant, les torsions et les flexions arrière comme Balasana (posture de l'enfant), Dhanurasana (posture de l'arc) et Urdhva Dhanurasana (posture de la roue) aident à réguler Pitta et à extraire l'excès de bile. À l'inverse, les flexions latérales comme Ardha Matsyendrasana (torsion vertébrale assise) et Parsvottanasana (étirement latéral intense) aident à évacuer l'excès de chaleur des organes internes.

Les Pittas doivent éviter le Yoga chaud (Bikram et Vinyasa) et pratiquer dans un environnement refroidi et climatisé. De plus, ils doivent éviter de tenir de longues poses inversées qui créent beaucoup de chaleur dans la tête. Pour les postures debout, les meilleures pour Pitta ouvrent les hanches, notamment Vrksasana (Tree Pose), Virabhadrasana I et Virabhadrasana II (Warrior I et II), et Ardha Chandrasana (Half Moon). D'autres poses bénéfiques qui ouvrent les hanches sont Baddha Konasana (pose du cordonnier), Uthan Pristhasana (pose du dragon/lézard) et Parivrtta Uthan Prissthasana (pose inversée du dragon/lézard).

Les Pittas doivent se concentrer tranquillement sur la respiration lorsqu'ils entrent dans Shavasana (posture du cadavre), ce qui calmera l'esprit et les centrera sur le corps et le cœur. De même, ils doivent éviter Sirsasana (Headstand), qui chauffe trop la tête. Pour les poses inversées, ils doivent plutôt pratiquer Salamba Sarvangasana (posture sur les épaules).

Puisque les Pittas sont naturellement chauds, ils devraient s'engager dans des Pranayamas qui peuvent les refroidir, y compris Sheetali (souffle rafraîchissant), Sheetkari (souffle sifflant), et le souffle Lunaire. D'autre part, les Pittas doivent éviter les Pranayamas qui augmentent la chaleur dans le corps, comme la respiration Solaire, Kapalbhati (respiration du crâne) et Bhastrika (respiration du soufflet). Les Pranayamas qui équilibrent et calment le mental sont recommandés, comme ceux suggérés pour les types Vata.

Enfin, les Mudras de la main pour l'excès de Pitta Dosha sont Prana Mudra, Varun Mudra, et Prithivi Mudra. Si vous avez une carence en Pitta, effectuez Agni Mudra pour l'augmenter.

Pratique Yogique pour Kapha Dosha

Pour les personnes de type Kapha Dosha, une pratique de Yoga réchauffante et énergisante comme le Vinyasa est idéale, car elles doivent contrer leur tendance naturelle à se sentir froides, lourdes, lentes et sédentaires en créant de la chaleur et du mouvement dans le corps. Cependant, ils ont besoin de développer progressivement leur capacité au lieu de se pousser dans des postures avancées. Bien que les Kaphas soient les plus forts de tous les Doshes, ils peuvent souffrir de léthargie et de surpoids lorsqu'ils sont déséquilibrés.

Étant donné que la zone d'action de Kapha est la poitrine (région des poumons), les Asanas conçus pour ouvrir la cavité thoracique (région de la cage thoracique) empêcheront l'accumulation de mucus. Cependant, la plupart des postures debout sont revigorantes pour les Kaphas, surtout lorsqu'elles sont maintenues pendant une période plus longue. Les flexions arrière comme Ustrasana (CÂmel Pose), Dhanurasana (Bow Pose) et Urdhva Dhanurasana (Wheel Pose) réchauffent le corps et débloquent la poitrine, permettant une meilleure circulation du Prana. Setu Bandha Sarvangasana (pose du pont) et Ardha Purvottanasana (pose de la table inversée) sont également bénéfiques. Contrairement à Pitta, les types Kapha peuvent tenir leurs flexions arrière plus longtemps.

Les Kaphas doivent faire attention à passer rapidement les séquences de flux pour éviter d'être refroidis tout en pratiquant la conscience. Les torsions et les étirements sont bons car ils détoxifient et renforcent le corps et stimulent le métabolisme. Il s'agit notamment de Trikonasana (triangle), Parivrtta Trikonasana (triangle inversé), Ardha Matsyendrasana (torsion vertébrale assise) et Pravottanasana (étirement latéral intense). Des postures comme Salamba Sarvangasana (debout sur les épaules), Adho Mukha Vrksasana (debout sur les mains) et Sirsasana (debout sur la tête) sont les principaux réducteurs de Kapha en raison de leur énorme pouvoir de réchauffement du corps. Navasana (Boat Pose) est excellent pour enflammer et réchauffer le tronc et est recommandé pour les types Kapha.

Les Kaphas devraient essayer de faire leur pratique de Yoga tôt le matin afin de stimuler leur métabolisme et de garder leur énergie et leur motivation tout au long de la journée. La durée de Shavasana (posture du cadavre) devrait être un peu plus courte pour les Kapha. Au lieu de pratiquer Tadasana (posture de la montagne) pour s'ancrer, les Kaphas devraient faire Utkatasana (posture de la chaise), Vrksasana (posture de l'arbre), ou Virabhadrasana I et Virabhadrasana II (guerriers I et II), car ils sont plus exigeants physiquement.

Les exercices de Pranayama qui réchauffent le corps et calment l'esprit doivent être mis en œuvre. Il s'agit notamment des Pranayamas de la respiration Solaire, Kapalbhati (respiration du crâne), Bhastrika (respiration du soufflet) et Ujjayi (respiration de l'océan). En outre, l'ouverture des poumons par une respiration vigoureuse est bénéfique. Les Kaphas doivent éviter tous les Pranayamas qui refroidissent le corps, tels que Sheetali (souffle rafraîchissant), Sheetkari (souffle sifflant) et le souffle Lunaire. À la place, ils peuvent utiliser les Pranayamas qui apaisent l'esprit, suggérés pour les types Vata, s'ils se sentent mentalement déséquilibrés.

En conclusion, les Mudras de la main pour l'excès de Kapha Dosha sont Agni Mudra et Varun Mudra. Prithivi Mudra peut être utilisé pour augmenter Kapha si l'on a une carence.

Pratiques Yogiques pour les Types Bi-Doshic et Tri-Doshic

Si l'individu constitue deux Doshas dominants ou trois Doshas dominants, il doit mettre en place une pratique qui est un mélange de chacun. Utilisez les directives ci-dessus pour chacun des Doshas dont vous êtes une combinaison. Une personne peut généralement dire quel Dosha dominant semble déséquilibré. Par exemple, si une personne est Vata-Pitta, si elle se trouve irritable et en colère et qu'elle digère sa nourriture trop rapidement, elle sait qu'elle doit suivre les directives Pitta pour équilibrer ce Dosha. À l'inverse, si elle fait preuve d'une trop grande activité mentale et d'une anxiété générale, elle doit mettre en œuvre une pratique de Yoga pacifiante Vata. Il faut également tenir compte des saisons et du temps. Une personne de type Vata-Pitta devra équilibrer Vata pendant les mois les plus froids, en automne et en hiver, tandis qu'au printemps et en été, lorsque le temps est plus chaud, elle devra équilibrer Pitta.

SIDDHIS - POUVOIRS PSYCHIQUES

Le sujet des Siddhis, ou pouvoirs et capacités surnaturels, est largement incompris dans les cercles Spirituels et nécessite une clarification. En Sanskrit, Siddhi signifie "accomplissement" ou "réalisation", ce qui implique les dons que l'on reçoit après avoir franchi les différentes étapes ou degrés d'avancement des pratiques Spirituelles telles que la médiation et le Yoga. Puisque le but de toutes les pratiques Spirituelles est l'évolution Spirituelle, les Siddhis sont des pouvoirs psychiques qui se dévoilent à mesure que l'individu intègre l'énergie Spirituelle et élève la vibration de sa conscience.

Dans les *Yoga Sutras*, Patanjali écrit que les Siddhis sont atteints lorsque le Yogi a atteint la maîtrise de son esprit, de son corps et de son Âme et peut maintenir la concentration, la méditation et le Samadhi à volonté. La maîtrise du Soi fait partie intégrante du voyage vers l'Illumination, y compris la gouvernance des Éléments. En obtenant le contrôle de notre réalité intérieure, nous pouvons exercer une force mentale qui affecte la réalité extérieure – Comme en Haut, Comme en Bas.

Bien que les Siddhis puissent être atteints par des pratiques Yogiques et un mode de vie ascétique, un moyen plus rapide de les atteindre est l'éveil complet de la Kundalini. J'ai déjà parlé des différents dons Spirituels qui se dévoilent à l'initié éveillé par la Kundalini au cours de son processus de transformation. Certains de ces dons sont atteints initialement, tandis que d'autres sont débloqués dans les années qui suivent. Quel que soit le stade auquel ils sont atteints, tous les Siddhis sont un sous-produit de la transformation Spirituelle.

Lorsque l'individu s'aligne sur la Conscience Cosmique et intègre l'énergie vibratoire élevée de l'Esprit, il commence à faire l'expérience de l'Unité avec toute l'existence. Puisque l'Esprit nous relie tous, il n'y a pas de séparation entre nous et les objets et les personnes qui nous entourent - nous sommes tous Un. Ainsi, l'énergie Spirituelle intégrée devient le moyen par lequel nous pouvons expérimenter la perception extrasensorielle.

En optimisant nos Chakras Spirituels (Sahasrara, Ajna et Vishuddhi), nous pouvons nous accorder avec l'essence de l'énergie Spirituelle, dont l'immensité s'étend à l'infini dans toutes les directions. Ainsi, des capacités psychiques commenceront à se dévoiler à nous, notamment la Clairvoyance, la Clairaudience, l'Empathie, la Télépathie et d'autres dons résultant d'une perception accrue de la réalité.

Le processus d'expansion de la conscience implique l'optimisation des Chakras par la Lumière Blanche de l'Esprit. Nous recevons l'Esprit par l'intermédiaire de Sahasrara, tandis que Ajna Chakra (l'Oeil de l'Esprit) sert de centre psychique et Vishuddhi de lien avec les quatre Chakras Élémentaires situés en dessous. C'est l'interaction entre Sahasrara et Ajna Chakra qui produit la plupart, sinon la totalité des Siddhis, puisque Sahasrara est notre lien avec la Conscience Cosmique. Comme vous le verrez dans la description des Siddhis, de nombreux dons ou pouvoirs psychiques que l'on obtient résultent de l'expansion de sa conscience et de l'adoption des propriétés de la Conscience Cosmique.

Bien que les Siddhis soient des cadeaux du Divin, ils peuvent également nous entraver dans notre voyage Spirituel si nous nous concentrons trop sur leur réalisation. Les Siddhis doivent être expérimentés, examinés et abandonnés pour permettre à la conscience de continuer à s'étendre vers des sommets encore plus élevés. Si l'Ego s'implique et tente de contrôler le processus ou même de tirer profit du développement des siddhis, la vibration de la conscience s'abaisse, bloquant ainsi la voie vers de nouveaux progrès. En ce sens, les Siddhis sont une "épée à double tranchant" qui doit être abordée avec une bonne compréhension et en contrôlant l'Ego.

Dans le cadre des textes sacrés, le sujet des Siddhis et leur description sont présentés de manière cryptique, ce qui est fait exprès pour confondre et diviser les masses. D'un côté, nous avons les profanes qui ne recherchent ces dons surnaturels que pour satisfaire le désir de pouvoir de leur Ego. Ces personnes interprètent les textes sacrés littéralement, frappant en vain à la porte des mystères Cosmiques. D'autre part, les chercheurs sincères de la vérité, qui ont le cœur pur et qui sont dignes de ces mystères Divins, possèdent la clé maîtresse pour déverrouiller les significations cachées de ces textes sacrés.

Les peuples anciens voilaient les mystères et les vérités Universelles dans des métaphores et des allégories, y compris des symboles et des nombres qui avaient une valeur archétypale. La méthode traditionnelle de transmission du savoir sacré était abstraite et subtile, contournant l'Ego et communiquant directement avec le Soi supérieur. Les Siddhis sont également présentés de cette manière. En surface, ils semblent être d'incroyables exploits surnaturels qui défient les lois de la physique. Cependant, lorsqu'on applique le passe-partout, on comprend que leur description est une métaphore des pouvoirs intérieurs dévoilés par l'évolution de la conscience.

LES HUIT SIDDHIS MAJEURS

Dans les Tantra, Hatha et Raja Yogas, il existe huit Siddhis "classiques" primaires que le Yogi atteint sur son chemin vers l'illumination. Ils sont appelés Maha Siddhis (Sanskrit pour "grande perfection" ou "grand accomplissement") ou Ashta Siddhis, qui signifie "huit

Siddhis". "Les Ashta Siddhis sont également connus sous le nom de Brahma Pradana Siddhis (réalisations Divines). Comme vous le verrez dans les descriptions suivantes des huit Siddhis majeurs, ils résultent directement de l'éveil complet de la Kundalini et de la transformation Spirituelle qui s'ensuit dans les années à venir.

Ganesha, également connu sous le nom de Ganapati ou Ganesh, est le fils du Seigneur Shiva et de la Déesse Parvati. Il est connu pour lever les obstacles, c'est pourquoi il est représenté avec une tête d'éléphant. Selon la tradition Hindoue, Ganesha apporte bénédictions, prospérité et succès à toute personne qui l'invoque.

Figure 149: Le Seigneur Ganesha et les Ashta Siddhis

Ganesha est le représentant de Muladhara Chakra, la demeure de la Kundalini. Pour cette raison, il est souvent représenté avec le serpent Vasuki enroulé autour de son cou ou de son ventre. Cependant, une représentation atypique est de le voir assis, debout ou dansant sur le serpent à cinq ou sept têtes Sheshnaag. Vasuki et Sheshnaag représentent tous deux l'énergie Kundalini - l'ultime éliminateur d'obstacles dont le but est de maximiser le potentiel d'un être humain Spirituel.

Ganesha est également connu comme Siddhi Data - le Seigneur des Siddhis (Figure 149). C'est lui qui confère les Ashta Siddhis aux personnes éligibles par le biais du processus d'éveil de la Kundalini. Dans la tradition du Tantra, les Ashta Siddhis sont considérés comme huit Déesses qui sont les consorts de Ganesha et les personnifications de son énergie créatrice (Shakti).

Anima et Mahima Siddhis

Les deux premiers Siddhis classiques sont des opposés polaires que je vais aborder ensemble pour une meilleure compréhension. Anima Siddhi (Sanskrit pour "capacité de devenir infiniment petit comme un atome") est le pouvoir de devenir instantanément d'une taille incroyablement petite, même à l'échelle d'un atome. D'autre part, Mahima Siddhi (Sanskrit pour "capacité à devenir énorme") est le pouvoir de devenir infiniment grand en un instant, jusqu'à la taille d'une galaxie ou de l'Univers lui-même.

Ces deux Siddhis résultent de l'expansion de la conscience de l'individu au niveau Cosmique après un éveil complet de la Kundalini, lui permettant d'étendre ou de contracter volontairement son Être afin de devenir infiniment petit ou infiniment grand. Ces deux Siddhis sont également influencés par les capacités imaginatives accrues qui se développent pendant la transformation de la Kundalini. C'est le couplage de l'imagination et de la conscience élargie qui active les Siddhis Anima et Mahima en nous.

Anima Siddhi exige que l'individu imagine quelque chose dans sa tête, comme un atome. En maintenant sa vision, le sens Astral s'active, permettant à l'individu de ressentir l'essence de l'atome, connaissant ainsi son but et sa fonction dans l'Univers.

Inversement, si l'individu visualise un objet de grande taille, tel que notre Système Solaire ou même la Galaxie de la Voie Lactée, son Être peut s'étendre à sa taille pour en ressentir l'essence (Mahima Siddhi). Ces capacités sont possibles parce que la substance fondatrice de la Conscience Cosmique, l'Esprit, est élastique et malléable, permettant à ceux qui ont atteint son niveau d'assumer sa forme et de fluctuer en taille à tout degré qu'ils désirent par l'imagination dirigée par la volonté.

La deuxième interprétation d'Anima Siddhi concerne la légendaire "cape d'invisibilité" mentionnée dans de nombreuses traditions Anciennes - la capacité de devenir énergétiquement indétectable pour les autres personnes (y compris les animaux) à volonté. Comme le spectre complet des Plans Cosmiques intérieurs est activé après un éveil complet de la Kundalini, l'individu peut élever volontairement sa conscience vers un Plan Supérieur (Spirituel ou Divin). Cela lui permet de neutraliser (immobiliser) sa vibration pour paraître invisible dans les Plans Inférieurs (Mental et Astral) sur lesquels la personne moyenne vibre, ce qui la rend "petite comme un atome".

Si l'on suit la même logique, le Siddhi Mahima permet à l'individu d'élever volontairement sa vibration pour paraître grand aux yeux des autres, voire Divin. N'oubliez pas que les Siddhis Anima et Mahima résultent tous deux de l'évolution Spirituelle, dont le but est de nous rapprocher de plus en plus de l'Esprit de Dieu et d'assumer sa vibration. Dans les deux interprétations des Siddhis Anima et Mahima, la condition préalable à leur développement est que l'individu maîtrise les Éléments, notamment l'Élément Feu.

L'interprétation plus générale des Siddhis Anima et Mahima est qu'ils sont des métaphores du pouvoir Spirituel que l'individu atteint lorsqu'il a élargi sa conscience au niveau Cosmique et qu'il a atteint l'Unité. Avec le Siddhi Anima, une personne peut entrer dans tout ce qu'elle désire, comme un objet ou une personne, lorsqu'elle devient "de la taille d'un atome". En revanche, en devenant infiniment grand (Mahima Siddhi), l'individu peut ressentir l'essence de l'Univers entier puisqu'il étend sa conscience à l'infini. Nous voyons dans les deux cas le pouvoir intérieur qui s'éveille lorsqu'un individu a intégré la conscience Spirituelle et peut sortir de son corps physique à volonté.

Garima et Laghima Siddhis

Les troisième et quatrième Siddhi classiques sont également des opposés polaires comme les deux premiers. Garima Siddhi (Sanskrit pour "capacité à devenir très lourd") est le pouvoir de devenir infiniment lourd en un instant en utilisant votre volonté. À l'inverse, Laghima Siddhi (sanskrit pour "capacité à devenir très léger") est le pouvoir de devenir infiniment léger, donc presque sans poids. Comme les Siddhis Anima et Mahima traitaient de la taille, Garima et Laghima traitent du poids, qui est la force de gravité qui agit sur la masse d'un objet.

En devenant aussi lourd qu'on le souhaite grâce à Garima Siddhi, l'individu ne peut être déplacé par personne ou quoi que ce soit - les vibrations des autres rebondissent sur leur Aura car ils restent fermes dans leur équilibre. Garima utilise le pouvoir des vertus, de la morale et d'une "Volonté de Fer". Les personnes qui permettent à leur Lumière intérieure de les guider choisissent consciemment l'évolution Spirituelle plutôt que de satisfaire les désirs de leur Ego et d'apporter un karma inutile dans leur vie. Les valeurs morales donnent aux gens un but à leur existence et une volonté inébranlable. Elles permettent aux gens de vibrer à une fréquence plus élevée en les alignant avec les Plans Cosmiques Supérieurs. Ces personnes vertueuses évitent les effets énergétiques des Plans Inférieurs, ce qui les rend insensibles sur le plan émotionnel et mental, surtout lorsque les vibrations des autres les bombardent de leurs vibrations inférieures.

Pour maximiser le potentiel de Garima Siddhi, l'individu doit optimiser ses Chakras Spirituels et harmoniser sa volonté avec la véritable volonté que seul son Soi supérieur peut lui conférer. La vibration de la volonté véritable est si élevée que si une personne y est réceptive et lui permet de guider sa conscience, elle neutralisera ses propres vibrations inférieures et toutes les vibrations de l'environnement qui lui sont adressées. En maximisant votre volonté, vous devenez un Maître-Manificateur, un Créateur conscient de votre réalité intérieure, autonome, s'exprimant entièrement, qui est comme un Dieu-homme pour tous ceux qui n'ont pas développé le même pouvoir.

Le Laghima Siddhi, quant à lui, permet de se retrouver en quasi-apesanteur, de léviter et même de voler. En apparence, le Laghima Siddhi défie la loi de la gravité et les lois de la physique. Il attire beaucoup les non-initiés qui recherchent ces Siddhis pour un gain personnel et monétaire. En parvenant à la lévitation dans le domaine physique, de nombreuses personnes souhaitent tirer un avantage financier en montrant ce phénomène aux masses.

Comme beaucoup de personnes dans ma situation, je suis fasciné par la lévitation depuis que j'ai eu l'éveil de la Kundalini, il y a dix-sept ans. Je désirais ce cadeau non pas parce que je cherchais à en tirer un bénéfice financier, mais parce que je le voyais comme une preuve tangible de la transformation de la Kundalini que je pourrais montrer aux autres pour les inspirer à réaliser la même chose.

Cependant, après des années de recherches approfondies, j'ai conclu que les légendes de lévitation ne sont rien de plus que des histoires fantaisistes sans aucune preuve scientifique vérifiable. En d'autres termes, un être humain ne peut pas se soulever du sol et défier les lois de la physique en utilisant des pouvoirs psychiques. Les prétendues lévitations que les gens ont vues de leurs propres yeux ne sont que des illusions pour lesquelles il existe d'innombrables méthodes et techniques.

Au contraire, le concept de lévitation est un voile pour confondre les profanes. Il révèle aux initiés dignes de ce nom les pouvoirs qui s'éveillent en soi lorsque le Corps de Lumière est activé. Le Corps de Lumière, notre second corps, est élastique et modelable et n'adhère pas à la gravité et aux lois de la physique puisqu'il est en apesanteur et transparent. Grâce à notre corps de Lumière, nous pouvons voyager dans les Plans Cosmiques intérieurs et accomplir de nombreux exploits miraculeux, comme voler, marcher sur l'eau, traverser les murs, etc.

Notre corps de Lumière est utilisé pendant les Rêves Lucides (qui se produisent involontairement) et la projection Astrale (qui est induite consciemment). Ces deux phénomènes sont un type d'expériences de voyage hors du corps et de l'Âme dont je parlerai plus en détail lorsque je me consacrerai entièrement à ce sujet.

Un autre type de voyage hors du corps s'appelle le Remote Viewing, qui est la capacité de se déplacer vers une zone éloignée de notre planète en utilisant le pouvoir de l'esprit. Le Remote Viewing est une projection Astrale sur le Plan Physique qui utilise le corps de Lumière pour voyager quelque part sur la Terre et voir ce que nos deux yeux physiques ne peuvent pas voir en utilisant le Troisième Oeil. Dans les premiers écrits occultes et Spirituels, le Remote Viewing était appelé "Télesthésie", c'est-à-dire la perception d'événements, d'objets et de personnes éloignés par des moyens extrasensoriels. Des programmes gouvernementaux secrets auraient utilisé des individus doués pour rechercher des impressions sur des cibles lointaines ou invisibles par le biais du Remote Viewing.

Prapti Siddhi

Le cinquième Siddhi classique, Prapti (mot Sanskrit impliquant "étirement du corps" ou "pouvoir d'atteindre"), permet à l'individu de voyager n'importe où instantanément en appliquant sa volonté. Le Siddhi Prapti suit parfaitement le Siddhi Laghima comme la capacité du Corps de Lumière à voyager par la conscience, en utilisant le Merkaba.

Comme nous l'avons vu dans un chapitre précédent, le Corps de Lumière nous permet de voyager de manière inter-dimensionnelle dans les différents Plans Cosmiques intérieurs, ce qui est une expression de Prapti Siddhi. Toutefois, si nous désirons nous rendre dans des endroits éloignés de la planète Terre, nous pouvons le faire par le biais du Plan Physique. À première vue, cette manifestation de Prapti ressemble beaucoup à la Projection Astrale, mais ce n'est pas le cas. Bien que les deux soient liées, puisqu'elles utilisent toutes deux le Corps de Lumière pour l'exécution, la Projection Astrale est une technique qui nécessite une préparation et n'est donc pas instantanée comme Prapti.

J'ai déjà parlé de l'optimisation de l'imagination et de la volonté que permet l'éveil de la Kundalini, mais je n'ai fait qu'effleurer la capacité qui se développe de vivre les pensées en "temps réel". Un éveil complet de la Kundalini localise la Lumière intérieure à l'intérieur du cerveau, jetant un pont entre le conscient et le subconscient. Lorsque les deux parties de l'esprit deviennent Une, les hémisphères gauche et droit du cerveau sont unifiés, ce qui permet un flux de conscience pur et ininterrompu. Cette expérience a un effet particulier sur les pensées de chacun, qui deviennent aussi réelles que vous et moi pour l'expérimentateur.

Il faut beaucoup de temps pour apprivoiser sa conscience et maîtriser son pouvoir de visualisation, ce qui implique d'optimiser sa volonté. Mais une fois que vous y serez parvenu, vous aurez la capacité de voyager consciemment (bilocalisation) où vous voulez et de le vivre comme réel au moment même où vous y pensez. Si vous souhaitez voyager en Égypte, par exemple, et voir la Grande Pyramide, il vous suffit de la visualiser, et votre âme y sera projetée instantanément via la Merkaba. Ou, si vous avez besoin de faire une pause dans votre vie quotidienne et que vous voulez passer quelques minutes sur une plage au Mexique, vous pouvez visualiser le fait d'être sur une plage et le vivre comme réel.

Pour tirer le meilleur parti de cette expérience, lorsque vous visualisez quelque chose, il est utile d'avoir une photographie ou une image de l'endroit où vous voulez aller afin d'en avoir la vision la plus précise possible. Vous devez ensuite garder l'image dans votre esprit, que vous ressentirez comme réelle par vos sens Astraux.

Je tiens à souligner que le Siddhi Prapti n'est réalisable qu'après que l'individu ait achevé le processus d'éveil de la Kundalini, localisant ainsi la Lumière Intérieure dans le cerveau. Les autres composants nécessaires à l'exécution de ce Siddhi sont l'optimisation de l'Ajna Chakra, l'activation du Corps de Lumière, et la maximisation du spin de la Merkaba en débloquant le plein potentiel du champ énergétique torique. (Notez que le Corps de Lumière et la Merkaba sont utilisés pour tout type de voyage hors du corps.) Je décrirai plus en détail la science de ce phénomène plus tard, lorsque je dévoilerai davantage les capacités extraordinaires qui se dévoilent aux individus éveillés par la Kundalini.

Prakamya Siddhi

Le sixième Siddhi classique, Pramakya (mot Sanskrit impliquant "volonté" ou "liberté de volonté"), donne à une personne le pouvoir de réaliser et de vivre tout ce qu'elle désire. Ce Siddhi permet à l'individu de matérialiser tout ce qu'il veut à partir de rien et de réaliser n'importe quel rêve. S'il souhaite être quelque part ou même être avec quelqu'un sexuellement, son désir est satisfait au moment où il a cette pensée. Le Prakamya Siddhi se caractérise par la réalisation instantanée de ses désirs les plus profonds par l'application de la volonté.

À première vue, ce Siddhi peut sembler sortir d'un film de super-héros. La capacité de manifester instantanément tout ce que nous désirons transcende les limites des lois de l'Univers et des lois de la physique. Cependant, si nous appliquons ce Siddhi au monde du Rêve Lucide, alors nous commençons à comprendre le véritable potentiel de nos expériences à travers le Corps de Lumière. Le monde du Rêve Lucide est aussi réel pour notre conscience que le monde physique en ce qui concerne l'expérience.

Au cours de mes dix-sept années de vie avec la Kundalini éveillée, j'ai fait l'expérience de ces types de dons et bien plus encore. Le monde du Rêve Lucide a comblé tous les désirs de mon Âme, que j'ai commencé à expérimenter rapidement trois à quatre mois après mon éveil initial en 2004. J'ai découvert que le Prakamya Siddhi ne sert pas seulement à combler les désirs de votre Âme, mais aussi à les éteindre avec le temps.

Mes expériences de vie m'ont appris que l'un des moyens les plus efficaces de surmonter tout désir en soi est de s'y engager jusqu'à ce que son énergie soit épuisée. Bien sûr, je me réfère aux désirs temporels de l'Ego qui tombent dans le domaine de la normalité et non aux désirs contre nature tels que blesser physiquement d'autres êtres vivants. L'une des fonctions du monde du Rêve Lucide est d'éteindre les désirs des initiés éveillés par la Kundalini dont le but ultime est l'évolution Spirituelle et l'union avec la Divinité.

Je me projetais souvent hors de mon corps, là où mon Âme voulait aller dans le monde des Rêves Lucides. J'ai visité des Etoiles et des Galaxies Lointaines et des lieux Interdimensionnels de notre Planète avec des Etres étranges que je voyais pour la première fois. Souvent, je "téléchargeais" des informations de ces Êtres concernant les mystères de la Création et l'avenir de la race humaine de la même manière que Neo télécharge de nouvelles capacités et compétences en tant que programme informatique dans le film "Matrix". En l'espace d'une heure de rêve, je pouvais télécharger l'équivalent de vingt livres d'informations provenant d'Êtres intelligents de notre Univers.

Une poignée de fois, j'ai pris conscience que je téléchargeais des informations en dehors de moi et je pouvais me souvenir d'une phrase ou deux de ce que je recevais. La plupart du temps, l'information était cryptique, elle m'était transmise par des nombres, des symboles, des métaphores et des archétypes en anglais ou dans d'autres langues de la Terre.

Lorsque j'étais en présence de ce qui ressemblait à des Êtres Extraterrestres, ils me parlaient télépathiquement dans leurs langues, ce que, d'une manière ou d'une autre, je comprenais. Je pouvais généralement distinguer les Extraterrestres d'autres Êtres tels que les Maîtres Ascensionnés, les Anges ou d'autres Déités parce que leur apparence était humanoïde mais clairement pas humaine puisque certains traits étaient différents.

Je me sentais béni et privilégié d'être entré en contact avec d'autres Êtres intelligents de l'Univers par le biais de la conscience. Après tout, je n'avais aucun autre moyen d'obtenir les connaissances uniques qu'ils m'ont transmises que par l'expérience directe, et ma soif de connaissance après l'éveil de la Kundalini augmentait chaque jour.

Au fil du temps, j'ai naturellement développé une technique consistant à défocaliser mon Oeil de l'Esprit dans un Rêve Lucide pour entrer dans une réalité que je qualifie d'"hyperconscience", un état au-delà du domaine de la conscience humaine. En conséquence, je me suis souvent retrouvé dans un endroit où j'étais déjà allé dans le monde réel, mais dans une version futuriste du même endroit avec des objets et des dispositifs technologiques jamais vus auparavant. Le paysage ressemble à un trip de LSD ou de Peyote, bien que différent puisqu'il a une composante futuriste.

Pendant un certain temps, lorsque je me projetais dans ce monde futuriste, j'entendais dans ma tête une musique techno qui correspondait à ce que je voyais, comme si j'étais dans un film. Mes mâchoires se serraient alors qu'un ravissement extatique emplissait mon cœur, essayant d'intégrer mon visuel. Cette hyper-réalité m'a appris l'existence d'Univers parallèles que notre conscience peut expérimenter à travers le corps de Lumière et le monde du Rêve Lucide.

Je me souviens avoir voulu passer un mois à skier et n'avoir pas pu le faire dans la vraie vie par manque de temps. Le soir même, je me suis retrouvé dans une station de haut niveau dans ce qui ressemblait aux Alpes. Le paysage était tout ce que je désirais et plus encore. J'y ai passé ce qui m'a semblé être un mois complet, en termes de nombre d'expériences, le tout dans les huit heures de sommeil dont je disposais. À mon réveil, je n'ai plus ressenti le besoin d'aller skier puisque ce désir avait été satisfait dans mon Rêve Lucide.

J'ai voyagé dans d'autres endroits du monde de la même manière. Si j'étais en quelque sorte limité pour voyager dans la vie réelle, je me retrouvais souvent à visiter cet endroit la nuit. La principale différence était que le temps était transcendé dans le monde du Rêve Lucide. Vous pouviez passer des mois, voire des années, dans un endroit du monde du Rêve Lucide, ce qui équivalait à huit heures de sommeil dans la vie réelle.

Après avoir visité de nombreux pays et villes dans mes rêves, j'ai découvert qu'il existe des stations balnéaires et des points chauds dans le monde du Rêve Lucide où d'autres personnes se rendent si elles ont besoin de vacances "puissantes". De plus, de nombreuses personnes rencontrées lors de mes voyages en Rêve Lucide semblaient trop uniques pour être une projection de ma conscience. Souvent, nous échangions des informations personnelles concernant qui nous étions dans la vie réelle, bien que je ne puisse jamais vérifier quelqu'un dans le monde réel.

Au fil des ans, mon "centre de commandement" ou ma base d'opérations est devenu New York et Los Angeles, bien qu'il s'agisse de versions différentes de ces mêmes villes. Comme j'ai visité ces deux villes dans la vie réelle, j'ai constaté que l'ambiance était la même dans le monde du Rêve Lucide, mais qu'elles avaient un aspect radicalement différent, avec une architecture et des paysages différents.

Lorsque je revisitais l'une ou l'autre ville dans un Rêve Lucide, elle semblait presque identique à la dernière fois où j'y étais dans un rêve précédent. J'avais même un appartement que je possédais à New York et dans lequel je revenais, et il était identique à la dernière fois que j'y étais, avec des objets là où je les avais laissés. Il est intéressant de noter qu'un flot de souvenirs revenait de la dernière fois où j'étais là dans un rêve, ce qui signifie que ma conscience était capable d'avoir différentes expériences de vie dans divers endroits simultanément au monde réel.

Chaque fois que j'entrais dans le monde du Rêve Lucide, j'étais conscient de mon potentiel. J'étais légère comme une plume et je pouvais voler, faire léviter des objets et projeter ma conscience en une fraction de seconde d'un endroit à un autre. Je pouvais également manifester n'importe quel partenaire avec lequel je voulais avoir des relations sexuelles, expérimenter ce que c'est que d'être ultra-riche et célèbre, piloter un avion ou conduire une Ferrari, et bien plus encore. Lorsque j'imaginais une chose que je désirais, elle apparaissait généralement juste devant moi. Le ciel est la limite de ce que votre Âme peut expérimenter dans le monde du Rêve Lucide, et la réalisation de vos désirs n'appartient qu'à vous et à vous seul.

Gardez à l'esprit qu'il n'y a pas de concept de distance dans un Rêve Lucide. Lorsque vous pensez à une expérience que vous voulez vivre, vous êtes immédiatement en train de vivre cette expérience, dans un endroit que votre Âme choisit pour vous. Le Corps de Lumière contient les cinq sens de la vue, de l'ouïe, du toucher, de l'odorat et du goût, ce qui permet une expérience complètement réaliste. Il se peut que nous fassions également l'expérience du monde réel par le biais du corps de Lumière, mais seulement par l'intermédiaire de l'interface du corps physique. Les quelques fois où j'ai essayé la réalité virtuelle, j'ai ressenti des sensations similaires à celles que j'ai éprouvées dans le monde du Rêve Lucide.

L'une des principales différences entre la satisfaction de vos désirs dans le monde du Rêve Lucide et le Monde de la Matière est qu'il n'y a pas de bavardage mental ou de culpabilité dans le monde du Rêve Lucide puisqu'il s'agit de satisfaire un désir pur. Le bavardage mental résulte de l'Ego, qui est directement lié au corps physique et au monde matériel. Puisque le Rêve Lucide transcende le domaine physique, il est dépourvu d'Ego ; l'esprit est donc vide, ce qui permet une expérience optimale de l'Âme.

Vashitva et Ishitva Siddhis

Les septième et huitième Siddhis classiques, les Siddhis Vashitva et Ishitva se confondent l'un avec l'autre, et à ce titre, je les aborderai ensemble en tant qu'expressions du même pouvoir. Le Siddhi Vashitva (mot sanskrit impliquant "pouvoirs de contrôle") permet à l'individu de commander ses propres états mentaux et ceux des autres par la volonté. L'individu peut entièrement influencer les actions de n'importe quelle personne sur Terre avec le Vashitva Siddhi.

À l'inverse, Ishitva Siddhi (qui signifie "supériorité" et "grandeur" en Sanskrit) est la capacité de contrôler la nature, les organismes biologiques, les gens, etc. Ce Siddhi particulier donne à l'individu la seigneurie absolue sur toute la Création et fait de lui un Dieu-homme aux yeux des autres. Ishitva Siddhi fait de l'individu un Maître des Cinq Éléments, un mage vivant.

Selon le principe de vibration *du Kybalion,* toute chose vibre à une fréquence particulière. La physique quantique corrobore cette affirmation et ajoute que chaque fois que nous regardons quelque chose dans le monde extérieur, nous influençons son état vibratoire. Les anciens hermétistes connaissent le pouvoir de l'esprit depuis des milliers d'années. Après tout, le principe fondÂmental du Kybalion est "Le Tout est mental, l'Univers est mental".

Si l'Univers est une projection mentale qui est modelée par notre esprit, alors nos pensées et nos émotions sont également une construction mentale que nous pouvons modifier. Les Hermétistes ont enseigné à leurs initiés que la volonté peut être utilisée comme un diapason pour transmuter nos conditions mentales et celles des autres êtres vivants, et même changer les états de la matière. Ils croyaient que si nous pouvons maximiser le pouvoir de l'esprit, nous pouvons obtenir la gouvernance sur les autres personnes, l'environnement et la réalité en général.

Les Siddhi Vashitva et Ishitva sont des expressions des pouvoirs de l'esprit qui peuvent être réalisés lorsque l'individu élève la vibration de sa volonté et donc de sa conscience. Même si nous pouvons atteindre le Siddhi Vashitva en appliquant les lois mentales, la seule façon de réaliser véritablement le Siddhi Ishitva est l'évolution Spirituelle. Le fait de devenir éclairé non seulement maximise le potentiel de la volonté, optimisant ainsi le Vashitva Siddhi, mais il nous permet également d'abandonner complètement notre volonté à la Divinité et de nous aligner sur sa fréquence vibratoire élevée. Ce faisant, nous devenons des Diapasons auto-énergisés qui induisent tout ce qui nous entoure avec nos hautes vibrations, changeant les états mentaux et émotionnels de tous les êtres vivants et modifiant même l'état vibratoire des objets immatériels dans notre environnement immédiat.

Puisque nous communiquons constamment par télépathie, maximiser notre volonté nous donne le pouvoir de l'esprit sur l'esprit, ce qui nous permet de dominer complètement les autres personnes. Selon le principe du genre mental *du Kybalion,* "le Genre est en tout ; tout a ses principes masculins et féminins ; le genre se manifeste sur tous les Plans". "Ce principe stipule que nous avons chacun une composante masculine et féminine du Soi - le "Je" et le "Moi".

Le "Je" est la Force masculine, objective, consciente et volontaire qui projette - la volonté. Le "Moi" est la partie féminine, subjective, subconsciente, involontaire et passive du Soi qui reçoit - l'imagination. La volonté, qui est l'Élément Feu de l'Âme, se projette dans l'imagination, créant ainsi une image visuelle, expression de l'Élément Eau. L'Élément Air est la pensée, le moyen d'expression de la volonté et de l'imagination.

Le "Moi" est comme un utérus mental qui est fécondé par le "Je" pour créer une progéniture mentale - l'image visuelle". Le "Je" projette toujours, tandis que le "Moi" reçoit.

Ces deux composantes cognitives sont un cadeau sacré que nous a fait notre Créateur pour que nous soyons les co-créateurs conscients de notre réalité. Cependant, la seule façon de manifester la réalité que nous désirons est d'utiliser notre volonté pour générer des images mentales qui guideront notre vie. Si nous devenons mentalement paresseux, rendant ainsi notre volonté inactive, notre existence sera guidée par la volonté d'autres personnes, soit directement, soit par des stimuli environnementaux. Telle est la loi. La composante "Moi" doit toujours être alimentée par un "Je", que ce soit le nôtre ou celui d'un autre.

Les personnes qui sont conscientes de ces lois mentales peuvent élever la vibration de leur volonté afin de contrôler leur réalité et d'affecter la composante "Moi" des autres personnes, leur faisant ainsi penser ce qu'elles désirent. En influençant les pensées d'une personne, nous affectons invariablement ce qu'elle ressent et les actions qu'elle accomplit. Étant donné que ces lois mentales agissent à un niveau subconscient, la personne influencée ne se rend pratiquement jamais compte qu'elle est induite mentalement. Au contraire, elle croit que les pensées induites sont les siennes alors qu'en réalité, ce sont des graines plantées par quelqu'un d'autre. Les phénomènes psychiques du transfert de pensée, de la suggestion et de l'hypnotisme sont des exemples d'utilisation du principe de genre pour affecter l'esprit d'autres personnes.

Comme je l'ai expliqué en détail dans *The Magus*, toute réalité partagée par plusieurs personnes est contrôlée par l'individu qui fait vibrer sa volonté à la fréquence la plus élevée. Les personnes qui partagent la réalité de cet individu l'admirent naturellement et le considèrent comme leur chef et leur guide. Ces personnes évoluées sont charismatiques, avenantes et sexuellement attirantes, ce qui a moins à voir avec l'apparence physique qu'avec le magnétisme personnel. Elles communiquent généralement directement avec l'Âme, contournant ainsi la personnalité et l'Ego. Ces personnes spéciales engagent et inspirent les autres d'une manière qui semble magique pour les individus qui ne comprennent pas la science derrière les Lois Universelles utilisées.

La manière la plus efficace d'atteindre Ishitva Siddhi et d'obtenir la Seigneurie sur la Création est d'éveiller la Kundalini et de l'élever jusqu'à la Couronne. Lorsqu'un individu hautement évolué Spirituellement a élevé la vibration de sa conscience jusqu'au Plan Spirituel, il domine naturellement les Plans Inférieurs sur lesquels la plupart des gens vibrent. Ils dominent également les règnes animal et végétal, qui sont des sous-divisions du Plan Physique.

Il n'est pas rare de voir une personne éclairée marcher parmi des tigres, des lions, des ours, des crocodiles, des serpents venimeux et d'autres animaux potentiellement mortels. Nous avons tous déjà entendu parler de ce phénomène, mais la plupart des gens ne connaissent pas sa science. En canalisant l'énergie Spirituelle de haute vibration, qui est Lumière et amour, ces individus Spirituellement évolués ont surmonté leur propre peur qui déclenche les animaux dangereux et les pousse à attaquer les humains. Ainsi, l'individu éveillé contourne le mécanisme de survie de l'animal et se connecte à son énergie d'amour, ce qui lui permet d'être embrassé au lieu d'être attaqué.

Une personne dont la volonté résonne à la fréquence de l'Esprit domine tous ceux qui n'ont pas atteint le même état de conscience. Ces individus Spirituellement évolués apparaissent comme des hommes-Dieux aux yeux des gens du peuple qui les envahissent pour se baigner dans leur Lumière enivrante.

Enfin, il est possible de modifier les états de la matière par la volonté et même de faire apparaître et réapparaître la matière. *Le Kybalion* précise que si nous élevons la vibration de la Matière, nous modifions sa fréquence et donc sa densité et même son état. Cependant, comme il faut beaucoup d'énergie pour accomplir cet exploit avec le seul esprit, très peu d'Adeptes dans l'histoire y sont parvenus, dont certains se sont retrouvés figures centrales de religions. Nous avons tous entendu les miracles de Jésus-Christ, où il a transformé l'eau en vin et utilisé cinq pains et deux poissons pour les multiplier et nourrir 5000 personnes.

Un exemple plus courant et prouvable de modification de la matière par le pouvoir de l'esprit consiste à transformer la glace en eau, l'eau en vapeur, et vice versa, en chauffant et en refroidissant le corps. Un autre exemple est la lévitation d'un objet léger tel qu'une feuille de papier ou le contrôle du mouvement de la flamme d'une bougie. Pour accomplir l'un de ces exploits mentaux, l'individu doit entrer en contact ou être proche de l'objet pour l'imprégner de son énergie Pranique, dont il peut contrôler le flux et l'état avec son esprit.

Peut-être que dans le futur, lorsque l'humanité aura collectivement évolué Spirituellement, nous aurons des exemples plus remarquables de contrôle de la Matière par l'esprit, puisque les Lois Universelles opèrent sur tous les Plans Cosmiques et que les Plans Supérieurs dominent toujours les Plans Inférieurs. Il est intéressant de noter que les Anciens n'ont jamais passé trop de temps à essayer d'influencer la matière avec leur esprit. Ils savaient que le véritable cadeau de ces lois mentales était de les appliquer à leurs propres états mentaux et émotionnels pour les aider dans leur Evolution Spirituelle. Atteindre l'esprit de la Divinité était leur seul véritable objectif, car en y parvenant, on devient une partie des Lois Universelles, optimisant ainsi les Ashta Siddhis.

PARTIE VII : POST-ÉVEIL DE LA KUNDALINI

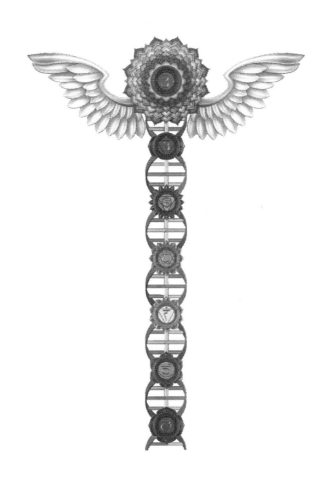

SYMPTÔMES ET PHÉNOMÈNES APRÈS L'ÉVEIL DE LA KUNDALINI

La plupart des personnes éveillées à la Kundalini s'inquiètent de la façon dont la transformation va se dérouler dans le temps et de la chronologie générale du moment où elles vont débloquer des dons particuliers (Siddhis). C'est l'une de leurs principales questions et l'un de leurs principaux intérêts. Après avoir parlé avec des dizaines d'individus éveillés qui ont achevé le processus en élevant la Kundalini jusqu'à la Couronne, j'ai constaté que les manifestations sont presque les mêmes pour tous et qu'elles se produisent généralement de manière systématique. Une expérience donne lieu à la suivante, et de cette façon, l'énergie de la Kundalini transforme l'esprit, le corps et l'Âme au fil du temps, débloquant de nombreux dons psychiques en cours de route.

Comme je l'ai dit dans le chapitre d'introduction sur la Kundalini, une fois que l'activation du Corps de Lumière a eu lieu et que l'énergie s'est localisée dans le cerveau, un éveil permanent a eu lieu. Certains symptômes et phénomènes se manifestent dès la première semaine, tandis que d'autres prennent un peu plus de temps. Dans cette section, je vais décomposer ces expériences une par une, dans un ordre séquentiel pour la plupart, depuis les étapes initiales jusqu'aux mois et années suivants. Gardez à l'esprit, cependant, que je ne couvre que les éveils complets, pas les partiels. Dans le cas des éveils partiels, les manifestations et les dons sont spécifiques au(x) Chakra(s) que la Kundalini a activé(s), et varient d'un Chakra à l'autre.

Chez les individus pleinement éveillés, les deux premières manifestations initiales sont la Lumière dans la tête et le son vibratoire constant entendu à l'intérieur, semblable à un faible bourdonnement. Si la personne n'a aucune connaissance préalable de la Kundalini, elle peut confondre ce dernier phénomène avec le début d'un acouphène, une affection physique où l'on entend un bourdonnement constant dans les oreilles. Cependant, elle remarquera que le son s'amplifie considérablement lorsqu'elle s'y concentre, ce qui l'empêche parfois de dormir, comme ce fut le cas pour moi.

La Lumière dans la tête est délicate car elle arrive par vagues au début et peut même provoquer une pression dans la tête, provoquant un mal de tête ou une migraine. Au début, on peut donc penser que plusieurs facteurs peuvent être à l'origine de ce phénomène. Après quelques semaines, cependant, il deviendra évident que, dès que vous fermez les yeux, une énergie est présente à l'intérieur de votre tête, qui clignote fréquemment. Elle pulse souvent comme un organisme vivant et respirant, surtout lorsque vous êtes dans un état d'inspiration. Il se peut même que vous ayez des flashs de Lumière d'autres couleurs, en particulier le violet, bien que j'aie constaté que la présence de la Lumière Blanche est relativement constante. Bien sûr, elle n'est pas aussi brillante que lorsqu'on regarde le soleil, mais elle est faible et pourtant très perceptible les yeux fermés.

Vous pouvez également voir des orbes de Lumière dans votre vision périphérique, qui peuvent apparaître lorsque vous avez une épiphanie sur quelque chose ou que vous êtes dans un état d'inspiration. Elles sont généralement d'un bleu électrique et de petite taille, mais tout à fait perceptibles. Il s'agit généralement d'une seule orbe de Lumière, mais il peut y en avoir plusieurs. Certaines personnes ont suggéré que ces orbes pouvaient être des anges gardiens.

Lorsque vous commencez à apporter de la nourriture dans votre corps, votre système digestif va la transformer en énergie Lumière, alimentant le système énergétique nouvellement éveillé. Comme la Kundalini est amplifiée par l'énergie Pranique provenant de la nourriture et de l'énergie sexuelle, elle vous changera progressivement à tous les niveaux, physique, mental, émotionnel et Spirituel. Certains des effets les plus immédiats sont des contractions du corps et une sensation de fourmis rampant sur votre peau. Il est important de ne pas paniquer lorsque cela se produit, car c'est une partie normale du processus. Cela signifie que l'énergie se sublime et atteint les centres nerveux, les infusant littéralement de Lumière, les alimentant.

Vous pouvez également ressentir des secousses musculaires ou des spasmes occasionnels qui semblent sortir de nulle part, généralement lorsque votre corps est immobile et dans un état de relaxation. Au fur et à mesure que votre système nerveux s'adapte à cette nouvelle énergie présente en vous, votre température peut fluctuer, vous donnant l'impression d'avoir chaud un instant et froid l'instant d'après. Je vous recommande de porter des vêtements supplémentaires pour ne pas risquer d'attraper un rhume ou une grippe lorsque vous vous rafraîchissez.

Le rythme et la puissance des battements de votre cœur seront également affectés lorsque votre corps s'adaptera aux changements de votre système énergétique. Le cœur peut parfois battre si vite qu'on a l'impression d'être sur le point de faire une crise cardiaque, surtout si l'on n'est pas conscient de ce symptôme courant de la Kundalini. Comme l'esprit traite les émotions du subconscient, l'accélération du rythme cardiaque est généralement le résultat de la présence d'une émotion de peur, qui peut surgir de nulle part et disparaître la seconde suivante. En conséquence, le cœur va souvent sauter un battement, puis s'accélérer jusqu'à ce que vous vous calmiez.

Le cœur réagit également en présence d'émotions intenses, notamment celles qui canalisent l'énergie brute du Feu. La puissance des battements du cœur peut parfois être si forte qu'on a l'impression qu'il essaie de sortir de la poitrine. Votre rythme respiratoire est directement affecté par les changements de votre rythme cardiaque, ce qui entraîne souvent une légère hyperventilation lorsque votre rythme cardiaque augmente. Comme votre système nerveux sympathique s'active dans ce cas, je vous recommande de mettre en œuvre une technique de respiration apaisante pour reprendre le contrôle de votre corps. Gardez à l'esprit que, aussi alarmantes que puissent paraître ces palpitations cardiaques, il n'y a rien à craindre. L'esprit aggrave les choses en créant la panique, alors essayez de rester calme, et cela passera.

Puisque la Kundalini est maintenant active en vous de façon permanente, vous pouvez également ressentir des pulsations dans votre sacrum alors qu'il pompe le courant de la Kundalini à travers votre Corps de Lumière. S'il y a des blocages d'énergie, il peut y avoir une pression inconfortable dans le sacrum, ce qui peut causer une légère douleur. Cependant, j'ai constaté que le système Kundalini compense les blocages d'énergie en réduisant l'intensité de la Lumière qu'il canalise.

Un autre phénomène notable, bien que rare, est l'interférence psychokinétique avec les équipements électriques. Par exemple, le lendemain de mon éveil de la Kundalini, ma bioélectricité était si élevée que lorsque je concentrais mon esprit sur une télévision voisine, je provoquais sur commande une perturbation dans le flux des chaînes. J'avais également entendu parler de cas où des individus faisaient sauter l'aiguille de leur tourne-disque lorsqu'ils le touchaient ou faisaient sauter des CD. Le phénomène implique toujours un contact avec un appareil électrique ou l'utilisation du pouvoir de l'esprit pour modifier son fonctionnement d'une manière ou d'une autre tout en présentant une bioélectricité supérieure à la normale.

Parfois, la douleur est présente dans différents organes, ou il y a un sentiment général d'inconfort dans les zones où les organes sont présents. La douleur est généralement légère, bien que le mental puisse exagérer ces effets, comme il le fait lorsqu'il éprouve la peur de l'inconnu. La douleur légère ou l'inconfort sont normaux et signifient que l'énergie pénètre et nettoie les différentes contreparties Spirituelles des organes et des parties du corps. La chose la plus importante à retenir est de rester calme pendant que tous ces processus se produisent, car ils ne durent généralement pas longtemps. Cependant, si vous vous fixez sur eux et les gonflez hors de toute proportion, ils persisteront plus longtemps.

Permettez-moi de réaffirmer ce que j'ai dit dans un chapitre précédent : l'énergie de la Kundalini fonctionne à un niveau subtil, non physique, même si les effets peuvent souvent sembler physiques. Gardez à l'esprit qu'une autre partie de vous s'éveille à votre conscience, le Corps de Lumière. Le Corps de Lumière a des contreparties subtiles aux organes physiques, qui servent un objectif Spirituel à un niveau supérieur.

J'espère que cette explication dissipe tout malentendu à ce sujet, car j'entends souvent des personnes éveillées par la Kundalini dire que l'énergie travaille dans le corps physique, qu'elle façonne et "martèle" les organes, ce qui est tout simplement faux. C'est ce que l'on ressent, oui, mais c'est seulement parce qu'il y a maintenant une autre partie du Soi éveillé, une composante non-physique - le Corps de Lumière, qui contient les différents Corps Subtils qui correspondent aux Cinq Éléments.

Un autre symptôme qui apparaît très tôt est la fluctuation massive de la vitalité. Par exemple, vous pouvez être hyperactif et ressentir un besoin de bouger ou de faire de l'exercice, suivi d'un épuisement complet de votre énergie et d'une léthargie. Ces fluctuations d'énergie résultent des effets de la Kundalini sur l'esprit. Lorsqu'elle prend le dessus, la Kundalini vous donne accès à une abondance d'énergie, suivie d'un effondrement au moment où l'Ego reprend le contrôle de l'esprit. Cependant, lorsque vous apprenez à surmonter l'effet de l'Ego sur l'esprit, vous puiserez à la source de l'énergie Kundalini et bénéficierez d'une vitalité incroyable 24 heures sur 24, 7 jours sur 7.

Lorsque votre conscience se purifie au fil du temps, sa vibration s'élève, ce qui lui permet de se localiser dans le Corps Spirituel, l'aspect le plus élevé du Corps de Lumière. C'est presque comme si un processus de transplantation se produisait à l'intérieur, ce qui peut être inquiétant par moments. En tant que tel, cela peut demander un certain temps pour s'adapter à ce qui ressemble à une entité étrangère à l'intérieur de vous.

Le Corps de Lumière est le véhicule de l'Âme. Le corps physique, quant à lui, est le véhicule de l'Ego. L'Âme utilise l'imagination et l'intuition, qui sont reçues par le cœur. L'Ego utilise la logique et la raison, et opère à travers l'esprit. Le frère de l'imagination est l'inspiration qui alimente le Soi supérieur, l'Âme. L'énergie de la Kundalini inspire parce que son but est de vous Âmener en esprit. Le feu de la Kundalini change d'état au fil du temps pour donner lieu à une perception mystique et transcendantale de la nouvelle réalité dans laquelle vous vous trouvez - la quatrième dimension énergétique ou vibratoire.

SAINT GUARDIAN ANGE (LE SOI SUPÉRIEUR)

Chaque être humain possède un Génie supérieur, également connu sous le nom de Saint-Ange Gardien ou de Soi supérieur. Il s'agit de la partie Spirituelle de votre être qui appartient à Dieu, le Créateur. Bien qu'au-delà de la dualité, votre Soi supérieur s'aligne sur la polarité de votre Âme. En tant que tel, vous pouvez vous y référer en tant que "il" ou "elle", quel que soit le sexe de votre Âme. Le but premier de l'éveil de la Kundalini est de créer un lien entre votre conscience et votre Saint-Ange Gardien. Vous deviendrez alors un canal pour leur sagesse pour la durée de votre vie ici sur Terre. Et peut-être même au-delà.

Votre Saint-Ange Gardien réside dans le Chakra du Sahasrara (Figure 150). Chaque fois que vous élevez votre conscience à son niveau, votre Soi supérieur est présent. En se connectant à lui, votre conscience se sent comme si des ailes lui avaient poussé, vous transformant en une présence Angélique tant que ce lien est maintenu. Vous êtes toujours vous-même, mais une partie supérieure de vous qui résonne avec la vibration de la Lumière Divine du Créateur.

La plupart des gens ont des moments dans la journée où ils se connectent à leur Saint-Ange Gardien, généralement lorsqu'ils sont dans un état d'esprit inspiré ou créatif. Puis il y a ces moments où le Saint-Ange Gardien nous touche brièvement avec son énergie, nous donnant un aperçu Divin d'un sujet sous la forme d'une épiphanie. Cependant, ces moments sont généralement de courte durée car l'Ego commence toujours à remettre en question l'expérience, coupant ainsi la connexion avec le Soi supérieur. En conséquence, l'individu descend du Sahasrara dans un Chakra inférieur de l'un des Quatre Éléments.

Figure 150: Saint-Ange Gardien (Le Soi Supérieur)

Pour établir une connexion permanente avec votre Saint-Ange Gardien, une exaltation de la conscience doit d'abord avoir lieu. Ensuite, lorsque l'Âme a pris le dessus sur l'Ego, l'Élément Esprit peut descendre et vous transformer entièrement. Une fois ce processus de transfiguration terminé, vous établirez définitivement le contact avec le Saint-Ange Gardien. Vous pouvez toujours opérer à partir de n'importe quel Chakra lorsque vous avez besoin de ses pouvoirs d'expression, bien que votre conscience travaille principalement à partir des trois Chakras de l'Esprit, Vishuddhi, Ajna et Sahasrara.

Une grande partie du contenu de ce livre sur la Kundalini n'est pas quelque chose que j'ai appris dans d'autres livres ou entendu de quelqu'un d'autre, c'est pourquoi vous trouverez que beaucoup de ces informations sont originales. Certaines connaissances ont été acquises dans des livres au cours des premières années qui ont suivi l'éveil de la

510

Kundalini. Une fois que les bases ont été posées et que je me suis aligné avec le Génie supérieur, il a pris le relais en tant qu'enseignant et guide intérieur. Par la suite, la plupart de mes connaissances m'ont été transmises directement par mon Saint-Ange Gardien à travers la Gnose. Cependant, pour atteindre ce sommet de mon évolution Spirituelle où je peux devenir un canal vers quelque chose de plus grand que moi, j'ai dû passer de nombreuses années à me développer pour devenir un phare et un canal de Lumière.

Chaque être humain peut devenir un canal pour son Soi supérieur s'il se consacre à son voyage Spirituel et suit une feuille de route pour atteindre l'Illumination. Nous devons tous ressusciter dans l'Élément Esprit et devenir nos propres sauveurs. Le travail dans *The Magus* est orienté vers la réalisation de cet objectif. Une fois que vous aurez établi un contact permanent avec votre Saint-Ange Gardien, il deviendra votre professeur et votre guide pour le reste de votre vie. Vous n'aurez plus besoin d'enseignants, ni de guides sous forme physique, car vous deviendrez l'enseignant et l'étudiant en un.

Votre Saint-Ange Gardien commencera à communiquer avec vous chaque fois qu'il y aura une continuation dans la conscience, et que votre Ego sera silencieux. Il vous enseignera régulièrement les mystères de l'Univers et de la Création au cours de votre vie quotidienne. Il vous donnera un nouvel éclairage sur tout ce que vous avez appris dans le passé et sur tout ce que vous pensez savoir maintenant. Tout ce que vous absorbez du monde extérieur sera désormais filtré par la sagesse de votre Saint-Ange Gardien.

Vous pouvez continuer à apprendre dans les livres, mais vous constaterez que vous obtiendrez davantage de votre Saint-Ange Gardien sur la vie que de tout texte écrit. Les livres sont bons pour développer vos connaissances sur des sujets spécifiques, mais votre philosophie de vie, vous l'apprendrez directement de votre Saint-Ange Gardien.

Comme vous ne pouvez pas contrôler ce processus de communication et d'apprentissage continu, vous commencerez à avoir l'impression d'être deux personnes en une seule. Je me surprends souvent à parler à mon Soi Supérieur comme si deux entités vivaient à l'intérieur de moi. L'entité cool, calme, posée et sage est le Soi Supérieur, tandis que l'Ego est celui qui fait des erreurs et a besoin de conseils. Et de la façon dont je le vois, je ne suis ni l'un ni l'autre et les deux en même temps.

Mon Ego avait l'impression que la conscience qu'il dominait était détournée par quelque chose d'autre, mais aujourd'hui, il a accepté cette double réalité du Soi. Il a toujours ses réactions, comme tout Ego, mais le Génie Supérieur se tient à l'écart, regarde comment je m'exprime et me contrôle quand je dépasse les bornes. Il est le Témoin silencieux de l'instant présent perpétuel qui vit dans l'Éternité. Il est là pour me calmer quand j'en ai besoin et me donner les bons conseils sur ce qu'il faut faire ou comment me comporter quand je suis dans un dilemme. Son objectif global est de m'apprendre à améliorer mon caractère et ma personnalité pour devenir plus Spirituel. Je m'en remets donc à lui et j'essaie de lui laisser le champ libre la plupart du temps.

Votre Saint-Ange Gardien est essentiellement intéressé ; il vous enseigne constamment comment devenir un meilleur canal pour sa Lumière, même si l'Ego doit en souffrir. Cependant, lorsque vous apprenez à servir votre Génie Supérieur, vous apprenez invariablement à servir Dieu - le Créateur - ce qui signifie que vous évoluez

Spirituellement. Puisque votre Génie Supérieur est votre Soi-Dieu, son impulsion à l'action provient directement de la Source de toute la Création.

Ce qui est fascinant avec la science et la philosophie de la Kundalini, c'est qu'il s'agit d'un domaine nouveau et en pleine expansion dont les fondements et le cadre n'ont pas encore été établis. Par conséquent, il appartient à tous les individus éveillés à la Kundalini d'apporter leurs connaissances et leurs expériences pour que les générations qui nous précèdent puissent continuer à construire sur ces bases. Si je peux vous aider à entrer en contact avec votre Saint-Ange Gardien, alors j'ai fait mon travail. Le reste, je le laisse entre leurs mains. Ainsi, je vous invite tous à prendre ce que vous avez appris de moi et à continuer à développer mes théories et mes pratiques.

Aucun livre ou ensemble de connaissances sur la Kundalini n'apporte de réponses définitives. Il y a toujours des lacunes à combler. C'est pourquoi j'invite tous les éveillés de la Kundalini à être courageux et à sortir de leur zone de confort pour aider à développer davantage cette science de la Kundalini. Nous sommes tous des scientifiques et des laboratoires dans un même ensemble, apprenant, expérimentant et partageant nos découvertes avec le monde.

ÉTAT D'ÊTRE APRÈS L'ÉVEIL

Après un éveil complet de la Kundalini, une fois que le Corps de Lumière a été activé, il peut prendre un certain temps pour le développer suffisamment avec l'apport de nourriture. L'étape suivante consiste à permettre à l'énergie de l'Esprit d'imprégner la conscience afin que vous puissiez vous aligner pleinement sur le Corps Spirituel, un aspect du Corps de Lumière. Pour y parvenir, cependant, vous devez d'abord surmonter l'énergie Karmique dans vos quatre Chakras inférieurs et développer suffisamment les trois Chakras supérieurs qui sont de l'Élément Esprit.

Le Corps Spirituel se forme à mesure que le Corps de Lumière s'intègre. La durée de ce processus dépend de nombreux facteurs, qui sont personnels à chacun. C'est un processus assez long, et si je devais faire une estimation moyenne, je dirais sept à dix ans. Si vous avez une méthode pour travailler sur les Chakras, comme les pratiques Spirituelles de ce livre ou les exercices rituels de la Magie Cérémonielle tels que présentés dans *The Magus*, alors cela prendra beaucoup moins de temps. En revanche, si vous laissez la Kundalini purifier naturellement les Chakras au fil du temps, cela prendra beaucoup plus de temps.

Vaincre la peur est la clé de la résurrection Spirituelle, qui passe par la purge et la purification des Chakras. Il a fallu de nombreuses années pour que l'énergie négative se développe dans les Chakras ; il faudra invariablement de nombreuses années pour les purifier. Combien de temps exactement ? Tout dépend de la quantité de peur que vous avez dans votre système.

Je connais des gens qui, après une douzaine d'années de vie avec une Kundalini éveillée, sont toujours à la merci de leur peur et de leur anxiété, ce qui est un concept étranger pour moi depuis presque une décennie maintenant. J'ai souvent des pensées de peur, comme nous le faisons tous, mais pour moi, c'est une expérience momentanée qui est lavée dans le royaume de la Non-Dualité du Chakra Bindu en quelques secondes. Aucune pensée ou émotion de peur ne peut m'affaiblir ou s'emparer de ma conscience assez longtemps pour que j'en sois excessivement gêné.

Quelques semaines à quelques mois après l'éveil initial de la Kundalini, vous ressentirez une sensation d'énergie se déplaçant à l'intérieur du corps et de la tête, et vous aurez peut-être l'impression que votre cerveau est "cassé". Cet état d'esprit se traduit par des pensées éparses et l'incapacité totale de se concentrer sur quoi que ce soit pendant trop longtemps. De plus, la plupart des gens disent ressentir une apathie totale pour tout ce qui les intéressait auparavant.

Les sentiments d'amour pour les autres seront dépassés par un engourdissement émotionnel qui durera longtemps et semblera permanent. Il n'y aura aucune continuité dans la pensée, et un sentiment général de confusion sera présent. Vous ne pourrez plus vous tourner vers l'Ego pour obtenir des réponses puisqu'il aura un contrôle minimal sur vous. L'Ego réalise qu'il est en train de mourir lentement alors que ce Feu intérieur est libéré par la Kundalini. Vous devez vous abandonner immédiatement à ce processus au lieu d'essayer de le combattre ou de trop le rationaliser.

Des peurs et des angoisses infondées feront surface à différents moments, sans autre raison que d'être libérées du système. Cela peut être effrayant au début, mais une fois que vous aurez compris que tout cela fait partie du processus, il sera beaucoup plus facile de vous détendre et de le laisser se dérouler.

Lorsque la Kundalini atteint la tête, une connexion avec différentes parties du subconscient se forme et un pont est construit entre le conscient et le subconscient. Des souvenirs du passé peuvent revenir à l'avant-plan de la conscience. Ce processus est normal, et il n'est pas nécessaire de trop l'examiner. Il serait préférable que vous laissiez partir ces souvenirs au fur et à mesure qu'ils surgissent. S'accrocher à un souvenir de douleur ou de peur ne fera que l'amplifier dans l'esprit. Au lieu de cela, utilisez le pouvoir de l'amour dans le Chakra du Cœur pour purifier et exalter le souvenir par des larmes si nécessaire.

Au début, comme il s'agit d'une nouvelle expérience, vous serez quelque peu mal à l'aise, et votre Ego tentera par tous les moyens de comprendre ce qui se passe. Il est essentiel d'avoir des livres comme celui-ci à portée de main pour savoir où vont les choses et pouvoir sc détendre. Des manifestations étranges telles que des bouffées d'énergie, des secousses musculaires et la sensation que des énergies se déplacent en vous à la manière d'un serpent ne sont que quelques-unes des expériences possibles.

Vous ressentirez une pression dans différentes parties du corps, en particulier la tête et le cœur. Au fil du temps, vous ressentirez également des ouvertures d'énergie dans les pieds et les paumes, ce qui vous donnera l'impression qu'un vent frais et calme s'y engouffre. C'est l'énergie de l'Esprit qui entre en vous pour provoquer la sensation d'apesanteur générale, qui peut se manifester peu après.

Rappelez-vous que même si l'énergie de l'Esprit semble imprégner votre corps au début de votre processus de transformation, l'intégration réelle de votre conscience au Corps Spirituel ne peut se produire que lorsque vous avez nettoyé vos Chakras. Et ce processus dépend entièrement de la quantité d'énergie Karmique que vous avez stockée dans chaque Chakra. Ainsi, si vous êtes quelqu'un qui a très peu d'énergie Karmique, car vous avez travaillé sur elle au cours de nombreuses vies, alors vous pouvez être destiné à avoir une transformation facile et rapide.

Un autre point critique est qu'une fois que le conscient et le subconscient ont été rapprochés, vos pensées prendront un degré de réalité comme jamais auparavant. Vos pensées vous paraîtront réelles, comme si ce à quoi vous pensez était présent juste devant vous, ce qui ajoute au sentiment général de peur et d'anxiété. Si vous n'avez pas le contrôle total de vos pensées, ce qui n'est pas le cas de la plupart d'entre nous après l'éveil initial de la Kundalini, la peur et l'anxiété sont le mécanisme de défense contre tout ce qui vient du subconscient.

Cette "réalité des pensées" se produit parce que l'intérieur et l'extérieur sont maintenant Un. Il n'y a pas de rupture de conscience, sauf si vous choisissez délibérément d'écouter les pensées de l'Ego. Comme tous les Chakras sont ouverts, leurs pouvoirs affluent dans votre conscience en même temps. Votre Chakra Sacré, Swadhisthana, alimente le subconscient, tandis que le Chakra du Cœur, Anahata, alimente l'esprit conscient. Le Soleil représente l'esprit conscient, tandis que la Lune représente le subconscient. C'est pour cette raison que vous voyez des représentations visuelles du Soleil et de la Lune en conjonction dans de nombreux panthéons et traditions Spirituels, principalement l'alchimie Hermétique.

CHAKRAS, CORPS SUBTILS ET RÊVES

Quelques semaines après l'éveil initial de la Kundalini, les rêves commencent à prendre une qualité différente au fur et à mesure que les énergies intérieures se subliment/se transforment. Ce changement notable se manifeste dans le monde des rêves, alors que la Lumière Astrale s'accumule progressivement en vous. Au début, vos rêves prendront différentes significations, destinées à vous enseigner une leçon ou à vous informer de quelque chose d'Archétypal qui se produit dans votre subconscient. Cependant, au fur et à mesure de votre progression dans les Chakras, vos rêves seront affectés par la nature de leur énergie. Vos expériences commencent dans les deux Chakras les plus bas, Muladhara et Swatsthihana, car ils correspondent au monde Astral. Toutes les expériences intérieures commencent dans le monde Astral, par le biais du Corps Astral, également appelé corps émotionnel.

Une fois qu'une scène se déroule dans votre rêve, vous devrez comprendre ce qu'elle signifie et ce que cette scène essaie de vous communiquer. Différents symboles occultes, animaux de pouvoir et nombres peuvent être présents dans le cadre d'événements métaphoriques qui imprègnent votre conscience d'une leçon de vie que vous devez apprendre pour avancer dans votre voyage d'évolution Spirituelle. Ces leçons existent également pour aider votre Âme à évoluer et à accorder votre esprit aux changements de votre Aura lorsqu'ils se produisent. Au fur et à mesure que vous progressez dans les trois Chakras inférieurs, les types d'événements qui se produisent dans vos rêves sont destinés à susciter en vous une réponse émotionnelle ou logique que vous devez examiner par la suite. Vous sentirez et verrez différentes présences extérieures dans vos rêves, y compris des Anges, des Démons et des Déités, souvent vêtus d'habits de tous les jours et se présentant comme des personnes.

Une fois que vous êtes entré dans le Chakra du Cœur, vous pouvez vous projeter hors de votre corps à travers Sahasrara, le Chakra de la couronne, et faire l'expérience du monde des Rêves Lucides. Cependant, il est difficile de déterminer avec précision dans quel Plan Subtil un rêve se déroule et à partir de quel Chakra il est projeté. À moins que vous ne soyez dans un Rêve Lucide, ces rêves se produisent de manière subconsciente, votre conscience étant tellement absorbée par l'expérience qu'elle n'est pas consciente de rêver. Par conséquent, le seul moyen réel de déterminer dans quel Plan Cosmique vous vous trouvez est d'examiner le contenu du rêve.

Gardez à l'esprit qu'au cours d'une nuit donnée, vous pouvez faire l'expérience de plusieurs rêves dans divers Plans Subtils, car votre conscience oscille en taux ou en fréquence de vibration. Vous pouvez parfois entendre le taux vibratoire à l'intérieur de votre tête changer lorsque vous entrez dans différents royaumes du monde intérieur, de la même manière que la fréquence radio change lorsque vous passez d'un canal radio à un autre.

Les rêves chargés d'émotion se produisent dans les Éléments Terre et Eau, les Chakras Muladhara et Swadhisthana. Surtout Swadhisthana, puisqu'il correspond à l'Astral Supérieur ou au Corps Emotionnel, bien que, comme mentionné, le Chakra Muladhara touche aussi au Plan Astral. Si le contenu est plus logique, c'est-à-dire que vous devez comprendre quelque chose dans vos rêves, comme un détective, alors il est très probablement projeté par l'Élément Feu, le Chakra Manipura. Dans ce cas, votre conscience doit utiliser votre volonté et votre intellect dans votre rêve pour comprendre les choses.

L'énergie de la Kundalini essaie de poser les bases pour que vous puissiez commencer à faire des Rêves Lucides, autrement appelés voyages Astraux. Le Rêve Lucide ne se produit que pendant le sommeil, tandis que la Projection Astrale est une technique de Voyage Astral que vous pouvez induire à l'état de veille. Il s'agit essentiellement de la même idée : vous utilisez votre Corps de Lumière respectif au Plan Subtil dans lequel vous essayez d'entrer, pour expérimenter consciemment ou inconsciemment ce Plan Cosmique.

Les Corps Subtils peuvent ressentir les mêmes sensations que le Corps Physique. Le Corps Subtil le plus bas, le Corps Astral, est le plus dense au niveau de la réalité de l'expérience de ce Plan, car il est principalement concerné par vos émotions inférieures. Lorsque vous entrez dans le Plan Mental, cependant, les choses commencent à sembler plus réelles. Dans le Plan Spirituel, la réalité de l'expérience est considérablement renforcée, car la vibration du Corps Spirituel est nettement supérieure à celle des Corps Subtils des Plans Inférieurs. L'expérience des Plans Divins est marquée par une extase intense, ce qui est la nature de ces Plans.

RÊVE LUCIDE

Environ trois à quatre mois après le début du processus de transformation de la Kundalini, vous commencez à faire des Rêves Lucides. Compte tenu de la crainte et de l'émerveillement que suscite le monde du Rêve Lucide, c'est l'un des premiers dons Spirituels qui se manifeste chez l'individu éveillé par la Kundalini et un grand pas dans son processus d'évolution Spirituelle. Le Rêve Lucide résulte de l'énergie de la Kundalini qui pénètre dans le Chakra du Cœur, Anahata, puisque ce Chakra est le point de contact avec les Chakras des Éléments Spirituels qui se trouvent au-dessus de lui.

Dans le Rêve Lucide, la conscience est complètement libérée du Corps Physique et consciente qu'elle vit un rêve. La conscience pure est la Loi qui guide les Rêves Lucides. Cette conscience permet à la conscience individuelle d'être comme un "enfant dans un magasin de bonbons" et de vivre toutes les aventures que son Âme désire. Il est exaltant de réaliser que l'on est dans un rêve et que l'on peut faire tout ce que l'on souhaite en le pensant simplement. Il est intéressant de noter que la première chose que les gens semblent vouloir expérimenter dans le monde du Rêve Lucide est de voler dans les airs grâce à la puissance de leur esprit. Comme votre Corps de Lumière est en apesanteur, la gravité n'est plus un facteur, ce qui permet ce phénomène.

Le Rêve Lucide est une expérience extracorporelle complète qui est très excitante pour la première fois. Elle se produit après qu'une quantité suffisante d'énergie Lumiè/Pranique ait été accumulée par l'ingestion de nourriture, vous permettant de vous élever hors de votre Corps Physique pendant le sommeil par le Sahasrara, le Chakra de la Couronne. En outre, cette expérience a un effet libérateur sur la conscience. En entrant dans ces Plans Supérieurs de réalité, vous n'avez plus de peur ni de douleur, ce qui vous permet de vous détendre pour une fois et de profiter de ce cadeau.

Le monde du Rêve Lucide est rempli d'environnements et de scènes magnifiques, tous issus de votre imagination accrue couplée à la potentialité infinie de la Conscience Cosmique. En vous projetant hors de votre corps par le Sahasrara Chakra, vous entrez dans le champ de la Conscience Cosmique, qui est sans limites. Dans tous les Rêves Lucides, vous avez l'impression d'être pleinement présent dans le lieu magique dans lequel vous vous êtes projeté, car votre âme ressent chaque sensation comme si elle se produisait dans le Corps Physique. Cependant, tout ce qui se passe est le résultat des capacités imaginatives d'Anahata, alimentées par Sahasrara, dont l'énergie source est la Conscience Cosmique.

L'Âme utilise le Corps de Lumière comme véhicule de voyage dans les Plans Cosmiques intérieurs, permettant à la conscience de les expérimenter comme réels. Le Corps de Lumière est relié au corps physique par le Cordon d'Argent (Figure 151), également connu sous le nom de "Sutratman" en Sanskrit, composé des deux mots "Sutra" (fil) et "Atman" (Soi). Le Sutratman est essentiellement le fil de vie de l'Âme. Ce cordon métaphysique permet à notre corps de Lumière de retrouver le chemin du corps après un Voyage Astral. À la mort, lorsque l'Âme quitte définitivement le corps physique, le cordon d'argent est coupé.

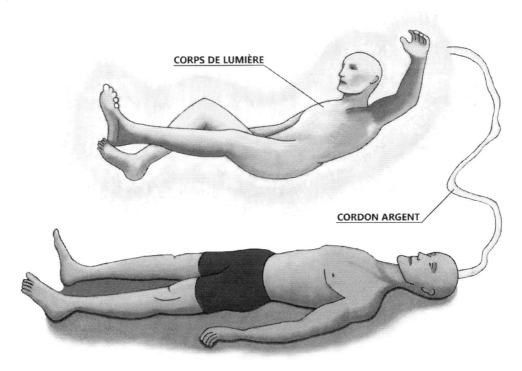

Figure 151: Projection de Rêve Lucide

LA LUMIÈRE ATRALE S'ACCUMULE ET S'ÉTEND

Lorsque vous commencez à faire des Rêves Lucides régulièrement, vous pouvez commencer à faire l'expérience d'une paralysie occasionnelle du rêve où votre conscience est tellement engloutie dans votre rêve que vous ne pouvez pas vous réveiller pendant une douzaine d'heures ou plus. Ce phénomène se produit parce que la Lumière Astrale s'accumule encore plus dans votre système au fil du temps. À son apogée, l'énergie de la

Lumière peut être si puissante qu'elle implique vos sens d'une telle manière que l'esprit fait l'expérience de tout ce qui est si complètement réel qu'il ne peut pas se séparer du rêve.

Lorsque je dis le mot " Astral ", je ne fais pas référence au Plan Astral des Chakras de la Terre et de l'Eau, mais à la façon dont ce terme est couramment utilisé dans les cercles Spirituels. L'"Astral" représente les Plans Cosmiques intérieurs, les royaumes et les mondes qui sont au-delà du Plan Physique, mais qui lui sont inextricablement liés. Ainsi, lorsque vous essayez de décrire cette science invisible à d'autres personnes, vous pouvez utiliser le terme "Astral" pour englober tous les Plans de conscience non-physiques. Et "Lumière Astrale" fait référence à la Lumière intérieure qui manifeste ces Plans Cosmiques dans l'existence.

Il est essentiel de comprendre que nombre des différents phénomènes et manifestations qui se produisent après l'éveil initial de la Kundalini résultent de la croissance et de l'expansion de la Lumière Astrale/Intérieure au fil du temps dans le système énergétique. Au fur et à mesure de son expansion, elle infuse les Chakras avec de l'énergie Lumière, imprégnant et agissant systématiquement à travers les différents Corps Subtils. Une fois qu'elle a fini d'infuser les Chakras des quatre Éléments, elle commence à travailler sur les Chakras Spirituels et le Corps Spirituel correspondant, en leur injectant de l'énergie Lumière. Ensuite, la Lumière Astrale de la Kundalini se transforme en énergie Spirituelle liquide (Amrita), qui alimente les canaux Ida et Pingala. Ce faisant, le circuit de la Kundalini sera complet et continuera à s'alimenter par la prise de nourriture. Le Bindu est activé et sert de soupape pour réguler l'ensemble du système Kundalini, ce qui entraîne un état de conscience métaphysique et mystique.

Environ cinq mois après mon éveil de la Kundalini, alors que la Lumière Astrale continuait à s'accumuler en moi, elle a changé ma perception du Monde Physique. Elle a transformé mon sens physique de la vue, car la Lumière Astrale a commencé à imprégner tous les objets autour de moi, ce qui a donné lieu à une lueur argentée et chatoyante transposée sur tout ce que je regardais. Comme nous l'avons dit plus haut, c'était une manifestation des plus merveilleuses, dont je me délecte encore aujourd'hui. Ce don me donne l'illusion que le monde extérieur est entièrement contenu dans ma tête, dans mon esprit. Lorsque je porte mon regard vers l'extérieur, j'ai l'étrange sensation de regarder l'intérieur de mon front.

Au cours du processus de transformation de la Kundalini, la Lumière Astrale qui s'accumule commence également à éveiller les différents centres du cerveau. Il commence à canaliser et à faire circuler cette Lumière dans diverses parties de la tête. Une fois que ma vue physique a été transformée et que les centres du cerveau se sont ouverts, cela a marqué le début d'une nouvelle vie pour moi - l'expérience complète de la Quatrième Dimension, la Dimension de la Vibration. Chaque fois que je regardais le monde devant moi, je me rappelais l'illusion du monde matériel de la Matière puisque je pouvais maintenant voir le Monde de l'Énergie en dessous.

En transformant ma vision, j'ai également acquis la capacité de voir tout ce qui se trouvait devant moi d'un point de vue plus élevé, comme si je me trouvais dans les nuages.

Seulement maintenant, ce que je regardais avait aussi cette transformation numérique et la Lumière jaillissait de derrière les objets, remodelant complètement ce que je voyais. Parfois, je pouvais être tellement absorbé par ce que je voyais qu'il se dématérialisait juste devant moi, et je pouvais le voir comme de l'énergie pure. Et si je poursuivais ma méditation et que je m'absorbais davantage dans ce que je voyais, je pouvais voir tout ce qui se trouvait devant moi comme s'il était projeté sur un fond en 2D, comme un écran de cinéma. La seule différence est que l'écran de cinéma est fait d'énergie Lumière pure, projetée par le Soleil. Cette vision atteste de la théorie selon laquelle nous vivons dans un Univers Holographique.

L'UNIVERS HOLOGRAPHIQUE

Au cours de la première année après l'éveil de la Kundalini en 2004, j'ai eu une deuxième expérience de l'Univers Holographique qui a approfondi ma compréhension de la nature de la réalité. Cette expérience était semblable à la première qui s'est produite pendant mon éveil de la Kundalini, bien qu'elle ait été provoquée par moi-même. Elle a commencé par un rêve, dans lequel je me tenais seul dans un champ, entouré d'une clôture en bois. Partout où je me tournais, je voyais cette clôture. De l'autre côté de la clôture se trouvaient mes ancêtres, qui parlaient tous simultanément et de manière chaotique dans ma langue maternelle, le Serbo-Croate. Puis, venu de nulle part, un silence complet a imprégné l'atmosphère.

Une voix est apparue et a dit : "Veux-tu connaître la vérité des choses ?" J'ai répondu par une affirmation, non pas verbalement, mais avec de la curiosité dans le cœur. À la seconde où j'ai accepté cette offre, le taux vibratoire dans ma tête a commencé à changer. Je me suis retrouvé à glisser dans la vibration, à perdre conscience dans mon rêve comme si j'étais transporté dans une autre dimension de l'espace/temps.

Tous mes sens Astraux ont été suspendus alors que j'allais de plus en plus loin en moi-même. J'avais l'impression de passer par un trou de ver via ma conscience. Mais au lieu de craindre cette expérience, j'avais la foi. Finalement, j'ai émergé de l'autre côté et j'ai ouvert les yeux. En regardant autour de moi, j'ai vu le monde Holographique. Les murs et le sol devant moi étaient transparents, et les objets semblaient suspendus dans l'espace. Les murs et les objets brillaient d'un aspect presque velouté. Je n'ai pas regardé mon corps pendant ce temps, tant j'étais hypnotisé par cette réalité sans béton. Un silence complet était présent partout. Je me sentais comme une pure conscience, sans limites, nageant dans l'obscurité de l'espace. Cependant, ce qui était unique, et la première et seule fois que cela s'est produit dans ma vie, c'est que la vibration habituelle à l'intérieur de ma tête sonnait maintenant comme un moteur de Mustang, un faible grondement.

Bien que je ne sois pas sûr d'être sur la Terre ou sur une autre Planète, les objets ont commencé à me sembler familiers à mesure que je regardais autour de moi. Finalement, mes souvenirs ont commencé à me revenir et j'ai réalisé qu'au lieu d'être dans un nouvel endroit, j'étais assis sur mon lit, dans la chambre où je dormais une minute auparavant. Cette vision a duré environ dix secondes, mais au ralenti. Une fois que les souvenirs ont commencé à revenir, ce qui a marqué le début de mon questionnement sur cette expérience extraordinaire, la vibration dans ma tête a commencé à se déplacer jusqu'à ce qu'elle revienne à sa fréquence habituelle. Pendant ce temps, j'ai vu l'Univers Holographique se transformer en matière concrète sous mes yeux.

Cette expérience ne devait plus jamais se répéter dans ma vie. Cependant, cela n'était pas nécessaire. J'ai obtenu la réponse que je cherchais et je n'ai jamais regardé en arrière. J'ai appris que non seulement nous vivons dans un Univers Holographique, mais que la vibration de notre conscience peut détenir la clé du voyage Interdimensionnel et peut-être même Interplanétaire. Cette théorie est soutenue par un texte ancien intitulé *Les Tablettes d'Emeraude de Thot l'Atlante*, écrit par le Roi-Prêtre Atlante Thot, dont le Dieu Egyptien Thot est un descendant. Il mentionne que les humains peuvent voyager à travers l'Univers en changeant la vibration de leur conscience à un moment donné, validant ainsi mon affirmation.

Après ma deuxième expérience directe avec la réalité Holographique, je me suis retrouvé avec de nouvelles questions à résoudre. Par exemple, d'où est projeté l'Hologramme dans notre Univers ? Selon une théorie, chaque Système Solaire possède son propre Hologramme, projeté depuis son Soleil. Cependant, certains astrophysiciens soutiennent une autre hypothèse selon laquelle l'Hologramme serait projeté depuis le trou noir le plus proche.

Voyez-vous, un trou noir a plus de masse que tous les Systèmes Solaires proches réunis, ce qui signifie qu'il transporte des quantités massives de données dans un espace compact. Ces données sont envoyées vers l'extérieur pour former des parties distinctes de l'Univers, et tout ce qui est contenu dans cet espace Tridimensionnel, qui se reflète dans le Plan Bidimensionnel du trou noir, comme un miroir. Maintenant, si quelqu'un devait traverser le trou noir, il entrerait dans une dimension supérieure, théoriquement, illustrée dans le film "Interstellar" comme la Cinquième Dimension de l'amour qui transcende l'espace et le temps. Bien sûr, ces théories ne sont que des spéculations et resteront telles quelles, mais je me suis toujours senti privilégié d'être l'une des rares personnes sur cette planète à avoir eu non pas une mais deux expériences directes avec la réalité Holographique.

DÉVOILEMENT D'AUTRES CADEAUX

Le fait d'avoir le monde intérieur, Astral, ouvert à moi à tout moment, le transposait sur ce que je voyais avec mes yeux physiques. En conséquence, j'ai commencé à voir des choses qui n'étaient pas de ce monde alors que cette énergie de Lumière s'accumulait en moi. J'ai vu des Etres de l'ombre dans les forêts, des présences Angéliques, et même des Démoniaques, dont les plus courants grognaient et avaient les yeux rouges. J'ai vu beaucoup d'entre eux dans mes rêves, tandis que d'autres étaient présents dans mon environnement, et je pouvais les regarder pendant une fraction de seconde avant qu'ils ne disparaissent de ma vue.

Ma connexion avec tout ce qui m'entourait augmentait chaque jour. Grâce à l'Œil de l'Esprit, j'ai développé un autre sens, la capacité de ressentir intuitivement les objets que je regardais. Je pouvais peser leur énergie avec mes pensées et ressentir leur forme Astrale, leur empreinte Spirituelle grâce à cette capacité. Ces phénomènes étaient possibles parce que la Kundalini avait complètement éveillé mes sens Astraux et que je pouvais voir, toucher, goûter, sentir et entendre dans les Plans Cosmiques intérieurs.

Comme mon Oeil de l'Esprit était exponentiellement développé, j'ai commencé à explorer des méditations régulières pour voir jusqu'où je pouvais descendre dans le terrier du lapin et si je pouvais débloquer d'autres dons en moi. J'ai donc commencé à méditer partout où j'allais, que ce soit dans le métro ou le bus, en classe ou au travail. J'aimais méditer en me concentrant sur les gens et en me laissant absorber par leur énergie. Si je me concentrais sur une personne assez longtemps, je sortais de moi-même et commençais à voir son énergie émaner de son corps physique. Elle semblait être directement derrière eux, bien qu'elle fasse partie de leur conscience. L'expérience commençait généralement par la vision de son double Ethérique, qui ressemble à une empreinte de son champ énergétique sortant à quelques centimètres de son corps physique. Cependant, au fur et à mesure que je m'enfonçais et que je continuais à défocaliser mes yeux en regardant leur corps énergétique, je commençais à voir le spectre complet de leurs couleurs Auriques.

Si je restais en méditation pendant plus de dix minutes, cependant, je commençais à changer d'état de conscience et je pouvais voir la personne du point de vue d'une fourmi, ou parfois d'un être plus grand et encore plus grand. En règle générale, plus je me concentrais sur la personne, lui accordant toute mon attention, plus j'étais capable d'analyser ce que je voyais et de voir des champs d'énergie qui ne sont généralement pas détectés par la vue physique.

Si quelqu'un était près de moi et que je me concentrais sur son visage plutôt que sur son corps entier, je pouvais voir ses traits changer sous mes yeux. Parfois, ils se transformaient en visages d'animaux ou devenaient très vieux ou très jeunes lorsque je me concentrais sur eux. D'autres fois, leur visage se transformait en ce qui ressemblait à des êtres extraterrestres parce qu'ils étaient tout simplement hors du monde. Ces expériences ont confirmé pour moi que nous sommes tous des êtres de Lumière de pure conscience qui ont vécu sur de nombreuses Planètes différentes dans d'autres Systèmes Solaires et Galaxies dans une chaîne continue de vies qui ne se termine jamais.

À ce stade, comme je pouvais sentir le monde autour de moi, je commençais à devenir une antenne (Figure 152), recevant des vibrations de l'extérieur de moi-même. La Kundalini commençait maintenant à opérer à partir du corps Spirituel. Cependant, même si cela s'est produit relativement rapidement dans ma vie, cela ne signifiait pas que le processus de transformation de la Kundalini était terminé. Il peut commencer à fonctionner à travers le Corps Spirituel, mais tant que les énergies latentes doivent être travaillées dans les Chakras, l'énergie de la Kundalini stagnera et il y aura une division claire entre l'esprit, le corps et l'Âme. Cette dispersion de l'énergie Kundalini se traduira par un état d'esprit perplexe et perdu pendant une longue période. La confusion et l'incapacité à se concentrer ou à prendre des décisions ne sont que quelques-uns des effets secondaires négatifs de cet état.

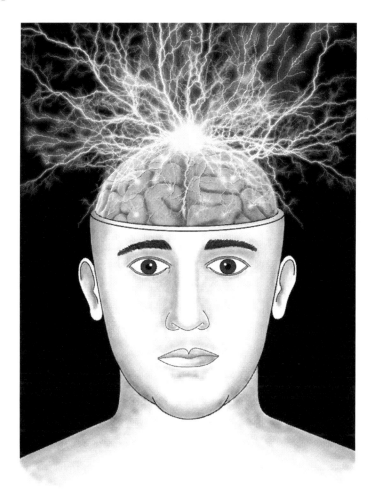

Figure 152: L'Antenne du Cerveau Humain

Je n'ai jamais rencontré quelqu'un qui a purgé les négativités des Chakras inférieurs dans une courte période après un éveil complet de la Kundalini. En réalité, c'est possible, mais cela signifie que l'Âme a purgé et nettoyé les Chakras bien avant que l'éveil de la Kundalini ait eu lieu. Pour intégrer pleinement ce nouveau niveau de conscience en peu de temps, il faudrait être un personnage plutôt Saint qui a travaillé sur son Karma de cette vie et des vies précédentes. Sinon, il y aura encore de nombreuses manifestations dans votre vie terrestre où la Kundalini travaille sur vos Chakras inférieurs. Cependant, de nombreuses leçons doivent être apprises dans ces domaines avant que la Kundalini puisse se localiser complètement dans le Corps Spirituel et fonctionner sans blocages ni stagnations d'énergie.

KRIYAS ET ÉVÉNEMENTS SYNCHRONISÉS

Certaines personnes éveillées déclarent effectuer des mouvements spontanés de Kriyas-Kundalini Yoga et de Hatha Yoga. Ce phénomène se produit lorsque la Lumière de la Kundalini anime le Corps Physique pour qu'il effectue ces mouvements alors que le moi conscient est en pilote automatique. Il est intéressant de noter que la connaissance des Kriyas fait surface quelque part dans le subconscient, car la personne qui les exécute ne les connaît généralement pas consciemment. Le corps exécute ces Kriyas pendant un petit moment, le temps que la Kundalini agisse sur le corps, le dynamisant. La clé de ce phénomène est que l'individu est dans un état d'inspiration, ce qui neutralise l'Ego. Au moment où la Lumière de la Kundalini se dissipe, l'Ego reprend le dessus sur la conscience, et les Kriyas s'arrêtent.

Une autre manifestation pendant cet état d'inspiration Kundalini est l'écriture automatique. L'individu peut se sentir obligé d'écrire, apparemment en pilote automatique pendant que l'énergie Kundalini le traverse. Le contenu produit est souvent méconnaissable pour l'Ego lorsqu'il est examiné par la suite, ce qui amène à se demander d'où il vient. L'individu peut même s'exprimer dans d'autres langues, dont certaines ne sont pas de cette Terre. Par exemple, j'ai un ami éveillé par la Kundalini qui a canalisé des lettres et des symboles cryptiques pendant cet état d'inspiration, qui ressemblent à une langue Ancienne morte ou même à une langue Extraterrestre. Quoi qu'il canalise, il se sent obligé de le faire et n'a aucun contrôle conscient sur le processus.

De nombreuses autres manifestations se produiront à mesure que la conscience apprendra à vivre dans ce nouveau monde d'énergie pure, et que l'Ego relâchera son emprise sur vous. Vous commencerez à avoir de nombreuses synchronicités et à remarquer des schémas dans votre vie quotidienne. Par exemple, les schémas de chiffres sont courants, et se produisent souvent lorsque vous ressentez un besoin intérieur de regarder l'heure ou de regarder un appareil technologique qui affiche des chiffres. Dans mon cas, le nombre 1111 est apparu très souvent. D'autres personnes éveillées à la Kundalini rapportent des synchronicités avec le même nombre.

Le but de 1111 est de vous faire savoir que vous fonctionnez maintenant à un niveau Spirituel différent et que l'éveil a eu lieu. Les Anges 1111, ou énergies Divines, veulent vous faire savoir que vous êtes guidé et protégé par des forces supérieures. Vous pouvez également voir d'autres chaînes ou séries de chiffres comme 222 ou 333. Ce phénomène se produit lorsque la réalité extérieure, matérielle, devient interconnectée avec le monde astral intérieur - les deux deviennent Un.

Vos pouvoirs d'imagination se fondent dans la Conscience Cosmique et son pouvoir d'imagination qui est vaste et sans limites. Vous n'êtes plus une entité séparée mais vous opérez désormais dans le cadre du Mental Cosmique. Votre esprit est progressivement absorbé par la Conscience Cosmique.

Au fur et à mesure que votre conscience évolue, elle apprend à fonctionner selon le cadre des Principes Universels. Ces principes sont les Principes de la Création - les Sept Principes (Vérités fondÂmentales) qui décrivent les Lois Universelles qui régissent toute la création. Ces Lois constituent la base du *Kybalion* - *le* livre Hermétique occulte écrit au début du 20ème siècle qui a eu un profond impact sur moi personnellement et qui a été un précurseur de mon éveil de la Kundalini, comme mentionné dans l'introduction de cet ouvrage. Vous apprenez à devenir une partie des Principes de la Création et à opérer dans leur contexte consciemment, comme vous faites partie des Lois Universelles.

LE BESOIN D'UNE ALCHIMIE SPIRITUELLE

Il y aura d'immenses changements au niveau mental et émotionnel après l'expérience d'un éveil complet et soutenu de la Kundalini. Pour de nombreuses personnes, un flot de négativité se déversant dans la conscience peut se produire, provenant de la Kundalini qui ouvre tous les Chakras en s'élevant de sa demeure dans le sacrum à travers le tube creux de la colonne vertébrale.

Comme la peur et l'anxiété imprègnent votre système, ces énergies sombres devront être traitées avant que vous puissiez expérimenter les aspects plus positifs de l'éveil. Les émotions négatives sont ressenties dans le Chakra de l'Eau, Swadhisthana, lié au subconscient. Les pensées négatives, quant à elles, sont le résultat d'un Chakra de l'Air corrompu, Anahata. Gardez à l'esprit que tant que vous n'aurez pas éliminé vos pensées et émotions négatives, vous ne pourrez pas fonctionner uniquement par intuition, ce qui est l'un des objectifs du processus d'éveil de la Kundalini. Au contraire, vous vous sentirez accablé par ces énergies sombres qui semblent diriger votre vie.

Les pensées et émotions négatives peuvent sembler étrangères au début. Cependant, après un exÂmen plus approfondi, vous réaliserez qu'elles sont les vôtres. Vous serez également attiré par les énergies négatives des autres, car les semblables se ressemblent. Souvent, vous ne ferez pas la distinction entre les deux, car vous serez tellement ouvert aux énergies des autres qu'elles vous sembleront être les vôtres. Et dans une certaine mesure, elles le sont, puisqu'en côtoyant les autres, nous absorbons leur énergie.

D'une manière générale, la communication est à 93 % télépathique pour l'ensemble de l'humanité, ce que nous exprimons inconsciemment, principalement par notre langage corporel et la tonalité de notre voix. Après l'éveil de la Kundalini, cependant, vous ferez consciemment l'expérience de cette forme supérieure de communication puisque vous aurez le contrôle de vos vibrations. Et comme nous nous induisons tous constamment les uns les autres par la vibration de nos pensées et de nos émotions, lorsque vous maîtrisez votre état intérieur, vous pouvez également contrôler l'état d'esprit des autres. Mais pour y parvenir, vous devrez purifier vos pensées et vos émotions afin que votre volonté puisse dominer votre conscience.

Au début de votre parcours de transformation, vous remarquerez qu'il est devenu difficile de fréquenter certaines personnes dans votre vie. Ces personnes sont souvent des amis ou même des membres de la famille avec lesquels vous passiez beaucoup de temps auparavant. Après l'éveil, cependant, vous pouvez constater que le fait de côtoyer ces mêmes personnes vous rend anxieux et stressé. Ce phénomène se produit à cause de la négativité qui est en vous, car vos propres Démons se nourrissent de l'énergie de peur projetée par les Démons des autres personnes.

Les personnes à l'esprit très négatif, qui se mettent facilement en colère ou qui sont trop pessimistes face à la vie, deviendront très épuisantes. Comme vous nourrissez vos démons avec l'énergie de peur des autres, ils vous priveront invariablement de votre Prana, votre Force Vitale. Par conséquent, je vous conseille de réformer votre vie et de limiter les contacts avec les personnes qui vous affectent négativement. Tu pourras peut-être recommencer à passer du temps avec ces personnes une fois que tu auras dépassé Spirituellement cet état négatif. Néanmoins, pendant que vous surmontez vos problèmes, il est préférable que vous ne passiez votre temps qu'avec des personnes à l'esprit positif.

Vous n'êtes plus une personne ordinaire, et vous devez l'accepter. Plus vite vous accepterez que vous devez vous aider, plus vite vous évoluerez. Si vous choisissez de ne pas traiter ce type de problèmes, vous souffrirez. Il est crucial d'adopter une attitude confiante dès le début de votre transformation, car surmonter ces défis imposés par l'énergie de la Kundalini fera la différence entre gagner et perdre la bataille à l'intérieur de vous. Vous pouvez être soit inspiré par votre nouveau voyage, soit tellement déprimé que vous vous détesterez, détesterez votre vie et maudirez Dieu pour vous avoir imposé ce "fardeau" de la Kundalini. Il est courant de se sentir de cette façon au début, surtout si vous avez eu un éveil spontané et non planifié.

Il serait préférable que vous commenciez à développer l'état d'esprit d'un guerrier Spirituel dès le départ. Vous devez invoquer le courage et la force afin de pouvoir faire face à vos démons, et s'ils essaient de vous effrayer, ce qu'ils feront, vous resterez inébranlable. Les croyances fondées sur la peur, les pensées négatives et les souvenirs traumatisants doivent tous être libérés et surmontés dans ce processus.

Votre Ego est en train de mourir lentement, et il le sait. Vous devez vous abandonner à l'énergie de la Kundalini et choisir la foi et l'amour plutôt que la peur. Le concept de la peur et ses effets sur votre système énergétique vous mettront au défi pendant de nombreuses années, mais au final, si vous restez positif et fort, vous l'emporterez. Rappelez-vous que ce processus de transformation est Universel ; si vous réalisez que vous n'êtes pas seul à vivre ces défis, vous pouvez vous inspirer de ceux qui vous ont précédé et qui ont surmonté ces épreuves et ces tribulations.

DÉFIS DANS VOTRE VIE PERSONNELLE

Comme vous êtes en train d'être remodelé dans votre esprit, votre corps et votre Âme et que vous avez reçu de nombreuses mises à niveau de conscience, cela signifie que vous fonctionnez maintenant à un niveau différent de celui des autres personnes. Plus vite vous accepterez cela et réaliserez qu'en ce qui concerne votre famille et vos amis, vous serez désormais unique et différent, plus vite vous pourrez apprendre à vous adapter correctement à votre nouvelle réalité. Cette adaptation s'accompagne d'un certain sentiment de solitude, car personne de votre entourage ne comprendra ce que vous vivez. Permettez-moi de réitérer ce point essentiel. Vous êtes différent maintenant, et si quelqu'un n'a pas vécu ce que vous vivez, il ne comprendra pas, purement et simplement.

Il m'a fallu de nombreuses années et de nombreuses tentatives de compréhension de la part de ma famille et de mes amis pour me rendre compte que je suis seul dans cette situation et que je n'obtiendrai pas le soutien dont j'ai besoin de la part des gens que je connais. Plus vite vous reconnaîtrez que vous ne devez pas reprocher aux autres de ne pas vous comprendre, mieux vous vous réinsérerez parmi eux. Après tout, si vous avez choisi de rester dans la société et de continuer à en faire partie, peu importe votre vérité si les autres ne vous comprennent pas. Vous devrez apprendre à vous fondre dans la masse, à "faire semblant jusqu'à ce que vous y arriviez".

Il est acceptable de mentir parfois à cet égard si la vérité est compliquée à comprendre pour les autres, et vous savez que cela ne fera pas de différence si vous tentez d'expliquer votre nouvelle réalité. Il est toutefois essentiel de ne pas désespérer. Nous sommes programmés pour demander conseil à d'autres personnes lorsque nous sommes dans une situation difficile, mais en réalité, nous avons toutes les réponses en nous si nous savons où regarder. Vous pouvez surmonter tous les obstacles et tous les défis si vous avez foi en vous-même, en l'Univers et au processus de transformation de la Kundalini. Gardez à l'esprit que, puisque cette science de la Kundalini est encore relativement inconnue du public, la plupart des gens ne vous comprendront pas actuellement. Si et quand la connaissance de la Kundalini fera partie du courant dominant, vous serez en mesure d'obtenir plus de soutien du monde extérieur.

Vous aurez de nombreuses nuits blanches pendant les premières années suivant un éveil complet et soutenu de la Kundalini. Par conséquent, tout ce que vous avez prévu pour le matin devra souvent attendre ou être reporté. Si cela ne peut être reporté, vous devrez apprendre à trouver de bonnes excuses pour ne pas être à 100% après une nuit blanche. La Kundalini est souvent plus active la nuit, surtout lorsque vous êtes en sommeil paradoxal. C'est à ce moment-là que votre conscience est en pilote automatique, permettant à la Kundalini de faire ce qu'elle veut.

En raison de son intensité, vous ne serez pas en mesure d'induire le sommeil souvent, d'autant plus que tout ce processus vous sera relativement étranger. Le plus souvent, la peur de ce qui va se passer ensuite vous empêche de vous détendre pour pouvoir vous endormir. Plus vite vous accepterez ces défis comme une nouvelle partie de votre vie, mieux vous vous porterez à long terme. J'aimerais pouvoir vous dire que vous ne serez pas confronté à ces défis, mais je mentirais.

Dans le cas d'un éveil spontané, il est presque certain que vous aurez peur du processus dans une certaine mesure, ce qui affectera votre sommeil. Dans mon cas, on m'a diagnostiqué une insomnie un an après l'éveil de la Kundalini. Parfois, obtenir un diagnostic professionnel aide à avoir l'excuse adéquate pour manquer des obligations le matin, comme des cours à l'école ou au travail. Bien sûr, mon état n'était que temporaire, et je le savais, mais j'ai ressenti un certain réconfort en ayant une excuse valable pour mes symptômes.

Avec le temps, j'ai trouvé des moyens d'obtenir un repos optimal sans induire le sommeil, ce qui m'a beaucoup aidé dans ma lutte contre ce problème d'insomnie. J'ai découvert que si vous vous allongez sur le dos et que vous observez consciemment les processus de l'énergie Kundalini se déplaçant dans votre corps, vous pouvez reposer suffisamment votre corps physique pour être moins léthargique le lendemain. Cette méthode m'a aidé à reposer mon corps, mais je n'ai pas trouvé de solution pour reposer mon esprit.

Il sera presque impossible d'éviter l'épuisement mental et émotionnel en ne provoquant pas le sommeil, vous devrez donc apprendre à fonctionner pendant que vous êtes dans cet état d'esprit lucide. Malheureusement, vous n'avez pas le choix en la matière. Je dirai cependant que s'il y a une volonté, il y a un moyen. Si vous choisissez de rester inspiré, même face à l'adversité, vous vaincrez. Et si vous décidez de ne pas le faire, peu importe la difficulté de votre défi, vous échouerez. Adoptez donc une attitude de gagnant dès le départ, et vous tirerez un grand profit de ce voyage.

Mon premier livre contient la pratique Spirituelle de la Magie Cérémonielle et les divers exercices que j'ai utilisés au cours de mon voyage pour m'aider à gérer l'état d'esprit négatif initial provoqué par l'énergie de la Kundalini éveillée. Ces exercices rituels sont présentés dans le cadre de programmes d'Alchimie Spirituelle, les mêmes que j'ai suivis il y a de nombreuses années lorsque j'ai été confronté à ces mêmes défis. Ils ont pour but de se débarrasser de l'énergie Karmique des Chakras inférieurs afin que vous puissiez éradiquer toute peur et toute anxiété de votre système et vous élever en conscience. J'ai constaté que si les techniques rituelles ont permis de nettoyer les Chakras, elles m'ont également permis de mieux dormir et de surmonter mes insomnies.

Dès le début de mon voyage en Magie Cérémonielle, j'ai commencé à me sentir plus calme et plus équilibré tout en atteignant un certain niveau de contrôle sur les états mentaux. Et j'ai constaté que cet effet était cumulatif ; en continuant à travailler quotidiennement avec cette pratique Spirituelle, je suis devenue plus centrée et plus ancrée, ce qui a eu un effet positif sur mon sommeil. Les exercices rituels de bannissement que l'on nous donne au début de notre voyage de Magie Cérémonielle aident à débarrasser l'Aura des énergies déséquilibrées, ce qui permet une plus grande tranquillité d'esprit. Et lorsque l'esprit est en paix, on peut s'endormir plus facilement.

En plus de m'aider à dormir, ces techniques rituelles m'ont donné un outil pour combattre les nombreux défis mentaux et émotionnels que je traversais. Elles ont nettoyé mes Chakras au fil du temps et m'ont permis de rester inspirée pendant le déroulement de ce processus de transformation de la Kundalini. Avant de découvrir la Cérémonielle Magick, je me sentais très impuissante. Mais une fois que j'ai découvert la Cérémonielle Magick, je n'ai plus pu faire marche arrière. J'avais enfin l'outil que je cherchais pour me transformer en guerrier Spirituel et réussir ce voyage.

J'ai pratiqué cet art sacré de l'invocation énergétique pendant cinq ans, tous les jours. Ces exercices magiques m'ont permis de m'enraciner, de développer mon imagination et mon intuition et, surtout, d'éliminer la peur et l'anxiété de mon Aura. Ils ont amélioré ma volonté et ma compassion tout en renforçant mon intellect et en purifiant mes émotions. J'ai été stupéfaite de voir à quel point ces techniques rituelles fonctionnaient et comment elles complétaient ce que l'énergie Kundalini essayait d'accomplir. C'est pour cette raison que j'ai choisi de partager ces techniques rituelles et bien d'autres dans mon premier livre afin de donner à d'autres personnes dans la même position que moi les outils dont elles ont besoin pour s'aider elles-mêmes et avancer plus loin dans leur voyage Spirituel.

S'ALIGNER AVEC LE CORPS DE LUMIÈRE

Une fois que vous avez nettoyé et accordé vos quatre Chakras inférieurs et maîtrisé les Éléments Terre, Eau, Feu et Air, votre conscience peut s'élever et se localiser dans les trois Chakras supérieurs de l'Élément Esprit, d'où elle fonctionnera ensuite. Ce changement de conscience indique une nouvelle expérience de vie dans le monde, sans être gêné par la peur et l'anxiété.

Votre nouveau véhicule de conscience, le Corps Spirituel, est votre cadeau et votre récompense pour tout le travail d'Alchimie Spirituelle que vous avez fourni jusqu'à présent. Dans la plupart des cas, de nombreuses années devront s'écouler avant que l'énergie karmique des Chakras inférieurs soit surmontée, surtout si vous avez eu un éveil spontané de la Kundalini. Pour moi, c'est précisément sept ans après mon éveil que j'ai pleinement aligné ma conscience avec le corps Spirituel. Une fois que cela s'est produit, d'autres transformations Spirituelles ont suivi.

Comme tous les pétales du Lotus aux Mille Pétales de Sahasrara étaient enfin ouverts pour moi, l'ensemble de mes centres cérébraux primaires s'est également éveillé. Mes Glandes Pinéale et Pituitaire, le Thalamus et l'Hypothalamus ont été optimisés pour synchroniser mon corps avec la conscience élargie, maintenant en surrégime. J'ai finalement établi le flux correct de l'énergie Spirituelle vers le haut et vers le bas à travers la Couronne.

L'étape suivante du processus de transformation a été l'alignement complet de la conscience avec le Corps Spirituel. Une fois cette étape franchie, l'Oeil de l'Esprit s'est développé davantage, éveillant la capacité de quitter mon corps et de me voir à la troisième personne.

Dans le passé, j'ai eu des moments aléatoires où je pouvais sortir de mon corps, mais ces expériences étaient généralement de courte durée. Je ne pouvais pas maintenir cette expérience hors du corps car mon Ego était trop actif, maintenant ma conscience confinée dans mon corps physique. Maintenant, je pouvais me concentrer sur n'importe quel objet extérieur, et si je me concentrais sur lui pendant plus d'une minute environ, ma conscience quittait mon corps en devenant Un avec lui. Le chakra du Sahasrara était impliqué dans ce phénomène, mais aussi mes Chakras de la Paume et du Pied. J'avais l'impression que l'énergie de l'Esprit était aspirée hors de mon corps par ma tête et mes membres.

Ce nouveau développement dans mon Oeil de l'Esprit a renforcé ma connexion avec le monde extérieur d'une nouvelle manière. Différents sons ont commencé à prendre forme dans ma tête comme des images animées. Chaque son était associé à une composante visuelle qui allait et venait par vagues, dynamisée par une puissance supérieure de l'imagination.

Un profond silence envahissait mon esprit, comme si je marchais sur des nuages avec les pieds sur terre. Certaines de ces manifestations avaient commencé à se développer des années auparavant, mais je ne pouvais pas m'accorder pleinement avec ces pouvoirs supérieurs parce que j'étais encore à la merci de ma peur et de mon anxiété. J'ai dû évacuer toute peur et toute anxiété pour donner à l'énergie de la Kundalini un chemin libre permettant à ces facultés supérieures de s'éveiller.

Je crois que ce processus de déblocage de capacités particulières est Universel pour tous. Il y a une manière systématique dont la transformation de la Kundalini se déroule au fil du temps. Comme Dieu le Créateur a donné à tous les humains un modèle de corps physique cinq étoiles avec les mêmes caractéristiques faciales, je crois que nous avons également reçu les mêmes composants et le même potentiel énergétiques. Jésus-Christ y a fait référence lorsqu'il a dit que nous sommes tous les mêmes et que nous sommes tous Un. Cela peut prendre un certain temps pour que les personnes éveillées par la Kundalini débloquent les mêmes capacités que moi, mais finalement, elles y arriveront toutes. Chacun est sur des lignes de temps différentes concernant son processus d'évolution Spirituelle, mais la finalité est la même.

Une fois que vous aurez aligné votre conscience avec le Corps Spirituel, vous contournerez votre mental, permettant à votre être de participer au Royaume Spirituel, le Royaume de la Non-Dualité. Ce domaine est hautement mystique et transcendantal, comme vous en ferez l'expérience. Par exemple, le simple fait d'écouter de la musique créera un ravissement dans votre cœur, comme vous n'en avez jamais ressenti auparavant. Vous aurez l'impression que la chanson est jouée juste pour vous, et que vous êtes la star d'un film épique d'Hollywood, qui est votre vie. Même si votre vie est ordinaire à ce stade, vous aurez l'impression que vous pouvez devenir n'importe quoi et que vous êtes dans cet état d'inspiration perpétuelle.

Le corps physique commencera également à être partiellement insensible aux sensations. Ce phénomène résulte de la transformation de la Kundalini en énergie de l'Esprit fin, qui dilate le système tout en circulant à l'intérieur de vous. En conséquence, les canaux énergétiques primaires Ida, Pingala et Sushumna s'ouvrent complètement et travaillent en synchronisation les uns avec les autres.

Le Corps Spirituel est établi comme le principal porteur et régulateur de la conscience, même si vous devez encore travailler sur les Corps Subtils inférieurs. En fin de compte, la conscience doit s'élever entièrement au-dessus des Corps Subtils inférieurs, ce qui nécessite une purification complète de l'énergie Karmique présente dans ces zones. Une fois cela accompli, l'individu s'élèvera entièrement au-dessus de sa roue du Karma.

Alors que vous traversez les différentes transformations de l'esprit, du corps et de l'Âme, je vous conseille de faire confiance au processus au lieu de le craindre. Bien que de nombreuses années soient nécessaires pour observer ce processus de transformation qui se déroule en vous avant que vous puissiez enfin lâcher prise et avoir la foi que vous êtes entre de bonnes mains, savoir à l'avance que vous êtes en sécurité est la moitié de la bataille. Quoi qu'il en soit, vous n'avez pas d'autre choix que de vous abandonner à ce processus, donc plus vite vous le ferez, plus vous en tirerez profit.

Avoir peur, c'est échouer, car la peur est le carburant de l'Ego, qu'il utilise pour vous lier à lui et vous empêcher d'avancer dans votre voyage. L'Ego veut que vous ayez peur du processus car il sait qu'il peut utiliser cette peur contre vous, ce qui lui permet de s'accrocher à son identité un peu plus longtemps. Il sait que pour que vous puissiez vous transformer pleinement en un Etre Spirituel de Lumière, il devra être éradiqué, ce qu'il essaie d'éviter à tout prix. Comme nous l'avons mentionné, vous ne pourrez jamais détruire l'Ego en vivant dans le corps physique, mais vous pouvez le réduire à un petit fragment de conscience, qui est sous le contrôle complet du Soi Supérieur.

Au lieu de passer du temps à vous inquiéter et à sur-analyser le processus de transformation de la Kundalini, vous devriez plutôt passer du temps à vous ancrer et à apprendre à vous détendre. L'énergie de la Kundalini veut vous aider à évoluer Spirituellement, et non vous blesser de quelque manière que ce soit. La douleur interne que vous ressentez est générée par l'Ego ; pour la surmonter, vous devez apprendre à nier ses pensées. Vous devez vous détendre et avoir la foi que tout ira bien puisque la Kundalini travaille à travers vous.

Certaines des manifestations dont je parle ici se produisent dans les dernières étapes du processus de transformation de la Kundalini. Il est essentiel de reconnaître que le processus de la Kundalini continue à se déployer pour le reste de votre vie après l'éveil initial. Bien que les premières années puissent être difficiles pendant la purification, une fois celle-ci achevée, d'autres dons et phénomènes peuvent et vont continuer à se manifester puisque le voyage se poursuit.

CHANGEMENTS CORPORELS ET RÉGIME ALIMENTAIRE

Une fois que vous aurez pleinement éveillé la Kundalini et que vous l'aurez élevée jusqu'à la Couronne, elle restera en permanence dans votre cerveau maintenant, ce qui est un moment passionnant en effet. Pour le reste de votre vie, la nourriture et l'eau que vous apportez à votre corps seront les principaux facteurs qui soutiendront le système énergétique nouvellement élargi, en veillant à ce que tout fonctionne bien.

La nourriture se transforme/sublime en énergie Pranique/Lumière, tandis que l'eau soutient et modère la conscience. Cette énergie Lumière augmentera à l'intérieur de vous et alimentera le circuit de la Kundalini, qui sort du Chakra Bindu. Bien que vous ne compreniez pas actuellement comment ces composants s'assemblent, vous le comprendrez en temps voulu lorsque cette partie du processus vous sera dévoilée.

Vous connaîtrez des fluctuations de votre appétit également pendant le processus de transformation de la Kundalini. Par exemple, vous pouvez ressentir un besoin de manger plus pendant un certain temps, suivi d'un besoin de manger moins. De nombreuses périodes de mon parcours m'ont incité à manger beaucoup, si bien que je prenais des repas substantiels plusieurs fois par jour. Lorsque je ressentais ce désir naturel de manger plus, cela me signalait que mon système était en surrégime pour sublimer la nourriture en énergie Lumière. J'ai généralement bien accueilli ce changement, bien que les personnes de mon entourage se demandaient pourquoi je prenais rapidement du poids et ne me souciais pas de la quantité de nourriture que je mangeais.

Mes amis et ma famille ont toujours trouvé étrange que mon poids fluctue, car il m'arrivait souvent de perdre ou de prendre jusqu'à cinq kilos par semaine. Je mentais généralement à ce sujet, car lorsque je disais la vérité, beaucoup de gens pensaient que je m'excusais de ne pas me soucier de mon apparence, tandis que d'autres pensaient que j'étais tout simplement fou. Le fait que les gens aient pensé que j'étais fou tout au long de ma vie a été un défi que j'ai dû surmonter et contourner.

Soyez également attentif aux nouvelles envies de manger des choses que vous n'avez jamais mangées auparavant. Par exemple, vous pouvez être végétarien ou végétalien toute votre vie et développer soudainement un intérêt pour la viande. Ou peut-être que l'inverse se produit, et si vous avez été un mangeur de viande toute votre vie, vous pouvez développer le désir d'être végétarien ou végétalien. Écoutez ce que votre corps vous communique à cet égard, car il peut savoir quelque chose dont vous n'êtes pas conscient.

La viande apporte à votre corps les protéines nécessaires dont il a besoin pour réparer les muscles et fabriquer des hormones et des enzymes. Les protéines sont une source d'énergie importante pour le corps, qui est cruciale pour faire progresser votre transformation Kundalini. Parfois, cependant, si l'animal a été tué au préalable de manière horrible, comme c'est le cas dans de nombreux abattoirs, l'énergie de peur de l'animal mourant s'incruste dans la viande, aggravant encore votre système déjà fragile. Encore une fois, respectez les désirs de votre corps, car votre âme communique avec vous à travers le corps à un niveau plus profond.

Gardez à l'esprit que ces désirs d'essayer de nouvelles choses ne durent souvent pas longtemps car leur objectif plus large est d'élargir votre esprit à d'autres possibilités dans la vie. Je recommande vivement de manger des aliments biologiques autant que possible, car ils filtrent mieux dans votre corps et contiennent plus d'énergie Pranique/de Lumière dont votre corps a besoin pour poursuivre votre transformation. Je crois que les aliments génétiquement modifiés vous exposent à la dégradation de l'ADN, qui provoque le cancer et d'autres affections corporelles dont souffre une grande partie du monde moderne. Et lorsque vous achetez de la viande, essayez de manger de la viande casher ou halal, où l'animal a été tué de manière respectueuse, et la viande devrait être exempte d'énergie négative.

En ce qui concerne l'eau, il est temps d'arrêter de boire l'eau du robinet, sauf si elle provient d'une source d'eau propre comme un ruisseau. La plupart des eaux du robinet, surtout dans les grandes villes, contiennent de nombreux contaminants qui sont nocifs pour votre esprit, votre corps et votre Âme. Commencez à boire de l'eau en bouteille de qualité ou, mieux encore, investissez dans un système de filtration d'eau qui filtre les métaux nocifs tels que le fluorure, connu pour calcifier votre Glande Pinéale.

Gardez à l'esprit qu'au fur et à mesure que la Kundalini travaille en vous, surtout dans les premiers stades, vos reins feront des heures supplémentaires, ce qui les rendra plus chauds que d'habitude. Les reins travaillent avec les Glandes Surrénales, qui seront également en surrégime puisque leur fonction est de produire et de libérer des hormones en réponse au stress. Par conséquent, les Glandes Surrénales sont souvent les premières à être épuisées au début de la maladie. L'apport d'eau filtrée sans contaminants dans votre corps apaisera vos reins et vos Glandes Surrénales et aidera à surmonter cette phase d'épuisement de la transformation de la Kundalini.

DÉVELOPPEMENT DES ALLERGIES

Au fur et à mesure que vous traversez ce processus de transformation et que votre appétit change presque quotidiennement, vous pouvez également développer de nouvelles sensibilités et allergies alimentaires, alors soyez-en conscient. Par exemple, je n'ai jamais

533

eu d'allergie dans ma vie. Mais neuf ans après le début de l'éveil, j'ai développé une allergie aux amandes, aux bananes et au rapini, le tout en l'espace de deux ans. Et je ne parle pas de légères sensibilités. Je parle de réactions allergiques complètes qui m'ont fait hospitaliser à chaque fois.

J'ai mangé et aimé les bananes toute ma vie. C'était mon fruit préféré que je mangeais presque quotidiennement. En fait, c'était l'un des seuls fruits que je mangeais. Puis un jour, sans crier gare, j'ai eu une réaction allergique à la banane qui m'a conduite à l'hôpital. Depuis lors, si j'ai une trace de banane dans quoi que ce soit, je réagis immédiatement. Il est donc clair que cela s'est développé avec le temps, et je crois que c'est lié au processus de transformation de la Kundalini.

Pour une raison quelconque, le corps rejette les énergies particulières de certains aliments, ce qui provoque une réaction allergique. En conséquence, mon visage a gonflé d'urticaire et de zébrures, et mes yeux sont devenus larmoyants alors que mon corps commençait à s'éteindre. À un moment donné, j'étais incapable de respirer et j'ai dû appeler une ambulance qui m'a administré une forte dose d'un médicÂment anti-histaminique par voie intraveineuse. Les anti-histaminiques ordinaires en vente libre ne fonctionnent pas dans ces cas-là, j'ai essayé. Au minimum, vous aurez besoin d'un Epipen ou d'une visite d'urgence à l'hôpital.

Peut-être que la réaction allergique se produit à cause de cette corrélation entre l'éveil de la Kundalini et la libération d'histamine dans le corps. Ce niveau plus élevé d'histamine est libéré une fois que le Corps de Lumière est intégré et pleinement éveillé, ce qui donne la sensation d'une injection de novocaïne dans le corps. Tout le corps physique se sent partiellement engourdi, ce qui devient ensuite une partie permanente de l'existence quotidienne. Je ne sais pas précisément pourquoi les réactions allergiques se produisent. Je peux seulement imaginer que l'énergie de la Kundalini ne peut pas intégrer l'énergie libérée par la nourriture ingérée, qui agit sur le corps physique et le désorganise. Quoi qu'il en soit, je le mentionne ici pour que, si et quand cela vous arrive, vous sachiez pourquoi et de quoi il s'agit et que vous devez vous faire aider immédiatement.

LES NUTRIMENTS ESSENTIELS À LA TRANSFORMATION

Au cours de mon processus de transformation, j'ai remarqué que les sucreries ont un effet particulier sur l'énergie Kundalini. Chaque fois que je mange quelque chose contenant du sucre, je constate que mon Ego s'amplifie, que mes pensées s'accélèrent et deviennent incontrôlables, ce qui affecte négativement mon calme. Par conséquent, lorsque je traverse une période difficile sur le Plan Mental et émotionnel, l'ingestion de sucreries devient un obstacle, et j'essaie donc de m'en éloigner le plus possible.

Les protéines sont essentielles car vous vous transformez de l'intérieur, mangez donc des viandes et beaucoup de poisson. Votre corps a besoin de zinc pendant ce processus, et le poisson en contient beaucoup. La Kundalini fonctionne comme une batterie. Elle a un courant positif et négatif qui s'exprime par les canaux Pingala et Ida, les énergies masculine et féminine. Ils transportent du courant bioélectrique, qui est régulé par votre énergie sexuelle. Ces canaux ont besoin d'un support pour fonctionner, sinon ils brûlent le système. Ce milieu est le fluide du système Kundalini, qui est régulé par le zinc.

Votre corps a également besoin de zinc pour fabriquer des protéines et de l'ADN, surtout lorsque vous subissez une transfiguration génétique comme dans les premières phases de la transformation Kundalini. Le zinc est également nécessaire au stockage de l'histamine. Le corps produit des niveaux élevés d'histamine lorsque votre conscience est localisée dans le Corps Spirituel.

Le zinc est directement lié à votre énergie sexuelle, dont je parlerai plus tard. Il est donc primordial d'apporter du zinc à l'organisme. Comme votre corps ne stocke pas l'excès de zinc, vous devez l'obtenir de votre alimentation. Je vous recommande de le faire sans les compléments alimentaires en vente libre, car ils ne synthétisent pas le zinc dans le corps comme le fait l'alimentation. Le poisson, ainsi que les graines de citrouille, contiennent beaucoup de zinc. Si vous commencez à utiliser des compléments, vous créez de manière anormale une trop grande quantité de cette énergie liquide, ce qui entrave votre capacité à vous concentrer, déséquilibrant ainsi votre esprit.

Votre composante de volonté, que le Pingala Nadi régule, sera noyée dans cette énergie liquide qui contient du zinc. Comparé à une batterie, l'acide de la batterie, qui est régulé par le zinc, noiera les charges opposées du courant électrique, et la batterie ne fonctionnera pas correctement. Si vous obtenez votre zinc par l'alimentation, il se synthétise de manière optimale, ce que vous pourrez ressentir. Le zinc travaille avec l'eau dans le système pour réguler votre conscience. N'oubliez pas que l'Ida Nadi ajoute l'Élément Eau à votre système, qui régit vos émotions.

EXERCICE PHYSIQUE ET MALADIE

Pendant la transformation de la Kundalini, il est conseillé de pratiquer régulièrement des exercices physiques tels que le Yoga (Asanas), le jogging, l'haltérophilie, les sports de compétition, la natation, le vélo, la danse, etc. Lorsque votre rythme cardiaque augmente pendant l'exercice, une plus grande quantité de sang circule dans le cerveau, apportant de l'oxygène et les nutriments nécessaires. L'exercice aide également à libérer des protéines bénéfiques dans le cerveau qui maintiennent les neurones en bonne santé, favorisant la croissance de nouveaux neurones. N'oubliez pas que pendant que l'énergie Kundalini éveillée transforme votre système nerveux, votre cerveau fait des heures supplémentaires pour construire de nouvelles voies neuronales afin de s'adapter à ces changements intérieurs. Par conséquent, l'exercice régulier accélère ce processus.

Sur le plan énergétique, l'exercice physique est essentiel car il vous aide à synthétiser les changements intérieurs, en les ancrant dans le Plan Physique, afin que votre corps et votre esprit puissent fonctionner comme une seule unité. À l'inverse, si vous ne travaillez qu'à la guérison de vos énergies intérieures tout en négligeant votre corps, vous serez paresseux physiquement, ce qui aura un effet négatif sur votre état mental.

Il a également été démontré que l'exercice physique pendant au moins une heure par jour permet d'abaisser et de réduire le cortisol, l'hormone du stress, tout en libérant de la dopamine, de la sérotonine et des endorphines dans votre cerveau. Ainsi, l'exercice nettoie votre cerveau des substances chimiques indésirables tout en élevant votre humeur et votre niveau de motivation, ce qui peut être très bénéfique dans les premiers stades de l'éveil de la Kundalini. Et avec une augmentation des niveaux de sérotonine, qui se transforme en mélatonine le soir, vous aurez plus de facilité à vous endormir. En outre, les sports de compétition sont un excellent exutoire pour se défouler et réguler l'effet de l'énergie du Feu sur votre esprit, surtout chez les hommes chez qui l'élément Feu est plus dominant.

Une Kundalini éveillée renforce votre système immunitaire, vous permettant de surmonter les maladies plus rapidement que la moyenne des gens. Toutefois, si vous souffrez d'un rhume, d'une grippe ou d'autres maladies courantes, veillez à ne pas abuser des médicÂments en vente libre. Comme votre sensibilité psychique sera plus élevée que la moyenne après un réveil, même les plus petits changements dans la chimie de votre corps peuvent avoir un effet puissant sur le Plan Mental et émotionnel.

Enfin, si vous souffrez de maux de tête, ce qui est fréquent dans la phase initiale d'adaptation à la nouvelle énergie qui est en vous, prenez de l'Advil ou de l'Ibuprofène. Je trouve que l'Advil stimule l'Ida Nadi, apaise la conscience et soulage le mal de tête bien mieux que le Tylenol, par exemple. En fait, jusqu'à aujourd'hui, je ne suis pas contre le fait de prendre un Advil occasionnel en cas de besoin, alors que j'essaie de rester à l'écart d'absolument tous les autres médicÂments en vente libre.

LE BESOIN DE DISCRÉTION

Comme vous l'avez peut-être déjà compris, l'éveil de la Kundalini est un phénomène mystérieux et insaisissable qui ne fait pas partie du courant dominant. De nombreuses personnes reconnaissent le mot "Kundalini" au Yoga Kundalini, pensant qu'il s'agit d'un type de Yoga, rien de plus. Et ceux qui connaissent son pouvoir de transformation Spirituelle sont souvent dans l'ignorance de certaines de ses manifestations les plus fantastiques que de rares individus comme moi ont eu le privilège de vivre. Et alors que vous lisez sur ces dons Spirituels qui se déploient dans les étapes ultérieures, je réalise combien il doit être difficile de saisir ces concepts relativement abstraits, car vous devez vivre ces expériences vous-même pour me comprendre vraiment.

Bien que le processus d'éveil de la Kundalini soit universel, les récits des gens sont variés, comme vous le comprenez maintenant. À notre époque, la plupart des gens ont eu des éveils partiels, ce qui les limite dans la portée des effets secondaires et des dons Spirituels. Les personnes qui ont eu un réveil complet, cependant, sont généralement confrontées aux mêmes problèmes. Mais dans la mer des récits des gens, les pleins réveils sont rares. Généralement, lorsque quelqu'un a un éveil complet, il écrit un livre ou une série de livres décrivant ses expériences, permettant aux individus avancés comme moi de déterminer où nous en sommes dans ce domaine limité mais croissant de la science de la Kundalini.

Au niveau collectif, la société n'est pas à la hauteur de l'expérience de la Kundalini, car il n'y a pas assez de personnes qui l'ont vécue pour qu'elle fasse partie des connaissances générales. Malheureusement, cela signifie que le personnel médical formé pour nous aider à guérir mentalement, émotionnellement ou physiquement ne nous sera d'aucune utilité lorsque nous subirons une transformation Kundalini. Par conséquent, au fur et à mesure que vous avancez dans votre voyage, la règle empirique que vous apprendrez à connaître est que, à moins que quelqu'un ait eu l'éveil lui-même, et au même niveau que vous, il ne comprendra pas ce que vous traversez. Ainsi, plus vite vous accepterez ce fait, plus votre voyage sera facile.

Cela dit, je vous conseille d'apprendre à garder pour vous la vérité sur ce que vous vivez. Je sais que ce n'est pas facile, car en plus d'avoir parfois besoin des conseils de personnes sur lesquelles vous comptez habituellement, vous voulez aussi que le monde entier comprenne ce que vous vivez. Mon conseil semble donc contre-intuitif dans une certaine mesure puisque nous sommes tous là pour nous aider les uns les autres, mais vous réaliserez que vous n'avez pas le choix. La plupart des personnes dans votre situation, moi y compris, ont dû finir par l'apprendre, sinon elles ont dû faire face à une vie entière d'ostracisme, de folie, de relations amoureuses ratées, de perte d'amis et même d'éloignement des membres de la famille.

Il s'agit d'un voyage solitaire pour la plupart, et comme il s'agit d'une expérience si rare, vous pourriez rencontrer quelques personnes en personne dans la ville ou le village où vous vous trouvez qui vous comprendront. Vous trouverez de nombreuses personnes sur les médias sociaux si vous savez où chercher, mais pas en personne.

Vous devez apprendre à cacher la vérité sur ce que vous vivez à votre famille, à vos amis et même aux étrangers si vous choisissez de vous fondre dans la masse et de continuer à faire partie intégrante de la société. Je ne suis pas quelqu'un qui propage le mensonge, étant un Verseau qui tient à toujours dire la vérité, mais dans ce cas particulier, vous apprendrez que vous n'avez pas beaucoup de choix en la matière. Si vous ne suivez pas mon conseil et que vous ne parlez pas de votre expérience aux autres, vous ferez bientôt l'expérience de tout ce contre quoi je vous mets en garde, ce qui pourrait vous Âmener à vous sentir généralement étranger aux autres, ce qui aggraverait votre solitude et votre dépression. Les gens ont peur de ce qu'ils ne comprennent pas, et ils le fuient de leur existence s'ils en ont le choix. Et à cet égard, ils ont le choix. Même les meilleures personnes, les plus compatissantes, finiront par vous juger parce qu'elles ne vous comprennent tout simplement pas. Ne leur en voulez pas ; acceptez ce fait.

En outre, et cette partie est essentielle : vous n'avez pas à vous expliquer aux gens. Ce n'est pas votre devoir de le faire. Il n'y a rien de honteux dans votre réalité, et vous devez vous protéger et protéger les autres de ce qui vous arrive. Les personnes qui n'ont pas vécu ce que vous vivez actuellement ne peuvent pas vous aider. Remettre votre vie entre leurs mains sera catastrophique pour votre voyage Spirituel car ces personnes vous égareront à chaque fois sans le savoir. Aussi, une grande partie du processus d'éveil de la Kundalini consiste à devenir votre professeur et votre guide. Je l'ai déjà dit et je le pense : toutes les réponses à vos problèmes sont en vous si vous posez les bonnes questions et avez foi en vous. Au lieu de vous tourner vers quelqu'un d'autre pour trouver des solutions, y compris vers quelqu'un comme moi qui a beaucoup de connaissances et d'expérience, vous devez apprendre à entrer en contact avec votre Soi Supérieur et vous tourner vers lui. Personne ne peut compenser votre Soi Supérieur ; c'est la seule intelligence qui peut vous donner le bon conseil à chaque fois.

J'ai choisi de me fondre dans la masse et de continuer à essayer de mener une vie normale alors que je traversais le processus de transformation de la Kundalini. En tant que tel, j'ai dû apprendre à mentir lorsque les autres m'interrogeaient sur les problèmes que je vivais. Cela ne fait de mal à personne de ne pas connaître la vérité à ce sujet, surtout lorsque vous savez à l'avance que ces personnes ne peuvent pas vous aider. Le fait de leur dire la vérité et de les rendre sceptiques quant à votre santé mentale ne fera que vous nuire, car vous devrez maintenant les remettre sur le droit chemin en plus de vous aider vous-même.

De nombreux symptômes étranges apparaîtront dans votre vie pendant que vous subirez le processus de transformation de la Kundalini. Dans presque tous les cas, ces symptômes seront temporaires, bien qu'ils puissent durer plusieurs années. Les nuits blanches, les hauts et les bas émotionnels, le comportement erratique, l'incapacité à se concentrer, la fluctuation du poids et la libido excessive et incontrôlable ne sont que quelques exemples de ce qui peut se produire au cours de votre voyage. Si vous décidez que vous ne voulez pas être jugé par les autres, vous devez masquer ces problèmes. Si vous dites aux autres que vos symptômes résultent d'un éveil de la Kundalini, ils penseront sans doute que vous perdez pied avec la réalité et perdront confiance en vous. Ils croient souvent que vous essayez d'inventer une excuse qu'ils ne peuvent pas comprendre pour les confondre, ce qui est typique d'une personne au début d'une maladie mentale.

Votre meilleur moyen de contourner les circonstances est de mentir à ce sujet. Permettez-vous de le faire car personne n'acceptera vos excuses pour ne pas répondre aux attentes, comme arriver à l'heure au travail ou à l'école, être là pour quelqu'un mentalement ou émotionnellement, ou accomplir vos tâches quotidiennes. Votre situation se situe en dehors de la norme sociétale ; il est donc essentiel de mentir pour vous protéger. Même si vous n'êtes pas à l'aise avec l'idée, vous constaterez que le fait de mentir sur ce qui se passe rendra le processus plus facile pour vous, et qu'on vous accordera peut-être une seconde chance de prouver votre valeur aux autres. Si vous ne le faites pas, vous continuerez à vous heurter à un mur de briques avec les personnes et les situations de votre vie.

L'idée du mensonge est de prendre quelque chose de trop fantastique pour y croire et de le remplacer par quelque chose qu'une personne moyenne comprendrait. Pour les nuits blanches, vous pouvez dire que vous souffrez d'insomnie, ce qui explique que vous ne soyez pas à 100% le matin. Pour les hauts et les bas émotionnels, vous pouvez les mettre sur le compte de quelque chose qui se passe dans votre vie. Soyez créatif, mais faites en sorte que votre excuse soit compréhensible et sympathique pour une personne moyenne.

N'oubliez pas que vous devez être votre thérapeute et votre médecin et trouver des solutions à vos problèmes. Si vous voulez partager avec des personnes qui vous comprendront, obtenir leur point de vue et demander des conseils, trouvez-les plutôt sur les médias sociaux. Des centaines de groupes et de pages ont rassemblé des personnes éveillées à la Kundalini qui sont passées par ce que vous vivez et peuvent vous aider. Beaucoup d'entre eux sont là pour cette raison, et ils sont ravis de vous aider de toutes les manières possibles. J'ai rencontré des personnes fantastiques sur des groupes de médias sociaux de cette façon.

Je vous conseille cependant d'avoir l'esprit critique lorsque vous parlez à des inconnus sur les médias sociaux. Certains prétendent avoir eu un éveil de la Kundalini, mais en réalité, ce n'est peut-être pas le cas, même s'ils croient sincèrement à leurs affirmations. De nos jours, de nombreux phénomènes Spirituels sont classés comme des éveils de la Kundalini. Et puis il y a des centaines de personnes qui ont eu un éveil partiel et qui pensent avoir toutes les réponses. Ces personnes sont les plus difficiles à repérer et potentiellement les plus dangereuses. Il est donc utile d'avoir un certain niveau de discernement en la matière et de se renseigner sur les expériences des autres avant de suivre leurs conseils, car il n'y a pas de moyen plus rapide de s'égarer que de placer sa foi dans la mauvaise personne.

Je vois toutes sortes de bons et de mauvais conseils dans les groupes de médias sociaux, et je pourrais passer une journée entière à traiter et à clarifier chaque message. C'est ce que j'ai fait il y a de nombreuses années et j'ai aidé plus de deux douzaines de personnes en leur donnant le bon conseil au bon moment et en les aidant sur leur chemin d'éveil. Certains me contactent encore aujourd'hui pour me remercier d'avoir été là pour eux quand ils avaient besoin de moi. Grâce à des groupes de médias sociaux, j'ai réalisé que mes connaissances et mon expérience en la matière pouvaient être d'une grande aide, cristallisant ainsi mon but du temps. C'est ainsi que j'ai commencé à écrire des articles et à réaliser des vidéos sur la Kundalini pour finalement m'adresser au grand public avec des livres tels que celui que vous lisez.

LA FOLIE DES MÉDICÂMENTS SUR ORDONNANCE

Pendant que vous subissez le processus de transformation de la Kundalini et que votre esprit est en désarroi, vous pouvez souvent avoir un comportement étrange auquel les personnes de votre entourage vont réagir. Naturellement, les personnes auxquelles je fais référence sont celles qui sont les plus proches de vous, notamment votre famille, vos amis et vos collègues. Après avoir été témoins de votre comportement erratique, ils peuvent vous traiter de fou ou de folle, ce qui vous rendra encore plus confus quant à votre état. Après tout, vous subissez une énorme douleur émotionnelle et mentale, que vous ne comprenez pas et sur laquelle vous n'avez apparemment aucun contrôle.

Dans vos moments de faiblesse, votre famille ou vos amis peuvent vous suggérer de consulter un psychiatre ou un thérapeute quelconque et de lui parler de vos problèmes. Après tout, ces personnes agréées sont formées pour aider les personnes qui subissent des symptômes similaires.

Cependant, le problème est que ces thérapeutes n'ont généralement jamais entendu parler de la Kundalini, et encore moins eu un éveil eux-mêmes. Et comment un médecin peut-il vous diagnostiquer à propos de quelque chose que le milieu médical ne reconnaît même pas ? Vous n'êtes pas fou, et vous n'avez aucune raison réelle d'être déprimé. De plus, si tous vos problèmes émotionnels et mentaux ont commencé après l'éveil de la Kundalini, n'est-il pas clair que la Kundalini est la cause derrière l'effet et non quelque chose d'extérieur ?

Quoi qu'il en soit, de nombreux individus éveillés suivent cette voie et consultent un psychiatre ou un thérapeute. Après tout, nous sommes conditionnés pour nous écouter et accepter des conseils sur les questions de la vie, surtout lorsque nous cherchons désespérément des réponses à nos problèmes. Et, comme vous le comprenez maintenant, subir une transformation de la Kundalini après un éveil complet et durable va entraîner certains des défis les plus importants.

Pour avoir parlé à de nombreuses personnes dans la même situation que moi il y a de nombreuses années, consulter un psychiatre donne toujours les mêmes résultats. Le psychiatre écoute vos problèmes, mais comme il ne sait pas de quoi vous parlez lorsque vous évoquez la Kundalini, il fait généralement la première chose à faire lorsqu'il rencontre une personne ayant des problèmes mentaux ou émotionnels - il prescrit des médicÂments.

Pour les symptômes que provoque un éveil de la Kundalini, ces médicÂments sont soit des antipsychotiques, soit des antidépresseurs. La nature des antipsychotiques est de bloquer les impulsions neuronales qui transportent les informations du subconscient vers le conscient. Ils bloquent ce qui se passe à l'intérieur, de sorte qu'il peut sembler que vous vous sentez mieux en surface puisque vous n'entendez plus de pensées négatives. D'autre part, les antidépresseurs augmentent généralement les niveaux de sérotonine et de dopamine pour créer un sentiment artificiel de bonheur et de joie. Malheureusement, se faire prescrire n'importe quel type de médicÂment par un médecin est la mauvaise approche pour gérer un éveil de la Kundalini.

Même si vous présentez des symptômes proches de la dépression chronique, de la bipolarité ou de la schizophrénie, ces états sont temporaires et doivent être traversés par l'âme. Ils résultent de l'influx de lumière provoqué par la Kundalini, dont le but est d'éradiquer toute énergie négative présente dans vos chakras. Par conséquent, surmonter ces défis émotionnels et mentaux est l'étape nécessaire pour progresser sur le plan Spirituel.

Ayant éveillé l'ensemble de l'Arbre de Vie, vous aurez accès à des parties de vous-même qui vous ont été cachées jusqu'à votre éveil. La Lumière Kundalini jette un pont entre votre conscient et votre subconscient, ce qui permet à nombre de vos traumatismes et névroses d'émerger.

Si vous bloquez l'activité subconsciente de la conscience, ces problèmes émotionnels et mentaux seront laissés de côté, sans être traités. Avec le temps, ce contenu inconscient nocif s'accumulera, créant encore plus de problèmes psychologiques, qui persisteront jusqu'à ce que la personne arrête de prendre ses médicÂments. Si la personne choisit de continuer à prendre des médicÂments, elle risque de développer une dépendance à vie, car il lui sera plus difficile d'arrêter de les prendre. Malheureusement, au moment où elle a commencé à prendre des médicÂments sur ordonnance, elle a, par inadvertance, mis son évolution Spirituelle sur pause, et elle le restera jusqu'à ce qu'elle cesse de les prendre.

Sous traitement, l'énergie Kundalini ne peut pas faire ce qu'elle a l'intention de faire, c'est-à-dire poursuivre le processus de transformation intérieure. "Loin des yeux, loin du cœur" peut temporairement atténuer les problèmes, mais il ne les résoudra pas. En fait, cela créera encore plus de problèmes futurs. Principalement, les médicÂments sur ordonnance sont conçus pour développer une dépendance au médicÂment lui-même, car l'individu n'apprend jamais à gérer ses problèmes naturellement. Elle ne crée pas les voies neuronales qui lui permettent de trouver des solutions à ses problèmes et de guérir ses états négatifs ; elle se fie plutôt au médicÂment comme à une béquille qui le fait pour elle.

L'énergie Kundalini est biologique, et elle a besoin des facultés humaines pour fonctionner. Si une drogue extérieure ferme les canaux de transmission de l'information, le processus de purification de la Kundalini se met en place. Une fois que l'individu n'est plus sous l'emprise de la drogue, l'énergie de la Kundalini est à nouveau en activité. Le même processus se produira, mais cette fois avec encore plus de force et de manière plus incontrôlée.

Vous devez comprendre que le processus de la Kundalini ne vous donnera pas plus de défis que votre Âme ne peut en supporter. Votre âme est celle qui a choisi de vivre cette expérience en premier lieu et celle qui l'a mise en marche. L'Ego éprouve de la douleur, de la peur et de l'anxiété puisque c'est lui qui doit être transformé dans ce processus. Au lieu de vous tourner vers les médicÂments sur ordonnance, qui sont la porte de sortie de l'Ego pour protéger son identité, vous rendrez service à votre âme en trouvant un autre moyen de gérer vos problèmes mentaux et émotionnels. Votre évolution Spirituelle est la seule chose qui compte dans cette vie. Aucune pensée ou émotion terrible, aussi effrayante qu'elle puisse paraître, ne vous fera de mal physiquement.

Le processus d'éveil de la Kundalini doit être abordé avec la force d'esprit, la force et le courage. La peur et l'anxiété sont temporaires, et si vous persistez dans le processus, vous émergerez inévitablement de l'autre côté comme une personne transformée. Cela peut prendre de nombreuses années, mais l'aube suit toujours la nuit. Tout ce que l'on doit faire, c'est traverser la nuit.

LA CRÉATIVITÉ ET LA SANTÉ MENTALE

La réalité Spirituelle est une science invisible mesurée et quantifiée par l'intuition, les émotions et l'intellect. Mais la plupart de ce qui compose la réalité Spirituelle ne peut jamais être prouvé, c'est pourquoi nous avons une division dans notre société entre les croyants et les non-croyants. Les non-croyants sont principalement des personnes qui ne s'appuient que sur la science, qui s'appuie sur des preuves. Mais enlever la foi en quelque chose de plus grand que soi et s'en remettre uniquement à la science, c'est se priver du jus, du nectar de la dégustation de la vie Spirituelle. Voir c'est croire, mais inversement, croire c'est aussi voir. Si vous pouvez croire en quelque chose en quoi d'autres personnes croient, alors cela se manifestera dans votre vie en temps voulu. Telle est la loi.

Nous connaissons bien la science de la réalité tangible, le monde de la matière, mais nous comprenons très peu les réalités invisibles. Ainsi, au lieu de réfléchir à l'éternelle question de savoir qui est Dieu ou ce qu'il est, concentrons-nous sur l'humanité et les dons Spirituels que certains d'entre nous ont reçus et qui nous font ressembler à Dieu aux yeux des autres. Et le don le plus précieux que notre Créateur nous ait offert est la capacité de créer. Mais d'où vient la créativité, et pourquoi certaines personnes en ont-elles plus à leur disposition que d'autres ?

Gopi Krishna et d'autres personnes éveillées ont dit que toute créativité humaine est un sous-produit de l'activité de la Kundalini dans le corps, ce qui implique que la Kundalini de chacun est active à un certain degré. Cette affirmation peut sembler radicale pour certaines personnes, mais je pense que c'est également vrai. Je pense également que la Kundalini influence les personnes non éveillées de manière subliminale. Ces personnes sont consciemment inconscientes de leur processus créatif et ne peuvent pas puiser à la source de leur créativité comme le font les personnes éveillées.

L'un des objectifs de l'éveil complet de la Kundalini est d'élever et de faire évoluer la conscience à un degré plus élevé afin que vous puissiez être conscient du fonctionnement de votre système énergétique, y compris du processus créatif, au lieu que ce soit quelque chose qui se passe en arrière-plan et qui n'affecte que votre subconscient.

De plus, cette partie est essentielle ; la Kundalini n'a pas percé les Trois Granthis chez la plupart des personnes non éveillées, ce qui signifie que leur énergie créatrice est limitée, tout comme le sont les Chakras par lesquels cette énergie peut s'exprimer. La personne moyenne a une Kundalini active, mais comme elle n'a pas dépassé le Brahma Granthi, elle ne peut exprimer son énergie créatrice que par le Chakra Muladhara. En tant que telle, elle est liée à son Ego, qui voit principalement les plaisirs physiques, ce qui entraîne des attachements et des peurs malsaines. Une personne dans cette position n'atteindra jamais son potentiel créatif optimal et n'aura pas d'impact significatif sur la société. Malheureusement, compte tenu du faible niveau d'évolution de l'humanité à notre époque, la plupart des gens se trouvent dans cet état.

Les types plus volontaires et ambitieux ont généralement surmonté ce premier Granthi et ont permis l'expression de leur énergie créatrice à travers les Chakras Swadhisthana et Manipura. Néanmoins, ils sont liés par le Vishnu Granthi, qui se trouve directement au-dessus, empêchant la Kundalini d'atteindre le Chakra du Cœur, Anahata, qui éveillerait l'énergie d'amour inconditionnel en eux. Par conséquent, ils peuvent utiliser leur énergie créative pour satisfaire leurs ambitions, mais il leur manque une vision plus élevée pour se démarquer véritablement du reste de la population.

Et puis nous avons les savants de notre société, les prodiges et les visionnaires qui ont percé le Vishnu Granthi, leur permettant d'utiliser encore plus leur potentiel créatif. Leur Kundalini peut fonctionner à partir des Chakras supérieurs, ce qui leur permet de réaliser des exploits incroyables et d'accéder à des informations et à des capacités que les autres humains n'ont pas. Cependant, même eux sont limités par une pensée dualiste résultant d'un Rudra Granthi délié entre les Chakras Ajna et Sahasrara. En tant que tel, nous ne pouvons pas comparer leur potentiel créatif à celui d'une personne qui a percé les trois Granthis et a pleinement éveillé sa Kundalini, libérant ainsi un potentiel créatif illimité.

Le génie de scientifiques comme Newton, Tesla et Einstein, et de philosophes comme Pythagore, Aristote et Platon peut être attribué au travail de la Kundalini dans leur corps de Lumière. De même, le talent de musiciens comme Mozart, Beethoven, Michael Jackson et d'artistes comme Michel-Ange, De Vinci et Van Gogh pourrait être dû au travail de l'énergie de la Kundalini à un niveau subconscient. Et n'oublions pas les capacités athlétiques, les compétences et la volonté de gagner d'athlètes comme Muhammad Ali et Michael Jordan. Ces personnes étaient tellement légendaires que nous les vénérons encore comme des figures Divines, et leurs histoires de grandeur resteront à jamais gravées dans les mémoires.

Quelques-uns de ces grands hommes et femmes décrivent avoir les moyens et les méthodes pour puiser à la source de leur créativité, et ils étaient bien conscients qu'ils canalisaient une forme d'intelligence supérieure lorsqu'ils étaient dans ces états d'inspiration. Cependant, ils n'étaient pas conscients de l'existence de la Kundalini, et n'ont pas rapporté que quelque chose comme cela fonctionnait à travers eux. Nous ne pouvons donc que spéculer sur la base de ce que nous avons vu chez ces personnes et des travaux qu'elles ont laissés derrière elles.

Ces personnalités influentes avaient quelque chose de spécial : un lien avec le Divin qui leur donnait des idées, des pouvoirs et des compétences particulières que les gens autour d'eux n'avaient pas. Beaucoup d'entre eux étaient tellement en avance sur leur temps qu'ils ont changé le cours de l'histoire humaine. Mais nous ne saurons jamais si c'est la Kundalini qui était directement responsable de leur grandeur ou si c'était autre chose.

KUNDALINI ET SANTÉ MENTALE

Si la Kundalini est active chez tout le monde, à un degré plus ou moins important, et qu'elle a un impact significatif sur la psyché, il n'est pas étonnant qu'aucun progrès majeur n'ait été réalisé en matière de santé mentale. La Kundalini n'est même pas reconnue comme une chose réelle dans le domaine médical. En dehors du développement de médicÂments capables d'activer ou de désactiver certaines parties du cerveau qui reçoivent des impulsions de forces invisibles dans le système énergétique, la compréhension scientifique actuelle de la santé mentale est au mieux rudimentaire. Pour comprendre réellement le fonctionnement de l'esprit, le domaine de la santé mentale doit reposer sur des bases solides dans la science invisible du système énergétique humain, afin de mettre au point des traitements qui vont au-delà des simples symptômes.

J'ai toujours été fasciné en observant le fonctionnement interne de mon esprit pendant le processus d'éveil de la Kundalini. Certains jours, j'avais une telle montée émotionnelle, qui était souvent suivie d'une profonde descente, le tout en quelques minutes. Ces hauts et ces bas émotionnels ne m'arrivaient pas avant l'éveil. Mes émotions étaient tellement chargées par l'énergie de la Kundalini que si mon esprit travaillait dans une direction positive et avait des pensées heureuses, ces émotions étaient renforcées et j'étais plus heureuse que jamais. En revanche, si mon esprit travaillait dans une direction négative et que j'avais des pensées tristes ou malheureuses, mes émotions devenaient si basses que je me sentais carrément déprimée. Et cela n'avait aucun sens que ma dépression soit si intense alors que juste une minute auparavant j'étais incroyablement heureux, et il n'y avait aucun changement apparent dans mon état autre que ce à quoi je pensais.

J'attribuais cet incroyable passage d'un état heureux à un état triste au fonctionnement de mon esprit et à la qualité de mes pensées. Pour cette raison, au début de mon processus d'éveil de la Kundalini, alors que j'avais très peu de contrôle sur mon esprit et sur ce à quoi je pensais, j'avais ces épisodes émotionnels. Ces épisodes peuvent être comparés à ceux d'une personne diagnostiquée comme souffrant de la maladie mentale bipolaire, bien que j'aie trouvé que c'était à un degré moindre que les épisodes que j'ai entendu dire que certaines personnes bipolaires avaient.

Ce qui sépare les deux cas, c'est que j'ai toujours su faire la différence entre le bien et le mal et que je n'agissais pas selon mes impulsions émotionnelles. Dans le même temps, certaines personnes laissent ces mécanismes psychologiques intérieurs diriger leur vie et prendre le contrôle de leur esprit, de leur corps et de leur Âme. La clé est de reconnaître la situation pour ce qu'elle est et de ne pas l'exagérer. Il faut comprendre les émotions comme quelque chose de tangible, quelque chose qui peut être modelé et changé avec l'application de l'esprit. Sachant cette différence, vous devez vous efforcer de contrôler vos pensées, car c'est le scénario de "la poule qui précède l'œuf" et non l'inverse. Vous devez être une cause plutôt qu'un effet et façonner votre réalité mentale avec de la volonté.

Qu'est-ce qu'une maladie à cet égard, sinon un malaise - quelque chose qui vous met mal à l'aise et vous rend mal à l'aise ? La maladie physique est généralement le résultat d'un corps étranger qui pénètre dans votre corps physique et provoque un changement ou une détérioration au niveau cellulaire. Cette idée d'un corps étranger pénétrant dans votre corps s'applique-t-elle également à la santé mentale, ou est-ce quelque chose en vous qui cause des problèmes mentaux et émotionnels ? Pour répondre correctement à cette question, nous devons examiner ce que sont les pensées et si elles sont uniquement à l'intérieur de nous ou si elles peuvent être quelque chose d'extérieur à nous, qui fait son chemin dans notre Aura, pour les expérimenter.

Le Kybalion, qui élucide les Sept Principes de la Création, affirme que nous communiquons tous par télépathie et que notre "Moi" intérieur, le composant créatif qui génère des images imprimées par notre composant "Je", fonctionne en permanence et ne peut être éteint. Par conséquent, le défi consiste à utiliser votre volonté, votre "Je", pour donner continuellement des impressions à votre composant "Moi". Si vous devenez mentalement paresseux et que vous n'utilisez pas votre volonté comme Dieu, le Créateur, l'a voulu, alors les "Moi" des autres donneront leurs impressions à votre composante "Moi". Cependant, et c'est là le piège : vous croirez qu'il s'agit de vos pensées et vous réagirez comme tel.

Ces émetteurs de pensées sont partout autour de nous, et certains d'entre eux sont les pensées d'autres personnes, et d'autres sont des entités Spirituelles en dehors du domaine physique, qui prennent part à notre monde intérieur et peuvent avoir un impact sur notre esprit. Ces êtres Angéliques et Démoniaques influencent nos pensées, surtout si nous n'utilisons pas notre volonté au maximum de ses capacités. Dans le cas des Etres Démoniaques, leur influence peut se traduire par la possession du corps entier si vous les écoutez et si vous leur obéissez.

Ces prises de contrôle complètes de votre esprit par des forces étrangères hostiles sont en effet très réelles. Inversement, recevoir une communication d'Etres Angéliques peut entraîner un ravissement et une félicité Spirituels complets. Dans le cas des empathes ou des télépathes, ils sont plus ouverts à l'influence des entités Spirituelles que l'homme moyen, car ils reçoivent continuellement des impulsions vibratoires du monde extérieur. Une personne dont la Kundalini est éveillée entre dans cette catégorie ; il lui est très difficile de faire la différence entre ses propres pensées et celles de quelqu'un ou de quelque chose d'extérieur à elle.

La clé, en tout cas, est de comprendre le monde intérieur du Plan Mental des pensées comme quelque chose qui n'est pas particulier à vous seul et que tout au long de la journée, de nombreuses vibrations de pensées entreront dans votre Aura depuis le monde extérieur. Nous faisons tous partie de ce centre, de ce "monde des pensées", et nous induisons continuellement le monde invisible avec nos pensées, affectant les autres personnes de manière inconsciente. Les pensées ont de l'énergie ; elles ont une masse et sont quantifiables. Les pensées aimantes et positives ont un degré plus élevé sur l'échelle vibratoire que les pensées négatives et craintives. Les pensées aimantes et positives maintiennent l'Univers en mouvement, tandis que les pensées négatives et craintives contribuent à maintenir l'humanité à un faible niveau d'évolution Spirituelle.

Une guerre entre les Êtres Angéliques et Démoniaques est menée depuis que l'humanité existe. Il s'agit d'une guerre invisible sur le Plan Astral et les Plans Mentaux, où les êtres humains servent de conduits à ces forces invisibles. Actuellement, compte tenu de notre faible niveau d'évolution Spirituelle, on peut dire que les Etres Démoniaques gagnent la guerre. Cependant, selon les écritures religieuses du monde entier, le destin de l'humanité est d'entrer dans l'Age d'Or, ce qui signifie que les Etres Angéliques gagneront cette guerre pour de bon.

Les patients schizophrènes sont des personnes qui ont une réceptivité au monde invisible supérieure à la moyenne, mais ce qui les sépare des médiums (qui sont soit des télépathes, soit des empathes, soit les deux), c'est que les personnes schizophrènes ne peuvent pas faire la différence entre leurs pensées et les pensées extérieures. Dans de nombreux cas, elles sont sous le contrôle d'entités Démoniaques qui ont pris pied dans leur Aura en se nourrissant de leur énergie de peur.

Les entités Démoniaques, qui sont des Êtres intelligents dont la source est inconnue, recherchent des personnes faibles d'esprit dont elles peuvent se nourrir. Une fois qu'elles ont trouvé une personne susceptible d'être influencée, elles s'emparent de son esprit et de son corps, ce qui, avec le temps, éteint la Lumière de son Âme, de sorte qu'elle devient un véhicule pour ces forces Démoniaques, rien de plus. Ils deviennent des enveloppes ou des coquilles de leur ancien moi. Bien que l'Âme ne puisse jamais vraiment être éteinte, une fois que la séparation se produit dans l'esprit, elle devient presque étrangère à l'individu qui a perdu son lien avec elle. Elle est toujours là pour être exploitée à nouveau, mais il faut beaucoup d'effort mental et de travail Spirituel pour retrouver cette connexion.

RENFORCER LA VOLONTÉ

Au cours des premières années qui ont suivi l'éveil de la Kundalini, ma volonté a souvent été mise à l'épreuve concernant mon processus de prise de décision. Chaque fois que j'étais convaincu d'une idée, je pouvais, en quelques secondes, être persuadé que le contraire était vrai. Pendant longtemps, il m'a été difficile de prendre des décisions car j'étais conscient qu'en suivant une ligne de conduite, je niais la validité de son contraire. Je savais et comprenais que n'importe quelle idée pouvait être une bonne idée si l'on disposait de suffisamment de preuves allant dans le sens de cette idée. Mais pour la plupart des idées, il y a également suffisamment de preuves que leur opposition est correcte.

Ce processus s'est poursuivi pendant de nombreuses années jusqu'à ce que je parvienne à une connexion plus forte avec ma volonté. Pour y parvenir, j'ai dû fournir un travail mental et des efforts considérables. En établissant un lien correct avec ma volonté, je me suis également aligné avec mon âme de manière inédite. Travailler avec l'Élément Feu et le Chakra Manipura par le biais d'exercices rituels de Magie Cérémonielle m'a aidé à y parvenir.

Si vous n'avez pas une connexion ferme avec votre volonté, qui est l'expression de votre Âme, alors vous serez la proie de la dualité du mental et des impulsions de l'Ego. J'ai vu cela maintes et maintes fois chez des individus éveillés par la Kundalini, et c'est l'un des défis les plus importants auxquels ils sont confrontés.

L'éveil active tous les Chakras afin qu'ils fonctionnent tous simultanément. Le rapprochement entre le conscient et le subconscient entraîne un haut niveau de charge émotionnelle puisque l'activité du Plan Mental est amplifiée. C'est pour cette raison que de nombreux individus éveillés par la Kundalini sont si sensibles aux émotions et si changeants dans leurs prises de décision. Comme leur réceptivité aux vibrations extérieures augmente, ils doivent apprendre à faire la différence entre leurs pensées et celles qui pénètrent dans leur Aura à partir de l'environnement. L'une des façons d'atténuer ce phénomène est de se connecter à l'Âme et de renforcer la volonté, ce qui permet le discernement et la discrétion.

Une fois que vous avez appris à prendre une décision, l'autre défi consiste à vous y engager et à aller jusqu'au bout. Ce faisant, vous devenez une personne dont la parole est digne de confiance et non une personne qui laisse ses émotions changeantes prendre le dessus. Construire votre âme en développant des vertus et en surmontant les vices fera de vous une personne d'honneur que les autres respecteront.

Bien qu'il existe diverses pratiques d'Alchimie Spirituelle que vous pouvez utiliser pour optimiser vos fonctions intérieures, dont beaucoup sont incluses dans ce livre, la Magie Cérémonielle a été la réponse pour moi. Ses exercices rituels m'ont permis de stimuler mon intuition, ma volonté, ma mémoire, mon imagination, mes émotions, ma logique et ma raison, etc. En invoquant les Éléments par des moyens Magiques, j'ai pu optimiser mes fonctions internes en accordant les Chakras. Ces composantes internes du Soi sont faibles en premier lieu à cause de l'énergie Karmique stockée dans les Chakras relatifs à chaque fonction. Par exemple, si votre intuition est faible, vous devrez peut-être travailler sur le Chakra Ajna. À l'inverse, si votre volonté est faible, le Chakra Manipura l'est aussi puisque l'Élément Feu est responsable de son expression. Et ainsi de suite.

KUNDALINI ET LA CRÉATIVITÉ

Il existe une corrélation certaine entre le fait d'être heureux et inspiré et le fait de faire preuve de grandes capacités créatives. Lorsque l'on éprouve des émotions positives, la pulsion intérieure de création s'amplifie. Elle se manifeste par un désir intérieur, une passion ou une envie de créer quelque chose de beau. La relation entre la créativité et l'inspiration est symbiotique. Vous ne pouvez pas être créatif sans être inspiré, et pour être inspiré, vous devez faire preuve de créativité pour trouver une façon nouvelle et passionnante de voir la vie.

Si vous restez bloqué dans votre ancienne façon de penser, en vous reliant à l'ego au lieu de l'âme et de l'esprit, votre inspiration et votre créativité en pâtiront. Il doit y avoir un renouvellement constant de votre réalité mentale et émotionnelle, ce qui peut être réalisé lorsque vous vivez dans le moment présent, le Maintenant. En puisant de l'énergie dans ce champ infini de potentialité, votre état d'être sera inspiré, ce qui ouvrira vos capacités créatives.

Ma créativité s'est infiniment développée au cours de la septième année après l'éveil de la Kundalini en 2004. J'ai expérimenté une ouverture complète des Pétales de Lotus du Sahasrara Chakra, ce qui m'a permis d'entrer dans le Maintenant et de fonctionner par intuition. J'ai remarqué une forte corrélation entre le fait de surmonter la dualité de mon esprit, de renforcer ma volonté et d'améliorer mes capacités créatives. Une fois que j'ai obtenu un lien permanent avec mon Âme, je suis devenu perpétuellement inspiré, en surmontant ma peur et mon anxiété et en puisant dans ma source créative. Dans cet état d'inspiration incroyablement élevé, j'ai ressenti un besoin, un désir ardent d'exprimer cette créativité nouvelle d'une manière ou d'une autre. C'est ainsi qu'a commencé mon voyage d'expression créative à travers de multiples médiums.

Je me suis d'abord exprimée à travers l'art visuel, puisque c'était un domaine dans lequel j'étais douée toute ma vie. J'ai découvert que cet état d'inspiration élevée coulait simplement dans mes mains lorsque je peignais, et j'ai développé des techniques que je semblais tirer des Aethyrs. J'ai commencé à peindre dans un style abstrait et je canalisais les couleurs, les formes et les images qui vibraient et dansaient dans mon esprit pendant que ce processus se déroulait. J'ai réalisé que la véritable source de créativité provient de l'Âme, mais qu'elle est canalisée par le Chakra Ajna via Sahasrara.

Lorsque j'exprimais ma créativité de cette manière améliorée, tous mes composants supérieurs étaient activés et fonctionnaient simultanément. Je recevais facilement des impulsions du Soi supérieur et du Chakra de la Couronne, qui se combinaient aux Feux de mon Âme pour être canalisés par l'Œil de l'esprit. Le processus créatif semblait s'emparer de mon esprit et de mon corps comme si j'étais possédé. J'ai constaté que dans cet état, le temps s'envolait d'une manière sans précédent et que de nombreuses heures passaient en un clin d'œil.

Ce que j'ai remarqué, c'est que ma créativité intérieure était capable de reconnaître et de reproduire la beauté. Voici la clé, je crois, car lorsque je suis dans un état d'inspiration, qui est maintenant un état d'Être permanent pour moi, je vois la beauté tout autour de moi et je la reconnais en tout. L'énergie de l'amour inconditionnel, qui est le fondement de l'inspiration, de la créativité et de la beauté, transpose tout ce que je vois avec mes yeux. Par conséquent, si je m'engage dans un acte créatif, je peux canaliser quelque chose de beau en utilisant mon corps comme véhicule.

La beauté a une forme qui, je crois, peut être quantifiée. Elle est équilibrée et harmonieuse. Elle est colorée si elle veut être vécue comme une joie. Elle a une texture et est souvent un mélange d'archétypes qui transmettent des idées vitales à l'Âme. Nous pouvons exprimer des émotions à travers de belles œuvres, et naturellement, toutes les expressions créatives sont censées vous émouvoir d'une manière ou d'une autre.

Si la beauté veut être perçue comme triste, il peut y avoir un manque de couleur et des formes plus sereines utilisées pour l'exprimer. Si elle veut être perçue comme mélancolique, on utilise des couleurs correspondant à ce sentiment, comme des nuances de bleu. Ce processus de canalisation de la beauté n'est pas limité aux seuls arts visuels mais peut être observé partout. Par exemple, nous pouvons exprimer la tristesse par le chant et la mélodie. Cette corrélation implique que les couleurs, tout comme les notes de musique, expriment des états de conscience. Elle explique le sentiment qui sous-tend la musique ainsi que l'art visuel et la sculpture.

Toutes les couleurs que nous trouvons dans la nature proviennent du spectre visible de la Lumière. Le spectre visible est la partie du champ électromagnétique qui est visible par l'œil humain. Le rayonnement électromagnétique dans cette gamme de longueurs d'onde est appelé Lumière visible ou simplement Lumière. Ce fait implique que toutes les notes de musique de l'échelle musicale sont également liées à l'énergie de la Lumière. Vous comprenez maintenant pourquoi votre potentiel créatif s'élargit infiniment lorsque vous éveillez la Kundalini et recevez un afflux de Lumière dans votre Aura.

J'ai expérimenté des expressions créatives pendant de nombreuses années et je me suis trouvée capable d'en canaliser de nouvelles avec facilité. J'ai exploré le chant et la musique et j'ai exprimé ma créativité par le biais de l'écriture, sous forme de poésie et de textes inspirés. Cependant, j'ai appris l'importance d'équilibrer la créativité avec la logique et la raison. On ne peut pas créer au hasard, mais il faut que cela ait une structure, une base intellectuelle en quelque sorte. J'ai appris que la beauté a une forme et une fonction, et c'est ce mariage entre les deux qui doit être respecté lors de la création ; sinon, vos expressions créatives manqueront la cible.

SAHASRARA ET LA DUALITÉ DE L'ESPRIT

Pour un alignement maximal avec la volonté et l'Élément Feu de l'Âme après un éveil complet de la Kundalini, le Lotus aux Mille Pétales de Sahasrara doit être complètement ouvert. Cependant, dans le cas d'une ouverture partielle du Sahasrara, le fait de ne pas permettre à la Kundalini d'accomplir sa mission lors de l'éveil initial peut entraîner des blocages énergétiques dans la tête. Dans ce cas, les Nadis Ida et Pingala continueront à être influencés par l'énergie Karmique dans les Chakras situés en dessous de Vishuddhi, le Chakra de la Gorge, au lieu d'être libérés et de s'écouler librement dans le Corps de Lumière comme c'est le cas lorsque le Lotus se déploie entièrement.

Lorsque le Rudra Granthi est percé, la Kundalini doit s'élever avec toute sa force vers le Sahasrara, permettant à la partie supérieure du canal Sushumna qui relie le milieu du cerveau à la Couronne de s'élargir et de transmettre suffisamment d'énergie pour ouvrir les Pétales du Sahasrara. La tête de fleur de Sahasrara est fermée chez les personnes non éveillées ; lorsque la Kundalini s'élève, elle commence à s'ouvrir de la même manière que si l'on regardait le time-lapse d'une fleur en train d'éclore. Chaque pétale s'ouvre pour recevoir la Lumière provenant des Chakras de l'Etoile de l'Âme et de la Porte Stellaire situés au-dessus (Figure 153). Si certains des Pétales de Sahasrara restent fermés, la Couronne ne sera pas pleinement activée, ce qui entraînera l'accumulation de blocages dans la région de la tête au fil du temps.

Une fois que la Kundalini s'élève du Muladhara, elle cherche à sortir du corps par la Couronne, ce qui fait que les Pétales de Sahasrara se déploient comme une fleur, prête à recevoir la Lumière. Sahasrara est appelé le "Lotus aux Mille Pétales" parce qu'il y a théoriquement un millier de pétales, chacun relié à d'innombrables Nadis mineurs ou canaux d'énergie qui transportent l'énergie Pranique de différentes zones du Corps de Lumière et qui se terminent dans la région de la tête. Il y a des centaines, voire des milliers, de ces terminaisons nerveuses dans le cerveau. Chacune est comme la branche d'un arbre qui transporte l'énergie Pranique dans, à travers et autour du cerveau. Lorsque vous ouvrez complètement la Couronne, cela permet à un grand nombre de ces Nadis d'atteindre la surface de la partie supérieure de la tête. Vous avez souvent l'impression que des insectes rampent sur votre cuir chevelu ou que vous ressentez des picotements ou des secousses énergétiques lorsque ces Nadis du cerveau sont infusés de Lumière.

Comme nous l'avons vu, une fois que vous avez éveillé les six Chakras primaires sous la Couronne, différentes parties du cerveau se déverrouillent, tout comme les Chakras mineurs dans la tête qui correspondent aux Chakras primaires. L'ensemble du système énergétique psychique sert à canaliser l'énergie de la Lumière à travers votre Corps de Lumière, ce qui permet à votre conscience de faire l'expérience de la transcendance tout en incarnant le corps physique. Lorsque le Lotus de la Couronne s'ouvre complètement, l'Âme sort du corps, ce qui permet à la conscience d'atteindre le Soi Transpersonnel dans les Chakras situés au-dessus de la Couronne.

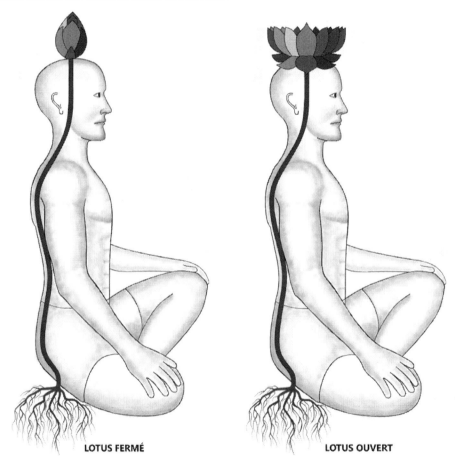

LOTUS FERMÉ   LOTUS OUVERT

Figure 153: Le Lotus du Sahasrara Chakra

Les Nadis mineurs servent de récepteurs psychiques alimentés par la Lumière à l'intérieur du corps, qui s'accumule grâce à l'apport de nourriture. Cette Lumière dans le corps fonctionne avec la Lumière apportée par le Sahasrara Chakra. Comme nous l'avons déjà mentionné, le Corps de Lumière est comme un arbre dont les racines sont dans le sol tandis que le torse sert de tronc à l'arbre. Le tronc porte les Chakras primaires tandis que les membres du corps servent de branches principales de l'arbre. Ces branches transportent l'énergie de la Lumière à travers leurs Soixante-Douze Mille Nadis, qui s'étendent jusqu'à la surface de la peau, bien qu'à un niveau subtil. Le Lotus aux Mille Pétales libère la conscience individuelle du corps, la reliant à la Conscience Cosmique dans le Sahasrara.

Le Sahasrara se trouve au sommet, au centre de la tête et agit comme un portail par lequel la Lumière Blanche est Âmenée dans le système énergétique. Cette Lumière est filtrée par les Chakras situés en dessous. Cependant, si certains pétales de Lotus ne sont pas ouverts en raison de blocages dans les Chakras primaires et les Nadis, le flux de la Kundalini est obstrué, ce qui entraîne des problèmes mentaux et émotionnels (Figure 154). Par conséquent, la Kundalini a besoin d'un flux libre depuis le Muladhara, à travers le Sahasrara, et au-delà jusqu'aux Chakras Transpersonnels.

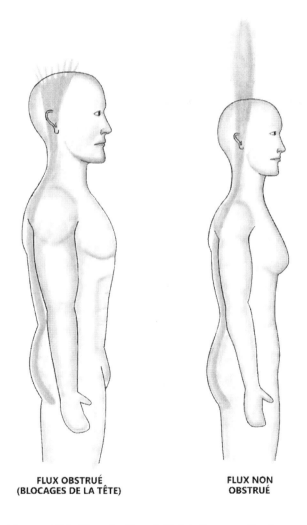

FLUX OBSTRUÉ **FLUX NON**
(BLOCAGES DE LA TÊTE) **OBSTRUÉ**

Figure 154: Flux de Kundalini à Travers Sushumna

553

Vous pouvez atténuer les problèmes psychologiques en recourant à des pratiques Spirituelles, comme la Magie Cérémonielle, qui nettoient et éliminent les blocages dans les Chakras et les Nadis. La raison pour laquelle la Magie Cérémonielle est la pratique Spirituelle la plus puissante que j'ai rencontrée est qu'elle vous permet d'invoquer efficacement les énergies de chacun des Cinq Éléments pour accorder les Chakras correspondants. À leur tour, les Nadis qui se connectent aux Chakras sont purifiés, notamment Ida, Pingala et Sushumna, dont le flux est optimisé. Si des blocages lors de la montée initiale de la Kundalini ont empêché l'énergie d'atteindre et d'ouvrir complètement le Lotus Sahasrara, vous éliminerez également ces blocages. Une fois hors du système, la Kundalini se relèvera naturellement pour finir le travail en unifiant Shiva et Shakti au niveau du Chakra de la couronne, Sahasrara.

INTROVERTI OU EXTRAVERTI

Si certains des Pétales du Lotus sont fermés, c'est un signe que l'énergie stagne et se déplace mal dans la tête. Ce problème peut entraîner une pression dans la tête et même des maux de tête. Trop de Lumière dans la tête entraîne une inversion de la personne, qui se concentre sur ses pensées intérieures, surtout à l'arrière de la tête, là où opère le subconscient. Rappelez-vous que votre état d'esprit dépend de l'endroit où vous concentrez votre attention dans les nombreux niveaux ou couches de conscience.

Les introvertis utilisent la logique et la raison via le Plan Mental inférieur lorsqu'ils sont cérébraux ou le Plan Astral lorsqu'ils ressentent des émotions. Les introvertis sont affectés par la Lumière de la Lune, qui donne de nombreuses illusions. Cette Lumière Lunaire est la source de la dualité puisqu'elle n'est qu'un reflet de la Lumière du Soleil, qui est une singularité.

Les extravertis utilisent la Lumière du Soleil et sont orientés vers l'action, contrairement aux introvertis qui sont plus connus pour leur réflexion et leurs sentiments. Les extravertis ne passent pas beaucoup de temps dans leur tête ; ils opèrent plutôt à partir de leur cœur, ce qui est plus instinctif. Ils s'expriment par la communication verbale et laissent leurs actions montrer la voie. La plupart des extravertis tirent leur énergie de leur environnement et des gens qui les entourent. Ainsi, ils aiment les grandes foules et être le centre d'attention.

À l'inverse, les introvertis aiment être seuls ou avec quelques amis en qui ils ont confiance. Ils puisent leur énergie à l'intérieur d'eux-mêmes, aussi leurs pensées et leurs émotions sont-elles cruciales pour eux. Ils sont méthodiques dans leur approche de la vie et n'utilisent pas les mots comme points d'ancrage comme les extravertis, mais s'expriment plutôt par leur langage corporel.

En apparence, on pourrait croire que les extravertis sont plus confiants, mais ce n'est pas toujours le cas. Parce que les introvertis utilisent davantage leur esprit, ils sont plus prudents dans leur processus de prise de décision et tirent des conclusions plus logiques qui donnent des résultats fructueux. Les extravertis contournent généralement l'esprit et prennent leurs décisions avec leurs tripes. Si leur intuition les guide, leurs choix peuvent être bénéfiques, tandis que lorsque leur instinct les guide, ils en pâtissent souvent. Lorsque la volonté domine, les extravertis opèrent à partir du Plan Mental Supérieur, tandis que lorsqu'ils canalisent leur intuition, ils sont influencés par le Plan Spirituel. Les extravertis sont généralement dirigés par leur Âme, tandis que les introvertis sont plus enclins à être dirigés par leur Ego.

L'éveil de la Kundalini est censé vous rendre plus extraverti, bien que vous fluctuiez invariablement entre les deux états tout au long de votre voyage Spirituel. Par exemple, vous passerez plus de temps à être introverti au début, lorsque l'Ego est plus actif, tandis qu'aux stades ultérieurs, lorsque vous serez pleinement en harmonie avec votre Âme et votre moi supérieur, vous deviendrez extraverti. Cela s'explique par le fait que le chemin Spirituel commence toujours dans l'esprit mais se termine dans le cœur.

L'alternance entre les états introvertis et extravertis pendant votre processus d'éveil de la Kundalini dépend des Éléments avec lesquels vous travaillez naturellement via le feu de la Kundalini ou par des techniques d'invocation rituelle. L'Élément Eau est lié à vos émotions, qui peuvent être volontaires ou involontaires, comme les émotions instinctives - en tant que tel, travailler avec cet Élément vous rendra introverti. L'Élément Feu est lié à votre volonté qui pousse votre corps à agir, ce qui fait de vous un extraverti. L'Élément Feu exprime les archétypes et la vérité, étant tempéré par la Lumière du Soleil. À l'inverse, l'Élément Eau démontre la dualité de l'esprit, influencé par la Lumière Lunaire.

L'Élément Air (pensées) vibre entre eux, les alimentant tous deux et leur donnant leur dynamisme. Les pensées peuvent être conscientes, faisant appel à la volonté, ou subconscientes, agissant sur les sentiments. Enfin, l'Élément Terre, lié à l'activité physique et au fait d'être dans le moment présent, fait d'une personne un extraverti. La densité de l'Élément Terre empêche de trop penser ou de trop ressentir, ce qui ne nous laisse que l'action. L'Élément Terre est directement lié à l'Âme et au fait d'être guidé par ses impulsions intérieures, qu'il s'agisse d'intuition ou d'instinct.

ÉMOTIONS ET RAISON

Une puissante dichotomie qui se présente chez l'individu pleinement éveillé par la Kundalini est la bataille constante entre les émotions et l'intellect, qui s'exprime par la logique et la raison. Les émotions (sentiments) sont le résultat de notre conditionnement passé ainsi que de nos désirs intérieurs. Certains sentiments sont instinctifs et involontaires, tandis que d'autres sont sous notre contrôle.

La logique est l'étude systématique des arguments, tandis que la raison applique la logique pour comprendre ou juger quelque chose. Ces deux composantes internes sont les deux faces d'une même pièce. Elles représentent la partie de nous qui peut percevoir la vérité des choses et porter des jugements sur nos décisions. La raison peut prédire les résultats ; elle agit comme un superordinateur qui lit la réalité qui nous entoure. Elle nous fournit ensuite des calculs éclairés nous permettant d'effectuer l'action la plus optimale possible, qui donnera les meilleurs résultats.

Les émotions sont des impulsions qui nous poussent à agir sur le moment. Elles sont influencées soit par l'amour de soi, soit par l'amour inconditionnel pour toute l'humanité. Lorsqu'elles sont contrôlées par l'amour de soi, les émotions ne se préoccupent pas des résultats mais de se sentir bien et d'obtenir ce que l'Ego veut quand il le veut. Les émotions sont donc liées aux désirs personnels. Lorsqu'elles sont influencées par l'amour inconditionnel, l'Âme est exaltée et l'accent est mis sur la construction de vertus et le plaisir que l'on éprouve à être une bonne personne.

Les émotions inférieures sont exprimées par l'Élément Eau sur le Plan Astral de la réalité. Les émotions supérieures s'élèvent toutefois jusqu'au Plan Spirituel. La logique et la raison sont toujours influencées par l'Élément Feu agissant sur l'Élément Air, sur le Plan Mental. Il ne peut se projeter plus haut que le Plan Mental.

L'Ego et l'Âme peuvent prendre le dessus sur les émotions et la raison. Cependant, l'Âme opère toujours par le biais de l'énergie de l'amour inconditionnel agissant sur les Éléments Esprit et Feu. L'Âme comprend que nous sommes éternels et que notre étincelle se poursuivra au-delà de la mort physique. Elle recherche donc l'unité et la reconnaissance de son unité avec les autres êtres humains. Elle n'agit pas par amour de soi ; seul l'Ego le fait, car l'Ego vit dans l'esprit où il reconnaît la dualité du Moi et des autres Moi. Il garde et protège le corps, craignant sa mort éventuelle. Cette énergie de peur est le moteur de la plupart des émotions que l'Ego influence.

Parfois, nos émotions peuvent nous dire quelque chose de très ferme, qui va totalement à l'encontre de ce que notre raison nous dit, et vice versa. Ce processus se poursuivra pendant de nombreuses années chez les individus éveillés par la Kundalini. Cependant, aux points les plus élevés de l'éveil de la Kundalini, vous surmonterez les émotions personnelles et inférieures, et votre raison et votre logique s'aligneront avec l'Âme et le Soi supérieur, l'Esprit. Il est impossible de réussir dans la vie en suivant uniquement ses sentiments, car ils peuvent être très volatils et agir en fonction d'eux donne souvent des résultats très négatifs. Les émotions qui sont l'expression d'un désir intérieur n'ont, pour la plupart, aucune base logique. En agissant sur elles, nous nous mettons souvent dans le pétrin.

Mais même si nous aimons faire ce qui nous fait du bien, comme c'est notre impulsion naturelle, grâce au processus d'éveil de la Kundalini, vous apprenez à réfréner les émotions inférieures puisque votre Ego est en train de mourir. En conséquence, vous pouvez regarder vers l'avenir et effectuer des actions qui s'alignent sur des émotions plus élevées qui se projettent à travers la lentille de l'amour inconditionnel. Souvent, vous constaterez que ces émotions supérieures sont également alignées avec la partie logique de votre être, et cet équilibre entre les deux donnera les résultats les plus favorables dans votre vie.

L'équilibre entre les émotions supérieures et la raison est, en fait, la base adéquate nécessaire pour vivre une vie heureuse et réussie. Avec le temps, vous construirez votre caractère et un degré de force d'Âme, ce qui était insondable au début de votre voyage d'éveil de la Kundalini. Vous apprendrez à vivre en mettant l'accent sur une conduite et des actions appropriées, en partant d'un lieu de moralité et d'éthique. Ce mode de vie est l'expression naturelle du feu de la Kundalini et du sentiment de la gloire de Dieu, qui imprègne votre Chakra du Cœur, Anahata.

KUNDALINI ET
TRANSFORMATION ALIMENTAIRE

Gopi Krishna s'est fait connaître à la fin des années 1960 comme l'une des principales autorités du monde Cccidental sur le phénomène de l'éveil de la Kundalini. Bien que *The Serpent Power* d'Arthur Avalon, publié en 1919, ait été le premier livre à introduire le concept de la Kundalini en Occident, Gopi a écrit une série de livres entièrement consacrés à la Kundalini, qui ont été traduits en anglais pour le monde Occidental. Cela s'est passé à peu près au même moment où Yogi Bhajan a introduit son style de Yoga Kundalini aux États-Unis. Grâce au travail de ces deux hommes, le monde entier s'est familiarisé avec le mot "Kundalini".

Gopi a écrit de nombreux livres sur la Kundalini pendant les vingt années suivantes. Alors que son travail était plus philosophique, Yogi Bhajan enseignait les méthodes pratiques par le biais du Yoga pour activer cette énergie insaisissable et mystérieuse chez ses étudiants. Cependant, la science de la Kundalini n'a pas beaucoup progressé au-delà du travail de ces deux hommes. La seule figure notable qui a apporté une contribution significative dans ce domaine est Swami Satyananda Saraswati, qui a écrit de nombreux livres sur le Tantra et le Yoga et a élucidé les pratiques pour suivre leurs chemins tout en fournissant les moyens et les méthodes pour éveiller votre Kundalini. Le travail de Swami Satyananda a considérablement influencé ma contribution au Tantra et au Yoga dans ce livre. Et je m'en voudrais de ne pas mentionner le travail considérable de David Frawley sur le Yoga et l'Ayurvéda, qui a rendu d'immenses services au monde Occidental et à moi-même.

J'ai déjà parlé de l'éveil initial de la Kundalini de Gopi et de son péril après avoir eu un éveil incomplet. Cette situation l'a tourmenté jusqu'à ce qu'il trouve une solution. Son désespoir résultait du fait que le canal Ida restait en sommeil alors que Sushumna et Pingala s'activaient lors de l'éveil de sa Kundalini. Il s'est manifesté par une anxiété débilitante qui rendait la vie impossible à Gopi, certains jours souhaitant être mort. Cependant, cette situation nécessite un exÂmen plus approfondi, car il s'agit d'un événement courant qui peut arriver à n'importe qui. Par exemple, j'ai été confronté au même problème, bien que dans un contexte différent, et j'ai trouvé des solutions pour le résoudre. En ayant une idée plus claire des mécanismes de ce qui est arrivé à Gopi, vous pourrez utiliser mes solutions pour résoudre ce problème si cela vous arrive aussi.

Après l'éveil de la Kundalini de Gopi, comme l'énergie passive et rafraîchissante de l'Eau d'Ida n'était pas présente, l'énergie chaude et active du Feu de Pingala faisait des heures supplémentaires. Cependant, cette situation n'a fait qu'empirer les choses pour lui. Le canal Ida active le Système Nerveux Parasympathique, qui calme le corps et l'esprit. En revanche, le canal Pingala active le Système Nerveux Sympathique, qui met le corps et l'esprit en mode "combat ou fuite". Imaginez que le système SNS soit activé en permanence et que vous ne puissiez pas l'éteindre. Par conséquent, j'ai été dans cette situation exacte, donc je sais ce que c'est et comment y remédier. La seule différence, c'est que j'avais déjà les outils pour la surmonter au moment où cela m'est arrivé, ce qui n'était pas le cas de Gopi.

Si cela vous arrive, et cela peut arriver même pendant les dernières étapes de la transformation de la Kundalini, chaque moment de votre vie devient un état de crise. Le pire, selon moi, est de faire entrer de la nourriture dans le corps, ce qui crée le feu le plus angoissant qui donne l'impression de vous brûler vivant de l'intérieur. J'ai perdu cinq kilos la première semaine en faisant face à cette situation, et Gopi a également mentionné une perte de poids rapide. Vous voyez, le canal Pingala, chaud et intense, doit être équilibré par l'énergie rafraîchissante de Ida ; sinon, le système se désorganise, ce qui affecte négativement le mental. Chaque bouchée de nourriture que vous absorbez se manifeste par un stress et une anxiété débilitants, qui exercent et épuisent vos Glandes Surrénales. Cet état d'esprit peut avoir des conséquences néfastes sur votre vie, vous donnant l'impression d'être dans une situation de vie ou de mort pour laquelle personne autour de vous ne peut vous aider. Imaginez le désespoir que vous ressentez et l'état d'urgence dans lequel vous vous trouvez alors que vous êtes la seule personne à pouvoir vous aider. Je suis passé par là.

Dès que vous ingérez de la nourriture, elle commence à se transformer en énergie Pranique, ce qui alimente le canal Pingala et le fait passer à la vitesse supérieure puisque la grande quantité de Prana n'est pas distribuée de manière égale dans les deux Nadis primaires. Gopi savait, grâce aux enseignements Tantriques et Yogiques, qu'il n'avait probablement pas éveillé Ida, il savait donc sur quoi se concentrer pour essayer de s'aider. Il savait que seule Ida contenait le pouvoir de refroidissement dont il avait besoin pour équilibrer son système énergétique. Et moi, eh bien, mon aide était Gopi, qui était passé par la même chose et en avait parlé dans ses livres que j'avais lus jusqu'alors.

Gopi a fait tous les efforts possibles pour activer Ida par la méditation. La méditation qu'il utilisait était la visualisation d'une fleur de lotus dans son Oeil de l'Esprit. En maintenant son image pendant un certain temps, le canal Ida s'est finalement activé à la base de sa colonne vertébrale et est monté jusqu'à son cerveau. Il a ressenti son énergie rafraîchissante et apaisante, qui a équilibré son système énergétique. Son esprit était désormais bien réglé. Il trouva du réconfort dans la consommation de nourriture et commença même à manger en excès, se concentrant principalement sur les oranges, probablement pour reconstituer ses Glandes Surrénales usées.

Les pensées visuelles, qui sont des images dans l'esprit, sont l'effet du canal Ida, et non de Pingala. Ce n'est donc pas une coïncidence si Gopi Krishna a activé Ida en se forçant à former une image visuelle dans l'Oeil de son Esprit et à maintenir cette image avec une puissante concentration.

Il est essentiel de comprendre que pour que l'activation et la montée de la Kundalini soient réussies, les trois canaux Ida, Pingala et Sushumna doivent monter simultanément dans le cerveau. Pour créer un système psychique bien équilibré et compléter le circuit de la Kundalini dans le Corps de Lumière nouvellement développé, Ida et Pingala doivent s'élever au centre de la tête au niveau du Thalamus et ouvrir le Chakra Ajna. Ensuite, ils continuent à se déplacer vers le point situé entre les sourcils, le centre de l'Œil de l'Esprit. Si vous avez éveillé les canaux Ida et Pingala, mais qu'ils se sont bloqués, ou que l'un d'eux ou les deux ont un court-circuit un jour, vous pouvez corriger à nouveau le flux de ces Nadis en vous concentrant sur le Troisième Oeil.

Si Ida et Pingala descendent en dessous du Chakra du Septième Oeil ou du point Bindu à l'arrière de la tête, le circuit de la Kundalini cessera de fonctionner. Pour le relancer, vous devez méditer sur l'Œil de l'Esprit et maintenir une image en utilisant votre imagination et votre volonté. Cette pratique va restimuler Ida et Pingala et rouvrir le Septième Oeil et le Chakra Bindu. Ainsi, les Nadis vont réaligner et reconnecter l'ensemble du circuit de la Kundalini dans le Corps de Lumière. Une autre méditation qui peut fonctionner en cas de blocages dans le Bindu consiste à maintenir son attention à un centimètre du point Bindu jusqu'à ce que l'énergie soit réalignée et circule correctement. De même, en portant votre attention à un centimètre du Chakra du Septième Oeil, vous pouvez également aligner ce point.

J'aborderai ces exercices et ces méditations plus en détail dans le chapitre intitulé "Dépannage de la Kundalini", à la fin du livre. Ces méditations sont primordiales pour stabiliser votre système Kundalini. J'ai découvert toutes ces méditations moi-même au cours des dix-sept dernières années, et c'est pourquoi vous les verrez pour la première fois dans ce livre. S'il y avait des éveils massifs de la Kundalini et que le monde entier avait besoin d'être guidé rapidement, mes méditations seraient la réponse à de nombreux problèmes énergétiques que les gens pourraient rencontrer. Alors comment ai-je pensé à elles ?

Lorsque j'ai eu des problèmes avec le circuit de la Kundalini, je restais allongé sur mon lit pendant des heures, des jours, voire des semaines, à la recherche de différents points énergétiques "déclencheurs" dans la région de la tête sur lesquels méditer et qui pouvaient éliminer les blocages énergétiques et réaligner les Nadis. Parfois, il faut même réactiver les Chakras Ajna ou Sahasrara, bien qu'il soit impossible que ces centres se ferment une fois que l'énergie de la Kundalini les a complètement éveillés. Au cours de ce processus de découverte, j'étais déterminé à trouver à tout prix des solutions qui me permettent de l'emporter. "S'il y a une volonté, il y a un chemin", disais-je toujours, et "tout problème a une solution", même s'il s'agit d'un problème de nature énergétique. Je n'ai jamais accepté l'échec à cet égard, afin qu'à travers mon processus de découverte, je trouve des solutions que je pourrais un jour partager avec le monde comme je le fais maintenant.

Mes découvertes ont été essayées et testées de nombreuses fois dans ma vie lorsque des problèmes liés au système Kundalini m'ont interpellé. Et elles ont toutes fonctionné. Comprenez que la Kundalini est très délicate mais aussi très volatile. Beaucoup de choses que nous faisons en tant qu'humains et qui sont facilement acceptées comme la norme dans la société peuvent et vont court-circuiter le système Kundalini. Par exemple, la façon dont nous nous traitons les uns les autres en tant que personnes, les moments traumatisants, et même l'utilisation de drogues et d'alcool peuvent être très préjudiciables à votre système Kundalini. Une fois que vous aurez terminé ce livre, vous aurez les clés pour surmonter tout problème avec le système Kundalini et ne pas être à sa merci lorsqu'il fonctionne mal.

SUBLIMATION/TRANSFORMATION DES ALIMENTS

Le processus de sublimation/transformation des aliments donne lieu à de nombreuses expériences différentes au fil du temps. Par exemple, après avoir activé le Corps de Lumière lors de l'éveil initial de la Kundalini, vous ressentirez un sentiment d'inertie et de léthargie pendant un certain temps, car le corps utilise toute l'énergie Pranique qu'il reçoit de la nourriture pour construire le circuit de la Kundalini. Par conséquent, vous pouvez vous sentir peu inspiré et démotivé pour accomplir vos tâches quotidiennes. Vous pouvez également avoir envie de vous isoler des autres et de rester seul. Gardez à l'esprit que ces manifestations plutôt inconfortables ne sont pas permanentes. Au fur et à mesure de votre évolution, elles passeront.

Après l'éveil initial, vous vous trouverez très probablement dans un état d'esprit négatif, mentalement et émotionnellement, alors que vous nourrissez votre corps de Lumière par l'ingestion de nourriture. Vos niveaux de dopamine et de sérotonine vont chuter car le corps est en surrégime pour synthétiser la nourriture en énergie de Lumière Pranique. Il faut quelques mois pour que l'énergie se stabilise et que vous ressentiez à nouveau le sens de la vie. Pendant ce processus de transformation, votre motivation et votre dynamisme, ainsi que votre volonté, entreront en mode hibernation. Vous devrez vous accorder une pause et prendre du recul par rapport à ce que vous avez prévu de travailler et d'accomplir pendant cette période. Cependant, je peux vous garantir que vous ressortirez de cette expérience plus fort et plus revigoré que jamais.

Pendant les premières parties du processus d'accumulation, le Feu de la Kundalini est sublimé en esprit ou en énergie. Au début, il est à l'état de potentiel sous forme de chaleur latente. Cependant, lorsque vous apportez de la nourriture dans le système, elle alimente le Feu et le fait croître. À mesure qu'il grandit, il s'intensifie, ce qui donne l'impression que vous brûlez de l'intérieur. Enfin, au point culminant de l'intensité de la chaleur, alors que le cœur s'emballe et que l'anxiété est à son comble, le Feu commence à se sublimer et devient l'énergie de l'Esprit.

La chose la plus importante à comprendre de ce processus est que le Feu de la Kundalini sera dans un état continu de transformation et de transmutation. Il change de forme alors que vous continuez à manger et à boire de l'eau pour réguler et refroidir ses effets. Je me retrouvais souvent à courir à la cuisine pour prendre un verre d'eau afin de me rafraîchir. Mes parents me regardaient, incrédules, essayant de comprendre si leur fils était devenu un drogué, car mon comportement était alarmant. À d'autres moments, j'avais besoin d'un verre de lait si la chaleur était trop intense et que mon corps manquait de nutriments. Je vous suggère donc d'être prêt avec ce verre d'eau ou de lait quand vous en avez besoin et d'avoir une bonne excuse pour votre comportement étrange si vous ne vivez pas seul.

Ce processus est très intense pendant quelques semaines à quelques mois tout au plus. Par la suite, il se stabilise et devient plus doux. Le début de l'éveil est véritablement le plus difficile, car le Feu à l'intérieur de vous donne l'impression de vous brûler vif, et en raison de son intensité, votre stress et votre anxiété atteignent des sommets. Une partie de la peur que vous ressentez est due au fait que l'Ego essaie de comprendre ce qui se passe mais n'y parvient pas car il fonctionne normalement en prédisant les choses sur la base de ce qu'il a déjà vu, et il n'a jamais vu quelque chose comme ça auparavant.

Ce Feu sublimé de la Kundalini, que je ne peux que décrire comme un esprit mercuriel et rafraîchissant, est destiné à alimenter le circuit de la Kundalini. Bien que la Kundalini commence comme un Feu furieux, rappelez-vous que cet état n'est qu'une de ses formes temporaires. Savoir cela à l'avance peut vous épargner bien des maux de cœur, alors n'oubliez pas ce que j'ai dit. Au fil du temps, et avec la prise de nourriture, le Feu de la Kundalini se transforme en une énergie Spirituelle liquide, éthérée et paisible qui vous apaise et lave la négativité que le système a rencontrée auparavant.

Être patient pendant que ce processus se produit en vous est la moitié de la bataille. Rappelez-vous que rien ne reste statique pendant que la Kundalini vous transforme ; la métamorphose est un processus de changement constant. Par conséquent, vous devez apprendre à accueillir les changements intérieurs au lieu de les combattre. C'est pourquoi de nombreux individus éveillés préconisent de s'abandonner à tout prix à l'énergie de la Kundalini. Vous comprenez maintenant pourquoi c'est plus facile à dire qu'à faire. Cependant, vous verrez que vous n'avez pas le choix en fin de compte.

Bien que le feu furieux puisse être très inconfortable à son apogée, il se transformera inévitablement en une énergie de refroidissement de l'Esprit. C'est à vous de décider si vous voulez participer activement ou passivement à ce processus. Je ne peux pas vous dire combien de temps il vous faudra pour vous transformer, car le moment varie d'une personne à l'autre, mais je vous conseille de manger des aliments nutritifs et de rester calme, patient et détendu autant que possible.

Invoquer des pensées négatives et le doute ne fera que stimuler la peur dans le système, ce qui aura un effet négatif. Le fait de rester calme pendant que le Feu furieux de la Kundalini agit libérera de la sérotonine et de l'ocytocine, permettant ainsi la sublimation en fine énergie de l'Esprit. La dopamine et l'adrénaline entravent ce processus ; le corps doit activer le Système Nerveux Parasympathique au lieu du Système Sympathique.

Il est utile de placer la langue sur la palette de la bouche pendant que ce processus se produit. Ce geste permettra de connecter les Nadis Ida et Pingala et facilitera le maintien du calme de l'esprit et la sublimation de l'énergie. Lorsque le Feu furieux se transforme en Esprit, de nouvelles poches d'énergie s'ouvrent dans la zone centrale de l'abdomen et sur son côté droit. C'est là que cette nouvelle énergie de l'Esprit semble commencer son ascension le long des canaux Ida et Pingala à l'avant du corps. Ces poches d'énergie, situées devant les reins, créent le sentiment d'Unité, d'Éternité et d'absorption complète dans l'Esprit.

RÉFLEXIONS EN "TEMPS RÉEL"

Après un éveil complet et soutenu de la Kundalini, l'énergie de la Lumière sera continuellement présente à l'intérieur du cerveau. Puisque la Lumière sert de pont entre le conscient et le subconscient, elle a un effet particulier sur vos pensées. Lorsque vous êtes dans cet état d'être inhabituel, vos pensées commencent à vous sembler très réelles. Comme si ce à quoi vous pensez était présent avec vous dans la vie réelle. Ce phénomène résulte en partie du fait que la Kundalini perce Anahata, le Chakra du Cœur, lors de son ascension, éveillant ainsi l'aspect de l'observateur silencieux du Soi.

Cette partie du Soi, combinée à la Lumière ténue à l'intérieur de votre tête, vous donnera le sentiment que toutes les pensées de votre esprit sont réelles et ne sont pas simplement des idées. Pendant que vous pensez, l'observateur silencieux du Soi regarde ce processus se dérouler dans le Chakra du Cœur comme un spectateur innocent. Mais, à l'inverse, une fois que cette partie du Soi est éveillée, il en va de même pour son opposé - la volonté véritable. C'est le générateur de toute réalité, le Soi supérieur ou Dieu.

Faire l'expérience de vos pensées comme étant réelles est, en fait, le catalyseur derrière la peur et l'anxiété qui se présentent juste après un éveil complet et permanent de la Kundalini. Alors que les pensées profondes et subconscientes s'unissent aux pensées conscientes, tout ce qui est à l'intérieur semble plus réel que jamais. Cela peut être une expérience terrifiante et déroutante au début, comme ce fut le cas pour moi et beaucoup d'autres personnes qui ont vécu la même chose. Il devient difficile de faire la différence entre vos pensées conscientes et les peurs projetées par votre subconscient.

Cette nouvelle "réalité" de la pensée est la source des sentiments de bonheur exaltés par une pensée inspirée, y compris la dépression intense résultant de pensées ou d'idées négatives, fondées sur la peur. Les forces Angéliques et Démoniaques peuvent désormais imprégner votre esprit, et le défi consiste à savoir faire la différence entre les deux. Les émetteurs de pensées négatives peuvent être vos squelettes cachés dans le placard, des pensées projetées par l'esprit d'autres personnes ou même des entités extérieures qui vivent dans les Plans Astral et Mental.

Après avoir éveillé la Kundalini, votre prochaine étape dans le processus d'évolution Spirituelle est de maîtriser ces deux Plans, en particulier le Plan Mental, puisque ce à quoi vous pensez déterminera la qualité de votre réalité. Dans la philosophie de la Nouvelle Pensée, ceci est expliqué par la Loi de l'Attraction, qui stipule que vous apportez des expériences positives ou négatives dans votre vie en vous concentrant sur des pensées positives ou négatives. *Le Kybalion* soutient cette théorie, car la loi d'attraction est basée sur le principe Hermétique de base de la création qui stipule que "Le Tout est mental, l'Univers est mental". Cela implique que vos pensées sont directement responsables de votre expérience de la vie puisque la différence entre le monde de la matière et votre propre réalité mentale n'est qu'une question de degré. Par conséquent, la matière n'est pas aussi réelle et concrète que nous la percevons, mais elle est la pensée de Dieu, qui travaille avec vos pensées pour manifester votre réalité. Par conséquent, nous sommes des co-créateurs avec notre Créateur par le biais de l'esprit, des pensées.

Le principe Hermétique de correspondance, "Comme en Haut, comme en Bas", nous dit que les Plans Supérieurs affectent les Plans inférieurs, expliquant pourquoi le Plan Mental affecte le Plan Physique. Cet axiome est également considéré comme la base de la pratique de la Magick. Aleister Crowley a défini la Magick comme "la science et l'art de provoquer des changements en conformité avec la volonté". Même si nos pensées déterminent la réalité, nous devons entrer en contact et nous accorder avec la volonté qui alimente nos pensées. Le processus de manifestation dans la réalité physique a pour source l'impulsion de la volonté véritable du Plan Spirituel, qui devient une pensée dans le Plan Mental, déclenchant une réponse émotionnelle dans le Plan Astral ou émotionnel, et se manifestant finalement dans le Plan Physique de la Matière.

C'est pourquoi le travail avec les Éléments et la purification de chaque Chakra sont d'une importance capitale sur le chemin Spirituel. Le subconscient n'est plus quelque chose de profond et de caché à l'intérieur du Soi ; il devient quelque chose qui se trouve juste là, devant vous, à chaque instant de la journée, et dont vous pouvez observer le fonctionnement. La raison en est que le Chakra Ajna est maintenant éveillé et fonctionne à une capacité optimale après avoir reçu un influx d'énergie Lumière par la Kundalini éveillée. L'Oeil de l'Esprit est l'"outil" que nous utilisons pour l'introspection et pour voir dans le fonctionnement de l'esprit subconscient.

Rappelez-vous que l'énergie Karmique (dans le sens de l'énergie négative stockée dans les Chakras) résulte d'un point de vue, d'une croyance ou d'un souvenir opposé qui, dans le cas des Chakras individuels, se rapporte à une partie particulière du Soi. L'ancien Soi, l'Ego, est ce que nous devons purifier et consacrer afin que le nouveau Soi supérieur puisse prendre sa place. Le Soi utilise différents pouvoirs activés par les énergies des Chakras, car ils sont la source de ces pouvoirs. Au début de l'éveil, le Soi aura plus que jamais des références à l'Ego, mais au fur et à mesure que nous purifions notre concept du Soi, nous nous débarrassons de l'Ego.

Il devient nécessaire de nettoyer le subconscient car, comme nous l'avons dit plus haut, vous devez d'abord maîtriser vos démons, les aspects négatifs de votre psyché, avant de pouvoir résider dans les Chakras supérieurs et ne faire qu'un avec l'Élément Esprit. En alignant votre conscience sur les trois Chakras supérieurs de Vishuddhi, Ajna et Sahasrara, vous vous alignez sur la volonté véritable et le Soi supérieur.

Parce que vous ne pouvez pas arrêter ce processus, puisqu'il a été déclenché par la Kundalini éveillée, avoir les outils pour purifier les Chakras et maîtriser les Éléments deviendra plus important pour vous que n'importe quoi d'autre à ce moment de votre vie. Sinon, vous serez à la merci des forces psychiques dans les Plans Cosmiques. Par conséquent, vous devez vous développer en un guerrier Spirituel à ce stade, car votre esprit, votre corps et votre Âme sont remodelés quotidiennement par l'énergie de la Kundalini nouvellement éveillée.

EMPATHIE ET TÉLÉPATHIE

Une fois que le circuit de la Kundalini est ouvert, et que l'énergie de l'Esprit circule dans le Corps de Lumière, votre conscience acquiert la capacité de quitter le corps physique à volonté. Lorsque vous vous échappez de votre corps physique par le Chakra de la Couronne, vous faites l'expérience de l'énergie de l'Esprit qui envahit tout ce que vous percevez avec vos yeux physiques dans le monde matériel. Cette expérience s'ajoute à la perception en temps réel de la réalité ; seulement maintenant, vous pouvez ressentir et incarner l'énergie de chaque objet de votre environnement. Grâce à votre Chakra du Cœur, vous commencez à ressentir l'essence de tout ce sur quoi vous portez votre attention, car votre énergie Spirituelle se transpose sur ce que vous regardez ou entendez.

En regardant un film violent, par exemple, vous pouvez ressentir et expérimenter l'énergie d'un acte violent en transposant votre corps dans celui de la personne que vous regardez. Ce processus se produit automatiquement et instantanément, sans effort conscient. Pour que ce phénomène se produise, il suffit d'accorder toute son attention au film. C'est une expérience assez magique au début et l'un des plus grands dons de la Kundalini. Elle commence à se développer lorsque suffisamment d'énergie de l'Esprit a été sublimée par le Feu de la Kundalini et la prise de nourriture. Cela peut se produire à la fin de la première année de l'éveil, peut-être même avant.

Cette transformation et cette manifestation vous permettent de vous mettre en phase avec les sentiments des autres lorsque vous portez votre attention sur eux. Ce processus vous permet de développer votre empathie. Vous entrez littéralement dans leur corps avec votre esprit et pouvez ressentir ce qu'ils ressentent. Si vous ne leur accordez pas votre attention en les regardant, il vous suffit de les écouter lorsqu'ils parlent, et vous vous accordez à leur énergie par le biais du son. Cette manifestation se produit grâce à votre connexion avec le son. C'est une forme de télépathie, qui consiste à lire l'esprit des gens et la qualité de leurs pensées.

L'empathie consiste à lire les sentiments des gens et l'énergie émotionnelle de leur cœur. Une quantité suffisante d'énergie Spirituelle doit se déverser dans votre Corps de Lumière nouvellement développé par le biais de la transformation/sublimation alimentaire pour créer ces deux manifestations. C'est comme une vague qui se crée, et votre attention est la planche de surf. Avec votre attention, vous pouvez maintenant surfer sur la vague en vous concentrant sur des choses extérieures à vous.

Il serait utile que vous appreniez à vous séparer des émotions ou des pensées que vous éprouvez en comprenant qu'elles ne sont pas projetées de l'intérieur mais de l'extérieur. L'Ego peut être confus, pensant que c'est de lui que sont projetées ces émotions ou ces pensées, ce qui peut provoquer la peur et l'anxiété. Une fois que vous avez dépassé votre Ego et que vous pouvez vous séparer de ce que vous vivez, vous pouvez le faire sans aucune négativité. Cependant, cela ne peut se produire que dans les dernières étapes de la transformation de la Kundalini, une fois que l'Ego est purgé et que la peur et l'anxiété ont diminué leur charge énergétique ou ont entièrement quitté le système.

Lorsque vous commencez à expérimenter ce phénomène, il peut être difficile de différencier qui vous êtes et qui sont les autres personnes. C'est l'un des plus grands défis des premières années de l'éveil, car tant d'émotions et de pensées traverseront votre esprit et votre cœur que vous serez ballotté d'avant en arrière comme un bateau dans les eaux tumultueuses de l'océan. La clé est de stabiliser votre intérieur et d'apprendre à naviguer dans les eaux turbulentes. De cette façon, vous apprenez à prendre le contrôle de votre vie, peut-être pour la première fois. L'aphorisme Grec "Connais-toi toi-même" est essentiel à mettre en œuvre à ce stade de votre vie. Vous devrez prendre le contrôle de vos pensées et de vos émotions en comprenant vos projections d'énergie et celles des autres.

Une note importante sur la télépathie et l'empathie : une fois que vous aurez développé une connexion plus forte avec votre Corps Spirituel, ces dons psychiques deviendront permanents, ce qui signifie que vous ne pourrez plus les éteindre. Vous ne pouvez pas décider que c'est trop dur à supporter et que vous ne voulez tout simplement plus y prendre part. Parfois, cela peut être assez accablant, car vous devez à la fois gérer votre anxiété et votre peur et assumer celles des autres.

Il serait utile que vous fassiez de l'introspection en ce moment. Vous devriez prendre du temps pour vous si vous n'avez pas l'habitude de le faire, car vous en aurez besoin. Si vous avez été un papillon social toute votre vie, vous ne pouvez plus être entouré d'autres personnes en permanence. Il est temps de changer ces habitudes et de prendre du temps pour vous aussi. Le temps passé seul est le seul moyen de faire une bonne introspection, car certaines des pensées et des sentiments des autres resteront en vous pendant des jours, voire des semaines. Vous devez apprendre à les laisser partir et à ne pas en faire une partie de qui vous êtes.

Au fil du temps, lorsque vous saurez faire la différence entre les deux et que vous aurez nettoyé et purifié votre Ego, vous pourrez passer plus de temps avec les autres et moins de temps seul. De plus, vous serez capable de vous brancher sur l'énergie d'amour des autres, qui nourrit désormais votre énergie. Non pas que vous soyez un vampire psychique qui vole l'énergie des autres, mais plutôt que vous acceptiez l'amour et que vous le rendiez afin de pouvoir maintenir un échange d'énergie d'amour désintéressé avec les personnes avec lesquelles vous interagissez. L'énergie d'amour nourrit l'Âme de chacun d'entre nous, et c'est pourquoi nous avons besoin les uns des autres. Pour apprendre à canaliser l'amour pur sans attachement, vous devrez d'abord surmonter votre négativité.

ÉTHIQUE ET MORALE

Une fois que la Kundalini est active, il se produit un changement significatif dans la conscience, et vous remarquez que votre concept d'éthique et de morale à travers un comportement et une conduite appropriés se développe. En d'autres termes, vous commencez à agir avec des principes moraux dans toutes les situations de la vie, naturellement. L'unité du Soi et du reste du monde se développe, ce qui vous amène à vous sentir connecté à toutes choses d'un point de vue moral. Le processus d'éveil de la Kundalini s'accompagne d'un respect absolu de l'humanité.

Avec le temps, la Kundalini commence à éradiquer les souvenirs personnels du passé, exaltant ainsi le Soi supérieur sur l'Ego. Ce processus vous permet de vivre dans le Maintenant, le moment présent, de manière optimale. Cet état peut être très déroutant au début car, comme nous l'avons expliqué, l'Ego fonctionne en se référant à des souvenirs le concernant. Mais comme la mémoire est fugace, l'Ego commence à s'effacer grâce au processus de purge de la Kundalini, car il ne peut plus s'associer aux événements passés. Ainsi, l'Esprit et l'Âme s'exaltent. Naturellement, vous commencerez à développer un point de vue éthique élevé puisque, dans le moment présent, vous réalisez que la bonne façon de se comporter est de respecter et d'honorer tous les êtres vivants.

Cette amélioration morale est un développement naturel pour toute personne qui subit l'éveil de la Kundalini. C'est un don. Toutes les personnes dont la Kundalini est éveillée sont des humanitaires et donnent sans compter d'une manière ou d'une autre. Dans la plupart des cas, elles sont apparemment en pilote automatique une fois qu'elles se sont abandonnées à l'énergie de la Kundalini. Un abandon complet doit se produire pour atteindre cet état, et cet abandon est inévitable pour toute personne qui traverse le processus de transformation.

Peu importe combien l'Ego s'accroche, il sait en fin de compte qu'il sera relégué au second plan par l'Âme et l'Esprit. Finalement, son emprise s'Âmenuise. Une base éthique et morale solide est le droit de naissance de toutes les personnes éveillées par la Kundalini. Notre destinée globale en tant qu'êtres humains est de nous aimer et de nous respecter les uns les autres au lieu d'en profiter. Une fois que vous vous serez développé sur le plan éthique, vous reconnaîtrez que nous sommes tous frères et sœurs puisque vous serez plus proche de l'esprit du Créateur que jamais auparavant.

L'éthique et la morale sont liées à l'énergie d'amour inconditionnel qui s'accumule dans le Chakra du Cœur. Vous commencez à ressentir le monde entier dans votre cœur comme une essence unique (Figure 155), associé au désir de canaliser cette nouvelle énergie d'amour vers les autres. Et comme vous projetez l'énergie d'amour vers les autres, votre caractère commence à construire des vertus dont les fondements sont l'éthique et la morale.

Figure 155: Le Chakra du Cœur et l'Unicité

Vous commencez à ressentir un sentiment d'honneur puisque nous sommes tous frères et sœurs nés du même Créateur. Lorsque vous êtes dans le moment présent, dans le Maintenant, vous pouvez vous accorder avec cette partie de vous-même qui est éternelle - le Saint Ange Gardien. Votre génie supérieur commence à vous enseigner et à vous guider dans votre voyage Spirituel. Il vous apprend à devenir un meilleur être humain chaque jour de votre vie. Le Saint-Ange Gardien vous enseigne l'Univers et vous transmet chaque jour ses connaissances et sa sagesse. Il est tout à fait sage et bon et possède le plus haut sens moral car il fait partie de Dieu le Créateur.

En étant gentil avec les autres, il est facile de distinguer les bonnes personnes des mauvaises ou de celles qui n'ont pas de boussole morale. Je trouve que, pour la plupart, les gens sont bons et que lorsque vous les traitez avec amour, ils vous rendent la pareille. En les honorant et en les respectant, vous canalisez vers eux un amour que vous ressentez comme un faisceau de lumière qui sort de votre poitrine. Lorsque ce faisceau d'énergie Lumière pénètre dans l'Aura d'un autre être humain, celui-ci l'absorbe et vous le renvoie par son Chakra du Cœur. Ce circuit d'énergie d'amour perpétuel ne se rompt que lorsque l'un d'entre vous commence à penser avec son Ego, en se demandant ce qu'il y a pour lui. Si les gens du monde n'avaient pas d'Ego massif, nous échangerions naturellement de l'amour de cette manière, éradiquant ainsi le mal à l'échelle mondiale.

J'ai également constaté qu'en apprenant à agir dans une optique éthique, je m'aime et me respecte davantage. Lorsque vous reconnaissez la bonté qui est en vous et que vous choisissez de la partager avec les autres, vous apprenez invariablement à vous aimer vous-même. Après tout, les autres ne sont que des reflets, des miroirs de nous-mêmes. Nous sommes tous le Créateur, et le Créateur est Un. Il est essentiel d'apprendre à s'aimer, car cela permet de surmonter ses insécurités. Une méthode pour apprendre à s'aimer consiste à être à l'aise dans le moment présent, ce qui permet de surmonter ses insécurités.

Dans la plupart des cas, un facteur extérieur les déclenche, ce qui vous pousse à vous replier sur vous-même. Une fois que vous êtes introverti, et à l'intérieur de vous-même, vous perdez le contact avec le Maintenant et le domaine de la pure potentialité où tout est possible. En restant dans le Maintenant, cependant, vous devenez plutôt extraverti, et tant que vous restez présent, vous n'irez pas à l'intérieur de vous-même où vous pouvez accéder à vos insécurités.

L'éveil de la Kundalini est destiné à faire de vous un être de Lumière, et en tant que tel, cette mise à niveau vous permet de vivre pleinement votre vie, peut-être pour la première fois. Pour tirer le meilleur parti de la vie, vous devez être dans un état où vous pouvez reconnaître l'opportunité dans tout ce que vous vivez pour saisir cette occasion d'expérimenter quelque chose de nouveau et de grandir Spirituellement. La morale et l'éthique vont de pair avec le fait d'être dans le présent. Inversement, être dans le Maintenant est lié au concept dont parle Jésus-Christ - la Gloire de Dieu.

La Gloire de Dieu concerne l'harmonisation de votre conscience avec le royaume de l'Eternité - le Royaume des Cieux. Vous pouvez atteindre ce royaume à travers le Maintenant, mais vous devez vous abandonner complètement par la foi pour y entrer. Seule votre intuition peut entrer en contact avec le Royaume Eternel, car elle exige que votre Ego soit réduit au silence pour en faire l'expérience. La Gloire de Dieu est un ravissement émotionnel qui provient de l'expérience de l'Unité avec toutes choses. C'est le royaume du potentiel pur et de la Non-Dualité. Il peut sembler exagéré de penser que vous pouvez entrer en résonance avec ce concept, mais croyez-moi, c'est possible. L'un des objectifs de la transformation de la Kundalini est de vous faire entrer dans le Royaume des Cieux. Notez que bien que l'expérience de la Gloire de Dieu soit habituellement momentanée pour la personne moyenne, les individus éveillés par la Kundalini hautement évolués peuvent rester dans cet état indéfiniment.

Il est essentiel de comprendre que ces concepts et idées mentionnés ci-dessus sont liés. L'un donne naissance à l'autre, qui éveille ensuite quelque chose d'autre. Ce sont des expressions naturelles du fait de devenir un Etre de Lumière grâce à l'éveil de la Kundalini. C'est vraiment une mise à niveau et une nouvelle façon de vivre sur cette Planète. Les autres ne sauront peut-être jamais ce que vous vivez, mais ils verront les changements que vous subissez à travers vos actions.

La clé est de rester inspiré pendant ce processus de transformation. Vous devez éviter de laisser la négativité occasionnelle de l'esprit vous abattre et vous faire perdre espoir. Au contraire, considérez-la comme quelque chose de temporaire que vous surmonterez avec le temps. L'ensemble du processus de transformation de la Kundalini se déroule au fil des années. Une expérience mène à une autre, car tout en vous change et évolue continuellement. Il faut de nombreuses années avant que vous puissiez vraiment récolter les bénéfices de votre transformation en un Etre de Lumière, mais tout prendra un sens lorsque vous y parviendrez.

PARTIE VIII :
LA KUNDALINI ET
LES RÊVES LUCIDES

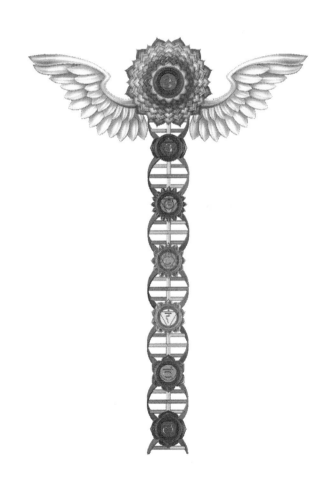

LE MONDE DES RÊVES LUCIDES

Le Rêve Lucide dans les mondes intérieurs est un sujet de conversation essentiel dans les cercles Kundalini. Les éveils de la Kundalini garantissent l'expérience du Rêve Lucide, qui a lieu dans les Plans Cosmiques intérieurs. Le Rêve Lucide est une forme d'expérience extracorporelle (OBE) qui se produit pendant le sommeil lorsque votre conscience est en état Alpha. L'état Alpha est un état de rêve où le corps se repose, mais où la conscience est encore éveillée. Il s'agit d'un état intermédiaire entre la conscience éveillée normale et le sommeil.

Cet état est le plus souvent déclenché lorsque vous vous réveillez brièvement tôt le matin, vers six ou sept heures, puis que vous vous rendormez après avoir dormi pendant au moins cinq heures, afin que votre corps physique soit reposé. Mais lorsque vous subissez une accumulation intense de Lumière Astrale, comme juste après l'éveil initial de la Kundalini, si vous avez pleinement activé votre Corps de Lumière, vous vous retrouverez en Rêve Lucide presque toutes les nuits. Cette expérience se produit parce qu'il y a un surplus d'énergie Lumière présente, qui fait sortir votre conscience du Chakra Sahasrara, à travers le Bindu, pour vivre cette expérience.

Vous pouvez également voyager dans l'Astral lorsque vous êtes éveillé, mais cela est plus difficile à réaliser car vous devez transcender le corps physique d'une manière ou d'une autre. Pour cette raison, il est généralement préférable d'explorer le Rêve Lucide pendant le sommeil, lorsque vous êtes dans un état Alpha et que le corps physique est déjà reposé.

Une personne éveillée par la Kundalini fera l'expérience d'une myriade de Rêves Lucides, presque chaque nuit, après un éveil permanent. Ce phénomène peut se poursuivre pendant de nombreuses années. Pendant un Rêve Lucide, le circuit de la Kundalini est actif, et le corps est alimenté en énergie Lumière Astrale/Esprit par la sublimation/transformation des aliments. Les termes Lumière Astrale, Esprit, Prana et énergie Kundalini sont tous interchangeables. La différence réside dans leur état, qui dépend du niveau d'évolution Spirituelle auquel vous vous trouvez, bien qu'ils proviennent tous de la même substance. Par essence, l'énergie Kundalini est une énergie de Lumière, qui se transmute en différents états au cours du processus de transformation Kundalini.

Une fois que vous avez accumulé une quantité suffisante d'énergie Lumière et que vous êtes en état Alpha, votre conscience s'envole hors du corps physique par le Chakra de la Couronne, et vous entrez dans l'un des Plans Cosmiques. Comme mentionné jusqu'à présent, ces Plans existent dans une dimension distincte de la Troisième Dimension de l'Espace et du Temps. Supposons maintenant qu'il s'agisse d'une expérience Extracorporelle et que vous soyez sorti par le Chakra de la Couronne. Dans ce cas, vous entrez très probablement dans l'un des Chakras de l'Esprit ou des Chakras Transpersonnels situés au-dessus de la Couronne et vous "surfez" sur le Plan correspondant. Comme ces plans sont au-delà de l'espace et du temps, votre conscience peut faire l'expérience de toute une vie d'événements en une heure. Vous vous réveillerez parfois comme si vous aviez physiquement subi ces expériences et vous vous trouverez mentalement épuisé.

Comme nous l'avons vu, nous avons chacun un corps-double fait de Lumière ; une substance élastique appelée le Corps de Lumière. Le Rêve Lucide est un type de "projection Astrale", un terme inventé par les théosophes au 19ème siècle. Bien que le Rêve Lucide se produise presque involontairement, la Projection Astrale est une expérience induite de manière totalement consciente - une projection de l'Âme dans l'un des Plans Astraux/intérieurs. Dans le cas du Rêve Lucide, cette projection se produit spontanément lorsque le Corps de Lumière s'échappe du corps physique pendant le sommeil alpha. Il quitte simplement le corps physique et vous réveille ailleurs, dans un pays étrange et généralement jamais vu auparavant.

Dans un Rêve Lucide, il n'y a pas de rupture de la conscience. Votre subconscient et votre conscient travaillent à l'unisson, et le contenu de vos rêves change pour inclure des choses auxquelles vous pensez souvent consciemment. Votre imagination est perpétuellement active dans un Rêve Lucide, car vous êtes à la fois l'expérimentateur et l'expérience. Très souvent, vous êtes projeté dans un endroit où vous n'êtes jamais allé auparavant, avec un contenu auquel vous n'avez jamais pensé consciemment. Le plus souvent, cependant, lorsque vous faites un Rêve Lucide, vous voyez des éléments familiers à la conscience afin que ce ne soit pas un trop grand choc pour le Soi lorsque vous vivez cette expérience.

Pour cette raison, le Rêve Lucide fait appel à vos capacités imaginatives, bien qu'elles soient infiniment plus étendues. Dans un Rêve Lucide, votre Soi Supérieur, votre Âme, est le conducteur de l'expérience. Il choisit toujours où aller et ce qu'il veut vivre. Cependant, vous ne pouvez pas choisir consciemment votre expérience comme dans une projection astrale. Puisque nous sommes connectés à la fois avec notre Ego et notre Âme dans notre état de veille, l'expérience du Rêve Lucide semblera étrangère à la conscience dans une large mesure. L'Ego est entièrement inactif dans un Rêve Lucide car il appartient au corps physique, qui est transcendé.

SE RÉVEILLER DANS UN RÊVE

La chose la plus fantastique à propos des Rêves Lucides est que la conscience fait l'expérience d'une réalité en dehors du physique une fois, bien qu'elle se sente authentique. La première étape de chaque Rêve Lucide est la prise de conscience par votre conscience qu'elle est en train de rêver. Cela se produit instantanément lorsque la conscience réalise que le cadre est "différent" du monde physique, mais que son expérience est très similaire.

Une méthode populaire pour se rendre compte que l'on rêve consiste à s'entraîner à regarder ses mains dès que l'on se trouve dans un rêve. Il n'y a pas de formes fixes dans les rêves, et tout semble fluide et élastique, comme si tout bougeait doucement. Par conséquent, les doigts de vos mains sont de toutes les formes et de toutes les tailles, et lorsque vous les regardez, vous pouvez les voir bouger de haut en bas très légèrement. Cette reconnaissance signale au cerveau que vous êtes dans un rêve, ce qui éveille pleinement votre conscience.

Il y a généralement un sentiment d'excitation lorsque cela se produit, car une partie de vous réalise que vous êtes maintenant un créateur conscient de votre réalité, et que vous pouvez faire l'expérience de tout ce que vous désirez avec l'aide de votre imagination. Puisque votre Ego est transcendé, l'Âme prend le contrôle de l'expérience, et vous vous trouvez dans un état où vous créez votre réalité et en faites l'expérience simultanément. Vous avez pleinement accès à votre volonté et pouvez contrôler le contenu de votre rêve. Vous ne pouvez pas en contrôler le cadre, mais votre Âme peut choisir où elle veut aller et utiliser votre Corps de Lumière comme véhicule pour y parvenir.

Votre expérience sera similaire à celle que vous faites dans la réalité physique, le monde de la matière. Toutefois, la principale différence est que vous êtes limité par le temps et l'espace dans le monde physique. Par exemple, vous ne pouvez pas être à Paris en y pensant simplement, mais vous avez le choix de prendre un avion et de vous y rendre. L'expérience entière, cependant, prendra un certain temps jusqu'à ce que vous puissiez vous rendre à Paris. Dans un Rêve Lucide, vous pouvez penser à un endroit où vous voulez être, et vous y serez en un instant. Il n'y a pas de rupture de conscience entre le moment où vous pensez à l'endroit où vous voulez être et celui où vous y êtes projeté au moment où vous avez cette pensée - c'est une expérience fluide.

L'Âme a une connaissance complète de tous les endroits où elle peut s'aventurer dans ce vaste Univers qui est le nôtre, qui sont aussi infinis que Dieu le Créateur. Ainsi, dans un Rêve Lucide, votre Âme se projettera automatiquement quelque part pour que vous puissiez expérimenter son environnement. Cependant, le lendemain matin, lorsque vous vous réveillerez de votre expérience, votre Ego ne sera pas capable de comprendre comment et pourquoi vous êtes allé là ou ce que c'était. Après tout, l'Ego est limité à ce qu'il a vu, et il n'a connu que les choses de la Terre. Tout ce que l'Ego saura, c'est que l'expérience était incroyable, et vous en serez reconnaissant.

DÉVELOPPER LES CAPACITÉS DANS VOS RÊVES

Une fois que vous êtes projeté dans un Rêve Lucide, vous avez un contrôle total sur votre Corps de Lumière, quel que soit le lieu où il se trouve. Ni l'espace, ni le temps, ni la gravité ne peuvent limiter ce second véhicule de la conscience. Cependant, puisque vous n'êtes pas lié par la gravité, l'un des premiers dons à développer est de voler dans les airs comme Superman (Figure 156). Cette capacité est la plus amusante et généralement la première à se manifester pour tout le monde. Voler dans un Rêve Lucide est la seule façon de faire véritablement l'expérience du vol sans l'aide de machines, ce qui est pour le moins exaltant.

La conscience se trouve bientôt capable d'accomplir d'autres exploits qui seraient impossibles à réaliser dans la réalité physique. Par exemple, étant donné que le corps de lumière est en apesanteur et n'est pas lié à la matière et à la gravité, et que tout dans le Plan Astral est Holographique sans aucune forme fixe, vous développerez la capacité de marcher ou de voler à travers les objets. Une autre capacité qui émerge est la Télékinésie Astrale - la capacité de faire léviter des objets dans les Plans Intérieurs et Astraux et de les déplacer avec le pouvoir de l'esprit.

Figure 156: Voler Comme Superman Dans un Rêve Lucide

Pour pratiquer la Télékinésie et déplacer des objets dans le monde physique avec l'esprit, vous devez d'abord apprendre à utiliser cette compétence dans le monde Astral puisque les deux fonctionnent sur les mêmes principes. J'ai vu des vidéos documentées de personnes qui prétendent avoir des pouvoirs psychiques où elles déplacent des objets légers dans le vide, bien que de façon minime. Cependant, pour déplacer des choses plus lourdes qu'un petit morceau de papier, disons, il faudrait une immense quantité d'énergie mentale, ce qui est un exploit apparemment impossible et quelque chose que nous n'avons jamais documenté. Je crois cependant que c'est possible, en utilisant les mêmes principes mentaux et l'esprit sur la Matière. Cependant, la personne qui le fait devrait être une personne si évoluée Spirituellement qu'elle apparaîtrait comme un Dieu aux yeux des autres et pas seulement comme un médium. Jésus-Christ accomplissant des miracles dans la *Sainte Bible* est un exemple de l'évolution nécessaire pour affecter l'état de la matière avec son esprit.

D'autres dons qui se développent dans le monde du Rêve Lucide sont la capacité de lire dans l'esprit des gens, de se faire aussi grand ou petit que l'on veut, et généralement de réaliser n'importe quel désir que l'on a dans sa vie quotidienne éveillée, comme par exemple coucher avec la personne de son choix. Le monde du Rêve Lucide est un pays des merveilles pour l'Âme et satisfait à tous les niveaux d'existence. De plus, il ne comporte pas les conséquences Karmiques de la réalisation des désirs de votre Âme, quels qu'ils soient.

Après avoir fait ces expériences de Rêve Lucide pendant de nombreuses années dans ma vie, je suis laissé avec de nombreux doutes concernant le développement des Siddhis, les capacités surnaturelles mentionnées dans les écritures Hindoues. Cependant, les Siddhis ne sont pas exclusifs aux textes sacrés Hindous puisque les pouvoirs psychiques sont affichés dans tous les livres religieux, indépendamment de leur culture ou tradition, ce qui nous laisse avec la situation suivante : peut-être que les Prophètes, Saints, Yogis, et autres figures saintes de ces livres parlaient du monde du Rêve Lucide quand ils ont mentionné la capacité de l'humanité à acquérir ces pouvoirs extraordinaires.

Nous ne saurons peut-être jamais la réponse à cette question, mais d'après mon expérience, il y a plus de preuves que ce que je propose est exact que ces pouvoirs sont quelque chose que nous pouvons atteindre physiquement. Par exemple, toutes les allégations de lévitation ont été démenties, de l'Orient à l'Occident, et ce que nous pensons être des démonstrations de pouvoirs psychiques finit toujours par être une sorte d'illusion ou de trucage magique.

Par conséquent, ce ne peut être une coïncidence si, alors que je continuais à faire des Rêves Lucides dans mes premières années après un éveil de la Kundalini, je développais lentement chacune de ces capacités psychiques dont parlent les écritures. Cependant, peu importe à quel point j'essayais de démontrer ces pouvoirs dans la réalité physique, ils restaient exclusifs à mes rêves, bien que mon Âme les ressentait comme réels.

L'ÉNERGIE KARMIQUE DANS LES ÉTATS DE RÊVE

Lorsque vous êtes dans l'état de Rêve Lucide, vous pouvez également essayer consciemment de trouver des solutions aux problèmes que vous pouvez rencontrer dans votre vie. Cette expérience n'est possible que si vous avez accédé au Plan Spirituel. Son but est de vous aider à maîtriser ce Plan en accédant à l'énergie Karmique propre à l'un des trois Chakras Spirituels correspondants. Les Plans Divins sont sans Karma et, en tant que tels, sont une pure joie. Gardez à l'esprit que c'est votre Âme, et non votre Ego, qui est entraînée ici ; par conséquent, il vous semblera automatique de vous projeter dans le Chakra qui a besoin d'être travaillé.

Vous n'aurez peut-être pas toujours la possibilité de voler dans votre rêve, mais vous serez toujours en mesure de contrôler son contenu dans une large mesure et d'être conscient que vous rêvez. Chaque expérience est fondÂmentalement différente dans un Rêve Lucide. Une fois que vous avez commencé à vivre ces expériences, votre conscience s'entraîne à se réveiller dans le rêve.

La plupart du temps, la lourde énergie Karmique des Plans Cosmiques inférieurs maintient la conscience endormie et inconsciente du fait qu'elle rêve. Elle a donc besoin de quelques moments où elle n'est pas submergée mentalement et émotionnellement pour réaliser qu'elle est en train de vivre un rêve, ce qui incite l'Âme à prendre en charge son contenu.

Bien qu'une grande partie de ce que vous vivrez soit le fruit de votre imagination, certains des endroits que vous visiterez dans le monde du Rêve Lucide sont réels et ne sont pas un sous-produit de votre imagination. Supposons que votre conscience ne se réveille pas pendant le rêve, ce qui est la première étape pour que le rêve devienne un Rêve Lucide. Dans ce cas, tout continuera sur le pilote automatique, et vous continuerez à avoir une expérience de rêve normale.

BINAH ET L'EMPREINTE ASTRALE

Le monde du Rêve Lucide est très différent du monde physique, mais similaire dans la façon dont la conscience en fait l'expérience. Les Anciens croyaient que chaque ville ou lieu sur Terre possède un double Astral que l'on peut visiter pendant le sommeil en Rêve Lucide. L'endroit où vous allez dépend de l'endroit où votre Âme veut vous emmener et n'est pas quelque chose que vous pouvez contrôler consciemment à travers la lentille de l'Ego.

Cette réalité du double Astral va de pair avec les enseignements Qabalistiques, qui affirment que Malkuth, la Terre, possède un Plan Holographique, qui se trouve dans une autre dimension de la réalité. Cette dimension occupe le même espace et le même temps, bien qu'elle soit dans un état vibratoire différent. Dans la Qabalah, cette réalité est représentée par la Séphirah Binah. Binah est associée au Saint-Esprit du Christianisme, l'Élément Esprit, éveillé par la Kundalini. C'est le fondement de tout ce qui est.

Un éveil complet de la Kundalini est un éveil du corps de Lumière de sorte que nous pouvons lire intuitivement l'énergie de Binah tout en vivant une existence physique. Ce concept va de pair avec ce que nous avons examiné jusqu'à présent et tous les différents composants qui constituent la totalité de l'expérience de l'éveil de la Kundalini.

Puisque l'éveil de la Kundalini libère l'Âme du corps physique, il transforme le Soi à tous les niveaux par l'influx d'énergie Lumière dans l'Aura. L'énergie Lumière filtre dans chacun des Sept Chakras, car chaque Chakra est une des couleurs de l'arc-en-ciel, faisant partie du spectre de la Lumière Blanche.

Comme chaque Chakra est l'expression d'un Plan Cosmique, l'éveil de la Kundalini permet à l'individu d'exister simultanément sur tous les Plans d'existence. L'Arbre de Vie s'ouvre complètement, et chacun de ses Sephiroth (état de conscience) respectifs est pleinement accessible. La conscience individuelle s'élargit, ce qui entraîne l'unification avec la Conscience Cosmique supérieure.

Comme Binah est l'une des Séphiroth Suprêmes de l'Arbre de Vie, elle appartient à l'Élément Esprit. Binah est également la Sphère de la foi et la faculté mentale de l'intuition. Lorsque les individus éveillés deviennent des êtres de Lumière, ils se connectent à l'énergie de la Lumière Solaire du Soleil, qui exprime la vérité de toutes choses. La Lumière Solaire véhicule les Archétypes, couplée à la Lumière Lunaire de la Lune qui reflète les pensées. De cette façon, l'intuition peut percevoir au-delà des sens physiques grâce au sixième sens de l'Ajna Chakra.

L'Âme quitte le corps physique pendant le sommeil et pénètre dans l'un des Plans Cosmiques extérieurs au Soi, bien qu'elle soit reflétée dans l'Aura. En d'autres termes, l'idée de distance ne s'applique pas au voyage de l'Âme dans les Plans Cosmiques, car elle peut être projetée où elle veut en un instant. L'Aura est le Microcosme du Macrocosme, ce qui signifie que tout ce qui se trouve dans l'Univers extérieur se trouve également dans l'Aura. Grâce à ce principe ou à cette loi, l'Âme peut voyager dans l'Astral pendant les états de rêve, en particulier les Rêves Lucides.

Après un éveil et une transformation complets de la Kundalini, lorsque l'individu s'accorde avec le fonctionnement des Chakras supérieurs, le mental est contourné et les illusions disparaissent. L'individu commence à fonctionner pleinement sur l'intuition, car le Chakra Lunaire, Ajna, lit l'énergie archétypale du Chakra Solaire, Sahasrara, ce qui lui permet de vivre dans la vérité et la Lumière.

En acquérant une relation intime avec Binah, nous pouvons comprendre l'irréalité du monde physique à un niveau profond, ce qui nous permet de transcender le Monde de la Matière et de voir la vie comme quelque chose à ne pas prendre trop au sérieux. Nous réalisons que nos âmes sont des étincelles de conscience provenant du Soleil et qui continueront à vivre après cette vie. Cette compréhension apporte beaucoup de joie, de bonheur et d'inspiration dans nos vies, nous permettant d'atteindre notre plein potentiel et de manifester nos rêves et nos objectifs dans la vie.

PARALYSIE DU SOMMEIL

Le Rêve Lucide peut être une expérience si puissante que la force de vos rêves vous engloutit au point que vous subissez une "paralysie" du sommeil, ce qui signifie que la conscience est tellement impliquée dans la réalité du Rêve Lucide qu'elle ne veut pas s'en extraire. La paralysie du sommeil peut durer plus d'une douzaine d'heures à la fois. Cependant, vous pouvez faire l'expérience d'une vie de joie et de bonheur au-delà du temps et de l'espace dans le monde du Rêve Lucide pendant cette même période.

La paralysie du sommeil peut être un problème si vous avez des choses à faire le lendemain matin. Vous devrez apprendre à gérer ce problème, car si vous en faites l'expérience, il ne sera pas facile d'en sortir avant votre réveil naturel. J'ai eu ce problème, surtout pendant les deux ou trois premières années après le réveil. Certaines nuits, je faisais la grasse matinée jusqu'à seize heures, complètement incapable de me lever avant la fin de l'expérience. La paralysie du sommeil est plus fréquente dans les premières années de l'éveil de la Kundalini que dans les dernières années, car votre conscience s'adapte aux mondes intérieurs qui s'ouvrent à vous et que vous pouvez explorer.

Lorsque vous essayez de vous réveiller d'une paralysie du sommeil alors que vous êtes dans un Rêve Lucide, vous mettez votre cerveau à rude épreuve car ses cycles sont toujours en résonance avec cette réalité intérieure. En outre, l'activité cérébrale est accrue pendant la paralysie du sommeil, car le cerveau a l'impression que ce qu'il vit est réel.

Pendant la paralysie du sommeil, vous aurez dépassé votre corps physique puisqu'un Rêve Lucide est une expérience Extracorporelle. Pendant ce temps, votre corps physique sera engourdi par votre conscience, et votre Oeil de l'Esprit sera en hyperactivité extrême. Le Rêve Lucide est entièrement vécu à travers l'Œil de l'Esprit, alors que vous vous y projetez et que vous quittez la Couronne pour atteindre les Plans Cosmiques Supérieurs. Au fur et à mesure que votre conscience s'adapte à la réalité du Rêve Lucide, elle apprendra à faire la différence entre la réalité intérieure et la réalité extérieure. Ainsi, vous serez capable de passer de l'un à l'autre de ces deux états sur commande. Cette compétence s'acquiert avec l'expérience.

Je n'ai jamais entendu dire que la paralysie du sommeil était préjudiciable pour vous ou votre santé. Comme je l'ai mentionné, le principal défi est de s'en réveiller lorsque cela est nécessaire. Si vous vous retrouvez à faire des Rêves Lucides presque chaque nuit, vous risquez de rencontrer ce problème, alors soyez prêt lorsque cela se produit. Il vous sera utile d'avoir des excuses à portée de main si vous ne pouvez pas faire vos plans du matin. Dire simplement "Je ne peux pas me réveiller" ne suffira pas dans le monde moderne.

N'oubliez pas non plus que lorsque vous subissez une paralysie du sommeil, vous aurez l'air possédé aux yeux des autres personnes qui vous voient dans cet état. Je vous recommande de parler de ce problème à la personne avec qui vous vivez, afin qu'elle vous laisse tranquille si elle vous trouve dans cet état.

Je me souviens avoir souvent essayé de me réveiller d'une paralysie du sommeil, et au moment où je me forçais à ouvrir les yeux et à m'asseoir, la réalité intérieure s'emparait de moi et me repoussait sur le lit. Cela n'aide pas que lorsque vous êtes en Rêve Lucide, votre corps physique semble si lourd qu'il est fait de plomb. Vous pouvez parfois avoir l'impression que les réalités extérieure et intérieure se battent pour la suprématie sur la conscience. Cependant, à mesure que votre conscience devient plus consciente de ces différents mondes intérieurs et qu'elle en fait l'expérience, elle sera capable d'entrer et de sortir d'autres réalités sur commande.

Il n'est pas dangereux d'être en paralysie du sommeil. A part le fait d'être dans l'espace et fatigué après, je n'ai jamais eu d'autres effets secondaires, et je n'en ai pas entendu parler par d'autres personnes éveillées par la Kundalini. La fatigue vient du fait que toutes vos fonctions internes sont impliquées dans un Rêve Lucide, ce qui met davantage de pression sur votre corps physique au lieu de le reposer.

J'ajouterai également qu'il se peut que vous passiez un tel moment dans cette réalité de Rêve Lucide que vous ne voudrez peut-être pas en sortir, peu importe ce que vous devez faire le lendemain. N'oubliez pas non plus que votre corps peut se réchauffer plus que d'habitude pendant cette période, ce qui entraîne une transpiration abondante. La paralysie du sommeil permet à l'énergie de la Kundalini de vous transformer de l'intérieur, et l'activité de la Kundalini est donc plus intense dans cet état.

COMMENT PROVOQUER UN RÊVE LUCIDE

Pendant les deux premières années de l'éveil, j'avais l'habitude de faire des rêves lucides presque toutes les nuits. Cependant, la deuxième année après l'éveil de la Kundalini, je me suis impliqué dans la Golden Dawn, où j'ai commencé le processus d'Alchimie Spirituelle des Cinq Éléments par le biais de la Magie Cérémonielle, modifiant ainsi ma façon de rêver. Pendant que je travaillais sur chacun des quatre Chakras inférieurs, de bas en haut, les énergies Élémentaires me mettaient souvent dans un état sans rêve.

Ce processus a mis le Rêve Lucide en attente pendant cette période, car je permettais aux énergies extérieures de pénétrer mon Aura et de s'emparer de ma conscience, ce qui diminuait la puissance de ma Kundalini. Comme je l'ai décrit dans l'introduction, j'avais besoin de faire cela pour apprendre à mieux fonctionner dans ma vie éveillée, car mon Moi mental et émotionnel était en complet désarroi. Après avoir accordé mes Chakras et avoir suffisamment évolué Spirituellement, j'ai cessé de travailler avec la Magick Cérémoniale, qui retirait ces énergies étrangères de mon Aura. Ainsi, ma Kundalini est devenue plus puissante que jamais, et la Lumière Astrale a commencé à se reconstituer à travers la nourriture, me permettant de recommencer à faire des Rêves Lucides d'une manière plus équilibrée.

Au fil des années, j'ai découvert les méthodes les plus optimales pour me faire sortir de mon corps pendant le sommeil et entrer dans un Rêve Lucide. Par exemple, j'ai découvert que si je suis allongé sur le dos, les paumes de mains tendues, cela induit l'expérience du Rêve Lucide. Si je suis sur le côté, le corps se repose, et la conscience ne peut pas le quitter car elle est trop ancrée dans la physicalité. Cependant, si je voulais induire un Rêve Lucide consciemment, je mettrais le réveil à six ou sept heures du matin, ce qui donnerait à mon corps physique suffisamment de temps pour se reposer (cinq heures au moins) si je me couche entre minuit et une heure du matin. Ensuite, avant de me rendormir, je me disais parfois de me réveiller dans le rêve, ce qui fonctionnait. D'autres fois, je n'avais pas besoin de tromper mon esprit de quelque façon que ce soit, mais l'accumulation de Lumière Astrale était si intense qu'elle m'entraînait dans un Rêve Lucide.

Il est essentiel de vous permettre de sortir du corps physique et d'entrer dans un Rêve Lucide sans lutter consciemment contre cette expérience. Si vous provoquez la peur ou l'anxiété pendant que vous essayez d'y parvenir, vous échouerez très probablement. Gardez également à l'esprit que le corps physique doit être complètement reposé pour y parvenir. Si le corps physique est encore fatigué, la conscience ne peut pas en sortir. Et si le corps est reposé mais que le cerveau ne l'est pas, il se peut que vous n'entriez pas dans un Rêve Lucide mais que vous entriez dans un sommeil profond. Le cerveau doit être reposé afin de pouvoir résonner avec les ondes cérébrales Alpha nécessaires pour induire cette expérience.

Pendant quelques années après l'éveil initial de la Kundalini, mon corps était tellement chargé d'énergie Lumière que je me glissais dans un Rêve Lucide juste avant d'aller me coucher. Allongée sur le dos, les paumes des mains tendues, je me sentais sortir de mon corps tout en restant consciente. Alors que mes yeux étaient fermés, ils roulaient naturellement vers le haut, en essayant de regarder l'arrière de ma tête. Ce faisant, j'accordais ma conscience avec mon Oeil de l'Esprit, ce qui me permettait de franchir son portail en forme de beignet. La conscience doit passer par le portail de l'Oeil de l'Esprit pour sortir complètement du Sahasrara, le Chakra de la Couronne. Le Chakra Bindu joue également un rôle dans cette expérience, et il doit être désobstrué et débloqué pour y parvenir.

EXPÉRIENCES HORS DU MONDE DANS LES RÊVES LUCIDES

Lorsque je faisais l'expérience des Chakras au-dessus de la Couronne, je visitais des terres vastes et majestueuses, jamais vues auparavant, et j'éprouvais un ravissement émotionnel digne des légendes. Ma conscience illimitée me faisait traverser le temps et l'espace jusqu'aux confins de notre Galaxie, où je pouvais étendre mon être à la taille d'un Système Solaire et au-delà, et assister à des événements cosmiques semblables à des supernovas. D'autres fois, j'ai été transporté sur différentes Planètes à l'intérieur et à l'extérieur de notre Système Solaire pour communiquer avec les Etres qui y vivent (Figure 157) et faire l'expérience de leurs environnements. Je n'oublierai jamais le sentiment transcendantal que m'ont procuré ces expériences hors du monde. C'est comme si mon

Âme touchait l'infini et pouvait aller où elle voulait. Et le mieux, c'est que j'étais pleinement conscient pendant que cela se passait.

La beauté et le mysticisme des terres étrangères que j'ai visitées sont sans précédent, affirmant que j'ai quitté notre planète par la conscience. Le simple fait de pouvoir atteindre et expérimenter l'énergie de ces autres mondes a été un véritable cadeau de l'éveil de la Kundalini. Cela a confirmé quelque chose que j'avais toujours su, même sans preuve définitive : nous ne sommes pas seuls dans l'Univers.

Ce que j'ai trouvé le plus intéressant dans ces visites Planétaires, c'est qu'elles avaient toutes des atmosphères pouvant abriter la vie, avec des plantes, des animaux et des humanoïdes qui y vivaient. Je dis humanoïdes parce que la plupart des Êtres intelligents non humains que j'ai contactés au cours des dix-sept dernières années nous ressemblaient pour la plupart. Ils étaient souvent plus grands, avaient de plus grands yeux ou une peau plus claire. Certains avaient des oreilles pointues ou des têtes de formes différentes, tandis que d'autres avaient des membres plus longs et d'autres variations de nos parties du corps. J'ai même rencontré sur notre planète des êtres de lumière pure qui se présentaient à moi comme des dieux. Au cours de mes nombreuses expériences, certains Êtres m'ont parlé dans différentes langues, que je pouvais comprendre d'une manière ou d'une autre, tandis que d'autres ont communiqué directement avec moi par télépathie.

Dans l'une de mes plus récentes expériences de Rêve Lucide hors du monde, j'ai visité une Planète où les plantes, les animaux et les humanoïdes vivaient en complète harmonie les uns avec les autres, partageant les ressources de leur Planète. La vie végétale faisait partie de l'infrastructure de ce monde, et les animaux erraient dans les rues en interagissant avec les humanoïdes. L'expérience a commencé par la projection de ma conscience dans leur atmosphère, le vol et l'observation du terrain depuis le ciel. Bien que je puisse me déplacer dans le Cosmos avec ma seule intention, ma conscience a besoin d'un véhicule pour se déplacer pendant les Rêves Lucides, qui est le Corps de Lumière activé par la Kundalini.

Une fois descendu, je ne pouvais pas faire cinquante pas sans rencontrer une étendue d'eau, qui était intégrée à la végétation et aux bâtiments comme faisant partie d'un tout. L'ensemble de la scène ressemblait à un parc à thème futuriste avec des animaux se promenant partout. La plupart des animaux étaient des quadrupèdes, de taille comparable à celle des humanoïdes.

Lorsque je ne faisais pas attention aux animaux, ils m'ignoraient généralement en retour. En même temps, si j'étais effrayé par l'apparence inhabituelle d'un animal, la peur que j'éprouvais le poussait à se mettre sur la défensive et parfois même à essayer de m'attaquer. L'animal correspondait à mon énergie pour la plupart, ce qui explique pourquoi tant d'animaux de notre planète sont en inimitié avec les humains, car nous ne les traitons généralement pas avec amour et respect.

J'ai constaté que chaque expérience hors du monde est différente. Parfois, les plantes et les animaux étaient beaucoup plus grands que sur Terre, alors qu'à d'autres moments, ils étaient plus petits. Les formes, les textures et les couleurs des plantes étaient toujours frappantes et inhabituellement différentes. Les animaux avaient également des caractéristiques et des traits étranges.

Les films hollywoodiens font un excellent travail pour dépeindre ce à quoi ressembleraient les autres mondes si nous pouvions nous y rendre physiquement. Cependant, la plupart des gens ignorent que nous n'avons pas besoin de fusées pour aller dans l'espace et faire l'expérience de la vie extraterrestre ; nous pouvons accomplir cela par la conscience. Grâce au Corps de Lumière et au monde du Rêve Lucide, nous pouvons parcourir de vastes distances dans l'espace en une fraction de seconde et revenir avec des expériences qui changent la vie et modifient notre vision de nous-mêmes et de notre place dans l'Univers.

Figure 157: Rencontres du Cinquième Type

Combien de vie intelligente y a-t-il exactement dans l'Univers ? Il suffit de suivre la logique. Si la Terre est la seule Planète pouvant abriter la vie dans notre Système Solaire et qu'il existe des milliards d'autres Systèmes Solaires dans la seule Galaxie de la Voie Lactée, alors imaginez le potentiel. Et n'oubliez pas que la Voie lactée n'est qu'une des milliards de Galaxies de l'Univers. Le nombre est astronomique, illimité, et même infini. Et puisque nous partageons tous notre existence dans ce beau et vaste Cosmos, nos chemins peuvent fréquemment se croiser en parcourant ces autres dimensions. Lorsque nous nous touchons et que nous nous transmettons de l'énergie, que ce soit intentionnel ou non, c'est toujours une expérience très heureuse et magnifique.

En guise de conclusion, je tiens à mentionner que je n'ai jamais ressenti d'hostilité de la part d'autres Êtres extraterrestres, car ils communiquaient constamment avec moi avec un amour pur. Et je leur rendais toujours la pareille et partageais avec eux comme je le ferais avec un membre de ma famille. Parfois, ces communications se produisaient dans des états de rêve profond, faisant partie d'un flux continu de conscience. Cependant, lorsque je prenais conscience de l'expérience et que mon Ego s'activait, le contact s'interrompait souvent de manière abrupte. Par conséquent, j'essayais de garder mon Ego en position neutre sans trop m'exciter lorsque ces contacts se produisaient afin de prolonger l'expérience le plus longtemps possible.

Non seulement ces expériences ont touché mon âme et ont eu un impact durable sur moi pour le reste de ma vie, mais souvent j'en sortais avec une connaissance et une compréhension incroyables de la nature du Cosmos, de l'humanité et du but de la vie en général. En outre, cela m'a fait réaliser que tous les êtres vivants de l'Univers, quelle que soit la Planète ou la Galaxie d'où ils viennent, ont un objectif principal dans la vie qu'ils poursuivent à tout prix : L'évolution Spirituelle.

PARTIE IX :
KUNDALINI-AMOUR,
SEXUALITÉ ET
VOLONTÉ

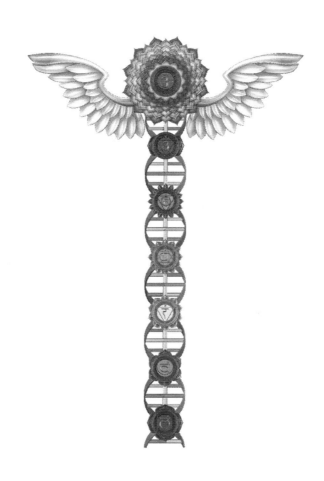

AMOUR ET RELATIONS

L'éveil de la Kundalini est la première étape d'une transformation complète de votre esprit, de votre corps et de votre Âme. Comme cette expérience va entraîner un changement si radical par rapport à ce que vous étiez auparavant, l'un de vos principaux défis sera de vous intégrer dans la société et d'essayer de vous fondre dans le décor. Bien que vous soyez une personne différente maintenant, pour les gens qui vous ont connu toute votre vie, vous serez toujours le même, peu importe ce que vous partagerez avec eux.

Il est intéressant de noter qu'une fois que quelqu'un a appris à vous connaître, en particulier un membre de la famille ou un ami proche, il devient presque impossible de le faire changer d'avis sur vous. Le seul moyen pour qu'elle commence à vous voir différemment est de constater un changement dans votre comportement sur une plus longue période. L'une des façons distinctes dont votre comportement sera modifié est dans vos expressions d'amour envers les autres. En tant que tel, ce sujet nécessite un exÂmen approfondi.

Tout d'abord, l'amour a de nombreuses expressions et est le fondement de beaucoup de choses. Il est la source de l'inspiration, de la créativité, de la foi, de la joie, de la romance et d'autres choses positives dans la vie. C'est aussi la source de l'unité entre les gens et l'énergie qui nous lie. Elle nous fait rire et pleurer ensemble. Elle nous incite également à nous embrasser et à procréer. Les liens que nous avons créés avec les autres au fil du temps sont soit hérités, soit construits au fil du temps. Les relations héritées sont avec les membres de la famille, tandis que les amitiés sont quelque chose que nous avons gagné au cours de notre vie. Nous avons également créé des liens avec des partenaires romantiques et avons peut-être choisi un partenaire avec lequel nous allons fonder une famille et passer le reste de notre vie.

Comprendre la source et le carburant de l'énergie Kundalini nous permettra de mieux comprendre l'amour. Par essence, l'énergie Kundalini est en partie une énergie Pranic sublimée et en partie une énergie sexuelle sublimée. Cette énergie de Vie nous donne de la vitalité et affecte notre être intérieur à tous les niveaux. Les éveils de la Kundalini se traduisent par des expansions du cœur, ou l'augmentation de l'énergie d'amour, au cœur de votre être. Une expansion du cœur est l'expansion naturelle de votre Chakra du Cœur lorsque vous intégrez l'énergie de l'amour dans votre esprit, votre corps et votre Âme. Votre

Chakra du Cœur se dilate, ce qui est ressenti comme une libération complète dans les Plans Astral (Emotionnel) et Mental.

Au fur et à mesure que l'énergie d'amour s'accumule dans votre Chakra du Cœur, Anahata, vous ne vous sentirez plus à la merci des pensées négatives puisqu'elles perdront la capacité de vous influencer comme elles le faisaient auparavant. Cette libération sera également ressentie dans vos émotions, car l'énergie d'amour imprègne votre cœur, purifiant et lavant vos émotions négatives. Rappelez-vous toujours que l'énergie d'amour nettoie et efface toutes les pensées et émotions. Elle est le réconciliateur universel et le purificateur de toute énergie négative, quel que soit le plan cosmique sur lequel elle se manifeste.

Une fois que votre Chakra du Cœur est rempli d'énergie d'amour, cette énergie s'infiltre dans votre cœur physique. Vous porterez désormais l'énergie d'amour avec vous à tous les niveaux de votre être. Avec autant d'amour présent, votre cœur sera plus puissant que jamais, ce qui vous donnera un battement de cœur sensiblement plus fort et un rythme cardiaque souvent élevé. L'énergie d'amour est synonyme d'énergie de Lumière puisque la Lumière est l'essence de l'amour. Et l'énergie Kundalini est la Lumière Astrale, ou l'énergie sexuelle sublimée, qui est l'amour. Rappelez-vous toujours que vous ne pouvez pas avoir la Kundalini sans amour et sans Lumière, et vice versa. Par essence, ces trois termes signifient la même chose.

LES QUATRE FORMES D'AMOUR

Selon les Grecs anciens, il existe quatre formes différentes d'amour : Eros, Philia, Storge et Agape. Eros est l'amour érotique, passionné et romantique qui implique une attirance sexuelle. L'amour romantique s'exprime généralement entre des personnes de sexe opposé à l'Âme, car chaque être humain est une expression de Shiva ou de Shakti (Figure 158). Ainsi, l'amour romantique transcende l'expression du genre sur le plan physique. L'expression sexuelle implique le corps physique car elle est associée à la sensation et au plaisir que procurent des actes physiques tels que le baiser et les rapports sexuels.

La deuxième forme d'amour, Philia, est l'amour des amis et des égaux. La Philia est l'amour des amis à court et à long terme, dont certains remontent à notre enfance. Les amis sont choisis librement et partagent généralement des valeurs, des intérêts et des activités communes. Les amis reflètent ce que nous sommes ; nous nous voyons dans nos amis et dans ceux à qui nous choisissons de donner de notre temps. La philia est l'amour qui s'exprime par l'esprit. Puisqu'elle implique de s'ouvrir à des amis et d'échanger nos convictions et nos imperfections, la philia peut être très bénéfique à notre croissance dans de nombreux domaines de la vie.

La troisième forme d'amour, Storge, est l'amour des parents pour les enfants et vice versa. Cependant, Storge va au-delà de la famille immédiate et inclut tous les membres de votre arbre généalogique qui partagent le même ADN. Storge est essentiellement les liens que nous avons hérités dans cette vie par le biais du hasard. La différence entre Philia et Storge est que nous sommes obligés d'exprimer notre amour à notre famille et de lui témoigner notre gratitude, alors que nous pouvons choisir nos amis. Le catalyseur de Storge est notre mémoire, car les membres de la famille font partie de nous depuis la naissance.

Et enfin, la quatrième forme d'amour, Agapè, est un amour inconditionnel et une empathie pour toute l'humanité. Cet amour pour les autres, quelles que soient les circonstances, est appelé amour désintéressé. Agapè est le plus grand des quatre types d'amour ; c'est l'amour Universel que nous partageons librement avec tous les êtres humains. La source de l'Agapè est notre amour de Dieu et la reconnaissance du fait que nous sommes tous frères et sœurs du même Créateur.

Agapè s'exprime à travers l'Esprit. Comme mentionné, le but d'un éveil complet de la Kundalini est de subir une transformation Spirituelle complète pour devenir une incarnation permanente d'Agapè. Puisque j'ai déjà largement parlé d'Agapè, je veux me concentrer sur la façon dont une transformation Kundalini affecte nos autres expressions d'amour, à savoir l'amour romantique, l'amour des amis et l'amour familial.

L'AMOUR ROMANTIQUE

Après l'éveil de la Kundalini, l'énergie de l'amour se manifestera naturellement dans votre vie et filtrera dans vos relations avec les autres humains. En termes d'amour romantique, vous constaterez que toutes les barrières tombent dans votre capacité à attirer les amoureux. Vous constaterez également qu'à mesure que vous progresserez dans votre transformation Kundalini et que vous serez de plus en plus en phase avec l'énergie de l'amour, votre charisme augmentera.

Vous deviendrez presque irrésistible pour le sexe opposé. Cela se produit parce qu'en nous accordant à notre centre, nous réalisons que ce n'est pas ce que nous faisons mais la manière dont nous le faisons qui nous rend attrayants pour le monde extérieur. C'est notre énergie de base qui attire les autres, et non les mots que nous prononçons. Grâce à ce processus, vous devenez authentique et opérez avec un objectif magnétique que les personnes qui vous entourent peuvent détecter énergétiquement.

La personnalité est un élément que l'Ego utilise pour entrer en relation avec le monde extérieur. Dans le cas de l'amour romantique, elle fait obstacle à la communication avec le cœur. Le sexe opposé peut sentir si vous communiquez avec votre Ego ou avec votre Âme. Si vous essayez d'utiliser l'Ego pour attirer un partenaire, l'Ego de l'autre personne réagit, ce qui la met immédiatement sur la défensive, et aucune énergie d'amour n'est créée ou canalisée.

Pour qu'une véritable connexion s'établisse, il faut qu'un circuit d'énergie amoureuse à double sens se forme entre les deux personnes. Ce circuit commence par la communication à partir du Chakra du Cœur, Anahata, qui est ensuite naturellement réciproque. Comprendre ce concept permet de comprendre pourquoi trouver la bonne chose à dire pour attirer une femme ne fonctionne pas pour la plupart des hommes. Cet effet se produit parce qu'il ne s'agit pas de ce qui est dit, mais de l'énergie qui sous-tend ce qui est dit. Les femmes sont plus émotives que les hommes et, par conséquent, les hommes ne parviennent à attirer les femmes que lorsqu'ils ont atteint le niveau émotionnel de celles-ci pour que leurs intentions soient comprises. Si les intentions sont impures, la femelle le détectera et sera sur la défensive.

La plupart des intentions de l'Ego ont des conséquences Karmiques négatives, car l'Ego se demande toujours : "Qu'est-ce que j'y gagne ?". Il y a donc un facteur de contrôle ou de manipulation de l'Ego pour obtenir ce qu'il veut, comme avoir des relations sexuelles avec quelqu'un juste parce qu'il est beau. En revanche, les intentions projetées par l'Âme sont généralement pures. Par exemple, l'Âme sera attirée par une personne dans un sens romantique et voudra apprendre à la connaître, puis les relations sexuelles se produiront naturellement sans être la première chose à laquelle la personne pense. C'est pourquoi vous entendrez les hommes et les femmes dire qu'ils ont une "connexion", ce qui implique que c'est leur Âme qui communique et non leur moi.

Figure 158: Shiva et Shakti Dans une Etreinte Amoureuse

Deux Âmes de sexe opposé qui partagent l'énergie de l'amour peuvent créer une "étincelle" énergétique, activant l'amour romantique entre elles. Cependant, pour que cette étincelle se produise, d'autres facteurs doivent également entrer en jeu, comme la chimie et la compatibilité. Cette réaction énergétique entraîne une réaction chimique dans le corps, activant des neurotransmetteurs de bien-être (dopamine et norépinéphrine) qui génèrent des sentiments d'amour romantique.

En tant qu'êtres humains, notre principal désir est d'aimer et d'être aimé. Les personnes qui n'ont aucune richesse et qui n'ont atteint aucun des objectifs que la société leur impose, mais qui ont passé leur vie à aimer avec leur cœur, attireront l'amour en retour et seront en mesure de trouver le vrai bonheur. Il y a ensuite les personnes qui ont atteint des niveaux élevés de richesse et de succès, mais qui n'arrivent pas à attirer les amoureux parce qu'elles viennent de l'Ego plutôt que de l'amour. Cette énergie joue contre eux lorsqu'il s'agit d'attirer un partenaire. Ils se demandent pourquoi ils n'y arrivent pas, alors que la personne pauvre et moins fortunée a dix fois plus de succès dans ce domaine. Le secret consiste à canaliser l'énergie d'amour, rien de plus.

En matière de romance, si vous êtes à l'écoute de l'amour dans votre cœur, vous dégagerez une énergie qui attirera les autres vers vous. Cette formule fonctionne aussi bien pour les hommes que pour les femmes. Ce sentiment, lorsqu'il est authentique, génère un magnétisme pur de manière magique. Votre charisme est décuplé, tout comme votre capacité à vous connecter avec chaque être humain, qu'il s'agisse d'un enfant ou d'une personne âgée. Lorsque vous parlez, vous atteignez directement l'Âme d'un autre être humain, et la barrière de la personnalité est complètement franchie. Rappelez-vous que l'Ego utilise la personnalité comme point de référence alors que l'Âme utilise le personnage. Par conséquent, vous devez contourner l'Ego pour attirer un partenaire.

En parlant à partir de l'Âme, vous créez immédiatement un rapport et une connexion avec tous les êtres humains, et avec les partenaires potentiels, une attraction se forme, quelle que soit votre apparence physique. L'attirance sexuelle n'est pas une question d'apparence ; il s'agit de la connexion énergétique entre deux personnes. Cette connexion est ce que les gens entendent par "bonnes vibrations", que nous recherchons tous lorsque nous rencontrons de nouvelles personnes.

L'AMOUR DES AMIS

Dans le cas d'amitiés avec d'autres personnes, vous vous trouverez facilement connecté aux autres une fois que vous aurez développé l'énergie d'amour dans votre Chakra du Cœur. Vous deviendrez le confident et le meilleur ami de nombreuses personnes dans votre vie. En passant à travers le prisme de la personnalité, vous pouvez communiquer directement avec l'âme des autres, et ils le ressentent au plus profond d'eux-mêmes. En ressentant votre énergie d'amour, une personne sentira qu'elle peut vous faire confiance, ce qui créera un lien plus fort entre vous. En raison de ce sentiment, les amis voudront naturellement répondre avec une quantité égale d'énergie d'amour ou plus.

Nous développons un attachement mutuel par le biais de nos amitiés, ce qui nous procure des sentiments de calme, de sécurité, de confort social et d'union émotionnelle. L'attachement est associé dans le cerveau aux neuropeptides ocytocine et vasopressine ; alors que les hommes connaissent une augmentation plus importante des niveaux de vasopressine, les femmes connaissent une augmentation de l'ocytocine. Ces substances chimiques sont également impliquées dans les expressions de l'amour familial et de l'amour romantique entre partenaires à long terme.

Un éveil de la Kundalini vous fait cesser de prendre la vie si sérieusement puisque vous réalisez que votre essence appartient à l'Éternité et que votre Âme continuera à vivre au-delà de la mort physique. De plus, en reconnaissant l'irréalité du monde matériel, plus d'énergie d'amour remplira votre cœur, ce qui augmentera votre capacité d'humour. Les personnes Spirituelles ont le cœur léger, et leur aptitude à la plaisanterie et à la comédie est bien supérieure à celle de la moyenne des gens.

L'humour ajoute du plaisir à une conversation, et c'est un exutoire fantastique pour dire ce que l'on pense sans être jugé et examiné par les autres. Il crée et maintient des liens entre les gens car il suscite des émotions positives irrésistibles. L'humour atténue le sérieux de la vie, car tout est impermanent au fond, sauf la substance Spirituelle qui sous-tend toutes choses. Ainsi, la comédie nous met en contact avec l'Esprit en brisant les constructions intellectuelles de l'esprit. L'humour est abstrait ; il est au-delà de la logique. Nous rions de quelque chose parce que c'est tellement illogique que nous n'arrivons pas à le comprendre, alors nous rions pour briser la tension. N'oubliez pas que l'esprit est linéaire, alors que le cœur ne l'est pas. C'est pourquoi l'humour est le langage de l'Âme.

Passer du temps avec des amis est une activité joyeuse qui, dans la plupart des cas, implique de nombreux fous rires. Après tout, nous voulons passer du temps avec certaines personnes parce que nous nous sentons bien avec elles. Elles nous font sourire et rire, et nous apportent perspicacité et sagesse dans nos vies. En ce sens, vous serez un atout pour vos amis et quelqu'un qu'ils voudront toujours garder près d'eux.

La loi de l'amour stipule qu'en donnant ou en envoyant de l'amour, vous en recevrez trois fois plus. Cette loi est un ancien mystère dont beaucoup d'Adeptes de la Lumière sont conscients. L'amour fait vraiment tourner le monde. Il permet aux choses de bouger, de progresser et d'évoluer. Donc, naturellement, lorsque vous apprenez à canaliser l'énergie d'amour vers d'autres personnes, votre base d'amis s'élargit de façon exponentielle.

J'ai accumulé beaucoup, beaucoup d'amis tout au long de mon parcours et je continue à le faire. Et tout cela me vient très naturellement puisque je parle directement à l'Âme d'une personne. Les gens reconnaissent mes bonnes intentions dès que j'ouvre la bouche, ce qui démonte leurs défenses. Aujourd'hui encore, tous ceux qui m'entourent se demandent comment je peux parler à un inconnu comme si je le connaissais depuis toujours. La réponse est très simple : je suis moi-même. Et en étant moi-même, mon Vrai Moi, cela attire les gens vers moi.

Tout le monde veut créer des liens et se connecter ; c'est au niveau le plus profond de notre être. Ainsi, accueillez de nouveaux amis dans votre vie et investissez votre énergie avec eux. Prenez le risque d'être vous-même lorsque vous rencontrez quelqu'un de nouveau et ayez confiance dans le processus. Vous serez peut-être surpris du résultat. Nous nous reconnaissons dans les autres parce que nous sommes tous Dieu au plus profond de nous-mêmes. Et, en continuant à être vous-même avec des inconnus, vous développerez la capacité de vous faire de nouveaux amis, ce qui est une compétence que vous pourrez utiliser pour le reste de votre vie.

La Kundalini veut naturellement que nous soyons dans le moment présent, dans le Maintenant, car elle nous permet de canaliser l'énergie d'amour et d'être extraverti. Si vous étiez une personne plus introvertie avant l'éveil de la Kundalini, vous ressentirez ce changement au fil du temps. Lorsque nous sommes extravertis, nous cherchons à nous lier à d'autres personnes et à canaliser et partager l'énergie d'amour. D'autre part, lorsque nous sommes introvertis, nous restons dans notre esprit.

L'esprit étant l'expression du subconscient, c'est une zone où la peur se manifeste. Ainsi, les personnes introverties sont souvent angoissées à l'idée d'interagir avec les autres et de se faire de nouveaux amis. Le concept de lien avec les autres exige qu'elles partagent leur personnalité et soient extraverties, ce qui peut être un défi lorsque vous êtes à l'intérieur de vous-même et que vous pratiquez l'amour de soi. En n'utilisant que vous-même comme source d'énergie amoureuse, vous vous coupez des autres personnes qui peuvent vous aider à vous ressourcer. Être introverti ne vous aidera pas à vous faire de nouveaux amis, bien que cela n'affecte pas les amitiés que vous avez nouées avant de devenir introverti.

La Kundalini est une énergie créative et amoureuse qui cherche toujours à s'exprimer d'une manière ou d'une autre. La comédie est une expression artistique puisqu'elle vous oblige à penser de manière abstraite pour faire des blagues et vous amuser avec d'autres personnes. Accueillez la comédie dans votre vie et laissez-la devenir une partie de vous. Soyez un phare d'amour pour vous-même et pour les autres. Permettez à l'expérience de canaliser l'amour vers vos amis de vous aider à en apprendre davantage sur vous-même et sur l'Univers dont vous faites partie.

L'AMOUR FAMILIAL

Au fur et à mesure que la Kundalini se sublime par l'ingestion de nourriture et d'eau, l'énergie d'Amour s'accumule dans votre cœur et dans le circuit de la Kundalini. Pendant cette période, les liens familiaux se renouvellent, et vous développez un lien plus fort avec tous les membres de votre famille, en particulier vos parents et vos frères et sœurs. Votre famille est spéciale, surtout votre famille immédiate qui a été avec vous pendant la plus grande partie de votre vie. Vous vous en rendez compte au fur et à mesure que vous traversez le voyage de transformation de la Kundalini, surtout les dernières années, ce qui se traduit par un point de vue éthique envers votre famille.

Pour moi, après douze ans de vie avec une Kundalini éveillée, un fort désir s'est développé de me connecter avec mes parents et d'essayer de les comprendre d'une perspective différente. Pas d'une manière où il s'agit toujours de moi, de mes besoins et de l'agacement qu'ils provoquent avec leurs remarques, comme le font la plupart des parents. Mais d'une manière où je regarde au-delà de ma réaction instinctive de défense envers eux et où je reconnais le sacrifice continuel qu'ils font pour ma sœur et moi. Le niveau d'amour qu'ils doivent avoir pour nous pour toujours nous faire passer en premier, même quand nous sommes méchants.

En effet, l'amour qu'un parent porte à son enfant est quelque chose de spécial. Et apprendre à apprécier l'amour de vos parents développe un sentiment d'honneur envers eux, un devoir de leur rendre la même quantité de patience et d'amour, même si cela vous prend toute votre vie. Et si vous avez eu des problèmes avec vos parents dans le passé et que vous avez le sentiment de ne pas avoir reçu l'attention que vous méritiez, c'est le moment de régler ces problèmes et de renouer avec eux.

En devenant le changement que vous souhaitez voir dans le monde, les gens changeront naturellement pour s'adapter au nouveau vous. Mais il vous faut faire des efforts pour opérer ce changement, notamment ne pas reprocher aux autres que les choses ne sont pas comme vous le souhaitez. C'est à vous d'assumer la responsabilité de chaque relation dans votre vie et de prendre conscience que vous pouvez changer les choses.

Il est facile de se défaire d'amitiés et de relations amoureuses qui ne fonctionnent plus, mais les relations avec les membres de votre famille sont pour la vie. Elles sont données par Dieu et on ne peut y échapper dans cette vie, même si on veut les fuir. Même dans les pires situations et scénarios, vous devez pardonner à vos parents au lieu de nourrir de la négativité à leur égard, même si vous pensez que c'est mérité. Vous devez comprendre la quantité d'effets karmiques qu'ils ont sur votre vie et qui ne seront pas neutralisés tant que vous ne prendrez pas la situation en main et n'appliquerez pas un amour inconditionnel en pardonnant leurs transgressions à votre égard. Le pardon vous aidera beaucoup à cet égard ; il vous permettra de rallumer ce lien énergétique entre vous, qui est nécessaire à votre développement Spirituel continu.

Et si vous avez des frères et sœurs, il est temps de vous rapprocher d'eux plus que jamais. S'ils vous ont fait du tort, alors pardonnez-leur et acceptez que leur amour revienne dans votre vie. J'ai eu la chance d'avoir une relation fantastique avec mes parents et ma sœur. J'en suis très reconnaissante. Mais je reconnais que tout le monde n'a pas eu cette chance et que beaucoup de gens ont des relations difficiles avec les membres de leur famille. Dans tous les cas, vous devez pardonner les torts qui vous ont été causés, aussi difficile que cela puisse être. Votre objectif, votre mission, est de continuer à grandir Spirituellement.

La guérison de votre relation avec vos parents est très importante car ce sont nos parents qui nous ont le plus influencés, parfois par inadvertance, à travers l'ADN et le conditionnement. Par exemple, l'expression de votre énergie masculine et la façon dont vous canalisez cette énergie, en particulier vers les amis masculins dans votre vie, reflètent votre relation avec votre père. À l'inverse, l'expression de votre énergie féminine et la façon dont vous canalisez cette énergie vers les femmes de votre entourage reflètent votre relation avec votre mère.

Et en termes d'amour romantique, vous attirerez des personnes qui vous aideront à surmonter l'énergie Karmique entre vous et vos parents. Si vous êtes un homme, vous serez attiré par les femmes qui vous rappellent votre mère et le Karma qui doit être surmonté entre vous deux. Si vous êtes une femme, alors c'est l'inverse. Ce principe Universel se manifeste inconsciemment, que vous le vouliez ou non. Son but est de nous aider à apprendre à nous aimer les uns les autres et à poursuivre notre évolution Spirituelle.

Ne confondons pas l'application de ce principe Universel avec les théories immorales et perverses de Sigmund Freud. Connu sous le nom de complexe d'Œdipe, Freud a conclu, à partir de recherches erronées, que tous les jeunes garçons et filles ont des désirs incestueux pour leurs parents de sexe opposé et considèrent les parents de même sexe comme des rivaux. L'erreur de jugement de Freud réside dans le fait qu'il a transposé son enfance troublée et la relation inhabituelle et étrange qu'il entretenait avec ses parents, en particulier sa mère, dans son travail de psychologue.

À l'époque moderne, le complexe d'Œdipe n'est pas reconnu comme une réalité dans le domaine de la psychologie, car il n'a aucun fondement dans la réalité. Néanmoins, Freud a dû se rendre compte que nous attirons les partenaires qui nous rappellent nos parents, mais il a commis une erreur de jugement en appliquant ce principe Universel. Ses conclusions ont été influencées par sa propre expérience de vie et par des problèmes non résolus dans son subconscient, qui ont dû être déclenchés lorsqu'il a réalisé que ce principe Universel existait.

L'attraction entre les sexes se produit de manière inconsciente et est liée à un comportement que nous reconnaissons chez une autre personne et qui nous rappelle nos parents. Par essence, cette attraction se développe pour que nous puissions guérir mentalement et émotionnellement. Après tout, nos parents ont été les premiers archétypes masculin et féminin que nous avons identifiés dans notre vie. Nous avons grandi sous leurs soins et sous les directives qu'ils ont établies pour nous. En conséquence, notre Âme et notre Ego ont évolué, essayant d'apaiser nos parents tout en essayant de s'en libérer et de devenir indépendants.

Selon la polarité de nos Âmes, nous avons appris à imiter le comportement de notre père ou de notre mère et à l'intégrer comme le nôtre. Et en acceptant leur amour, nous avons appris à aimer les autres également. Cette expression de l'amour est donc très influencée par notre relation avec nos parents. Cependant, comprenez que ce principe Universel d'attraction ne s'applique qu'aux Plans Mental et Emotionnel. L'attraction physique est quelque chose d'entièrement différent.

Selon la qualité de votre relation avec vos parents, cela affectera la qualité de vos relations amoureuses. Vous remarquerez que lorsque votre relation avec vos parents s'améliore et que vous apprenez à communiquer avec eux d'Âme à Âme, ces parties du Soi sont guéries, ce qui vous permet d'attirer différentes personnes dans votre vie à des fins romantiques.

Dans le cas de parents violents, il est plus courant d'être attiré par des partenaires violents, car vous êtes programmé pour entrer en relation avec le sexe opposé par le biais de la violence mentale et émotionnelle. Cependant, lorsque vous aurez surmonté et pardonné les abus de vos parents, vous attirerez invariablement dans votre vie des personnes qui vous traitent bien et vous apprendrez à vous éloigner des personnes abusives. C'est l'expression la plus courante de ce principe Universel dans notre société, car nous connaissons tous des personnes qui ont été maltraitées par leurs parents et qui, en retour, attirent des partenaires romantiques abusifs.

KUNDALINI ET ÉNERGIE SEXUELLE

Il est essentiel maintenant de parler du rôle de l'énergie sexuelle dans le processus d'éveil de la Kundalini. L'énergie de la Kundalini est alimentée par l'énergie sexuelle canalisée vers l'intérieur, à travers la colonne vertébrale et dans le cerveau. Je dis "alimentée" parce qu'une fois que la Kundalini est éveillée, l'accumulation d'énergie sexuelle couplée à l'énergie Pranique provenant de l'alimentation provoque l'expansion de la conscience au fil du temps.

L'énergie sexuelle peut également être un élan ou un catalyseur de l'éveil de la Kundalini. C'est la sublimation de cette énergie sexuelle par la pratique du sexe Tantrique ou une forme de méditation, qui la fait aller vers l'intérieur pour activer la Kundalini à la base de la colonne vertébrale. Sans cette activation, la Kundalini reste en sommeil sous forme de potentiel énergétique latent dans le Chakra racine, Muladhara.

Qu'est-ce que l'énergie sexuelle exactement ? L'énergie sexuelle est une énergie créatrice au sein du Soi, alimentée par les Chakras Muladhara et Swadhisthana. Elle alimente et soutient notre esprit tout en étant une importante source d'inspiration. Alors que nos désirs charnels proviennent de Muladhara, le Chakra de la terre, Swadhisthana, le Chakra de l'Eau, est responsable de l'émotion tangible du désir sexuel.

Lorsque nous concentrons notre énergie sexuelle sur une personne qui nous attire, nous créons un puissant désir d'être avec cette personne. Le désir sexuel est ressenti dans le Chakra Swadhisthana comme une émotion euphorique semblable à des papillons ou à des picotements dans l'abdomen. Cette énergie est ensuite projetée de la région de l'abdomen vers notre cerveau par le biais du système nerveux.

L'énergie sexuelle est liée à Apana Vayu puisqu'elle implique le fonctionnement des Chakras Muladhara et Swadhisthana et l'expulsion des liquides sexuels du corps (le sperme chez l'homme et le fluide vaginal chez la femme). En revanche, l'énergie Pranic est générée par Samana Vayu (le feu digestif) et Hara Chakra, l'entrepôt de Prana du corps.

L'énergie sexuelle alimente également notre imagination lorsqu'elle est canalisée dans le Chakra du Cœur, Anahata, ce qui stimule notre esprit et nos pensées. L'énergie sexuelle affecte également le centre de notre Âme, le Chakra du Plexus Solaire, Manipura. Elle allume le Feu de Manipura tout en dynamisant notre volonté. Elle devient une énergie dynamique qui alimente notre dynamisme, notre motivation et notre détermination sur le Plan Mental.

Lorsque l'énergie sexuelle est projetée dans le Chakra Racine, Muladhara, elle devient notre élan pour agir sur le Plan Physique. Par conséquent, l'énergie sexuelle est utilisée par tous nos Chakras. Bien que l'énergie Pranique soit considérée comme une force aveugle, l'énergie sexuelle est intelligente. Cependant, les deux énergies sont nécessaires pour alimenter nos Chakras et leur donner vie.

Alors que le Prana est l'énergie de la vie ou de la Lumière, l'énergie sexuelle est l'énergie de la création. Il est parfois difficile de discerner entre l'énergie sexuelle et le Prana, et de nombreux enseignants Spirituels confondent les deux et disent même qu'ils sont la même chose. Cependant, en examinant mon système énergétique au fil des ans, j'ai découvert qu'il s'agit de deux types d'énergie distincts qui fonctionnent l'un avec l'autre et ont besoin l'un de l'autre pour remplir leurs fonctions.

Il est également essentiel de faire la distinction entre l'énergie Kundalini et l'énergie sexuelle. Avec le Prana, l'énergie sexuelle alimente l'énergie Kundalini une fois éveillée. Cependant, l'énergie Kundalini a ses propres composantes liées à l'expansion de la conscience et aux expressions du Soi.

Une fois la Kundalini activée, l'énergie sexuelle devient essentielle puisqu'elle anime la Kundalini, vous permettant d'exploiter vos nouvelles capacités. Par exemple, vous ne pouvez pas utiliser votre créativité et votre imagination accrues au maximum de leur potentiel si vous manquez de l'énergie sexuelle nécessaire pour les exploiter. L'énergie sexuelle est une force plus subtile que le simple Prana car elle nous permet d'accéder à n'importe quelle partie de nous-mêmes lorsque nous concentrons notre esprit.

Il existe une corrélation directe entre la stimulation sexuelle et l'activité de la Kundalini, qui se trouve dans le Chakra de la Terre. Lorsque vous êtes excité sexuellement, vous créez une charge électrique statique qui peut mettre en mouvement l'énergie de la Kundalini, de la même manière que vous feriez démarrer une batterie de voiture. Par conséquent, le fait de créer une excitation sexuelle par le biais des pratiques Tantriques et de la tourner vers l'intérieur peut entraîner un puissant éveil de la Kundalini.

Pourquoi existe-t-il une corrélation entre l'excitation sexuelle et l'éveil de la Kundalini ? La réponse se trouve peut-être dans le but de notre vie ici sur Terre, qui est un terrain d'essai pour les Âmes. Par exemple, Dieu le Créateur a créé les êtres humains et nous a donné le libre arbitre pour choisir comment nous voulons exprimer notre énergie sexuelle : chercher à gratifier l'Ego en désirant avoir des rapports sexuels comme une forme de plaisir physique ou utiliser cette même énergie et l'attirer vers l'intérieur par des pratiques Tantriques pour éveiller notre énergie Kundalini latente. Dans le cas d'une jouissance physique ou d'un orgasme, nous expulsons cette énergie hors de nous et la relâchons dans l'Univers. Lorsque nous attirons cette énergie vers l'intérieur, par le biais du cerveau et du système nerveux, nous cherchons à nous transformer Spirituellement. Chaque moment de la journée est un test de notre libre arbitre et de notre volonté d'exalter notre Âme ou notre Ego qui cherchent à faire des choses radicalement différentes avec cette énergie Divine.

La plupart des gens ignorent totalement qu'il existe une autre raison pour laquelle ils ont de l'énergie sexuelle en eux, car ils sont tellement concentrés sur l'utilisation de cette énergie pour le plaisir. La population mondiale est plus motivée par les pulsions sexuelles et le désir de sexe que par toute autre chose dans la vie. Si seulement les gens connaissaient une autre façon d'utiliser ce don, cela pourrait transformer complètement la façon dont nous percevons l'énergie sexuelle. Je crois que c'est l'un des rôles essentiels que les personnes éveillées à la Kundalini jouent dans le monde à l'heure actuelle : non seulement être des émissaires de l'énergie Kundalini, mais aussi éclairer les gens sur le pouvoir et le potentiel de leur sexualité.

L'EXCITATION SEXUELLE ET LE FAIT D'ÊTRE "EXCITÉ".

L'énergie sexuelle masculine est liée au feu de l'Élément Terre. Elle est fortement stimulée par le Plan Physique, qui agit sur le Plan Astral de l'Élément Eau. Le Feu de la Terre se transforme en émotion d'excitation sexuelle par l'intermédiaire de Swadhisthana Chakra.

Alors que les hommes sont plus motivés par leur Chakra de la Terre en ce qui concerne l'excitation sexuelle, les femmes sont davantage influencées par le Chakra de l'Eau. Cela explique pourquoi l'excitation sexuelle des hommes est fortement influencée par l'apparence physique d'une femme, tandis que les femmes sont plus excitées par les sentiments qu'un homme leur procure.

L'énergie sexuelle masculine est comme un feu qui s'allume rapidement, brûle vivement et s'éteint promptement. À l'inverse, l'énergie sexuelle féminine est comme l'eau : elle est lente à se réchauffer, mais une fois qu'elle bout, elle continue longtemps. L'énergie de Feu d'un homme est chargée de réchauffer l'énergie d'Eau d'une femme. Par conséquent, les hommes consacrent leur temps et leur énergie à travailler sur leurs qualités d'Alpha pour attirer les femmes. D'autre part, les femmes consacrent beaucoup de temps et d'énergie à améliorer leur apparence physique pour être plus attirantes pour les hommes.

Si les hommes ont généralement une libido plus forte, les femmes ont une gamme et une intensité d'excitation plus grandes. Un homme peut avoir une érection apparemment sans aucune stimulation et se sentir sexuellement excité ou "excitant". "En revanche, il est rare qu'une femme ressente la même chose sans avoir été stimulée au préalable. Cela s'explique en partie par le fait que le corps de l'homme est stimulé par la testostérone, qui agit plus rapidement que l'hormone sexuelle féminine, l'œstrogène.

La symbologie et la signification occultes du mot "horny" nous donnent un aperçu supplémentaire du fonctionnement et de la finalité de l'excitation sexuelle. Le mot "corné" suggère des cornes d'animaux, symbole de la nature animale de l'humanité. Après tout, nous partageons avec tous les animaux de la Terre le désir de relations sexuelles et de procréation. Cependant, les cornes sont également associées au Diable et à ses sbires

Démoniaques dans le Christianisme et d'autres traditions religieuses et ésotériques. En fait, "Hornie" est un terme écossais du 18e siècle pour désigner le Diable.

Lorsqu'un homme est sexuellement excité ou excitant, un Feu commence à brûler dans ses reins et enflamme tout son être (Figure 159). Ce feu est projeté depuis le Chakra de la Terre, Muladhara, associé au Plan Physique et au monde de la matière. Par conséquent, dans le Tarot, la carte du Diable est appelée le "Seigneur des Portes de la Matière". "C'est parce que le Diable représente le monde physique, l'antithèse du monde Spirituel de Dieu. Pour ajouter à la symbologie, le Capricorne, la Chèvre de la Montagne (une bête à cornes), un signe zodiacal de Feu de la Terre, est associé à la carte du Diable dans le Tarot.

Dans le Tarot Hermétique, la carte du Diable représente une bête géante avec des cornes dont la tête a la forme d'un Pentagramme inversé, suggérant le lien entre le Moi inférieur, l'Ego, et le Diable. Le Diable a de grandes ailes de chauve-souris et le bas du corps d'un animal avec un feu brûlant dans ses reins (dans certaines représentations). Il tient dans sa main gauche une torche dirigée vers le bas, en direction de la Terre, et une main dirigée vers le haut, en direction du Ciel (Comme en Haut, Comme en Bas). Il se tient au sommet d'un autel auquel sont enchaînés deux humains nus, homme et femme, avec des cornes. Ils sont liés au Diable à cause de leur désir l'un pour l'autre.

La luxure se définit comme le désir irrépressible d'avoir des relations sexuelles avec quelqu'un dans le but d'obtenir un plaisir physique. La luxure est l'antithèse de l'amour ; elle est considérée comme l'un des sept péchés capitaux en raison de son expression souvent déséquilibrée. C'est le diable et ses sbires qui poussent l'humanité à commettre les sept péchés capitaux. Il n'est donc pas étonnant que le terme "diabolique" s'applique à une personne qui commet des péchés, notamment en s'adonnant à de nombreuses activités sexuelles avec des partenaires multiples.

Par conséquent, alors que le Sahasrara Chakra nous accorde à notre Saint Ange Gardien, notre Dieu-soi, le Earth Chakra nous connecte à son opposé, le Diable. Tous deux sont des personnifications du Soi, avec lequel nous pouvons nous connecter par le biais de l'esprit. Cependant, le Diable n'est pas entièrement mauvais mais est une expression de notre nature animale que nous devons respecter et garder sous contrôle. Par conséquent, le Chakra de la Terre est notre porte d'entrée dans le royaume du diable, le royaume Démoniaque que nous appelons l'enfer. Ce n'est pas une coïncidence si l'enfer ou le monde souterrain (Underworld) est représenté comme une fosse ardente située au plus profond de la croûte terrestre.

L'une des raisons pour lesquelles le Christianisme et d'autres religions ont vilipendé le sexe est son pouvoir de transformation. À maintes reprises, l'abstinence a montré qu'elle pouvait empoisonner l'esprit et produire des expressions malades et perverses qui ne sont pas en phase avec la nature et Dieu. À l'inverse, s'engager dans une activité sexuelle de manière équilibrée, respectueuse et aimante peut conduire à un éveil Spirituel. Ainsi, au lieu de diaboliser le sexe et de créer une aversion pour les relations sexuelles comme moyen de se rapprocher de Dieu, nous devons chercher à le comprendre afin de pouvoir exploiter son énorme pouvoir.

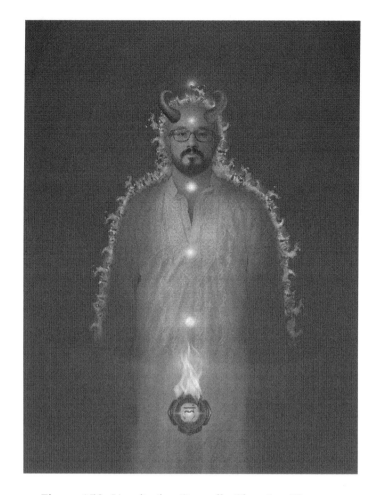

Figure 159: L'excitation Sexuelle Chez Les Hommes

RELATIONS SEXUELLES

Une fois que vous aurez eu un éveil complet de la Kundalini, vous comprendrez le véritable but des rapports sexuels et leur signification symbolique d'unification des énergies masculine et féminine. Cette unification se produit au niveau du Plan Mental, ce qui nous permet de transcender la dualité de l'esprit afin d'atteindre le Plan Spirituel.

À la naissance, nous avons été placés dans ce monde de dualité et avons reçu un corps masculin ou féminin. En tant qu'humains, nous cherchons naturellement à équilibrer nos énergies sexuelles. L'une des façons d'y parvenir est d'avoir des rapports sexuels. Nous désirons être avec une personne qui complète notre sexualité pour trouver l'unité à un niveau Spirituel. Les rapports sexuels sont un type de rituel qui implique l'intégration de deux corps physiques. Lorsque le pénis pénètre dans le vagin au cours de ce processus, les deux corps deviennent littéralement un.

Entre deux personnes de sexe opposé, toutes deux en cours d'éveil de la Kundalini, les relations sexuelles peuvent être une expérience véritablement magique. L'énergie de la Kundalini entre eux crée une sorte de batterie, multipliant ainsi sa puissance par deux. Cette expansion de l'énergie Kundalini se traduit par une conscience accrue et des expériences transcendantales plus profondes. Elle permet également aux partenaires de s'accorder avec leurs corps Spirituels respectifs à un degré impossible à atteindre par eux-mêmes.

L'énergie d'un partenaire alimente l'énergie de l'autre partenaire. Puisque l'Arbre de Vie de chaque partenaire est activé, les énergies qui composent la totalité de leur conscience le sont aussi. Lorsque deux partenaires éveillés par la Kundalini se connectent sexuellement, ils sont chacun nourris aux niveaux les plus profonds de leur être par l'énergie de l'autre, ce qui les guérit simultanément. L'énergie de l'un des partenaires repousse la négativité de l'autre par le simple fait d'être en leur présence, car leurs Auras s'entremêlent. Il n'est même pas nécessaire qu'ils se touchent pour que cela se produise. Il suffit qu'ils soient à proximité l'un de l'autre pour être sur la même fréquence ou longueur d'onde.

Pour les personnes éveillées à la Kundalini, l'acte sexuel proprement dit devient Tantrique. En conséquence, les deux partenaires peuvent connaître des orgasmes internes grâce à l'énergie sexuelle déclenchée à un niveau plus profond par la Kundalini de l'autre. Tout au long de mon voyage Kundalini, j'ai eu le privilège de côtoyer quelques femmes éveillées à la Kundalini, et la connexion sexuelle que nous avons partagée était incroyable. Dès que nous nous approchions l'une de l'autre, cela se manifestait par un état de conscience élevé, amplifiant notre énergie sexuelle à un tel degré que je me retrouvais souvent à trembler rien qu'en étant près d'elles.

Le rapport sexuel est un rituel d'unification, une sorte de lien ou de sublimation des sexes sur le Plan Physique qui induit les mêmes effets sur les Plans Astral et Mental. Son but est de transcender les Plans Cosmiques inférieurs afin que la vibration de la conscience puisse s'élever et pénétrer dans le Plan Spirituel. Ainsi, la guérison se produit à tous les niveaux, esprit, corps et Âme.

CONSERVER SON ÉNERGIE SEXUELLE

Une autre question critique concernant la sexualité que l'on me pose souvent est de savoir s'il est sage d'éjaculer pendant le processus de la Kundalini. Par exemple, quand est-il acceptable d'éjaculer et quand faut-il conserver sa semence ? Gardez à l'esprit que les hommes posent généralement cette question, bien que le même principe s'applique aux femmes.

La Kundalini utilise votre énergie sexuelle et le Prana de la nourriture pour alimenter le circuit énergétique de la Kundalini. J'ai constaté qu'aux points culminants de ce processus de sublimation/transformation, il est essentiel de sauver votre semence en évitant complètement le sexe et la masturbation. Un seul orgasme peut vous priver de votre vitalité pendant 24 heures ou plus. Cela entrave considérablement le processus de transformation tout en permettant à l'Ego de prendre pied dans la conscience, ce qui fait que la peur et l'anxiété s'amplifient en vous.

L'énergie sexuelle gagne en puissance avec le temps, et plus vous conservez votre semence, plus vous transformez la Kundalini de l'intérieur. À son apogée, lorsque vous vous sentez le plus sexuellement refoulé et excité, l'énergie sexuelle travaille avec le Prana pour changer la qualité et l'état de l'énergie de la Kundalini en vous. Ce processus est la transmutation, ou la transformation du feu brut de la Kundalini en une énergie plus délicate, celle de l'Esprit, qui prend le dessus et alimente le système.

Maintenant, je ne dis pas qu'il faut être célibataire comme un moine ou un prêtre et ne plus jamais se masturber ou avoir de relations sexuelles. Cela serait malsain et contre-productif pour votre croissance puisque vous devez vous occuper du corps physique et de ses besoins ainsi que de votre Spiritualité. Je vous conseille plutôt de vous abstenir de toute libération sexuelle pendant la première période qui suit l'éveil initial de la Kundalini, puis de réintégrer le sexe et la masturbation dans votre vie de manière équilibrée. Rappelez-vous qu'une vie réussie est une question d'équilibre, pas de négliger une chose pour une autre.

Cependant, une fois la Kundalini éveillée, il est sage de s'abstenir complètement d'éjaculer pendant quelques mois. Cette règle s'applique aussi bien aux hommes qu'aux femmes. L'énergie sexuelle est vitale ; si vous éjaculez, vous vous sentirez sans vie et épuisé, et vous aurez besoin de reconstruire votre énergie sexuelle d'une manière ou d'une autre.

J'ai découvert que le corps a besoin de zinc pour reconstruire l'énergie sexuelle en vous après une libération. Par conséquent, je suggère qu'au lieu d'attendre que votre corps la reconstruise naturellement, prenez un supplément de zinc ou mangez du poisson ou des graines de citrouille qui contiennent de grandes quantités de zinc. Le zinc est essentiel car il est l'acide de la batterie, tandis que la Kundalini agit comme le courant électrique AC/DC. Sans zinc, la batterie ne fonctionne pas à sa capacité optimale et doit être rechargée.

Une fois que vous avez éveillé la Kundalini, selon l'endroit où vous vous trouvez dans votre processus de transformation, vous développerez la capacité d'incarner d'autres personnes et de ressentir leur énergie, y compris les personnes que vous regardez à la télévision et dans les films. Ce "don" pourrait bientôt ressembler à une malédiction si vous l'appliquez à la pornographie, car il vous permettra de ressentir ce que vous regardez comme si cela vous arrivait à vous. Il n'y a pas besoin d'un poste de réalité virtuelle après avoir éveillé la Kundalini. Cependant, aussi amusant et excitant que cela puisse être au début, ne vous permettez pas de développer une dépendance à la pornographie et de revenir en arrière dans votre processus d'évolution Spirituelle.

Vous devez réguler la masturbation et ne pas vous y livrer plus d'une ou deux fois par semaine, et seulement avant de vous coucher, afin que votre corps puisse reconstituer son énergie sexuelle le matin. Comme ce processus se poursuivra toute votre vie, vous devez traiter votre énergie sexuelle avec respect. Vous n'allez plus fonctionner comme une personne non éveillée qui peut se masturber et éjaculer plusieurs fois dans la journée sans être affectée. Vous vous sentirez dépouillé de votre vitalité chaque fois que vous éjaculerez, alors soyez-en conscient.

J'ai constaté que la masturbation peut être une aide précieuse lorsque vous ne pouvez pas vous endormir autrement, car elle vous permet d'accueillir le repos et de vous rallumer comme une ampoule une fois que vous avez vidé votre énergie sexuelle. L'énergie sexuelle accumulée peut faire dérailler l'esprit et même provoquer de la colère et de l'agressivité, surtout chez les hommes, ce qui peut empêcher de dormir la nuit. Mais encore une fois, essayez de ne pas vous masturber plus de quelques fois par semaine et seulement après que le processus initial de sublimation/transformation de la Kundalini soit terminé. Comment saurez-vous qu'il est terminé ? Vous ressentirez à l'intérieur de vous un nouveau type d'énergie qui remplacera le Feu brut de la Kundalini. Cette énergie a un effet transcendantal car elle grandit et élargit la conscience de plus en plus au fil du temps.

Pour conclure sur ce sujet, étant donné que les relations sexuelles et amoureuses avec un partenaire peuvent être bénéfiques pour votre épanouissement Spirituel, je ne vous suggère pas d'arrêter complètement les rapports sexuels à un moment donné sans consulter votre partenaire au préalable. Si vous vous abstenez de toute relation sexuelle avec votre partenaire sans vous expliquer, il pourrait avoir l'impression que quelque chose ne va pas chez lui, ce qui compromettrait l'intégrité de votre relation. Ce n'est pas raisonnable, surtout si vous avez une bonne alchimie avec cette personne et que vous envisagez un avenir avec elle.

Communiquez plutôt vos besoins à votre partenaire et faites peut-être un compromis pour avoir des rapports sexuels une fois par semaine ou toutes les deux semaines pendant un petit moment, puis augmentez la fréquence lorsque vous aurez dépassé le point où vous avez sublimé l'énergie de la Kundalini. Déverser sa semence avec un être cher peut être épuisant pour le corps, mais cela peut être bénéfique pour votre Alchimie Spirituelle puisqu'il y a un échange d'énergie positive et curative à un niveau subtil.

Cependant, l'éjaculation par masturbation est un drainage absolu de votre essence sexuelle dans l'Aethyr, sans rien en retour. Les personnes qui développent une dépendance au porno s'exposent à ce que des entités Démoniaques s'attachent à leur Aura pour se nourrir de l'énergie sexuelle libérée.

Un Incube est un Démon sous forme masculine qui se nourrit de l'énergie sexuelle des femmes. À l'inverse, une Succube est un démon de forme féminine qui se nourrit de l'énergie sexuelle des hommes. Les Incubes et les Succubes sont connus pour séduire les gens en rêve et avoir des relations sexuelles avec eux afin de leur voler leur essence sexuelle en les faisant jouir. Ils sont également personnifiés dans l'esprit des acteurs de films pour adultes lorsqu'ils regardent de la pornographie.

Les personnes qui nourrissent ces démons ont souvent du mal à s'en libérer et à mettre fin à leur dépendance à la pornographie. La pornographie n'est pas gratuite pour rien ; c'est un vide dont le but est de voler l'essence sexuelle des gens et de les priver de leur potentiel de transformation Spirituelle. Il existe une raison politique à cela, qui dépasse le cadre de cet ouvrage, mais je la mentionne ici afin que vous en soyez conscients et que vous ne tombiez pas dans son piège.

DÉSIRS SEXUELS

Puisque la Kundalini peut être éveillée par l'énergie sexuelle tournée vers l'intérieur, cela signifie que nous pouvons étendre sa capacité, ce qui affecte invariablement nos pulsions sexuelles. Par exemple, lorsque la Kundalini est à son maximum de transformation dans les premiers temps après l'éveil, vous pouvez vous sentir comme un animal en chaleur. Par conséquent, vous pouvez avoir des envies sexuelles comme vous n'en avez jamais eues auparavant. Cependant, une fois la période initiale de sublimation de l'énergie sexuelle terminée, vous ressentirez une libération de cette excitation sexuelle intense, votre libido s'équilibrant.

Cependant, étant donné que le processus de sublimation de l'énergie sexuelle est continu, et que vous pouvez connaître des courts-circuits où vous devrez reconstruire vos canaux énergétiques, vos pulsions sexuelles peuvent fluctuer de manière significative pour le reste de votre vie. Elles se présentent souvent sous forme de vagues, où votre énergie sexuelle est très forte pendant une courte période, entraînant un besoin intense de libération, suivie d'une période prolongée où vous êtes en équilibre.

Cependant, si l'on considère le cours de votre vie entière après l'éveil de la Kundalini, votre énergie sexuelle sera relativement équilibrée. Ces fluctuations dont je parle se produisent pendant environ 20 à 30 % de cette période. N'oubliez jamais que la Kundalini est une énergie intelligente qui ne nous donne jamais plus que ce que nous pouvons gérer.

Lorsque je vous ai recommandé de ne pas vous masturber ou d'avoir des rapports sexuels plus de quelques fois par semaine, j'ai fait référence à ce besoin qui peut se développer pour une libération sexuelle. Il ne sert à rien de vous torturer, même s'il est bénéfique de conserver votre semence. Cela causera des ravages dans votre esprit et sera contre-productif pour votre croissance.

Par conséquent, si vous avez besoin d'une libération, faites-la une ou deux fois par semaine, mais seulement le soir avant de dormir si vous vous masturbez. Habituez-vous à ne pas être désordonné dans vos libérations sexuelles. Vous devez adopter une approche scientifique des changements intérieurs qui se produisent dans votre corps, qui est votre laboratoire. Prenez le contrôle de ce processus au lieu de laisser le processus vous contrôler.

Lorsque votre énergie sexuelle est générée, vous la sentirez s'accumuler dans votre abdomen, dans le Chakra Swadhisthana. Parfois, elle peut être si forte qu'elle vous fait hyperventiler. Naturellement, cette période est celle où vous devez vous permettre d'avoir une activité sexuelle équilibrée dans votre vie. Cependant, aussi puissantes que puissent être ces pulsions sexuelles, vous devez faire preuve de pondération et ne pas les prendre comme un signe pour devenir nymphomane et être frivole dans vos activités sexuelles.

Si vous ne faites pas attention aux personnes avec lesquelles vous vous livrez à des activités sexuelles, votre chemin Spirituel s'en trouvera considérablement entravé. En plus de vous exposer aux maladies sexuellement transmissibles, vous vous mettez dans une position où vous absorbez les énergies des gens, bonnes et mauvaises, en ayant des relations sexuelles avec eux.

Je vous conseille plutôt de trouver un partenaire cohérent, quelqu'un avec qui vous avez une bonne Alchimie, même si ce n'est que physique au début. Soyez transparent quant à vos intentions et n'induisez pas les gens en erreur. Si vous vous mettez dans une position où vous pouvez accumuler un mauvais Karma en étant avec quelqu'un alors que tout ce dont vous avez besoin est une libération sexuelle, vous feriez mieux de vous masturber pour vous détendre.

Je recommande d'avoir des relations sexuelles plutôt que de se masturber, car le sexe permet d'échanger de l'énergie vitale, ce qui n'est pas le cas de la masturbation. Vous remarquerez une différence dans la façon dont vous vous sentez après une libération avec l'une ou l'autre activité. La masturbation vous laissera très vidé après un orgasme, alors que les rapports sexuels peuvent vous faire sentir épanoui après, avec le bon partenaire. Dans les deux cas, vous aurez besoin d'un certain temps pour reconstituer votre énergie sexuelle. La masturbation vous donnera l'impression qu'il vous faudra beaucoup plus de temps pour la reconstituer.

J'ai mentionné que vous deviez conserver votre semence autant que possible après l'éveil de la Kundalini, mais gardez à l'esprit que je faisais principalement référence à la période pendant laquelle vous construisez vos canaux énergétiques grâce à l'énergie sexuelle et au Prana. Je reconnais qu'avoir une vie sexuelle saine et une libération sexuelle par la masturbation est aussi naturel que notre corps organique. Après tout, votre énergie sexuelle peut devenir si forte que vous vous sentez possédé si vous ne faites rien pour y remédier. Cependant, comme pour toutes les choses de la vie, être consciencieux et contrôler ses actions est la clé du succès. Écoutez ce que votre corps vous communique et relâchez la pression si nécessaire. L'équilibre dans l'esprit, le corps et l'Âme est le véritable chemin de l'initié de la Lumière.

Il se peut également que vous ayez une période de votre vie où votre libido sera nettement plus faible et où vos envies de sexe vous sembleront inexistantes. Ne vous inquiétez pas si cela se produit ; c'est une partie normale du processus. Par conséquent, adaptez-vous à cette période en conséquence. Elle ne dure généralement pas très longtemps. Cependant, elle indique un moment d'introspection et d'accumulation d'énergie par la prise de nourriture lorsqu'elle se produit. Ne vous sentez pas coupable si vous ne pouvez plus satisfaire votre partenaire comme avant, mais faites-lui savoir ce qui se passe et faites votre possible pour qu'il comprenne. S'il ne le fait pas et choisit de vous faire sentir coupable parce que cela vous arrive, vous devez repenser votre relation avec lui.

L'ATTRACTION SEXUELLE

Tout le monde veut être perçu comme attirant par les autres et avoir une abondance d'amour et de relations. Cependant, la plupart des gens ne réalisent pas qu'ils ont un contrôle total sur ce processus. Il existe des lois qui régissent le processus d'attraction, en particulier l'attraction sexuelle, et les personnes qui connaissent ces lois consciemment peuvent susciter l'attraction chez les autres en appliquant leur volonté.

Par exemple, une personne éveillée par la Kundalini, après de nombreuses années de transformation personnelle, devient très attirante pour les autres. Cela est dû au fait que leurs changements d'esprit, de corps et d'Âme modifient leur façon de penser et leur comportement, ce qui les rend naturellement attirants pour toutes les personnes qu'ils rencontrent. Par conséquent, ces personnes ont plus de facilité à trouver un partenaire romantique ou sexuel et à trouver de nouveaux amis dans leur vie.

De nombreuses personnes éveillées négligent ces changements personnels et attribuent cette nouvelle attraction à la destinée ou au hasard. En réalité, il existe une science invisible derrière tout cela. Les lois concernant l'attraction sexuelle entre les humains correspondent aux lois Universelles qui régissent toute la Création. La Création est, en un sens, parfaite, et l'énergie d'attraction est l'un des moyens par lesquels elle cherche à le rester.

Alors, qu'est-ce que l'attirance sexuelle ? La meilleure façon d'expliquer l'attirance sexuelle est de dire que c'est la manière dont la nature améliore notre patrimoine génétique. En d'autres termes, l'attraction sexuelle est la façon dont la nature s'assure que les humains les plus évolués procréeront et perpétueront l'existence de notre race.

La nature est en perpétuel processus d'évolution, et les humains qui sont en accord avec cette loi et qui sont maîtres de leur réalité sont ceux qui ont activé leur potentiel ADN latent pour devenir la meilleure version d'eux-mêmes. Par conséquent, ces personnes sont devenues attirantes pour les autres, ce qui leur permet de trouver plus facilement un partenaire et de procréer.

Même si l'attirance sexuelle est une expression naturelle, apprendre les traits de ces personnes évoluées qui exercent une domination dans leur vie vous permet de "faire semblant jusqu'à ce que vous y arriviez". "En d'autres termes, vous n'êtes pas obligé de commencer par être une personne sexuellement attirante, mais vous pouvez apprendre les traits comportementaux de ce type de personnes et les utiliser dans votre propre vie pour être attirant pour les autres.

Comprenez que l'attraction s'applique aussi bien aux hommes qu'aux femmes. Vous pouvez attirer un partenaire romantique ou sexuel, mais aussi de nouveaux amis puisque tous les humains gravitent naturellement vers les personnes attirantes. Nous reconnaissons quelque chose de spécial chez les personnes attirantes et nous voulons les côtoyer. En réalité, ce que nous percevons chez ces personnes est une meilleure version de nous-mêmes.

LES DEUX PREMIÈRES MINUTES DE LA RÉUNION

Les personnes attirantes sont charismatiques, libres et désinhibées, comme nous aimerions tous l'être. Elles sont des leaders plutôt que des suiveurs et exigent une attention de tous les instants, même lorsqu'elles sont silencieuses. Elles n'ont jamais peur de dire ce qu'elles pensent et sont courageuses et assertives. Elles ont une volonté de fer et restent calmes, même face à l'adversité.

Les personnes attirantes sont souvent drôles et amusantes, mais aussi détendues, calmes et posées. Elles ont certaines convictions sur elles-mêmes, qu'elles défendent à tout moment. Ces personnes font tout avec sérieux et de tout leur cœur. Elles sont passionnées et vivent pleinement leur vie, sans regrets. Elles prennent ce qu'elles veulent et ne s'excusent pas pour leurs actions.

Même si vous ne présentez pas certaines des qualités mentionnées ci-dessus, ne désespérez pas. La nature nous permet de nous refaire à chaque instant, et vous pouvez utiliser ses lois pour commencer à devenir une personne attirante. La clé est de concentrer votre énergie pour devenir attirant pour les nouvelles personnes que vous rencontrez, car les deux premières minutes de la rencontre avec une nouvelle personne sont les plus critiques. Cela signifie que si vous faites preuve de certaines qualités pendant ces deux premières minutes, vous aurez suscité l'attirance de l'autre personne.

L'attraction fonctionne de deux manières. Si une nouvelle personne que vous rencontrez est du sexe opposé (selon la polarité de son Âme), elle ressentira une attirance sexuelle envers vous. Si elle est du même sexe, elle voudra être votre amie. Dans les deux cas, si vous suscitez une attirance, vous aurez le pouvoir d'intégrer cette personne dans votre vie d'une manière ou d'une autre.

La plupart des gens ne réalisent pas que ce que nous pensons être n'est réel que pour nous et les personnes qui nous connaissent. En d'autres termes, les étrangers n'ont aucune idée de qui nous sommes. Les premières impressions sont donc cruciales. L'attraction a beaucoup à voir avec l'image de qui vous pensez être et la façon dont vous pouvez manipuler cette image pour vous présenter à une nouvelle personne que vous rencontrez. Une fois que vous avez créé une perception de vous-même dans ces deux premières minutes, l'autre personne ressentira de l'attirance pour vous ou non.

Le facteur essentiel à comprendre est que nous avons le pouvoir de façonner l'image que nous avons de nous-mêmes grâce à notre volonté. Rappelez-vous que nous avons tous un libre arbitre, et que la façon dont vous exercez votre libre arbitre a un impact sur le niveau d'attraction que vous créez chez les autres.

LA PSYCHOLOGIE DE L'ATTRACTION

Lorsque vous voulez paraître séduisant, comprenez que ce n'est pas ce que vous dites à une personne qui compte, mais la manière dont vous le dites. Ce ne sont pas les mots mais le langage corporel et la tonalité vocale qui comptent. Cependant, pour aller encore plus loin, c'est l'énergie intérieure avec laquelle vous parlez à une personne qui provoquera ou non une attirance.

Votre attitude doit toujours être cool, et votre tonalité vocale doit être énergique et captivante, exprimant le pouvoir et la domination. Ce sont les traits comportementaux d'une personnalité Alpha. Les personnes alpha sont maîtres de leur réalité. Ce sont des leaders nés qui prennent ce qu'ils veulent. Être un Alpha est un état d'esprit qui illustre la force d'Âme et la tranquillité des émotions. Les Alphas ne sont pas touchés par les choses extérieures, à moins qu'ils ne le choisissent. Leur réalité n'est jamais compromise car ils ne le permettent tout simplement pas. Ils dirigent le spectacle et les autres suivent.

Les Alphas ne parlent que pour être entendus par les autres. Ils ne recherchent pas l'approbation, et ne parlent pas pour écouter le son de leur voix. Par conséquent, lorsque vous parlez à une personne que vous souhaitez séduire, veillez à ce que ce que vous dites soit captivant. Il doit y avoir de la puissance dans la tonalité de votre voix et de l'intention présente ; sinon, vous ennuierez l'autre personne. Par exemple, si quelqu'un bâille pendant que vous parlez, vous avez échoué. Quoi que vous disiez, vous devez vous adresser directement à l'Âme de votre interlocuteur.

Vous devez apprendre à franchir la barrière de la personnalité et de l'Ego des autres. Pour ce faire, vous devez regarder votre interlocuteur dans les yeux pendant toute la durée de votre intervention et parler avec confiance. Votre force d'intention doit être si forte qu'elle est hypnotisante et fascinante pour les autres. Le sexe opposé doit se perdre dans votre énergie.

Les personnes éveillées par la Kundalini hautement évoluées viennent d'un endroit plus élevé lorsqu'elles parlent aux autres. Puisque leur conscience opère depuis le Plan Spirituel, elles sont alignées sur leur volonté véritable, ce qui augmente leur pouvoir personnel. En tant que telles, elles sont de puissantes communicatrices qui parlent avec un but et une intention. Les gens gravitent naturellement autour d'eux car leur énergie est inspirante et édifiante.

Pour devenir une personne naturellement séduisante, vous devez vous construire pour être une personne aux valeurs, à l'éthique et à la morale solides. Vous devez vous aimer et aimer la vie en général. Si vous vous aimez et que vous êtes satisfait de votre vie lorsque vous êtes avec une personne du sexe opposé, vous ne serez jamais dans le besoin mais dans le désir. Réfléchissez-y une seconde. Lorsque vous avez besoin de quelque chose, cela signifie qu'il vous manque quelque chose en vous. Cette idée est déjà peu attrayante et met l'autre personne sur la défensive.

Une méthode puissante pour susciter et entretenir l'attirance sexuelle consiste à être insolent et drôle. L'insolence se définit comme "le fait d'être audacieusement ou effrontément sûr de soi". Le fait d'être arrogant en présence d'autres personnes vous place immédiatement sur un piédestal élevé, car vous apparaissez comme une personne de grande valeur. Cependant, l'arrogance peut donner l'impression d'être très arrogant, ce qui n'est pas attirant, et il est donc utile d'ajouter une bonne dose d'humour. L'humour est fantastique car il vous permet de dire ce que vous pensez sans être jugé et scruté dans le processus.

Il est intéressant de noter que l'utilisation de la logique et de la raison pour créer une attraction échoue la plupart du temps. Gardez à l'esprit que l'attraction n'est en aucun cas logique. La logique est, en fait, l'antithèse de l'attirance. Le fait d'être enjoué, de parler par métaphores et d'être indirect en toutes circonstances est un moyen bien plus puissant de susciter l'attirance. La conversation doit être amusante ; sinon, vous ne créerez aucune attirance.

Une fois que vous avez suscité l'attirance, la clé pour maintenir cette attirance est de montrer continuellement que vous êtes cool, drôle et confiant. Le temps passé à vous parler est un cadeau pour l'autre personne, car vous êtes une personne de grande valeur. Vous prenez ce que vous voulez parce que vous le pouvez, ce qui fait savoir inconsciemment à l'autre personne que vous êtes une personne influente qui manifeste sa réalité. Ainsi, non seulement ils veulent être avec vous, mais ils veulent être vous.

L'IMPORTANCE DES CROYANCES INTÉRIEURES

Vous devez avoir des convictions intérieures élevées et fermes sur vous-même, ce qui signifie qu'un travail intérieur est essentiel pour attirer le sexe opposé. Bien sûr, il est utile d'avoir une belle apparence, d'être en bonne forme, d'être propre, rasé, bien habillé et de sentir bon. Cependant, même ces choses ne viennent qu'en second lieu par rapport au fait d'avoir confiance en soi et de croire en soi. Les gourous de la drague m'ont appris, au début de la vingtaine, que l'apparence représente 30 % de l'attraction, et que le travail intérieur dont je parle ici représente les 70 % restants.

C'est nous qui devons nous donner de la valeur. Si nous ne nous aimons pas et que nous nous trouvons insuffisants, nous projetterons nos insécurités sur les autres, et ils nous percevront comme tels. Si nous croyons que nous sommes exceptionnels et uniques, alors inconsciemment, les autres le croiront aussi et passeront tout leur temps autour de nous à essayer de comprendre pourquoi nous sommes si géniaux. Ce mystère sera très attrayant pour eux.

En réalité, l'attraction est une question de pouvoir personnel. Si vous essayez de courtiser une personne et que vous vous mettez en quatre pour elle, en vous suppliant, vous lui communiquez que vous n'êtes pas une personne de grande valeur, que votre temps n'est pas important et que vous avez un faible pouvoir personnel. Si vous êtes prêt à donner votre pouvoir personnel à un étranger simplement parce qu'il est physiquement attirant, alors vous lui communiquez que vous êtes une personne de faible valeur, tout simplement. En tant que tel, vous vous placez d'emblée dans une situation d'échec. Peut-être, par un coup de chance, voudront-ils sortir avec vous, mais ils ne seront avec vous que pour profiter de vous d'une manière ou d'une autre, puisque vous leur avez fait comprendre dès le départ que vous ne vous respectez pas.

Inconsciemment, les gens n'ont aucun respect pour les personnes qui ne se respectent pas elles-mêmes. Le respect se gagne, il ne se donne pas. L'amour est toujours et également donné, mais le respect se mérite. Vous devez donc apprendre à vous aimer et à vous respecter. Si vous sentez que vous ne vous aimez pas autant que vous le devriez, examinez-en la raison. Si vous avez subi des traumatismes dans le passé qui doivent être guéris, concentrez-vous sur la résolution de ces traumatismes au lieu de chercher un partenaire. Vous devez être dans un bon état avant d'avoir une relation amoureuse saine avec quelqu'un. Et cela commence par s'aimer soi-même.

Les personnes qui s'aiment ont une sorte de but dans leur vie. Leur but est souvent la chose la plus importante à leurs yeux. Si vous n'avez pas de véritable but dans votre vie en ce moment, je vous suggère de passer plus de temps à essayer de le trouver ou de le découvrir. Explorez de nouvelles activités créatives et apprenez de nouvelles choses sur vous-même. N'ayez pas peur de changer les choses dans votre vie et d'explorer de nouvelles avenues. Sortez de votre zone de confort et faites les choses que vous avez toujours voulu faire. Trouver votre objectif peut vous apporter une joie et un bonheur éternels. Cela vous fera vous aimer et aimer votre vie, ce qui est très attirant pour les autres. Cela vous permettra également de mieux vous connaître et de maîtriser les parties de vous-même qui ont besoin d'être travaillées.

Vous êtes unique à tous égards et vous êtes une perle rare. Si vous ne l'avez pas encore découvert, il est temps de le faire. Le temps passé avec vous est spécial, et les autres devraient avoir la chance que vous choisissiez de leur consacrer du temps. Si vous vous aimez, vous serez indifférent au résultat d'une nouvelle rencontre. Trouver un partenaire romantique ou un nouvel ami sera un bonus dans votre vie plutôt qu'une nécessité. L'indifférence à l'égard du résultat d'une nouvelle rencontre créera une sorte de vide énergétique que l'autre personne se sentira obligée de combler. Cela ne fera qu'augmenter votre niveau d'attraction.

Si vous avez une vie ennuyeuse et que vous souhaitez rencontrer un partenaire romantique, vous aurez du mal à vous en sortir. Le fait d'être la vie entière de quelqu'un entraîne une forte pression pour performer et rendre cette personne toujours heureuse. Au final, la plupart des gens abandonnent et quittent une telle relation. Vous devez d'abord vous efforcer d'être en paix avec vous-même et de vous aimer, car si vous ne vous aimez pas, vous aurez du mal à trouver quelqu'un pour vous aimer et combler ce vide en vous.

Pour être un Alpha, vous devez croire en ces principes au plus profond de votre Âme au lieu de les considérer comme des tactiques ou une forme de manipulation. Si vous voyez les choses ainsi, le sexe opposé détectera inévitablement votre comportement comme une forme de manipulation, ce qui est peu attrayant. Après tout, les gens détestent que l'on essaie de les manipuler. Au contraire, ils aiment la transparence, même si c'est quelque chose d'aussi direct que "J'aimerais coucher avec toi".

Si vous désirez travailler sur vous-même mais que vous manquez de méthode d'approche, alors mon premier livre peut vous aider à cet égard. *The Magus* est conçu pour vous aider à atteindre votre plus haut potentiel en tant qu'être humain Spirituel, ce qui vous rendra très attirant pour les autres. Vous devez apprendre votre véritable volonté dans la vie et vous connecter à votre Soi Supérieur. Si votre vibration de conscience est élevée, vos pensées et vos émotions en seront influencées, affectant ainsi votre comportement avec les autres. Devenir le maître de votre réalité vous apportera l'abondance dans votre vie, y compris toutes les relations amoureuses et amicales que vous désirez.

Les personnes éveillées par la Kundalini qui ont atteint un haut niveau de conscience sont libérées de ce monde de la matière. Leur capacité à s'amuser est bien plus élevée que celle des personnes qui prennent la vie trop au sérieux. Nous voulons tous de la joie et du plaisir dans nos vies. Par conséquent, plus vous pourrez considérer la rencontre de nouvelles personnes comme une activité amusante, plus vous aurez de succès.

L'idée de s'amuser avec le sexe opposé et de jouer à ce jeu qui consiste à susciter l'attraction est une manifestation de la canalisation de votre énergie amoureuse. Lorsque vous cherchez à attirer une personne au lieu de la manipuler, vos actions n'auront pas de conséquences Karmiques, tant qu'elle n'a pas de partenaire romantique. Au lieu de cela, vous vous créerez un bon Karma lorsque vous parviendrez à créer une conversation amusante à laquelle la personne que vous rencontrez voudra participer de plein gré. Vous enrichirez ainsi votre vie, car en créant et en entretenant l'attraction, vous ferez rebondir l'énergie amoureuse sur l'autre personne et la développerez. En tant que tel, remplir votre vie avec plus d'énergie d'amour vous fera avancer plus loin dans votre voyage Spirituel.

DEVENIR UN GUERRIER SPIRITUEL

Étant donné que le voyage Spirituel implique un grand nombre de pertes Karmiques, vous devez devenir un guerrier Spirituel. Vous devez apprendre à être fort et à relever les défis de front au lieu de les fuir. Si vous ne le faites pas, vous serez brisé par les Cinq Éléments de votre être. Les parties de vous-même que vous devez conquérir vous vaincront à leur place.

Comme vous l'avez appris jusqu'à présent, l'évolution Spirituelle n'est pas une partie de plaisir et de jeux ; il y a des moments où vous serez très mal à l'aise dans votre propre peau. Le concept de développement de vous-même en un guerrier Spirituel est d'une grande importance, surtout lorsque vous subissez un processus de transformation Kundalini. N'oubliez pas que la métamorphose exige que l'ancien meure pour que le nouveau prenne sa place. La façon dont vous vous comportez pendant les périodes douloureuses fera toute la différence dans votre vie.

La nuit noire de l'Âme n'est pas une nuit unique d'angoisse mentale et émotionnelle, mais elle peut survenir plusieurs fois dans votre vie et durer des semaines, voire des mois. La transformation exige que vous soyez fort face à l'adversité. Bien que notre société mette souvent l'accent sur le fait que l'Illumination est une expérience agréable, peu de gens parlent des aspects négatifs de l'atteinte de cet objectif et des défis à relever en cours de route.

L'éveil de la Kundalini est un éveil à la dimension de la vibration. Cela signifie que vous ne pouvez plus vous cacher des énergies et ne participer qu'à celles qui sont positives tout en rejetant les négatives, comme le font la plupart des gens. Au lieu de cela, vous devenez une partie, le positif et le négatif, concernant leurs effets sur vos pensées et vos émotions.

La plupart des personnes non éveillées peuvent choisir de ne pas traiter les problèmes mentaux et émotionnels lorsqu'ils se présentent. Ils peuvent choisir d'ignorer la négativité et de l'enfermer dans le subconscient, qui est comme une chambre forte avec tous les "trucs" mentaux que vous avez décidé de ne pas traiter, comme des souvenirs traumatisants que l'on choisit d'ignorer. Mais avec un éveil complet de la Kundalini, cette chambre forte s'ouvre définitivement comme la boîte de Pandore. Tout ce qui a été un problème dans votre vie, y compris les émotions et les pensées supprimées et réprimées, doit être traité et surmonté.

Par exemple, les souvenirs traumatisants qui ont modifié votre façon de fonctionner dans le monde ont pris la forme de démons personnels, qui sont maintenant ancrés dans vos Chakras sous forme d'énergie Karmique qui doit être neutralisée. Comme chaque Chakra est synonyme d'un des Cinq Éléments, c'est ce que je voulais dire lorsque j'ai affirmé que vous deviez surmonter les Éléments au lieu de les laisser vous submerger. L'énergie Élémentaire doit être nettoyée, purifiée et maîtrisée pour que la vibration de votre conscience puisse s'élever librement à une fréquence plus élevée, sans être entravée par les énergies inférieures.

GÉRER LES ÉNERGIES POSITIVES ET NÉGATIVES

En tant qu'êtres humains, nous sommes naturellement attirés par l'énergie positive. Nous ne semblons pas en avoir assez. Nous l'absorbons, l'expérimentons, l'apprécions et en cherchons davantage. Ainsi, nous avons structuré nos vies de manière à recevoir de l'énergie positive tout en évitant l'énergie négative.

L'énergie positive se présente sous de nombreuses formes. L'amour, la joie et le bonheur n'en sont que quelques-unes, mais il en existe bien d'autres, comme l'excitation et la paix intérieure. À l'inverse, l'énergie négative se présente sous forme de conflit. Elle inclut presque toujours la nervosité, l'anxiété et d'autres expressions de l'énergie de la peur.

La peur est un élément essentiel de la vie, et vous devez apprendre à l'utiliser, et non à être utilisé par elle. Nous sommes programmés pour fuir autant que possible les situations de peur, car notre corps est en état d'alerte et nous signale que nous sommes en danger. Cependant, en fuyant la peur, vous vous privez d'une opportunité de croissance. D'un autre côté, si vous acceptez la peur, vous pouvez apprendre quelque chose de nouveau sur vous-même, ce qui vous fera avancer dans votre voyage d'évolution Spirituelle.

En tant qu'initié éveillé à la Kundalini, vous apprendrez bientôt que vous avez deux choix dans la vie. D'une part, vous pouvez rester dans la société et apprendre à vivre avec la négativité et les défis que la vie quotidienne peut apporter, ou d'autre part, vous pouvez quitter complètement votre communauté. Dans ce dernier cas, vous vous débarrassez de vos biens matériels et de vos relations avec les gens de votre entourage et vous partez vivre dans un temple ou un ashram quelque part, en consacrant entièrement votre vie à la croissance Spirituelle.

Cependant, dans la plupart des cas, les gens choisissent de rester dans la société et de faire partie du jeu de la vie. Si vous faites cela, comme moi et d'innombrables autres personnes qui m'ont précédé, vous devrez vous transformer en guerrier Spirituel afin de pouvoir faire face à la peur et à l'anxiété qu'apporte l'énergie négative. Vous devez apprendre à revêtir votre armure Spirituelle et à prendre votre bouclier et votre épée métaphoriques (Figure 160) pour vous défendre tout en apprenant à attaquer. Vous aurez besoin des deux pour gagner le combat.

Figure 160: Devenir un Guerrier Spirituel

Votre bouclier est l'amour inconditionnel de votre cœur (Élément Eau) qui peut tout affronter, tandis que votre épée est votre volonté (Élément Feu) qui coupe toutes les illusions pour atteindre la vérité. Votre volonté n'a pas peur de l'adversité ; elle l'accueille, sachant qu'elle est une opportunité de croissance. Gardez à l'esprit que, même s'il est plus difficile de faire fonctionner le système dans le cadre de la société ordinaire que de le fuir et d'évoluer dans l'isolement, c'est bien plus gratifiant.

Dans son état passif, la Kundalini travaille à travers l'Élément de l'Eau, exprimé par le féminin, Ida Nadi. Notre conscience reçoit des énergies du monde extérieur, qui sont ressenties par l'Oeil de l'Esprit et vécues comme des émotions. En tant qu'individu éveillé à la Kundalini, le simple fait de côtoyer d'autres personnes apporte de la négativité, car en tant qu'empathe, vous ressentez intuitivement l'obscurité de l'Âme des gens. Mais si vous travaillez à vous développer en un guerrier Spirituel, vous relèverez le défi de vous intégrer et de faire en sorte que cela fonctionne dans la société moderne.

Dans la plupart des cas, ce qui nous dérange chez les autres est ce que nous portons en nous-mêmes. Ainsi, en devenant un guerrier Spirituel et en surmontant ces choses, vous constaterez que vous ne verrez plus ces choses chez les autres, du moins pas au point de ne pas pouvoir les côtoyer. Ainsi, de cette façon, la négativité des autres peut être un atout pour vous et un catalyseur de croissance.

RENFORCER VOTRE VOLONTÉ

Vous devez renforcer votre volonté en utilisant l'aspect Feu de l'énergie Kundalini, qui est canalisée par le Pingala Nadi. Bien sûr, cela aide si vous êtes déjà une personne qui gère les gens et les situations difficiles avec une certaine facilité. Cependant, lorsque vous pouvez ressentir la négativité des gens en temps réel, il s'agit d'une situation beaucoup plus difficile qui a sa propre courbe d'apprentissage, surtout au début de votre voyage de transformation, lorsque vos émotions ont la priorité. En tout état de cause, tous les initiés doivent commencer leur voyage pour devenir un guerrier Spirituel en apprenant à neutraliser l'énergie négative que les événements de la vie et les personnes qui les entourent peuvent apporter.

La volonté est comme un muscle, et vous devez la traiter comme tel. Si vous faites travailler ce muscle quotidiennement, il devient plus fort et plus puissant. Les fondations de votre volonté se développent avec le temps et il devient plus difficile de vous écarter de votre route à cause de la négativité que vous subissez par le biais d'une influence extérieure. Le Feu (la volonté) domine toujours l'Eau (les émotions) lorsqu'il est appliqué correctement. Ce concept est crucial à comprendre. L'énergie est une force aveugle, tout comme l'émotion. L'énergie est passive et est ressentie à l'intérieur de l'Aura comme une sensation. Vous pouvez manipuler cette sensation en appliquant correctement la volonté.

Au début, vous vous retrouverez ballotté par vos émotions comme le passager d'un bateau en mer. Mais avec une pratique quotidienne, vous surmonterez votre anxiété et votre peur et serez capable d'utiliser vos démons de manière constructive au lieu de leur permettre de vous gouverner. Ce n'est pas facile à maîtriser à l'intérieur du Soi et c'est peut-être le plus grand défi pour tout initié éveillé par la Kundalini. Mais il est possible d'y parvenir. Et il le faut si vous voulez maximiser votre potentiel Spirituel.

Vous avez maintenant un pouvoir incroyable en vous, mais vous devez apprendre à le dompter et à l'utiliser de manière productive dans votre vie. Vous devez surmonter vos peurs et vos démons en conquérant votre Moi inférieur, l'Ego. Ce n'est qu'alors que vous pourrez ressusciter Spirituellement et aligner votre conscience sur votre Soi supérieur.

POUR CHANGER VOTRE HUMEUR, CHANGEZ VOTRE ÉTAT

La façon dont vous appliquez votre esprit et le type et la qualité des pensées que vous choisissez d'écouter détermineront votre succès dans cette entreprise. Soit vos émotions négatives vous vaincront, soit vous les neutraliserez ; ce sont là vos deux choix. Par conséquent, si vous ressentez un état émotionnel négatif, il est essentiel de le traiter comme une énergie aveugle qui peut être maîtrisée par l'application de votre volonté. Pour y parvenir, appliquez le principe du genre mental *du Kybalion* et concentrez-vous sur le pôle opposé de l'émotion que vous essayez de changer en vous. Cela vous permettra de modifier sa vibration et de la transformer de pôle négatif en pôle positif.

Cette méthode est appelée "Transmutation mentale", et c'est une technique très puissante pour prendre le contrôle de votre réalité et ne pas être esclave de vos émotions. J'ai utilisé ce principe toute ma vie, et il a été l'une des principales clés de mon succès en matière de maîtrise mentale. Son fonctionnement est simple : si vous éprouvez de la peur, concentrez-vous sur le courage ; si vous êtes plein de haine et que vous voulez provoquer de l'amour, concentrez-vous plutôt sur l'amour. Et ainsi de suite avec différentes expressions d'émotions opposées.

Apprenez à vous parler positivement au lieu de vous déprécier. Ne dites pas que vous ne pouvez pas faire quelque chose ; dites-vous plutôt que vous le pouvez. Ne vous laissez jamais abattre et admettez votre défaite. Au contraire, concentrez-vous sur les aspects positifs d'une situation, par exemple en la considérant comme une leçon d'apprentissage qui vous aidera à grandir en tant que personne. Ne vous attardez pas sur vos émotions ou votre état d'esprit négatifs, mais soyez proactif et concentrez-vous délibérément et volontairement sur la culture de son opposé. Il est utile de se souvenir d'un moment de votre vie où vous avez ressenti cette émotion positive que vous essayez d'induire en vous. En gardant ce souvenir à l'esprit, vous commencerez à affecter le sentiment négatif et à le transformer en sentiment positif. Pour changer votre humeur, vous devez changer votre état. N'oubliez jamais ceci. L'échec est un choix.

Une autre méthode pour surmonter les émotions négatives consiste à mettre votre esprit dans un état actif en vous engageant dans une activité inspirante. N'oubliez pas que pour être inspiré, vous devez être en esprit. Un acte d'inspiration implique d'être en phase avec l'énergie de l'Esprit, ce qui affecte positivement votre conscience. Pour être inspiré, vous pouvez également pratiquer une activité physique, qui transforme l'émotion négative en augmentant l'Élément Feu dans le corps.

Une autre méthode pour être dans l'Esprit est de s'accorder directement avec l'esprit, en contournant le corps, et de s'engager dans une activité créative qui impliquera l'Élément Feu ainsi que l'imagination (Élément Air), faisant lentement passer l'énergie du négatif au positif. Créer, c'est s'accorder à la positivité en soi, car on a besoin de l'énergie de l'amour pour créer. Les activités physiques essentielles pour développer la volonté sont la marche, la course à pied, le Yoga (Asanas), le sport et la danse. Les activités créatives comprennent la peinture, le chant et l'écriture.

Développer la volonté n'est pas une tâche facile, et il faut de nombreuses années pour surmonter la peur et l'anxiété après l'éveil de la Kundalini. Mais si vous vous appliquez et faites des petits pas chaque jour pour accomplir cette tâche, vous deviendrez un véritable guerrier Spirituel capable de faire face à toutes les situations de la vie de manière détendue et calme. En travaillant vers cet objectif, l'énergie d'amour que vous portez dans votre cœur se développera jusqu'à ce qu'elle vous surpasse et vous prenne entièrement en charge. L'amour est la clé de ce processus ; l'amour de soi et l'amour des autres.

LE POUVOIR DE L'AMOUR

L'amour transmute/transforme toute émotion ou pensée chargée négativement en une émotion ou pensée positive. Créer et utiliser son imagination est également un acte d'amour. L'énergie de l'amour alimente votre processus créatif qui est nécessaire pour voir d'autres façons de percevoir le contenu de votre esprit. Les pensées et les émotions positives ne peuvent être induites que par l'amour. En appliquant l'énergie de l'amour à une émotion ou à une pensée négative, fondée sur la peur, vous en changez la forme et la substance. L'amour agit comme une force de fusion entre deux idées opposées, neutralisant et éliminant complètement la peur, moteur de toutes les pensées négatives.

Au niveau du Chakra de la Couronne, ce processus est volontaire et continu. C'est pourquoi la couronne est considérée comme le summum de la conscience et le vide de l'Ego. La peur n'existe qu'au niveau mental, là où se produit la dualité. Elle peut être assimilée à une fausse preuve apparaissant comme réelle (FEAR). En d'autres termes, la peur résulte d'un manque de compréhension ou d'une mauvaise interprétation des événements.

La seule façon d'interpréter un événement est l'amour. Le manque d'amour engendre la peur, qui produit le karma, puisque le karma existe en tant que sauvegarde du Plan Spirituel. Le Karma est le résultat de souvenirs d'événements mal interprétés en raison d'un manque de compréhension, créant une division entre le Soi et le reste du monde. Cette division génère la peur. Cependant, si vous enlevez la peur, il vous reste l'Unité, qui engendre la foi. Grâce à la foi, vous trouverez l'amour, qui est le summum de la compréhension humaine.

En apprenant à fonctionner à travers l'amour inconditionnel, vous spiritualisez le Chakra du Cœur, ce qui permet à votre conscience de s'élever dans le Plan Spirituel pour faire l'expérience des trois Chakras supérieurs de Vishuddhi, Ajna et Sahasrara. Cet état crée un ravissement dans le cœur, manifestant le Royaume des cieux dont parlait Jésus-Christ. Une fois atteint, vous vous asseyez à la droite de Dieu et vous êtes un Roi ou une Reine au Paradis, métaphoriquement parlant.

C'est l'interprétation ésotérique des enseignements de Jésus-Christ. Ce n'est pas un hasard s'il a toujours été représenté symboliquement avec un cœur brûlant et une auréole autour de la tête. Jésus a achevé le processus d'éveil de la Kundalini et est venu en parler aux autres, bien qu'il ait transmis ses enseignements en paraboles cryptiques afin que seules les personnes dignes de ce nom puissent comprendre. Jésus savait qu'il ne fallait jamais jeter des "perles aux cochons", ce qui était la méthode traditionnelle de transmission des enseignements Spirituels et ésotériques dans les temps anciens. Comme le dit *le Kybalion*, "Les lèvres de la sagesse sont fermées, sauf aux oreilles de l'intelligence".

Dans cet Univers, toutes les choses évoluent et se résolvent à leur point d'origine. Puisque notre Univers a été créé par l'amour et que tout en est un aspect, l'amour est également le facteur d'unification de toutes les choses et de leur produit final. En maintenant une attitude aimante dans votre cœur, vous faites taire les autres parties de votre esprit qui créent le chaos et le déséquilibre. L'amour fait taire l'Ego et vous centre afin que vous soyez en contact avec votre Âme et votre moi supérieur. En raison de son pouvoir de transformation, l'amour est symboliquement représenté par le Feu, car l'Élément Feu consacre et purifie toutes les choses, les rÂmenant à leur état originel et pur.

De la même manière, en raison de son pouvoir Universel, toutes les choses s'inclinent devant l'amour. Cela signifie que si vous appliquez l'amour à une action, les autres personnes répondront de la même manière. L'amour exige le respect. Il dit la vérité, et il oblige les autres à faire de même. L'amour est la loi de l'Univers, surtout lorsqu'il est appliqué consciemment. En tant que tel, l'amour doit être sous le contrôle de la volonté.

Il n'y aurait pas besoin de gouvernements ni de police si tous les gens éveillaient leur énergie Kundalini. Cela activerait les vertus supérieures des gens, et puisque l'amour serait la force qui guiderait toutes leurs actions, les problèmes entre les gens cesseraient d'exister. Les combats et les divisions prendraient fin, et le monde s'équilibrerait. Il n'est pas étonnant que toutes les personnes Spirituelles disent que la plus haute manifestation de Dieu sur notre plan d'existence est l'amour.

Pensez aux nombreux cas dans le passé où un poète, un musicien ou un artiste célèbre a eu le cœur "brisé". Blessés, ils se sont tournés vers l'activité créatrice qu'ils maîtrisaient pour s'exprimer. Et ce faisant, ils se sont guéris eux-mêmes. L'amour est le guérisseur ultime de toute douleur et souffrance. Et le feu est l'élément transformateur absolu utilisé pour transformer l'énergie négative de la peur et de l'anxiété en amour pur.

L'AMOUR ET LE PRINCIPE DE POLARITÉ

Pour comprendre comment l'énergie fonctionne psychologiquement, vous devez comprendre le concept d'une pièce sombre et ce qui se passe lorsque vous laissez entrer la Lumière. Vous pouvez passer une éternité à vous concentrer sur l'obscurité et à essayer de l'expulser de la pièce, ou vous pouvez simplement ouvrir une fenêtre pour faire entrer la lumière.

L'idée derrière cette métaphore est de se concentrer sur l'opposé de ce que vous essayez de surmonter en vous. Pour ce faire, vous devez utiliser le principe hermétique de la polarité, qui est présent en toutes choses. Il stipule que tout dans la nature est double et possède deux pôles ou extrêmes qui sont différents en degré mais faits de la même substance. Ce principe implique que toutes les vérités sont des demi-vérités et que tous les paradoxes peuvent être réconciliés.

Vous constaterez que l'énergie d'amour, sous l'une de ses diverses formes, est l'opposé de toute pensée ou idée négative que vous rencontrerez dans la vie. Par exemple, si une personne ment, elle s'est tournée vers la haine de soi, et si elle applique l'amour à cette équation, elle dira la vérité. Dire la vérité, c'est s'aimer soi-même et aimer les autres. La vérité est un aspect de l'amour. Si quelqu'un est en colère et violent, il doit utiliser un aspect de l'amour et appliquer la tempérance, qui lui donnera l'humilité, et à son tour, il surmontera sa colère. Si quelqu'un est avide, il devra utiliser l'énergie de l'amour et l'appliquer pour devenir charitable et donner aux autres comme il le fait pour lui-même.

La notion des sept péchés capitaux que sont la luxure, la gourmandise, l'avarice, la paresse, la colère, l'envie et l'orgueil est à la base de la plupart des pensées, émotions et croyances négatives. L'application de l'énergie d'amour transforme ces états négatifs en états positifs, à savoir la chasteté, la tempérance, la charité, la diligence, la patience, la gentillesse et l'humilité.

La peur est l'opposé de l'amour, et les sept péchés capitaux sont basés sur différents aspects ou manifestations de la peur. Dans la plupart des cas, c'est l'énergie de la peur qui est motivée par l'instinct de survie, la personne se dissociant du reste du monde, s'individualisant et s'isolant psychologiquement. Le concept ici est de prendre soin de Soi, mais dans le cas des sept péchés capitaux, ce concept le fait sans le respect dû aux autres personnes.

Se placer avant les autres et faire fi d'eux crée un manque d'égalité et d'équilibre. Agir ainsi est un acte d'amour de soi, au lieu de l'amour Universel qui nous libère. En agissant à partir de l'amour de Soi, vous agissez à partir de l'Ego. Agir à partir de l'Ego vous isole du reste du monde et vous prive du canal de l'amour, qui est nécessaire pour être vraiment heureux, joyeux et satisfait de vous-même et de votre vie.

L'EGO ET LE SOI SUPÉRIEUR

Il est difficile de faire la distinction entre l'Ego et le Soi Supérieur, surtout si vous êtes en conflit avec quelqu'un et dans le feu de l'action. J'aime toujours me poser les quelques questions suivantes avant de répondre à une dispute : "Comment ce que je m'apprête à dire ou à faire affecte-t-il la situation dans son ensemble ? De manière positive ou négative ? Cela va-t-il aider ou nuire à la situation ?" En d'autres termes, "La situation sera-t-elle résolue ou se compliquera-t-elle davantage ? Si ce que je m'apprête à dire ou à faire ne fait que m'aider et nuire aux autres, ce qui est souvent une réponse instinctive, cela vient de l'Ego. Par contre, si cela affecte positivement une situation et la résout potentiellement, même si cela nuit à mon orgueil, alors cela vient du Soi Supérieur, et je devrais le faire.

L'Univers rend la formule très simple. Si nos actions ou nos déclarations dans la vie provoquent un changement positif dans la vie des autres, cela activera le principe d'amour, et nous atteindrons l'unité. Les actions désintéressées sont les plus favorables à notre évolution Spirituelle car elles créent un Karma positif tout en induisant la félicité. Cependant, les actions égoïstes visant à satisfaire uniquement vos besoins et vos désirs, sans tenir compte des autres, attachent une énergie Karmique négative à votre Aura et lient davantage l'Ego à votre conscience. Être égoïste en paroles ou en actes produit toujours des fruits toxiques qui renforcent l'illusion du Moi. Rappelez-vous que la plus grande escroquerie de l'Ego est de vous faire croire qu'il est vous. Alors ne tombez pas dans le panneau.

Plus vous aidez les autres, et moins vous vous focalisez sur vous-même, plus vous ressentirez de l'amour et de l'unité avec toutes choses. Cependant, agir ainsi est non seulement déroutant pour l'Ego, mais aussi contre-intuitif. En tant que tel, l'Ego essaiera toujours de vous faire pencher dans la direction opposée. Mais si vous entreprenez une action ou une déclaration qui déclenche le principe d'amour, même si cela compromet l'Ego, vous vous alignerez sur votre moi supérieur et pourrez faire l'expérience de la félicité. Dans de nombreux cas, cependant, vous devrez y croire avant de le voir, car l'Ego est infidèle par nature, et c'est pourquoi il ne peut pas avoir une vue d'ensemble.

Pour donner véritablement la priorité à votre évolution Spirituelle, vous devez commencer à assumer la pleine responsabilité de vos actions, y compris des conflits dans votre vie. Arrêtez de blâmer les autres, mais comprenez qu'il faut être "deux pour danser le tango". Être le premier à s'excuser ne vous rend pas faible, mais cela montre que vous assumez la responsabilité de votre part dans le conflit. Inconsciemment, cela permet à l'autre personne de savoir qu'elle doit faire de même.

À l'inverse, si vous continuez à être sur la défensive, elle vous rendra la pareille, et rien ne sera résolu. Le conflit continuera à s'intensifier, ce qui aura pour effet de couper votre énergie amoureuse avec cette personne, voire de mettre en péril votre relation. Les gens ont tendance à refléter le comportement de l'autre, surtout en cas de conflit. Par conséquent, faites attention à vos actions et à vos déclarations car ce que vous mettez dedans, vous le récupérez.

En vous développant pour devenir un guerrier Spirituel, un émissaire de Dieu - le Créateur - vous travaillez à étendre votre capacité à aimer inconditionnellement. Tout d'abord, vous devez apprendre à vous aimer et à vous respecter, votre Soi Supérieur, puis à appliquer la même quantité d'amour aux autres. En conséquence, en montrant de l'amour aux autres, vous montrez de l'amour à votre Soi supérieur, et vice versa. Vous devez remodeler votre caractère et votre personnalité en développant une éthique et une morale qui recherchent l'unité plutôt que la division. En faisant cela, vous vous éloignerez de votre Ego, permettant une transfiguration complète de l'esprit, du corps et de l'Âme qui peut apporter un bonheur éternel à votre vie.

ÊTRE UN CO-CRÉATEUR DE VOTRE RÉALITÉ

De nombreuses personnes font l'expérience d'énormes défis sur le Plan Mental et émotionnel après un éveil de la Kundalini. Après l'afflux d'énergie Lumière et l'harmonisation avec la dimension vibratoire, la personne ne peut plus se fermer au monde extérieur, mais sa conscience est ouverte à lui 24 heures sur 24, 7 jours sur 7. Dans ce cas, l'individu peut percevoir l'énergie de la Kundalini comme quelque chose d'étranger qui ne fait pas partie de lui, mais qui contrôle sa vie. Par exemple, de nombreux individus éveillés disent qu'ils se sentent possédés par cette énergie et qu'un abandon total à celle-ci est la bonne réponse. Cependant, l'énergie Kundalini est passive puisqu'elle est l'énergie féminine de la Déesse Shakti. Cette énergie de vie exige que nous participions activement au processus de création, car toutes les énergies passives ont besoin d'un catalyseur pour les mettre en mouvement.

Le cœur est le principe motivant, la première impulsion qui reçoit son élan de la volonté, le feu de l'Âme. Si la volonté est utilisée en permanence, elle dynamise le cœur, fait bouger l'esprit, et le corps suit. Après un éveil complet de la Kundalini, le système énergétique optimisé fonctionne comme une force aveugle jusqu'à ce que la volonté le contrôle. La volonté étant masculine, elle agit sur l'énergie féminine de la Kundalini, l'anime et la fait avancer dans la direction souhaitée.

En effet, la Kundalini est une énergie féminine, représentant la créativité, l'imagination et toutes les parties du Soi, représentant le courant énergétique négatif, passif. À ce propos, comprenez que les courants énergétiques négatifs et positifs n'ont rien à voir avec le bien ou le mal, mais concernent la projection et la réception - l'énergie masculine projette, tandis que l'énergie féminine reçoit. L'éveil de la Kundalini étant un processus complet de transformation, il implique non seulement l'aspect féminin du Soi mais aussi le masculin. Il vous met au défi d'utiliser votre nouvelle énergie masculine élargie en faisant appel à votre volonté, ce qui vous permet d'être à tout moment maître de votre réalité.

Il est essentiel que vous contrôliez activement le fonctionnement de l'esprit, qui, à son tour, influencera et contrôlera le corps. Le précurseur de toute action est la pensée, tandis que le géniteur des pensées est la volonté. La volonté est au cœur de toutes choses. Ainsi, être un Co-créateur avec le Créateur est le défi substantiel de la transformation Kundalini, un défi que vous devez commencer à surmonter quotidiennement.

Nous sommes sur la Planète Terre pour manifester la réalité que nous désirons, et c'est un cadeau de notre Créateur que d'avoir cette capacité. Cependant, si nous n'utilisons pas cette capacité au maximum de son potentiel, nous souffrirons émotionnellement et mentalement. De plus, si nous n'utilisons pas notre volonté pour contrôler notre réalité, nous serons invariablement influencés par d'autres personnes qui penseront à notre place. Par conséquent, il n'y a pas d'autre façon de vivre que de prendre la pleine responsabilité de sa propre vie.

De même, si le corps n'est pas influencé par l'esprit, vous serez la proie du fonctionnement de l'Ego, qui est une intelligence distincte de l'Âme et de l'Esprit et qui semble fonctionner en mode automatique. L'Ego est lié à la survie du corps physique et opère à travers l'Élément passif qu'est l'Eau. Si votre volonté n'est pas active, vous serez constamment sous le contrôle du corps et de l'Ego. La volonté est un muscle qui demande de l'entraînement, ce qui peut être difficile à travailler, mais gratifiant au-delà de toute mesure. L'énergie aveugle de la Kundalini ne devrait pas animer le corps sans que la volonté soit présente et utilisée, car cela implique que des facteurs externes sont son catalyseur. Au contraire, la volonté doit contrôler l'énergie de la Kundalini, qui a ensuite un impact sur l'esprit, mettant le corps en mouvement.

L'esprit sur la matière est une fausse déclaration. C'est le cœur qui prime sur l'esprit et qui a un impact sur la matière. Le cœur vient en premier puisque la volonté opère à travers lui. L'esprit n'est qu'un médium aveugle entre le corps et le cœur. S'il ne reçoit pas les impressions de la volonté, il accueillera les idées de la volonté des autres, et il n'y aura plus de contrôle de l'énergie de la Kundalini. Au lieu de cela, c'est l'esprit qui aura le contrôle. Les gens se trompent sur cette partie. Ils agissent parfois comme si la Kundalini était quelque chose d'extérieur au Soi qui doit être écouté et suivi tout en oubliant le but global de l'éveil de la Kundalini.

La Kundalini est un éveil du Soi Spirituel, du cœur et de la volonté du Soi véritable, qui peut maintenant se déverser dans le corps et le contrôler par l'esprit. Mais avant d'en arriver là, il faut faire un grand travail intérieur. Vous devez vous entraîner à combattre la négativité du monde extérieur et à la surmonter. Le monde extérieur, y compris les gens et l'environnement, crée constamment de la négativité qui se projette dans votre Aura, affectant ainsi votre champ énergétique de manière négative.

Le défi le plus important après l'éveil de la Kundalini est d'apprendre quotidiennement à vivre avec cette énergie. Vous devez comprendre les tenants et aboutissants de la vie avec cette énergie et la contrôler au lieu d'être contrôlé par elle. Le principe du genre mental *de Kybalion* entre en jeu lors d'une transformation de la Kundalini, qui stipule que les composantes féminines et masculines de l'univers sont également présentes dans l'esprit. Si vous n'utilisez pas votre volonté, vos énergies seront conduites par des facteurs externes comme la volonté des autres. Ce principe ou cette loi de l'Univers ne peut pas être surmonté ou détruit. Au contraire, il faut le respecter et l'appliquer. Le libre arbitre est un cadeau qui requiert notre plus grande attention. Après tout, "un grand pouvoir implique de grandes responsabilités". Et si vous voulez exercer un grand pouvoir et être un catalyseur du changement, un travail intérieur acharné est nécessaire pour réussir.

MANIFESTER VOTRE DESTIN

Pour manifester la vie dont vous avez toujours rêvé, vous n'aurez d'autre choix que de vous aligner sur votre volonté et d'apprendre à l'utiliser. Mais, d'un autre côté, la paresse et l'incapacité à mettre en œuvre votre volonté entraîneront dans tous les cas une stagnation ou une dévolution. De plus, cela transformera votre vie en chaos, où vous deviendrez la Lune des Soleils des autres, au lieu d'être votre propre Soleil, le centre de votre Système Solaire. En d'autres termes, d'autres personnes seront responsables de votre réalité, puisque votre attention se portera sur le fait de leur faire plaisir au lieu de vous faire plaisir.

Vous devez comprendre que vous devez d'abord vous aimer vous-même avant de pouvoir aimer sainement les autres. Et se montrer aimant signifie que vous devez prendre vos propres décisions dans la vie et guider votre chemin. Vous devez mettre toute votre confiance et votre foi en vous et savoir que vous êtes un cadeau pour ce monde. Vous êtes unique, même si vous devez le croire aveuglément avant de le voir se manifester. D'autres personnes peuvent vous donner des conseils que vous devez peser avec esprit critique et discernement, mais chaque décision que vous prenez doit être la vôtre.

L'un des grands mystères de la vie est que nous sommes destinés à être des co-créateurs avec notre Créateur. Nous ne sommes pas destinés à être de simples reflets de la réalité d'autrui. Avec Dieu dans notre cœur, nous pouvons vivre nos rêves et, ce faisant, nous contribuerons à l'évolution collective de l'humanité. Les êtres humains sont intrinsèquement bons, mais il est primordial de croire en soi si l'on veut surmonter son Ego et s'aligner sur son Soi supérieur. Vous voyez, la plupart des gens ne cherchent pas le sens de la vie mais ressentent l'excitation brute d'être en vie. Nous voulons tous vivre l'instant présent et goûter aux fruits de l'Esprit éternel, qui est notre droit de naissance.

Pour commencer à manifester votre destinée, vous devez vous défaire de toutes les croyances limitatives qui vous ont permis de vous contenter d'une vie médiocre. Vous n'êtes pas votre conditionnement passé, et à chaque instant, vous avez le pouvoir de votre volonté pour vous refaire entièrement. Vous avez le libre arbitre, mais vous devez apprendre à l'exercer et à l'utiliser de manière productive. Ensuite, vous pouvez être le héros de votre propre histoire si vous le souhaitez. C'est une grande responsabilité, mais comme l'a dit Voltaire, "Un grand pouvoir implique une grande responsabilité."

En apprenant à ne pas craindre le changement, vous pouvez réaliser les désirs de votre Âme et être heureux. Cependant, vous devez d'abord reconnaître le droit que vous a donné Dieu d'être le co-créateur de votre vie. Les personnes paresseuses et démotivées s'assoient sans rien faire et laissent la vie les dépasser, en entretenant une fausse croyance sur ce qu'est le destin. Ils ont renoncé à leur volonté et prétendent que tout ce qui doit arriver arrivera. Mais en réalité, si vous ne faites pas en sorte que quelque chose arrive, cela n'arrivera pas. C'est aussi simple que cela.

Si vous espérez et priez continuellement pour gagner à la loterie, mais que vous n'avez même pas acheté de billet de loterie, comment pouvez-vous espérer gagner ? De nombreuses personnes que j'ai rencontrées ont ce point de vue. Elles veulent croire que ce n'est qu'une question de temps avant que l'Univers ne les récompense pour leurs "difficultés", mais elles ne font absolument rien pour être le catalyseur du changement dans leur vie. Ils croient que leur position et les conditions de leur vie résultent de facteurs externes et que tout est "censé être". Ces personnes n'assument aucune responsabilité pour leur réalité et agissent comme des victimes de tout ce que la vie leur envoie. Elles ont trouvé du réconfort dans ce processus de victimisation, et au lieu de s'en sortir et de prendre le contrôle, elles accusent les autres et l'Univers lui-même de ne pas être heureux dans leur vie.

Le point de vue ci-dessus est erroné à la base. Comprenez que l'Univers est un vaisseau d'énergie aveugle qui nécessite l'utilisation de notre libre arbitre pour apporter des changements. Sans l'utilisation de votre volonté, les choses resteront telles qu'elles sont, permettant à l'Ego d'avoir un contrôle total sur votre vie. Et l'Ego veut faire plaisir au corps à tout moment ; il ne se préoccupe pas de l'avenir. Rappelez-vous toujours que l'Univers veut vous donner ce que vous voulez. Si vous choisissez d'être paresseux, l'Univers vous fournira les ramifications de cette action. En revanche, si vous assumez la responsabilité de votre vie et apportez des changements, l'Univers vous récompensera.

Attendez-vous à ce que l'Univers réalise les pensées et les désirs que vous projetez dans le monde Astral, alors faites attention à ce que vous pensez et souhaitez. Ce principe Universel qui forme la loi d'attraction doit être utilisé avec précision et avec une grande responsabilité. Vous souffrirez si vous l'utilisez au petit bonheur la chance, car rien ne se manifeste par hasard. Tout ce qui s'est manifesté dans votre vie est le résultat de la magnétisation du monde Astral par vos pensées. Vous avez demandé à être là où vous êtes dans la vie, que ce soit consciemment ou inconsciemment. Tant que vous ne l'aurez pas réalisé, vous ne progresserez pas davantage. Si vous laissez d'autres personnes penser à votre place, elles prennent le contrôle de votre réalité tandis que vous n'êtes qu'un simple passager dans votre voyage, ce qui est regrettable pour votre Créateur. Dieu veut que vous soyez un gagnant dans la vie, et non un perdant à qui les choses arrivent simplement sans qu'il en ait conscience.

Personne, y compris vos parents et vos proches, ne peut vous dire comment vivre votre vie. Vous êtes le seul à pouvoir en décider par vous-même. Et il est de votre responsabilité de vous permettre de le découvrir. Vous pouvez atteindre n'importe quel objectif et réaliser n'importe quel rêve si vous appliquez la bonne énergie pour les manifester tout en étant déterminé, persistant et carrément têtu pour qu'ils se réalisent. Si vous laissez les autres vous dire ce que vous devriez faire, alors vous avez manqué à vos devoirs envers vous-même et envers votre Créateur.

Le chemin de l'initié Kundalini est le chemin d'un guerrier Spirituel. L'avancement Spirituel exige la participation active du Soi avec l'Univers, ce qui implique de jouer le rôle de Co-Créateur dans cette réalité. Cette voie Spirituelle ne consiste pas à devenir simplement un Roi ou une Reine du Ciel. Il exige que vous deveniez d'abord un Roi ou une Reine de l'Enfer. En d'autres termes, vous devez apprendre à gérer la négativité et à la maîtriser. Vous devez maîtriser toutes les parties du Moi qui vous empêchent d'être la meilleure version de vous-même. Vous devez invoquer le courage, affronter vos peurs et les surmonter tout en apprenant à écouter la voix dans votre tête qui vous inspire à vivre dans la Lumière et la vérité.

Les personnes pleinement éveillées à la Kundalini et en contact avec le monde de l'énergie reçoivent constamment des influences énergétiques positives et négatives, à l'extérieur comme à l'intérieur. Elles sont totalement ouvertes aux forces de la Lumière mais aussi des Ténèbres. Vivre avec une Kundalini éveillée est beaucoup plus difficile que de vivre sans, car cela vous oblige à accepter cette nouvelle réalité et à utiliser vos nouveaux pouvoirs. Cela vous oblige à utiliser votre principe de libre arbitre à un niveau plus élevé qu'auparavant. Vous devez vous motiver et chercher les réponses en vous au lieu de les chercher à l'extérieur. Vous devez être votre propre sauveur, au lieu d'attendre qu'une divinité descende des cieux pour vous sauver.

L'éveil de la Kundalini étant une activation complète du Chakra du Cœur, il est essentiel de noter que le cœur devient la force directrice de votre vie. Le cœur est l'opposé de l'Ego. L'Ego cherche à satisfaire le corps physique alors que le cœur est l'expression de l'Âme et de l'Esprit. Par conséquent, apprendre à vivre de façon renouvelée à partir du centre du cœur et à utiliser votre volonté à tout moment est l'un des plus grands défis de tous, mais qui donne les fruits les plus incroyables s'il est maîtrisé.

VIE PROFESSIONNELLE ET SCOLAIRE

L'un des défis importants du processus d'éveil et de transformation de la Kundalini est la performance au travail ou à l'école. Je vise ici le travail et l'école puisque je parle des obligations de neuf à cinq que nous nous imposons pour maintenir un mode de vie sain. Vous avez besoin d'argent pour survivre dans la société actuelle ; par conséquent, je suppose que vous avez eu un travail quotidien qui vous permet de subvenir à vos besoins financiers. D'un autre côté, si vous êtes jeune et que vous commencez votre vie, vous ne travaillez peut-être pas encore à plein temps et vous êtes à l'école, comme je l'étais lorsque j'ai eu mon premier éveil de la Kundalini. Ou peut-être jonglez-vous avec le travail et l'école, et vous avez été gratifié de l'éveil de la Kundalini, soit spontanément, soit consciemment.

Quoi qu'il en soit, si vous avez choisi de vous battre au travail et (ou) de rester à l'école, la vie vous réserve des défis particuliers en cours de route. J'en ai déjà parlé brièvement mais je ressens le besoin d'entrer plus en détail dans ce sujet. Tout d'abord, vous aurez des expériences nocturnes où l'énergie de la Kundalini est très active, et vous ne pourrez pas induire le sommeil pour être pleinement reposé le matin. Vous devrez vous adapter très tôt à cette situation. Vous ne pouvez pas la changer, mais seulement vous y adapter.

Mon conseil est d'apprendre à vous détendre autant que possible. Trouvez la position de sommeil qui vous convient le mieux. Si vous dormez sur le côté, il y a de fortes chances que votre sommeil soit plus profond que si vous vous allongez sur le dos. Si vous vous allongez sur le dos, votre corps est dans un état méditatif, et le plus souvent, cela se traduira par une expérience Extracorporelle et un Rêve Lucide. Les Rêves Lucides sont amusants et excitants, mais ils ne vous apporteront pas le sommeil profond dont vous avez besoin si votre objectif est d'être aussi reposé que possible le matin pour pouvoir vous consacrer à votre travail de neuf à cinq. Rappelez-vous que les Rêves Lucides se produisent dans l'état Alpha, lorsque la conscience n'est ni totalement endormie ni totalement éveillée. Il s'accompagne souvent d'un sommeil paradoxal qui signifie "Mouvement oculaire rapide". Dans le sommeil paradoxal, vos yeux roulent vers l'arrière de votre tête pendant que vous dormez. Il n'est pas dangereux d'être en mode REM, mais cela peut être éprouvant pour votre corps physique.

Lorsque vous êtes au travail ou à l'école, il se peut que vous ne vous sentiez pas très équilibré émotionnellement ou mentalement certains jours, ce qui peut vous Âmener à faire une "crise" devant vos collègues ou vos pairs. Il est préférable de vous mettre dans un état d'esprit différent lorsque vous êtes au travail ou à l'école si vous voulez rester incognito aux yeux des autres. Réservez vos émotions pour les moments où vous êtes seul(e) ou lorsque vous avez un membre de votre famille ou un ami spécial à qui vous pouvez vous confier.

Une crise émotionnelle devant des personnes en qui vous n'avez pas confiance peut compromettre votre emploi. Je me souviens de nombreux cas où j'ai dû rester calme devant mon patron ou mon professeur à l'école pour préserver l'intégrité de mon travail ou de mon école. Il est difficile de traiter avec les figures d'autorité lors d'une transformation Kundalini, car elles ne comprennent pas ce que vous vivez, mais leur travail consiste à vous garder dans le rang. Comme je l'ai déjà mentionné, il est utile d'avoir des excuses acceptables sous la main, et souvent vous n'aurez pas d'autre choix que de mentir sur votre situation pour obtenir un laissez-passer.

Le fait de vous sentir aliéné en raison de votre état rendra votre vie beaucoup plus compliquée que si vous mentez. Il est utile de se faire des amis au travail ou à l'école, car vous aurez parfois besoin d'eux pour vous couvrir. Faites toujours des efforts supplémentaires avec ces personnes, car elles vous seront d'une grande utilité dans certaines situations. Je me souviens d'avoir eu des amis proches à l'école qui m'inscrivaient aux cours du matin lorsque je ne pouvais pas arriver à l'heure parce que je n'avais pas pu dormir la veille. Cette situation m'est arrivée à plusieurs reprises. Il est également arrivé que, si je me sentais déprimé et de mauvaise humeur, mes collègues me couvrent en présentant des excuses à mon patron, dont le travail consiste toujours à évaluer les performances de ses employés.

N'oubliez pas que la plupart des gens ne comprendront pas ce que vous vivez, mais les amis et la famille peuvent accepter que vous ayez parfois besoin d'aide pour faire face à ce qui vous arrive. Les personnes qui vous aiment feront preuve de compréhension et vous offriront leur aide, même si elles ne comprennent pas entièrement votre situation. Par conséquent, ne rayez pas complètement les gens de votre vie simplement parce qu'ils ne peuvent pas comprendre votre situation. Un véritable ami ne vous juge pas, mais vous montre son amour lorsque vous en avez besoin. En faisant face à une transformation Kundalini, vous verrez qui sont vos vrais amis.

INSPIRATION ET MUSIQUE

Les gens me demandent souvent de leur dire comment un éveil de la Kundalini améliore leur vie quotidienne. Bien qu'il s'agisse d'un mécanisme évolutif qui peut vous projeter dans un autre état de réalité, l'effet pratique de changement est qu'il vous rend inspiré. Être inspiré implique que vous êtes dans l'esprit et non dans l'Ego. Vous fonctionnez dans un état de réalité supérieur où tout semble possible. En vous connectant à l'énergie ineffable, éternelle et illimitée de l'Esprit, vous pouvez explorer le véritable potentiel de la vie.

Le Royaume Spirituel est un lieu de pouvoir pur et de possibilités infinies. Vous ne pouvez y accéder qu'à travers le Maintenant, le moment présent. Un éveil de la Kundalini déclenche cet état en vous. Une fois que le circuit de la Kundalini est ouvert et optimisé, se nourrissant de chaque morceau de nourriture, il active un processus continu d'inspiration.

Bien sûr, vous oscillerez entre l'Ego et l'Esprit en donnant la priorité aux tâches de votre vie, car vous devrez toujours vous occuper de ses aspects mondains. Cependant, cela s'accompagnera de ce mouvement perpétuel de l'énergie Kundalini en vous qui est la source d'une inspiration illimitée. Elle crée un sentiment d'émerveillement et d'innocence, comme chez un enfant qui n'a pas encore développé son ego. C'est beau et époustouflant à chaque instant, surtout lorsque vous avez atteint le point d'évolution où vous pouvez voir la Lumière en toutes choses, comme je l'ai décrit précédemment.

Vous voyez, la Kundalini est notre chemin de retour vers la Source de toute la Création. Lorsque nous atteignons cet état de conscience, les activités de la vie deviennent sans effort. La douleur et l'anxiété de la vie humaine, y compris la souffrance mentale et émotionnelle, sont remplacées par l'inspiration, l'épanouissement, la paix intérieure et un bonheur durable. La joie que l'on ressent dans son cœur et le ravissement qui l'accompagne sont sans limite. En effet, pour vivre pleinement en tant qu'êtres humains Spirituels et tirer le meilleur parti de la vie, nous avons besoin d'être inspirés. Et l'éveil de la Kundalini nous donne cela.

Plusieurs fois dans ma vie, je me suis trouvé dans des états tellement extatiques que j'avais besoin de serrer les dents pour ancrer la sensation alors que l'énergie Kundalini me traversait. J'ai souvent connu les états d'inspiration les plus intenses simplement en écoutant de la musique. Votre goût en matière de musique détermine le type d'émotion que vous ressentirez, car toute musique cherche à créer un sentiment en vous. Mon type de musique préféré et celui qui amplifie le plus mon énergie Kundalini est la musique de film épique. Cela inclut la musique de films de compositeurs comme Hans Zimmer, qui a réalisé la bande-son de la trilogie The Dark Knight, The Last Samurai, Gladiator, The Rock, Thin Red Line, King Arthur, Dune, Man of Steel, Inception, Interstellar, et bien d'autres encore.

Les films inspirants qui entraînent votre esprit et votre cœur dans un voyage émotionnel traitent généralement de thèmes liés à la conscience supérieure. Les thèmes de l'honneur, de la loyauté, du respect et de l'émerveillement mystique sont parmi mes préférés car ils puisent dans les parties les plus profondes de mon Âme que la transformation Kundalini a éveillées. Ces thèmes et la musique de films épiques m'inspirent et me maintiennent dans des états très élevés tout au long de la journée, ce qui me permet d'écrire, de dessiner et de puiser dans ma créativité élargie.

J'écoute de la musique tous les jours, parfois pendant des heures. Cela me met dans un état d'esprit inspirant où j'ai l'impression que ce que j'écoute est la bande-son de la tâche que je suis en train d'accomplir. Par exemple, en conduisant et en écoutant de la musique de film épique, j'ai l'impression que la chanson que j'écoute fait partie de la bande-son de ma vie. J'ai découvert que la musique était la source d'inspiration la plus importante de mon voyage Kundalini, et je suis très reconnaissante de faire partie d'une société qui compte tant de musiciens et de compositeurs extraordinaires.

PARTIE X : CONTRÔLE DES DOMMAGES CAUSÉS PAR LA KUNDALINI

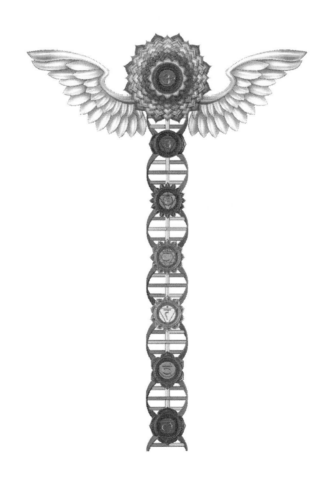

KUNDALINI ET COURTS-CIRCUITS

Au cours du processus d'éveil de la Kundalini et de l'intégration de l'énergie en vous, vous rencontrerez probablement certains pièges qui peuvent survenir à la suite d'un court-circuit d'Ida ou de Pingala. En parlant avec de nombreuses autres personnes éveillées à la Kundalini sur les médias sociaux et en personne, j'ai découvert que ces "courts-circuits" sont un problème commun. Cependant, la plupart des gens ne savent pas qu'ils peuvent reconnecter les canaux Ida et Pingala pour créer à nouveau un flux d'énergie correct dans la tête. J'appelle ce processus "Redémarrage manuel de la Kundalini". Vous pouvez redémarrer le système manuellement grâce à des exercices de méditation que j'ai découverts, au lieu d'attendre simplement que l'Univers vous aide.

La Sushumna ne peut jamais se court-circuiter car son flux d'énergie passe par le tube creux de la colonne vertébrale, et elle est connectée au centre du cerveau, la zone du Troisième Ventricule qui contient le Thalamus, l'Hypothalamus, et les Glandes Pinéale et Pituitaire. Lorsque Sushumna atteint le centre du cerveau, son énergie se répand comme des tentacules vers les parties extérieures du cerveau et de la tête. Mais Ida et Pingala, qui sont des canaux auxiliaires ou Nadis, régulent l'esprit, le corps et l'Âme et sont affectés par les pensées et les émotions. Pour être exact, Ida gouverne les émotions, tandis que Pingala contrôle la volonté. Ida est l'expression de l'Élément Eau, tandis que Pingala est l'expression de l'Élément Feu. Il est fréquent qu'ils se court-circuitent si la qualité des pensées et des sentiments qui les habitent est intensément corrompue.

Au fil des années, je me suis trouvé dans cette situation à de nombreuses reprises. Une anxiété envahissante à propos de l'avenir, un esprit rongé par la peur, l'incapacité de penser clairement ou l'obsession des événements passés sont des pensées ou des émotions typiques qui peuvent entraver considérablement le système Kundalini. Elles vont à l'encontre de l'Esprit et nous font sortir du Maintenant, du moment présent, en fermant complètement notre source d'inspiration, la Couronne.

Les courts-circuits de la Kundalini se produisent généralement lorsqu'une pensée ou une émotion basée sur la peur envahit l'esprit pendant une période prolongée. Les exemples les plus courants sont la fin d'une relation amoureuse, le décès d'un être cher, une pression intense au travail ou à l'école, etc. Les événements moins courants sont le viol, l'enlèvement, le fait d'être témoin d'un meurtre ou d'autres situations traumatisantes où votre vie est en danger. Dans tous ces exemples d'événements potentiels de la vie, certains moins graves ou horribles que d'autres, le point commun est le déclenchement du stress et de l'anxiété qui envahit l'esprit, le corps et l'Âme.

Lorsque de tels événements se produisent, votre corps est en mode "combat ou fuite", le système nerveux sympathique étant en pleine action. L'Ego s'accroche de toutes ses forces aux pensées négatives, essayant de les travailler intérieurement. Ainsi, votre conscience est retirée de l'Élément Esprit et des Chakras supérieurs, ce qui vous fait perdre la connexion avec le facteur de transcendance. Selon la durée du stress et de l'anxiété, l'Ego peut rapidement prendre le dessus sur le Soi Supérieur pendant cette période, mettant en danger soit Ida, soit Pingala, soit les deux canaux. Si vous parvenez à sortir de cet état à temps, vous pouvez éviter un court-circuit, mais tout dépend de ce sur quoi vous concentrez votre attention pendant les prochains instants.

Ce qui est le plus courant, c'est un court-circuit dans Ida, le canal féminin, qui se produit en raison de l'envahissement des émotions par l'énergie de la peur. Ida est passif, tout comme les sentiments. Rappelons que si les trois canaux fonctionnent correctement, l'énergie de l'Esprit se libère à l'intérieur du Soi, imprégnant le Corps de Lumière et provoquant un ravissement nirvanique. Dans cet état, on ne pense pas en termes de passé ou de futur. Au contraire, on existe dans le Maintenant, ce qui entraîne la transcendance mystique dont j'ai parlé.

Lorsque vous êtes pris par quelque chose d'émotionnellement difficile dans le moment présent qui apporte avec lui un haut degré d'énergie de peur, vous êtes immédiatement sorti de cet état transcendantal. Si l'émotion négative est suffisamment puissante, elle peut faire s'effondrer le canal Ida. Cela signifie que vous perdrez le contact avec la transcendance dans les émotions, ce qui rendra votre état naturel chargé négativement. Ainsi, votre capacité à éprouver la peur sera considérablement accrue.

Rappelez-vous ce que j'ai dit à plusieurs reprises auparavant : l'état le plus élevé de la conscience éveillée par la Kundalini est celui où la dualité est transcendée, y compris l'expérience de la peur. Un individu pleinement éveillé par la Kundalini est censé surmonter complètement la peur. Cependant, à moins de vivre dans un temple ou un ashram quelque part et d'être éloigné de l'imprévisibilité et du chaos de la société moderne, vous rencontrerez invariablement des événements de la vie qui vous remettront en contact avec la peur. La façon dont vous gérez ces événements détermine si vous préserverez l'intégrité du système Kundalini ou si les choses se déséquilibreront.

Comme Pingala est lié à la façon dont vous exprimez votre volonté, il peut aussi s'effondrer en raison de l'inactivité et du fait que vous ne suivez pas votre vraie volonté. Si cela se produit, vous ne recevez plus d'influx de l'Élément Feu. Vous pouvez avoir de la transcendance dans vos émotions, mais il vous manquera l'inspiration. La poussée d'énergie masculine dont vous avez besoin pour avancer dans la vie disparaît pour le moment. Vous allez stagner dans votre parcours de vie et ne pas accomplir grand-chose.

D'autre part, aucun objectif n'est trop élevé et aucune tâche n'est trop difficile lorsque Pingala est pleinement actif. Pingala est moins susceptible de se court-circuiter tant que vous suivez votre chemin Spirituel et que vous agissez de manière cohérente avec votre volonté. Ida et Pingala sont censés s'équilibrer mutuellement lorsqu'ils fonctionnent correctement. La transcendance des émotions, associée à une inspiration continue, devrait vous donner l'impression d'être un demi-dieu capable d'accomplir tout ce que vous voulez. Chaque moment d'éveil est un ravissement, et vous êtes la cause et l'effet, la question et la réponse en un - l'Alpha et l'Omega. L'Esprit nourrit continuellement votre âme, et votre Soi supérieur communique directement avec vous.

Un exemple typique de la façon dont Pingala peut se court-circuiter est une situation malsaine ou toxique, comme une relation amoureuse ou parentale co-dépendante où d'autres personnes pensent à votre place. Tout ce qui affecte votre libre arbitre et le droit que vous a donné Dieu de prendre vos propres décisions dans la vie affecte le fonctionnement du canal Pingala. Par conséquent, il est d'une importance cruciale de générer continuellement votre propre réalité par l'utilisation de votre volonté. Cela dit, il faut généralement un peu de temps pour que Pingala soit mis en péril. Il est davantage lié à vos croyances dans la vie, comme c'est la nature de l'Élément Feu. Les émotions étant instantanées, Ida est plus souvent en danger.

La Sushumna ne peut jamais être court-circuitée, car cela reviendrait à laisser tomber complètement l'énergie de la Kundalini et à ne plus la faire fonctionner du tout, et je n'ai jamais entendu dire que cela se soit produit. Je crois qu'une fois ouverte, elle est ouverte à la vie et le tube creux de la colonne vertébrale transporte cette énergie depuis le coccyx, le coccyx, jusqu'au centre du cerveau. Le seul moyen possible pour qu'elle cesse de fonctionner est peut-être une grave lésion de la moelle épinière. Mais comme je n'ai jamais entendu dire que cela arrivait à quelqu'un, je ne fais que spéculer.

Étant donné que le canal de Sushumna libère l'énergie de la Kundalini dans le cerveau, qui se propage ensuite vers l'extérieur, la partie centrale qui relie le centre du cerveau au sommet de la tête, juste au-dessus, est le principal canal ou courant de Sushumna. C'est le plus épais en termes de brins de Kundalini qui s'assemblent pour créer ce canal. Les brins de Kundalini sont comparés à des spaghettis, bien qu'ils soient encore plus fins. Ce sont les Nadis qui se déploient à partir des centres énergétiques, les Chakras, et les trois Nadis primaires qui se terminent dans la tête. De cette façon, ces brins d'énergie Kundalini atteignent la surface de la tête, du tronc et des membres. Ils ressemblent à des branches d'arbre qui transportent l'énergie Kundalini à travers le Corps de Lumière à l'intérieur.

Il y a plus de brins de Kundalini dans la tête que partout ailleurs dans le corps. Après tout, la tête et le cerveau sont le "centre de commande", le quartier général qui régule tous les processus de l'esprit. Le cœur, quant à lui, régit les opérations de l'Âme. Mais le cœur s'exprime à travers l'esprit. Par conséquent, l'esprit est le moyen d'expression de l'Âme et de l'esprit. Comme nous l'avons mentionné, le Chakra du Cœur, Anahata, est un autre centre d'énergie critique dans le corps où la plupart de ces Nadis convergent et se ramifient. Vous comprenez maintenant pourquoi l'Axiome Hermétique "Tout est esprit, l'Univers est Mental" est l'épine dorsale de toute la philosophie Hermétique. Notre esprit est le lien entre l'Esprit et la Matière. Et l'esprit s'exprime à travers le cerveau, qui est le système nerveux central du corps, ainsi que la colonne vertébrale.

Le canal Sushumna ne peut jamais être court-circuité, mais la connexion entre le cerveau et le sommet de la tête peut l'être. Cela ne se produit pas aussi souvent que le court-circuit d'Ida et de Pingala, mais cela peut se produire et se produit effectivement. Cela se produit généralement si Ida, ainsi que Pingala, sont affaissés en même temps. Cela peut également se produire si vous concentrez trop votre volonté sur la pensée interne. Ce faisant, vous portez votre attention sur votre subconscient, ce qui attire l'énergie vers l'arrière de la tête plutôt que vers le haut.

Nous sommes censés concentrer nos énergies à l'avant de la tête, dans le Chakra Ajna, qui correspond à notre état naturel de veille. Et en nous concentrant sur le Troisième Oeil, nous créons un lien avec Sahasrara au-dessus. Par conséquent, l'obsession et les pensées obsessionnelles peuvent être très préjudiciables au flux d'énergie dans le cerveau et peuvent créer des blocages. Un alignement correct sur le centre supérieur de la tête est nécessaire pour atteindre l'état de transcendance puisque la Couronne représente l'Unité. Toute pensée déséquilibrée ou tout usage inapproprié de la volonté compromet l'ensemble du système Kundalini puisque son but est de vous maintenir dans le présent, le Maintenant, dans un sentiment constant d'inspiration.

KUNDALINI ET DROGUES RÉCRÉATIVES

La consommation et l'abus de substances est un sujet essentiel dans les cercles Kundalini qui est souvent négligé en raison de son facteur tabou. Néanmoins, ce sujet doit être mis en lumière car de nombreuses personnes se tournent vers les drogues récréatives, y compris l'alcool, à un moment donné de leur voyage pour les aider à faire face aux problèmes mentaux et émotionnels qui surviennent après un éveil Spirituel. J'étais l'une de ces personnes il y a de nombreuses années, c'est pourquoi ce sujet me tient à cœur en raison de mes propres expériences et de mon désir de les partager avec d'autres de manière informative.

Après avoir été prédisposé à un style de vie sauvage et socialement actif, j'ai vécu le point crucial de ma transformation Kundalini au milieu de la vingtaine. Comme j'ai toujours cru qu'il fallait vivre pleinement et sans regrets, j'ai expérimenté les drogues récréatives et l'alcool avant même d'éveiller la Kundalini. Cependant, j'étais plutôt un consommateur d'amélioration, qui utilisait des substances pour me connecter à la réalité Spirituelle, plutôt que quelqu'un qui le faisait pour engourdir la douleur émotionnelle des événements indésirables de la vie.

Cependant, après le réveil, j'ai commencé à utiliser du cannabis pour aider à atténuer la peur et l'anxiété considérables qui faisaient définitivement partie de moi. J'ai donc expérimenté différentes variétés de cannabis pendant les douze années suivantes de ma vie. L'expérience m'a apporté la sagesse et la connaissance de la science des drogues récréatives et de l'alcool, de sorte que lorsque j'ai tourné le dos aux deux plus tard dans ma vie, je savais exactement pourquoi je le faisais - je savais ce que je perdais et ce que je gagnais dans le processus.

Je crois en une transparence totale sur ce sujet afin que vous puissiez comprendre les répercussions réelles de la consommation et de l'abus de substances. Après tout, les personnes éveillées à la Kundalini dans une société nord-américaine ont un mode de vie bien différent de celui des personnes éveillées en Inde ou dans d'autres parties du monde. Nous voulons tous "nous intégrer", être "cool" et être acceptés par nos pairs. Et ceux qui ne le sont pas ont un parcours beaucoup plus difficile que ceux qui le sont.

Après avoir parlé à de nombreuses personnes éveillées à la Kundalini sur les médias sociaux et en personne, j'ai conclu que la plupart d'entre elles ont expérimenté les drogues et l'alcool à un moment donné de leur vie et que c'est un thème commun. Par conséquent, ignorer complètement ce sujet est irréaliste et vous laisse ouvert au mal. Au contraire, comprendre la science derrière les drogues récréatives et l'alcool lorsqu'ils sont appliqués au système Kundalini vous permettra de prendre une décision consciente quant à leur utilisation dans votre voyage d'éveil. Vous saurez également quoi faire lorsque vous êtes allé trop loin dans leur utilisation et que vous avez mis en péril l'intégrité du système Kundalini.

LE CANNABIS ET SES PROPRIÉTÉS

Le cannabis est la drogue récréative la plus populaire au monde et l'a toujours été. Par conséquent, les individus éveillés à la Kundalini sont enclins à l'expérimenter et même à en faire une partie de leur voyage Spirituel. La plupart d'entre vous savent ce que fait le cannabis et ses effets, mais beaucoup ignorent la vaste science qui se cache derrière et ses propriétés complexes.

Le cannabis, également connu sous le nom de marijuana ou "herbe", est une drogue psychoactive destinée à un usage médicinal et récréatif. Il est utilisé pour ses effets mentaux et physiques, qui se traduisent notamment par un changement de perception, une amélioration de l'humeur et un engourdissement du corps physique. La plante de cannabis pousse naturellement sur la Terre. Son usage est devenu si répandu que de nombreux pays, dont le Canada, l'ont légalisé.

Le cannabis contient les Cinq Éléments et active les Sept Chakras. La feuille même de la plante de cannabis est symbolique, car elle comporte sept points ou parties. Le sept est un chiffre important dans l'ésotérisme et les traditions religieuses. Tout d'abord, nous avons les sept couleurs de l'arc-en-ciel (liées aux Sept Chakras) et les Sept Planètes Anciennes correspondantes (Figure 161). Ensuite, nous avons les sept jours de la semaine (correspondant aux Sept Planètes Anciennes), les sept notes de la gamme musicale, les sept continents, les sept mers, les sept trous qui mènent au corps humain, les sept péchés capitaux (mortels), les sept vertus capitales, les sept Principes Hermétiques de la Création, les sept Sceaux de l'Apocalypse dans la *Sainte Bible*, les Sept Archanges, les sept niveaux de conscience dans le Bouddhisme, les sept portes du rêve dans le Chamanisme et les sept Cieux de l'Islam, du Judaïsme et de l'Hindouisme. Ces associations indiquent que sept est un nombre très Spirituel, ce qui coïncide avec le fait que la marijuana est une drogue hautement Spirituelle.

Le cannabis est utilisé en médecine pour guérir l'esprit, le corps et l'Âme. Il engourdit la douleur physique des patients atteints de cancer et affecte l'état émotionnel des personnes souffrant de problèmes mentaux et émotionnels. Par exemple, les personnes diagnostiquées en dépression clinique se tournent vers le cannabis en raison de ses effets euphorisants. Il a été prouvé dans des études cliniques que le cannabis fait repousser les cellules et les renouvelle. Lorsqu'il est appliqué correctement et dans les bonnes doses, le cannabis peut être bénéfique pour vous au niveau cellulaire.

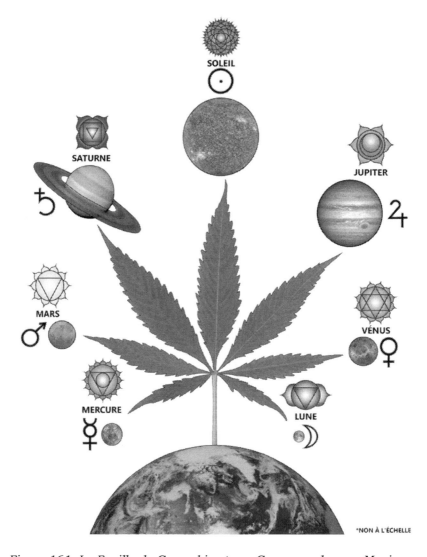

Figure 161: La Feuille de Cannabis et ses Correspondances Magiques

Quelques religions, comme les rastafaris, l'utilisent même régulièrement dans le cadre de leur pratique religieuse. Certaines sectes l'utilisent également dans le cadre de techniques de méditation particulières au sein de leur tradition ou de leur groupe. La plupart des pays du monde se rendent compte du pouvoir du cannabis de se connecter à l'Esprit et de guérir l'esprit, le corps et l'Âme. À part l'alcool, les gens se tournent généralement vers le cannabis pour avoir un aperçu de la transcendance de la manière la plus sûre possible.

Le cannabis vous rend heureux et exalté. Il vous met en contact avec le moment présent, le Now, ce qui élève votre conscience au-delà des négativités du contenu de l'esprit. Contrairement à l'alcool et à la plupart des autres drogues récréatives de la Planète, personne n'a jamais fait d'overdose de cannabis. Bien sûr, il faut agir de manière responsable, par exemple en évitant de conduire des véhicules à moteur sous son influence.

KUNDALINI ET CONSOMMATION DE CANNABIS

Fumer du cannabis pendant votre voyage de transformation Kundalini peut avoir des effets positifs. Cependant, vous devez aborder son application comme un médecin et utiliser les informations de cette section comme une ligne directrice pour le traitement. Comme nous l'avons mentionné, certains types et certaines variétés de cannabis fonctionnent bien pour atténuer certains des effets indésirables potentiels dans l'esprit et le corps après un éveil complet de la Kundalini. Il s'agit notamment de l'anxiété, du stress, du brouillard cérébral, de la mauvaise humeur, de la dépression, de l'insomnie, des blocages créatifs, de l'incapacité à se concentrer, etc.

Le cannabis peut vous apporter un soulagement temporaire de ces symptômes, ce qui peut être bienvenu lorsque vous êtes dans une situation désespérée, comme c'est souvent le cas. Cependant, vous devez savoir dès le départ que fumer du cannabis est un moyen d'atteindre une fin et non la fin en soi. Si vous considérez chaque séance de fumage comme une expérience d'apprentissage, comme un scientifique de l'esprit, vous pouvez apprendre à reproduire la plupart de ses effets au fil du temps sans en consommer.

Le cannabis était ma méthode préférée pour atténuer le stress pendant ma vingtaine et la seule drogue récréative que j'ai trouvée bénéfique dans mon cheminement Spirituel. J'ai fini par arrêter d'en fumer, et je décrirai les effets positifs car ils sont nombreux. Néanmoins, lorsque j'étais confronté à la peur et à l'anxiété ou que j'explorais des états mystiques ou transcendantaux élevés, je consommais du cannabis. C'est pourquoi, dans cette section, je me concentrerai sur le cannabis plus que sur les autres drogues récréatives et je vous présenterai la science fondÂmentale qui le sous-tend, telle que je l'ai apprise au fil des ans. Mes connaissances et mon expérience dans ce domaine peuvent aider de nombreuses personnes qui sont ouvertes à l'idée d'essayer et de consommer du cannabis mais qui manquent de conseils.

Le cannabis peut être très bénéfique en aidant à éliminer les blocages ou les mouvements incorrects de l'énergie Kundalini dans le système. Il déplace la Kundalini à l'intérieur du Corps de Lumière et accélère son flux dans les canaux intérieurs. Une fois qu'elle l'a accéléré, vous vous retrouvez dans un état hors du corps avec toute une gamme d'expériences Spirituelles. Ces expériences comprennent une inspiration et une créativité accrues, la Gnose et des visions mystiques.

Une fois le saut hors de votre corps, vous y resterez pendant que le cannabis agit sur la Kundalini. Ce processus prend au minimum une demi-heure et peut durer jusqu'à trois, voire quatre heures. De plus, comme l'énergie Pranique se déplace plus rapidement dans le système de la Kundalini, elle repousse pour l'instant toute pensée ou émotion négative ou fondée sur la peur. Pour cette raison, le cannabis est souvent prescrit médicalement aux personnes souffrant d'anxiété ou de dépression chronique. Et comme les personnes éveillées par la Kundalini sont sujettes à des problèmes mentaux et émotionnels qui proviennent de la peur et de l'anxiété, le cannabis peut vous être très bénéfique pour vous aider à surmonter ces états.

En tant que tel, je crois que le cannabis peut avoir un rôle positif dans votre voyage Spirituel. Il peut soit servir de catalyseur puissant pour déclencher un éveil complet de la Kundalini, soit vous aider dans le processus de transformation si vous êtes déjà éveillé. Parce qu'il est facile à obtenir et à utiliser, il est avantageux pour les personnes qui se sentent bloquées dans leur cheminement Spirituel et qui n'ont personne vers qui se tourner pour obtenir un soutien émotionnel ou mental ou qui ont besoin d'un coup de pouce supplémentaire pour les remettre sur la bonne voie. Après tout, dans ces états "élevés", l'Ego devient silencieux, ce qui nous permet de contacter notre Moi Supérieur et de lui demander conseil.

Cependant, fumer du cannabis comporte des pièges qui doivent être discutés et explorés. Par exemple, vous ne devriez pas fumer du cannabis trop souvent, car cela met la Kundalini en surrégime, ce qui peut avoir des effets néfastes. En d'autres termes, vous ne devriez pas utiliser le cannabis uniquement pour vous aider à surmonter votre état émotionnel négatif, mais plutôt trouver une pratique Spirituelle puissante comme la Magie Cérémonielle, le Yoga ou l'une des modalités Spirituelles de ce livre, puis utiliser le cannabis comme épice. Le cannabis n'est qu'un remède temporaire ou un moyen d'explorer des états de conscience plus élevés. Ceci étant dit, je n'ai jamais entendu parler d'une personne vivant avec une Kundalini éveillée qui fumait du cannabis quelques fois par mois et qui se serait fait du mal Spirituellement.

Comme le cannabis accélère le système Kundalini, cela peut être une bonne ou une mauvaise chose. C'est une bonne chose car le fait de repousser les blocages d'énergie mentale et émotionnelle permet à Ida et Pingala de fonctionner correctement. Cependant, il peut être nuisible lorsqu'il n'y a pas suffisamment de Prana dans le système Kundalini sur lequel le cannabis peut agir. S'il commence à se déplacer trop rapidement, il peut endommager le système énergétique global. Pour cette raison, j'ai dit qu'il est crucial de ne pas fumer du cannabis tous les jours. Au lieu de cela, donnez-vous du temps entre les jours pour reconstruire votre système énergétique avec un apport alimentaire. Sinon, des blocages ou un court-circuit complet peuvent se produire.

Le cannabis est une drogue qui agit principalement sur les émotions ; par conséquent, le canal féminin d'Ida est en danger lorsqu'on fume du cannabis ou qu'on l'ingère sous forme comestible. Pingala se court-circuite moins souvent que Ida, et c'est souvent le résultat d'un processus progressif de non-utilisation de votre principe masculin, votre volonté, pendant un certain temps. Si vous consommez du cannabis de façon désordonnée, vous risquez même de court-circuiter l'énergie de la Kundalini au centre du cerveau, là où les trois Nadis se rencontrent avant de s'élever vers Sahasrara. Cette situation ne peut se produire que si vous abusez du cannabis et que vous fumez tous les jours, surtout si vous fumez des variétés qui ne sont pas propices au système de la Kundalini, comme de nombreuses Indicas.

Reconstruire le canal du centre du cerveau au sommet de la tête est une longue procédure qui peut souvent être réalisée avec un type de méditation que je présente à la suite de ce chapitre. Mais si cette méditation ne fonctionne pas, une plus grande quantité d'énergie Pranique peut être nécessaire pour reconstruire le canal, reçue par l'alimentation et la conservation de votre énergie sexuelle. Ce faisant, vous pouvez restaurer les brins de Kundalini dans le cerveau, et avec l'utilisation de la méditation présentée, vous pouvez réaligner la Kundalini et la faire remonter à nouveau vers Sahasrara.

La plupart des personnes éveillées à la Kundalini que j'ai rencontrées au cours de mon voyage ont une expérience du cannabis. Beaucoup d'entre eux en consomment occasionnellement et le trouvent bénéfique dans leur cheminement Spirituel. Pour être clair, je ne propage pas l'utilisation du cannabis, mais je ne peux pas non plus nier ses effets positifs. Cela dit, le cannabis ne convient pas à tout le monde, alors soyez prudent si vous décidez de l'expérimenter, car ses effets varient d'une personne à l'autre. Cependant, il existe un haut niveau de cohérence concernant des types et des souches particuliers dont je vais parler.

Le cannabis est volatile. C'est sa nature. Si vous fumez ce qu'on vous propose dans les cercles sociaux, vous pouvez vous attirer des ennuis. Il est courant d'anticiper une expérience positive avec l'herbe de la rue, mais d'obtenir une expérience négative à la place. Au lieu de détendre votre esprit comme vous l'attendiez, elle peut vous rendre paranoïaque et agité.

Une bonne base de connaissances des variétés de cannabis vous permettra d'obtenir un high "contrôlé". Cela vous permettra de contrôler le processus de défonce et de savoir à quoi vous attendre. Les différentes variétés ont des effets mentaux, émotionnels et physiques différents. Cependant, si vous êtes psychiquement trop sensible à l'usage du cannabis, la variété que vous fumez n'aura pas d'importance ; vous risquez de souffrir de paranoïa et d'anxiété à chaque fois que vous en consommerez. D'après mon expérience, il est plus fréquent que les femmes deviennent paranoïaques en consommant de la marijuana que les hommes. Quoi qu'il en soit, tout dépend de votre constitution psychologique.

Comprenez qu'il est impossible de faire en sorte que l'énergie de la Kundalini étende naturellement votre système énergétique si vous fumez du cannabis quotidiennement. Le cannabis a besoin du Prana de la nourriture que vous mangez, et il l'absorbe chaque fois que vous l'utilisez. Par conséquent, si vous fumez quotidiennement, il n'y aura pas suffisamment d'énergie Prana dans votre système pour que le cannabis puisse agir. En tant qu'individu éveillé à la Kundalini, vous ne devez abuser d'aucune drogue. Les personnes non éveillées peuvent s'en sortir en abusant du cannabis, alors qu'une personne éveillée ne le peut pas.

Supposons que vous êtes depuis plusieurs années dans votre transformation Kundalini et que vous avez surmonté la peur et l'anxiété initiales. Dans ce cas, il pourrait être sage d'omettre complètement l'utilisation du cannabis dans votre voyage Spirituel. En l'insérant dans l'équation, vous saperez le Prana de votre système énergétique, ce qui nuira à votre objectif d'atteindre naturellement des états de conscience transcendantaux. De plus, vous paierez pour chaque expérience transcendantale positive lorsque vous utiliserez le cannabis, car vous devrez reconstruire le système Pranic le jour suivant. Et si vous en faites un usage excessif, ce qui est courant, et que vous taxez le Prana plus que vous ne l'avez investi, vous reculerez considérablement dans votre voyage Spirituel.

TYPES ET SOUCHES DE CANNABIS

Il est essentiel de faire preuve de modération et d'utiliser le cannabis avec sagesse et respect pour éviter d'endommager votre système énergétique. Je ne saurais trop insister sur ce point. Au lieu de décourager totalement son utilisation, ce qui serait irréaliste compte tenu de la popularité et du pouvoir Spirituel de cette plante, je peux offrir un aperçu des différents types et souches de cannabis et mettre en garde contre l'utilisation des autres.

Dans le passé, le cannabis était une plante qui poussait à l'extérieur, que l'on coupait, séchait, puis fumait pour produire un "high". Ce high était toujours presque le même puisque le cannabis conserve des caractéristiques spécifiques à l'extérieur et perd et gagne d'autres propriétés lorsqu'il est cultivé à l'intérieur. Ce type de cannabis est appelé Cess. Il est naturel, cultivé en extérieur et largement utilisé dans les îles des Caraïbes, puis importé en Amérique du Nord.

C'est ainsi que la plupart des personnes de plus de quarante ans connaissent le cannabis, car c'est ce à quoi elles ont été exposées en grandissant. Cependant, au cours des dix dernières années, le domaine de l'étude du cannabis a décuplé, et différents types de cannabis ont inondé le marché. La principale raison de l'évolution du cannabis en tant que plante est son utilisation dans le domaine médical. Lorsque le cannabis a été accepté comme médecine alternative, certaines souches ont été développées, dont je vais parler en détail. J'ai trouvé certaines de ces souches très bénéfiques au processus d'éveil de la Kundalini et d'autres inutiles et même nuisibles.

Les deux principaux types de cannabis qui ont évolué après l'ère du Cess sont les Sativas et les Indicas. Les Sativas ont une forte teneur en tétrahydrocannabinol (THC) et moins de cannabidiol (CBD), tandis que les Indicas ont moins de THC et plus de CBD. Le CBD est ce qui donne au corps une sensation d'engourdissement. C'est ce qui fait que le corps se sent "high". Plus la teneur en CBD est élevée, plus les effets sédatifs sur le corps physique sont importants.

Les Indicas sont souvent prescrits aux malades du cancer et aux personnes atteintes de sclérose en plaques, d'arthrite et d'épilepsie. La raison pour laquelle les Indicas conviennent à ces personnes est qu'ils ont des propriétés anesthésiantes et analgésiques. La plupart des patients atteints de maladies qui créent des douleurs physiques se voient prescrire des Indicas, car il s'agit d'un agent anesthésiant. Beaucoup de ces patients ont aussi souvent des problèmes pour manger, et les Indicas sont connus pour augmenter l'appétit plus que les Sativas. L'effet typique de nombreux Indicas est le "blocage du canapé", c'est-à-dire qu'ils tranquillisent tellement votre corps et votre esprit que vous vous retrouvez incapable de vous lever du canapé.

Les patients atteints de cancer se voient également souvent prescrire de l'huile de CBD en raison du niveau élevé et concentré de CBD, délivré sous forme de gouttes liquides. Lorsque le cannabis est ingéré, il est délivré plus rapidement dans le corps et est généralement beaucoup plus puissant. Avec l'huile de CBD, vous avez un contrôle total sur la quantité de CBD que vous souhaitez faire pénétrer dans le corps puisque les effets sont cumulatifs en fonction du nombre de gouttes que vous prenez.

Les Sativas sont plutôt un high pour la tête ou l'esprit car le THC est psychoactif, ce qui signifie qu'il affecte profondément la psychologie d'une personne. Les Sativas aident à soulager les problèmes mentaux et émotionnels car ce type de cannabis augmente la créativité tout en induisant une euphorie et en calmant l'esprit. Les Sativas sont souvent prescrits aux personnes qui souffrent de problèmes mentaux et émotionnels, y compris l'anxiété chronique, la dépression, les névroses et d'autres problèmes où l'esprit est envahi par la négativité alors que le corps physique n'est pas affecté. Les Sativas sont très efficaces pour vous détendre mais vous laissent relativement conscient et fonctionnel. D'autre part, la plupart des Indicas, selon mon expérience, semblent éteindre toutes les fonctions cognitives.

Les hybrides sont un mélange d'Indicas et de Sativas. J'ai trouvé l'utilisation de certains hybrides assez bénéfique, mais ils ont généralement beaucoup moins de CBD et plus de THC, ce qui est la nature des Sativas.

En ce qui concerne le voyage de transformation de la Kundalini, le cannabis peut être très bénéfique pour traiter les crises d'anxiété, de peur, et la négativité émotionnelle et mentale générale qu'un éveil complet de la Kundalini entraîne dans la plupart des cas. De même, si vous avez du mal à avoir de l'appétit parce que vous êtes submergé par la peur, fumer du cannabis produit généralement des " munchies ", ce qui signifie que vous aurez envie de manger et serez heureux de le faire après avoir fumé. Le cannabis convient également pour l'insomnie, dont j'ai souffert pendant quelques années après mon réveil. Bien que les Indicas soient souvent prescrites pour l'insomnie par les médecins, j'ai toujours dormi comme un bébé après une séance de fumage de Sativas.

En ce qui concerne mon expérience personnelle avec le cannabis, je n'ai utilisé que des Sativas et j'ai appris à rester à l'écart des Indicas dès le début de mon voyage. Les Sativas ont toujours détendu mon esprit tout en m'emmenant dans un "voyage" mental agréable. Elles éliminaient toute peur et toute anxiété en neutralisant mon Ego. Lorsque j'étais sous l'influence des Sativas, j'étais capable de tout recadrer de façon positive grâce au sentiment accru d'exaltation mentale que je ressentais. J'étais également plus en contact avec le moment présent, le Now, et très inspiré. J'ai toujours eu l'impression que mon Soi Supérieur était aux commandes la plupart du temps lorsque j'étais sous l'influence des Sativas. D'autres personnes éveillées à la Kundalini ont toutes rapporté les mêmes effets. Nous avons tous généralement utilisé des Sativas et n'avons pas trouvé beaucoup d'utilité aux Indicas. Ceci est dû au fait que la Kundalini est une énergie subtile qui affecte la psychologie d'une personne plutôt que le corps physique.

De nombreux types de souches sont disponibles sur le marché, avec des effets variés sur l'esprit, le corps et l'Âme. Certaines Sativas sont meilleures pour l'inspiration et l'élévation, tandis que d'autres sont fondées mais claires. D'autres encore sont très imaginatives et actives. Lorsque l'esprit est calme, comme c'est la nature de ce que le cannabis est connu pour induire, il passe naturellement à un état supérieur et se branche sur l'Esprit Cosmique.

Les variétés de sativa que j'ai appréciées comprennent Jean Guy (une de mes préférées), Diesel, Sour Diesel, Ultra Sour, Cheese, Nukim, Jack Harer, Grapefruit, Strawberry, Champagne, Great White Shark, Candy Jack, G-13, Green Crack, Blue Dream, Maui Wowie, Chocolope, Romulan, Pina Colada, White Castle, Zeus, G-13 Haze, New Balance et Moby Dick. Gardez à l'esprit que cette liste est actuelle jusqu'en 2016, date à laquelle j'ai arrêté de consommer du cannabis. Depuis, je suis sûr que de nouvelles souches de Sativa ont été développées, qui sont utiles mais ne figurent pas sur cette liste.

J'ai découvert que je n'ai jamais vraiment eu d'expérience négative avec une Sativa, car elles me rendent productif et créatif au lieu d'être léthargique. D'autre part, les Indicas m'engourdissaient complètement et éteignaient mon esprit. Cet état d'esprit peut sembler attrayant pour certains d'entre vous, mais comprenez qu'en éteignant l'esprit, l'inspiration s'éteint également. La meilleure façon de comprendre les Sativas et les Indicas est donc de dire que les Sativas inspirent tandis que les Indicas engourdissent.

Certaines Indicas sont cependant agréables, et ce sont celles qui vous engourdissent un peu mais vous gardent relativement inspiré. Ces Indicas sont généralement de la variété Kush et Pink, comme la Purple Kush, Pink Kush, Kandy Cush, Cali Cush, Lemon Kush, Bubba Pink, Chemo, et OG Kush. Trainwreck est également une autre grande Indica que j'ai trouvée très inspirante. Toutes ces variétés d'Indica ont une forte teneur en CBD mais aussi un niveau correct de THC. Elles m'ont calmé tout en éliminant toute anxiété et toute peur de mon système.

Ma variété de cannabis préférée est un hybride appelé Blueberry, une variété à la fois terreuse, stimulante et inspirante. D'autres hybrides qui me conviennent sont Rockstar, White Widow, Pineapple Express, Girl Guide Cookies, Blueberry Durban, Hiroshima, Grape Ape, Chemdawg, AK-47, Tangerine Dream, Alien Cookies, White Russian, Lemon Haze, Jack Haze et Purple Haze.

MÉTHODES DE CONSOMMATION DU CANNABIS

Il existe quatre façons de fumer du cannabis. Vous pouvez soit rouler un joint, utiliser une pipe, utiliser un bong, ou vaporiser le cannabis. J'ai toujours fumé des joints, et la raison en est que c'est le moyen le plus efficace d'obtenir les effets désirés des Sativas. Les pipes et les bongs concentraient trop la variété de cannabis, ce qui perdait les effets subtils que je recherchais. L'utilisation d'une pipe ou d'un bang me donnerait plus de pression sur la tête et le "body buzz" que je recherchais. Les deux méthodes suspendent mes facultés cognitives dans une certaine mesure au lieu de les développer, comme le font les Sativas en joints.

De plus, au lieu d'éliminer les blocages, j'en créais souvent de nouveaux si j'utilisais une pipe ou un bong. Je n'avais des effets positifs qu'en utilisant un bong à glace, qui créait l'euphorie désirée en filtrant la fumée à travers des glaçons.

Vaper le cannabis consiste à le chauffer sans le brûler. Le vaporisateur utilise la chaleur pour libérer les ingrédients actifs sous la forme d'une vapeur que vous inhalez. Cette méthode ne crée pas de fumée puisqu'il n'y a pas de combustion. Le vapotage est plus sûr et moins nocif pour la santé que le fait de fumer du cannabis. Il ne contient pas de toxines nocives telles que le goudron, l'ammoniac et les substances cancérigènes que l'on trouve dans la fumée de cannabis.

Je trouvais le vaping intéressant parce que c'était le moyen le plus propre de se défoncer, mais il ne stimulait pas beaucoup mon énergie Kundalini. Je me défonçais, mais cela ne durait généralement pas longtemps, et je me fatiguais énormément par la suite. De plus, j'avais besoin de manger plus de nourriture lorsque je fume, car je perdais plus de Prana dans mon système que si je fumais des Sativas. Par conséquent, je n'étais pas un grand fan du vaping en général.

CONCENTRÉS DE CANNABIS ET EDIBLES

Pour vous donner la vision la plus complète du cannabis, je dois aborder les concentrés et les edibles. Les concentrés sont des extraits dérivés du cannabis qui contiennent des quantités concentrées du composé psychoactif Tetrahydrocannabinol (THC) et un assortiment d'autres cannabinoïdes et terpènes. Je ne traiterai que des deux concentrés les plus populaires, le Hashish et le Shatter.

Le haschisch est la plus ancienne forme de concentré connue de l'homme, et bien que son utilisation ne soit pas aussi répandue en Amérique du Nord, des pays comme le Liban et l'Inde produisent encore du haschisch au marché noir pour l'exportation. Le shatter est un type de concentré qui est considéré comme le type de produit de cannabis le plus pur et le plus puissant. Il contient entre 60 et 80% de THC, alors que le cannabis à fumer contient en moyenne 10 à 25% de THC. Le haschisch et le shatter sont tous deux destinés à être fumés et non ingérés.

La principale raison pour laquelle les gens utilisent des concentrés au lieu de fumer du cannabis est qu'ils sont plus efficaces pour produire le high désiré car ils sont plus puissants. En outre, ils procurent un soulagement plus rapide des problèmes mentaux, émotionnels et physiques.

En ce qui concerne ma propre expérience avec les concentrés, j'ai trouvé que le haschisch me donnait des effets similaires à ceux des variétés de cannabis Indica. Je dis similaires, mais pas identiques. Le body buzz ou body high est l'effet collectif, bien que le Hashish soit plus puissant que les variétés Indica et ait plus de propriétés hallucinogènes. Sous son influence, j'ai constaté que je manquais de fonctionnalité mentale. Dans la plupart des cas, mes facultés cognitives s'éteignaient complètement, alors qu'avec les Indica, je pouvais encore fonctionner dans une certaine mesure. En ce qui concerne l'activité de la Kundalini, je n'ai pas trouvé le haschisch utile pour éliminer les blocages dans le système comme je l'ai fait en fumant des Sativas.

Le shatter, par contre, est un tout autre animal. Fumer du Shatter, plus connu sous le nom de "dabs", est une procédure fastidieuse. Il faut utiliser un dispositif unique pour fumer appelé "oil rig" et un briquet torche. L'oil rig est similaire à un bong, mais il est spécifiquement créé pour fumer du Shatter. J'ai trouvé qu'il était assez peu pratique de fumer du Shatter à cause des outils spécialisés requis. Les joints et même les pipes peuvent être fumés à peu près n'importe où, alors que les bongs et le Shatter sont principalement fumés à l'intérieur. Le vapotage peut se faire à l'extérieur avec des vaporisateurs compacts ou à l'intérieur avec des vaporisateurs plus élaborés.

J'ai trouvé que le Shatter me donnait le high le plus important que j'ai jamais eu avec des produits de type cannabis. J'ai trouvé que son impact était similaire aux effets que j'obtenais des Sativas, mais beaucoup plus considérable. Je suis devenu très haut, très rapidement. C'était inspirant, oui, mais en raison de la forte concentration de THC, cela m'épuisait très rapidement. D'abord, il a stimulé mon Kundalini en activité, mais ensuite, comme je suis resté élevé pendant une longue période, il l'a complètement éteint. Une fois que cela s'est produit, peu importe où je me trouvais, j'avais besoin de fermer les yeux et de me reposer. J'ai été épuisé très rapidement par l'utilisation de Shatter, et à cause de cela, je ne pouvais pas faire des dabs plus que quelques fois par mois.

Ceci m'amène à un point important : la nécessité de dormir après avoir fumé du cannabis ou des concentrés. J'ai constaté qu'à l'exception des Sativas, j'étais toujours épuisé après que l'euphorie se soit dissipée et j'avais besoin de dormir immédiatement dans la plupart des cas. Le vapotage et le shatter me fatiguaient et m'épuisaient le plus. Dans la plupart des cas, je n'étais pas fonctionnel après. C'est pourquoi j'ai principalement continué à fumer des Sativas en joints uniquement.

Les edibles sont un autre produit populaire du cannabis. Il s'agit d'aliments et de boissons infusés au cannabis. Lorsque vous mangez des cannabinoïdes activés, le THC métabolisé devient encore plus psychoactif que jamais, car il est absorbé par le système digestif plutôt que par la circulation sanguine. Par conséquent, le high produit a une sensation entièrement différente de celle que procure le fait de fumer du cannabis.

Les edibles les plus populaires et les plus utilisés sont les brownies et les cookies au cannabis. Tous les edibles sont fabriqués en incorporant des huiles et des beurres de cannabis, ce qui signifie que pratiquement toutes les recettes alimentaires peuvent inclure du cannabis. La partie la plus difficile des edibles est le dosage approprié. Comme les effets mettent du temps à se manifester, parfois jusqu'à deux heures, il est facile de prendre le processus pour acquis et d'ingérer plus que nécessaire, ce qui peut conduire à une expérience désagréable. J'ai personnellement été témoin de personnes ayant eu des crises psychotiques massives suite à une surdose d'edibles. En raison de la tendance des gens à prendre trop d'edibles puisqu'il faut un certain temps pour qu'ils fassent effet, je suis stupéfait que leur utilisation soit légale. Il est hautement irresponsable de la part des gouvernements d'inclure les edibles dans les produits légaux du cannabis sans informer les gens sur le dosage approprié et les effets secondaires potentiels s'ils ne sont pas respectés.

Les edibles stimulent l'énergie Kundalini en activité, et une plus petite dose peut faire disparaître tout blocage mental ou émotionnel. Par contre, si vous en prenez trop, l'expérience peut être si intense que vous aurez l'impression d'être sous LSD, champignons ou autre drogue hautement psychoactive.

SUBSTANCES CONTRÔLÉES ET COURTS-CIRCUITS

En ce qui concerne l'alcool, je ne ressens pas le besoin de décrire ce qu'il fait et comment il fonctionne, car je pense que tout le monde le sait. Je vais plutôt mentionner l'effet direct de l'alcool sur le système Kundalini pour ceux d'entre vous qui en ont fait une partie de leur vie. L'alcool peut créer et crée effectivement des blocages énergétiques lorsqu'il est consommé en excès. Il peut court-circuiter Ida et Pingala, mais cela est plus rare que par rapport aux drogues récréatives. Cependant, des quantités copieuses d'alcool, qui ont pour effet d'affecter votre état d'esprit et de le modifier à un degré élevé, peuvent nuire à votre système Kundalini.

La règle générale est que toute drogue ou substance récréative qui affecte et modifie l'état d'esprit peut nuire à la personne éveillée par la Kundalini. Le café en quantité importante peut également être néfaste. Je n'ai jamais fait l'expérience d'un court-circuit dû à la consommation de café, mais là encore, je n'ai jamais bu plus de trois tasses de café par jour. Je crois que la règle générale de toute substance qui affecte les pensées et les émotions peut et va provoquer un court-circuit si elle est utilisée de manière excessive.

Les drogues dures et illégales telles que la cocaïne, l'ecstasy, la MDMA, les champignons, le LSD et autres peuvent court-circuiter Ida ou Pingala, voire les deux. La cocaïne amplifie principalement la volonté, ce qui met Pingala en danger. Une surconsommation de cocaïne peut très certainement provoquer un court-circuit. D'autre part, l'ecstasy et la MDMA agissent sur les émotions et les sentiments, ce qui met Ida en péril.

Alors que la cocaïne augmente les niveaux de dopamine, l'ecstasy et la MDMA augmentent les niveaux de sérotonine. L'incroyable euphorie sera suivie d'un creux émotionnel potentiellement dévastateur lorsque vos niveaux de dopamine ou de sérotonine seront épuisés. C'est pourquoi les cocaïnomanes ont généralement des problèmes de colère, tandis que les consommateurs réguliers d'ecstasy ou de MDMA souffrent de dépression - leur système nerveux est complètement déséquilibré.

Les champignons et le LSD sont de puissantes drogues psychoactives aux propriétés hallucinogènes élevées qui affectent Ida et Pingala. En effet, les hallucinations affectent à la fois la volonté et les émotions. Il en va de même pour l'abus d'alcool, qui met Ida et Pingala en danger. Étant donné qu'ils sont cultivés dans la terre, comme le cannabis, les champignons sont le moyen le plus sûr d'expérimenter des états modifiés de conscience. Cependant, il faut être prêt à vivre cette expérience mentalement et émotionnellement, car elle dure plusieurs heures.

Le cannabis, comme mentionné, met Ida en danger. Pourtant, de nos jours, avec les variétés de cannabis variées et puissantes disponibles qui ont un impact sur la volonté et les émotions, il peut affecter à la fois Ida et Pingala. Par exemple, je peux imaginer que fumer trop d'une variété Indica peut nuire à l'intégrité de la volonté d'une personne, car ce type de marijuana éteint presque entièrement l'influence de l'Élément Feu. Inversement, fumer des variétés de cannabis Sativa, qui affectent l'état émotionnel, l'Élément Eau, peut mettre en danger le canal Ida lorsqu'on en abuse.

Je ne suis pas d'accord avec les personnes qui disent que le cannabis est une drogue d'initiation aux drogues dures et illégales comme celles que j'ai mentionnées et aux drogues injectables comme l'héroïne. Le cannabis est plutôt une porte d'entrée vers l'esprit. Si vous avez une propension à essayer des drogues et à les expérimenter, vous le ferez sans nécessairement essayer le cannabis en premier. Pour conclure sur ce sujet, je tiens à souligner que la consommation de ces drogues récréatives n'a aucune valeur thérapeutique, à l'exception du cannabis, qui est également utilisé comme médicÂment.

***

J'espère que mon expérience du cannabis et des produits liés au cannabis a été instructive, comme prévu. Cependant, comprenez que le cannabis ne convient pas à tout le monde. Par conséquent, portez vos propres jugements et agissez à votre discrétion en fonction des informations que vous avez reçues. Quoi qu'il en soit, le tabou de la société doit être levé en ce qui concerne l'utilisation du cannabis, en particulier pour le bien des initiés éveillés à la Kundalini, car la plupart des personnes éveillées que j'ai rencontrées ont tiré des expériences positives de son utilisation.

Gardez également à l'esprit que les souches actuelles sont beaucoup plus puissantes que celles du passé et qu'elles doivent être abordées avec prudence. Il est préférable de toujours commencer par une petite dose et d'augmenter en conséquence afin de se familiariser avec les effets d'une variété particulière. Écoutez votre corps et votre esprit et abordez le cannabis comme un scientifique afin de découvrir les variétés qui vous conviennent le mieux.

L'utilisation du cannabis dans un cadre méditatif et rituel aura des effets bien différents que de le fumer de manière récréative avec des amis ou lors de fêtes. Je conseille toujours d'utiliser le cannabis avec une intention appropriée et un travail Spirituel en tête. En tant qu'individu éveillé à la Kundalini, les Sativas ont été une bénédiction dans ma vie lorsque j'étais dans une période de besoin. Si elles n'existaient pas, je n'aurais probablement pas fumé les autres types de cannabis du tout.

Cependant, il est facile de développer une dépendance au cannabis si vous fumez régulièrement. Tout peut commencer comme une chose positive, puis devenir négatif si vous en abusez. Je me suis retrouvé dans cette situation pendant environ un an et demi, juste avant de décider d'arrêter complètement en 2016.

Après avoir arrêté ce qui était devenu ma dépendance à l'époque, j'ai connu d'énormes changements positifs dans mon esprit, mon corps et mon Âme qui méritent d'être mentionnés. Tout d'abord, mon dynamisme et mon ambition ont été décuplés. Même si certaines personnes disent le contraire, fumer du cannabis affecte la productivité dans votre vie. Beaucoup. Vous ne le voyez peut-être pas si vous êtes coincé dans le cadre comme je l'étais, mais c'est le cas. Cela affecte également votre désir de vous démarquer de la foule et de rechercher la grandeur.

Le cannabis vous rend satisfait de la vie, et lorsque vous êtes trop à l'aise, vous cessez de chercher le changement et d'essayer de vous améliorer et d'améliorer votre vie. Lorsque vous êtes défoncé, vous vous élevez au-dessus de vos émotions, mais comme vous ne les traitez pas naturellement, vous vous privez de la possibilité d'apprendre d'elles et d'avancer dans différents domaines de votre vie. Après tout, l'une des raisons pour lesquelles nous éprouvons des sentiments aussi puissants est que nous sommes censés en tirer des leçons et grandir psychologiquement.

Le cannabis neutralise la peur, ce qui est une bonne chose quand on est désespéré, mais n'oubliez pas que la peur existe pour nous rendre forts. En devenant dépendant d'une substance pour nous aider à gérer l'énergie de la peur, nous nous empêchons d'évoluer naturellement. Oui, la vie est plus difficile sans drogue ni alcool pour nous aider à nous détendre. Mais plus une chose est difficile, plus la récompense est douce.

Si vous introduisez des drogues et de l'alcool dans l'équation, vous vous empêchez de développer les ancrages mentaux nécessaires pour faire face aux périodes difficiles. En tant qu'êtres humains, nous avons besoin de la résistance de la vie pour devenir forts et apprendre à faire facc aux situations difficiles de la vie. Nous avons besoin de la peur comme élément de base pour pouvoir développer le courage.

Gardez à l'esprit que je m'adresse à des personnes qui ont développé une dépendance au cannabis. Si vous en fumez quelques fois par mois, je ne vois pas comment il peut avoir de réels effets secondaires indésirables. Gardez simplement à l'esprit que vous avez affaire à quelque chose qui peut créer une dépendance si vous ne faites pas preuve de modération.

PARTIE XI :
MÉDITATIONS
KUNDALINI

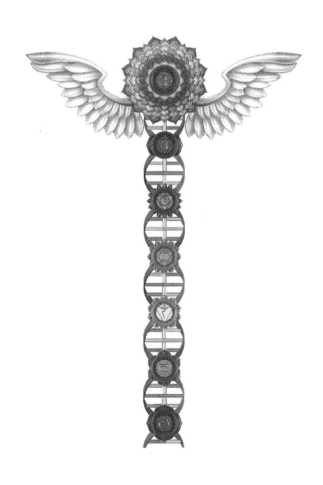

DÉPANNAGE DU SYSTÈME

Ayant traversé de nombreuses situations difficiles au cours de mon éveil de la Kundalini, j'ai été obligé de résoudre mes problèmes et de découvrir des moyens de m'aider. La plupart des gens traversent des expériences négatives qui choquent le système Kundalini, puis font face aux ramifications sans avoir de méthodes viables pour s'aider. La plupart des personnes éveillées qui font l'expérience d'un court-circuit de la Kundalini s'efforcent de reconstruire l'énergie par la prise de nourriture, ce qui peut prendre au moins quelques mois ou plus. Cependant, j'ai trouvé des moyens de reconnecter les canaux par différentes méditations en une demi-heure au maximum, parfois même en quelques minutes. Je discuterai de ces méditations ci-dessous, en vous donnant des conseils appropriés sur l'application de chacune d'elles dans diverses situations.

1. La Langue sur le Toit de la Bouche (Jiva Bandha)

Placez la pointe de votre langue sur le monticule charnu situé juste derrière vos dents supérieures. Le milieu de votre langue doit se verrouiller avec la partie indentée du palais. Ce puissant exercice, appelé Jiva Bandha dans les enseignements Yogiques, est essentiel pour les personnes éveillées par la Kundalini car il complète le circuit de la Kundalini en permettant à l'énergie de se déplacer vers le haut. Elle entre d'abord dans la partie frontale du tunnel de l'Œil de l'Esprit, légèrement entre les sourcils, puis passe progressivement par le Quatrième, le Cinquième, le Sixième et enfin le Septième Œil, qui est l'un des points de sortie de la Kundalini qui achève son circuit.

En effectuant cet exercice, vous vous concentrez sur les deux Chakras Spirituels les plus élevés, Ajna et Sahasrara, plutôt que sur les Chakras Inférieurs. Il permettra à votre Soi supérieur de prendre le contrôle de la conscience grâce à l'intuition reçue du Chakra Ajna, en surmontant l'impulsion du Soi inférieur, l'Ego. Faites de cet exercice un moment régulier de votre journée. Essayez d'avoir votre langue sur le palais aussi souvent que possible pour permettre à l'énergie de remonter vers le cortex frontal de votre cerveau. Cette zone est celle où Ida et Pingala convergent vers le centre de l'Oeil de l'Esprit, juste au-dessus du milieu des sourcils, à l'intérieur de la tête.

Cet exercice particulier est également utilisé pour reconstruire le système de la Kundalini lorsque vous avez subi un court-circuit. N'oubliez pas que si Ida et Pingala ne convergent pas au niveau du Chakra Ajna, le circuit de la Kundalini restera ouvert, ce qui entraînera des problèmes mentaux et(ou) émotionnels. Placer la langue sur le palais avec continuité et diligence permettra à Ida et Pingala de converger à nouveau à Ajna et de se déplacer naturellement vers le haut dans le centre du Septième Oeil comme un seul courant d'énergie. Ainsi, le circuit de la Kundalini se fermera, ce qui vous permettra de faire l'expérience du royaume extatique de la Non-Dualité, le Royaume Spirituel, par le biais du Chakra Bindu, situé au sommet, à l'arrière de la tête.

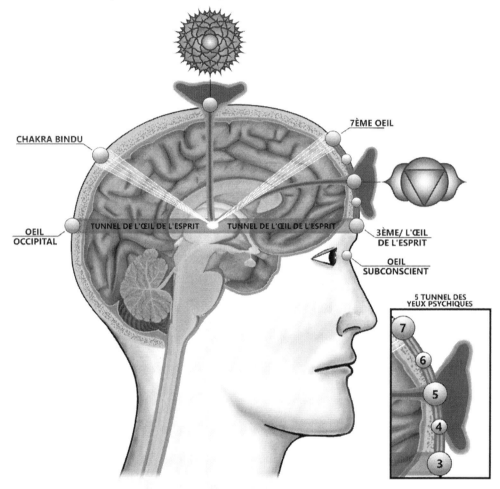

Figure 162: Les Principaux Centres d'Energie de Tête

2. Méditation de l'Oeil de l'Esprit

La première méditation, la plus importante, porte sur l'Oeil de l'Esprit, le portail énergétique de l'Ajna Chakra, un centre de conscience qui est une fenêtre sur les Royaumes Cosmiques. L'entrée frontale de ce portail est située entre les sourcils, juste au-dessus du niveau des yeux, sur votre front. Cependant, l'emplacement de son point de méditation se trouve à un centimètre de la surface de la peau, à l'intérieur de la tête.

(Utilisez la Figure 162 comme référence pour localiser les principaux centres énergétiques de la tête, tandis que la Figure 163 fait référence aux points de méditation réels liés à ces centres).

Vous pouvez regarder à cet endroit les yeux fermés en projetant légèrement vos yeux vers le haut. Ida et Pingala convergent en ce point, ce qui est nécessaire pour compléter le circuit de la Kundalini. Si vous ne parvenez pas à cette convergence d'Ida et de Pingala, le circuit ne sera pas pleinement actif dans le Corps de Lumière.

En concentrant votre attention sur ce point pendant la méditation, vous stimulez la Glande Pinéale, qui a une connexion intime avec l'Âme. Vous ressentirez une attraction magnétique vers l'Œil de l'Esprit si vous vous y concentrez correctement. L'attention doit toujours être placée sur l'Œil de l'Esprit qui, lorsqu'il est correctement appliqué, stimule le Bindu à l'arrière de la tête, affectant le flux d'énergie dans le circuit de la Kundalini et le faisant s'écouler vers l'extérieur à partir du Bindu.

Pour effectuer cette méditation correctement, allongez-vous sur le dos, les mains tendues, et placez doucement votre attention sur l'Oeil de l'Esprit. Vous pouvez contrôler votre respiration à l'aide de la respiration quadruple, qui vous aidera également à atteindre un état méditatif. L'attention doit être maintenue sur l'Oeil de l'Esprit, même si des pensées ou des images traversent votre esprit. Si vous maintenez votre attention à cet endroit avec succès pendant environ deux à trois minutes, parfois moins, la reconvergence se produira et le système énergétique sera réactivé.

Désormais, pendant la journée, vous aurez l'esprit et les pensées clairs, y compris l'équilibre dans vos émotions. Vous n'aurez peut-être pas l'impression d'avoir fait une grande différence au début, mais une fois que vous aurez mangé et bien dormi, vous ressentirez un sentiment de renouveau et recommencerez à générer de l'inspiration. Sans cette convergence d'Ida et de Pingala, il est impossible de créer un élan et de rester inspiré pendant une durée significative.

3. Méditation du Septième Oeil

Le Septième Oeil est situé à l'endroit où la naissance de vos cheveux rejoint votre front, au centre. Ce point de localisation se trouve à environ un centimètre à l'extérieur de votre tête, juste au-dessus de ce point. L'énergie de la Kundalini doit sortir de ce point, car le septième œil est la contrepartie du point Bindu, situé en haut à l'arrière de la tête. Ils travaillent ensemble pour faire circuler l'énergie Kundalini dans tout le corps.

Si le circuit de la Kundalini est stagnant ou inactif, c'est une des méditations que vous pouvez faire pour le relancer. S'il y a un blocage à cet endroit ou si le circuit de la Kundalini a cessé de fonctionner, il est nécessaire de rouvrir ce canal et de l'Âmener à canaliser correctement l'énergie. Si ce point n'est pas actif, vous remarquerez qu'aucune composante visuelle n'est associée à vos processus de pensée et que votre inspiration est faible. Vos pouvoirs d'imagination seront affectés et vous perdrez votre connexion avec le Maintenant, le moment présent, ce qui vous rendra introverti et sera la proie de l'Ego.

Le centre du Troisième Oeil est le point d'accès pour que l'énergie se déplace vers le Septième Oeil et le Bindu à l'arrière de la tête. C'est pourquoi je recommande de faire

656

d'abord la méditation de l'Œil de l'Esprit pour aider à déplacer l'énergie vers le haut, dans les centres supérieurs de la tête. Ensuite, en se concentrant sur le Septième Oeil, l'étape finale consistera à faire sortir l'énergie de la tête pour compléter le circuit.

Pour cette méditation, allongez-vous sur le dos, paumes de mains tendues, et concentrez l'énergie sur le centre du Septième Oeil. Effectuez la respiration quadruple pour calmer votre esprit. Si vous maintenez votre attention sur le Septième Oeil pendant deux à trois minutes sans interruption, l'énergie de la Kundalini va s'élever et passer par ce point. Ainsi, le Bindu sera réactivé, permettant au circuit de la Kundalini de circuler correctement dans le Corps de Lumière.

Pour le reste de la journée, je recommande de passer du temps dans la solitude. D'après mon expérience, lorsque je fais la méditation du septième œil, mon énergie est très affectée pour la journée, ce qui me déstabilise lorsque j'interagis avec d'autres personnes. Cet exercice draine le Prana du système, ce qui vous fait paraître sans vie, déséquilibré et émotionnellement déprimé lorsque vous parlez à d'autres personnes. Après une bonne nuit de sommeil, cependant, le circuit devrait se régénérer avec l'énergie Pranic et devenir optimisé, vous rÂmenant à 100%.

De même, la prise de nourriture est essentielle pour redonner de l'énergie au système après cette méditation. Il se peut que vous ayez besoin d'un jour ou deux de nourriture pour régénérer complètement vos énergies intérieures, car le travail avec le Septième Oeil et Bindu sollicite davantage le circuit de la Kundalini que le simple travail avec l'Oeil de l'Esprit. Ces deux points sont les points de sortie de l'énergie de la Kundalini ; ainsi, travailler avec eux peut fortement affecter votre état psychologique.

4. Méditation de l'Oeil Occipital

Cette méditation est destinée aux initiés plus avancés, car vous devez avoir accumulé l'énergie de l'Esprit à l'intérieur de votre système (ce qui ne se produit que lorsque le circuit de la Kundalini est actif pendant un certain temps), de sorte que l'énergie du Feu commence à se transformer en un liquide rafraîchissant, l'énergie de l'Esprit. Cette énergie Spirituelle vous donnera l'impression d'être fait de mercure liquide, ce qui provoque une sensation de refroidissement dans votre corps de Lumière et une transcendance complète de la conscience.

Ce liquide Spirit se déverse naturellement à l'arrière de la tête. Certaines personnes ont même rapporté avoir eu la sensation qu'il tombait au fond de leur gorge. À mon avis, ces affirmations sont des malentendus liés à la perception. Comme je l'ai dit dans un chapitre précédent, il est facile de confondre ce qui se passe dans le Corps de Lumière avec ce qui se passe dans le corps physique après un éveil de la Kundalini. Après tout, les deux sont vécus comme réels par la conscience, et puisque le Corps de Lumière est une chose nouvelle, la conscience a besoin d'un certain temps pour apprendre à différencier les deux. C'est du moins mon opinion, mais je suis prêt à en débattre avec quiconque, ayant été témoin de ce phénomène pendant plus de dix-sept ans.

L'Oeil Occipital est situé directement en face de l'Oeil de l'Esprit. Par conséquent, vous devez vous concentrer sur un point de méditation situé à un centimètre à l'intérieur de la tête pour attirer l'énergie vers l'arrière de la tête. Cependant, si vous trouvez que cela ne fonctionne pas pour vous, vous pouvez vous concentrer sur un centimètre à l'extérieur de la tête dans la même zone. Puisque vous essayez de rÂmener l'énergie à l'arrière de votre tête, vous devrez peut-être travailler avec les deux points de méditation, car l'énergie peut y être piégée et il vous faudra faire preuve d'un peu de créativité pour la faire passer et créer un flux correct.

Pour faciliter cette méditation, j'aime imaginer mon Soi astral debout à un pied de moi, regardant directement l'arrière de ma tête. En gardant cette vision ou en maintenant mon attention sur l'un des deux points de méditation de l'Oeil Occipital, un alignement se produira où l'énergie liquide de l'Esprit sera tirée vers l'arrière de la tête, ce qui repoussera toute stagnation ou blocage d'énergie, optimisant ainsi le flux du circuit de la Kundalini.

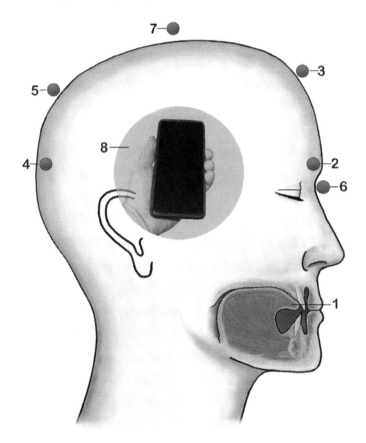

Figure 163: Les Méditations de la Kundalini

5. Méditation de Bindu Chakra

Le Bindu Chakra est essentiel car il est le point de sortie qui complète le circuit de la Kundalini. Lorsque la Kundalini peut s'écouler de ce point, la conscience fait l'expérience de l'Unité avec toutes choses, un état de méditation perpétuelle et de pure transcendance.

En effet, le Bindu est la porte d'entrée du Chakra Causal, où la dualité rencontre la non-dualité. Par conséquent, méditer sur ce point est vital pour maintenir l'intégrité du circuit de la Kundalini. Il doit y avoir une traction subtile et constante de l'énergie vers l'extérieur, vers l'arrière de la tête.

Un flux d'énergie adéquat à ce stade vous permet de vous voir à la troisième personne. Il crée le sentiment que votre conscience est élevée au-dessus de votre corps physique et que vous pouvez voir votre visage à la troisième personne. De cette façon, vous percevez continuellement et simultanément votre Moi physique, vos expressions faciales et l'énergie que vous émettez dans l'Univers, ainsi que vos pensées intérieures. Cet état d'être indique un haut niveau d'évolution Spirituelle avec l'énergie Kundalini.

Le point Bindu se trouve à l'arrière de la tête, directement en face du Septième Oeil. Son point de méditation se trouve à un centimètre à l'extérieur de la tête, tout comme le Septième Oeil. Cette méditation est plus courante que celle du Septième Oeil et soulagera davantage de problèmes, tant sur le Plan Mental qu'émotionnel. Lorsqu'il y a trop d'énergie stagnante dans la tête, l'Ego va utiliser cette situation pour son agenda en introduisant des pensées négatives qui créent la peur pour détourner la conscience. Cela provoquera la descente de la Kundalini du Chakra Bindu. Il n'est pas nécessaire qu'un canal soit court-circuité pour que cela se produise ; cela peut être dû à un stress accru ou au fait de nourrir des pensées négatives pendant une période prolongée.

Pour effectuer cette méditation, allongez-vous sur le dos, les mains tendues, tout en vous concentrant sur le point de méditation de Bindu Chakra, qui se trouve à un centimètre à l'extérieur du sommet, à l'arrière de la tête. Effectuez la respiration quadruple pour calmer l'esprit et entrer dans un état méditatif. Se concentrer sur ce point affecte le Bindu et le Chakra Causal, qui est intimement lié au Bindu.

La clé de ces méditations de tête est de focaliser votre attention sur un point particulier à l'intérieur ou à l'extérieur de la tête pendant deux à trois minutes avec une concentration totale. J'aime m'imaginer en train de tapoter continuellement le point de méditation avec mon index. Gardez à l'esprit que je parle d'imaginer mon doigt Astral en train de faire cela avec la puissance de mon esprit. De cette façon, j'incorpore l'imagination et la volonté, utilisant ainsi les canaux Ida et Pingala. Ce faisant, je stimule l'énergie et la pousse vers l'extérieur, complétant ainsi le circuit. Cette méditation peut également être pratiquée en position assise, tandis que les autres méditations mentionnées jusqu'à présent fonctionnent mieux en position allongée, selon mon expérience.

6. Méditation de l'Oeil Subconscient

L'œil Subconscient permet à tous les individus pleinement éveillés par la Kundalini de voir le contenu de leur esprit subconscient afin de gagner la maîtrise de leurs pensées et de leur réalité. Ce centre psychique se trouve à l'endroit où le milieu des yeux rencontre l'arête du nez. Cependant, supposons qu'il y ait une augmentation d'énergie négative et de pensées craintives dans l'esprit. Dans ce cas, ce point de libération est bloqué, et l'individu ne peut pas voir le contenu du subconscient.

Ida peut s'effondrer simultanément, ou c'est l'effondrement d'Ida qui provoque souvent la fermeture de ce centre psychique. Rappelez-vous que le stress, l'anxiété et les pensées négatives et craintives mettent Ida en danger lorsqu'on s'y concentre trop longtemps. Si Ida s'effondre, ou si cela se produit tout seul, ce point devra être rouvert avant de pouvoir fonctionner à nouveau correctement. L'endroit sur lequel vous devez vous concentrer se trouve juste au-dessus de l'arête du nez, à un centimètre à l'extérieur de la tête.

Lorsque vous respirez, ce centre psychique respire avec vous. L'énergie Pranique alimente l'Oeil Subconscient qui vous permet d'avoir des pensées et des émotions saines. Chaque respiration éveillée devrait renouveler votre esprit lorsque ces centres psychiques fonctionnent correctement. Si l'énergie stagne à cet endroit, vous aurez un esprit malsain, rongé par la peur. Vous aurez du mal à vous projeter dans l'avenir et vous vous accrocherez au passé, en y pensant continuellement de manière obsessionnelle.

Les pensées ou les émotions obsessionnelles provoquent souvent le blocage de ce centre psychique, car en pensant de manière obsessionnelle à quelque chose, vous concentrez trop votre attention sur l'arrière de votre tête, ce qui peut éloigner l'énergie des Cinq Yeux Psychiques et de l'œil subconscient, provoquant le blocage de certains d'entre eux. Rappelez-vous que l'emplacement réel du subconscient se trouve à l'arrière de la tête, tandis que l'Œil subconscient est une fenêtre ou un portail qui nous permet de voir son contenu.

Cette méditation doit être pratiquée en position allongée, les paumes des mains tendues. Il serait utile d'utiliser la respiration quadruple pour vous maintenir dans le bon état d'esprit pendant que vous pratiquez cette méditation. L'attention doit être maintenue sur le point décrit pendant au moins deux à trois minutes, sans interruption. Si vous réussissez, vous ressentirez une sensation de refroidissement sur l'arête du nez, et vous sentirez la pression qui s'y exerce lorsque l'énergie s'en échappe dans l'atmosphère devant vous. Vous ressentirez une libération immédiate des pensées passées et une capacité à penser à l'avenir et à s'en réjouir.

7. Méditation du Chakra du Sahasrara

Le Sahasrara Chakra est le Chakra le plus critique dans le contexte d'un éveil de la Kundalini puisqu'il est notre connexion avec la Source Spirituelle, la Lumière Blanche. Sahasrara est le plus haut du corps, au sommet, au centre de la tête, et sa fonction régule le circuit complet de la Kundalini lorsqu'il est ouvert et actif. Par conséquent, il doit toujours être alimenté en énergie, sinon le circuit de la Kundalini cessera de fonctionner. Dans le cas rare où l'énergie de la Kundalini descendrait du Sahasrara, cette simple méditation peut la faire remonter, permettant au flux central d'énergie à travers Sushumna de fonctionner correctement. Rappelez-vous que Ida, Pingala et Sushumna s'unissent à l'Ajna en un seul courant d'énergie qui s'élève vers Sahasrara. Donc, si ce flux d'énergie descend en dessous de Sahasrara, c'est la méditation que vous devez utiliser pour le faire remonter.

Pour pratiquer cette méditation, allongez-vous sur le dos, les paumes des mains tendues. Tout d'abord, utilisez la respiration quadruple pour vous mettre dans un état méditatif. Ensuite, fermez vos yeux physiques et roulez-les vers l'arrière, en essayant de regarder le sommet de votre tête, environ deux centimètres au-dessus du centre de votre crâne. Bien que Sahasrara se trouve au sommet et au centre de la tête, j'ai constaté que le fait de se concentrer deux centimètres au-dessus de lui au lieu d'un, ou directement sur lui, facilite la poussée nécessaire pour que le canal énergétique de la Kundalini s'élève vers Sahasrara.

Maintenez votre attention sur ce point pendant deux à trois minutes, sans interruption. Si cela réussit, vous sentirez un flux d'énergie se déplacer dans votre cerveau, atteignant Sahasrara. Si cela ne fonctionne pas et que vous sentez une chute définitive du Sahasrara, alors vous devrez reconstruire les brins de Kundalini dans votre tête par l'ingestion de nourriture, en transformant la nourriture en énergie Lumière ou Prana. Vous aurez peut-être besoin de quelques semaines à un mois. Vous pouvez effectuer cette méditation tous les quelques jours pendant que vous reconstruisez votre corps de combustible de Lumière pour faire face à cette situation.

8. Maintenir une Image dans l'Esprit - Méditation

Une autre méditation fondÂmentale qui peut aider à soulager les problèmes mentaux et émotionnels consiste à imaginer un objet simple dans votre esprit et à maintenir son image visuelle avec une concentration totale. Il est utile que l'objet que vous imaginez soit quelque chose que vous tenez souvent dans votre main, comme votre téléphone portable, afin que vous puissiez réimaginer son aspect et sa sensation dans votre main, en utilisant vos sens astraux et la puissance de votre esprit.

Cette méditation est utile en cas de blocage au niveau du Chakra Bindu et lorsqu'aucune autre méditation des points de tête ne fonctionne. Il s'agit d'une méditation puissante car elle fait appel à la fois aux canaux Ida et Pingala pendant son exécution. Lorsque vous effectuez une activité mentale qui requiert votre volonté, vous utilisez le canal Pingala. À l'inverse, lorsque vous utilisez votre imagination et que vous imaginez une image dans votre esprit, vous utilisez votre canal Ida. En gardant une image dans votre esprit pendant une période prolongée, vous rouvrez et réalignez Ida et Pingala et leur permettez de s'écouler par le Chakra Bindu, comme il est naturel qu'ils le fassent chez les personnes pleinement éveillées par la Kundalini.

Vous remarquerez que si vous pratiquez cette méditation, la composante visuelle de la fixation de l'image dans votre esprit s'accentuera et deviendra plus définie. Vous pouvez même ressentir des mouvements d'énergie dans votre corps, le long de l'avant de votre torse, de chaque côté, là où se trouvent les canaux Ida et Pingala. Vous pouvez également sentir des traînées d'énergie se déplacer sur le devant de votre visage.

Par exemple, un alignement peut se produire dans un canal énergétique qui traverse le centre de votre menton jusqu'à votre lèvre inférieure. Vous pouvez également sentir l'énergie se déplacer à l'intérieur de votre cerveau, au fur et à mesure que les brins de Kundalini sont imprégnés d'Esprit liquide. Si vous ressentez l'un de ces mouvements, c'est un bon signe que votre méditation fonctionne et que Ida et Pingala s'alignent. Lorsque votre méditation est réussie, vous devriez enfin ressentir une pression au sommet de l'arrière de votre tête, alors que votre Chakra Bindu est infusé, signalant que le circuit de la Kundalini a été entièrement réactivé.

9. Devenir Un avec un Objet Méditation

Une autre méditation puissante pour optimiser les canaux Ida et Pingala et réaligner le circuit de la Kundalini consiste à se concentrer sur un objet devant soi pendant une période prolongée. Cette méditation vise à sortir de soi et à faire corps avec l'objet, en ressentant son essence. En faisant cela, vous vous extériorisez, ce qui permet aux Nadis de se réaligner et d'assumer leur flux naturel. C'est généralement le contenu de notre esprit et le mauvais usage de notre volonté qui bloquent ou font stagner le flux des Nadis.

La clé est de garder un esprit vide et une concentration intense sur l'objet sur lequel vous méditez. Sentez sa texture et utilisez vos sens astraux sur lui. Faites le vide dans votre esprit, et n'écoutez pas les pensées de votre Ego qui tentent de vous détourner de la tâche à accomplir.

Vous pouvez également méditer sur un point fixe de votre choix ou sur une image. Cependant, je trouve que méditer sur un objet tridimensionnel fonctionne mieux car vous pouvez utiliser tous vos sens astraux sur cet objet, ce qui permet à votre esprit de s'occuper, ce qui induit le silence. L'utilisation des sens astraux dans la méditation est une bonne distraction pour l'esprit puisqu'il ne peut pas se concentrer sur cela et penser simultanément.

Absorbez-vous entièrement dans l'objet ou le point fixe, ou l'image, sans vous déconcentrer. Vous pouvez cligner des yeux, bien que vos yeux doivent légèrement larmoyer lorsque cela est fait correctement, signe d'une concentration puissante. Pendant que vous pratiquez cette méditation, soyez attentif au point Bindu, situé au sommet de l'arrière de la tête. Après cinq à dix minutes de cet exercice, vous devriez sentir vos Nadis se réaligner et votre point Bindu s'imprégner d'énergie. C'est le signe que le circuit de la Kundalini a été optimisé.

10. Méditer sur le Chakra de l'Etoile de la Terre

Puisque le Chakra de l'Etoile de la Terre fournit les courants féminins et masculins pour les Nadis Ida et Pingala, s'il y a un manque d'énergie dans l'un ou l'autre de ces Chakras, vous devrez peut-être méditer sur leur source pour les remettre en marche. Vous pouvez le faire en plaçant votre attention sur la plante des pieds et en la maintenant à cet endroit, sans interruption, tout en vous concentrant sur l'étoile de la terre située six pouces sous les pieds.

Rappelez-vous que le canal Pingala traverse la jambe et le talon droits, tandis que le canal Ida traverse la jambe gauche. Tous deux sont reliés au Chakra de l'Etoile de la Terre. Ainsi, si vous avez effectué votre méditation correctement, vous ressentirez un alignement énergétique à la partie inférieure du talon correspondant au Chakra Muladhara, signalant que Ida ou Pingala se sont réactivés. En même temps, la méditation sur l'Etoile de la Terre fournit l'ancrage le plus optimal nécessaire pour maintenir les autres Chakras et Corps

Subtils en équilibre. Pratiquez donc souvent cette méditation, même si vous n'avez pas de problèmes avec les canaux Ida ou Pingala.

***

Une dernière remarque sur les courts-circuits de la Kundalini et les méditations présentées dans ce chapitre. Tout d'abord, comprenez que les courts-circuits, en général, ne sont pas dangereux dans un sens physique mais psychologique. Par conséquent, faire ces méditations ne peut pas vous nuire mais peut vous apporter un bénéfice Spirituel significatif et vous permettre de contrôler votre expérience de la réalité au lieu d'être à la merci de l'énergie de la Kundalini.

Cependant, même si ces méditations ont fonctionné pour moi dans presque tous les cas, je ne peux pas garantir qu'elles fonctionneront pour vous à chaque fois. En les développant, j'ai obtenu une connexion intuitive avec chaque méditation qui me permet, après avoir diagnostiqué le problème, de mettre en œuvre la bonne méditation avec une précision de 90%. Je ne peux pas vous transmettre cela, mais j'espère que vous pourrez apprendre à faire de même avec la pratique et l'expérience.

Je crois que le manuel de nos systèmes Kundalini est le même et que le Créateur ne rendrait pas mon système Kundalini différent du vôtre parce que nous sommes tous faits des mêmes composants physiques, émotionnels, mentaux et Spirituels. Par conséquent, je crois que les problèmes de Kundalini sont Universels, ce qui signifie que ces méditations devraient fonctionner pour vous aussi.

Pour conclure, j'espère qu'en utilisant ces méditations, vous chercherez à les faire progresser et à faire vos propres découvertes. Nous devons collectivement faire en sorte que la Science de la Kundalini évolue continuellement et atteigne de nouveaux sommets afin que ceux qui viennent après nous puissent s'appuyer sur nos erreurs et nos découvertes. Ce faisant, nous nous développons non seulement nous-mêmes, mais aussi la science de la Kundalini en tant que domaine d'étude.

PARTIE XII :
CONSEIL KUNDALINI

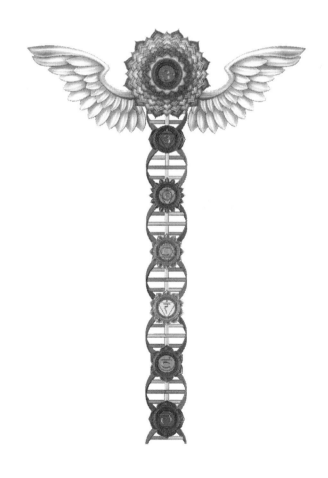

CONSEILS GÉNÉRAUX

Au cours des dix-sept dernières années, de nombreuses personnes éveillées à la Kundalini m'ont contacté par le biais des médias sociaux pour me demander des conseils sur ce à quoi elles devaient s'attendre et sur la manière de gérer les problèmes potentiels qui se posent dans leur processus de transformation. J'ai constaté que beaucoup de leurs questions et préoccupations étaient les mêmes, et que leurs demandes avaient un point commun, puisque le processus de transformation est Universel. Ce chapitre discutera de ces points communs et partagera quelques conseils généraux pour ceux d'entre vous qui sont au milieu d'une transformation Kundalini.

La Kundalini n'est pas une manifestation physique, même si elle en a souvent l'impression. Alors que le Corps de Lumière se perfectionne au fil du temps, la conscience oscille entre le corps physique et le Corps de Lumière, essayant de donner un sens aux choses. Avant l'éveil, la conscience opérait uniquement à partir du corps physique. Par conséquent, les différentes manifestations de la Kundalini peuvent sembler physiques au début, mais elles ne le sont pas.

Les gens me disent souvent qu'ils ressentent une pression dans différentes parties de leur corps, généralement dans la région de la tête ou du cœur, et me demandent pourquoi cela se produit. Ils veulent savoir quand cela va s'arrêter et si ces problèmes vont évoluer vers des maladies corporelles. Comprendre que la Kundalini travaille dans une zone avec des centres psychiques qu'elle doit éveiller pour y localiser l'énergie. Parfois, cela nécessite de pousser contre des blocages énergétiques formés au fil du temps par des pensées et des croyances négatives sur soi-même et la vie en général. Bien que cela ressemble à une pression physique, elle se manifeste sur le plan Astral. Cependant, comme le mental est le lien de connexion, il interprète mal cette information. Après tout, l'esprit n'a jamais fait l'expérience d'une telle chose auparavant, et il s'embrouille facilement dans cette situation. Il n'est donc pas rare que la personne qui éprouve ces sensations commence à ressentir de la peur et de l'anxiété en pensant que quelque chose de dangereux est en train de se produire dans son corps physique.

Les Chakras et les nerfs environnants qui innervent les organes doivent être pleinement imprégnés de la Lumière de la Kundalini pour lui permettre de circuler sans entrave dans le Corps de Lumière. En raison de l'énergie Karmique qui s'accumule dans les Chakras tout au long de la vie d'une personne, ces zones peuvent se bloquer. La Kundalini doit exercer une pression dans cette zone par le biais d'une chaleur douce et régulière afin d'éradiquer et de supprimer ces blocages.

La Kundalini est une énergie brute de Feu qui se transforme en Esprit liquide grâce à la sublimation du Prana par l'ingestion de nourriture et la transmutation de l'énergie sexuelle. Cette énergie de l'Esprit peut percer tous les blocages, mais elle doit d'abord être convertie en sa forme subtile par le Feu de la Kundalini. En observant ce processus dans mon propre Corps de Lumière, j'ai constaté que cette transformation se produit dans la zone où la Kundalini élimine les blocages.

Les zones les plus courantes où les blocages doivent être éliminés sont la tête et le cœur. Les gens vont ressentir une pression dans leur tête pendant des mois, voire des années, pendant que la Kundalini se transforme en cet Esprit liquide plus fin et ouvre les centres du cerveau. Et comme vous l'avez appris jusqu'à présent, de nombreux centres cérébraux critiques doivent être ouverts, comme le Thalamus, l'Hypothalamus, l'Hypophyse et la Glande Pinéale. Le cerveau est le centre qui contient ces importants centres énergétiques. Les Chakras et les Nadis sont reliés au cerveau par le système nerveux. Le cerveau est la carte mère ; un câblage approprié doit être créé dans le Corps de Lumière pour qu'il fonctionne le plus efficacement possible. Sinon, le circuit de la Kundalini ne fonctionnera pas correctement.

Anahata, le Chakra du Cœur, est une autre zone critique où le Feu de la Kundalini doit travailler à travers des obstacles énergétiques pour créer le câblage nécessaire. Après le Hara Chakra, Anahata est la deuxième plus grande convergence de Nadis dans le corps. Sur le côté gauche de celui-ci se trouve le canal Ida qui doit s'ouvrir correctement pour optimiser son flux énergétique. Sur le côté droit se trouve le canal Pingala. Tous deux ont besoin d'un flux suffisant de cette énergie de l'Esprit qui les traverse pour ne pas ressentir une pression étrange, qui crée des pensées craintives et inquiétantes.

Après l'éveil de l'énergie Kundalini, les palpitations du cœur physique sont fréquentes car des niveaux élevés d'adrénaline, de dopamine et de sérotonine sont libérés dans le corps, provoquant une accélération du rythme cardiaque. Il arrive également que les battements du cœur sautent, ce qui, selon moi, est dû à des souvenirs fondés sur la peur qui remontent à la surface du subconscient pour être revécus afin d'éliminer leur charge émotionnelle.

Il n'y a pas lieu de s'inquiéter de ces situations, car elles sont Universelles dans leur expression et continueront à se manifester pendant des années, surtout dans les premiers stades. Grâce aux différentes hormones qui sont pompées dans le cœur, des sentiments incroyables d'exaltation accrue sont ressentis. La poussée d'énergie dans le cœur est extatique et impossible à décrire à quelqu'un qui n'en a pas fait l'expérience. Les Glandes Surrénales peuvent s'épuiser au cours de ce processus, que vous pouvez reconstituer avec de la vitamine C.

L'énergie Kundalini peut également rencontrer des blocages dans d'autres parties du corps, généralement dans le torse. L'énergie peut agir à travers différents organes, et on peut avoir l'impression qu'un organe est en danger. Cependant, je n'ai jamais constaté que c'était le cas, et je n'ai jamais entendu dire que quelqu'un ait eu de véritables défaillances d'organes dans cette situation. Donc, encore une fois, cela peut vous sembler physique, mais cela n'aura pas d'impact négatif sur l'organe. Cependant, il faut noter qu'il peut y avoir des effets psychosomatiques si vous vous attachez trop à penser que la pression est physique. En d'autres termes, vous pouvez développer une douleur physique, mais uniquement parce que vous êtes tellement concentré sur cette idée qu'elle se manifeste. Toutefois, elle ne se manifeste pas d'une manière qui puisse vous nuire.

Dans l'ensemble, mon conseil est toujours le même, et ce conseil s'applique à tout ce qui concerne l'éveil à n'importe quel stade : si vous ressentez de la peur, passez par là. Ne vous concentrez pas sur la peur, car c'est la peur qui vous affecte négativement et non la Kundalini elle-même. La peur crée de l'anxiété, ce qui va à l'encontre de la Kundalini. Elle combat le processus de la Kundalini tel qu'il se déroule à l'intérieur de vous. Les Corps Subtils physique, émotionnel et mental doivent être détendus et en paix pour que la Kundalini puisse faire son travail. Si l'anxiété est présente dans l'un de ces domaines, elle empêchera le flux de la Kundalini dans l'un de ses nombreux états différents. Ces blocages ne feront que se renforcer et s'aggraver si vous invoquez l'anxiété. Au lieu de cela, vous devez vous entraîner à être détendu dans votre esprit, votre corps et votre Âme, même lorsque l'expérience peut sembler intense.

Une fois que la Kundalini est totalement éveillée et qu'elle travaille à travers vous, il est préférable d'arrêter de méditer pendant un petit moment. À ce stade, tout ce que cela fait est de concentrer l'énergie à l'intérieur de la tête, ce qui n'est plus nécessaire. Si vous avez éveillé la Kundalini, vous avez de toute façon déjà atteint le but de toute méditation. Par conséquent, passer autant de temps loin de vos pensées et plus de temps dans la nature ou avec des gens vous sera bénéfique. Quand je dis des gens, je veux dire des gens à l'esprit positif, pas des gens négatifs. Se détendre dans toutes les parties du Soi et se concentrer sur l'apport d'une nourriture nutritive sera tout ce qui vous est demandé.

Ne désespérez pas si vous avez des difficultés à dormir, comme cela se produit souvent au cours des premières années suivant l'éveil. Il ne sert à rien d'essayer à tout prix de provoquer le sommeil, pour ensuite être frustré de ne pas y arriver. Allez plutôt faire quelque chose de productif pour évacuer l'énergie qui vous empêche de dormir. Les activités créatives vous aideront à transformer l'énergie et vous mettront en contact avec l'imagination et la volonté, ce qui vous inspirera et vous aidera à atteindre un état calme, induisant le sommeil naturellement. N'oubliez jamais que la créativité utilise aussi l'énergie de l'amour, donc toute activité créative est productive puisqu'elle utilise l'amour. Cette règle s'applique lorsque vous traversez l'éveil, à n'importe quel moment de votre vie. Nous essayons toujours de nous aligner sur l'amour autant que nous le pouvons pendant que nous traversons cette période.

J'ai souffert d'insomnie pendant des années après mon réveil et j'oscillais entre des Rêves Lucides intenses et un manque total de sommeil et l'incapacité à induire des rêves du tout. Avec le temps, j'ai appris à ne pas m'inquiéter ou à ne pas stresser lorsque cela se produit, bien que cela puisse être difficile à faire si vous avez quelque chose d'important le lendemain et que vous avez besoin d'être bien reposé. Vous devez apprendre à faire avec et à ne pas vous battre. Vous n'avez pas le choix. Dès que vous l'aurez accepté, vous vous en porterez mieux. Vivre le style de vie normal de neuf à cinq peut être un défi, mais c'est un défi que vous devez accepter et surmonter. Plus vous le combattez, plus vous entravez le processus de transformation de la Kundalini.

Si vous ne parvenez pas à trouver le sommeil pendant la nuit, votre corps vous signale qu'il n'a pas besoin de repos. Peut-être que l'esprit en a besoin, et vous pouvez le reposer en vous relaxant simplement sur le dos pendant que vous êtes éveillé. Il est parfois utile de prendre une pilule de mélatonine juste avant de se coucher, que vous trouverez dans votre pharmacie locale. Mais si vous ne pouvez pas induire le sommeil, cela signifie simplement qu'il y a trop d'activité dans le Corps de Lumière, et vous devez l'accepter. Vous serez un peu plus lucide le jour suivant, mais vous devriez être en mesure de faire face à tout ce dont vous avez besoin. Le fait de ne pas pouvoir dormir signifie que la Kundalini est en surrégime, transformant votre esprit, votre corps et votre Âme à un niveau profond. Mettez-vous en mode pilote automatique autant que possible et laissez-la faire ce qu'elle doit faire.

Un aspect de la transformation de la Kundalini est que la quantité de sommeil nécessaire pour fonctionner à 100% le jour suivant est substantiellement inférieure à celle d'une personne sans Kundalini active. J'ai constaté que six heures de sommeil devraient suffire la plupart des jours. Huit heures complètes de sommeil sont optimales, tandis que tout ce qui dépasse huit heures est excessif et inutile. Cependant, au début, il se peut que vous ayez besoin de plus de huit heures de sommeil, surtout si votre Kundalini est très active pendant la nuit.

Au fil des ans, j'ai constaté qu'au-delà de huit heures de sommeil, j'étais moins concentré et plus léthargique le lendemain. Il a été prouvé qu'une durée de sommeil optimale de six à huit heures était la meilleure pour moi. J'ai également eu de nombreuses nuits blanches lorsque la Kundalini était très active. Mais j'ai surmonté cela en relaxant mon esprit pendant la nuit, ce qui m'a permis de fonctionner à 95 % le lendemain, avec mon acuité et ma concentration habituelles. Cependant, c'était après au moins cinq ans de processus de transformation de la Kundalini et une fois que j'ai accordé ma conscience avec le Soi Supérieur. Si vous vous trouvez plus aligné avec votre Ego, vous aurez besoin de plus de sommeil.

QUESTIONS COMMUNES

Après avoir assumé le rôle d'enseignant et de guide de la Kundalini pendant de nombreuses années, j'ai répondu aux innombrables questions de nombreux initiés à la Kundalini sur leur processus d'éveil et de transformation. J'ai compilé les questions les plus courantes dans une série de questions-réponses tirées de nos correspondances.

J'ai eu un éveil spontané de la Kundalini il y a presque un an. Aujourd'hui, les bouleversements émotionnels et la peur auxquels je suis confronté sont insupportables. J'ai perdu mon emploi, mes relations se sont effondrées, et je suis prête à abandonner. Je n'ai plus d'énergie pour continuer à avancer. Quelles sont les paroles de sagesse que vous avez pour moi ?

Ne désespérez pas, mon ami. Beaucoup de gens ont été à ta place, et beaucoup d'autres le seront dans le futur. Aussi mauvaises que les choses puissent paraître maintenant, souviens-toi toujours que l'aube suit toujours la nuit. Le succès n'est pas déterminé par la vitesse à laquelle vous tombez, mais par la rapidité avec laquelle vous vous relevez et réessayez. Vous devez développer une résistance à ces défis auxquels vous êtes confrontés, et vous trouverez les solutions que vous cherchez. Ne laissez pas la peur vous paralyser, mais affrontez-la plutôt et vous gagnerez en courage. Toutes les personnes qui réussissent brillent lorsqu'elles n'ont plus rien, lorsque toute leur énergie est épuisée et que leur réservoir est vide. Ils utilisent ces moments pour prouver qui ils sont en trouvant l'énergie en eux pour vaincre leurs peurs et trouver le succès.

Rappelez-vous, la PEUR est une fausse preuve qui semble réelle ; elle vit dans le domaine de la dualité. Le vrai Soi, lui, se trouve dans le domaine de la non-dualité. C'est un feu que personne d'autre que vous-même ne peut éteindre. Et le temps presse pour chacun d'entre nous. Par conséquent, nous devons tous regarder les défis de la vie et les considérer comme des tests de notre volonté. Nous devons avoir foi en nous-mêmes et en l'Univers et relever ces défis avec détermination et persévérance pour réussir.

Trouvez votre réconfort en compagnie d'individus partageant les mêmes idées et traversant le même processus d'éveil de la Kundalini et faites-en des frères et des sœurs. Vous n'êtes pas seul dans ce processus. Nous sommes tous destinés à nous transformer en êtres de lumière. Mais ce n'est pas un processus facile. Plus le voyage est difficile, plus la récompense est douce. De nombreux chemins mènent au même but. Si l'un d'eux ne fonctionne pas, essayez-en un autre. N'abandonnez jamais et ne vous laissez pas abattre, car si vous êtes prêt à abandonner, le Divin n'a pas de place pour vous dans le Royaume des Cieux.

Chaque fois que mon énergie Kundalini devient très active, je deviens incroyablement paranoïaque, anxieuse et effrayée. Je me demande si je ne devrais pas consulter un thérapeute, même si je ne suis pas sûre qu'il comprendra ce que je vis. Mais, avant de faire cela, que puis-je faire d'autre pour surmonter ces émotions difficiles ?

La paranoïa et l'anxiété que vous ressentez sont typiques de ce que vous vivez. Cependant, votre état ne peut être qualifié de clinique. Il vaut mieux que vous gardiez cette expérience pour vous, afin de vous épargner la déception de ne pas être compris par le personnel médical. Plus important encore, vous éviterez de vous voir prescrire des médicÂments qui entraveront considérablement votre processus de transformation. Passez du temps à l'extérieur, connectez-vous à la nature et faites des choses qui vous sont extérieures au lieu de trop penser à ce que vous vivez. L'Ego n'aime pas être soumis à un processus de mort, il veut donc vous effrayer et vous faire sentir négatif à ce sujet.

Surtout, pensez positivement à toute cette expérience. Vous faites partie de l'élite mondiale, et vous avez été choisi pour une raison quelconque. Franchement, les années passées à vivre dans un mauvais état mental, comme c'est le cas chez de nombreux initiés de la Kundalini nouvellement éveillés, valent bien les précieux joyaux qui vous attendent dans le futur. De plus, votre mentalité n'est qu'une facette de qui vous êtes vraiment. Souvenez-vous de cela et soyez courageux. Se concentrer sur la peur vous empêchera de vivre avec courage. Au contraire, soyez courageux, et la peur disparaîtra.

Il y a des moments où j'ai l'impression que mon Ego s'est enfin débarrassé de lui, mais il revient en force, provoquant une grande peur et une douleur émotionnelle. Souvent, j'ai l'impression de mourir d'une mort lente et douloureuse. Pourquoi cela ne peut-il pas être terminé ? Que m'arrive-t-il ?

La douleur et le plaisir sont deux aspects de la même chose. Ils sont liés à la façon dont on lit la réalité qui nous entoure à travers l'esprit. En jetant un pont entre le conscient et le subconscient, la vitesse du pendule qui oscille entre plaisir et douleur est augmentée de façon exponentielle, ce qui donne lieu à de nombreux problèmes mentaux. La différence est que chez une personne activée par la Kundalini, ce processus n'est que temporaire et sert à éradiquer les souvenirs négatifs, agissant comme un mur entre le monde du pur potentiel et les limites créées par le mental dans sa quête de survie.

Le Moi qui a survécu jusqu'à présent est l'Ego. L'Ego est en train de mourir ! Il ne veut pas mourir, comme toute autre force intelligente dans cet Univers. Alors le témoin éternel du Maintenant, votre vrai Moi, se tient à l'écart tandis que l'Ego ressent la douleur, sachant que dans sa mort se trouve la vraie vie. N'oubliez pas que l'Ego a mis de nombreuses années à se développer. Comme toute action a une réaction égale et opposée, sachez qu'il lui faudra aussi de nombreuses années pour mourir. C'est une partie normale du processus de transformation, tout comme la douleur qui l'accompagne.

Une fois que les souffrances de l'Ego sont évacuées, la conscience est libre d'expérimenter l'émotion pure du Vide, qui est un ravissement nirvanique. Prenez donc votre temps, ne vous pressez pas, et au bout d'un certain temps, l'esprit se calmera, et vous deviendrez ce que vous êtes censé être - un Être de Lumière !

Depuis quelques mois, je suis en proie à des maux de tête débilitants qui durent parfois toute la nuit et même le lendemain. Je ressens également des douleurs mystérieuses qui vont et viennent dans différentes parties de mon corps, principalement le torse. Que peut-on faire ? S'agit-il d'une partie normale du processus de la Kundalini ?

Si vous souffrez de maux de tête à cause d'une Kundalini éveillée, vous remarquerez que si vous prenez un peu de recul, vos maux de tête ne sont pas causés par la Kundalini mais plutôt par la façon dont le mental interprète ce qui se passe. C'est parce que la Kundalini opère dans le Plan Astral, mais nous pouvons la ressentir comme si elle était dans notre corps physique. Elle opère dans une dimension différente de la dimension matérielle dont fait partie le corps physique.

Restez détendu en permanence, buvez beaucoup d'eau, et les maux de tête disparaîtront. Évitez les situations stressantes et, lorsqu'un mal de tête survient, essayez d'en déterminer la cause, puis évitez de créer cette même cause la fois suivante ou de la côtoyer.

Les douleurs physiques sont attribuées à l'énergie négative et aux mémoires Karmiques stockées dans le corps physique et les organes. Par conséquent, lorsque la Kundalini a, au niveau Astral (car elle n'opère qu'au niveau Astral), pénétré les zones qui contiennent les contreparties Spirituelles des composants physiques du corps, des sentiments de douleur physique seront ressentis pendant qu'elle nettoie la négativité de ces contreparties Spirituelles.

Ce processus est normal et s'estompera avec le temps. Essayez un régime alimentaire différent, le Yoga ou des techniques de mise à la terre pour atténuer la douleur. Rappelez-vous qu'en concentrant votre attention sur la douleur, vous la rendez plus forte. Alors, portez votre attention ailleurs, et la Kundalini se déplacera là où se trouve votre conscience. Un esprit sans peur n'a aucune barrière dans le processus de la Kundalini !

J'ai eu différentes visions impliquant des chats. Parfois ils sont grands, et parfois ils sont petits. Ils étaient argentés, noirs, jaunes et rouge-orange. Cependant, la vision la plus marquante était un chat avec une queue cassée. Je m'efforce de donner un sens à tout cela. Y a-t-il quelque chose de cassé en moi ?

Interprétez les visions de ce genre du point de vue de l'esprit. Si l'esprit est détendu et apprécie ces images, il s'agit d'expériences fugaces, qui n'ont pas d'importance. Cependant, si l'esprit s'emmêle avec ces symboles et essaie d'interpréter tout ce qui se passe, vous vous créez un labyrinthe dont il est difficile de sortir sans attacher de la peur au résultat.

Les visions dans les rêves sont généralement le résultat de ce qui préoccupe l'esprit à l'état de veille. Puisque vous venez de vous éveiller et que vous faites l'expérience quotidienne d'une grande activité de la Kundalini, ces visions dans vos rêves essaient de vous faire savoir quelque chose à ce sujet.

Les chats, quelle que soit leur couleur, sont des symboles de la Kundalini. Dans les traditions Anciennes, les chats représentaient le grand aspect féminin de la Divinité. Ces rêves vous font savoir que vous êtes en train de vivre l'activité de la Kundalini. La queue cassée peut signifier un blocage énergétique, mais il se peut aussi que non. Cela pourrait signifier que l'esprit a interprété un crépitement d'énergie en vous.

Ne vous laissez pas entraîner par toutes ces interprétations de rêves. Le résultat final d'un éveil de la Kundalini est un détachement total de l'enchevêtrement du mental. Vous devez contourner le mental pour être dans le Maintenant, le moment présent, et puiser l'énergie dans le champ de la pure potentialité. Un jour, ces choses ne signifieront absolument rien pour vous d'un point de vue global.

Après mon éveil initial de la Kundalini, je me souviens avoir eu de nombreuses visions mystiques avec toutes sortes de symboles. Maintenant, ils ont disparu, mais aussi la plupart des pensées visuelles et involontaires. Je sens les choses intuitivement, car ma conscience s'est élevée au-dessus de la peur. Rappelez-vous ceci quand il s'agit de l'éveil : "Toutes les choses se dissolvent et se résolvent en toutes les autres choses". Ce que vous voyez maintenant, vous ne vous en souviendrez même pas dans quelques années.

Je me sens fragile, vulnérable et mon état émotionnel est constamment en dents de scie. Je suis anxieuse et paranoïaque, et j'ai besoin d'aide. Je ne sais pas si les médecins peuvent m'aider pour tout ce qui concerne la Kundalini, mais je ne sais pas vers qui me tourner. Que dois-je faire ?

Aucun professionnel de la santé mentale ne peut vous aider à résoudre les problèmes mentaux et émotionnels que vous rencontrez à cause d'une Kundalini éveillée. Ils seront désireux de vous traiter médicalement, ce que vous ne voulez pas. Je suis allé voir une psychiatre qui apparemment "connaissait" la Kundalini à un moment donné. Au cours de la visite, j'ai appris qu'elle ne savait rien, car on ne peut vraiment connaître la Kundalini que si l'on a une expérience personnelle. C'était une perte de temps et d'argent, et surtout, une déception. Les faux espoirs peuvent avoir des effets très néfastes dans ce processus, car ils peuvent vous faire abandonner encore plus vite que vous ne le feriez normalement.

Si vous êtes dans un état fragile, soyez votre propre médecin et votre sauveur personnel. En ce qui concerne la Kundalini, ne vous en remettez pas aux mains d'autres personnes, à moins que celles-ci n'aient elles-mêmes vécu l'éveil. Si vous avez besoin de réconfort, écoutez des conférences d'auto-assistance. L'éveil de la Kundalini éveille également le gourou qui se trouve à l'intérieur, le Soi supérieur. Le moment est venu d'apprendre à vous faire confiance et à être votre propre guide et enseignant.

Les problèmes mentaux, l'anxiété et la paranoïa sont courants chez les personnes dans votre situation. Nous sommes tous passés par là. Trouvez quelque chose qui vous calme et vous rend heureux, ce qui vous permet d'échapper à la tourmente mentale. Trouvez un passe-temps qui occupe votre corps, votre esprit et votre âme. Écrivez, peignez, faites des promenades, faites quelque chose qui vous inspire. Si vous vous concentrez sur la négativité, vous recevrez de la négativité en retour. Il vous sera utile de ne pas vous concentrer sur les problèmes mentaux, car ils sont temporaires.

Si vous consultez un professionnel de la santé à ce sujet, vous risquez de vous sentir encore plus mal après coup, car il vous lancera des mots comme "anxiété chronique", "bipolaire" et "schizophrénie". Les symptômes présentés par une Kundalini active peuvent être similaires, mais cela ne signifie pas que vous souffrez de la maladie elle-même. Contrairement aux personnes non éveillées diagnostiquées avec ces maladies, nous traversons ces épreuves et en ressortons de l'autre côté, plus forts et plus raffinés. C'est juste une question de temps et de patience.

Une chose que j'ai toujours apprise est de suivre mon propre rythme. Écoutez la voix intérieure, et ne laissez pas les autres vous dire ce qui se passe. C'est vous qui guidez votre récit. Ne tenez pas compte de ce que les autres disent sur ce que vous vivez. Vous connaissez la vérité au fond de vous, alors commencez à écouter. Vous allez bien ! C'est juste l'Ego qui vous fait peur car il sait qu'il est en train de perdre son pouvoir sur la conscience. Votre véritable moi vit dans le silence, un lieu sans pensée !

Je ressens une pression immense de mon front jusqu'au sommet de ma tête, et mes pensées sont incontrôlables. J'ai l'impression de devenir folle, comme si mon cerveau était cassé. Que puis-je faire pour trouver un équilibre ?

Si vous avez une accumulation d'énergie au niveau des Chakras Sahasarara et Ajna, vous devez vous mettre à la terre. Si vous réfléchissez trop et que vous vous sentez en contact avec l'anxiété et la peur, la mise à la terre de vos énergies vous aidera. L'ancrage fera taire votre esprit, ce qui permettra à la peur de disparaître. D'après mon expérience personnelle, si vous avez beaucoup d'énergie dans la tête, vous deviendrez introverti et vous réfléchirez trop. Essayez donc de vous concentrer sur l'aspect émotionnel du Soi en entrant en contact avec vos sentiments, et l'énergie s'équilibrera d'elle-même.

Il est utile de se concentrer sur les Chakras des pieds et surtout sur l'abdomen. En vous concentrant sur votre abdomen, vous neutralisez l'Élément Air (pensées) et vous vous connectez à l'Élément Eau (émotions). Cela vous permettra d'entrer en contact avec vos sentiments et de faire descendre l'énergie de votre tête. En envoyant l'énergie dans votre ventre, vous créerez un feu confortable et stable dans cette zone par la respiration et la méditation. Pratiquez la méditation silencieuse, et vous devriez être en mesure de ressentir l'énergie dans différents endroits autres que votre tête. La méditation est nécessaire pour faire descendre l'énergie dans l'abdomen et reconnecter le circuit de la Kundalini.

J'ai essayé de rationaliser et d'intellectualiser mon processus, ce qui ne m'a mené nulle part. Je comprends qu'il est temps que j'aille au-delà du mental et de mes pensées, mais je ne sais pas comment ni par où commencer. Pouvez-vous m'éclairer ?

Au lieu de vous concentrer sur vos pensées, faites taire l'esprit pour sortir de vous-même par la méditation et la respiration contrôlée. Voyez vous à la troisième personne en observant votre corps physique et les gestes de votre visage, et devenez le Témoin silencieux dans le Maintenant, le moment présent. En sortant de vous-même, vous contournez l'Ego pour vous connecter au Vrai Soi, le Saint Ange Gardien, à travers lequel vous pouvez expérimenter la Gloire de Dieu et d'innombrables autres richesses Spirituelles.

Pour vous aider à y parvenir, méditez sur votre Oeil de l'Esprit en vous concentrant sur le centre de vos sourcils. Puis, les yeux ouverts, voyez simultanément le monde extérieur et intérieur. À ce stade, vous vous verrez comme les autres vous voient. Vous pouvez atteindre cette expérience par la pratique. Elle fera lentement évoluer votre perception, qui, au lieu d'être empêtrée dans l'illusion de l'Ego et d'être la proie de la peur, deviendra extérieure et objective et participera au Royaume de Lumière de Dieu qui nous donne l'amour, la vérité et la sagesse.

C'est ce que l'on entend lorsque les Adeptes et les Sages mentionnent qu'ils ont atteint l'Unité de toutes choses. N'oubliez pas que vous n'êtes qu'une image pensée dans l'esprit de Dieu. Ce monde de matière auquel nos sens participent n'est que le Rêve Eternel de Dieu, et notre pouvoir de penser et de rêver nous permet d'être Co-Créateur avec notre Créateur. Que ceux qui ont des oreilles entendent cette grande vérité Universelle.

Depuis que ma Kundalini s'est éveillée, c'est la seule chose dont je veux parler aux autres. Je veux que les autres sachent et vivent ce que j'ai vécu. Mais chaque fois que je me suis ouvert à quelqu'un de mes expériences, on ne comprenait pas ou on me donnait l'impression d'être fou. Devrais-je garder cette expérience pour moi à partir de maintenant ?

En ce qui concerne les personnes à qui vous dites que vous avez eu un éveil de la Kundalini, je dirais de partager avec 10% des personnes dans votre vie et de ne pas partager avec les 90% restants. En soi, le partage a des chances d'être compris. Le fait est que même 10% ne comprendront pas, mais ils vous croiront au moins par compassion et par la foi que vous leur dites la vérité. Donc, si vous voulez vous épargner beaucoup de déceptions, je vous recommande de garder l'expérience pour vous dans la plupart des cas.

Si quelqu'un mentionne la Kundalini et connaît le sujet, partagez votre expérience avec lui. Même dans ce cas, à moins que la personne n'ait eu un éveil, elle aura des opinions variées sur le sujet et sera incapable de suivre tout ce que vous dites.

Nous sommes liés les uns aux autres par nos expériences passées et nos points communs en tant qu'êtres humains. Mais, malheureusement, sur le sujet de la Kundalini, la plupart des gens ne peuvent pas se connecter. Et si vous voulez éviter la négativité et l'ignorance des autres, soyez content de vous et de votre propre expérience et montrez l'exemple au lieu de leur dire que vous êtes en formation pour être l'exemple.

Lorsque la Kundalini aura terminé son travail avec vous, peu importe le nombre d'années que cela prendra, vous n'aurez rien à dire ; les autres sauront que vous êtes unique et spécial. Ils ne comprendront peut-être pas tout ce que vous leur direz, car il faut souvent voir quelque chose pour le croire, mais lorsque vous deviendrez la source de Lumière et que vous montrerez le chemin, les gens seront intrigués et inspirés par vous. Ensuite, ils vous suivront. Après tout, les gens sont attirés par ceux qui permettent à leur lumière intérieure de briller, car ils leur donnent inconsciemment la permission d'être eux-mêmes et de faire de même.

Mes expériences avec la Kundalini ont été comme si j'étais au Paradis à certains moments et en Enfer à d'autres. Cependant, mon éducation religieuse m'a appris à craindre l'Enfer et à aspirer au Paradis dans l'au-delà. Mais maintenant, après avoir vécu ces expériences dans ma vie quotidienne, je sens que tout cela n'a pas de sens. Bien que j'aie vécu des expériences incroyablement belles, mon nihilisme m'empêche de vouloir les partager avec les autres. Je suis perdue et confuse. Avez-vous une idée ?

L'être humain est un être double qui participe à la fois au Paradis et à l'Enfer. Puisque nous avons le libre arbitre, la façon dont nous l'exerçons aligne notre conscience sur l'un ou l'autre. La Kundalini est une énergie qui relie le Ciel et l'Enfer afin que l'humanité puisse participer aux deux dans notre état de fragilité. En nous concentrant sur l'aspect de l'enfer, nous en devenons les participants. Inversement, lorsque nous nous concentrons sur le Ciel, l'Enfer se dissout dans le néant à mesure que notre conscience s'élève.

L'enfer est produit par la Lumière Lunaire, qui reflète la Lumière du Soleil ; il est donc illusoire. En revanche, le Ciel est la Lumière du Soleil elle-même. Il est immortel, ineffable et infini. Il dit la vérité et vit dans la droiture. En revanche, l'enfer n'existe que comme un fragment de l'imagination. Il n'est pas l'imagination dans sa totalité, puisque cela appartient au Ciel, mais un simple reflet de celle-ci. La peur n'est qu'un reflet de la Lumière du Soleil mais n'est pas la Lumière en Soi. Ce n'est que lorsque les humains choisissent d'être en enfer qu'ils y participent, en fonction de la quantité d'énergie de peur qui les y lie.

En partageant des théories, des expériences et des explications avec d'autres, nous sommes en quête de connaissances. La connaissance est un pouvoir, ou plus important encore, le pouvoir de la vérité, qui est une antithèse de la peur et de l'enfer. La vérité est

Lumière et amour. Elle est le Paradis. Les êtres qui disent la vérité en fonction de leur niveau d'évolution sont des êtres de Lumière. Le partage par l'amour bienveillant les fait participer au Ciel qui est leur droit de naissance.

Le nihilisme est créé par des théories sans fondement selon lesquelles la vie n'a aucun sens parce que l'on s'est éloigné de la Lumière par pessimisme et égoïsme. Lorsque les fruits du Ciel échappent à une personne, beaucoup se tournent vers le désespoir en essayant de donner un sens aux choses tout en choisissant de rester ignorant de la vérité et d'assumer la responsabilité de leurs pensées et de leurs actions.

Le nihilisme exige que l'on se regarde avec un cœur et un esprit ouverts et que l'on réfrène son orgueil assez longtemps pour voir qu'un changement est nécessaire pour se remettre sur les rails. Il nous oblige à assumer la responsabilité de notre réalité afin de pouvoir continuer à grandir et à évoluer Spirituellement. Le nihilisme est souvent une étape du voyage, lorsque l'obscurité devient plus forte que la Lumière. Cependant, il ne devrait jamais être une destination finale.

Nous sommes tous ici pour apprendre les uns des autres. La dualité du Ciel et de l'Enfer est toujours présente, car les deux existent en tant que concepts relatifs. Cependant, un seul d'entre eux est Éternel et Infini, et celui-là est la vérité supérieure entre les deux. Se concentrer sur l'Enfer nous maintient dans la gaine du Corps Mental où cette dualité est apparente.

L'apprentissage des Principes de Lumière et d'amour, y compris l'Amour de Soi, vous permettra de reconnaître la vérité de l'Unité de toutes choses et d'induire le silence du mental. Grâce au silence, vous pouvez vous soustraire aux griffes du Corps Mental afin que votre conscience puisse entrer dans le Corps Spirituel. Puisque le corps Spirituel fait partie des archétypes, vous serez en mesure de reconnaître la vérité sans dualité, à savoir que nous sommes tous des étincelles de l'unique source de Lumière, le Soleil. L'amour est ce qui nous lie, la vérité nous fait avancer et la justice nous apporte la gloire éternelle. La sagesse nourrit l'Âme, et tout charabia intellectuel devient comme des feuilles dans le vent.

Je continue à rêver de dragons géants. Parfois, leurs mouvements ressemblent à ceux d'un serpent, et ils sifflent et m'attaquent. Ils sont si puissants que je ne peux même pas me défendre. Cela a-t-il une signification ?

Les dragons sont le symbole de la Kundalini dans la tradition chinoise. Lorsque la Kundalini est en mouvement pendant que vous dormez, deux choses sont apparentes et ont un impact sur votre imagination : la première est le son de l'énergie qui circule en vous sous la forme d'un léger bourdonnement ou sifflement entendu à l'intérieur de votre corps. La seconde est le symbole de cette énergie provenant de l'inconscient collectif, comme un serpent ou un dragon, projeté dans votre imagination.

Le Dragon qui t'attaque est une bonne chose car cela signifie que la Kundalini est en surrégime, infusant ton Corps de Lumière de soubresauts d'énergie souvent intenses. Cela signifie également que votre Ego est travaillé, ce qui est un signe de transformation. Suivre la vision dans votre rêve et ne pas la combattre signifie que votre Ego accepte le processus de transformation de la Kundalini. Soyez neutre pendant que cela se produit et acceptez les images, même si elles peuvent sembler effrayantes rétrospectivement. Induisez le courage de continuer à vous abandonner à ce processus, et vous émergerez de l'autre côté comme un Être Spirituel plus raffiné.

Il n'est pas rare également de voir différents éléments symboliques dans vos rêves lorsque la Kundalini travaille à travers vos Chakras. Par exemple, lorsque vous travaillez sur l'optimisation de votre Chakra de l'Eau, Swadhisthana, vous pouvez voir différents corps d'eau, comme des océans, des mers et des lacs. Inversement, lorsque Manipura est ciblé, un influx de l'élément feu sera présent, colorant vos rêves de scènes de feu et de flammes. Vous voyez donc que ce dont vous rêvez est symbolique des changements énergétiques qui se produisent dans votre Aura et de leur impact sur votre imagination.

Que puis-je faire pour éveiller ma Kundalini ? Existe-t-il une méthode que je peux utiliser pour faciliter cette expérience ?

Bien qu'il n'existe pas de méthode infaillible pour éveiller la Kundalini, s'engager dans des pratiques Yogiques comme celles présentées dans ce livre peut préparer l'esprit, le corps et l'Âme à l'éveil de la Kundalini. La même chose s'applique à la pratique de la Magie Cérémonielle et au suivi d'un régime comme les programmes d'Alchimie Spirituelle présentés dans *The Magus*. De même, l'utilisation de modalités de guérison Spirituelle comme les Cristaux, les Diapasons, l'Aromathérapie et les Tattvas permettent de nettoyer et d'accorder les Chakras, ce qui peut provoquer un éveil de la Kundalini. Ainsi, vous voyez, donner la priorité à votre évolution Spirituelle et être proactif en mettant en œuvre une pratique Spirituelle régulière dans votre vie est la seule chose que vous pouvez faire pour vous rapprocher de cet objectif.

Un éveil de la Kundalini se produit généralement de manière inattendue, vous ne pouvez donc pas savoir quand il se produira, mais vous pouvez contrôler ce que vous faites pour qu'il se produise. Puisqu'il s'agit d'une expérience si monumentale, l'Âme doit être prête pour elle, ce qui nécessite généralement une préparation au cours de nombreuses vies. Il me serait impossible de déterminer exactement où vous en êtes dans la progression de votre âme ; seul votre Soi supérieur le sait. Mais en vous concentrant sur le fait d'être une bonne personne avec une morale et des valeurs fortes, vous vous assurez d'être sur le bon chemin. Pratiquez l'amour bienveillant envers vous-même et les autres et soyez honnête à tout moment. Lorsque vous marchez dans la Lumière, vous permettez à la Lumière d'infuser dans votre conscience et d'éveiller la Kundalini. L'éveil de la Kundalini n'est que la prochaine étape que votre Âme doit franchir pour évoluer et la plus importante puisqu'elle la libère du corps, achevant ainsi sa mission ici sur Terre.

EPILOGUE

Au début, il y avait la Lumière Blanche. Tout englobant. Infinie. Sans commencement ni fin. L'Esprit du Tout. La Pure Conscience Spirituelle. Puis, ce Premier Mental, qui est énergie et Force, a créé le Second Mental pour générer les Formes. Le Tout, étant Un, s'est divisé en Deux puisque toute Création nécessite la séparation ou la division de sa substance originelle. Le Tout ne pouvait pas faire l'expérience de sa puissance et de son potentiel tant qu'il n'avait pas créé un opposé polaire. Ainsi, la Lumière Blanche a généré l'obscurité de l'espace.

La Lumière Blanche a également créé des Etoiles, dont les groupements ont formé des Constellations et des Galaxies qui constituent l'ensemble de l'Univers. Maintenant, le Tout peut manifester différents mondes et êtres vivants - des Âmes qui contiennent les caractéristiques du Tout. Les Âmes contiennent la Lumière puisqu'elles sont de la Lumière. Cependant, elles contiennent aussi les ténèbres puisqu'elles font partie de l'Univers - le monde de la matière qui flotte dans l'obscurité de l'espace.

Toutes les formes et tous les êtres vivants qui existent sont faits de la pensée du Tout. Ils ne sont pas inséparables du Tout mais en font partie, seulement ils sont dans l'acte de l'expérience du Tout, intégrés dans le Temps et l'Espace. L'expérience et l'expérimentateur sont Un ; cependant, leur séparation n'est qu'une illusion. Alors que la matière se trouve à une extrémité du spectre, en tant que manifestation la plus dense du Tout, l'effet, la cause est la Lumière Blanche qui vibre si haut qu'elle est invisible aux sens, et pourtant elle interpénètre toute l'existence.

La fonction première des Etoiles est de générer de la Lumière dans l'obscurité de l'espace. L'iris du Soleil est un portail vers l'autre côté de la réalité, la Lumière Blanche du Premier Esprit. Les Étoiles ont donné naissance à tous les êtres vivants de l'Univers, car chaque être organique a une Âme et une conscience. Et l'Âme n'est rien d'autre qu'une étincelle de Lumière provenant de son Soleil respectif. Les Anciens appelaient le Soleil "Sol", ce qui est à l'origine du mot "Âme" en tant qu'essence d'un être vivant.

Les Soleils de l'Univers ont attiré les Planètes voisines pour créer des Systèmes Solaires. Il y a des milliards de Systèmes Solaires avec des trillions de Planètes dans l'Univers. Les Soleils ont créé des environnements vivables sur certaines Planètes qui leur tournent autour afin qu'elles puissent cultiver des Âmes. Cependant, seules certaines Planètes ont été choisies pour cette tâche.

Dans notre Système Solaire, la seule Planète qui peut abriter la vie est la Terre. Notre Soleil a alors, par sa Lumière, créé toute vie sur Terre. Il la nourrit de sa chaleur et de son énergie Pranique. Vous voyez donc que le but ultime de toutes les Etoiles de l'Univers est d'abriter des Âmes. Une Âme n'est jamais née, et elle ne mourra jamais. Une fois que l'Âme a appris les leçons du Système Solaire dans lequel elle s'est incarnée, elle transfère son étincelle d'un Soleil à l'autre au moment de la mort physique, poursuivant son voyage évolutif à travers l'Univers.

Lorsque l'Âme humaine s'implante dans le corps physique à la naissance, elle s'y attache. L'Âme continue à se réincarner sur la Planète Terre jusqu'à ce que son évolution atteigne une masse critique, ce qui entraîne sa libération du corps dans une vie donnée. Les leçons de ce Système Solaire concernent l'activation complète des Sept Chakras, qui ne peut être obtenue qu'en éveillant la Kundalini et en l'élevant jusqu'à la Couronne. Lorsque le système énergétique humain sera optimisé, l'Âme n'aura plus besoin de se réincarner sur la Planète Terre, mais sa prochaine vie se déroulera sur une nouvelle Planète dans un Système Solaire différent, quelque part dans l'Univers.

Notre but ultime sur la Planète Terre est d'éveiller pleinement la Kundalini et de libérer l'Âme du corps. Ce faisant, nous devenons le Soleil de notre Système Solaire, en activant pleinement les pouvoirs supérieurs de la Lumière en nous. Ces pouvoirs supérieurs sont exprimés par les Planètes qui orbitent autour du Soleil, correspondant aux Sept Chakras dans leur état pleinement activé. Ainsi, comme vous pouvez le constater, un éveil complet de la Kundalini nous permet d'expérimenter la totalité de notre potentiel énergétique ici sur Terre dans la présente incarnation.

Une fois que nous élevons la Kundalini jusqu'à la Couronne, nous unissons notre conscience à la Conscience Cosmique de la Lumière Blanche et du Premier Esprit. Nous commençons alors à participer à l'infini qui s'étend jusqu'aux confins de l'Univers, débloquant des dons psychiques qui nous permettent de transcender le Temps et l'Espace. Nous pouvons voir, ressentir, entendre, toucher, sentir et goûter les choses à distance, car le Monde Tridimensionnel ne limite plus notre conscience. Au lieu de cela, nous nous élevons à la Quatrième Dimension, la dimension de la vibration, ou de l'énergie.

L'un des dons essentiels d'un éveil complet de la Kundalini est l'activation du Corps de Lumière et l'optimisation de son champ énergétique toroïdal - la Merkaba. Cette structure géométrique devient le véhicule de conscience de l'Âme qui permet les voyages Interdimensionnels et Interplanétaires. L'Âme peut quitter le corps à volonté grâce au Corps de Lumière et à la Merkaba. Elle peut maintenant voyager via notre Soleil vers d'autres Soleils de l'Univers car l'individu ne fait plus qu'Un avec le Premier Esprit. C'est l'origine de la Projection Astrale, qui est la projection consciente de l'Âme dans différents royaumes et Plans de conscience. Cependant, lorsque cette expérience se produit pendant le sommeil, de manière inconsciente, elle est appelée Rêve Lucide.

Bien que l'éveil complet de la Kundalini et l'activation du Corps de Lumière soient un événement unique, le processus de transformation Spirituelle qui s'ensuit peut prendre quelques dizaines d'années ou plus. Nous devons surmonter le Karma individuel avant d'atteindre la frontière finale de la conscience humaine, la Cinquième dimension d'Amour

680

et de Lumière. N'oubliez jamais que pour devenir des vaisseaux purs et dignes de la Lumière, les Chakras doivent être optimisés et accordés à la perfection.

Dans cette optique, j'espère vous avoir donné dans ce livre les clés pour accomplir cette tâche. Que vous ayez déjà éveillé la Kundalini ou que vous soyez encore en train d'apprendre et de vous préparer à cette expérience, vous connaissez maintenant chaque élément et chaque facette du processus d'éveil de la Kundalini et de la transfiguration Spirituelle qui s'ensuit. Par conséquent, utilisez *Serpent Rising* comme un manuel pour les différentes pratiques Spirituelles présentées ici, et continuez à travailler sur vos Chakras, en préparant votre Âme pour l'Ascension.

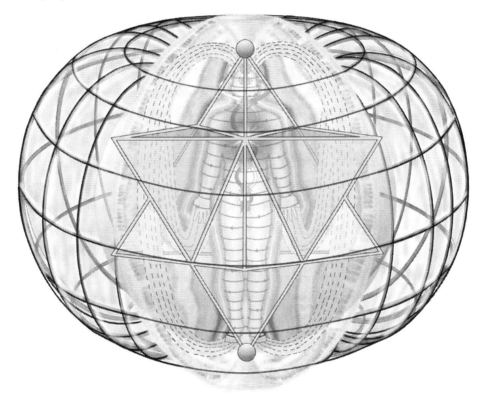

Figure 164: Optimisation du Potentiel Energétique Humain

En conclusion, j'ai eu le plaisir de partager tout ce que j'ai appris au cours de mon voyage de dix-sept ans de vie avec la Kundalini éveillée. *Serpent Rising : The Kundalini Compendium a été un* incroyable voyage de découverte pour moi aussi, reliant les points et construisant sur le cadre de la science évolutive de la Kundalini. Mon dernier conseil pour vous est de prendre à cœur tout ce que vous lisez dans ce livre et de vous enthousiasmer pour votre avenir. La Kundalini est votre cadeau du Créateur ; ne le gaspillez pas en perdant du temps avec des distractions qui ne vous servent plus. Au lieu de cela, concentrez votre énergie sur l'accomplissement de votre mission ultime sur cette Planète, et je vous verrai de l'autre côté.

APPENDICE

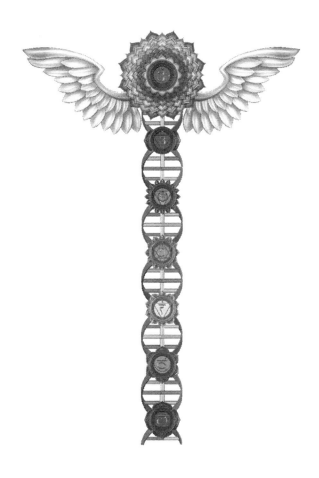

TABLEAUX SUPPLÉMENTAIRES

TABLEAU 6: Les Sept Planètes Anciennes et leurs Correspondances

Planètes	Affinité Élémentaire	Expressions/Pouvoirs	Pierres Précieuses	Diapason Hz	Huiles Essentielles (Liste Avancée)
Saturne	Terre ; Ressemble à la Terre de l'Air	Karma, Vérité, Sagesse, Structure, Discipline, Intuition	Onyx Noir de Jais, Diamants, Quartz Fumé	295.7	Myrrhe, Patchouli, Cassia, Cyprès, Nard, Mimosa
Jupiter	Eau ; Ressemble à l'Eau du Feu	Miséricorde, Abondance, Amour inconditionnel, Morale, Éthique	Saphir, Lapis Lazuli, Turquoise, Aigue-Marine	367.16	Anis, Clou de girofle, Hysope, Noix de muscade, Sauge Sclarée, Pissenlit, Bois de Cèdre, Salsepareille, Cumin, Opoponax.
Mars	Feu ; Ressemble à la Terre de Feu	Ambition, Dynamisme, Renouveau, Action, Survie, Compétition, Passion, Volonté...	Rubis, gGenat, Agate Rouge, Pierre de Sang, Corail Rouge.	289.44	Gingembre, Basilic, Poivre Noir, Menthe Poivrée, Tabac, Sang de Dragon, Absinthe, Pin.
Soleil (Sol)	Air ; Ressemble à l'Air du Feu	Identité Personnelle, Guérison, Vitalité, Courage, Créativité, Inspiration, Imagination.	Ambre, Oeil de Tigre, Topaze Dorée, Pierre d'Or, Cornaline, Zircon, Pierre de Soleil	252.44	Camomille, Genévrier, Encens, Souci, Romarin, Cannelle, Safran, Cèdre, Orange, Citron Vert.
Vénus	Feu ; Ressemble à l'Eau de la Terre	Désir, Expressions Créatives, Amour Romantique, Amitié, Sensualité	Émeraude, Jade, Aventurine, Malachite, Quartz Rose, Agate Verte, Péridot	442.46	Rose, Santal Rouge, Ylang-Ylang, Cardamome, Géranium, Lilas, Vétiver, Menthe verte, Violette, Gousse de Vanille, Plumeria, Valériane.
Mercure	Eau ; Ressemble à l'Eau de l'Air	Logique, Raison, Communication, Intellect, Apprentissage	Saphir Orange, Spinelle Orange, Tourmaline, Topaze Impériale, Citrine, Opale de Feu, Amazonite.	282.54	Lavande, Lemongrass, Lemon Verbena, Yellow Sandalwood, Orange, Mace, Peppermint, Orange Bergamot
Lune (Luna)	Air ; Ressemble à la Terre ou à l'Eau	Sentiments, Émotions, Illusions, Caprice, Fertilité, Clairvoyance	Pierre de Lune, Perle, Béryl	420.88	Jasmin, Camphre, Eucalyptus, Santal blanc, Saule, Citron, Myrrhe, Lys
Terre	Terre	Stabilité, Ancrage, Praticité	Tourmaline Noire, Obsidienne, Hématite	272.2	Cyprès, Armoise, Laurier-Rose, Patchouli, Verveine, Vétiver.

TABLEAU 7: Les Douze Zodiaques et leurs Correspondances

Zodiac	Planète Dominante, Sous Élément	Expressions/Pouvoirs	Pierres Précieuses	Diapason Hz	Huiles Essentielles (Liste de Base)
Bélier	Mars (feu), Feu du Feu	Énergie Créative, Dynamisme, Initiative, Enthousiasme, Compétition, Courage, Dynamisme, Confiance.	Pierre de Sang, Cornaline, Diamant, Grenat, Jaspe Rouge, Rubis.	144.72	Poivre Noir, Romarin, Gingembre, Basilic, Menthe Poivrée, Mandarine, Orange.
Taurus	Vénus (Terre), Air de la Terre	Patience, Sensualité, Persistance, Détermination, Sensibilité, Sens Pratique, Conventionnalité.	Ambre, Quartz Rose, Corail Sanguin, Topaze Dorée, Émeraude, Saphir, Turquoise	221.23	Ylang Ylang, Rose Vétiver, Géranium, Santal, Mélisse, Marjolaine.
Gemini	Mercure (Air), Eau de l'Air	Intellect, apprentissage, Communication, Analyse de l'Humour, Adaptabilité, Polyvalence, Non-Conformisme	Aigue-Marine, Agate, Chrysoprase, Perle, Pierre de Lune, Citrine, Saphir Blanc.	141.27	Bergamote, Fenouil, Lavande, Camomille, Menthe Poivrée
Cancer	Lune (Eau), Feu de l'Eau	Ténacité, Sensibilité, Emotionalité, Intuition, Sympathie, Instinct de protection, Empathie	Pierre de Lune, Rubis, Émeraude, Perle	210.42	Fenouil, Genièvre, Lavande, Jasmin, Sauge Sclarée, Eucalyptus.
Leo	Soleil (Feu), Air de Feu	Charisme, Ambition, Créativité, Autorité, Vitalité, Générosité, Affection.	Ambre, Tourmaline, Cornaline, Rubis, Sardonyx, Onyx, Topaze Dorée	126.22	Romarin, Encens, Myrrhe, Citron, Citron Vert, Cannelle
Vierge	Mercure (Terre), Eau de la Terre	Discrimination, Analyse, Fiabilité, Diligence, Sens pratique, Capacité d'Adaptation, Indépendance, Enseignement	Saphir Bleu, Jaspe Rose, Cornaline, Jade, Agate Mousse, Turquoise, Zircon.	141.27	Melissa, Myrte, Patchouli, Bois de Santal, Lavande
Balance	Vénus (Air), Feu de l'Air	Harmonie, Justice, Expression de Soi, Diplomatie, Romance, Sensualité, Sociabilité, Perspicacité.	Lapis Lazuli, Opale, Diamant, Émeraude, Quartz Rose, Péridot	221.23	Géranium, Fenouil, Tea Tree, Rose, Cardamome, Mélisse
Scorpion	Mars (Eau), Air de l'Eau	Régénération, Sexualité, Transformation, Justice, Passion, Loyauté, Pouvoir, Indépendance, Magnétisme	Aigue-Marine, Obsidienne Noire, Grenat, Agate, Topaze, Béryl, Larmes d'Apache, Corail	140,25 (Pluton)	Patchouli, Rose, Géranium, Gingembre, Jasmin, Sauge sclarée
Sagittaire	Jupiter (Feu), Eau de Feu	Optimisme, Amour de la Liberté, Gaieté, Honnêteté, Philosophie, Charité, Inspiration, Exploration...	Turquoise, Topaze, Saphir, Améthyste, Rubis	183.58	Sauge sclarée, Clou de Girofle, Hysope, Bergamote, Bois de Cèdre, Eucalyptus, Cardamome
Capricorne	Saturne (Terre), Feu de la Terre	Organisation, Conscience Professionnelle, Pragmatisme, Ambition,	Rubis, Onyx noir, Quartz Fumé, Grenat, Agate.	147.85	Myrrhe, Vétiver, Eucalyptus,

		Conservatisme, Discipline			Géranium, Bois de Santal.
Verseau	Saturne (Air), l'Air de l'Air	Intuition, Créativité, Spiritualité, Indépendance, Innovation, Originalité, Méditation, Humanitaire	Grenat, Sugilite, Améthyste, Saphir Bleu, Agate mousse, Opale	207.36 (Uranus)	Néroli, Myrrhe, Bois de Santal, Feuille de Violette, Lavande, Citron
Poissons	Jupiter (Eau), Eau de l'Eau	Émotions profondes, Intuition, Imagination, Compassion, Empathie, Éthique, Sympathie, Humour	Améthyste, Jade, Aigue-Marine, Cristal de Roche, Pierre de Sang, Diamant, Saphir	211,44 (Neptune)	Bergamote, Girofle, Géranium, Myrrhe, Cyprès, Arbre à Thé, Sauge Sclarée

GLOSSAIRE DES TERMES SÉLECTIONNÉS

Note : Ce qui suit est une sélection de termes qui ne sont pas définis dans le corps du texte original ou qui nécessitent une définition plus précise. Utilisez cette section pour vous aider à approfondir vos connaissances sur les sujets donnés. Comme ce livre traite généralement de la spiritualité orientale, la plupart des termes présentés ici sont issus des mystères occidentaux.

Adam Kadmon : Un concept abstrait se référant à la Yechidah, la Séphira Kether qui filtre dans le Chiah (Chokmah) et la Petite Neschamah (Binah) pour former la Grande Neschamah, le Vrai Soi et la partie de nous qui appartient aux Supernaux. Dans le *Zohar*, Adam Kadmon est "l'Homme Céleste", le grand corps organique Spirituel dans lequel chaque être humain est considéré comme une seule cellule, peut-être moins. En ce qui concerne les quatre mondes de la Kabbale, Adam Kadmon représente le premier monde des archétypes, Atsiluth, le monde du feu primordial. Ainsi, Adam Kadmon se réfère essentiellement à la Lumière Divine, au Super-Ego freudien, ou au Soi Supérieur des Supernaux.

Ain Soph Aur : Les Trois Voiles de l'Existence Négative. Ce terme est utilisé dans la Qabalah pour décrire la Source de la Création. Au sens littéral, Ain se traduit par "Rien", tandis que Ain Soph est "Infini". Et enfin, Ain Soph Aur est "Lumière Illimitée ou Eternelle". Ainsi, dans la Kabbale, le terme Ain Soph Aur est souvent utilisé en référence à la Lumière Blanche infinie.

Aleister Crowley : Un occultiste, poète, romancier et Mage de cérémonie britannique, qui était l'un des premiers membres de l'Ordre hermétique de la Golden Dawn. Après avoir quitté l'Ordre, Crowley a fondé la religion de Thelema au début du 20th siècle, s'identifiant comme le prophète de l'Eon d'Horus, qui coïncide avec cette période. Crowley se qualifiait publiquement de "Grande Bête 666", car il cherchait à défier les tabous de la société Elisabéthaine restrictive et Chrétienne dans laquelle il vivait, ce qui lui a valu une mauvaise réputation au fil des ans. Cependant, sa contribution au monde occulte est indispensable, et il a ouvert de nombreuses portes aux futurs chercheurs du monde entier.

L'Etat Alpha : Autrement appelé "état Hypnagogique" ou "Etat de Transe". L'état alpha de l'activité cérébrale se situe entre l'état d'éveil avec activité mentale (Etat Bêta) et le sommeil (Etat Thêta). Cet état est atteint lorsque vos ondes cérébrales ralentissent pour atteindre une fréquence comprise entre 8 et 12 Hz, ce qui est courant lorsque vous rêvassez ou rêvez (la nuit). Nous pouvons consciemment induire l'Etat Alpha par la méditation, l'hypnose ou l'utilisation de modalités de guérison Spirituelle. En étant dans cet état, vous augmenterez votre mémoire et votre intuition tout en réduisant votre anxiété. Les personnes qui peuvent opérer à partir de l'Etat Alpha pendant la conscience de veille ordinaire peuvent contrôler leur réalité puisque leur connexion avec leur Soi Supérieur est plus grande. Par conséquent, elles peuvent utiliser les Lois Universelles consciemment et avec intention.

Les Anges : Envoyeurs de pensées positives qui existent à l'intérieur et à l'extérieur du champ énergétique d'une personne, l'Aura. Les anges sont des entités objectives ou des intelligences qui existent à l'extérieur du Soi et se contractent dans l'Aura lorsque nous choisissons par notre libre arbitre de les écouter et d'exécuter leurs ordres. Les Anges se nourrissent d'énergie d'amour, comme leurs homologues, les démons, se nourrissent d'énergie de peur. Les Anges sont soumis à Dieu, le Créateur. L'énergie Angélique est la source des vertus humaines, comme l'énergie Démoniaque est la source des vices humains.

Les Archétypes : Éléments structurels primordiaux de la psyché humaine. Les archétypes sont des modèles originaux à partir desquels d'autres choses similaires sont modelées. Ils sont Universels, ce qui signifie que tous les humains en font partie. Les archétypes nous donnent la base mentale sur laquelle nous pouvons construire nos réalités. On les trouve dans le monde le plus élevé, Atsiluth, le monde du feu primordial dans la Kabbale.

Binah : La troisième Séphire de l'Arbre de Vie, au sommet du Pilier de la Sévérité. Binah est la Grande Mère et la Mer de la Conscience qui contient toutes les formes de l'existence. Elle représente l'aspect féminin du Soi, la plus haute expression de l'Élément Eau. Par Binah, l'énergie de l'Esprit imprègne les idées dans notre esprit. Ainsi, il représente l'état de conscience qui régit les facultés intérieures comme l'intuition et la clairvoyance. Binah correspond à Ajna Chakra, notre centre psychique qui nous procure empathie et télépathie. Binah est l'aspect réceptif et passif du Soi, l'entendement (titre de Binah) qui peut comprendre la sagesse de Chokmah. Sa couleur est le noir, ce qui correspond à la Planète Saturne sur l'arbre de vie ; la Planète de la foi, du Karma et du temps, tous des aspects de Binah.

Magie Cérémonielle : Synonyme de Magick Rituelle Occidentale. Une série de rites impliquant l'incantation (vibration) de noms Divins de pouvoir, généralement combinés avec des tracés symboliques de symboles géométriques, comme le Pentagramme ou l'Hexagramme, dans le cercle magique du praticien. L'objectif de la Magie Cérémonielle, comme d'autres pratiques de guérison Spirituelle, est d'accorder les Chakras pour l'évolution Spirituelle. Popularisée par l'Ordre Hermétique de l'Aube Dorée, la Magick

Cérémoniale constitue une branche de l'Hermétisme. L'objectif final de la Magick Cérémoniale est d'atteindre l'illumination.

Chesed : La quatrième Séphira de l'Arbre de Vie, située sous Chesed sur le pilier de la miséricorde. Elle représente un état de conscience qui régit les facultés ou expressions intérieures telles que l'amour inconditionnel, la compassion et la mémoire. C'est pour cette raison que le titre de Chesed est "Miséricorde". Chesed nous permet de construire une morale et une éthique car il cultive la sagesse. Chesed a une affinité avec l'Élément Eau, et il correspond à la Planète Jupiter. Chesed est le Chakra Sacré Spiritualisé, Swadhisthana, en raison de sa connexion avec les Supérieurs par le biais de la voie du Tarot du Hiérophante sur l'Arbre de Vie.

Chokmah : La deuxième Séphire de l'Arbre de Vie, au sommet du Pilier de la Miséricorde. En tant qu'énergie active de l'Esprit, Chokmah représente l'état de conscience dans lequel nous pouvons découvrir notre véritable volonté. C'est l'énergie du Grand Père et l'aspect masculin du Soi, la plus haute expression de l'Élément Feu. C'est donc la Séphire par laquelle notre Soi supérieur, ou Saint-Ange Gardien, nous communique par la Sagesse (titre de Chokmah). La couleur de Chokmah est le gris. Le Zodiaque est la manifestation physique de Chokmah puisque les Etoiles servent à canaliser la Lumière Blanche non-manifestée de Kether. Chokmah fonctionne à travers le Chakra de l'Oeil de l'Esprit, avec Binah.

Nuit Noire de l'Âme, la : Une période de désolation qu'un individu subit lorsqu'il évolue rapidement sur le Plan Spirituel. Tout sentiment de consolation est supprimé pendant cette période, créant une sorte de crise existentielle. Avant de se transformer Spirituellement, l'individu doit faire face au côté obscur de plein fouet et accepter la tourmente mentale et émotionnelle. Il n'est pas rare que l'individu s'isole des autres pendant cette période et verse de nombreuses larmes pour purger ses vieilles émotions. Cependant, une fois cette période tumultueuse terminée, les griffes du Soi inférieur auront diminué, alignant davantage la conscience sur la vibration du Soi supérieur. La nuit noire de l'Âme est une phase de souffrance nécessaire sur le chemin de l'illumination, qui n'est pas un processus unique, mais que l'on rencontre généralement plusieurs fois sur le chemin de l'évolution Spirituelle.

Daath : Onzième séphire cachée de l'Arbre de vie, Daath est le "grand gouffre" ou l'"abîme" qui sépare les Supernaux de toute la création manifestée. De façon appropriée, il correspond au Chakra de la Gorge, Vishuddhi, qui sépare l'esprit des Quatre Éléments inférieurs. Par Daath, nous entrons en Enfer ou dans les Enfers, le pôle opposé de l'esprit qui a donné naissance à l'Ego, la partie négative du Soi. En tant que tel, Daath représente la "mort" de l'Ego qui est nécessaire pour que notre conscience s'élève vers les Supernaux. Daath est connu comme la "Sphère de la Connaissance" car la connaissance nous permet de transcender notre corps et d'accorder notre conscience avec les Royaumes Supérieurs.

Déité, a : Un Etre Surnaturel d'origine Divine. Ce mot est souvent utilisé dans les religions polythéistes à la place de Dieu ou de Déesse. Dans les traditions Anciennes, une Déité est un Être doté de pouvoirs supérieurs à ceux des humains ordinaires mais qui interagit avec eux, le plus souvent pour les éclairer d'une manière ou d'une autre et favoriser leur évolution. Les religions monothéistes n'ont qu'une seule Déité, qu'elles acceptent comme Dieu - le Créateur, tandis que les religions polythéistes acceptent de multiples Déités.

La Magick Enochienne : Le joyau du système de Magick de l'Ordre Hermétique de la Golden Dawn. Cette pratique de l'Ordre Intérieur ne doit être entreprise que lorsque l'Alchimie Spirituelle avec les Éléments est terminée. Dans *The Magus,* la Magick Enochienne fait référence au "Programme d'Alchimie Spirituelle III", qui met en œuvre l'utilisation des dix-neuf Clés Enochiennes ou Appels qui se rapportent aux Cinq Éléments. La Magick Enochienne est un système complet de Magick qui se distingue des autres exercices rituels de Magick Cérémoniale du *Magus*, mais qui fait également partie de l'ensemble.

La Franc-Maçonnerie : La Franc-Maçonnerie, ou Maçonnerie, désigne la plus ancienne organisation fraternelle du monde. Contrairement à la croyance populaire inspirée par les théories du complot, le véritable objectif de la Franc-Maçonnerie est d'améliorer sa nature morale et de se forger un caractère par le biais d'un cours de développement personnel. Les trois degrés de la Franc-Maçonnerie dans la Loge Bleue sont l'Apprenti, le Compagnon et le Maître Maçon, dans lesquels l'initié entre cérémonieusement. Ensuite, l'initié apprend la signification des symboles relatifs à la cérémonie de son degré, qui est la méthode traditionnelle de transmission des enseignements sacrés.

Geburah : La cinquième Séphire de l'Arbre de Vie, située sous Binah, sur le pilier de la Sévérité. Intitulée "Sévérité" ou "Justice", Geburah correspond à l'Élément Feu et à la volonté individuelle qui nous donne la motivation, la détermination et le dynamisme. Source de notre compétitivité, Geburah peut également nous rendre agressifs et colériques lorsqu'elle est déséquilibrée par son opposé, Chesed. Geburah est le Chakra du Plexus solaire Spiritualisé, Manipura, en raison de sa connexion aux Éléments supérieurs par le biais du chemin de tarot du Char sur l'Arbre de Vie.

Golden Dawn, l' : Ancienne Ecole de Mystères Occidentale qui enseigne à ses étudiants la Kabbale, l'Hermétisme, le Tarot, l'astrologie, la Géomancie, les Mystères Egyptiens et Chrétiens, et la Magie Cérémonielle (y compris la Magie Enochienne). Il existe de nombreux ordres de la Golden Dawn dans le monde, dont la plupart enseignent le même matériel de cours. Le matériel de cours de la Golden Dawn a été rendu public par Israël Regardie dans "The Golden Dawn", publié pour la première fois en 1937. L'ordre original de la Golden Dawn s'appelait l'Ordre Hermétique de la Golden Dawn, établi en 1888 par un groupe de Francs-Maçons, le plus notable étant Samuel Liddell MacGregor Mathers. Aujourd'hui, la plupart des ramifications de l'Ordre Hermétique de l'Aube Dorée sont appelées par des variantes de ce même nom.

Hod : La huitième Séphire de l'Arbre de Vie, au pied du Pilier de la Sévérité, dont le titre est "Splendeur". "L'état de conscience de Hod est lié aux facultés intérieures de l'intelligence, en particulier la logique et la raison. Cette Sphère a une affinité avec l'Élément Eau, bien que l'Élément Feu soit également impliqué dans sa fonction ainsi que l'Élément Air. En tant que telle, Hod s'exprime à travers les trois Chakras de Swadhisthana, Manipura et Anahata. Il correspond à la Planète Mercure et est de couleur orange. Hod représente une forme moindre de l'énergie de Chesed, transmise par Tiphareth. L'Ego utilise souvent Hod pour déduire la réalité et prendre des décisions futures. Dans le système Golden Dawn, Hod correspond au grade Practicus.

Lettres Hébraïques, les : Vingt-deux lettres qui font partie de la philosophie Qabbalistique, mais qui constituent un système Spirituel à part entière. Chaque lettre est un symbole et un nombre avec de nombreuses idées qui lui sont associées. Ces idées font apparaître certains archétypes qui sont en résonance avec l'énergie des Arcanes Majeurs du Tarot. Les trois Lettres Mères (primaires) correspondent aux trois Éléments de l'Air, de l'Eau et du Feu, tandis que les sept Lettres Doubles (secondaires) correspondent aux sept Planètes Anciennes. Enfin, les douze Lettres Simples (tertiaires) correspondent aux Douze Zodiaques.

Hermès Trismégiste : Un personnage historique qui a vécu pendant les plus anciennes dynasties d'Égypte. Connu sous le nom de "Scribe des dieux" ou de "Maître des maîtres", Hermès est le fondateur de l'Hermétisme et est considéré comme le père de la sagesse occulte. Tous les enseignements fondÂmentaux de toutes les sectes ésotériques et religieuses remontent à Hermès. Sa sagesse et sa connaissance des mystères de l'Univers et de la vie étaient si grandes que les Égyptiens l'ont déifié comme l'un de leurs dieux, l'appelant Thot, le Dieu de la Sagesse. Les Grecs le vénéraient également et en firent l'un de leurs douze dieux olympiens, qu'ils appelèrent également Hermès. Lorsque les Romains ont syncrétisé leur religion avec la religion Grecque, ils ont désigné Hermès sous le nom de Mercure. Hermès était considéré comme le plus grand Instructeur du Monde, et quelques Adeptes qui sont venus après lui, y compris Jésus-Christ, sont considérés par de nombreux spécialistes comme sa réincarnation. On pense que l'Esprit d'Hermès s'incarne environ tous les 2000 ans en tant qu'Instructeur Mondial pour éclairer le monde dans les domaines Spirituel, religieux, philosophique et psychologique en introduisant un langage moderne pour enseigner l'Esprit et Dieu, réconciliant tous les points de vue divergents.

Hermétisme : Une tradition philosophique, religieuse et ésotérique basée principalement sur les enseignements d'Hermès Trismégiste, qui comprend l'Astrologie, l'Alchimie et les Principes de la Création décrits dans le *Kybalion*. Les aspects philosophiques de l'Hermétisme sont contenus dans l'"Hermetica", qui comprend le *Corpus Hermeticum* (également appelé *le Divin Pymandre*) et *la Tablette d'émeraude d'Hermès*, la clé de l'Alchimie. L'Hermétisme est une science invisible qui englobe les énergies de notre Système Solaire concernant les êtres humains. Les écrits Hermétiques ont grandement influencé la tradition ésotérique Occidentale, notamment l'ordre de la Golden Dawn.

Kether : La première et la plus haute Sde l'Arbre de Vie, au sommet du Pilier du Milieu. Elle est liée au principe de la Lumière Blanche (Ain Soph Aur) car elle agit comme un canal de celle-ci dans les Chakras inférieurs. Sa couleur est le blanc, représentant la Lumière qui contient les sept couleurs de l'arc-en-ciel - les Chakras Majeurs. Kether correspond au Sahasrara Chakra et partage le même titre - la Couronne. Il représente l'état de conscience transcendantal qui se situe au-delà de la dualité de l'esprit. Kether est également notre porte d'entrée vers les Chakras Transpersonnels situés au-dessus de la Couronne. En tant qu'Esprit Divin, Kether est la plus haute expression de l'Élément Air. Il représente la Monade, la singularité, et la plus haute conception de la Divinité.

Royaume des Cieux, le : Synonyme de Royaume de Dieu. Le Royaume des Cieux est l'un des éléments essentiels des enseignements de Jésus-Christ qui fait référence à l'accomplissement de la volonté de Dieu sur Terre. Il s'agit d'un état d'esprit proche de la Conscience Christique, où l'Esprit est descendu dans la matière et où ils ne font plus qu'un. Dans les enseignements Chrétiens, il faut être ressuscité, métaphoriquement parlant, pour entrer dans le Royaume des Cieux. En tant que destinée de tout être humain, cet état élevé de conscience supérieure peut être atteint lorsque l'énergie de la Kundalini s'élève jusqu'à la Couronne, activant pleinement le Corps de Lumière et optimisant le champ d'énergie toroïdal (Merkaba). Après la transformation Spirituelle, l'individu aura la tête au Ciel et les pieds sur la Terre, en tant que Dieu-homme.

Arcanes Majeurs, les : Vingt-deux atouts des cartes de Tarot. Correspond aux vingt-deux chemins de l'Arbre de Vie et aux Vingt-Deux Lettres Hébraïques. Les Arcanes Majeurs représentent les énergies archétypales en transit entre les dix Séphiroth de l'Arbre de Vie. Ils correspondent aux trois Éléments principaux que sont l'Air, le Feu et l'Eau, aux Douze Zodiaques et aux Sept Planètes Anciennes, qui constituent l'ensemble de notre Système Solaire.

Malkuth : La dixième et plus basse Séphira de l'Arbre de Vie, dont le titre est "le Royaume". "En tant que telle, Malkuth est liée à Gaia, la Planète Terre et le monde physique de la matière. Elle correspond au Chakra Muladhara et a une affinité avec l'Élément Terre. Les couleurs de Malkuth sont la citrine, l'olive, le roux et le noir, représentant les trois Éléments Air, Eau et Feu sous une forme plus dense. Dans le système Golden Dawn, Malkuth correspond au grade de Zelator.

Mercure (Principe Alchimique) : Dans le processus Alchimique, le mercure est la substance transformatrice. Son rôle est d'apporter l'équilibre et l'harmonie entre les deux autres Principes Alchimiques, le soufre et le sel. Le Mercure est la Force Vitale, l'énergie de l'Esprit. Dans la première étape, lorsqu'il est opposé au soufre, il revêt le principe de conscience fluide et féminin de la Grande Mère, l'Élément Eau. Dans la deuxième étape, une fois que le soufre a été extrait et retourné une fois de plus, il devient connu sous le nom de Mercure Philosophique, ou le Feu Secret - l'Élément Esprit. Le Mercure Philosophique est la substance qui donne naissance à la Pierre Philosophale, le but de l'Alchimiste.

Pilier du Milieu, le : Également appelé pilier de l'équilibre ou pilier de la douceur sur l'Arbre de Vie. Il s'auto-équilibre tout en apportant l'équilibre aux deux autres piliers, le pilier de la miséricorde et le pilier de la sévérité. Le pilier du milieu apporte l'unité aux nombreuses forces dualistes et contradictoires de la vie. Il comprend les Séphiroth Kether, Daath, Tiphareth, Yesod et Malkuth. Ce terme est également lié à l'exercice rituel du pilier central (tiré de *The Magus*), qui est une invocation de la Lumière destinée à équilibrer la psyché et à favoriser l'évolution Spirituelle. Le pilier du milieu représente l'Élément Air et est de couleur grise. Il correspond au Sushumna Nadi dans le système de la Kundalini.

Netzach : Septième Séphira de l'Arbre de Vie, le long du pilier de la miséricorde. Intitulé "Victoire", Netzach représente un état de conscience lié aux émotions, en particulier le désir et l'amour romantique. Netzach a une affinité avec l'Élément Feu, bien que l'Élément Eau soit impliqué dans son expression et l'Élément Air. Il s'exprime à travers les trois Chakras de Swadhisthana, Manipura et Anahata, les mêmes que ceux de Hod. Netzach, Hod et Yesod, le Triangle Astral, sont les trois sphères les plus couramment utilisées par le commun des mortels. Netzach correspond à la Planète Vénus, et sa couleur est le vert. Dans le système de la Golden Dawn, Netzach correspond au grade de Philosophus.

Nirvana : Terme oriental communément associé au Jaïnisme et au Bouddhisme. Il représente un état transcendantal de l'Etre dans lequel il n'y a ni souffrance ni désir, le Soi faisant l'expérience de l'Unité avec le reste du monde. Dans les religions Indiennes, le Nirvana est synonyme de Moksha ou Mukti, la libération du cycle des renaissances selon la loi du Karma. Le Nirvana signifie l'alignement de la conscience individuelle avec la Conscience Cosmique, qui est l'objectif final de toutes les traditions, religions et pratiques Spirituelles. Un précurseur de l'atteinte du Nirvana est l'éveil de la Kundalini à la Couronne et l'activation complète du Corps de Lumière. Le Nirvana implique que l'on a atteint l'Illumination. Il est comparable aux deux autres termes orientaux, Satori et Samadhi.

Pierre Philosophale, la : Une substance Alchimique légendaire capable de transformer les métaux de base (comme le mercure) en or ou en argent. Voilé pour les profanes qui ne recherchent que le profit financier, ce terme a une signification cachée liée au but le plus recherché de l'Alchimie : la transformation Spirituelle. Par conséquent, lorsque vous entendez dire que quelqu'un a trouvé la Pierre Philosophale, cela signifie qu'il a accompli le Grand Œuvre (l'Alchimie Spirituelle) et qu'il est devenu Illuminé.

Pilier de la Miséricorde, le : Le Pilier droit de l'Arbre de Vie comprenant les Sephiroth Chokmah, Chesed, et Netzach. Le pilier de la miséricorde est le pilier masculin, actif et positif, également appelé pilier de la force. Il représente l'Élément Eau et est de couleur blanche. Dans le système Kundalini, le pilier de la miséricorde correspond au Pingala Nadi.

Pilier de la Sévérité, le : Le Pilier gauche de l'Arbre de Vie comprenant les Sephiroth Binah, Geburah, et Hod. C'est le pilier féminin, passif et négatif, également appelé pilier de la forme. Il représente l'Élément Feu et est de couleur noire. Dans le système Kundalini, le pilier de la sévérité représente l'Ida Nadi.

Prima Materia : Autrement appelée la "Première Matière", c'est la substance primitive considérée comme la matière originelle de l'Univers connu. Synonyme de l'Esprit en tant que première substance et source de tout ce qui existe. En Alchimie, la Prima Materia est la matière première nécessaire à la création de la Pierre Philosophale. C'est l'"Anima Mundi", l'Âme du Monde, l'unique Force Vitale de l'Univers.

Le Sel : Le corps physique qui fonde et fixe les deux autres Principes Alchimiques, le Mercure et le Soufre. Il représente la cristallisation et le durcissement de l'ensemble des trois Principes. Le Sel est le véhicule de la manifestation physique et la Troisième Dimension du Temps et de l'Espace exprimée par l'Élément Terre. Le Sel, le Mercure et le Soufre forment la Trinité en Alchimie.

Sex Magick : Tout type d'activité sexuelle utilisée dans un cadre cérémoniel ou rituel avec une intention sous-jacente claire. L'idée qui sous-tend la Sex Magick est que l'énergie sexuelle est une force puissante qui peut être exploitée pour magnétiser le Royaume Astral et attirer ce que l'on désire ou pour faire appel aux Divinités de divers panthéons. Une forme de rituel de Sex Magick consiste à utiliser l'excitation sexuelle ou l'orgasme pour visualiser quelque chose que l'on essaie d'atteindre ou d'obtenir. En tant que telle, la Sex Magick est comme une batterie pour votre volonté lorsqu'elle est pratiquée avec un cœur et un esprit ouverts. Cependant, si la Sex Magick est pratiquée avec un esprit impur, elle ne fera qu'attirer des entités inférieures qui se nourriront de l'énergie sexuelle invoquée. Ces entités inférieures peuvent alors s'attacher à vous et continuer à se nourrir de votre énergie sexuelle jusqu'à ce que vous soyez libéré.

Alchimie Spirituelle : de la même manière que l'Alchimie s'occupe de transformer les métaux de base en or, l'Alchimie Spirituelle s'occupe de transformer l'énergie du praticien et de l'éclairer (en lui insufflant la Lumière). Cela peut être réalisé par des modalités et des pratiques de guérison Spirituelle, y compris le Yoga et la Magie Cérémonielle. L'Alchimie Spirituelle nécessite de travailler avec les Cinq Éléments, qui correspondent aux Sept Chakras. Le but de l'évolution Spirituelle est l'Illumination, car la conscience individuelle est exaltée et unie à la Conscience Cosmique. Grâce à ce processus, l'individu établit un lien avec le Soi Supérieur ou le Saint-Ange Gardien, son Soi-Dieu. L'Élément Esprit doit être intégré dans l'Aura, ce qui marque l'achèvement du Grand Œuvre et la restauration du Jardin d'Eden.

Soufre : C'est l'Âme présente dans tous les êtres vivants de l'Univers. Il provient du Soleil en tant que Lumière de Dieu et est le Principe masculin, le Grand Père - l'Élément Feu. Tout le processus de la transmutation Alchimique dépend du principe du soufre et de son application correcte. Le Soufre est le Principe vibrant, acide, actif, dynamique. Il sert à stabiliser le Mercure, dont il est extrait et dans lequel il retourne.

Tarot, le : Un art sacré principalement utilisé pour la Divination. Le Tarot comprend soixante-dix-huit cartes à jouer, divisées en quatre couleurs de quatorze cartes chacune, plus vingt-deux atouts (Arcanes Majeurs). Les cartes de tarot présentent une imagerie incroyable contenant une sagesse ésotérique intemporelle. Ils ont un lien inextricable avec la Qabalah et l'Arbre de vie, et ils servent de clé aux sciences occultes et de carte routière des différentes composantes de la psyché humaine. Ainsi, le Tarot est un système complet et complexe utilisé pour décrire les forces invisibles qui influencent l'Univers.

Trente Aethyrs : Cercles concentriques qui s'interpénètrent et se chevauchent, constituant ainsi les couches de l'Aura. Les Aethyrs sont les composants Spirituels des Plans Cosmiques du système Enochien. Chacun des Trente Aethyrs est porteur d'un courant sexuel masculin et/ou féminin qui peut être invoqué à l'aide de la Dix-neuvième Clé Enochienne. Les Trente Aethyrs travaillent directement avec les Nadis Ida et Pingala dans le système de la Kundalini.

Tiphareth : La sixième Séphire de l'Arbre de vie, le long du pilier central, dont le titre est "Harmonie" et "Beauté". "Elle représente un état de conscience des facultés intérieures liées à l'imagination et au traitement des pensées et des émotions. En tant que Séphire centrale de l'Arbre de Vie, Tiphareth est concernée par le traitement des énergies de toutes les Séphiroth, à l'exception de Malkuth. Dans les connaissances occultes, Tiphareth est connue comme la sphère de la renaissance Spirituelle et de la conscience du Christ ou de Krishna, où l'esprit et la matière s'unissent pour ne faire qu'un. Tiphareth a une affinité avec l'Élément Air, bien que, puisqu'il correspond au Soleil, il présente également des aspects de Feu. Ainsi, le placement de Tiphareth se situe quelque part entre les Chakras Anahata et Manipura, à travers lesquels il s'exprime. La couleur de Tiphareth est jaune doré. Dans le système de la Golden Dawn, Tiphareth correspond à l'Adeptus Minor, le premier grade du second ordre.

Yesod : La neuvième Séphire de l'Arbre de Vie, le long du pilier central, dont le titre est "Fondation", concernant le Plan Astral de toutes les choses qui existent. Yesod représente le Plan Astral, le point de contact avec les Plans Cosmiques intérieurs. Il représente un état de conscience des facultés intérieures qui s'occupent de l'Ego, de ses pensées et de ses impulsions. La sexualité et les peurs de l'esprit subconscient sont également exprimées par Yesod. Il est situé quelque part entre les Chakras Swadhisthana et Manipura, qu'il traverse. Yesod a une affinité avec l'Élément Air, avec des aspects de l'Élément Eau. Sa couleur est le violet-violet, et il correspond à la Planète Lune. Dans le système Golden Dawn, Yesod représente le grade Theoricus.

BIBLIOGRAPHIE

Note : Voici une liste de livres de ma bibliothèque personnelle qui ont servi de ressources et d'inspiration pour le présent ouvrage. Tous les efforts ont été faits pour retrouver tous les détenteurs de droits d'auteur de tout matériel inclus dans cette édition, qu'il s'agisse de sociétés ou de particuliers. Toute omission est involontaire et je serai heureux de corriger toute erreur dans les versions futures de ce livre.

KUNDALINI
Arundale, G.S. (1997). *Kundalini : An Occult Experience*. Adyar, Madras, Inde : The Theosophical Publishing House

Bynum, Bruce Edward (2012). *Dark Light Consciousness*. Rochester, Vermont : Inner Traditions

Dixon, Jana (2008). *Biologie de la Kundalini : Exploration du feu de la vie*. Éditions en ligne Lulu

Goswami, Shyam Sundar (1999). *Layayoga : The Definitive Guide to the Chakras and Kundalini*. Rochester, Vermont : Inner Traditions

Khalsa, Gurmukh Kaur, avec Ken Wilber, Swami Radha, Gopi Krishna et John White (2009). *Kundalini Rising : Exploring the Energy of Awakening*. Boulder, Colorado : Sounds True, Inc.

Krishna, Gopi (1993). *Living with Kundalini : The Autobiography of Gopi Krishna*. Boston, Massachusetts : Shambhala Publications Inc.

Krishna, Gopi (1988). *Kundalini pour le Nouvel Âge : Écrits choisis de Gopi Krishna*. Publié sous la direction de Gene Kiefer. New York, New York : Bantam Books

Krishna, Gopi (1997). *Kundalini : l'énergie évolutive de l'homme*. Boston, Massachusetts : Shambhala Publications Inc.

Krishna, Gopi (1975). *L'Eveil de la Kundalini*. New York, New York : E. P. Dutton

Krishna, Gopi (1972). *The Biological Basis of Religion and Genius*. New York, New York : Harper & Row Publishers.

Mahajan, Yogi (1997). *The Ascent*. Delhi, Inde : Motilal Banarsidass Publishers

Melchizedek, Drunvalo (2008). *Serpent de lumière : Beyond 2012*. San Francisco, Californie : Weiser Books

Mumford, Jonn (2014). *Un Cahier de Travail sur les Chakras et la Kundalini*. Woodbury, Minnesota : Llewellyn Publications

Paulson, Genevieve Lewis (2003). *Kundalini et les Chakras*. Paul, Minnesota : Llewellyn Publications

Perring, Michael "Omdevaji" (2015). *Qu'est-ce que la Kundalini ? Livre III*. Varanasi, Inde : Pilgrims Publishing

Semple, J. J. (2007). *Déchiffrer la Fleur d'Or : One Secret at a Time*. Bayside, Californie : Life Force Books

Swami, Om (2016). *Kundalini : An Untold Story*. Mumbai, Inde : Jaico Publication House

Weor, Samael Aun (2020). *La volonté du Christ : Kundalini, Tarot, et la Christification de l'âme humaine*. www.gnosticteachings.org : Éditions Glorian

Weor, Samael Aun (2018). *Le Livre Jaune : La Mère divine, la Kundalini et les pouvoirs Spirituels*. www.gnosticteachings.org : Éditions Glorian

White, John (1990). *Kundalini : Evolution et illumination*. Paul, Minnesota : Paragon House

GUÉRISON ÉNERGÉTIQUE ET CHAKRAS

Bernoth, Bettina (2012). *Lumières Auriques : La lumière est la médecine de notre avenir*. Plateforme d'édition indépendante CreateSpace

Bettina, Bernoth (1995). *Auras Magiques*. Plate-forme d'édition indépendante CreateSpace

Burger, Bruce (1998). *Anatomie Esotérique : le corps comme conscience*. Berkeley, Californie : North Atlantic Books

Butler, W.E. (1987). *Comment lire l'Aura, Pratiquer la Psychométrie, la Télépathie et la Clairvoyance*. Rochester, Vermont : Destiny Books

Chia, Mantak (2008). *La Lumière Guérisseuse du Tao : Pratiques fondÂmentales pour éveiller l'énergie du Chi*. Rochester, Vermont : Destiny Books

Chia, Mantak (2009). *L'Alchimie de l'Energie Sexuelle : Se connecter à l'univers de l'intérieur*. Rochester, Vermont : Destiny Books

Dale, Cyndi (2018). *Le Livre complet des Chakras : Votre source définitive de connaissances sur les centres d'énergie pour la santé, le bonheur et l'évolution Spirituelle*. Woodbury, Minnesota : Llewellyn Publications.

Dale, Cyndi (2009). *Le Corps Subtil : Une encyclopédie de votre anatomie énergétique*. Boulder, Colorado : Sounds True, Inc.

Dale, Cyndi (2013). *Le manuel de pratique du Corps Subtil : Un guide complet de la guérison énergétique*. Boulder, Colorado : Sounds True, Inc.

Gerber, Richard, M.D. (2001). *Vibrational Medicine : The 1# Handbook of Subtle-Energy Therapies*. Rochester, Vermont : Bear & Company

Grey, Alex (2012). *Net of Being*. Avec Alyson Grey. Rochester, Vermont : Inner Traditions International.

Grey, Alex (1990). *Miroirs sacrés : L'art visionnaire d'Alex Grey*. Rochester, Vermont : Inner Traditions International

Judith, Anodea (2006). *Les roues de la vie : Un guide de l'utilisateur du système des Chakras*. Woodbury, Minnesota : Llewellyn Publications

Leadbeater, C.W. (1987). *The Chakras*. Wheaton, Illinois : The Theosophical Publishing House

Lockhart, Maureen (2010). *Le Corps Energétique Subtil : le guide complet*. Rochester, Vermont : Inner Traditions

Ostrom, Joseph (2000). *Auras : What they are and How to Read Them*. Hammersmith, Londres : Thorsons

Zink, Robert (2014). *La guérison par l'énergie magique : La méthode de guérison Ruach*. Rachel Haas co-auteur. Portland, Oregon : Law of Attraction Solutions, LLC.

ANATOMIE DU CORPS ET DU CERVEAU

Carter, Rita (2019). *Le livre du cerveau humain*. New York, New York : DK Publishing

Childre, Doc et Martin, Howard (2000). *The Heartmath Solution*. New York, New York : HarperCollins Publishers.

McCraty, Rollin (2015). *La science du cœur : Exploration du rôle du cœur dans la performance humaine (volume 2)*. Boulder Creek, Californie : Institut HeartMath

Power, Katrina (2020) *How to Hack Your Vagus Nerve*. Publié indépendamment

Splittgerber, Ryan (2019). La *neuroanatomie clinique de Snell : huitième édition*. Philadelphie, Pennsylvanie : Wolters Kluwer.

Wineski, Lawrenece E. (2019). L'*anatomie clinique de Snell par régions : Tenth Edition*. Philadelphie, Pennsylvanie : Wolters Kluwer.

YOGA ET TANTRA

Ashley-Farrand, Thomas (1999). *Mantras de guérison : Using Sound Affirmations for Personal Power, Creativity, and Healing*. New York, New York : Ballantine Wellspring

Aun Weor, Samael (2012). Le *Yoga Kundalini : débloquer le pouvoir Spirituel divin qui est en vous*. Éditions Glorian

Avalon, Arthur (1974). *Le pouvoir du serpent*. New York, New York : Dover Publications, Inc.

Bhajan, Yogi (2013). *Kriya : ensembles de yoga, méditations et kriyas classiques*. Santa Cruz, Californie : Kundalini Research Instititute

Buddhananda, Swami (2012). *Moola Bandha : The Master Key*. Munger, Bihar, Inde : Yoga Publications Trust

Feuerstein, Georg (1998). *Le Tantra : Le chemin de l'extase*. Boulder, Colorado : Shambhala Publications, Inc.

Frawley, Dr. David (2010). *Mantra Yoga et son Primordial : Secrets des mantras de semences (Bija)*. Twin Lakes, Wisconsin : Lotus Press

Frawley, David (2004). Le *Yoga et le Feu Sacré : réalisation de soi et transformation planétaire*. Twin Lakes, Wisconsin : Lotus Press

Hulse, David Allen (2004). *The Eastern Mysteries : The Key of it All, Book I*. St. Paul, Minnesota : Llewellyn Publications

Japananda Das, Srila (2019). *Yantra : Puissance et magie*. Publié indépendamment

Kaminoff, Leslie et Matthews, Amy (2012). *Anatomie du yoga*. Champaign, Illinois : Human Kinetics

Maehle, Gregor (2012). *Pranayama : le souffle du yoga*. Innaloo City, Australie : Kaivalya Publications

Prasad, Rama (2015). *Les forces les plus fines de la nature et leur influence sur la vie et le destin de l'homme*. Plateforme d'édition indépendante CreateSpace

Saraswati, Swami Satyananda (2013). *Asana Pranayama Mudra Bandha*. Munger, Bihar, Inde : Yogi Publications Trust

Saraswati, Swami Satyananda (2013). *Un cours systématique sur les anciennes techniques tantriques de yoga et de kriya*. Munger, Bihar, Inde : Yoga Publications Trust

Saraswati, Swami Satyananda (2012). *Hatha Yoga Pradipika*. Munger, Bihar, Inde : Yogi Publications Trust

Saraswati, Swami Satyananda (2007). *Kundalini Tantra*. Munger, Bihar, Inde : Yoga Publications Trust

Saraswati, Swami Satyananda (2012). *Méditations des Tantras*. Munger, Bihar, Inde : Yoga Publications Trust

Saraswati, Swami Satyadharma (2019). *Yoga Kundali Upanishad : Théorie et pratiques pour l'éveil de la Kundalini*. Publié indépendamment, États-Unis

Satyasangananda, Swami (2013). *Tattwa Shuddhi*. Munger, Bihar, Inde : Yogi Publications Trust

Swami, Om (2017). *La science ancienne des Mantras : La sagesse des Sages*. Amazon.com : Black Lotus Publishing

Vivekananda, Swami (2019). *Raja Yoga : Conquérir la nature intérieure*. Kolkata, Inde : Advaita Ashrama

Weor, Samael Aun (2018). *Rites sacrés pour le rajeunissement : Une technique simple et puissante pour la guérison et la force Spirituelle*. *www.gnosticteachings.org* : Éditions Glorian

Woodroffe, Sir John (2018). *Introduction au Tantra Sastra*. T. Nagar, Madras, Inde : Ganesh & Company

Yogananda, Paramahamsa (2019). *Autobiographie d'un Yogi*. Los Angeles, Californie : Self Realization Fellowship (Association pour la réalisation de soi).

Yogananda, Paramahamsa (2019). *La seconde venue du Christ : La résurrection du Christ en vous*. Volumes I-II. Los Angeles, Californie : Communauté de réalisation du soi.

AYURVEDA

Lad, Vasant (2019). *Ayurveda : La science de l'auto-guérison*. Twin Lakes, Wisconsin : Lotus Press

Frawley, Dr. David, (2003). *Ayurveda et thérapie marma : Energy Points in Yogic Healing*. Coauteurs : Dr Subhash Ranade et Dr Avinash Lele. Twin Lakes, Wisconsin : Lotus Press

Frawley, Dr. David, et Lad, Vasant (2008). *Le yoga des herbes*. Twin Lakes, Wisconsin : Lotus Press

L'Institut Ayurvédique. *Directives alimentaires pour les types constitutionnels de base* (PDF)

Frawley, Dr. David (1999). *Yoga et Ayurveda : Self-Healing and Self-Realization.* Twin Lakes, Wisconsin : Lotus Press

Frawley, Dr. David et Summerfield Kozak, Sandra (2012). *Le yoga pour votre type : Une approche ayurvédique de votre pratique des asanas.* Twin Lakes, Wisconsin : Lotus Press

Frawley, Dr. David (2013). *La guérison ayurvédique : Un guide complet.* Twin Lakes, Wisconsin : Lotus Press

Frawley, Dr David, et Ranada, Dr Sabhash (2012). *Ayurveda : La médecine de la nature.* Twin Lakes, Wisconsin : Lotus Press

ASTROLOGIE VÉDIQUE

Frawley, Dr. David (2005). *Astrologie ayurvédique : Self-Healing Through the Stars.* Twin Lakes, Wisconsin : Lotus Press

Frawley, Dr. David (2000). *Astrologie des voyants. Un guide de l'astrologie védique/hindoue.* Twin Lakes, Wisconsin : Lotus Press

Sutton, Komilla (2014). *Les Nakshatras : Les étoiles au-delà du zodiaque.* Bournemouth, Angleterre : The Wessex Astrologer Ltd.

Kurczak, Ryan, et Fish, Richard (2012). *L'art et la science de l'astrologie védique.* Plateforme d'édition indépendante CreateSpace

MUDRAS À LA MAIN

Menen, Rajendar (2013). *Le pouvoir de guérison des Mudras : Le yoga dans vos mains.* New Delhi, Inde : V&S Publishers

Saradananda, Swami (2015). *Mudras pour la vie moderne : Booster votre santé, redonner de l'énergie à votre vie, améliorer votre yoga et approfondir votre méditation.* Londres, Grande-Bretagne : Watkins

Hirschi, Gertrud (2016). *Mudras : le yoga dans vos mains.* Newburyport, Massachusetts : Weiser Books

Le Page, Joseph et Lilian (2014). *Mudras pour la guérison et la transformation.* Ft. Lauderdale, Floride : Integrative Yoga Therapy

Carroll, Cain et Revital (2013). *Mudras de l'Inde : Un guide complet des gestes de la main du yoga et de la danse indienne.* Philadelphie, Pennsylvanie : Dragon chantant.

Advait (2015). *Mudras : 25 techniques ultimes d'auto-guérison.* Plateforme d'édition indépendante CreateSpace

PIERRES PRÉCIEUSES ET DIAPASONS

McGeough, Marion (2013). La *guérison par les Cristaux et le champ énergétique humain.* Plateforme d'édition indépendante CreateSpace

Lembo, Margaret Ann (2017). *Le guide essentiel des Cristaux, minéraux et pierres.* Woodbury, Minnesota : Llewellyn Publications

Permutt, Philip (2016). *Le guérisseur de Cristal : Les prescriptions de cristaux qui changeront votre vie à jamais*. Londres, Angleterre : Cico Books

McKusick, Eileen Day (2014). *Accorder le biochamp humain : Guérir avec la thérapie par le son vibratoire*. Rochester, Vermont : Healing Arts Press

Hall, Judy (2003). *La Bible du Cristal : A Definitive Guide to Crystals*. Iola, Wisconsin : Krause Publications.

Hall, Judy (2009). *La Bible de cristal 2*. Iola, Wisconsin : Krause Publications.

Beaulieu, John (2010). *Human Tuning : Sound Healing With Tuning Forks*. High Falls, New York : BioSonic Enterprises

AROMATHERAPIE

Lembo, Margaret Ann (2016). *Le guide essentiel de l'Aromathérapie et de la guérison vibratoire*. Woodbury, Minnesota : Llewellyn Worldwide

Cunningham, Scott (2020). *Encyclopédie des herbes magiques*. Woodbury, Minnesota : Llewellyn Worldwide

Kennedy, Anne (2018) L'*Aromathérapie pour les débutants : Le guide complet pour débuter avec les huiles essentielles*. Berkeley, Californie : Althea Press

Wormwood, Valerie Ann (2016). *Le livre complet des huiles essentielles et de l'Aromathérapie*. Novato, Californie : New World Library

Davis, Patricia (2000). *Subtle Aromatherapy*. Essex, Royaume-Uni : Saffron Walden

Covington, Candice (2017). *Les huiles essentielles dans la pratique Spirituelle : Travailler avec les chakras, les archétypes divins et les cinq grands éléments*. Rochester, Vermont : Healing Arts Press.

GÉOMÉTRIE SACRÉE

Melchizedek, Drunvalo (1990). *L'ancien secret de la Fleur de Vie : Volume 1*. Flagstaff, Arizona : Light Technology Publishing

Melchizedek, Drunvalo (2000). *L'ancien secret de la Fleur de Vie : Volume 2*. Flagstaff, Arizona : Light Technology Publishing

MYSTÈRES DE L'OUEST

Agrippa, Henry Cornelius (1992). *Trois livres de philosophie occulte*. St. Paul, Minnesota : Llewellyn Publications

Anonyme (2005) *La Tablette d'émeraude d'Hermès*. Avec de multiples traductions. Whitefish, Montana : Kessinger Publishing

Copenhaver, Brian P. (2000) *Hermetica : Le Corpus Hermeticum grec et l'Asclepius latin dans une nouvelle traduction anglaise, avec notes et introduction*. New York, New York : Cambridge University Press

Doreal, M. (Inconnu). *Les tablettes d'émeraude de Thot l'Antlante*. Nashville, Tennessee : Source Books

Everard, John (2019). *Le Divin Pymandre*. Whithorn, Écosse : Anodos Books

Mumford, John Dr. (1997). *Magical Tattwas : Un système complet d'auto-développement.* Paul, Minnesota : Llewellyn Publications

Paar, Neven (2019). *The Magus : Kundalini et la Golden Dawn.* Toronto, Ontario : Winged Shoes Publishing

Regardie, Israël (1971). *The Golden Dawn.* Paul, Minnesota : Llewellyn Publications

Trois initiés (1940). *Le Kybalion : Hermetic Philosophy.* Chicago, Illinois : Yogi Publication Society

Inconnu (2003). *Ordre ésotérique de la Golden Dawn : Theoricus 2=9 Grade Manual.* Ajouté par G.H. Frater P.D.R. Los Angeles, Californie : H.O.M.S.I.

Woolfolk, Joanna Martine (2006). *The Only Astrology Book You'll Ever Need.* Lanham, Maryland : Taylor Trade Publishing

TEXTES RELIGIEUX

Ashlag, Rav Yehuda (2007). *Le Zohar.* Commentaire du Rav Michael Laitman PhD. Toronto, Ontario : Laitman Kabbalah Publishers

EasWaran Aknath (2007). *Le Dhammapada.* Tomales, Californie : Nilgiri Press

EasWaran Aknath (2007). *The Upanishads.* Tomales, Californie : Nilgiri Press

Griffith, Ralph T.H. et Keith, Arthur Berriedale (2017). *Les Védas : les Samhitas du Rig, du Yajur (blanc et noir), du Sama et de l'Atharva Vedas.* Plateforme d'édition indépendante CreateSpace

Moïse (1967). *La Torah : Les cinq livres de Moïse* (autrement connu comme l'Ancien TestÂment*).* Philadelphie, Pennsylvanie : The Jewish Publication Society of Âmerica.

Muhammad (2006). *The Koran.* Traduit avec des notes par N.J. Dawood. Londres, Angleterre : Penguin Books

Saraswati, Swami Satyananda (1997). *Bhagavad Gita.* Napa, Californie : Devi Mandir Publications et Motilal Banarsidass Publishers Private Limited.

Stiles, Mukunda (2002). *Yoga Sutras de Patanjali.* San Francisco, Californie : Weiser Books

Divers (2002). *La Sainte Bible : King JÂmes Version* (comprend l'Ancien et le Nouveau TestÂment). Grand Rapids, Michigan : Zondervan

RESSOURCES EN LIGNE

3 mantras sanskrits pour booster votre pratique de la méditation - Page de référence pour les mantras
(www.yogiapproved.com/om/3-sanskrit-mantras-boost-meditation-practice/)

7 mantras pour créer la vie que vous voulez - Page de référence pour les mantras
(www.chopra.com/articles/7-mantras-for-creating-the-life-you-want)

7Pranayama-Breath of Life - Page de référence pour la philosophie et les pratiques yogiques
(www.7pranayama.com)

71 Mudras de Yoga : Des bienfaits surprenants en 29 jours, étayés par la science - Référence page pour les Mudras de Yoga (www.fitsri.com/yoga-mudras)

9 mantras puissants en sanskrit et en gurmukhi - Page de référence pour les mantras (www.chopra.com/articles/9-powerful-mantras-in-sanskrit-and-gurmukhi)

Anatomie de l'Aura - Page de référence pour l'Aura et ses parties (www.auraology.net/anatomy-of-the-aura)

Une introduction au nerf vague et à la connexion à la Kundalini - Page de référence sur la connexion entre le nerf vague et la Kundalini (www.basmati.com/2017/05/02/intro-vagus-nerve-connection-kundalini)

Astrological Aromatherapy-Blends for Your Star Sign - Page de référence pour l'aromathérapie (www.baseformula.com/blog/astrological-aromatherapy)

Astrologie et Ayurveda - Page de référence pour l'astrologie et l'ayurveda (www.astrobix.com/astrosight/208-astrology-and-ayurveda.html)

L'astrologie et les chakras : Deux faces de la même pièce - Page de référence pour l'astrologie et les chakras (www.innerself.com/content/personal/intuition-awareness/astrology/4410-astrology-a-the-chakras.html)

Guide des couleurs d'Aura - Page de référence pour l'Aura et ses parties (www.auraaura.co/aura-colors)

AuraFit : Mobile Biofeedback System - Page officielle de la technologie de lecture Aura inventée par Bettina Bernoth Ph.D. (www.aurafitsystem.org/)

Formes de l'Aura - Page de référence pour les problèmes d'énergie dans l'Aura (www.the-auras-expert.com/aura-shapes.html)

Ayurveda et Asana : Poses de Yoga pour votre santé - Page de référence pour le Yoga pour les Doshas (www.yogajournal.com/lifestyle/health/ayurveda-and-asana/)

Meilleur Ayurveda : Tableau des types de constitution corporelle - Page de référence pour l'Ayurveda (www.bestayurveda.ca/pages/body-constitution-type-chart)

Bija Mantra - Page de référence pour les mantras Bija (www.hinduscriptures.com/vedic-culture/bija-mantra/24330/)

Charmes de Lumière : Énergie, guérison et amour - Page de référence pour les cristaux (www.charmsoflight.com/gemstone-crystal-healing-properties)

Descartes et la glande pinéale - Page de référence sur la glande pinéale et ses recherches historiques (https://plato.stanford.edu/entries/pineal-gland/)

Concevoir un programme de yoga pour votre Dosha - Page de référence pour le yoga et les Doshas (www.chopra.com/articles/designing-a-yoga-routine-for-your-dosha)

Encyclopedia Britannica - Page de référence pour toutes les branches de la connaissance (www.britannica.com)

Esoteric Other Worlds : Tattva Vision - Page de référence pour travailler avec les Tattvas (www.esotericotherworlds.blogspot.com/2013/06/tattva-vision.html)

Ethan Lazzerini-Crystal Healing Blog, Guides & Tips - Page de référence pour les cristaux
(www.ethanlazzerini.com/crystal-shapes-meanings/)

Freedom Vidya-Méditation sur les Chakra Petal Bijas - Page de référence pour les Chakra Petal Bijas (www.shrifreedom.org/yoga/chakra-petal-sounds/)

Greek Medicine.Net - Page de référence pour le cerveau et le système nerveux (www.greekmedicine.net/physiology/Brain_and_Nervous_System.html)

Hatha ou Vinyasa Yoga : lequel vous convient le mieux ? - Page de référence pour les Hatha et Vinyasa Yogas (www.healthline.com/health/exercise-fitness/hatha-vs-vinyasa)

Comment équilibrer votre énergie vitale et vos chakras avec les huiles essentielles - Page de référence pour les chakras et les huiles essentielles (www.motherhoodcommunity.com/chakra-essential-oils/)

Comment l'exercice physique affecte-t-il le cerveau ? - Page de référence pour les effets de l'exercice sur votre cerveau (www.dana.org/article/how-does-exercise-affect-the-brain/)

Institute for Consciousness Research - Page de référence pour la recherche sur la Kundalini et le potentiel énergétique humain (www.icrcanada.org)

Introduction à l'Ayurveda : Comprendre les trois Doshas - Page de référence pour l'Ayurveda
(www.yogajournal.com/lifestyle/health/ayurveda/intro-ayurveda/)

Chakras masculins et féminins - Page de référence pour le genre dans les chakras (www.rootshunt.com/maleandfemalechakras.htm)

Natural Chakra Healing-Seed Mantras for Each Chakra - Page de référence pour Bija Mantras (www.naturalchakrahealing.com/chakra-seed-mantras.html)

Neural Correlates of Personalized Spiritual Experiences - Page de référence pour le lien entre l'anatomie du cerveau et les expériences Spirituelles (www.academic.oup.com/cercor/article/29/6/2331/5017785)

Relation entre les chakras du corps humain, les planètes et l'astrologie médicale - Page de référence sur l'association entre les chakras, les planètes et les glandes endocrines. (www.anilsripathi.wordpress.com/relationship-between-human-body-chakras-planetsmedical-astrology/)

Rocks with Sass - Page de référence pour les cristaux et leurs formes (www.rockswithsass.com/blog/2020/4/13/crystal-shapes-their-meaning-and-uses)

Science du cœur - Page de référence pour l'Institut HeartMath et ses recherches (www.heartmath.org/research/science-of-the-heart/energetic-communication)

La scrutation dans la vision de l'esprit. Partie I : Tattva Vision - Page de référence pour le travail avec les Tattvas (www.fraterooe.livejournal.com/4366.html)

Six problèmes énergétiques typiques et comment les guérir - Page de référence pour les problèmes énergétiques dans l'Aura (www.nataliemarquis.com/six-typical-energy-problems-and-how-to-heal-them/)

SlimYogi : Un guide illustré pas à pas de 90 postures de yoga pour maigrir - PDF de référence pour la pratique du yoga

(www.mymission.lamission.edu/userdata/ruyssc/docs/Stretch-An-Ullustrated-Step-By-Step-Guide-To-Yoga-Postures.pdf)

Ayurveda Spirituel : Nos cinq corps subtils et nos trois essences subtiles - Page de référence pour l'Ayurveda (www.maharishi.co.uk/blog/spiritual-ayurveda-our-five-subtle-bodies-and-three-subtle-essences/)

Instructions pour les Tattvas et l'Antahkarana - Page de référence pour les Tattvas (www.manas-vidya.blogspot.com/2011/09/practice-antahkarana.html)

Les chakras et le genre - Énergies masculines/féminines - Page de référence pour le genre dans les chakras (www.naturalchakrahealing.com/chakras-and-gender-masculine-feminine-energy.html)

The Crystal Compendium EBook - Page de référence pour les cristaux (www.crystalgemstones.net/crystalcompendium.php)

Le désengagement du système d'activation réticulaire (SAR) - Page de référence sur le rôle du système d'activation réticulaire dans l'éveil Spirituel (www.spiritrisingyoga.org/kundalini-info/the-disengagement-of-the-reticular-activating-system)

The Kundalini Consortium (www.kundaliniconsortium.org)- Page de référence pour la recherche sur la Kundalini et le potentiel énergétique humain.

Astrologie védique et les chakras - Page de référence pour l'association entre les chakras et les planètes (www.alchemicalbody.wordpress.com/2013/06/01/vedic-astrology-the-chakras/)

Médecine énergétique vibrationnelle - Page de référence pour les chakras (www.energyandvibration.com/chakras.htm)

Que sont les Bija Mantras - Page de référence pour les Bija Mantras (www.satyaloka.net/what-are-bija-mantras/)

Quels sont les Doshas de l'Ayurveda ? Vata, Kapha et Pitta expliqués - Page de référence pour l'Ayurveda (www.healthline.com/nutrition/vata-dosha-pitta-dosha-kapha-dosha)

Quels sont les bienfaits du yoga et de la méditation - Page de référence pour le yoga et la méditation (www.poweryoga.com/blog/benefits-and-differences-yoga-meditation/)

Qu'est-ce que l'aromathérapie ? - Page de référence pour l'aromathérapie (www.webmd.com/balance/stress-management/aromatherapy-overview)

Qu'est-ce que la méditation yoga ? - Page de référence pour la méditation (www.sivanandayogafarm.org/what-is-yoga-meditation/)

Ce qu'il faut savoir sur le lobe frontal de votre cerveau - Page de référence sur l'anatomie du cerveau (www.healthline.com/health/frontal-lobe)

Yoga pour équilibrer les Doshas - Page de référence pour le Yoga pour les Doshas (www.ekhartyoga.com/articles/wellbeing/yoga-for-balancing-the-doshas)

Yoga Journal : Guide de la méditation pour les débutants - Page de référence pour la méditation (www.yogajournal.com/meditation/how-to-meditate/let-s-meditate/)

Yogapedia - Page de référence pour la philosophie et les pratiques yogiques (www.yogapedia.com)

Yogapoint-India - Page de référence sur la philosophie et les pratiques yogiques (www.yogapoint.com/index.htm)

Wikipedia-The Free Encyclopedia - Page de référence pour toutes les branches de la connaissance (www.wikipedia.org)

RESSOURCES EN IMAGES

Made in the USA
Las Vegas, NV
20 April 2025

21155460R00396